Le libraire Tauchereau (catalogue de g b. j^o la 1884) cote cet ouvrage complet broché n° 774 — 30 f.

M. Challe est mort à Auxerre, président de la Société des Sciences de l'Yonne le 28 février 1883 —

Mr Quantin est mort à Auxerre, V. Président honoraire de la Société des Sciences de l'Yonne le Jeudi 2 Avril 1891.

MÉMOIRES

CONCERNANT

L'HISTOIRE CIVILE ET ECCLÉSIASTIQUE

D'AUXERRE ET DE SON ANCIEN DIOCÈSE.

MÉMOIRES

CONCERNANT

L'HISTOIRE CIVILE ET ECCLÉSIASTIQUE

D'AUXERRE

ET DE SON ANCIEN DIOCÈSE

Par l'Abbé LEBEUF

Chanoine et Sous-Chantre de l'église cathédrale de la même ville
de l'Académie des Inscriptions et Belles-Lettres

CONTINUÉS JUSQU'A NOS JOURS

AVEC ADDITION DE NOUVELLES PREUVES ET ANNOTATIONS

PAR

M. CHALLE M. QUANTIN
avocat archiviste, corr. du comité des arts et mon.

TOME PREMIER

AUXERRE
PERRIQUET, ÉDITEUR

PARIS
DUMOULIN, LIBRAIRE, QUAI DES AUGUSTINS, 13.

M DCCC XLVIII.

A M. Chaillou des Barres,

Président de la Société des Sciences historiques et naturelles de l'Yonne.

Vous avez contribué, plus que tout autre, au mouvement intellectuel qui, pendant ces dernières années, s'est révélé dans ce département par la création des sociétés savantes d'Auxerre & de Sens. Vos travaux y ont popularisé, par le charme de leur style, l'étude de l'histoire locale, en même temps que la solidité de leur savoir fixait les regards de l'Académie des Inscriptions. En toute occasion, vous avez montré la haute estime que vous portiez au vénérable historien d'Auxerre. Il était juste que cette édition nouvelle de son œuvre parût sous vos auspices. Nous vous prions de vouloir bien en agréer la dédicace.

Les Éditeurs,

PERRIQUET ET QUANTIN.

PRÉFACE DE L'AUTEUR.

DE ANTIQUIS SCRIPTORIBUS GESTORUM EPISCOPALIUM.

> Scriptores rerum ecclesiasticarum, meritò à fidelibus magnis ideò laudibus extollendi, quòd non invidiosè silentes ea prætermiserunt; sed caritate quæ omnibus prodesse desiderat abundantes, ad exemplum rectè vivendi cunctis imitari volentibus fidei veritate subnixi protulerunt.
>
> *Rodulfus Abbas IX sæculo, Præf. vitæ B. Rabani ep. Mogunt.*

Il y a trop longtemps que j'ai promis de publier des Mémoires concernant l'Histoire Ecclésiastique et Civile d'Auxerre, pour que je ne songe pas à dégager ma parole. Ce qui m'a obligé à différer, vient, non-seulement des occupations étrangères qui me sont survenues, tant à Auxerre qu'à Paris, mais encore de la découverte que je faisois de temps en temps, soit à Paris, soit ailleurs, de quelques morceaux qui avoient rapport à cette Histoire; par où j'apprenois que, plus je différerois à publier mes Mémoires, plus je les enrichirois. Mais enfin, convaincu qu'il faut mettre des bornes aux travaux de ce genre, je me suis déterminé à publier les deux présents volumes.

Le premier contient une Histoire très-étendue des évêques d'Auxerre, jusqu'à l'an 1676, suivie de la Notice des dignités de la cathédrale depuis leur origine, aussi bien de celle des églises avec lesquelles cette cathédrale a entretenu ou entretient depuis longtemps une plus étroite liaison.

Le second volume renferme un précis de ce que les monuments contiennent sur les comtes d'Auxerre, dont plusieurs ont été très-célèbres, quelques-uns mêmes empereurs de Constantinople. Ce détail est accompagné de ce qui regarde l'antiquité de la bourgeoisie d'Auxerre, et de la communauté des habitants, de leurs droits et prérogatives; l'établissement des différents tribunaux en cette ville jusqu'à l'an 1610. Les catalogues des plus anciennes dignités séculières; celui des auteurs ou écrivains qui est assez nombreux, avec les noms des personnes illustres autant qu'il en est venu à ma connoissance ; et, enfin, les pièces justificatives pour les deux volumes. Il faut voir sur leur arrangement la remarque que j'ai faite à la page 245 des mêmes Preuves.

Quoique les Archives de la ville d'Auxerre m'aient fourni une très-grande quantité de matériaux, celles de l'église cathédrale et des collégiales, aussi bien que celles des abbayes, prieurés et communautés, m'ont offert une moisson encore plus ample. Et quand même cela ne me seroit point venu, il m'auroit été bien difficile d'être court dans l'histoire des évêques d'Auxerre, dès lors que je me suis proposé, comme je le devois, d'y faire entrer le *Gesta Pontificum Autissiodorensium*, que le P. Labbe, jésuite, publia en 1657 (1), et de rectifier cette édition défectueuse en plusieurs endroits. Au reste, la prolixité de l'original dont j'ai fait le dépouillement, ne peut devenir ennuyeuse aux lecteurs qui aiment à s'instruire des usages des siècles passés, soit ecclésiastiques, soit civils, rapportés par des auteurs contemporains ; d'autant plus que, pour la vérité, j'ai souvent interrompu le récit des faits que j'en ai tirés, par le narré de quelques autres événements que j'ai puisés dans les titres des chartriers, ou dans différents inventaires de ces titres, dans le Trésor des chartes du roi, dans les conciles, les chroniques, les nécrologes (2), registres du parlement, registres du Chapitre et de la communauté des habitants, comptes de la ville, etc.

Ces narrations m'ont engagé à parler de certaines villes, bourgs ou villages du diocèse d'Auxerre, et même d'autres lieux situés hors ce diocèse. La table alphabétique aidera à trouver ce que j'en ai dit. Les deux cartes du diocèse, dressées selon différents siècles, sont pour l'intelligence de l'Histoire Ecclésiastique ; et celle du comté d'Auxerre pour celle de l'Histoire Civile (3).

La simplicité du style dont je me sers fait bien voir, quand je ne le dirois pas, que ce ne sont que des Mémoires que j'ai eu intention

---

(1) *Bibliotheca nova manuscript. in-fol.* Paris.

(2) Reg. du Vatican et autres fournis par D. Brice.

(3) On peut recourir pour le reste à la carte du diocèse publiée par Sanson, et redonnée plus exactement par le sieur Regnobert, géographe à Paris.

de dresser. Cette simplicité m'a laissé la liberté de circonstancier les faits autant qu'il a été possible. Ce n'est point, en effet, de l'éloquence que je me suis engagé de donner dans cet ouvrage, mais des choses : *Neque ego eloquentiam videor pollicitus esse sed rem*, disoit l'historien Trebellus Pollio (1). Si je me suis quelquefois écarté de ce que j'avois écrit, il y a vingt ans, dans ma préface sur les antiquités d'Auxerre, qui est au commencement de l'histoire de la prise de cette ville, c'est parce que je me propose de suivre cette maxime de Baronius (2) « que lorsqu'un auteur préfère la vérité à toutes choses, » il ne doit jamais sévir plus fortement contre le mensonge, que » lorsqu'il se trouve dans ses propres écrits. »

Selon ce principe, j'avoue ici que je puis avoir été trompé en quelque chose par Duchêne, dans ce que j'ai dit, d'après lui, sur les ducs de Bourgogne, mais non sur les temps auxquels Auxerre étoit de leur département. Je conviens que Gislebert gouvernoit une partie du duché dès l'an 923, mais il me paroît que le roi Raoul s'étoit réservé, en personne, quoique souverain, toute l'autorité sur la ville d'Auxerre et sur ses environs ; il devoit même en jouir comme étant aux droits du duc, dès le mois de septembre 921, longtemps avant son élévation à la couronne (3). Je ne vois pas sur quoi un écrivain moderne est fondé à dire que Raoul fut élu roi et sacré avant l'enterrement du duc Richard, son père, puisque Flodoard, auteur de ce siècle-là, écrit, en sa chronique à l'an 921, *Richardus marchio de Burgundia obiit*; et à l'an 923, *Rodulfus filius Richardi rex constitutus*. Selon cet auteur contemporain, il y a eu environ deux ans d'intervalle entre la mort de Richard et l'élévation de Raoul à la couronne.

Je ne regarde point comme de la même certitude ce que j'ai écrit sur ce lieu de la mort de Gislebert (4). Je n'ai marqué qu'il étoit décédé dans un village, proche Sens, que sur l'autorité de dom Georges Viole, religieux de Saint-Germain d'Auxerre, en faveur

---

(1) Treb. Poll. *in fine lib. de xxx Tyran.*
(2) Baron. *Not. ad martyrol. roman.* 22 Aug.
(3) Histoire de Bourgogne, t. I, p. 233.
(4) Tome 2, p. 50.

duquel j'étois prévenu avantageusement à cause de la multitude de ses recherches sur notre histoire, desquelles dom Mabillon a même cru devoir profiter. Dom Viole fait aussi mourir Hugues-le-Blanc dans le même lieu. Ce bénédictin, à qui la chronique de Clarius de Sens a dû être connue avant qu'elle fût imprimée, a rendu ces mots-ci, *apud Drodingam villam* qu'on y lit, par *Villeneuve-la-Dondague* (1), située à deux lieues de Sens vers le couchant d'hiver, comme si Clarius n'eût pu entendre Dourdan par cette expression. Mais comme depuis la composition de mes Mémoires, j'ai été dans la ville de Dourdan, et que l'on m'a aussi instruit sur l'obscurité du village de Villeneuve-la-Dondague, je reconnois qu'il n'y a guère d'apparence que ce soit en ce lieu que moururent ces deux princes, et je conviens que ce fut à Dourdan. Cependant, en même temps que je fais cette déclaration pour me conformer au sentiment de dom Mabillon, je dois avertir qu'il est à propos de rectifier ce que ce savant du premier ordre a dit de ce lieu dans l'occasion dont il s'agit, et l'auteur de la *Nouvelle Histoire de Bourgogne* après lui (2). Dourdan n'est point, comme ils le marquent, un château ou village du diocèse de Paris; il est, et a toujours été, du diocèse de Chartres, et c'est depuis longtemps une ville où il y a un très-ancien château qui paroit avoir été autrefois considérable. L'église de ce château, qui est en même temps devenue la première et la plus considérable des deux paroisses de la ville, porte le titre de saint Germain, évêque d'Auxerre, parce que probablement Hugues-le-Blanc y fit déposer des reliques de ce saint, tirées du monastère d'Auxerre dont il étoit abbé.

---

(1) *Tomo* II, *spicil. in fol. p.* 469, *col. z.* | (2) *Annal. Bened. t.* III, *p.* 538.

AVERTISSEMENT DES ÉDITEURS.

L'Edition primitive de l'HISTOIRE D'AUXERRE ET DE SON ANCIEN DIOCÈSE était en deux vol. in-4°, celle-ci sera en quatre vol. in-8°. Le premier, concernant l'Histoire ecclésiastique, s'arrête à l'an 1373. Il est augmenté de la biographie de l'abbé Lebeuf et du catalogue général de ses œuvres. Le deuxième complètera cette partie et la conduira jusqu'à nos jours. Le troisième traitera de l'Histoire civile du diocèse, puis de celle du comté. L'abbé Lebeuf s'était arrêté au règne de Henri IV; nous achèverons son œuvre en la conduisant jusqu'à notre époque. Le catalogue des écrivains et la liste des hommes illustres seront complétés jusqu'à nos jours.

Le quatrième volume comprendra les Pièces justificatives données par Lebeuf et corrigées par nous, sur les originaux. Nous en ajouterons, en outre, un grand nombre d'autres, inédites pour la plupart et concernant surtout l'Histoire civile. Des tables rendront les recherches faciles.

Lebeuf, en recueillant une masse innombrable de faits, a cependant laissé encore quelque chose à glaner après lui. Partout où le sujet nous en offrira le moyen, nous complèterons par des notes le texte de notre Auteur, comme on pourra le voir dans ce premier volume.

Les planches, les cartes, les fac-simile et les sceaux gravés sur bois seront répartis dans les trois premiers volumes. Nous avons cru faire une chose utile en réunissant en une seule les deux cartes du diocèse au viie et au xie siècle, et en en donnant une seconde qui présentera l'état du même pays au siècle dernier.

L'ABBÉ LEBEUF.

NOTICE BIOGRAPHIQUE

SUR

JEAN LEBEUF.

Le XVIIe siècle a vu naître une génération de savants qui, se prenant d'une vive passion pour l'histoire nationale et le moyen âge, si dédaignés de leur temps, entreprirent de les faire revivre par le souvenir aux yeux de leurs contemporains et de la postérité. Ces infatigables défricheurs s'attachèrent à leur œuvre avec une patience, une ardeur, une persévérance que ne purent jamais lasser, ni les difficultés de ce labeur, ni l'indifférence de leur siècle. Les uns exhumaient de la poussière des cloîtres, des bibliothèques et des archives, et livraient à l'impression, les chroniques, les chartes, les correspondances et tous les documents écrits du passé. Il semblait, dans leur empressement, qu'ils eussent le pressentiment secret, que la plupart de ces précieux originaux devaient périr dans le grand incendie de 1789. Les autres jetaient avec profusion la lumière de leur science sur la nuit de ces textes, les rapprochaient, les comparaient, les complétaient, éclaircissaient leurs obscurités par de lumineux commentaires ; ou, dans de profondes dissertations, ressuscitaient et faisaient apparaître, après plusieurs siècles d'oubli, les habitudes, les mœurs, les préjugés, les idées, et toute l'existence extérieure et intime des âges écoulés. Que de noms à citer dans la puissante phalange de ces laborieux explorateurs du moyen âge, à côté des grands noms de Duchesne, Mabillon, Ducange, Baluze, Montfaucon, Martène, et de notre compatriote La Curne de Sainte-Palaye. Leurs contemporains les ont vus passer sans les apprécier dignement, et presque sans les connaître. Les historiens du siècle dernier les citaient à peine. Il était réservé à notre époque de leur rendre une éclatante justice. L'école historique moderne honore, comme ils le méritent, ces grands et doctes personnages. Elle les reconnaît pour ses précurseurs et ses maîtres. L'un des derniers venus d'entre eux, mais non le moins illustre, c'est Jean Lebeuf.

Il naquit à Auxerre, le 6 mars 1687, sur la paroisse de Saint-Regnobert (1).

Son père, Pierre Lebeuf, commis aux recettes des consignations, était de Joigny, mais d'une famille originaire d'Auxerre et qui est maintenant éteinte. Par sa mère, Marie Marie, il tenait à une famille des plus considérables de cette dernière ville. Ce nom y est encore porté avec honneur dans la magistrature, et il a refleuri naguères avec un nouvel éclat au barreau de Paris.

Les parents de Lebeuf n'avaient conservé, de la fortune de leurs pères, que l'honneur et la probité. Ils eurent deux fils, qui furent tous deux destinés à l'église. Jean, qui était l'aîné, se fit remarquer, dès l'âge le plus tendre, par ses goûts graves et sérieux, par son amour extraordinaire de l'étude. A sept ans, il commençait à étudier les humanités au collége des Jésuites. En même temps il prenait l'habit clérical, et se formait dans sa paroisse aux devoirs de l'état ecclésiastique. L'église de Saint-Regnobert était pauvre. On y chantait l'office dans des antiphoniers manuscrits du XIIIe et du XIVe siècle. Lebeuf y apprit à déchiffrer, à la fois, le plain-chant et les caractères gothiques. De là naquit son double amour pour la musique et les vieux manuscrits, seules passions qui agitèrent jamais cette douce et paisible existence (2).

(1) Si l'on en croyait une tradition reçue à Auxerre, Lebeuf serait né dans la maison de la rue Notre-Dame qui porte le n° 14, et qui est aujourd'hui possédée par M. Bernard. Selon toute apparence cette tradition est trompeuse. Lebeuf a, il est vrai, longtemps occupé cette maison, qu'il tenait de la succession de son père, et qu'il n'a vendue qu'en 1751. Mais son père lui-même ne l'avait achetée qu'en 1702 (le 30 décembre, devant Heuvrard, notaire), quand déjà Lebeuf avait quinze ans; et l'acte, que M. Bernard m'a permis de consulter, n'indique aucunement que l'acquéreur eût occupé précédemment la maison comme locataire.

(2) « J'ai eu le bonheur d'être baptisé ici, il y a trente-neuf ans accomplis, dans la pa-
» roisse de ce nom (Saint-Regnobert).... C'est là que j'ai été formé, dès l'âge de sept à
» huit ans, à l'état que j'ai embrassé. C'est le lieu où j'ai commencé à connaître les
» anciennes écritures, par la nécessité où l'on était de faire l'office dans des livres ma-
» nuscrits gothiques de toutes sortes d'âges. » (Lebeuf, *Recueil de divers écrits pour servir d'éclaircissements à l'Histoire de France.* — Paris 1738, t. 1, p. 309).

Ses études eurent des succès. On raconte qu'à dix ans il expliqua publiquement les épitres de saint Jérôme et fut en état de disserter sur les événements d'histoire ecclésiastique ou profane, qui s'y trouvent indiqués. Il n'avait que douze ans quand il fut tonsuré par l'évêque André Colbert, qui, l'année suivante, lui fit obtenir un petit bénéfice à la nomination du Chapitre d'Auxerre, sous le titre de Chapelle de Saint-Louis, *ad altare S. Alexandri*. A quatorze ans, il avait achevé le cercle des études qu'enseignaient les jésuites à Auxerre. Dominé par un ardent désir de s'avancer plus loin dans la science, il souhaitait vivement d'aller compléter son instruction à Paris. L'extrême médiocrité de la fortune de son père ne lui permettait pas ce sacrifice. Un oncle généreux vint à son aide, et le plaça à Sainte-Barbe, où il demeura cinq ans. Il fit là ses cours de théologie en Sorbonne, en même temps qu'il étudia le grec et l'hébreu, et fut reçu maître ès-arts en 1704. En même temps, il se livrait à de profondes études historiques. Il passait dans les bibliothèques publiques toutes ses heures de loisir, et s'y rendait familiers tous les monuments de l'histoire de France. Il avait fait, dès lors, tant de progrès dans la paléographie, science nouvelle et assez rare à cette époque, qu'à la première inspection d'un manuscrit, il pouvait en déterminer l'âge avec certitude. Cette ardeur d'apprendre, ces habitudes studieuses, ce savoir si étendu et si précoce lui avaient, dès lors, procuré des amis et des protecteurs, quoique son caractère timide et recueilli ne le portât jamais à se produire. Il fut pris en grande affection par un chanoine de Notre-Dame, appelé Chastelain, l'un des plus savants hommes de ce temps dans toutes les branches de la science ecclésiastique et spécialement dans la liturgie et la musique sacrée. Lebeuf parle fréquemment, dans ses ouvrages, de ce docte personnage, et toujours dans les termes de la plus haute vénération. Il trouva à satisfaire pleinement, à cette source abondante, son goût pour la théorie et la pratique musicales. A dix-huit ans, il s'était déjà fait un nom comme compositeur. Il fut alors appelé dans le diocèse de Lisieux, pour y introduire, dans le chant ecclésiastique, des réformes analogues à celles que Chastelain avait établies à Paris. Il y demeura un an entier, occupé de la composition d'un nouvel antiphonier; vaste travail qu'il ne put terminer dans une si courte période, et qu'il n'acheva qu'après son retour à Auxerre. L'évêque de Lisieux l'approuva et en prescrivit l'usage dans son diocèse par ordonnance du 11 septembre 1711.

Revenu à Auxerre, Lebeuf avait reçu, le 16 mars 1709, les quatre ordres mineurs; il avait été ordonné sous-diacre le 21 septembre suivant, diacre le 15 avril 1710, et prêtre le 21 mars 1711.

Dès la même année, il fut sur le point de soutenir un procès contre l'évêque, au sujet d'un canonicat auquel ses grades lui donnaient droit. Cet incident est ainsi raconté dans la courte notice biographique que publia sur lui, en 1760, le *Journal de Verdun*.

« L'abbé Lebeuf requit, le 28 juillet 1711, en vertu de ses grades, les cano-
» nicat et prébende vacants, *per obitum*, de feu M. Laurent Seure, décédé le 27
» juillet, mois affecté aux gradués. On lui opposa un *brevetaire*, nommé par
» l'évêque d'Auxerre, et le gradué fut obligé de se pourvoir devant l'archevêque
» de Sens, métropolitain, qui lui accorda ses provisions le 11 août. Les parties
» étaient prêtes d'entrer en instance au conseil, où l'abbé Lebeuf fut assigné.
» Mais heureusement pour lui, il se trouva un autre canonicat vacant ; il le
» demanda, sa réquisition fut admise ; et M. l'évêque d'Auxerre, (l'illustre
» M. de Caylus), qui n'avait agi que par des raisons particulières, fut charmé
» de trouver cette occasion de montrer à M. l'abbé Lebeuf, l'estime qu'il avait
» pour lui. Il lui donna ses provisions le 12 janvier 1712, et le 29 septembre
» de la même année il le nomma sous-chantre de Saint-Etienne d'Auxerre.
» Cette dignité lui donnait, sous l'autorité du chantre, la direction absolue du
» chœur de l'église. »

Ainsi rassuré sur son avenir, Lebeuf, tout en remplissant avec soin les devoirs de son état, se livra avec une nouvelle ardeur à ses études favorites. Les antiquités ecclésiastiques devinrent surtout l'objet de ses travaux assidus. Cette science était neuve encore et son cadre était immense. Elle embrassait à la fois, et l'histoire de l'établissement du christianisme dans les Gaules, que des légendes apocryphes avaient souvent défigurée par des fables grossières ; et l'origine, le développement et les modifications de la liturgie que les événements ou le caprice des hommes avaient chargée parfois de bizarres complications ; et la création, les accroissements et les vicissitudes des communautés, dignités et bénéfices ; et le point de départ, les progrès et la décadence des pouvoirs temporels, seigneuriaux et féodaux, attribués aux charges ecclésiastiques ; leurs conflits et démêlés avec l'autorité royale et les grands vassaux ; et la science de l'architecture religieuse, quant à l'ordonnance, à l'appareil et à l'ornementation des édifices du culte ; la marche de cet art, ses transformations successives de siècle en siècle, selon de mystérieux rapports avec l'esprit de l'Eglise, le mouvement des idées et le développement de l'humanité. A ce sujet d'études déjà si vaste, Lebeuf joignit encore, comme un complément, ou plutôt comme un préliminaire indispensable, la connaissance approfondie des idées, des mœurs, des législations, des événements et de tous les faits qui avaient pu influer sur le développement des sociétés européennes et en particulier de la France, depuis la dissolution de l'empire romain.

Ses recherches si longues, si laborieuses, servies par une intelligence lucide, par une sagacité peu commune, firent bientôt de lui l'un des hommes les plus savants dans l'histoire du moyen âge. Et toutefois, il ne se hâtait pas de répandre autour de lui les trésors de sa science. Son esprit simple et modeste semblait s'ignorer lui-même. Ses premières publications, sollicitées probablement par ses amis, concernaient l'église d'Auxerre. Il débuta, en 1716, par une Vie de saint Pélerin, que la tradition désigne comme l'apôtre du pays Auxerrois. Nous n'avons pu retrouver ce travail, qui avait été composé à l'occasion de l'exhumation, par l'évêque de Caylus, dans l'église de Bouhy, d'une relique attribuée à ce martyr, et que l'auteur a refondu depuis, dans son Histoire générale des évêques d'Auxerre. Il en est de même de l'Histoire de saint Vigile et de la Relation de la conversion de saint Mamert, qui parurent en 1722. L'année suivante, il publia, sous le titre d'Histoire de la prise d'Auxerre par les Huguenots, une relation des troubles qui avaient déchiré le sein de la ville et du diocèse d'Auxerre, pendant les guerres de religion du XVIe siècle. Cet ouvrage, rédigé sur des mémoires contemporains, aujourd'hui perdus, et d'après la tradition que l'auteur avait pu recueillir auprès des vieillards qui avaient entendu les récits des acteurs de ces sanguinaires dissensions, offre un tableau fort curieux de cette période d'agitations. Son récit est vif, plein de chaleur et d'entraînement. Nous n'entendons pas dire, pourtant, que ce soit une histoire parfaitement impartiale. Ecrite par un prêtre consciencieux, mais plein d'horreur pour l'hérésie, sur des documents émanés de zélés catholiques qui avaient pris une part ardente à ces événements; composée à une époque où la révocation de l'édit de Nantes avait chassé ou écrasé les restes du protestantisme, il est bien certain qu'elle ne pouvait être, malgré les bonnes intentions de l'auteur, que l'écho passionné d'un parti. On ne se plaint pas d'y voir éclater la juste indignation d'une âme catholique, profondément navrée par les excès, par les impiétés profanatrices et les dévastations des protestants. Mais on y désirerait en même temps, plus d'horreur pour les persécutions sanglantes et les assassinats en masse, dont l'autre parti ne souillait que trop souvent sa cause. Il est vrai qu'en 1723 on ne songeait guère à plaindre les massacres des Huguenots. Et puis, ce qui donnait encore un prix remarquable à cet ouvrage, c'était une savante préface, où se trouvaient exposées l'origine et les vicissitudes de la ville d'Auxerre.

L'auteur y condensait, en quatre-vingts pages, une multitude de recherches curieuses, et jusqu'alors inconnues, sur l'histoire locale.

Ce livre, eut à son apparition, les honneurs de la saisie. Le motif en semblerait aujourd'hui assez ridicule; et pourtant ce fut, pendant longtemps, une grosse affaire à Auxerre. Les querelles du Jansénisme étaient alors dans toute leur incandescence. Le pape Clément XI avait condamné, en septembre 1713, dans une bulle devenue fameuse sous le nom d'*Unigenitus,* les doctrines du P. Quesnel, l'apôtre de ce parti. Après la mort du roi Louis XIV, quinze évêques, ayant en tête le cardinal de Noailles, osèrent appeler de cette bulle devant le futur concile. Au nombre de ces opposants était l'évêque d'Auxerre, M. de Caylus, qui publia son appel en 1718. Le clergé de France se trouva alors violemment divisé sur le point de savoir si l'appel était possible, ou si au contraire le pape était infaillible. Le gouvernement du régent voulut en vain assoupir cette question brûlante. Ce qui n'est pas le trait le moins curieux de cette grande querelle, c'est que le parti de la *faillibilité* avait alors pour protecteur, et presque pour chef, la fille aînée du régent, l'abbesse de Chelles, si connue par ses excentricités, que les mémoires des temps nous représentent faisant des promenades dans les bois avec ses nonnes, donnant des concerts avec des artistes, essayant des modes avec des grisettes, composant des drogues, disséquant des cadavres, tirant des pétards, ou faisant des perruques; et, au travers de toutes ces frivolités, soutenant le Jansénisme avec passion, discutant comme un docteur, et malmenant fort, dans l'occasion, le cardinal de Bissy, l'âme du parti opposé.

A Auxerre, comme ailleurs, on se querellait chaudement sur cette question, et jusqu'en plein Chapitre, où les *faillibles* étaient en grande majorité. Lebeuf qui tenait pour le Jansénisme, fit alors un coup de tête que la physionomie simple et calme, que nous lui voyons à un siècle d'intervalle, ne pourrait guère nous laisser deviner. Ce fut de glisser dans l'édition de son livre, sans la soumettre aux censeurs qui ne l'eussent jamais laissé passer, une note où il transcrivait avec éloge l'opinion d'un moine du XVIe siècle, contre la terrible infaillibilité. Ce moine était un Jacobin, qui joua un rôle fort ardent à Auxerre, dans les guerres de religion. La chaire, comme on sait, faisait en ce temps l'office que la presse remplit aujourd'hui, et c'est à la voix des prédicateurs que se soulevaient ou s'apaisaient alors les passions populaires.

Or, en transcrivant une pièce de vers latins, faite à la louange de ce bouillant dominicain, Lebeuf ajoutait la note suivante : « Le Père Divolé est comparé » ici, non-seulement à Jérémie, en ce que comme lui il a prédit, vu et pleuré

» le pillage de la ville capitale de son lieu natal, mais encore à David, pour
» avoir déclaré, après lui, plusieurs fois en public, qu'aucun des hommes n'est
» infaillible ou exempt de mensonge. En quoi l'on voit que le poète a voulu
» faire allusion à un endroit du quatrième sermon de cet humble, savant et
» intrépide Jacobin, sur les saints mystères de la messe, où on lit ces mots
» dans l'édition de Paris de l'an 1585. *On prie pour le pape, à la messe, comme*
» *pour un homme qui peut errer et faillir comme les autres, afin qu'il plaise à*
» *Dieu, par sa divine miséricorde, le délivrer et préserver de toute erreur et de*
» *tous péchés, parce que les péchés et erreurs du chef seraient grandement nui-*
» *sibles aux membres; afin aussi qu'il puisse saintement user de sa puissance,*
» *jouxte* (sic) *l'ordonnance des saints et anciens pères, selon l'équité de la loi*
» *naturelle, pour l'édification de l'église, et non pour sa destruction.* »

L'allusion était si transparente, que, quand cette note fut envoyée à l'imprimeur, celui-ci trembla et la refusa net. Pour vaincre ses scrupules, Lebeuf s'adressa à madame l'abbesse de Chelles qui, naturellement, trouva le tour excellent, accepta la dédicace de l'ouvrage et écrivit qu'elle prenait tout sur elle. Le livre parut donc avec la note, et ce fut une grande joie pour le parti de M. de Caylus. Mais il y avait à Auxerre un vieux subdélégué de l'Intendant, appelé Martineau de Soleinne qui, par zèle anti-janséniste, et, peut-être aussi un peu par étalage de dévouement, s'empressa de dénoncer le fait, à la fois, au gouvernement et aux chefs du parti de la bulle. Le duc d'Orléans, qui croyait alors avoir grand intérêt à ménager les jésuites et la cour de Rome, envoya, sur le champ, l'ordre d'arrêter l'édition. Le subdélégué courut bien vite chez l'auteur et à l'imprimerie; il saisit, avec le manuscrit de l'ouvrage, un assez grand nombre d'exemplaires, et en rendit compte immédiatement au Garde des sceaux, par une lettre qui se terminait ainsi :

« Tout le pays, ému d'indignation contre le sieur Lebeuf, pour son audace
» à faire imprimer une telle addition contre les règlements, sans approbation,
» se console de voir l'attention de la cour arrêter le cours d'une telle licence
» si téméraire ! » Cette lettre, avec les procès-verbaux de saisie et le manuscrit de l'ouvrage sont conservés à la Bibliothèque du Roi. En marge de la lettre se trouvent, probablement de la main du Garde des sceaux, ces mots :

« Supprimer, tant à Paris qu'à Auxerre, dans tous les exemplaires saisis,
» tout ce qui adjouté (sic) à ce livre depuis l'approbation du conseil. »

On voit par là que madame de Chelles était intervenue à temps et que l'auteur en était quitte pour mettre un carton à la page criminelle. Mais, sur ces entrefaites, le duc d'Orléans mourut, et le duc de Bourbon, son successeur au ministère, poussé, sans doute, par des sollicitations nouvelles, donna l'ordre de brûler les exemplaires saisis et de faire subir le même sort à la coupable note sur tous ceux que l'on pourrait trouver par des perquisitions dans les bibliothèques particulières. Ce fut, à ce qu'il paraît, un grand triomphe pour de Soleinne, qui crut avoir sauvé l'État; car plus tard il sollicitait du roi Louis XV une pension ou le cordon de Saint-Michel, pour ce grand service. Cet acte aventureux de Lebeuf et son procès de 1711 contre son évêque contrastent singulièrement avec le cours si pacifique de son existence ultérieure. L'étude absorba, sans doute, tout entière, l'ardente et tenace énergie que ces débuts faisaient pressentir. Quoiqu'il en soit, Auxerre, qui était presque tout janséniste, conserva longtemps avec amour le souvenir de cette braverie de son sous-chantre, et les exemplaires de l'ouvrage qui avaient conservé la fameuse note, y jouissaient, au siècle dernier, d'une sorte de vénération.

La saisie ne pouvait guère faire tort à ce livre, qui produisit, en effet, une assez grande sensation, même en dehors du diocèse d'Auxerre. Les recueils périodiques du temps, louèrent la sagacité et l'érudition qui y brillaient, et sollicitèrent la collaboration de son auteur. Dès l'année suivante, Lebeuf était entré en correspondance avec la plus estimée de ces feuilles, le Mercure de France, dont il devint bientôt l'un des coopérateurs les plus assidus. Il y publia, de 1724 à 1742, plus de cent cinquante mémoires et dissertations sur divers sujets d'histoire, de géographie, d'archéologie ou de liturgie. Il donna aussi, au commencement de cette période, plusieurs morceaux remarquables aux Nouveaux Mémoires de littérature du P. Desmoletz. Une collaboration, si bien remplie, ne suffisait pas à l'activité de Lebeuf qui, indépendamment d'autres travaux, donna encore au public, en 1738 et années suivantes, deux recueils de dissertations: le premier, en deux volumes, sous le titre de *Recueil de divers écrits pour servir d'éclaircissements à l'histoire de France et de supplément à la notice des Gaules;* et le second, en trois volumes, intitulé : *Dissertations sur l'histoire ecclésiastique et civile de Paris, suivies de plusieurs éclaircissements sur l'histoire de France.* On ne saurait, sans les avoir lus, se faire une juste idée de tous les trésors de savoir, de bon sens, de saine critique et de sagacité, qui sont déposés dans ces travaux. Un bibliophile éclairé, qui se cache sous le pseudonyme de Claude Gauchet, a entrepris d'en réimprimer un recueil choisi, dont le premier volume a paru en 1843, à Paris, chez le libraire Techner. Parmi les nombreux mémoires qui intéressent l'histoire de l'Auxerrois et des contrées avoisinantes, il faut citer ceux sur la bataille de

Fontenoy, sur Vellaunodunum, sur Genabum, sur Chora, sur l'amphithéâtre
de Montbouy, sur les tombes de Quarré, sur les deux poètes Auxerrois, Pierre
Grognet et Roger de Collerye, sur l'évêché de Bethléem, sur les chasses d'Auxerre
et sur les vieux usages si singuliers et si curieux du Chapitre de cette ville.
Au reste, tout n'est pas également austère dans les sujets traités par le savant
chanoine. Sa science se déride par fois, comme dans sa longue et vive polémique sur le mérite comparé des vins d'Auxerre et de Joigny, dans ses
dissertations sur la Fête des Fous, et quelques autres semblables. Il ne faut pas
croire non plus que, dans les matières d'histoire ecclésiastique, il accueille,
sans examen et comme article de foi, les traditions et les légendes. Tout ce
qui prête au doute est, au contraire, soumis à une saine et sévère critique.
Les récits apocryphes sont démasqués, les sources douteuses sont signalées,
et la vérité ne sort que plus éclatante de ce rigoureux et salutaire contrôle.
L'état des sciences en France, sous Charlemagne, et depuis la mort de cet
empereur jusqu'au roi Philippe-le-Bel, a fourni à l'auteur le sujet de trois grands
mémoires, dont deux furent couronnés par l'Académie des inscriptions en 1734
et 1740, et qui se distinguent autant par la finesse des aperçus, que par la
profondeur et la solidité de l'érudition. Cinq autres dissertations reçurent de
l'Académie de Soissons, de 1735 à 1741, la médaille d'or de 300 fr., qui avait
été fondée par M. de Fitz-James, évêque de cette ville. Tous ces travaux étaient
le fruit, non-seulement de ses méditations et de ses lectures, mais encore des
découvertes qu'il faisait et des observations qu'il recueillait dans les voyages
que chaque année il avait coutume d'entreprendre.

Dès 1707, alors qu'il avait été appelé à Lisieux pour réformer les livres de
chant, il avait parcouru, en curieux, une partie de la Normandie. Plein
de dévotion pour le patron de sa paroisse, saint Regnobert, mais trop éclairé
pour accueillir aveuglément les légendes qui faisaient gouverner par ce prélat
l'église de Bayeux dès le premier siècle de l'Église, il avait voulu aller dans
ce diocèse interroger les traditions, les manuscrits et les monuments, pour y
trouver des preuves à l'appui du sentiment du savant Baillet, qui plaçait au
VIIe siècle seulement l'existence de cet évêque. Il parcourut ainsi, comme le
raconte un de ses écrits, dans un intérêt de piété et de science, tout le pays
Bessin (1). C'est là, sans doute, qu'il avait pris ce goût vif pour les voyages

---

(1) Recueil de divers écrits, t. I, p. 194; et Mercure de mars 1755, p. 443.

qu'il a conservé toute sa vie. Il avait eu alors l'occasion d'observer combien l'histoire perd de son exactitude, quand on n'en aperçoit les objets que de loin, et qu'on s'en rapporte à des témoignages étrangers (1). Il voulut donc connaître par lui-même tous les lieux célèbres en France, par des batailles, des siéges ou autres grands événements, tous les monuments de l'art ancien, tous les débris d'antiques campements, toutes les voies romaines, et tout ce qui pouvait, en parlant aux yeux, aider à l'intelligence des relations ou des descriptions écrites. Chaque année il se mettait en route pour un ou deux mois. J'ai recueilli, par tradition, des renseignements singuliers sur les habitudes tout à fait primitives de ce touriste, que ne préoccupait guère la recherche du confortable. Elles complètent ce qu'en rapportent des biographes contemporains. Il voyageait dans le plus modeste équipage, et, à dire vrai, le plus commode pour un observateur qui veut tout voir et n'obéit qu'à sa fantaisie. Il allait presque toujours à pied (2). Quelques papiers et les feuillets détachés des livres dont il voulait vérifier le récit, formaient tout son bagage. Il ne s'embarrassait ni de linge, ni de vêtements. Sa soutane retroussée formait tous ses habits de voyage. Dans les presbytères ou les couvents, où il recevait l'hospitalité, il troquait, quand il en éprouvait le besoin, sa chemise fatiguée contre une chemise blanche. On ne le trouvait guère sur les grandes routes

---

(1) » Je me crois en état de pouvoir dire comme Polybe parlant des Alpes, lib. 3 : » *Quibus de rebus nos quidem eo audaciùs scribimus, quod ea loca ipsi vidimus, ob* » *eam solummodò causam profecti ut montes conspicaremur.* Et pour pouvoir travailler » avec plus de succès, j'avais les commentaires de César à la main. » (Lebeuf, Dissertation sur l'état des anciens habitants du Soissonnois avant la conquête des Gaules par les Francs, p. 20).

« Lorsque les besoins de ma santé ou d'autres sujets exigent de moi quelques voyages, » je fais en sorte que la visite des lieux qui se rencontrent sur ma route puisse être de » quelque utilité à mes amis ou au public... *Qui sapienter peregrinatur plus proficit in* » *vià quàm in patrià.* » (Idem, Mercure de janvier 1726, p. 20).

(2) « Si les voyages ont leur utilité du côté du corps, on doit aussi avouer que ceux » qui les entreprennent par esprit de curiosité trouvent presque toujours de quoi profiter » en les faisant, pourvu qu'ils ne s'asservissent point aux voitures publiques, lesquelles » ne donnent presque pas le temps de rien voir, ni de rien examiner, parce qu'elles ne » s'écartent jamais des grands chemins. Vous savez de quelle manière je fais une bonne » partie de mes voyages, et que je quitte, quand bon me semble, ces sortes de voitures, » pour user de la même commodité avec laquelle M. l'abbé Baudrand fit autrefois le » voyage de Rome, et dont se servait le savant Père Mabillon, tant qu'il se porta bien. C'est » ainsi que j'ai parcouru déjà une bonne partie de ce royaume. » (Lebeuf, Mercure de janvier 1733, p. 36).

modernes. Il suivait, de préférence, les anciens chemins et les voies romaines, quelque peu praticables qu'ils fussent, comptant les pas d'un lieu à un autre, pour vérifier les distances marquées dans les itinéraires et la carte de Peutinger. Trente ou quarante lieues de détour n'étaient pas une affaire pour éclaircir un point historique, ou contrôler l'exactitude d'une description. Arrivé au pied d'un monument, il en prenait les dimensions, en relevait le plan, en dessinait les détails, et recueillait, avec soin, dans le pays, toutes les traditions qui s'y rapportaient, et dont sa rare perspicacité savait bien vite démêler le vrai et le faux. Les moindres accidents lui servaient parfois à fixer une date, à déterminer les limites d'une ancienne circonscription, à désigner l'emplacement d'un champ de bataille, à retrouver une ville détruite ou un château tombé en oubli, à réformer des jugements historiques et à résoudre les problèmes les plus difficiles de géographie ou d'archéologie.

M. Vitet disait dernièrement devant la Société des antiquaires de Normandie (1), que c'était une chose entièrement neuve que l'archéologie du moyen âge; cette science qui consiste à décrire, expliquer et classer par ordre chronologique, non-seulement ceux des monuments qui tiennent au sol, mais toutes les créations, même les plus légères et les plus fragiles, de l'art et de l'industrie de nos pères. Il ajoutait que, malgré les travaux de Lebeuf et de Montfaucon, la lacune était complète; et, s'étonnant du silence gardé, sur l'archéologie monumentale, par tant de savants des deux derniers siècles, qui, pour l'étude de la paléographie, du blason et des monnaies, ont fouillé si profondément les entrailles du moyen âge, et nous ont laissé tant de doctes traités, il expliquait cette lacune par la difficulté des voyages, qui ne permettait alors à personne ces études sur lieu et ces comparaisons sans lesquelles cette science reste inconnue.

Nous réclamons contre cette assertion du savant archéologue, au moins en ce qui concerne Lebeuf. On vient de voir, en effet, que les voyages et les études comparées ne lui avaient pas manqué; et cette science, que nous croyons être les premiers à connaître, il la possédait à fond, ainsi que le montrent une foule de passages de ses curieuses dissertations (2), et que

---

(1) Revue des Deux Mondes, 15 août 1847, p. 762.
(2) Etat des sciences depuis Charlemagne, p. 169. — Dissertations sur l'histoire, t. 2, p. 229. — Histoire ecclésiastique et civile de Verdun. — Mémoire sur la construction de Verdun. — Mercure de mars 1755, p. 445. — Mémoires sur l'Histoire d'Auxerre. — Histoire du Diocèse de Paris, *passim*, etc.

l'attestent d'ailleurs ses biographes contemporains. L'un d'entre eux, Dreux du Radier, s'exprime ainsi dans le Journal de Verdun :

« Par la longue habitude d'examiner avec soin les anciens édifices, et surtout
» les anciennes églises et les statues qui leur servent d'ornements intérieurs
» et extérieurs, M. l'abbé Lebeuf avait acquis une connaissance certaine
» des différents goûts d'architecture de tous les âges. Un coup d'œil lui
» suffisait pour distinguer, dans le même édifice, un portrait du IXe siècle,
» une statue du Xe, un pilier d'un siècle différent ; et, à quelques années
» près, à l'aspect d'une ancienne église, il fixait la date de la bâtisse et en
» donnait les raisons. »

Le savant Lebeau lui rendait le même témoignage, dans son éloge prononcé, en 1760, devant l'Académie des inscriptions.

« Les cintres, les chapiteaux, les moulures portaient, à ses yeux, la date
» de leur bâtisse. Beaucoup de grands édifices ont été l'ouvrage de plusieurs
» siècles ; plus encore ont été réparés en des siècles différents ; il décomposait
» un même bâtiment avec une facilité singulière ; il fixait l'âge des diverses
» parties, et ses décisions étaient toujours fondées sur des preuves indubi-
» tables. Feu M. Joly de Fleury, procureur-général, ce magistrat d'un génie
» si profond et d'un savoir si universel, connaissait le prix de cette décou-
» verte. Sur ses avis, l'abbé Lebeuf avait formé le projet de réduire en un
» corps de science les connaissances qu'il avait acquises en ce genre. Mais,
» sa santé commençant pour lors à s'affaiblir, il s'est reposé de l'exécution
» sur un ami très-capable de suivre son idée. »

Ainsi la lacune était remplie ; l'œuvre était prête, mais Lebeuf est mort sans y mettre la dernière main, et, après lui, son projet a été négligé et les matériaux en ont été perdus. Sans cette perte regrettable, l'archéologie monumentale eût eu, dès le siècle dernier, son histoire approfondie et son traité complet et méthodique.

Peut-être, au reste, n'est-ce pas la mort qui a empêché Lebeuf d'élever ce monument à l'art du moyen âge. Il a, peut-être, reculé devant les préjugés de son temps, et il a hésité à mettre au jour une œuvre qui ne serait pas comprise. Le XVIIIe siècle, en effet, niait complètement l'art du moyen âge. A ses yeux, les temps qu'il appelait gothiques n'étaient qu'une longue période de sommeil pour l'intelligence humaine. L'architecture de ces temps réprouvés était caractérisée en ces termes par l'oracle du goût de ce siècle, l'*Encyclopédie*, « On avait perdu de vue presque toutes les règles du vrai beau. On
» s'efforça d'y substituer le peiné, le maniéré, le singulier et en quelque

» façon le monstrueux..... Dans tous ces vastes bâtiments qu'on élevait alors
» (et ici l'auteur parle des cathédrales d'Anvers et de Strasbourg), on ne voit
» qu'un travail infini sans goût....» (1)

Ce n'était pas seulement là le langage des encyclopédistes. L'Académie des inscriptions ne parlait pas autrement. Lebeau, dans l'éloge de Lebeuf, ne peut s'empêcher de plaindre le pauvre antiquaire de s'occuper d'un sujet si rebutant que l'art du moyen âge. Il vante les beaux siècles d'Athènes et de Rome, et envie le bonheur des savants qui ont pris ces heureux temps pour l'objet de leurs études.

« Tout y reluit d'or et d'azur, tous les chemins sont semés de roses. On
» est conduit de siècle en siècle par des guides enchanteurs qui ne laissent
» que l'agrément du voyage.»

Puis il ajoute, par forme de contraste :

» Les barbares du nord changèrent la face de l'histoire, comme celle de
» l'Europe. Leurs ravages, aussi funestes aux esprits qu'aux empires, ne
» laissèrent que des ruines, *ou des ouvrages plus grossiers que les ruines mêmes.*
» L'histoire de ces temps est cachée sous des décombres, ensevelie dans des
» cryptes et des tombeaux. Quel courage ne faut-il pas pour s'engager dans
» les détours ténébreux de ce labyrinthe! C'est ce qu'entreprit M. l'abbé
» Lebeuf. »

En présence de cette aversion universelle, qui confondait dans une commune réprobation et les ruines du v⁰ siècle et les œuvres du xiii⁰, on comprend que Lebeuf ait hésité longtemps, qu'il ait ajourné l'exécution de ses projets, et, qu'en fin de compte, il ait enseveli, dans son sein, une science que la société de ce temps eût repoussée comme un amas de rêveries puériles, ou un écho de la barbarie.

Quoiqu'il en soit, sa réputation qui, d'année en année, grandissait dans le monde savant, le précédait partout, et la simplicité de son extérieur ne nuisait pas à la considération qui lui était due. Partout où le savoir était en estime, on l'accueillait avec empressement. Les bibliothèques, les chartriers, les recueils de tout genre lui étaient ouverts. Il compulsait tout, vérifiait tout et prenait des notes sur chaque chose qui lui paraissait avoir de l'intérêt. Entrait-il dans un couvent, il n'en sortait pas qu'il n'eût expliqué les anciens monuments, déchiffré les chartes, extrait les manuscrits curieux, relevé les

---

(1) Encyclopédie, v⁰ architecture.

peintures anciennes et constaté l'époque de la fondation. Sagace et pénétrant dans ses recherches, souvent il montrait aux moines des trésors qu'ils possédaient sans les connaître ; et souvent aussi, dans son amour pour la vérité et son aversion pour les choses apocryphes, il les détrompait sur une charte fabriquée après coup, sur une fausse relique, ou tout autre produit de la fraude ou de l'erreur. Le savant Lebeau, à qui nous empruntons les détails qu'on vient de lire, les terminait ainsi : « Sa réputation précédait son
» arrivée ; elle croissait par sa présence ; elle fleurissait après son départ.
» On se souvient du passage de cet homme si simple et si peu important,
» dans des lieux où on oublie, deux jours après, le séjour bruyant des grands
» seigneurs. Les lumières qu'il a laissées après lui éclairent encore et éclaireront
» longtemps des villes entières. »

En 1735, Lebeuf quitta Auxerre, où il ne revint plus depuis qu'en passant, ou pour se délasser au sein de sa famille et de ses amis. M. de Vintimille, archevêque de Paris, songeant à donner à son diocèse un nouveau bréviaire, voulut confier le soin d'en composer le chant à l'homme le plus expert dans les antiquités et la musique sacrée. Son choix tomba sur Lebeuf (1), et le savant chanoine dut transporter sa résidence à Paris, pour se livrer à ce travail, qui ne comportait pas moins de trois gros volumes in-folio. Ce grand ouvrage l'occupa pendant plusieurs années. Il en a exposé les principes et le plan, dans le *Traité historique et pratique sur le chant ecclésiastique*, qu'il publia en 1741 ; œuvre profonde, qui n'était pourtant que l'ébauche d'un travail beaucoup plus vaste et plus approfondi que méditait Lebeuf, et pour lequel il avait rassemblé d'immenses matériaux aujourd'hui perdus. Son intention n'était pas de donner du neuf, mais de faire ce qu'avait fait au VIe siècle le pape saint Grégoire, qui a donné son nom au chant grégorien, c'est-à-dire de *centoniser*, de recueillir, parmi les chants anciens, ce qui avait le plus de mélodie et de caractère, et d'en adapter les motifs aux paroles nouvelles, en conservant, autant que possible, dans les parties destinées à lier ces morceaux, le style de chaque modèle. Il trouvait à la fois trop de légèreté et de sécheresse aux chants introduits, au dernier siècle, dans l'Antiphonier parisien. La manière des

---

(1) Lebeuf trouvait honteux pour un prêtre de ne pas savoir la musique. « Je puis dire
» comme le cardinal Bona : *Et musicam amo et pudet me plerosque ecclesiasticos viros
» totius vitæ cursu in cantu versari; ipsum vero cantum (quod turpe est) ignorare.* »
(Lettre sur sainte Cécile, Mercure de janvier 1735.)

symphonistes du moyen âge lui paraissait mieux appropriée au caractère simple et noble que doit garder le chant ecclésiastique. Il emprunta donc beaucoup au IXe, au Xe et au XIe siècle, dont, grâce à lui, on entend encore chaque jour les chants graves et originaux à Notre-Dame de Paris. Ce procédé, qu'il avait déjà employé à Auxerre, où il avait renouvelé presque tous les livres de chant, et qu'il reprit plus tard pour l'église du Mans, dont il mit en musique, en 1750, toute la nouvelle liturgie, jouit alors d'un grand succès; et Lebeuf eut, de son temps, le renom du plus savant, comme du plus habile compositeur de musique religieuse. Il ne s'est pas fait, en France, de 1730 à 1760, un seul changement dans les livres de chants d'église, sur lequel il n'ait été consulté. Mais, de tous les arts, la musique est peut-être celui qui subit le plus l'empire de la mode. Et aujourd'hui, que le goût italien domine en maître dans le monde musical, les oreilles, habituées à ses vives mélodies, paraissent trouver trop sérieuses et trop monotones les compositions de Lebeuf. On se plaint de ce que ses chants sont vides d'intérêt pour le peuple; de ce que les morceaux qui le composent ne sont pas de nature à s'empreindre dans la mémoire des hommes. Reste à savoir si ces critiques, qui ont trouvé place dans les Institutions liturgiques de D. Guéranger, publiées à Paris, en 1844, n'aboutissent pas à reprocher à Lebeuf de n'avoir pas fait pour l'église de la musique d'opéra, et d'être resté, dans ses compositions, grave et solennel comme leur sujet?

Ces travaux immenses, qui eussent suffi à absorber la vie entière d'un homme ordinaire, n'interrompaient pas le cours des études et des publications de Lebeuf sur l'histoire et l'archéologie. Sa réputation l'avait mis en rapport avec tout ce que la France comptait d'amis zélés de la science. De toutes parts on lui demandait son avis sur des recherches à faire, sur des ouvrages qu'on voulait mettre au jour, sur l'âge, la valeur ou le sens des manuscrits, sur la signification des inscriptions, des médailles ou des monuments. Il répandait, avec prodigalité, les trésors de son érudition. Le vaste approvisionnement de sa science appartenait à tous ceux qui s'adressaient à lui. Une lettre qu'il adressait à dom Lemerault, bibliothécaire de Saint-Germain-des-Prés, et qui se trouve à la Bibliothèque du Roi, dans un recueil de cent huit lettres reçues par lui de divers savants (1), peint merveilleusement cette

---

(1) Man. suppl. fr. 2440.

générosité scientifique et cette ardeur désintéressée pour la propagation des lumières et du savoir :

« Comme tous les hommes n'ont pas les mêmes maximes, je vous avouerai que j'en ai une bien différente de celle dont vous me fîtes part derniè- rement. Je suis tout à fait pour l'accélération de l'édition de tout ce qu'il y a de curieux dans les manuscrits des bibliothèques. Vous savez que ce fut moi qui, en 1725, publiai un écrit sur la nécessité et l'utilité du catalogue général des manuscrits du royaume. Dom Bernard (1), le concevant mieux que moi, en a donné ce qu'il a pu, et il a été suivi par Messieurs de la Bibliothèque du Roi. Peut-être y a-t-il encore des personnes qui pensent comme cet illustre savant. En conséquence de mon principe, j'exhorte tous ceux qui sont dépositaires de manuscrits, à donner, par eux-mêmes ou par leur amis et confrères, tout ce qu'ils pourront, sans laisser cela aux siècles à venir. Et je ne puis que louer le zèle et la patience de ceux qui transcrivent les exemplaires pour les doubler, dans la crainte qu'on ne voie arriver ce qui est arrivé dans la Chambre des Comptes, et dans une de vos maisons, où les matériaux d'un Glossaire français ont été réduits en cen- dres, ainsi que vous le savez.

» Loin donc de mes maximes toutes celles qui vont au délai. J'ai toujours aidé et aiderai toujours les travailleurs et surtout les travailleurs prompts. Sur ce fondement, je vous ferai savoir que je suis en état de fournir à celui de vos pères qui est chargé de l'évêché de Châlons-sur-Marne, pour le *Gallia Christiana*, une espèce de cartulaire in-f°, où il pourra trouver quelques pièces qui lui feront plaisir, si tant est qu'il me fasse l'honneur de me le demander à emprunter. J'ai appris que c'est dom Duplessis, avec lequel je ne suis pas assez familier pour le lui aller jeter à la tête (2). Vous êtes le maître de l'en avertir. J'ai mis plus d'une fois en chant ce beau passage : *sapientiam*, et qui finit par ces mots : *et sine invidiâ communico*, et je tâche de le réduire en pratique. »

Ce n'étaient point de vaines paroles et les effets répondaient aux promesses. Il est peu d'ouvrages considérables, sur les matières historiques, qui n'aient

---

(1) Dom Bernard Monfaucon.
(2) Dom Duplessis avait critiqué avec quelque vivacité, dans le *Mercure de France*, certaines dissertations de Lebeuf, et notamment celle sur l'*Etat des anciens habitants du Soissonnais*.

profité de ses recherches et de ses communications. Elles ont enrichi la grande collection d'Actes des saints des Bollandistes, le vaste dépôt de chartes ecclésiastiques, classées par diocèse, publié sous le titre de *Gallia Christiana*; la seconde édition du *Glossaire* de la moyenne et basse latinité de Ducange, le Recueil des historiens de France, le Dictionnaire géographique de la Martinière, les différentes collections de dom Martène, le nouveau Traité de Diplomatique, la Bibliothèque des auteurs de Bourgogne de Papillon, etc. On peut lire, dans les diverses préfaces de ces savantes publications, l'hommage que rendent les auteurs à l'obligeance empressée et à la profonde érudition de Lebeuf. Les éditeurs de Ducange le qualifient d'explorateur plein de sagacité des choses les plus ignorées, *rerum minimè tritarum indagator sagacissimus*. D'autres l'appellent le Strabon, le Pausanias, le Suidas du siècle, et disent de lui, qu'il a porté, dans les sciences historiques, un esprit d'observation et de découverte aussi exact et aussi ingénieux que Galilée, Malpighi et Newton en physique.

Sa réputation en ce genre était si bien établie, qu'en 1740, l'assemblée du clergé ayant résolu de faire dresser un nouveau Pouillé général (1), et des cartes géographiques de tous les diocèses du royaume, plus détaillées que celles de la *Gallia Christiana*, le choisit, par une délibération spéciale, pour exécuter ce grand travail. Les agents généraux du clergé furent, en conséquence, chargés d'inviter, par une lettre circulaire, tous les évêques de France à lui transmettre les matériaux et renseignements nécessaires. Ce projet manqua, parce qu'au moment de l'exécuter, les évêques crurent qu'il n'était pas de l'intérêt du clergé de mettre à jour l'état complet de ses richesses, de peur qu'il ne servît d'acheminement à l'établissement d'un impôt sur les biens ecclésiastiques. Lebeuf donna alors à la bibliothèque des Pères de la doctrine chrétienne les mémoires qu'il avait déjà rassemblés sur ce sujet. Ces matériaux sont perdus aujourd'hui, comme presque tous les manuscrits de l'auteur.

Le 6 décembre 1740 l'Académie des inscriptions l'élut membre titulaire, en remplacement de Lancelot. Les nombreuses dissertations publiées par lui dans les mémoires de cette Société, pendant l'espace de quatorze ans, attestent qu'il devint l'un des coopérateurs les plus assidus de ses travaux. En

---

(1) Etat et dénombrement de tous les établissements ecclésiastiques et de leurs possessions et revenus.

même temps il continuait, dans le journal de Verdun, fort répandu alors, grâce à l'excellente direction de Bonamy, la collaboration qu'il avait longtemps accordée au Mercure de France, et qu'il cessa, quand ce recueil, entre les mains des successeurs de la Roque, perdit la gravité et l'autorité que lui avait assurées cet habile critique.

En 1743 Lebeuf fit paraître ses Mémoires sur l'Histoire ecclésiastique et civile du diocèse d'Auxerre, ouvrage qui avait été annoncé dès 1727 dans le *Dictionnaire universel de la France*, mais dont il avait longtemps retardé la publication, pour le compléter par de nouvelles recherches.

L'église d'Auxerre avait toujours tenu une place éminente parmi les églises de France. Au moment de la dissolution de l'empire romain, elle avait été gouvernée par un homme illustre, l'évêque Germain, qui, après avoir occupé des charges élevées dans l'administration civile et militaire de l'empire, avait joué un des principaux rôles dans le grand événement de la confédération des provinces centrales de la Gaule, connue sous le nom de ligue du Commandement Armorique. Cette alliance qui n'avait été d'abord formée que pour la défense du sol national contre les invasions d'outre-Rhin, que Rome était impuissante à contenir, s'était trouvée conduite à résister, en même temps, aux exigences du gouvernement métropolitain, qui l'écrasait d'impôts ruineux, en même temps qu'il l'abandonnait sans protection à la fureur avide des bandes Germaniques. Au milieu des grandes catastrophes qui éclataient alors jusqu'au cœur de l'empire, les historiens de ce siècle n'accordèrent qu'une faible attention à cette grande insurrection. Ils ne donnent que très-peu de détails sur ce fait si grave, et l'on apprend cependant par eux que, pendant plus de vingt ans, cette puissante ligue parvint à conserver une indépendance absolue. Il est probable que, comme l'évêque Germain était un des plus éminents soutiens de cette confédération, Auxerre y gagna en importance, et qu'il en était un des centres principaux. C'est, en effet, de cette époque, qu'on voit naître en cette ville, une prééminence intellectuelle qui grandit jusqu'au IXe siècle, et dont l'éclat ne finit de s'éteindre que plusieurs siècles après. Les traditions Irlandaises disent que saint Patrice fut élevé, au commencement du Ve siècle, à l'université d'Auxerre. Cette illustre école compta, dit-on, jusqu'à cinq mille élèves sous Louis-le-Débonnaire, et, au XIIe siècle, elle avait encore des chaires de droit en grand renom, où, au dire de Jean de Sarisbéry, Thomas Becket, déjà chanoine de Saint-Paul de Londres, venait compléter ses études juridiques.

Germain, que ses vertus chrétiennes ont fait honorer comme un saint, et qui eût mérité encore cette qualification pour les grands services qu'il rendit à son pays dans ces temps d'anarchie et de dévastation, laissa, en mourant, à son église, les grandes richesses qu'il possédait. Aussi, après lui, le siége épiscopal d'Auxerre fut recherché et occupé par des hommes éminents en puissance. Au VIe siècle, saint Aunaire, qui était issu d'une des premières familles patriciennes de la Gaule; et saint Didier, qui était parent de la reine Brunehault. Savaric et Hainmar, au VIIIe siècle, étaient gouverneurs de provinces et généraux d'armée, en même temps qu'évêques d'Auxerre. Héribert, qui occupait ce siége au Xe siècle, était petit-fils du duc de France Hugues-le-Grand, et frère de Henry, duc de Bourgogne. Et, au siècle suivant, on vit monter successivement sur ce trône épiscopal, Hugues, fils du comte de Challon, et Geoffroy, fils du comte de Nevers.

Les annales d'une église si riche et gouvernée par de si puissants personnages ne pouvaient être sans intérêt. Dès la fin du Ve siècle un prêtre avait écrit la vie de saint Germain. Deux siècles après, les actions des premiers évêques avaient été transmises à la postérité par des écrivains dont les noms sont restés inconnus. Depuis le IXe siècle ce travail avait été continué, presque sans interruption, jusqu'au XVIe siècle par les moines et les chanoines. Le recueil de ces biographies, connu sous le nom de **Gesta Pontificum Autissiodorensium**, avait été imprimé, en 1657, dans la Nouvelle Bibliothèque du Père Labbe. Les premiers matériaux pour l'histoire ecclésiastique d'Auxerre ne manquaient donc pas à Lebeuf. Mais ils étaient loin d'être complets. Les biographes du moyen-âge étaient souvent d'un laconisme tel qu'ils se bornaient à citer le nom, la date de l'intronisation et celle de la mort. Souvent ils avaient passé sous silence les événements les plus intéressants de leur temps, jugeant inutile de consigner ce que tous leurs contemporains avaient vu. Et, pour certaines notices, qui n'avaient été rédigées qu'après un ou deux siècles, l'exactitude historique et la chronologie étaient parfois blessées d'une manière déplorable; c'étaient presque des légendes, plutôt que des récits authentiques. Et puis, il y avait deux lacunes considérables, la première de 1373 à 1513, et la seconde entre 1554 et 1570. Un moine de Saint-Germain, dom Georges Viole, dont le manuscrit, qui contient, d'ailleurs, d'intéressantes annales sur cette abbaye et sur les autres communautés religieuses de la ville, est encore à la bibliothèque d'Auxerre, avait, au commencement du XVIIe siècle, traduit ou paraphrasé cette histoire des évêques, mais sans critique et sans grand discernement, sans rien retrancher des erreurs de cette compilation, sans rien ajouter à la sécheresse et à l'insuffisance qui y règnent. Un autre manuscrit, que conserve la bibliothèque d'Auxerre, et que quelques personnes ont regardé comme un document précieux, l'Histoire et le Martyrologe de Bargedé, n'est qu'une copie littérale de dom Viole, sauf la partie des éphémérides qui se rapporte à l'histoire générale, et qui n'a pas le moindre intérêt.

De ces matériaux informes, Lebeuf a fait une histoire complète, en comblant les nombreuses lacunes, en complétant les récits, en rectifiant les erreurs, en redressant les transpositions, en rétablissant la chronologie, à l'aide des documents que, pendant quarante ans d'études, il avait pu recueillir, non pas seulement dans les histoires et les collections imprimées, mais dans les manuscrits du chapitre, des couvents, des prieurés, des archives publiques et privées, des bibliothèques et principalement de la Bibliothèque du Roi. Ceux qui voudraient prendre au sérieux l'extrême modestie qui lui faisait dire, dans une notice qu'il publia à l'avance dans le Mercure, que c'était presque une nouvelle édition du *Gesta Pontificum*, n'ont qu'à comparer ces deux ouvrages, pour se convaincre que la vieille chronique des évêques, quelque précieuse qu'elle puisse être, n'est, tout au plus, que le canevas de l'histoire ecclésiastique qui n'appartient qu'à Lebeuf.

Nous n'entendons pas dire, qu'à la critique d'érudition dont notre auteur a si savamment usé dans ce livre, il n'eût pas pu ajouter, pour les premiers siècles surtout, un peu plus de cette critique philosophique, qui l'a porté à éliminer de son récit un certain nombre de ces miracles que, sur des traditions vulgaires, les agiographes du moyen âge recueillaient avec trop de facilité. Mais il était prêtre autant qu'historien, pieux autant que savant; et le scepticisme le plus hardi ne saurait, en tous cas, attaquer sa parfaite bonne foi. Ajoutons que, même au point de vue de notre siècle, l'histoire de l'âge héroïque de l'église ne serait pas complète, si les naïves croyances, les aspirations exaltées, les préjugés les moins rationnels de ces temps primitifs, ne nous étaient pas reproduits avec fidélité. On n'est pas forcé de croire à tout ce que rapportent les traditions, dont les moines du vieux temps sont les crédules échos; mais il faut qu'elles viennent jusqu'à nous, si nous voulons connaître, non pas seulement les faits extérieurs, mais aussi les idées et ce qu'on peut appeler l'histoire intime des sociétés du moyen âge.

Lebeuf avait, pour l'Histoire civile du diocèse d'Auxerre, beaucoup moins de ressources que pour l'Histoire des évêques. Là tout était à créer. A l'exception d'une chronologie, ou, pour mieux dire, une nomenclature très-succincte des comtes, qu'André Duchesne avait insérée dans son Histoire des rois, ducs et comtes de Bourgogne (Paris 1619 in-4°), il n'avait jamais été rien publié sur les annales d'Auxerre, si ce n'est la préface que Lebeuf lui-même avait mise, en 1723, à son Histoire de la prise de cette ville par les Huguenots. Il y avait, sur l'époque des comtes de Nevers et d'Auxerre, au XIe et au XIIe siècle, de faibles renseignements dans deux ou trois courtes chroniques que le Père Labbe avait publiées dans sa collection, dans celle de Hugues de Poitiers, moine de Vézelay, et dans celle de Robert Abolanz connu sous le nom de Robert de Saint-Marien. Tout le reste devait être cherché, soit dans les Gestes des évêques d'Auxerre, soit dans les monuments sans nombre de l'histoire générale de France, soit dans les chartriers des établissements publics et des villes, et spécialement de la ville d'Auxerre. Lebeuf ne négligea pas d'autres sources, moins élevées, mais aussi sûres. Un de ses concitoyens, dont nous citerons plus tard la notice biographique, atteste qu'il interrogea aussi avec scrupule les titres des familles particulières, et que, jusqu'à la poussière des études de procureurs, tout fut remué, déchiffré, lu et dépouillé. Il fallait réunir et coordonner les documents que l'on pourrait extraire de ces sources multiples, pour en faire un corps d'histoire. Cette œuvre si longue, si ardue, a été accomplie par Lebeuf avec un tel succès, qu'après un siècle écoulé depuis la publication de son livre, on n'a presque rien trouvé à y ajouter. De nos jours, des écrivains recommandables ont essayé d'abréger ce récit, de lui donner plus de suite et d'ensemble, d'en mieux rattacher chaque partie à l'histoire générale du royaume, de mieux montrer l'enchaînement des causes et des conséquences. Mais, pour des faits nouveaux, on en cherche en vain d'essentiels. La moisson de notre laborieux chanoine avait été si attentive et si complète, qu'il n'a pas même laissé à glaner derrière lui.

Il avait dédié aux habitants d'Auxerre son livre de la *Prise de cette ville par les Huguenots*. Les Mémoires historiques ne contiennent pas de dédicace. Mais il y suppléa en en offrant un exemplaire au Conseil municipal, que l'on appelait alors le Corps de ville. Il en reçut, le 8 décembre 1743, la lettre suivante (1) :

« Nous sommes trop sensibles, Monsieur, à vos politesses, et au sou-
» venir et à l'amour que vous conservez pour notre patrie commune, pour
» ne vous en pas témoigner nos vives reconnaissances, et des deux
» tomes de vos *Mémoires Historiques* que vous venez de faire imprimer,

---

(1) **Manuscrits de la Bibliothèque du Roi**, suppl. fr. n. 2440.

» qui nous ont été remis de votre part, le 2 de ce mois, avec la lettre
» que vous avez pris la peine de nous écrire, datée du 18 novembre
» dernier, dont nous avons dressé acte sur nos livres de conclusions. Cet
» ouvrage est d'autant plus précieux, qu'il ne nous laisse rien à désirer
» sur tout ce qui s'est passé de plus remarquable en notre ville. Il ne
» peut qu'augmenter la réputation que vous vous êtes acquise, dans la
» capitale et autres villes du royaume, par la supériorité de votre esprit
» et votre grande capacité à développer ce qu'il y a de plus caché dans
» l'antiquité, et les différents ouvrages que vous avez ci-devant donnés au
» public. Soyez persuadé que nous nous ferons toujours gloire de vous
» conserver au nombre de nos compatriotes, et de vous assurer que nous
» sommes très-parfaitement, Monsieur,

» Vos très-humbles et très-obéissants serviteurs,

» Les Magistrats de la ville d'Auxerre. »

En 1749 se forma à Auxerre une Académie, sous le titre de société des sciences et belles-lettres. Elle ne se composait d'abord que de membres résidents. Mais, en 1751, elle institua des membres honoraires, et Lebeuf reçut, l'un des premiers, cet hommage de ses concitoyens. Il fut aussi, la même année, nommé de l'Académie d'Amiens. S'il eût cherché des distinctions de cette nature, elles lui fussent arrivées en foule. Et c'est à juste titre que le secrétaire perpétuel de l'Académie d'Amiens, lui écrivait, en lui annonçant sa nomination : « Votre nom vous donne, dans toutes » les sociétés littéraires, une place, quand vous voulez bien l'accepter. » Mais son extrême modestie lui faisait, au contraire, éviter, autant qu'il le pouvait, toutes les occasions de se mettre en évidence. On peut noter, à ce sujet, comme un trait distinctif de son caractère, que, lorsque quelque écrivain venait le consulter sur ses ouvrages et que le savant chanoine l'aidait généreusement des secours de sa science, il ne manquait jamais de lui demander le secret, comme s'il eût redouté d'avance les louanges et la célébrité.

Un ouvrage qu'il composa, en 1751, lui valut un haut témoignage d'estime du pape Benoît XIV. L'évêque d'Auxerre, M. de Caylus, voulant publier un nouveau Martyrologe, l'avait chargé de réviser et de compléter (1) le

---

(1) M. Chardon, Histoire d'Auxerre, t. 2, p. 597, s'est trompé en attribuant à Lebeuf seul la rédaction du Martyrologe. La notice contemporaine de Lepère, qu'il cite, n'en dit

travail préliminaire de deux doctes chanoines, Potel et Mignot. Il en fit un chef-d'œuvre de recherches et d'érudition par les additions qu'il y mit. Indépendamment de deux index, où toutes les obscurités du texte étaient éclaircies, il avait mis, sous chaque nom cité dans le livre, des notes bibliographiques qui renvoyaient aux sources, et où brillait, de tout son éclat, son vaste savoir. Benoît XIV, homme de science lui-même, se prit d'une si grande admiration pour ce beau travail, qu'il voulut en voir l'auteur, et il le fit inviter par le cardinal Passionei, avec lequel il était en correspondance, à venir à Rome. Déjà, malheureusement, la santé de Lebeuf commençait à s'altérer. Il voulut aller d'abord à Avignon, pour voir si la chaleur du climat de l'Italie ne lui serait pas contraire. Quoique, pour la première fois de sa vie, il eût pris ses aises dans ce voyage, il s'en trouva fort incommodé et ne crut pas pouvoir aller plus loin. Il revint à Paris malade, sans vouloir, pour cela, interrompre ses habitudes laborieuses. Il terminait alors un ouvrage qui devait mettre le sceau à sa réputation. C'est l'Histoire de la ville et du Diocèse de Paris, en quinze volumes in-12, qu'il commença à publier en 1754. La première pensée de ce grand travail avait apparu dans une dissertation, qu'il inséra dans le Mercure de France du mois de mars 1738, sous le titre de *Lettre d'un voyageur littéraire, contenant quelques remarques sur les paroisses voisines de Paris*. En 1739, ce projet avait déjà grandi sous sa plume; car, en publiant le premier volume de ses *Dissertations sur l'Histoire*, il annonçait comme étant bientôt terminée une *Notice sur le Diocèse de Paris*. Plus tard, à mesure qu'il avançait dans son œuvre, il la voyait s'étendre devant lui, et acquérir les plus vastes proportions. Pour la rendre complète et digne de lui-même,

---

pas un mot. C'est dans l'académicien Lebeau que l'on trouve ce fait, évidemment erroné, puisque, dans l'avant-propos de ce livre, qui parut sans nom d'auteur et sous les auspices de M. de Caylus, cet évêque disait : *conficiendo huicce martyrologio studium et operam selecti ecclesiæ nostræ canonici, sacræ antiquitatis studiosi*. C'est aussi par erreur que le même auteur a dit, même volume, page 497, que depuis 1748 Lebeuf n'avait plus rien publié en son nom. Beaucoup de mémoires ont paru encore, sous son nom, depuis cette année, tant dans le Journal de Verdun, que dans les mémoires de l'Académie des inscriptions, et la publication de sa grande *Histoire du diocèse de Paris* n'a commencé qu'en 1754. Il y a encore une autre erreur à la page 494, où il est dit que l'Académie des inscriptions fit, en 1743, une pension à Lebeuf, pour l'aider dans les dépenses de ses voyages. L'Académie des inscriptions avait deux classes d'associés; les associés simples et les pensionnaires. Lebeuf ne devint pensionnaire qu'à son tour, et la dernière année de sa vie, en 1759. (Voir les mémoires de l'Académie, t. 29, p. 32.)

il visitait d'abord, avec la plus grande attention, chaque localité; les villes, les hameaux, la campagne, les cours d'eau, les maisons isolées, les chapelles, les ermitages, et jusqu'aux moindres traces de ruines. Puis, à la lecture de tout ce qui avait été imprimé sur ce sujet, il joignait l'examen des manuscrits, des cartulaires, des documents administratifs, et de tout ce qu'il pouvait se procurer, en fait d'actes et de titres qui y eussent rapport. De cet immense labeur sortit une œuvre si approfondie, si consciencieuse et si complète, tant sous le rapport de la statistique, que sous celui de l'histoire, que Lebeau la trouvait digne de servir de modèle pour composer une histoire entière de la France : « Ce serait, disait ce docte académicien, le
» moyen d'en connaître toutes les parties avec autant de détail et d'une
» manière plus savante que chacun ne connaît son propre domaine. »

Dreux du Radier en portait le même témoignage en 1760 : « Je ne saurais
» ouvrir ce livre, envisager la variété des objets qu'il contient, les découvertes
» multipliées que l'auteur a faites, la critique saine qui y règne, sans être dans
» l'admiration, et, pour ainsi dire, épouvanté du travail, du temps et des
» recherches qu'un si grand ouvrage a exigés. Tout y est neuf, tout y est
» puisé dans des sources à peine connues des savants mêmes. Le citoyen
» y apprend à connaître sa patrie; les seigneurs spirituels et temporels leurs
» droits; l'antiquaire y voit une infinité de monuments rares qui lui avaient
» échappé; et ceux qui s'appliquent à notre géographie et à notre histoire y
» découvrent des notions précieuses, et qu'ils chercheraient inutilement
» ailleurs. »

La postérité a pleinement confirmé cet éloge des contemporains. Le savant anonyme, qui se cache sous le nom de Claude Gauchet, s'est rendu l'interprète du témoignage universel, quand il a dit : « Nul autre que lui, peut-être,
» n'aurait pu entreprendre un pareil travail et l'amener à une semblable
» perfection. Cet ouvrage est conçu sur un tel plan, et exécuté avec un tel
» détail, qu'aucune nation n'en possède, à ma connaissance, un semblable....
» S'il n'était pas de mode, en France, de renier nos gloires passées, toutes
» les municipalités de l'ancien diocèse de Paris, voudraient posséder un
» exemplaire de cet excellent ouvrage. »

Ce grand travail avait probablement contribué encore à altérer la santé de Lebeuf, car, au mois de mai 1754, au moment même où les premiers volumes venaient d'être imprimés, il fut surpris par une attaque d'apoplexie, dans la bibliothèque de Sainte-Geneviève. Les secours qui lui furent promptement fournis, vinrent à temps pour préserver sa vie ; mais il lui en resta une paralysie partielle, et ses facultés intellectuelles en furent profondément affectées. Il perdit la mémoire et devint incapable d'une application suivie. Cette inaction forcée le désespérait. *Voilà*, disait-il tristement, *où nous conduisent nos veilles, notre attachement à l'étude, et cependant mon chagrin est de ne pouvoir plus veiller ni étudier.* Il souffrit ainsi pendant quelques années, durant lesquelles il ne laissa pas que de terminer la publication de l'*Histoire du Diocèse de Paris*. Le dernier volume parut en 1758. Avant même qu'il ne fût imprimé, Lebeuf songeait déjà à donner un supplément à son ouvrage. Quelques critiques s'étaient mêlées au concert d'éloges qui avait salué son apparition. Un bénédictin, dom Duplessis, qui, plus d'une fois, dans sa carrière, avait paru porter envie à la haute réputation de Lebeuf, et qui avait composé, sans grand succès, un livre intitulé *Annales de Paris*, s'appliqua, dans quatre numéros successifs du Mercure de France, à contrôler le nouvel ouvrage du savant chanoine, parfois en relevant quelques erreurs légères, parfois en contestant des faits avérés. Lebeuf répondit à la fin de ses neuvième et quinzième volumes. Et, voulant profiter de ce qu'il pouvait y avoir d'exact dans certaines critiques, en même temps qu'ajouter à son travail le fruit de nouvelles recherches, il annonça son intention de publier un Supplément. Mais il était hors d'état de le faire, et il avait même été obligé de recourir à une plume étrangère, pour la réponse qui termina son tome quinzième. Les médecins lui conseillèrent l'air natal, et sa famille le sollicita vivement de venir se reposer à Auxerre. Il y arriva au mois d'août 1758, et n'y demeura que jusqu'au commencement de mai 1759. Le désœuvrement lui était insupportable, et il ne put résister au désir de retourner à Paris pour reprendre ses travaux littéraires. C'était trop présumer de ses forces. A peine arrivé, son état s'aggrava. Sentant alors sa fin prochaine, il fit son testament. Nous avons retrouvé, dans une étude de Paris, cet acte qui a été reçu, le 16 juillet 1759, par deux notaires, de Savigny et Sylvestre (1). Il léguait à l'église de Saint-Regnobert, sa paroisse natale, une somme de 450 liv. ; à l'hôpital-général d'Auxerre, une somme de 300 liv. ; à l'Hôtel-Dieu de la même ville, le fonds d'une rente perpétuelle de 200 liv. sur les États de Bourgogne. Le reste de son modeste avoir passait à sa famille. Pour exécuteur testamentaire, il désignait un ami, qu'il chargeait de donner une seconde édition de l'*Histoire du Diocèse de Paris*, et

---

(1) Ce dernier était Auxerrois. Il a eu pour fils l'illustre orientaliste Sylvestre de Sacy.

d'y faire les suppléments, augmentations et changements qu'il jugerait convenables. Cet ami était l'abbé Carlier, bachelier de Sorbonne, dont, quatre fois déjà, les Mémoires avaient été couronnés par l'Académie des inscriptions (1). Lebeuf languit encore jusqu'au 10 avril 1760, jour où il fut enlevé par une nouvelle attaque d'apoplexie. Il avait alors soixante-treize ans. Il fut inhumé dans l'église du Saint-Sépulcre, qui a été démolie pendant la Révolution.

Ce fut un jour de deuil pour la science. Voltaire, qui publiait alors une nouvelle édition du Siècle de Louis XIV, donna un témoignage public de regret pour cette grande perte. Quoique Lebeuf n'eût commencé à écrire qu'en 1716, il lui assigna une place éminente dans le catalogue des écrivains du dix-septième siècle, par cette courte note, qui reprochait au gouvernement de Louis XV d'avoir laissé un tel savant dans l'obscurité.

« L'abbé Lebeuf, né en 1687. L'un des plus savants hommes dans les
» détails de l'histoire de France. Il aurait été employé par un Colbert, mais
» il vint trop tard. »

Lebeuf, quant à lui, ne songea jamais à se plaindre de son sort. Né sans fortune, il s'était trouvé riche des minces émoluments de son canonicat. Quand il vint à Paris, en 1735, M. de Vintimille avait obtenu pour lui, du cardinal de Fleury, la permission de toucher, à Paris, le revenu de sa prébende (2). C'étaient là, sauf les produits de ses ouvrages, toutes ses ressources; et elles étaient d'autant plus faibles, qu'il ne tarda pas à se démettre de sa dignité de sous-chantre. On y joignit l'expectative d'une pension de 1200 liv., possédée par un ecclésiastique fort âgé, mais qui vécut encore dix ans. Dès que ce titulaire fut mort, Lebeuf s'empressa de résigner son canonicat en faveur de son frère, qui était curé de Venoy, près Auxerre. Longtemps après, quand il était devenu malade et infirme, le cardinal de Larochefoucauld, chargé de la feuille des bénéfices, lui envoya le brevet d'une nouvelle pension de 1000 livres. Lebeuf fut honteux de se voir si riche. Un de ses amis, étant

---

(1) Né à Verberie en 1725, mort en 1787, prieur d'Andrési; auteur d'une Histoire du duché de Valois et de divers autres ouvrages d'histoire et d'économie rurale. Quoiqu'il ait survécu vingt ans à Lebeuf, il n'a pas accompli le dernier vœu de son ami. Le supplément à l'Histoire de Paris n'a jamais paru.

(2) Nous avons pu juger de la modicité de ce revenu en compulsant les comptes du Chapitre d'Auxerre pour l'année 1771. La répartition avait donné, cette année-là, à chacun des cinquante-trois chanoines, 54 bichets de froment, 12 bichets d'avoine et 296 fr. en argent.

venu lui dire que l'opinion publique n'était pas satisfaite par ce que le cardinal avait fait pour lui : *Je m'en doutais bien*, répondit-il, *aussi je ne désirais pas tant, et je suis prêt à le rendre.* Son ami eut bien de la peine à lui faire entendre qu'on se plaignait, non pas de l'excès du bienfait, mais de sa médiocrité. Il désapprouva fort cette façon de penser, dit Lebeau à qui nous empruntons cette anecdote, et le pensionnaire fut le seul qui trouva la pension trop forte.

Sa vie était, en effet, si simple et si frugale, que, malgré l'exiguité de sa fortune, il ne connut jamais la gêne. Dans les premières années de son séjour à Paris, il logeait chez un perruquier de la rue Saint-Jacques, appelé Bussière. Ensuite, il reçut l'hospitalité au collège de Cambrai ; puis, à celui des Trois-Évêchés. Dans ses dernières années, ayant été promu au petit bénéfice de chapelain du Saint-Sépulcre, il vint demeurer rue des Bourdonnais, pour être à portée de son église collégiale, qui était rue Saint-Denis. Sur sa faible pension et sur les très-modiques ressources que pouvait lui procurer sa plume, il avait pourtant trouvé le moyen de fonder déjà un lit à l'hôtel-Dieu d'Auxerre, et un autre à l'hospice des incurables de Paris, à la nomination de sa famille, du prix de 10,000 liv. Il avait aussi, de son vivant, donné au Chapitre d'Auxerre, les médailles d'or qu'il avait obtenues dans les concours académiques et une partie de ses livres. La bibliothèque de la ville d'Auxerre conserve encore quelques-uns de ces précieux livres, dont les marges sont chargées de notes de ce savant écrivain.

Le catalogue détaillé de ses ouvrages semblerait être celui d'une bibliothèque. Indépendamment des livres qu'il publia lui-même, on compte plus de deux cent soixante dissertations, insérées sous son nom, dans les divers recueils littéraires du temps. Encore n'est-ce pas tout ; car, selon la table alphabétique du Journal de Verdun de 1759, il s'y trouve beaucoup d'autres pièces qu'il n'a pas signées, mais que l'on peut, dit le journaliste, reconnaître à l'érudition qui les caractérise. Nous donnerons, toutefois, à la suite de cette notice, une liste générale de ses œuvres, aussi complète que possible. Nous y ajouterons le texte de son testament, et celui d'une épitaphe composée, pour lui, par le chanoine Potel, son ami, et que le Journal de Verdun a recueillie au mois de février 1761, p. 135. Ce n'est pas précisément un modèle de style lapidaire ; mais elle a de l'intérêt, comme une fidèle esquisse de la physionomie, du caractère et des œuvres de cet homme si simple et si laborieux, si ingénieux et si savant. On trouvera aussi, en tête de cette édition, son portrait lithographié d'après le tableau qui existe à la bibliothèque d'Auxerre.

Nous n'avons rien dit encore du style de notre auteur. C'est sur quoi se dédommage d'ordinaire une critique chagrine, qui veut trouver toujours un côté défectueux. Nous devons avouer que son style manque d'élégance, qu'il est dur et pesant. Pourtant, qu'on n'exagère rien; sa phrase n'est jamais, ni obscure, ni chargée de circonlocutions. Et sa manière n'est, dans sa naïveté, ni sans originalité, ni sans caractère. D'autres excuseront cette rudesse en disant (1) : « qu'un auteur qui a passé les trois quarts de sa vie à lire des ouvrages écrits, » ou dans une langue étrangère, ou d'un style barbare et hérissé de phrases » et de mots hors d'usage, et le reste à les extraire et à en tirer le suc, n'est » pas obligé d'écrire comme celui qui ne s'occupe que des mots ou de la » délicatesse des tours de la langue, qui fait son premier objet. » Pour nous, dussions-nous encourir la disgrâce des puristes, nous confesserons que nous trouvons plus de saveur dans la lourde, mais forte et brève accentuation de Lebeuf, que dans la correcte et pâle phraséologie de tant d'écrivains de nos jours, chez lesquels l'inélégance est rare peut-être, mais moins rare pourtant que la vigueur, le caractère et la couleur.

On trouve une notice sur Lebeuf, dans le Journal de Verdun, du mois de juillet 1760. Elle est, comme nous l'avons déjà dit, de Dreux du Radier, qui l'a rédigée sur des pièces officielles que lui confia l'exécuteur testamentaire. Le secrétaire perpétuel de la Société des sciences et belles-lettres d'Auxerre, M. Lepère, lut, le 27 octobre suivant, devant cette compagnie, un éloge de son savant compatriote. Cette pièce se trouve dans les manuscrits de l'honorable secrétaire, qui sont conservés à la bibliothèque de la ville. Elle a d'ailleurs été imprimée en 1761, dans le Censeur hebdomadaire. On y trouve beaucoup moins de faits qu'on ne se croirait en droit d'en attendre. Au mois de novembre de la même année, Lebeau en prononça un autre devant l'Académie des inscriptions; il fut inséré au tome XIX des Mémoires de l'Académie. Enfin le pseudonyme Claude Gauchet a donné, en 1843, sur le même sujet, et en tête de son recueil des dissertations de Lebeuf, une notice plus complète que chacune des précédentes. Nous avons profité de ces divers travaux, que nous ne nous sommes pas fait scrupule de citer souvent, et parfois de transcrire littéralement, en les contrôlant les uns par les autres. La tradition locale, les divers ouvrages de Lebeuf et les documents manuscrits d'Auxerre et de la Bibliothèque du Roi, nous ont permis d'y ajouter beaucoup de faits, et de

---

(1) Dreux du Radier, journal de Verdun, juillet 1760, p. 46.

rectifier les erreurs que n'avaient pu éviter les premiers biographes. Puisse, ce travail, mettre nos concitoyens à portée de connaître et d'honorer dignement le grand et vénérable savant, qui est, encore aujourd'hui, la plus haute illustration scientifique d'Auxerre.

TESTAMENT DE JEAN LEBEUF.

Fut présent M. Jean Lebeuf, prêtre, chanoine honoraire de l'église d'Auxerre et de l'Académie des Inscriptions et Belles-Lettres de Paris, demeurant à Paris, rue et paroisse Saint-Germain-l'Auxerrois.

Lequel étant, par la grâce de Dieu, en pleine santé de corps et sain des facultés d'esprit, ainsi qu'il est apparu auxdits notaires, par ses maintien et propos, a fait le présent testament qu'il a dicté et nommé auxdits notaires ainsi qu'il suit :

Premièrement, a recommandé son âme au Souverain juge des vivants et des morts, invoqué le secours de la très-sainte Vierge Marie, mère de Jésus-Christ notre divin Sauveur; l'assistance de saint Jean-Baptiste et saint Jean l'Évangéliste ses patrons, la confiance sur les prières des bienheureux anges, saint Pierre et saint Paul, sur ceux des saints patrons du pays d'Auxerre où la Providence a fait naître ledit sieur testateur, saint Pélerin martyr, premier évêque dudit diocèse, et saint Germain, aussi évêque, et saint Regnobert, évêque de Bayeux, patron de la paroisse d'Auxerre, où ledit sieur testateur a eu le bonheur d'être baptisé.

Ordonne, ledit sieur testateur, que son convoi et enterrement soient faits avec toute la simplicité et la modestie chrétiennes, sans tentures ni autres cérémonies mondaines, se rapportant, à cet égard, à la prudence des sieurs exécuteurs testamentaires qui seront ci-après nommés.

Ordonne, ledit sieur testateur, qu'il soit dit un annuel de messes basses pour le repos de son âme dans l'église cathédrale d'Auxerre.

Donne et lègue, ledit sieur testateur, à l'église et fabrique de Saint-Regnobert, dans ladite ville d'Auxerre, la somme de quatre cent cinquante livres pour être employée aux réparations de ladite église; ladite somme une fois payée.

Donne et lègue à Marguerite Montigny, sa domestique, la somme de cinq cents livres, une fois payée, en récompense de ses services, et ce, outre les gages qui se trouveront lui être dus, dans le cas toutefois, et non autrement qu'elle serait encore au service dudit sieur testateur au jour de son décès.

Donne et lègue à l'hôpital général d'Auxerre la somme de trois cents livres une fois payée.

Donne et lègue à M. Lebeuf, son frère, chanoine de ladite église d'Auxerre, et à ses deux sœurs, par égales portions entre eux, avec accroissement au profit des survivants, aussi par égales portions, l'usufruit et jouissance, leur vie durant, de la rente de deux cents livres appartenant audit sieur testateur sur les états de Bourgogne ; et les fonds et propriété de ladite rente, auxquels se trouvera réunie la jouissance par le décès du survivant desdits légataires, à l'Hôtel-Dieu d'Auxerre, à la charge que ledit sieur testateur et sa famille auront part aux prières et aux autres suffrages qui se feront à perpétuité dans ledit Hôtel-Dieu.

Et quant au surplus de tous les autres biens, droits et actions mobiliers et immobiliers qui se trouveront appartenir audit sieur testateur, au jour de son décès, il donne et lègue ledit surplus, sans aucune exception, audit sieur son frère chanoine, et à madame sa sœur, veuve du sieur Lebeuf, notaire à Joigny, qu'il institue ses légataires universels, chacun par moitié, de tous lesdits biens, droits et actions, à condition, par eux, de fournir à la dame Lebeuf, leur sœur, les nourriture et entretien.

Et pour exécuter le présent testament, ledit sieur testateur a nommé et choisi M. Carlier, bachelier de Sorbonne, demeurant à Paris, au collége Mazarin, le priant de lui rendre ce dernier service et d'agréer le don et présent qu'il lui fait, en cette considération, de tous les tomes de l'Académie des Inscriptions et Belles-Lettres qui se trouveront appartenir audit sieur testateur au jour de son décès.

Ledit sieur testateur prie M. Pelard, chanoine d'Auxerre, d'aider de ses conseils, ledit sieur Carlier dans l'exécution du présent testament et d'accepter le don et legs qu'il fait aussi, en cette considération, audit sieur Pelard, des trois volumes in-folio du Spicilége de dom Luc D'Achery.

Ledit sieur testateur prie pareillement ledit sieur Carlier de se charger de faire une seconde édition de l'*Histoire du diocèse de Paris*, composée par ledit sieur testateur, s'il en est besoin, et d'arranger et composer les suppléments et augmentations, faire les changements qu'il estimera convenables, et composer la table générale des matières.

Ce fut ainsi fait, dicté et nommé, par ledit sieur testateur, auxdits notaires soussignés, et ensuite, à lui, par l'un deux, l'autre présent, relu, qu'il a dit bien entendre et y a persévéré, à Paris, en l'étude de Mᵉ de Savigny, notaire, où Mᵉ Silvestre, son confrère, pour ce mandé, s'est rendu.

L'an mil sept cent cinquante-neuf, le seize juillet, sur l'heure de midi, et a signé.

La minute est signée : LEBEUF, DE SAVIGNY et SILVESTRE, ces deux derniers notaires.

EPITAPHE

EXTRAITE DU JOURNAL DE VERDUN,

FÉVRIER 1761, p. 133.

D. D. JOANNIS LEBEUF
PRESBYTERI AUTISSIODORÆI
SANCTÆ AUTISSIODORENSIS ECCLESIÆ OLIM CANONICI
HONORARII ET SUCCENTORIS,
ENCOMIUM FUNEBRE.

VIR INTEGRITATE VITÆ COMMENDATUS,
ASPER IN VICTU,
SINE POMPA FORIS,
SINE LUXU DOMI.

STUPENDAM EJUS ERUDITIONEM
TOT MIRATI HOMINES
QUOT NOVERUNT.

PRISCORUM ECCLESIÆ RITUUM
NOTITIA,
CANTUS ECCLESIASTICI PERITIA,
NULLI SECUNDUS.

IMPERII GALLICI PROVINCIAS
FERE OMNES
PEDES EMENSUS;
REI ANTIQUARIÆ
PERLUSTRATOR SAGAX,
IN EVOLVENDIS CHARTIS
PERSPICAX,
RECONDITA VULGAVIT INSTRUMENTA.

ACADEMIA SUESSIONENSI
QUINARIO PRÆMIO
DONATUS,
SEMEL ET ITERUM.
A REGIA INSCRIPTIONUM ACADEMIA
PARISIENSI CORONATUS,
EJUSDEM SOCIUS EMERITUS
INCLARUIT.

HISTORIÆ PATRIÆ COMMENTARIA
CUM LAUDE PRIMUS
DIGESSIT.

NATALI SOLI FLOS ET DECUS,
LITTERATORUM SOCIETATEM
A CONCIVIBUS INSTITUTAM,
ASCRIPTITIUS ILLUSTRAVIT.

REGIÆ URBIS BASILICAS,
ET SACRAS DIOCESIS ÆDES,
EXQUISITA DESCRIPTIONE
NOBILITAVIT.

SANCTORUM CLIENS ET CULTOR,
ORNANDIS EORUM CAPSIS,
DEVOVIT
AUREA QUÆ TULIT PRÆMIA.

SENIO MINUS GRAVIS
QUAM VIRIBUS EFFÆTUS,
EREPTUS EST ORBI LITTERATO
DIE DECIMA APRILIS
AN M. DCC. LX.
QUANTUM AD GLORIAM,
LONGISSIMUM OEVUM
PEREGIT!

F. Andræas POTEL, s. Autissiodorensis
ecclesiæ canonicus, e societate scient.
et litt. Autissiod.

INDEX DES OUVRAGES,

MÉMOIRES ET DISSERTATIONS,

PUBLIÉS PAR L'ABBÉ LEBEUF.

ÉDITIONS SPÉCIALES.

1. Vie de saint Pélerin, 1er évêque d'Auxerre.—Auxerre, Jean-Antoine Troche, 1716, in-12.

2. Histoire de la vie de saint Vigile, évêque d'Auxerre. — 1722; broch. de 16 p. in-8º.

3. Relation authentique de la conversion de saint Mamert, abbé à Auxerre, décrite par lui-même, ou fondement de l'Histoire ecclésiastique du diocèse d'Auxerre. — Dijon, Augé, 1712 (1722); broch. in-8º de 17 p.

4. Histoire de la Prise d'Auxerre par les Huguenots, et de la Délivrance de la même ville, les années 1567 à 1568, avec un récit de ce qui a précédé et de ce qui a suivi ces deux fameux événements, et les ravages commis à La Charité, Gien, Donzy, Entrains, Cravan, Irancy, Coulanges-les-Vineuses, et autres lieux du diocèse d'Auxerre; le tout précédé d'une ample préface sur les antiquités d'Auxerre, et enrichi de notes historiques sur les villes, bourgs et villages, et sur les personnes principales qui sont nommées dans cette histoire; par un chanoine de la cathédrale d'Auxerre. — Auxerre, J.-B. Troche, in-8º, pag. 288, sans les preuves, les tables et un supplément de pièces justificatives. Cet ouvrage parut en 1724, ainsi qu'on le lit sur quelques exemplaires.

L'année de l'édition est omise dans le plus grand nombre. L'auteur et l'historien sont loués dans les nouvelles littéraires de 1728, p. 1, et dans la Bibliothèque française, t. IV, p. 170, où l'on fait l'extrait de ce livre. Le P. Le Long l'avait annoncé dans sa Bibliothèque Historique de France, p. 71. Il avait aussi annoncé, p. 194 *ibid.*, les Vies des évêques d'Auxerre, par M. Lebeuf.

5. Dissertation sur l'état des anciens habitants du pays Soissonnois, avant la conquête des Gaules par les François. — Paris, J.-B. Delespine, 1735, in-12, p. 706 Cette pièce a remporté le prix de l'Académie de Soissons — Voy. l'extrait de cette Dissertation, p. 2436 et suiv. du Mercure de novembre 1735; au Journal des Savants 1736, janvier, p. 162, édit. in-12, et p. 90. Voy. aussi dans les Observations sur les écrits des modernes, t. III, la lettre 34, où l'on fait un éloge de l'auteur. D. Toussaint Duplessis a attaqué M. Lebeuf au sujet de l'explication qu'il a donnée du mot celtique *dun*; et ses premières observations sont

dans le Mercure de décembre de la même année; les suivantes, dans ceux de 1736, qui seront indiqués ci-après.

6. Dissertation où l'on fixe l'époque de l'établissement des Francs dans les Gaules; où l'on prouve la vérité de l'histoire de la déposition de Childéric, et de l'élection d'Egydius en sa place; où l'on traite de la nature et de l'étendue de l'autorité d'Egydius et de Siagrius dans leurs états, et où l'on avance ce qui paraît de plus vraisemblable sur le lieu de la bataille de Soissons. — Paris, J.-B. de l'Espine, 1736, in-12.

7. Dissertation sur l'époque de l'établissement de la religion chrétienne dans le Soissonnois, et ses progrès jusqu'à la fin du IVe siècle; les noms des premiers évêques de Soissons, et la durée de leur épiscopat jusqu'à la fin du même siècle.— Paris, J.-B. de l'Espine, 1737, in-12.

8. Recueil de divers écrits pour servir d'éclaircissements à l'histoire de France, et de supplément à la Notice des Gaules. — Paris, Jacques Barois fils, 1738, in-12, 2 vol. Ce recueil contient les Mémoires suivants :

Dissertation sur le lieu de Château-Meillant et sur la bataille donnée dans le Berry par les troupes de Chilpéric en 583.

Autre sur le pays des Amognes en Nivernais.

Eclaircissement sur le lieu où furent données deux batailles, en France, les années 596 et 600, et sur un ancien palais des rois de la première race, appelé Massolacus.

Autres sur quelques lieux nommés dans l'ancienne vie de saint Loup.

Sur la véritable position de Latiniacum, Veru ou Vernum et Litanobriga.

Dissertation sur le lieu où fut donnée en 841 la bataille de Fontenoy.

Apologie du sentiment de M. Baillet sur un point d'histoire qui concerne l'église de Bayeux.

Dissertation sur Honorius d'Autun.

Lettre au sujet de deux figures gauloises, avec des recherches sur le Cervulus et Vetula défendu par les Pères de l'Eglise et quelques conciles.

Notice de deux lieux appelés anciennement Chora et Contraginum.

Monuments historiques concernant nos rois du VIIIe et du IXe siècle.

Histoire des origines du monastère de La Charité-sur-Loire, tirée d'un manuscrit inédit du XIIe siècle.

Dissertation sur l'état des sciences dans les Gaules depuis la mort de Charlemagne jusqu'à celle du roi Robert.

Dissertation où l'on prouve que Vellaunodunum des Commentaires de César était Auxerre et que Genabum était aux environs de Gien.

Remarque sur les dons annuels faits anciennement aux rois de France de la seconde race.

Explication de quelques inscriptions marquées sur des médailles et sur des pierres dans les pays Auxerrois, Nivernois et Langrois.

Dissertation sur l'*ascia* sépulchrale des anciens.

Sancti Victricii Rotomagensis episcopi tractatus de laude sanctorum.

Addition sur Metiosedum.

9. Dissertations sur l'Histoire Ecclésiastique et Civile de Paris, suivie de plu-

sieurs éclaircissements sur l'histoire de France. — Paris, Lambert et Durand, 1739, in-12, t. 1er.

Ce volume contient :

Dissertation sur le *vicus Catalocensis* des actes de Sainte-Geneviève.

Nouvelles observations sur les anciens actes de saint Denys, premier évêque de Paris, où l'on montre leur peu d'authenticité.

Observations sur l'antiquité de l'édifice de Notre-Dame de Paris.

Dissertation sur le temps auquel le corps de saint Marcel a été transféré de l'église de son nom dans celle de Notre-Dame.

Mémoire sur l'ancien édifice découvert à Montmartre, en 1737.

Observations historiques et géographiques sur le pays du Maine.

Traité sur les anciennes sépultures.

Dissertation touchant la situation du *campus Vocladensis*, où fut donnée, en 507, la bataille entre Clovis et Alaric.

Recherches sur la position de quelques lieux de la France nommés dans Frédégaire et ses continuateurs.

Supplément à la dissertation sur l'état des sciences en France sous Charlemagne.

Examen critique des trois dernières parties des Annales de Saint-Bertin.

10. Dissertations sur l'Histoire Ecclésiastique et Civile de Paris, suivies de plusieurs éclaircissements sur l'histoire de France, t. II, in-12, 1741. — A Paris, chez Lambert et Durand. — La Dissertation sur l'état des sciences, en France, depuis la mort du roi Robert jusqu'à celle de Philippe-le-Bel, est continuée dans ce volume, qui contient encore :

Dissertation sur l'origine de l'église de Saint-Germain-l'Auxerrois à Paris.

Dissertation sur saint Landry, évêque de Paris.

Sur un château de nos rois de la première race à Belleville, près Paris.

Sur deux anciens châteaux de nos rois de la première race, dont l'un était dans le diocèse de Soissons, et l'autre dans celui de Beauvais, avec quelques remarques sur celui de Maslay, près Sens.

Explications sur la chanson latine du comte Landry faite sous le règne du roi Robert.

Chronique de France, en vers, depuis l'an 1214 jusqu'à 1296.

Sur le poète Fulcoïus qui fleurit en France sous Henri Ier.

Notice de différentes sectes de philosophes qui étaient à Paris au XIIe siècle.

Sur Leonius, poète de Paris et chanoine de Notre-Dame.

Sur quelques auteurs ecclésiastiques qui ont fleuri à Arras au XIIe siècle.

Sur les deux Alain, écrivains français du XIIe siècle.

Extraits littéraires de la vie de saint Thomas de Cantorbéry, écrite par Jean de Sarisbéry, son clerc.

Extrait du roman de Gauthier de Metz, composé en 1245.

Fragments de poésie en langue vulgaire usitée dans le midi de la France dès le XIe siècle.

11. Tome IIIe du même ouvrage, in-12, 1743, contenant :

Dissertation sur le Fontenay du diocèse de Paris.

Eclaircissement sur quelques débordements de la Seine arrivés à Paris sous le règne de saint Louis.

Lettre à M. Fenel sur une église de Paris dont la situation est inconnue.

Dissertations sur plusieurs points de l'histoire des enfants de Clovis Ier, et sur quelques usages des Francs. — Ouvrage couronné par l'Académie de Soissons en 1741.

Vie de Charles V, par Christine de Pisan, avec un avant-propos et des notes très-étendues de Lebeuf.

12. Mémoires sur l'Histoire Ecclésiastique et Civile d'Auxerre. — 2 vol. in-4° 1743.

13. Histoire Ecclésiastique et Civile de Verdun. — In-4°, Paris, 1745. — Cet ouvrage a paru sous le nom du chanoine Roussel, avec augmentations et notes de Lebeuf. Les manuscrits de Roussel avaient, en effet, été mis à la disposition de Lebeuf qui a refondu tout le travail, et l'a si considérablement augmenté, enrichi et complété, qu'il peut être considéré comme de lui.

14. Martyrologium Autissiodorense. — 1 vol. in-4°, sans nom d'auteur, 1751. — Le texte primitif est de deux chanoines d'Auxerre, Mignot et Potel. Il fut revu par Lebeuf qui y ajouta, sous chaque page, des notes bibliographiques, et, à la fin, un index topographique, qu'on considère comme des chefs-d'œuvre d'érudition.

15. Histoire de la ville et de tout le diocèse de Paris avec un détail circonstancié de leur territoire et le dénombrement de toutes les paroisses qui y sont comprises, ensemble diverses remarques sur le temporel desdits lieux. — 15 vol. in-12. Paris, 1754-1758.

MÉMOIRES PUBLIÉS DANS LE MERCURE DE FRANCE.

16. Eloge des vins d'Auxerre et lettres sur leur bonté. — Mercure de novembre 1723, p. 872, et de décembre de la même année, p. 1096.

17. Description des approches de la vendange avec un éloge du vin. — Septembre 1724, p. 1934.

18. Lettre sur la lumière septentrionale. — Novembre 1724, p. 2346. — Les remarques de M. Maraldi, au sujet de cette lettre, sont dans le Journal des Savants, 1725, p. 255.

19. Lettre à M. de la R.... (de la Roque), sur les chasses d'Auxerre, et en particulier sur celles de saint Hubert, où il est traité de l'antiquité de la chasse aux lièvres et l'origine de la dévotion des chasseurs envers saint Hubert. — Janvier 1725, p. 67.

20. Lettres touchant l'évêché de Bethléem, situé dans le diocèse d'Auxerre. — Janvier 1725, p. 101.

21. Lettre au sujet d'une nouvelle découverte de médailles romaines, faite dans le comté d'Auxerre. — Janvier 1725, p. 184.

22. Lettres sur l'annonce faite d'un projet de catalogue général des manuscrits de France. — Juin 1725, p. 1148.

23. Lettre au sujet de l'explication donnée, depuis peu, d'un terme de la basse latinité, où il est parlé d'Abbas Conardorum, de l'abbé des fous et de leur fête. — Juillet 1725, p. 1593.

24. Remarques sur le chant ecclésiastique. — Septembre 1725, p. 1987.

25. Lettre sur l'origine du nom d'Armand. — Novembre 1725, p. 2590.

26. Dissertation sur un tombeau trouvé à Barsac en Gascogne. — Décembre 1725, vol. 1, p. 2813.

27. Seconde lettre au sujet d'un tombeau trouvé à Barsac en Gascogne. — Décembre 1725, vol. 2, p. 2973.

28. Lettre à M. de la R...., sur les médailles trouvées, au mois de janvier dernier, à Lucy-sur-Cure, proche d'Auxerre. — Décembre 1725, vol. 2, p. 3049.

29. Lettre sur la forme des bâtons des chantres et autres usages de l'Eglise, qui paraissent empruntés du paganisme, sur les diptyques des payens, l'offrande des vases ornés de figures du paganisme, sur les trésoriers de l'argenterie des églises, et les usages des anciens trésoriers. — Janvier 1726, p. 17.

30. Remarques sur les anciennes réjouissances ecclésiastiques devant les fêtes de Noël, à l'occasion du mot *defructus*, et sur les abus de la Fête des Fous.— Février 1726, p. 218.

31. Description du Pilota, ancienne danse ecclésiastique usitée dans l'église d'Auxerre, le jour de Pâques, abolie par arrêt du parlement. — Mai 1726, p. 911.

32. Lettre sur la nouvelle édition du Bréviaire de Sens et d'Auxerre. — Juin 1726, vol. 1, p. 1163.

33. Dessein d'un recueil d'hymnes nouvelles avec les plus beaux chants, selon la mesure des vers, où l'on prend la défense de l'Antiphonier de Paris.—Août 1726, p. 1729.

34. Lettre sur la lumière boréale, à l'occasion de celle qui a paru au mois d'octobre 1726. — Novembre 1726, p. 4220.

35. Particularités d'un manuscrit de Toul et d'un de Sens, sur l'enterrement de l'*Alleluia* et autres usages de ce mot, sur la manière de célébrer anciennement, à Sens, la Fête des Fous.— Décembre 1726, vol. 1, p. 2656.

36. Lettre sur les Missorium des anciens et sur les anciens ouvrages de l'orfèvrerie à l'usage ecclésiastique ; sur l'usage des mais, de la ramée et des jonchées pour orner les églises ; sur les divertissements de Vienne et de Nevers, aux fêtes de Plignes ; usage du ballon connu chez les Payens et chez les anciens Gaulois chrétiens. — Mars 1727, p. 483.

37. Lettre sur les fêtages d'Angers, les *defructu* ; sur un tombeau qui se remplit d'eau selon le cours de la lune. Superstition de figures, de pieds attachés aux arbres. — Mai 1727, p. 921.

38. Remarque sur l'amphithéâtre de Montbouy en Gâtinais, et autres arènes du royaume. — Juillet 1727, p. 1498.

39. Lettre sur la découverte faite au mois de juin 1727, à Autun, du corps de saint Lazare. — Décembre 1727, vol. 1, p. 2578.

40. Lettre contre la nouvelle manière de noter le plain-chant, inventée par M. de Moz. — Février 1728, p. 217.

41. Observations sur les lunaisons : si elles doivent porter le nom des mois ; sur

l'embolisme, le saut de la lune, l'annonce de la fête de Pâques, les cycles, tables pascales. Vers des anciens calendriers. — Février 1728, p. 269.

42. Remarques sur les géants et sur la chatte d'un solitaire.—Mars 1728, p. 448.

43. Règles pour la composition du plain-chant. — Juin 1728, vol. 1, p. 1162, vol. 2, p. 1300.

44. Réfutation d'un mémoire au sujet de la ville de Saint-Paulien en Vellai, méprises occasionnées par la ressemblance des lettres N et V. — Juillet 1728, p. 1519.

45. Réflexions sur la nouvelle manière de noter le plain-chant, inventée par M. de Moz. — Novembre 1728, p. 2350, et décembre vol. 1, p. 2271.

46. Lettre sur des médailles découvertes proche Brienon-l'Archevêque. Notice de cette petite ville du diocèse de Sens. — Janvier 1729, p. 51.

47. Lettre sur l'expression usitée en France : *se marier en face d'Eglise.* — Février 1729, p. 226.

48. Observation sur l'inscription des reliques de saint Clément, dont il est parlé dans les Mém. de Trévoux du mois d'août 1728. — Mars 1729, p. 433.

49. Réponse aux questions proposées dans le Mercure de novembre 1728, à l'occasion de quelques contestations musicales formées à Troyes en Champagne. — Mai 1729, p. 844.

50. Observations sur deux antiquités : l'une de Normandie, l'autre de Lorraine. — Juin 1729, vol. 1, p. 1112.

51. Examen de quelques manuscrits sur sainte Marie-Madeleine, où après avoir avoué qu'une partie des traditions provençales est plus ancienne que M. de Launoy ne l'avait cru, on revient à son sentiment, et l'on prouve que l'étendue du culte de cette sainte dans les églises de France, a dû venir directement de l'Orient, ou de Vézelay en Nivernais, et non pas de la Provence. — Juin 1729, vol. 1, p. 1123, et vol. 2, p. 1268.

52. Description de la cérémonie du baptême d'un sauvage de l'Amérique, administré solennellement dans l'église cathédrale d'Auxerre, la veille de la Pentecôte, 1729. — Juin 1729, vol. 2, p. 1305.

53. Mémoire sur la messe grecque de l'abbaye de Saint-Denys, et sur l'usage de la communion générale du Vendredi-Saint dans l'abbaye de Saint-Victor de Marseille. — Juillet 1729, p. 1533.

54. Remarques sur les spectacles que les ecclésiastiques et les religieux donnaient anciennement au public hors le temps de l'office, et en particulier sur une tragédie de saint Nicolas, telle qu'on la représentait au XIII siècle. — Décembre 1729, vol. 2, p. 2981.

55. Question sur le rhume et sur certains régimes de santé recommandés par les anciens. — Février 1730, p. 285.

56. Réponse à la question proposée par un chanoine de Beauvais sur saint Oudart. — Mars 1730, p. 439.

57. Conjecture sur les pleureuses des funérailles des anciens. — Avril 1730, p. 709.

58. Mémoire sur les antiquités de Northumberland en Angleterre, et en particulier sur les évêques d'Augulstad. — Juin 1730, vol. 1, p. 1063.

59. Procès ecclésiastique à juger entre les Normands et les Bourguignons, sur saint Flocelle, martyr. — Même vol., p. 1122.

60. Lettre sur quelques restes de la fête de Bacchus. — Octobre 1730, p. 2185.

61. Remarque sur le Journal de Paris, sous les règnes de Charles VI et de Charles VII, nouvellement imprimé. — Décembre 1730, vol. 1, p. 2616.

62. Lettre au sujet des anciens règlements sur les habits et sur la dépense de bouche dont il est fait mention dans le Mercure de septembre 1730. — Décembre 1730, vol. 1, p. 2624.

63. Réflexion touchant la correction d'un endroit des traductions d'Horace. — Janvier 1731, p. 87.

64. Lettre sur le bruit nocturne entendu à Ansac, au diocèse de Beauvais. — Février 1731, p. 333.

65. Observations sur deux colonnes milliaires : l'une située entre Langres et Dijon, l'autre entre Dijon et Vienne. — Mars 1731, p. 481.

66. Lettre sur une inscription romaine découverte nouvellement à Auxerre. — Mai 1731, p. 1045. — Cette lettre a été combattue par M. Polluche, d'Orléans. — Juillet 1731, p. 1687. (L'inscription est : *Pro salute Dominorum V. S. L. M. dedicavit Modesto et Probo cos.* An de Rom. 981, de J.-C. 228.)

67. Lettre sur une urne et des médailles nouvellement trouvées à une lieue d'Auxerre. — Juin 1731, vol. 1, p. 1207.

68. L'apparition de l'ombre de M. Thiers à un chanoine régulier de la réforme de saint Quentin de Beauvais. — Juin 1731, vol. 2, p. 1429.

69. Lettre sur le Coureur de Senlis. — Août 1731, p. 1912.

70. Lettre sur les villes d'Auxerre et de Joigny. — Même volume, p. 1930.

71. Lettre sur la sécheresse de l'année 1731, et sur la maladie des bestiaux en certains pays. — Septembre 1731, p. 2153.

72. Voyage dans les Etats de Bacchus. — Septembre 1731, p. 2106.

73. Réponse aux remarques de M. Polluche, sur l'inscription trouvée à Auxerre, où l'on établit l'autorité de l'historien Lampride. — Octobre 1731, p. 2334. — Cette réponse est adressée à M. le président Bouhier, de l'Académie française.

74. Plaintes de la rivière d'Yonne : lettre écrite au nom d'un Sénonais. — Décembre 1731, vol. 1, p. 2791.

75. Lettre au sujet du Provençal qui a combattu le livre du P. Le Brun, sur la comédie, avec quelques remarques sur un des discours de M. l'abbé Fleury, nouvellement imprimé, touchant l'antiquité des poésies pieuses en langue vulgaire. — Décembre 1731, vol. 2, p. 2969.

76. Lettre à M. Herluyson, chanoine de Troyes, sur le choix que les musiciens ont fait de sainte Cécile pour leur patronne. — Janvier 1732, p. 21.

77. Lettre à M. Drouillère, chanoine de Notre-Dame-de-la-Cité d'Auxerre, sur l'antiquité et la durée de l'usage d'employer le terme *d'adorer* envers d'autres qu'envers Dieu. — Février 1732, p. 251.

78. Réponse à la lettre écrite de Soissons, sur saint Front, premier évêque de Périgueux, insérée dans le Mercure d'avril 1731, dans laquelle on réfute les fausses traditions des Périgourdins. — Mars 1732, p. 466.

79. Remarque sur un endroit de l'histoire de l'église de Meaux, donnée par

D. du Plessis. — Avril 1732, p. 687. — M. Polluche, d'Orléans, fit paraître sa réplique à l'occasion de l'inscription d'Auxerre. — Avril 1732, p. 674.

80. Lettres sur les préservatifs contre le tonnerre et contre les maladies du corps humain. — Mai 1732, p. 903.

81. Confirmation de la lettre au sujet du mauvais choix que les musiciens ont fait de sainte Cécile pour leur patronne, avec quelques remarques sur les abus qu'on peut faire de la musique. — Juin 1732, vol. 1, p. 1081.

82. Récit de la cérémonie singulière de la réception de M. le comte de Chastellux à une prébende de l'église d'Auxerre, le 2 juin 1732. Il y avait 37 ans que son père avait été reçu. — Même volume, p. 1248.

83. Lettre au P. du Sollier, jésuite d'Anvers, continuateur de Bollandus, touchant le B. Nicolas Appleini, chanoine de Prémery au diocèse de Nevers, sous le règne de Louis XI. — Juillet 1732, p. 1471.

84. Défense d'un trait historique de Lampride sur Ovidius Camillus, adressée à M. Bouhier, président au parlement de Dijon. — Août 1732, p. 1709.

85. Lettre apologétique en faveur de l'ordonnance de Bacchus, qui donne aux vins d'Auxerre la préférence sur ceux de Joigny. — Septembre 1732, p. 1912.

86. Remarque sur la nouvelle publication de l'inscription, qu'on voyait ci-devant au portail de Sainte-Croix d'Orléans, touchant un affranchissement. — Octobre 1732, p. 2105.

87. Lettre sur le siècle où a vécu Pierre de Natatibus, sur la situation de son évêché et sur la singularité de son ouvrage de la vie des saints. — Novembre 1732, p. 2316.

88. Remarques curieuses sur le pays de Beauvaisis, faites dans un voyage de l'an 1732. — Janvier 1733, p. 36.

89. Remarques sur quelques endroits de la neuvième lettre du voyage de Normandie, de M. de la Roque, et particulièrement sur saint Renobert, évêque de Bayeux. — Mars 1733, p. 442.

90. Lettre sur l'usage des habits canoniaux et militaires réunis dans la même personne, à l'occasion de la réception de M. de Chastellux à une prébende d'Auxerre. — Même volume, p. 472.

91. Addition à cette lettre. — Avril 1733, p. 730.

92. Réponse à M. de la Roque, auteur du Mercure, sur un Mémoire venu d'Amiens, touchant la cérémonie de la première entrée des évêques de cette ville. — Juillet 1733, p. 1615.

93. Lettre sur la cérémonie du *deposuit* et sur l'ancien usage des bâtons des confréries. — Août 1733, p. 1764.

94. Lettre sur une collection de qualifications données à plusieurs villes de France. — Septembre 1733, p. 1975.

95. Examen des conjectures de M. Clerot, avocat à Rouen, sur la situation de l'ancien palais royal de Vetera Domus. — Octobre 1733, p. 2136.

96. Lettre sur les bains de Toul et sur les Valentines de Metz. — Décembre 1733, vol. 2, p. 2833.

97. Lettre à M. Fenel, chanoine de Sens, touchant l'origine du proverbe : *li chanteor* de Sens. — Février 1734, p. 240.

98. Mémoire touchant les traditions populaires au sujet de l'occurence de la fête de Pâques au 25 avril. — Mars 1734, p. 485.

99. Idée de la nouvelle histoire de saint Filibert de Tournus, avec quelques observations. — Août 1734, p. 670.

100. Dissertation touchant le lieu de la sépulture de saint Agnan, évêque d'Orléans. — Mai 1734, p. 838.

101. Lettre à M. Cheret, chanoine de Chartres, au sujet de la légende d'une sainte Elème, déclarée fausse par plusieurs docteurs de Sorbonne. — Juin 1734, vol. 1, p. 1681.

102. Remarques sur l'origine du jubilé de Lyon de l'année 1734. — Juin, vol. 2, p. 1324.

103. Lettre à M. Juenin, chanoine de Tournus, auteur de la nouvelle histoire de l'abbaye de Tournus, au sujet de saint Valérien martyr du même pays. — Juillet 1734, p. 1533.

104. Observation touchant les anciennes manumissions, adressée à M. Maillart, avocat au parlement. — Septembre 1734, p. 1953.

105. Lettre au même, pour soutenir la vérité du fond de l'histoire du chien de Montargis. — Novembre 1734, p. 2342.

106. Discours sur l'état des sciences dans l'étendue de la monarchie française, sous Charlemagne. Cette pièce est la première qui ait remporté le prix de l'Académie des inscriptions et belles-lettres; elle se trouve tout entière dans les Mercures de juin et juillet 1734. Paris, Louis Guérin, 1734, in-12. On en lit l'extrait dans le Journal des Savants, de décembre 1734, p. 2178, édit. in-12. On y loue les recherches et la solidité des remarques dont cette dissertation est remplie.

107. Remarques sur certaines dénominations particulières des villes et sur la cause pour laquelle les noms de *le roy* et de *le prince* sont si communs en France. — Février 1735, p. 260.

108. Lettre écrite à M. Fenel, chanoine de Sens, sur le lieu d'une bataille donnée en Bourgogne, l'an 926. — Février 1735, p. 268.

109. Lettre à un curieux de la ville de Bourges, sur les jeux et causes usités dans quelques villages, et surtout le jeu de la sole usité dans le Berry, et la cause de la futaine. — Mars 1735, p. 424.

110. Lettre à M. Dunod, professeur en l'université de Besançon, sur sa nouvelle histoire des Séquanais, et en particulier sur la ville autrefois dite *Portus Bucini*. — Mars 1735, p. 491.

111. Lettre à M. l'abbé Poncy de Neuville, à l'occasion de son Testament du sanglier, dans lequel on rapporte celui de Grunnius Porcellus. — Avril 1735, p. 626.

112. Lettre au sujet des nouveaux livres qui paraissent sur les anciennes représentations de théâtre, avec une suite de l'extrait du manuscrit de Saint-Benoît-sur-Loire, où sont les tragédies latines de saint Nicolas, du xiiie siècle. — Avril 1735, p. 698.

113. Explication du terme *prisio* et de quelques usages burlesques du xiiie siècle et depuis. — Mai 1735, p. 890.

114. Remarques envoyées à M. Fenel, chanoine de Sens, sur d'anciens manus-

crits de Sens, d'Auxerre et du pays Boulenois, où il est traité de Guillaume de Champagne, archevêque de Sens. — Juin 1735, p. 1124.

115. Observations sur la nouvelle vie de saint Exupère et de saint Loup, évêques de Bayeux. — Décembre, vol. 1, p. 2567.

116. Lettre sur une inscription de la déesse Vesta, trouvée nouvellement à Sens. — Même volume, p. 2572.

117. Réponse aux observations de D. du Plessis, insérées dans le Mercure de Décembre 1735, vol. 1, touchant la signification du mot de *Dun* ou *Doun* chez les Celtes. — Janvier 1736, p. 18.

118. Lettre sur deux inscriptions nouvellement découvertes à Sens. — Février 1736, p. 265.

119. Réponse aux observations de D. du Plessis, imprimées dans le Mercure de mars 1736, touchant le mot Celtique *Dunum* et sur le pays de Tellau, situé dans la Neustrie. — Mai 1736, p. 619.

120. Additions à la dissertation sur le pays Soissonnais, adressées à M. Maillart, avec quelques réflexions sur la nouvelle réponse de D. du Plessis, insérées dans le Mercure de juin. — Juin 1736, vol. 2, p. 1289.

Les trois lettres de D. du Plessis ont été imprimées la même année avec les réponses de l'auteur, à Paris, chez J.-B. de l'Espine, in-12.

121. Lettre à D. Sébastien Marié, religieux de l'abbaye de Chaâlis, touchant quelques circonstances de la vie de saint Louis, qui ont rapport avec cette abbaye. — Septembre 1736, p. 1953.

122. Extrait de la vie de Gassendi, nouvellement publiée par le P. Bougerel, avec quelques observations. — Décembre 1736, p. 2913.

123. Lettre à M. Bailly, curé des Invalides, au sujet de la vie de saint Louis, en lui envoyant les premières vêpres du nouvel office de ce saint. — Février 1737, p. 238.

124. Apologie du sentiment de ceux qui doutent que saint Louis soit né à Poissy, et qui le croient né à la Neuville-en-Hez, au diocèse de Beauvais. — Mars 1737, p. 412. — Cet écrit, entrepris pour appuyer le sentiment de deux savants de Paris, a été attaqué par le R. P. Mathieu Texte, sous-prieur des Dominicains du faubourg Saint-Germain, dans plusieurs écrits insérés dans le Mercure de la même année, et imprimés séparément. On trouve dans le Mercure de Novembre, p. 2320, une partie des réponses faites au P. Texte, sous le titre d'Observations sur les ouvrages de Bernard Guidonis, ou Mémoires pour servir à l'Histoire littéraire de la France au XIV° siècle.

125. Supplément au Mémoire inséré dans le Mercure, sur le village de Bretigny, proche Paris. — Mars 1737, p. 472.

126. Lettre à D. Antoine Rivet, bénédictin, sur un manuscrit de saint Victrice, évêque de Rouen. — Mars 1737, p. 545.

127. Lettre à M. Clérot, avocat à Rouen, sur le même ouvrage de saint Victrice et sur le mot celtique *Dunum*. — Mai 1737, p. 916.

128. Réponse au doute proposé touchant l'auteur des Annales dites de saint Bertin. — Même volume, p. 837.

129. Lettres sur les orgues, à l'occasion de ce qui est dit de celles de la cathédrale d'Alby dans le Mercure de juillet 1737. — Août 1737, p. 1750.

130. Lettre sur un manuscrit liturgique du Mont-Cassin, faussement attribué à saint Mamert, évêque de Vienne. — Décembre 1737, vol 2, p. 2777.

131. Extrait du livre de *liturgia romani pontificis*, imprimé à Rome en 1731, avec quelques observations. — Décembre 1737, vol. 2, p. 2843; et janvier 1738, p. 26.

132. Réveil de Roger Bon-Temps, ou observations sur maître Roger de Collerye, poète peu connu, qui vivait sous François Ier, et qui peut avoir donné occasion au proverbe de Roger Bon-Temps. — Décembre 1737, vol. 2, p. 2815.

133. Lettre sur un ancien édifice romain, nouvellement reconnu à Mont-Martre, proche Paris. — Janvier 1738, p. 47.

134. Lettre adressée aux auteurs du Mercure, par un voyageur littéraire, contenant quelques remarques sur le voisinage de Paris, entre autres sur l'église de Poissy. — Mars 1738, p. 428.

135. Lettre sur l'Ordre religieux dont a été saint Edme de Cantorbéry. — Même vol., p. 436.

136. Lettre sur l'annonce de la mort de personnes centenaires. — Avril 1738, p. 677.

137. Réponse à l'anonyme de Lyon, touchant l'explication d'un nom usité parmi le vulgaire de Mont-Martre, proche Paris. — Mai 1738, p. 907.

138. Suite de l'extrait des poésies de maître Roger de Collerye. — Juin 1738, vol. 1, p. 1043.

139. Lettre touchant un endroit considérable de Grégoire de Tours, qui concerne la ville de Lyon, tiré d'un ancien manuscrit du diocèse de Mâcon. — Juillet 1738, p. 1557.

140. Lettre au P. Teste, dominicain, au sujet de ses derniers écrits sur le lieu de la naissance de saint Louis, avec deux inscriptions remarquables en l'église de Garches, proche Paris. — Août 1738, p. 1746.

141. Extrait de la lettre au sujet des pierres de foudre tombées en Artois au mois de juin 1738. — Septembre 1738, p. 1986.

142. Lettre sur le titre de *Mercure de France*, et sur l'antiquité des fenêtres de verre dans le royaume. — Octobre 1738, p. 2114.

143. Lettre au sujet du doute proposé dans le Journal de Verdun (Septembre 1738) touchant la situation de Montmirail, où il fut parlé de reconciliation entre saint Thomas de Cantorbéry et Henri II, roi d'Angleterre. — Même vol., p. 2120.

144. Mémoire adressé au P. Niceron touchant Annibal Gantez, auteur de Bourgogne peu connu. — Décembre 1738, vol. 1, p. 2548.

145. Mémoire sur Pierre Grognet, poète français du diocèse d'Auxerre, qui fut célèbre sous François Ier et qui est fort peu connu de nos jours. — Mars 1739 p. 467.

146. Second Mémoire sur le même sujet, avec un catalogue de plusieurs anciens poètes français, tiré de Pierre Grognet et d'un manuscrit. — Juin 1739, vol. 1, p. 1094.

147. Réponse aux difficultés formées par M. Joly, chanoine de La Chapelle-au-

Riche à Dijon, touchant la patrie et le nom de Pierre Grognet. — Juillet 1739, p. 1508.

148. Lettre à M. Fenel, chanoine de l'église métropolitaine de Sens, au sujet de l'établissement de la Société littéraire d'Arras. — Juin 1739, vol. 1, p. 1156. Cette lettre attira à l'auteur deux réponses écrites d'Arras, imprimées dans le Mercure d'octobre 1739, p. 2374, et dans celui de décembre, vol. 2, p. 3002.

149. Ancien Mémoire adressé à D. Nicolas Toustain, bénédictin, continuateur du Glossaire de du Cange, touchant les lieux nommés mal à propos : Villeneuve-aux-Aulnes, La Villette-aux-Aulnes; au lieu de Villeneuve-aux-Asnes, La Villette-aux-Asnes. — Juin 1739, vol. 1, p. 1141.

150. Extrait du VIe tome des Annales bénédictines.— Cet extrait, dont le commencement est dans le Mercure de Janvier 1739, est continué et accompagné de notes dans le Mercure de Juin 1739, vol. 2, p. 129.

151. Lettre au sujet des observations de D. de Lannes sur le *Salve Regina*, où l'on prouve l'antiquité de cette antienne. — Septembre 1739, p. 1923.

152. Lettre écrite au sujet d'une singularité concernant l'ancien office de saint Nicolas. — Novembre 1739, p. 2533.

153. Lettre au sujet de l'édition des Mémoires Historiques sur les évêques et les comtes d'Auxerre, que l'auteur se dispose de donner au public. — Décembre 1739, vol. 1, p. 2828.

154. Projet d'une description des paroisses de la campagne voisine de Paris, situées dans le diocèse de cette capitale. — Décembre 1739, vol. 2, p. 3106.

155. Lettre écrite au R. P. Dom Jacques Duval de l'abbaye de Saint-Germain-des-Prez, au sujet de l'antiquité prétendue de la ville de Nevers. — Mai 1740, p. 807.

156. Lettre aux auteurs du Mercure pour déterminer l'anonyme, qui leur a écrit à son sujet, à se faire connaître ou à envoyer ses Mémoires sur le projet de la description historique du diocèse de Paris. — Mai 1740, p. 915.

157. Observations sur la mort d'un frère et d'une sœur plus que centenaires. — Juin 1740, vol. 2, p. 1356.

158. Lettre avec d'anciens vers qui contiennent la fondation de l'abbaye de Chaâlis. — Juillet 1740, p. 1502.

159. Remarques sur une inscription nouvellement découverte à Lyon. — Juillet 1740, p. 1516.

MÉMOIRES PUBLIÉS DANS LE JOURNAL DE VERDUN.

160. Lettre sur l'entrevue de Louis VII et de Henri II, roi d'Angleterre, à Montmirail. — Novembre 1738, p. 326.

161. Dissertation où l'on recherche depuis quel temps le nom de France a été en usage. — Décembre 1740, p. 416.

162. Réponse à la critique de M. Pottier sur les Diablintes. — Février 1741, p. 109-112.

163. Observations critiques sur le calendrier historique et ecclésiastique de M. Lefèvre. — Avril 1748, p. 255-260.

164. Lettre sur la situation de Bibrax. — Septembre 1750, 275.

165. Réponse sur la date *Dominica isti sunt dies*. — Octobre 1750, p. 274.

166. Lettre sur les jubés. — Mars 1751, p. 208.

167. Conjecture sur la date de l'Angoul-aoust. — Ibid.

168. Lettre sur la date du jeudi magnificat, ou premier jeudi de Carême. — Mai 1751, p. 372.

169. Observations sur l'origine des samedis gras. — Juillet 1751, p. 34.

170. Sur le roi des Ribauds. — Novembre 1752, p. 285. — Sur les feux de la saint Jean.

171. Remarques critiques sur le XLe tome des Bollandistes. — Septembre 1751, p. 190-197.

172. Lettre sur les squelettes trouvés à Asnières. — Avril 1752, p. 274.

173. Lettre sur le jour verd. — Juin 1752, p. 447.

174. Lettre sur une offrande singulière faite à Jean de Meulent, évêque de Meaux, par un monnoyeur nommé Thibaut de Brie. — Ibid.

175. Projet d'une description du diocèse de Paris. — Mai 1740, p. 305.

176. Conjectures sur les anneaux et bandes de fer trouvés avec un squelette humain à Appoigny. — Août 1752, p. 129.

177. Lettre sur le Père Provost, bibliothécaire de Sainte-Geneviève. — Ibid.

178. Lettre sur une inscription romaine trouvée proche de Paris. — Septembre 1752, p. 195.

179. Remarque sur l'importance de bien lire les anciens titres, à propos des reliques de sainte Honorine. — Octobre 1752, p. 281.

180. Lettre sur la tombe de Marguerite de Challon, qui se voit dans le chapitre des chartreux de Paris. — Octobre 1753, p. 272.

181. Projet de l'édition des *Vies des Saints* de Baillet et du *Recueil des Bollandistes*. — Novembre 1753, p. 363.

182. Lettre sur la date du lundi des trois semaines de la saint Jean. — Mars 1753, p. 206.

183. Observations sur le 1er tome des Bollandistes contenant les *Acta sanctorum* du mois de septembre. — Avril 1753, p. 202.

184. Observations sur un ancienne inscription trouvée sur un tombeau dans le faubourg Saint-Marceau de Paris. — Mai 1753, p. 303.

185. Lettre sur saint Reverend, et son article dans le *Recueil des Bollandistes*. — Février 1754, p. 122.

186. Autre sur saint Gengoulf et la punition de sa femme. — Mars 1754, p. 189.

187. Observations sur la cuve antique de saint Martin de Tours. — Août 1754, p. 128.

188. Preuve de la bataille livrée à Fontenay ou Fontenoy, le 25 juin 841. — Février 1755, p. 110.

189. Observations critiques sur l'Histoire de France de M. l'abbé Velly. — Avril, 1755, p. 279.

190. Remarques sur les causes de l'exil de saint Loup. — Mai 1755, p. 368.

191. Mémoire sur la construction de l'église de Verdun. — Juin 1755, p. 449.

192. Remarques sur les chiffres arabes et leur ancienne figure. — Juillet 1755, p. 38.

193. Lettre sur la vie de saint Alderade, chanoine de Troyes.

194. Remarques sur la bienheureuse Alpaïs de Cudot. — Mars 1752, p. 192.

195. Examen de la charte du duc Jean de Bourgogne de 1404 sur les cochons de saint Antoine de Norges en Bourgogne. — Février 1756, p. 120.

196. Anecdote sur Etienne de la Chapelle et Philippe Berruyer, archevêque de Bourges. — Ibid., p. 122.

NOTICES PUBLIÉES DANS LES MÉMOIRES DE L'ACADÉMIE DES INSCRIPTIONS ET BELLES-LETTRES.

197. Notice sur le manuscrit des chroniques de Saint-Denis. — Mémoires de l'Académie des Inscriptions. Tome XVI, p. 195.

198. Autre sur les actes de saint Louis. — Même vol., p. 196

199. Mémoire sur les monnaies du règne de saint Louis. — Même vol., p. 191.

200. Deux autres sur Philippe de Maizières. — Même vol., p. 219.

201. Dissertation sur des inscriptions trouvées récemment à Lyon. — Tome XVIII, p. 242.

202. Observations sur la table de Peutinger. — Même vol., p. 249.

203. Autre sur le manuscrit des Annales de Saint-Bertin. — Même vol., p. 274.

204. Autre sur un canton habité par un peuple appelé *Cupedienses*. — Même vol., p. 202.

205. Autre sur l'époque de la bataille de Fontenoy. — Même vol., p. 303.

206. Autre sur le temps où on a commencé, dans l'Eglise, à former un corps de canons et lois civiles. — Même vol., p. 346.

207. Mémoire sur la position d'un palais de nos rois de la première race. — Tome XXI, p. 100.

208. De trois histoires fabuleuses sur Charlemagne. — Même vol., p. 136.

209. De l'assemblée générale de l'*indict* et depuis de *landit* qui se tenait dans la plaine Saint-Denis. — Même vol., p. 167.

210. D'une ancienne statue récemment ôtée du parvis de l'église cathédrale de Paris. — Même vol., p. 182.

211. Conjecture sur un anneau d'or trouvé à Bayeux. — Même vol., p. 185.

212. Du lieu désigné dans les Capitulaires de Charles-le-Chauve sous le nom de *pagus Stadinisus*. — Même vol., p. 187.

213. Sur les ouvrages de Raoul de Presles. — Même vol., p. 203.

214. Sur les usages observés par les Français, dans leurs repas du temps de la première race. — Même vol., 191.

215. Sur le temps où vivait l'historien Roricon et sur l'autorité qu'il doit avoir. — Même vol., p. 228.

216. Sur la vie de Philippe de Maizières. — Même vol. p. 491.

217. Sur les plus anciennes traductions en langue française. — Même vol., p. 709.

218. Dissertation sur la situation de l'île dite *Oscellus* dans les manuscrits du ixe siècle. — Tome xx, p. 91.

219. Autre sur le même sujet. — Même vol., p. 134.

220. Mémoire sur les chroniques Martiniennes. — Même vol., p. 224.

221. De l'usage d'écrire sur des tablettes de cire. — Même vol., p. 267.

222. Notice sur deux volumes de poésies latine et française conservés dans la bibliothèque des Carmes de Paris. — Même vol., p. 377.

223. Mémoire sur quelques antiquités du diocèse de Bayeux. — Tome xxi, p. 489.

224. Dissertation sur la reine Pédauque. — Tome xxiii, p. 227.

225. Mémoire sur les antiquités de Périgueux. — Même vol., p. 201.

226. Dissertation sur les Annales Védastines. — Tome xxiv, p. 587.

227. Autre sur le même sujet. — Même vol., p. 713.

228. Observation sur l'ancienne situation de Bordeaux, et l'origine de son nom. — Même vol., 27-145.

MÉMOIRES PUBLIÉS DANS LES MÉLANGES DE LITTÉRATURE DU PÈRE DESMOLETS.

229. Lettre sur un calendrier ecclésiastique pour un nouveau bréviaire, où l'on propose des règles sur cette matière. Continuation des Mémoires de littérature recueillis par le P. Desmolets, tom. i, part. 1, imp. en 1726, p. 320.

230. Cas de conscience proposé à MM. les docteurs de Sorbonne, savoir : s'il est permis à un chanoine, étant au chœur, de réciter en son particulier un autre office que celui que l'on chante publiquement. — Dans le même vol., p. 405.

231. Lettre à l'abbé D.... écrite en faveur du sentiment de M. Bocquillot, chanoine d'Avallon, sur les tombeaux du village de Quarré en Bourgogne, où l'on prouve que c'est un reste de magasin d'anciens tombeaux. — Ibid., t. iii, part. 1, 1727, p. 216.

232. Dissertation touchant le véritable auteur de la Somme théologique appelée de Guillaume d'Auxerre, avec des remarques sur quelques endroits des ouvrages de l'écrivain connu sous ce nom. — Ibid., t. iii, part. 2, 1727, p. 317.

233. Lettre sur le véritable auteur de la chronique Saint-Marien d'Auxerre. — t. viii, part. 2, 1729, p. 412.

COMPOSITIONS MUSICALES.

234. Traité historique et pratique sur le chant ecclésiastique, avec le directoire qui en contient les principes et les règles, suivant l'usage présent du diocèse de Paris et autres, précédé d'une nouvelle méthode pour l'enseigner et l'apprendre facilement. — A Paris, chez J.-B. Hérissant et J.-Th. Hérissant, 1741, in-8°.

235. Composition du chant de la nouvelle liturgie parisienne, 3 vol. in-f°; publié en 1736 sous le titre de l'*Antiphonier parisien*, 5 vol. in-8°.

236. Chant de la nouvelle liturgie du diocèse du Mans, 3 vol. in-f°, 1749 à 1751.

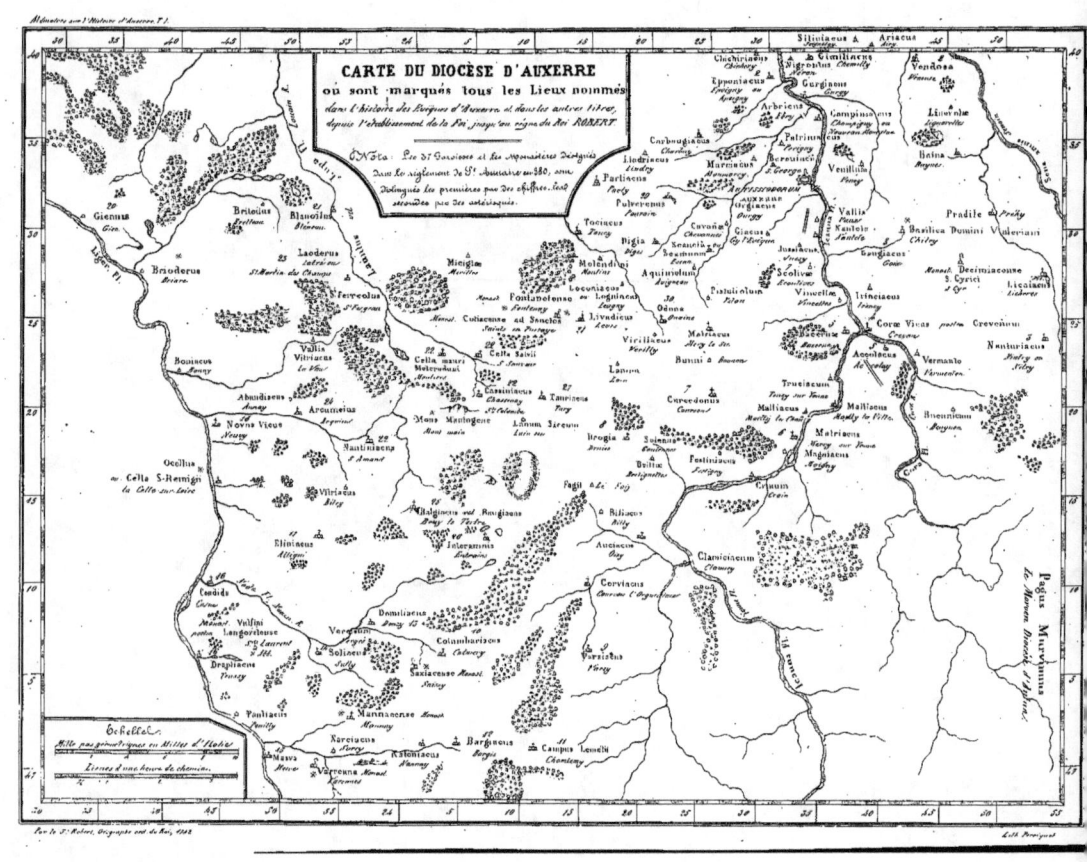

MÉMOIRES
HISTORIQUES
SUR
LES ÉVÊQUES D'AUXERRE.

PREMIÈRE PARTIE,

Contenant ce que l'on sait de ces Évêques, depuis le premier jusqu'au trente-septième inclusivement, c'est-à-dire depuis l'an 258 jusqu'à l'an 873.

CHAPITRE Ier.

Histoire de la mission de saint Pélerin, premier Évêque de cette ville, de son martyre et de son culte.

Plusieurs écrivains ont cru que les villes dont ils entreprenoient l'histoire ecclésiastique, n'avoient entendu parler de Jésus-Christ, que depuis qu'ils trouvoient de quoi y établir une suite d'évêques ; et ils se sont persuadés que celui qui paroissoit à la tête de cette suite, devoit passer constamment pour y avoir annoncé le premier la parole de Dieu ; mais il n'en est pas ainsi de ceux qui ont écrit sur les évêques d'Auxerre. Les historiens du IXe siècle qui ont écrit sur les évêques de cette ville, tombent d'accord qu'il avoit passé, dans le pays où elle est située, des prédicateurs apostoliques avant le temps auquel vivoit celui qu'on y regarde comme premier évêque : ils disent que la semence évangélique avoit déjà pris quelque racine ; mais ils ajoutent qu'elle avoit été presque aussitôt étouffée par les persécutions. Quoique les raisonnements dont ils se servent ne soient pas absolument convaincants parce qu'ils y font mention d'une persécution postérieure à la mission de notre premier évêque, qui fut suscitée par Aurélien ; il paroît cependant qu'on ne peut s'éloigner du fond de leur sentiment, puisque plusieurs autres pays des Gaules, plus occidentaux ou plus septentrionaux que n'est celui d'Auxerre, avoient déjà reçu des missionnaires apostoliques de la main de saint Fabien, pape, dont quelques-uns, tels que saint Denys, avoient dû passer par Auxerre. Peut-être faut-il mettre aussi dans le même rang, saint Savinien, apôtre de Sens, dont le temps de la mission est resté inconnu, mais qui ne doit pas être postérieur à celui du saint évêque que la ville d'Auxerre regarde comme son premier pasteur.

Cet évêque avoit été demandé à Rome au nom des chrétiens cachés du pays. Au moins telle étoit la pensée de nos écrivains du ixe siècle ; et si elle est fondée sur la vérité, saint Pélerin, qui fut envoyé dans les Gaules, ne dut pas faire un long séjour dans les villes qui se trouvèrent sur sa route ; mais il dut se rendre ponctuellement au lieu pour lequel il étoit destiné.

Le pape, auquel on avoit suggéré de faire cette mission, étoit Sixte II qui siégea à Rome depuis la fin d'août 258 jusqu'au 6 août de l'an 259. Il tira de son clergé plusieurs ecclésiastiques animés du même esprit de foi que l'étoit saint Laurent qui y florissoit alors, et leur imposa les mains en les destinant pour aller porter le flambeau de la foi dans les Gaules. Pélerin, prêtre et citoyen romain (1), fut ordonné évêque. Le Saint-Père lui donna pour adjoints Marse, prêtre, Corcodome, diacre, Jovinien et Alexandre, sous-diacres, et un autre Jovinien, lecteur, qui possédoit parfaitement les saintes écritures. Il aborda par mer à Marseille avec ses compagnons ; et, de là, il passa à Lyon, faisant paroître partout des marques éclatantes de sa sainteté. Il pénétra ensuite jusques sur les rivages de la rivière d'Yonne. Le

---

(1) Les Savelli de Rome le comptent parmi leurs ancêtres.

premier endroit le plus considérable situé sur cette rivière, étoit celui où s'est conservé le nom de Vallan, à l'occasion d'un ruisseau qui se joint à cette rivière d'Yonne, et sur lequel les habitants du *Vellaunodunum* étoient descendus après avoir quitté leurs montagnes dont ils n'étoient pas éloignés. La bonté du territoire l'avoit rendu fort habité ; le vaste lit et la profondeur de la rivière d'Yonne joints aux commodités du ruisseau, donnoient dès lors aux habitants la facilité de commercer avec les peuples d'alentour. Les habitants d'un lieu si charmant ne pouvoient pas manquer d'en rapporter les avantages à leurs idoles. La rivière y étoit regardée comme une déesse (1) ; Apollon, Jupiter et Mercure étoient adorés comme les principales divinités, et on leur adressoit des vœux pour la santé des empereurs payens (2).

Mais quelque grande que fut l'estime et l'idée que l'on avoit des fausses divinités, Pélerin n'eut pas de peine à les détruire, parce que son éloquence et ses miracles lui gagnèrent d'abord les premiers du pays. La promptitude avec laquelle il les retira de l'idolâtrie, fut pour lui une occasion de bâtir une petite église. Elle étoit située sur le rivage de l'Yonne, à la source de quelques fontaines. Ce fut là, qu'à l'exemple des premiers citoyens, le commun des habitants se fit baptiser par le saint évêque et par ses compagnons. On vit pour lors cesser la fréquentation des hauts lieux, et arborer la croix de Jésus-Christ dans les bois plantés sur les montagnes.

Quoi qu'il y eût quelques forêts dans les hauteurs des collines qui bordoient l'Yonne, ce n'étoit rien en comparaison de celles qui étoient à sept ou huit lieues de là et plus loin du côté du couchant d'hiver. Ce fut dans ces dernières que le christianisme fut professé alors par une troupe de fidèles venus du pays de Besançon ; mais les émissaires de l'empereur Aurélien les ayant découverts, ils furent tous mis à mort. Ainsi, la religion chrétienne ne prit racine que dans Auxerre et dans les lieux les plus voisins et les plus fréquentés le long du rivage de l'Yonne, mais non pas dans le pays de Puisaye, moins peuplé, et dont l'accès étoit plus difficile. Pélerin fut averti que le paganisme étoit plus

---

(1) Autel et inscription trouvés, en 1721, dans les murs de la Cité, du côté de la boucherie.

(2) Inscription trouvée en 1732, proche le bas de la tour du clocher de Saint-Amatre, du côté du couchant d'hiver. — *Voy.* t. III, p. 7.

florissant à Entrains que partout ailleurs. C'étoit un pays éloigné de dix lieues de celui où il venoit de fonder une nouvelle église (1). Son éloignement de la rivière d'Yonne ne le rendoit pas moins propre au culte superstitieux que les payens rendoient aux éléments. Sa situation au milieu des eaux (ainsi que le nom le porte) y attiroit un grand concours. Un seigneur payen, que l'histoire désigne par le nom générique d'*Aulercus*, qui est écrit par quelques-uns *Æolercus* (2), avoit consacré, dans ces cantons-là, des autels particuliers à Jupiter, à Apollon et aux autres divinités; mais le temple qu'il y avoit érigé en l'honneur de Jupiter, attiroit encore plus qu'aucun autre la vénération des peuples, parce qu'il étoit construit avec plus de magnificence. Pélerin, ayant appris qu'on y accouroit de tous côtés dans la saison ordinaire, quitta la ville d'Auxerre, se contentant d'y laisser quelques-uns des ouvriers apostoliques qu'il avoit amenés, et se transporta à Entrains. S'étant avancé au milieu de la foule, il commença à remontrer à ces peuples leur aveuglement, et il s'écria, à haute voix, que c'étoit Jésus-Christ et non leurs faux dieux qu'il falloit honorer; mais il ne tarda guère d'être arrêté comme perturbateur de l'assemblée et des cérémonies, et après avoir rendu de nouveau témoignage à Jésus-Christ devant l'officier auquel on le présenta, il fut mis en prison.

Le lieu où il fut enfermé étoit un souterrain qu'on voit aujourd'hui proche Bouy, à une lieue d'Entrains, sur une espèce d'éminence (3). Le saint y resta enchaîné jusqu'à l'arrivée de ceux qui avoient le pouvoir sur sa vie. Dans cet intervalle il ne cessa d'annoncer le vrai Dieu à ceux qui le gardoient ou qui approchoient de sa prison. Etant présenté au préfet ou au juge, il ne fut effrayé ni séduit par les menaces et par les promesses; mais il demeura toujours ferme et constant dans la confession du nom de Jésus-Christ. La tradition nous a conservé les belles paroles dont il se servit en répondant au

---

(1) Je ne sais qui a pu insinuer aux Bollandistes que ce pouvoit être ce qu'on appelle les Isles, proche Auxerre; erreur qui a été suivie par M. Baillet. Ils ont apparemment été trompés par le mot *Interamnes*.

(2) Ptolémée, le géographe, fait mention des Aulerques Cenomans, Aulerques Diablintes et Aulerques Eburoviques.

(3) Peut-être que ce lieu ne portoit le nom de Bouy qu'à cause de ces prisons; car en ancien latin *boia* signifie *des fers, des liens*. On peut aussi se persuader facilement que le souterrain, que l'on prend pour la prison de saint Pélerin, aura servi à renfermer les bêtes destinées à se battre dans les arènes; car il est probable que celles d'Entrains étoient vers cette hauteur, et que le nom de *Come* vient de là.

juge lorsqu'il voulut l'engager par promesses à sacrifier aux faux dieux. « Vos honneurs, lui dit-il, sont la perte de l'âme, et les présents que vous pensez faire sont de perpétuels supplices. Pour moi, ajouta-t-il, j'invoque Jésus-Christ qui est le rédempteur de tous : je ne crains point de le confesser jusqu'à la mort, et je n'aurai jamais rien à craindre me confiant dans la promesse d'un si grand Roi. » Ces paroles sont rapportées à peu près de la même manière dans tous les mémoires tant anciens que nouveaux dressés sur ce Saint.

258 à 304.

Une ancienne vie du même évêque, écrite avant le ixe siècle, marque qu'il fut aussitôt abandonné à la fureur des soldats qui le chargèrent de coups (1), et qu'ensuite il fut conduit pour être livré aux bourreaux; mais que les soldats voyant que les forces lui manquoient, l'un d'eux lui abattit la tête de son épée. Il est vrai que ce trait n'a point l'air d'une procédure réglée, mais quelque manière que l'on ait employée pour se défaire de notre Saint, il est constant par des martyrologes peu éloignés de son siècle, qu'il eut la tête coupée le 16 mai. L'opinion la plus reçue est, que ce fut du temps de la grande persécution de Dioclétien, en 303 ou 304, d'où il faut conclure que le Saint étoit fort âgé quand il mourut et que son apostolat dans Auxerre avoit été de plus de trente ans; ou bien qu'il étoit resté plusieurs années en chemin lorsqu'il vint de Rome à Auxerre. Ce qui oblige de placer son martyre dans le temps de cette persécution, est qu'on trouve que, de tous ses compagnons, il n'y eut que saint Jovinien, lecteur, qui mourut martyr comme lui, et que la raison pour laquelle les autres ne purent avoir le même sort, fut la paix qui survint dans l'Eglise. Au moins telle étoit la croyance de l'église d'Auxerre du temps de saint Germain ; et il est difficile d'entendre par cette paix une autre paix que celle que l'empereur Constantin donna aux chrétiens. On peut voir ce qui en est dit dans l'histoire de la conversion de saint Mamert.

Le corps de saint Pélerin fut inhumé à Bouy par quelques chrétiens cachés, et il y reposoit encore du temps de saint Germain. On peut même assurer que dès lors l'église du lieu étoit bâtie sur sa sépulture, et qu'elle portoit son nom. C'est une conséquence qui se tire naturelle-

Culte de S. Pélerin

---

(1) *Pugnis et calcibus.*

ment de la manière de parler dont on se servoit dans l'église d'Auxerre au ve siècle, et qui se trouve employée dans le récit des visions de saint Mamert (1). L'abbaye de Saint-Denys, proche Paris, fut par la suite enrichie de ses précieuses dépouilles. On croit que ce fut le roi Dagobert Ier qui obtint le corps du saint évêque d'Auxerre (2) excepté la tête, et qu'il le fit porter dans ce monastère. Il n'est pas incroyable qu'une si célèbre abbaye ait été enrichie d'une grande quantité de reliques dans le temps de sa fondation, et que ces reliques aient été d'abord placées en différents oratoires de cette maison, jusqu'à ce qu'elles aient toutes été réunies dans la principale église. C'est cette réunion qui paroît être marquée en qualité de translation dans quelques anciens livres écrits au ixe siècle. Le jour auquel elle se fit est le 22 août; on y lit cette annonce: *Translatio corporum sanctorum monasterio sancti Dionysii; id est Hilarii episcopi et confessoris; Innocentii martyris, et sancti Peregrini episcopi et martyris* (3). Il y avoit déjà longtemps que les reliques de saint Pélerin étoient conservées à Saint-Denys, lorsque l'abbé Suger fit rebâtir la partie de l'église qui regarde l'orient. Dans la dédicace ou consécration qui y fut faite des autels, l'an 1144, le troisième fut dédié sous l'invocation de saint Pélerin par Hugues, évêque d'Auxerre, sans doute à cause de la châsse qui contenoit son corps. Ces mêmes reliques y étoient conservées avec distinction au xiiie siècle, puisqu'on lit que Guillaume de Seignelay, évêque de Paris vers l'an 1221, fit une fois le voyage de Saint-Denys pour les honorer, et qu'il y offrit quelques présents (4). La chapelle où elles sont aujourd'hui est la seconde du chevet. Elle ne renferme rien de remarquable par rapport à notre Saint que dans son pavé, autour duquel ont lit en son honneur seize vers latins d'une écriture

---

(1) *Festinat Peregrinus ad proprium habitaculum Baujaco reverti.*

(2) Ceci est tiré du calendrier d'un sacramentaire de l'église de Senlis écrit vers l'an 880 et conservé à Sainte-Geneviève de Paris. Les Bollandistes citent au 16 mai un martyrologe manuscrit de sainte Gudule de Bruxelles qui dit la même chose.

(3) Les manuscrits des derniers siècles contiennent de grandes fables sur cette translation, comme quand ils disent que ce fut un paysan qui leva le Saint, le mit sur sa voiture et se trouva en rien de temps devant l'abbaye de Saint-Denys où les cloches sonnèrent d'elles-mêmes. Si c'est Dagobert Ier qui l'obtint, ce ne put être que de l'évêque Pallade. Or, on peut croire plus vraisemblablement que Pallade fut le paysan qui avait conduit Brunehaut en Bourgogne, selon Frédégaire, que non pas Didier.

(4) Les curieux doivent remarquer que le pavé de cette chapelle n'est que d'une seule

qui paroît de cinq ou six cents ans. On voit dans le mur une inscription sur parchemin qui fait voir que la consécration de l'autel a été faite par un évêque de Bretagne ; d'où il faut conclure que cet autel n'est pas celui qui avoit été construit sous l'abbé Suger.

Dans le siècle suivant il se fit plusieurs distractions des ossements renfermés dans la châsse de saint Pélerin. Jeanne d'Evreux, veuve de Charles-le-Bel, roi de France, en obtint, l'an 1340, de l'abbé Gui : et deux ans après elle donna ce qu'elle en avoit aux Jacobins d'Auxerre, qui le lui avoient demandé pour une chapelle érigée en l'honneur de ce saint, dans leur église, au côté septentrional du grand autel. Elle fit faire pour cela une châsse d'argent du poids de dix-sept marcs, et fit présent du tout entre les mains de Guillaume Clément, jacobin, confesseur de Jean, fils de Philippe de Valois, par un acte expédié à Crécy en Brie, le 25 juin 1342 (1). Celles qu'on possède à Prague, en Bohême, dans la métropole de Saint-Vit, y furent apportées l'an 1373, et on croit que c'étoit l'empereur Charles IV qui les avoit obtenues. Il s'étoit aussi répandu à l'extrémité septentrionale du diocèse d'Autun, qu'on y possédoit un os du bras de ce Saint, dans une chapelle de son nom, bâtie sur les limites de la paroisse de la Roche-en-Bregny, à deux lieues de Saulieu, dans le hameau appelé Clermont. Cette relique pouvoit avoir été obtenue par quelque puissant seigneur de ces cantons-là. Parmi les reliques d'une des châsses qu'on voyoit ces années dernières élevées au fond du sanctuaire de pierre taillée et ciselée fort artistement.

Voici les vers qui bordent cette pierre : (a)

Quisquis amat Dominum sanctumque colit Peregrinum,
Gratiam habet Domini, voto, meritis Peregrini,
Quod petit implorat, quod mundo corde precatur.
Sanctum, sanatur morbo quocunque laborat.
Versibus his memora Peregrinum quisquis honoras,
Qui præsul pridem prior Autricus fuit, idem
Ad nos translatus quondam in capsaque locatus,
Quam super altare hoc præsens cernis rutilare.
Altisiodoricus præsul jacet hic Peregrinus,
Egregius dominus, Christique fidelis amicus,
Multis tormentis fuit huic constantia mentis.

Truncato capite cœlestis gaudia vitæ.
Martyr hic insignis dat ne noceat sacer ignis
Sive venenosum morbumque fugat furiosum :
Hunc supplex ores, hunc tu devotus honores,
Hunc animo recolas lector, eumque colas. Amen.

Sur la même pierre, derrière l'autel, est gravée une figure de saint Pélerin, et devant lui celle d'un religieux (qui est peut-être l'abbé Suger), avec ces deux vers :

Oro Dei testis mireri miserere jacentis,
Es mihi patronus ; sis clemens, sisque benignus.

(1) *Archiv. Dominican. Autiss.*

(a) M. Viollet-Leduc, dans une restauration récente de cette chapelle, vient de découvrir une partie de cette mosaïque qui avoit été masquée au xviiie siècle par un pavage. (*Note des Editeurs.*)

Culte de S. Pélerin.

l'église de Sens, et qui paroissent y avoir été renfermées il y a trois ou quatre siècles, est un morceau d'étoffe avec cette inscription : *De vestimento S. Peregrini sanguine resperso* (1) : ce qui dénote quelque lambeau tiré anciennement de la châsse qui est à Saint-Denys, où il y a en effet des vêtements de notre Saint (2). Avant que les calvinistes eussent pillé la cathédrale d'Auxerre (3), on y montroit une partie considérable de l'un des bras de saint Pélerin, dans une croix d'argent qui pesoit huit marcs : un catalogue des reliques de la même église, rédigé au xve siècle et conservé à Rome, au Vatican (4), porte ces mots : *De ossibus sancti Peregrini protopræsulis, in jocali collato à domina Andegavensi*. Une comtesse d'Anjou avoit donné ce reliquaire, mais la croix et le reste sont perdus depuis l'an 1567.

Les reliques de l'abbaye de Saint-Denys n'eurent pas le même sort, parce qu'elles furent portées à Paris avec les reliquaires qui les contenoient. Ainsi la châsse de saint Pélerin y ayant été portée comme les autres, les ossements du saint martyr furent sauvés, et après leur retour, l'abbé Charles de Lorraine, ayant fait faire la châsse où on les conserve aujourd'hui, les y transféra le 9 octobre 1570, suivant le procès-verbal qui y a été trouvé le 13 juin 1716. Ce fut de cette châsse que l'on tira, l'an 1634, le 27 mars, environ la moitié d'un os de la cuisse pour donner à messire Dominique Séguier, évêque d'Auxerre. J'en parlerai plus au long à l'article de ce prélat.

Onze ans après, c'est-à-dire en 1645, le 23 novembre, comme on creusoit sous le grand autel de l'église de Bouy qui porte le nom de saint Pélerin, on trouva, à la profondeur de cinq à six pieds, un reste de sépulcre qui renfermoit d'un côté une tête, et de l'autre le corps d'un petit enfant (5). Il s'étoit conservé parmi les peuples une pieuse coutume de ramasser de la terre en cet endroit. On l'appeloit *la terre de Saint-Pélerin*, et les fidèles qui en répandoient dans leur maison et ailleurs, se trouvoient préservés des bêtes vénimeuses. La maçonnerie

---

(1) Inventaire du trésor de Sens.
(2) Dom Georges Viole, parlant de la Chartreuse de Basseville, située au diocèse d'Auxerre, dit qu'on y conserve encore un morceau de l'étole de saint Pélerin.

(3) Hist. de la Prise d'Auxerre, p. 25.
(4) *Cod. Reg. Sueciæ* 1283, *p.* 75, Pièces justif.
(5) Procès-verbaux de ce temps-là.

qui renfermoit cette tête ayant été défaite avec bien de la peine, l'on aperçut cette même tête dans une situation qui démontroit qu'elle avoit été mise là à dessein, et l'on remarqua que les petits morceaux qui s'en étoient détachés, avoient été remis dedans, fort proprement, avec une dent et trois vertèbres du cou, dont l'une paroissoit visiblement avoir été coupée par le fer (1).

<small>Culte de S. Pélerin.</small>

On dressa procès-verbal du tout, et après plusieurs recherches qui ont duré sous le pontificat de trois évêques d'Auxerre, après de fortes assurances qu'on n'a jamais possédé ni cru posséder, dans aucun endroit du monde chrétien, la tête de saint Pélerin ni aucune partie qui en pût dépendre; messire Charles de Caylus enchâssa cette tête à la prière, souvent réitérée, des peuples de Bouy et des environs, le premier jour de mai de l'an 1715, en présence d'une affluence infinie de fidèles accourus de tous les endroits du diocèse. Il en réserva cependant quelques fragments, dont l'un qui lui avoit été demandé par le curé (2) et les paroissiens de Saint-Pélerin d'Auxerre, fut porté processionnellement de la cathédrale dans cette paroisse, le dimanche troisième jour de mai 1716, en présence de tous les corps de la ville; l'autre fut réservé le même jour pour la cathédrale (3). La châsse qui est à Saint-Denys a aussi fourni de quoi enrichir plusieurs églises du voisinage. Elle contient non-seulement les principaux ossements du corps de ce Saint, mais encore un sac rempli de ses cendres et des vêtements qui l'avoient autrefois couvert. C'est de ces mêmes ossements qu'on a fait encore

---

(1) La découverte du corps de sainte Restitute faite à Sore, en Italie, en 1683, a quelques circonstances semblables (V. Bollandus au 27 mai). Il pouvoit y avoir eu, dans les narines de cette tête, un billet de parchemin avec le nom de saint Pélerin, de la même manière qu'on en trouva un, il y a six ou sept cents ans, dans les narines de celle de saint Firmin, en l'abbaye de Saint-Denys en France, au rapport de Guibert de Nogent, *lib.* 1, *de pig. SS. c.* 3 § 2. et dans celles de S. Angilbert, abbé de S. Riquier, *chron. Centul. t.* 4. *Spicil.* page 492, et un laps de temps plus considérable pouvoit avoir réduit ce billet en poudre. A l'égard de l'enfant trouvé auprès, on lit dans la chronique de Clarius, moine de Sens, au XIIe siècle, que quand on fit la découverte du corps de l'un des SS. apôtres de Sens, sous le roi Robert, on trouva aussi avec lui le corps d'un petit enfant, *t.* II *Spicil.*, *p.* 741.

(2) André de Monhenaud, chanoine régulier.

(3) Je crois devoir marquer ici que les plus notables ecclésiastiques présents à cette cérémonie obtinrent aussi du prélat quelques petites parcelles du crâne de notre Saint. De là vient ce qu'on en trouve à Saint-Pierre-en-Château d'Auxerre, à la collégiale de Saint-Fergeau, etc. J'eus aussi moi-même l'honneur d'en recevoir en cette occasion.

Culte de S. Pélerin.

depuis peu quelques distributions remarquables. Le curé d'Asnières, proche Saint-Denis, en obtint, l'an 1711, pour la dédicace de son église et pour la bénédiction des autels qui en dépendent. Un couvent de religieuses de la ville même de Saint-Denis, en reçut aussi l'année d'après pour une semblable dédicace, sans parler encore de quelques particuliers qui en ont eu de petits fragments (1).

La mort de saint Pélerin est marquée au 16 mai dans presque tous les martyrologes de l'Eglise d'Occident, et les plus exacts désignent le lieu de Bouy comme le lieu où ce saint souffrit son martyre (a). En toutes les églises de l'ancienne province de Sens, qui sont au nombre de sept, il n'y a que celles d'Auxerre et de Paris, dont le premier évêque a consommé sa vie par le glaive. Aussi sont-ils les seuls dont le culte se soit si fort étendu et devenu si solennel. Celui de saint Pélerin avoit été un peu affoibli dans la cathédrale d'Auxerre, à cause que l'on ne possédoit plus son corps dans le diocèse ; mais l'évêque Hugues de Noyers, qui siégeoit sur la fin du douzième siècle, mit sa fête dans le rang des solennités. Il est vrai que le nom qu'on donnoit alors aux fêtes du second rang, étoit *duplex cum octava*, et c'est parce que la multiplication des fêtes fondées avoit fait perdre l'idée attachée à cette qualification, que la fête de ce Saint se trouvoit de nouveau avec plusieurs autres simplement chômées. Cette confusion, qui fut reconnue par un zélé chanoine (2), cessa sur la fin du dernier siècle, et l'octave, abolie mal à propos par le bréviaire de 1670, a été sagement rétablie aussi bien que la solennité de la fête par celui de 1726. On peut compter parmi les diocèses où la mémoire de saint Pélerin a été le plus en vénération, celui de Sens, ceux de Chartres, Lisieux, Coutances. Son nom a été mis dans leurs calendriers, ou au moins y a-t-il une église ou quelque lieu de son nom dans leur territoire. On voit, par le treizième ou quatorzième des vers ci-dessus rapportés, que l'on invoquoit notre Saint contre trois sortes de maux. La préservation des serpents est encore de nos jours un des motifs de la dévotion des peuples envers saint Pélerin. Depuis quelques siècles le

---

(1) Ce fut Dom Philippes Bery, official de l'abbaye, natif d'Auxerre, qui facilita toutes ces distributions, par zèle pour la propagation du culte de saint Pélerin. — *Voy.* le Mercure, octobre 1711.

(2) M. Jean-Bapt. Lauverjat.

(a) *Voy.* Nécrologe de l'église d'Auxerre, Preuves, t. IV.   (*N. des Ed.*).

chapitre de Saint-Pierre de Rome honore aussi saint Pélerin, le seizième jour de mai, dans une église de son nom qui est de sa dépendance, et où il va chanter la messe (1) ; mais on est certain par un calendrier de saint Pierre, écrit au douzième siècle (2), qu'originairement cette petite église avoit pour patron un autre Pélerin que celui d'Auxerre ; savoir, un saint Pélerin, martyr de Rome, du 26 août. C'est pourquoi il faut mépriser tout ce que l'on cite de Sansovin, qui dit que Léon III, de la maison de Savelli, auroit obtenu de Charlemagne le corps de notre Saint, et que la porte dite *di san Peregrino*, qui étoit derrière le Vatican, avant les dernières réparations des murs de Rome, n'avoit pris ce nom que parce que ce pape l'avoit fait faire exprès pour la réception du corps de notre Saint. D'autres ont assuré que Charlemagne n'obtint que trois côtes, et que ce fut Aaron, évêque d'Auxerre, qui fut le médiateur de la distraction, et qui les porta même à Rome lorsqu'il y alla avec ce prince. Mais il n'y a rien de certain de tout cela, que le voyage de l'évêque Aaron : le reste n'est pas plus assuré que l'est la tradition des peuples de Terni en Italie, qui ont pris notre Saint pour leur évêque, trompés sur ce que Terni a le même nom latin qu'Entrains, savoir, *Interamnis*.

CHAPITRE II.

Des quatre Evêques qui ont siégé entre saint Pélerin et saint Germain, qui sont : saint Marcellien, saint Valérien, saint Elade et saint Amatre. — Ce qu'on sait de leurs actions et de leur culte.

SAINT MARCELLIEN, IIe ÉVÊQUE D'AUXERRE.

Saint Marcellien qui succéda à saint Pélerin, put être élu évêque d'Auxerre dès le temps de l'emprisonnement de ce Saint. Si la prison fut de longue durée, comme il y a apparence, on peut concilier par là le trop grand nombre d'années qui paroit accordé à son successeur par

---

(1) Ce Chapitre la fit réparer en 1590, suivant l'inscription qu'on y voit sur la porte.

(2) *Calendar. præmissum Antiphonario romano edito Roma per Joseph Carum seu Thomasium*, anno 1686.

Culte de S. Marcellien.

nos chronologistes du ixe siècle. Sans cela on seroit obligé de déranger la chronologie de nos évêques, même au delà de saint Germain : et c'est ce qu'on ne peut faire, en s'attachant à la vérité de l'histoire, à cause des époques sûres que fournit Constance, auteur de sa vie. Saint Marcellien est dit Gaulois de nation dans le livre des évêques d'Auxerre rédigé au ixe siècle ; c'est-à-dire qu'il ne fut point du nombre des prédicateurs apostoliques venus d'Italie, mais qu'il étoit ou de ceux que saint Pélerin avoit convertis, et ensuite agrégés à son clergé naissant, ou qu'il étoit venu de quelque église des Gaules fondée plus anciennement. Il continua d'annoncer avec succès la parole de Dieu, comme avoit fait son prédécesseur. Il vit mourir de son temps saint Corcodome, diacre, venu de Rome, et ensuite les saints Alexandre et Jovinien, sous-diacres, aussi bien que saint Marse, prêtre, qui furent tous inhumés au Mont-Artre où étoit le cimetière public (1). Il eut aussi sa sépulture au même endroit, un treizième mai, vers l'an 330. Cette sépulture est marquée sous le nom de déposition dans des copies très-anciennes du martyrologe Hiéronymique, avec l'addition du mot de translation, ce qui veut dire que son corps a été relevé de terre à pareil jour qu'il y avoit été mis, mais plusieurs siècles après (a). Car ce qui regarde ce Saint, n'est dans ces martyrologes que par addition d'une main du viie ou du viiie siècle. Comme l'abbaye de Saint-Julien-lez-Auxerre a conservé de toute ancienneté de ses reliques, on peut croire, (quoiqu'on n'y en montre plus aujourd'hui) que ce fut dans cette église que son corps fut transféré au temps de sa fondation, sous l'épiscopat de saint Pallade, vers l'an 634. Il est certain qu'il reposoit encore au Mont-Artre du vivant de saint Germain. Il y en a une preuve dans la manière dont saint Mamert fait le récit de la vision qu'il eut sur cette montagne. Saint Pélerin lui parut venir de Bouy à Auxerre pour se joindre à ses quatre successeurs, afin de célébrer ensemble les saints mystères. Ce payen les ayant vus disposés en une ligne proche l'autel,

---

(1) Ce lieu est celui où est aujourd'hui l'église de Saint-Amatre, au faubourg du sud-ouest d'Auxerre : le territoire cimetérial s'étendoit alors jusques dans quelques cantons aujourd'hui renfermés dans les murs de la ville construits d'abord au xiie siècle.

(a) Voy. Nécrologe de la cathédrale d'Auxerre, Preuves, t. iv (*N. des Ed.*).

tous debout, saint Marcellien se trouva immédiatement à la droite de saint Pélerin et ensuite saint Amatre ; et, à la gauche, saint Valérien accompagné de saint Elade. Ce n'était qu'une vision ; mais comme elle fut rédigée par écrit, et ensuite récitée en public en présence de saint Germain, celui qui l'avoit écrite, n'avoit pu parler que conformément à ce qu'on savoit alors du rang de nos évêques. Une vie de saint Germain, écrite en langage vulgaire, il y a trois ou quatre cents ans, l'appelle *Marceaul*, à l'endroit où elle rapporte cette vision. C'est abréger le nom de Marcellien de la même manière que dans l'usage ordinaire, on dit à Auxerre *saint Mamert* au lieu de *saint Mamertin*. Mais, ce nom de *Marceaul* peut aussi laisser à penser, que le petit village de Saint-Marceau proche Toucy, auroit eu originairement son nom de lui, quoique de nos jours on n'y honore que saint Marcel, martyr de Chalon. Un catalogue des reliques de la cathédrale d'Auxerre, écrit vers le commencement du xve siècle, en met quelques-unes de notre Saint, qui sont dites : *Sancti Marcellini episcopi Autissiodorensis.*

Culte de S. Marcellien.

SAINT VALÉRIEN, IIIe ÉVÊQUE D'AUXERRE.

Quoique l'histoire latine des évêques d'Auxerre admette un saint Valère et un saint Valérien comme deux Saints distingués, elle est d'une trop foible autorité à l'égard de temps si reculés, pour contrebalancer les raisons que l'on a de ne faire qu'un seul évêque de ces deux-là. Il est vrai que plusieurs calendriers, depuis cinq ou six cents ans, mettent au sixième mai la mémoire des saints Valère et Valérien, évêques ; mais en cela, ils se conforment aveuglement aux compilateurs de cette histoire qui sont tombés en plusieurs autres fautes plus grossières, et qui peut-être n'étoient pas fâchés de trouver par là le moyen de faire remonter plus haut la mission de saint Pélerin. C'est ce qui est arrivé à plusieurs autres historiens de différentes églises, à l'égard de leurs évêques des premiers temps. Ces compilateurs, vivant au ixe siècle, ne disent rien de Valère, sinon qu'il siégea dix-sept ans, et qu'étant mort le 6 mai, il fut inhumé proche saint Marcellien. Si ce qu'ils disent étoit vrai, cet évêque eût paru comme

331 à 360.

les autres dans le récit de la vision de saint Mamert ; l'un et l'autre seroient dans les martyrologes qui sont plus anciens que le ixe siècle, tels que sont les copies du martyrologe Hiéronymique augmentées il y a mille ans par un Auxerrois. Névelon, qui écrivit le sien dans le xie siècle, n'aurait eu garde de l'oublier, lui qui a été si diffus sur les Saints du pays d'Auxerre, qu'on a cru qu'il en étoit natif, ou au moins qu'il y avoit demeuré longtemps (1). Tous les autres martyrologistes ne marquent non plus qu'un seul évêque d'Auxerre au 6 mai. Cet évêque est nommé *Valerus* dans la copie Hiéronymique de l'abbaye de Saint-Vandille; *Valerius* en celle de Corbie, et *Valerianus* en celle d'Esternach, et dans la plupart des autres : de même que saint Aunaire, évêque de la même ville d'Auxerre, est tantôt nommé *Aunarius*, et tantôt *Aunacharius* dans les auteurs. Son nom de *Valerus* a été défiguré dans la copie de l'église de Sens, jusqu'à en faire *Helarus* (2). C'est sous son nom, exprimé dans toute son étendue, qu'on a bâti des églises en divers lieux où l'on avoit de ses reliques. Il est donc certain que c'est la diversité qui se trouve dans la manière d'écrire ce nom, qui a donné occasion aux copistes des bas siècles, de le diviser en deux dans les listes qu'ils écrivoient, mettant Valère le premier, et lui adjugeant, aussi bien qu'à Valérien, le 6 mai pour le jour de leur mort, sans faire attention qu'ils découvroient, en cela, ou leur bévue, ou leur innovation. La conformité de leur nom, le temps où on les place l'un après l'autre, l'indication de leur mort et de leur fête à un même jour, est ce qui a déterminé M. de Tillemont à dire que Valère et Valérien ne sont apparemment qu'un seul et même évêque ; c'est aussi ce que je crois devoir suivre ici, en ajoutant que comme on n'a jamais produit aucune action de saint Valère, aussi on ne connoît aucune église qui prétende posséder ou avoir eu autrefois de ses reliques. Il n'est pas même représenté dans le rang des autres saints évêques d'Auxerre, dont on a peint les images dans l'église cathédrale, il a deux cents ans (*a*).

(1) Son manuscrit est encore conservé à Corbie, où je l'ai vu en 1737, et il y en a des copies très-anciennes dans les archives de l'église cathédrale d'Amiens, qui s'est servie de ce martyrologe pendant plusieurs siècles.

(2) *Bibliotheca Floriac. S. Bened.* od. 215.

(*a*) Dans la chapelle de Saint-Sébastien au transsept nord (*N. des Ed.*).

Voici donc ce qui est venu à notre connoissance touchant le troisième évêque d'Auxerre, soit qu'on veuille l'appeler Valérien, ou par contraction Valère. De même que son prédécesseur, il étoit Gaulois d'origine, assista au sacre de saint Euverte d'Orléans, avec Severin de Sens, saint Marcel de Paris, et les autres évêques de sa province. Les actes du concile, qui porte le nom de Cologne, tenu contre un évêque arien, renferment son nom et la sentence qu'il prononça à son rang. Ceux qui ne doutent point de la réalité de ce concile, le fixent à l'an 346 auquel notre Saint étoit dans la quatorzième année de son épiscopat. Les actes de celui de Sardique, tenu un an auparavant, contiennent une lettre circulaire qui fut signifiée par quantité d'évêques qui n'avoient point assisté à ce concile. On y lit un Βαλερινως parmi les noms des évêques des Gaules, ce qui ne peut convenir qu'à notre Valérien, qui étoit alors seul de ce nom dans toute l'étendue de la province des Gaules. Ce fut lui qui empêcha saint Amatre, lorsqu'il étoit encore jeune, de suivre les impressions mondaines que lui vouloient donner ses parents. Il le prit plusieurs fois en particulier, et lui alléguant sans cesse les divines Ecritures, il le fortifia dans le service du Seigneur. Ses parents lui persuadèrent enfin d'épouser une fille de Langres, nommée Marthe; mais comme ils eurent fait venir ce saint évêque à la maison pour bénir le lit nuptial, il arriva, par permission de Dieu, que Valérien, au lieu de lire les paroles qu'il avoit accoutumé de prononcer en pareil cas, lut ce qui servoit de bénédiction pour les diacres et diaconesses, d'une voix si basse cependant, qu'il n'y eut que les deux jeunes gens qui s'en aperçurent. Tel est le fait rapporté, par un auteur du vıe siècle, dans la vie de saint Amatre. Valérien mourut peu de temps après dans la trentième année de son épiscopat, c'est-à-dire vers l'an 360, et il fut inhumé au Mont-Artre.

Les copies du martyrologe Hiéronymique, écrites en France, marquent son inhumation le 6 mai, sous le nom de déposition, et ne parlent aucunement de sa translation; ce qui marque que son corps ne fut levé du tombeau, qu'après le temps où vivoit l'auteur des additions faites à ces copies, c'est-à-dire, après le vıııe siècle. Cependant, dès la fin du vıe, il y avoit dans le diocèse d'Auxerre, une église considérable de son nom. Saint Aunaire, alors évêque, la met au rang des églises principales, où il ordonna qu'on feroit des prières publiques le premier jour de chaque

Culte de S. Valérien.

mois (1). Il y a toute apparence qu'elle étoit dans le lieu appelé aujourd'hui Chitry, à trois petites lieues d'Auxerre. C'est la seule qu'on connoisse dans le diocèse, qui soit titrée du nom de saint Valérien, évêque d'Auxerre; elle en possède, de temps immémorial, des reliques considérables, et l'édifice de cette église montre, par son antiquité, ce que le lieu a été autrefois. Il y avoit à Châteaudun, dans le diocèse de Chartres, dès le XIe siècle au moins, une grande église, sous l'invocation de saint Valérien d'Auxerre, suivant le livre des seigneurs d'Amboise qui est au dixième tome du Spicilége. Les mémoires du pays marquent qu'elle avoit sans doute eu ce nom à cause de quelque translation des reliques de ce Saint. Mais on ne sait pas quand elles y avoient été apportées. En 1400, le vase d'argent dans lequel étoient renfermés les ossements qu'on en avoit, fut pillé par les soldats qui ruinèrent cette ville. Les curés prirent le soin de les remettre dans des châsses de bois. On avoit alors, outre la tête, un ossement du bras. Ce chef fut renfermé, sur la fin du XVe siècle, dans un buste de bois doré par Milon d'Illiers, évêque de Chartres. Mais un curé de la paroisse, qui étoit protonotaire du Saint-Siége, le transféra depuis dans un buste d'argent, en vertu de la commission de messire Ferdinand de Neuville, évêque diocésain; et, à l'égard du bras, il s'est trouvé perdu par la suite du temps. Outre la fête du 6 mai, on y célèbre celle de la translation, le 3 décembre. On y porte, à ces deux fêtes, la relique du Saint en procession, avec des marques extraordinaires de dévotion, de la part de tous les peuples du pays Dunois qui le regardent comme leur patron spécial. C'est aussi la qualité qu'on lui donne dans l'office qui s'y chante; mais il s'est introduit de l'erreur dans cet office, et on a attribué à saint Valérien plusieurs actions que les plus anciens monuments d'Auxerre attribuent à saint Amatre. L'église de Saint-Valérien, qu'on voit aujourd'hui à Châteaudun, quoiqu'elle soit au faubourg, ne laisse pas de passer pour la plus belle de celles du pays (2), et la paroisse est la plus nombreuse entre les sept qui forment cette ville. Le calendrier très-ancien de l'église de Chitry, marque une translation de saint

---

(1) *Voy.* ci-après saint Aunaire.

(2) On a écrit ceci avant l'incendie arrivé il y a quelques années.

Valérien au vingt-neuvième jour d'août. Si saint Jean-Baptiste n'est pas le patron primitif de cette église, c'est peut-être cette rencontre de la fête de saint Valérien avec celle de la Décollation de saint Jean, qui a donné occasion de représenter ce Saint sur le grand autel de la paroisse ; de même que dans plusieurs églises où l'on va en procession le jour de saint Marc, on y a représenté depuis peu le saint Evangéliste de ce nom. Messire Charles de Caylus ayant reconnu et approuvé les reliques du saint Valérien, qui étoient renfermées dans la sacristie de cette église depuis les guerres civiles, on choisit le même jour, 29 août, pour les enchâsser de nouveau, et cette cérémonie fut faite l'an 1730, par un chanoine de la cathédrale commis pour cet effet. L'auteur de l'Epitome sur les évêques d'Auxerre, rédigé au xive siècle et connu comme ayant appartenu au P. Sirmond, a fait une très-fausse remarque, lorsqu'il a dit qu'on ne faisoit aucune mention de saint Valérien dans les offices de l'église au diocèse d'Auxerre. Il est constant, par les calendriers du xiie et du xiiie siècle, qu'on en fait commémoration chaque année, le 6 mai, après l'office de saint Jean-devant-la-Porte-Latine (a).

Culte de S. Valérien.

SAINT ÉLADE, IVe ÉVÊQUE D'AUXERRE.

On ne sait de saint Elade, qui succéda à saint Valérien, que ce qu'en apprend la vie de saint Amatre. Après la mort de saint Valérien, Amatre et Marthe, persistant dans le pieux dessein de garder la chasteté, l'allèrent trouver ; il leur fit une exhortation pathétique, et il leur accorda ensuite ce qu'ils lui étoient venu demander, savoir : à Amatre d'être admis dans le rang des clercs, et à Marthe, d'être agrégée au nombre des religieuses de ce temps-là. Il est marqué qu'il coupa les cheveux au jeune homme et qu'il le fit ensuite diacre. Ainsi, saint Germain n'est pas le premier exemple que notre histoire fournisse

361 à 385.

(a) Il figure aussi sur le Nécrologe de la cathédrale d'Auxerre à cette même date. — *Voy.* Preuves, t. iv. (*N. d. E.*)

d'une tonsure ecclésiastique. Marthe fit en sa présence profession de virginité, et son exemple fut suivi par les jeunes filles domestiques de sa maison. Elade convertit aussi plusieurs infidèles par ses paroles et par ses exemples (1). C'est ce qui est expressément marqué. Il n'est point dit d'où il tiroit son origine ; mais quelques manuscrits très-anciens, déjà cités, semblent porter à croire que son nom est grec, car ils l'écrivent ainsi : *Helladius* ou *Heladius*. Cependant, le plus grand nombre de ceux qui sont postérieurs l'écrivent sans aspiration (2). Une vie manuscrite de saint Germain en langage vulgaire, de trois ou quatre cents ans, l'appelle saint *Alodez* (3). Les martyrologes des bas siècles l'ont quelquefois appelé *Hilaire* (4) ; un autre a défiguré son nom en celui de *Pelagius*, et a fait Elade un prêtre. Après tant d'exemples de variations dans son nom, ne pourroit-on pas dire qu'il seroit cet Evode, présent au concile de Valence de l'an 374 qui étoit la treizième ou quatorzième année de son épiscopat ? On ne trouve en ces temps-là aucun évêque des Gaules d'un nom approchant, si ce n'est lui. Il vécut encore dix ans au delà, et fut inhumé au cimetière de Mont-Artre, auprès de ses prédécesseurs, le 8 mai, suivant tous les anciens monuments. Aucun ne marque que son corps ait été relevé ni transféré ailleurs, et l'on ne voit aucune église ni aucun autel de son nom. Sa fête a toujours été célébrée le huitième jour de mai.

SAINT AMATRE, V⁰ ÉVÊQUE D'AUXERRE.

La vie de saint Amatre, écrite par un nommé Etienne Africain (5), à la prière de saint Aunaire, évêque d'Auxerre, nous apprend qu'il naquit à Auxerre de Proclidius, riche bourgeois, et d'Isiciole, dame

---

(1) *Martyrol. Hieronim.*
(2) *In convers. S. Mamertini.*
(3) *Marth. Nevelon.*
(4) *Mart. S. Columbœ Senon, et S. Laurent. Bitur.*
(5) Je sais que quelquefois cet auteur donne, aux faits qu'il rapporte, des tours qui peuvent les rendre incroyables. Mais on voit bien que c'est par sa faute, et non pas qu'il ait travaillé sur de faux mémoires. Les personnes judicieuses conviennent que les choses n'en sont pas moins véritables dans le fond, pour avoir été mal racontées et décrite par un historien qui prenoit mal les faits.

autunoise, et qu'il étoit fils unique. L'on a vu ci-dessus ce qu'il fit sous saint Valérien et saint Elade. Etant devenu diacre (1), il fit sentir sa fermeté à Pallaie ou Palladie, dame autunoise, qui, passant les fêtes de Pâques au faubourg d'Auxerre où elle avoit du bien, étoit venue à l'église revêtue d'habits trop somptueux. Il la guérit ensuite miraculeusement d'une maladie qui lui étoit survenue, convertit et baptisa son mari. On voit dans cette histoire qu'il administroit le calice aux laïcs qui communioient, et qu'il aidoit les prêtres dans l'administration du baptême. Il chassa aussi, des environs du Mont-Artre, les esprits malins qui s'y étoient rendus formidables aux passants. Il y avoit trois ans qu'il étoit évêque, lorsque Licinius, son archidiacre, fit passer sa réputation par de rudes épreuves dont le détail seroit trop long, et qu'on craint que l'historien n'ait un peu exagéré. Quoiqu'il en soit, Dieu vengea la sainteté de son serviteur en punissant les auteurs de la calomnie.

Amatre, voyant que l'église consacrée du temps de saint Pélerin, sur le bord de la rivière du côté qui regardoit l'orient d'hiver (*a*), ne pouvoit plus contenir le nombre des fidèles qui alloit toujours en augmentant, trouva le moyen de se faire céder un grand corps de logis (*b*) situé dans l'enceinte de la nouvelle cité. Il avoit obtenu ce bâtiment d'un riche citoyen nommé Ruptilius ou Rutilius (*c*): et comme il fut nécessaire

---

(1) Il seroit bon d'examiner si ce que Sulpice Sévère dit au commencement de son troisième Dialogue, touchant un Amateur, sous-diacre, qui fut son ami, pourroit convenir à notre Saint.

(*a*) Selon le *Gesta Pontif.* c'était du côté de la porte que les anciens auteurs appelaient la *Porte des Bains.* (*N. d. E.*)

(*b*) Aujourd'hui l'église cathédrale. (*N. d. E.*)

(*c*) Voici en quels termes l'évêque s'adressa à Ruptilius pour obtenir cette maison. Nous les transcrivons du *Gesta Pontificum* comme caractéristiques des mœurs simples et rudes de ces temps primitifs.

« Novimus te, Deo auctore, sacri lavacri laticibus regeneratum, et debes ei qui
» te de erroribus y dolorum eripuit et suæ veritati adscivit in omnibus obedire.
» Nosti, clarissime vir, quod domus Dei parva sit et non sufficiat populo christiano
» et quùm injustum esse arbitror te famulum meliùs quam dominum habitaculum
» possidere, consenti nobis ut hæc tua domus Christo domino in ecclesiam consa-
» cretur. »

Ruptilius refusa d'abord d'accorder à l'évêque ce qu'il demandait; mais, étant ensuite tombé gravement malade, il y vit une punition divine et s'amenda. (*N. d. E.*)

d'y refaire un mur depuis les fondements, on y trouva, en creusant, des pièces d'or, que Ruptilius abandonna à l'évêque. Le saint prélat se servit du nouveau trésor, non-seulement pour le soulagement des pauvres, mais encore pour l'embellissement du temple; et, lorsqu'il fut mis en état, il en fit la dédicace le 3 octobre. Le plus ancien historien de ce fait, qui est Etienne ci-dessus nommé, n'a point marqué sous le titre de quel Saint cette dédicace fut faite. On croyoit cependant, au xie siècle, que c'étoit sous l'invocation de saint Etienne, premier martyr, et absolument parlant, saint Amatre put en obtenir quelques reliques, puisque la découverte du corps de ce saint martyr fut faite trois ans avant sa mort. On voit même, dans un endroit de sa vie, qu'il avoit coutume de porter à son cou un petit reliquaire; mais les reliques de ce temps-là ne consistoient, le plus souvent, qu'en quelque poussière prise sur les tombeaux des Saints, ou en des morceaux de leurs vêtements.

Quelques jours après cette dédicace, Marthe, son épouse, qui s'étoit séparée de lui et s'étoit retirée à Airy, terre de ses parents, mourut dans ce lieu. Le corps de la défunte ayant été apporté à Auxerre, il en fit les obsèques et il l'inhuma sur le Mont-Artre, proche la ville. Comme c'étoit alors l'endroit le plus vénérable du pays, à cause des saints évêques et confesseurs qui y avoient eu leur sépulture, saint Amatre le visitoit souvent, et alloit prier d'oratoire en oratoire sur les sépulcres des Saints. S'y étant trouvé, quelques jours après l'inhumation de Marthe, dans le temps qu'on apportoit à ce cimetière public le corps d'un enfant mort, âgé de huit ans, se rendant aux larmes de ceux qui accompagnoient le corps, il se mit en prière, et il obtint du Seigneur la résurrection de l'enfant. Un miracle si éclatant attira auprès de lui, non-seulement une foule de malades, mais encore un grand nombre de payens qui vinrent demander le baptême. Comme l'église d'Auxerre commença à fleurir sous son épiscopat, on vit plusieurs ecclésiastiques venir y puiser l'esprit de leur état. Les historiens d'Hibernie nous ont conservé la mémoire de saint Patrice comme étant de ce nombre : ils le font disciple de notre évêque saint Amatre et de son successeur.

Il arriva de son temps à Auxerre, pendant la nuit, un si violent incendie, que la force du feu avoit déjà gagné plusieurs rues. Les citoyens désespérant de tout secours humain accoururent vers lui.

Touché de leur malheur, il les porta à mettre leur confiance dans le Seigneur : il pénétra jusques dans les rues où l'ardeur du feu étoit la plus grande, et il n'y fut pas plus tôt, qu'il tomba une pluie suffisante pour éteindre les flammes : ce miracle servit beaucoup à augmenter la foi des nouveaux convertis.

L'épiscopat de ce Saint ayant été de plus de trente ans, il a pu avoir occasion, pendant un si long espace, de faire le voyage d'Orient qu'on lui attribue, et d'où l'on dit qu'il apporta des reliques de saint Cyr et de sainte Julite qu'il plaça depuis dans l'un des oratoires du Mont-Artre. Cependant ce sont des faits sur lesquels son historien, quoique d'ailleurs assez diffus, garde un profond silence, aussi bien que sur la réception du chef de saint Just, enfant d'Auxerre, qui avoit été martyrisé de son temps, proche Beauvais (a). Nous n'avons point de plus anciens garants de ce voyage (1), que Tetere, doyen de saint Etienne de Nevers, sous l'évêque Natrannus, c'est-à-dire, vers l'an 980, qui dit que ce fut à Antioche où notre Saint trouva ces reliques, et qu'il donna un bras de l'enfant saint Cyr à Savin, compagnon de son voyage (2).

Le gouverneur d'Auxerre, appelé Germain (3), ne fut pas des premiers à se défaire de toutes les anciennes coutumes du paganisme, quoiqu'il fût né de parents chrétiens. Il étoit dans l'usage de faire attacher à un arbre, planté au milieu de la ville, les têtes des bêtes qu'il avoit prises à la chasse. Cette pratique, qui paroissoit tenir du paganisme, fut reprise par saint Amatre ; mais le gouverneur ne tint aucun compte de ces remontrances. C'est pourquoi le saint évêque

---

(1) *Bolland. 1. Maii in S. Amatore.*

(2) Je ne puis taire ici que de temps immémorial, on a fait, dans le diocèse d'Auxerre, le 16 juin, l'office du saint Félix, martyr, qu'on dit avoir été un enfant tué par les Barbares dans la forêt de Merry, à 4 lieues d'Auxerre. Le corps de ce Saint a sûrement été apporté à Auxerre, dans des siècles fort éloignés, et une preuve que son culte y étoit plus ancien que celui de S. Cyr et de Ste. Julite, c'est qu'il étoit nommé le premier dans l'oraison commune à ces trois saints. On entrevoit assez la conclusion qu'il seroit facile de tirer de cette remarque, par rapport au voyage de notre Saint (b).

(3) *Constant in vita S. Germani.*

(a) *Voy.* Nécrologe de la cathédrale d'Auxerre au 18 octobre, Preuves, t. IV. (*N. d. E.*)

(b) La chapelle de saint Félix, située au milieu de la forêt de Merry-Vaux, est encore aujourd'hui l'objet d'une vénération particulière. Elle vient d'être reconstruite à neuf et on a trouvé dans les fondations de l'ancienne quelques monnaies baronales du XIIe siècle. (*N. d. E.*)

fit arracher l'arbre pendant son absence, le fit brûler et jeter les têtes à la voirie. Il étoit bien persuadé que le gouverneur voudroit en tirer vengeance à son retour, ce fut pour cela qu'il s'éloigna alors d'Auxerre, non pas tant par esprit de crainte, que pour obéir à la voix de Dieu qui lui avoit révélé que Germain seroit son successeur. Il prit donc le chemin d'Autun, pour obtenir du préfet la permission de l'admettre au rang des clercs. Son historien particulier raconte ici quelques circonstances de ce voyage. Il dit qu'en passant dans un bois, les paysans qui reconnurent, au petit reliquaire qu'il portoit au cou, qu'il étoit un évêque, lui firent un chemin; que ce saint bénit ce qu'ils avoient à manger, et qu'ayant guéri, par le signe de la croix, un d'entre eux qui paroissoit avoir été puni de Dieu, cela lui attira des acclamations par tous les chemins. Ce lieu est nommé en latin *Gubilium*. A très-peu de distance de là, il rencontra un noble de la ville d'Alise, nommé Suffronius, qui faisoit la recherche d'une certaine quantité d'argenterie qu'on lui avoit enlevée. Ce seigneur se joignit par le chemin au saint évêque qui le consola, et lui donna espérance d'une prompte restitution. Les voleurs furent en effet rencontrés à trois mille pas de là : la restitution fut faite comme le Saint l'avoit prédit, et il obligea Suffronius de leur pardonner, et de leur faire seulement promettre, sur le tombeau de saint Andoche et saint Tyrse, qu'ils changeroient de vie. Ceci dénote que la rencontre se fit dans le voisinage de Saulieu où étoit ce tombeau; et, par conséquent, on peut entendre par *Gubilium* le village de Goulou, ou celui de Goba, sur la rivière de Cure, à trois lieues de Saulieu, du côté de l'occident. Amatre, approchant d'Autun, n'y fut pas reçu en fugitif. L'évêque de la ville, nommé Simplice, ayant appris son arrivée, vint promptement au devant de lui avec tout son clergé, et le préfet Jule avec ses officiers. Les uns et les autres lui ayant rendu les devoirs accoutumés, dit Constance, ils le conduisirent jusque dans Autun. Le lendemain saint Amatre témoigna qu'il avoit quelque chose à dire en particulier au préfet, et que pour cela il vouloit aller chez lui. Ce seigneur l'ayant su, vint lui-même au devant, et l'ayant accueilli avec tout le respect que méritoit l'homme de Dieu, il le fit entrer en son palais. L'entrevue commença par la bénédiction que le préfet voulut recevoir d'abord de la main de

saint Amatre. Cette sainte action étant finie, poursuit Constance, l'évêque lui porta ainsi la parole. « Dieu, lui dit-il, m'a fait la
» grâce de m'apprendre le jour de ma mort, et comme il n'y a point
» d'autre personne plus propre à conduire l'église qui m'a été confiée,
» que l'illustrissime Germain, selon que le Seigneur a daigné me le
» révéler, je prie votre Celsitude qu'elle m'accorde la permission de
» le tonsurer. » Le préfet lui répondit : « Quoiqu'il soit nécessaire
» et utile à notre république, cependant parce que le Seigneur se
» l'est choisi, suivant que votre Béatitude me l'assure, je vous déclare
» que je ne puis aller contre l'ordre de Dieu. » Ainsi ayant obtenu
sa demande, il se disposa à revenir à Auxerre, comblé de joie.
Mais quelques monuments (1) nous apprennent que l'évêque d'Autun
le retint encore un peu de temps et qu'il lui fit faire la dédicace d'un
oratoire élevé anciennement sur le tombeau de saint Symphorien.
Cette cérémonie fut une véritable occasion pour notre Saint d'avoir
des linges ou des étoffes du sépulcre du saint martyr. Ce qu'il en
apporta fut depuis déposé dans un des oratoires du Mont-Artre qui
en prit le nom de saint Symphorien. Le même historien ajoute que
les deux évêques retournant de la cérémonie de la dédicace rencontrèrent des lépreux qu'ils guérirent en leur faisant boire de l'eau du
Jourdain, qu'on disoit que l'évêque Rhétice avoit apportée de la
Palestine, et les faisant oindre avec de l'huile bénite.

Saint Amatre étant de retour à Auxerre, ordonna que tout le peuple
s'assemblât à l'entrée de sa maison. Ce qui étant fait il tint ce discours
à toute l'assemblée : « Mes chers enfants, leur dit-il, écoutez avec
» attention ce que je vais vous dire : car il faut que je vous apprenne
» que ma mort n'est pas éloignée. Dieu m'a révélé le jour qu'elle
» arrivera, je le sais à n'en point douter, et je le connois. C'est pour cela
» que je vous exhorte tous à redoubler vos soins pour choisir parmi
» vous un homme rempli de force et de vigueur qui puisse être la
» sentinelle sur la maison de Dieu. » A ces paroles chacun resta
dans la consternation, et personne n'ouvrit la bouche pour répondre.
Voyant cela, il prit le chemin de l'église suivi de toute cette multitude.

---

(1) *Steph. in vita S Amatoris.*

Mais quand il fut entré, il parla ainsi au peuple qui vouloit avancer dedans : « Quittez, mes très-chers enfants, toutes ces flèches (1), » qu'on ne voie plus ces armes sur vos épaules : après cela vous » entrerez dans la maison de Dieu; parce que c'est ici une maison » d'oraison, et non pas la demeure d'un Mars toujours pétulant. » A peine avoit-il achevé ces paroles, qu'ils mirent bas tout ce qu'ils pouvoient avoir d'armes, et ils entrèrent ainsi désarmés dans l'église. Alors le saint évêque, voyant que Germain n'avoit plus rien qui pût le rendre formidable, commanda aux portiers de fermer les portes : et, accompagné d'une troupe de clercs et de nobles, il alla droit à Germain, se saisit de lui, invoqua le nom du Seigneur, lui coupa les cheveux, lui ôta les habits du siècle, lui donna ceux de la cléricature et le promut aux ordres en lui disant : « Travaillez, mon » vénérable frère, à conserver pur et sans tache l'honneur que vous » venez de recevoir, parce que Dieu veut qu'après ma mort vous » succédiez à la charge de pasteur de cette église. »

Après qu'il se fut écoulé un certain espace de temps, pendant lequel Germain passa de l'ordre inférieur à la prêtrise, saint Amatre commença à sentir les atteintes de la maladie qui devoit le conduire au tombeau, et malgré cela il ne laissa pas de prêcher et de rassurer son peuple en lui disant : « Mes chers enfants, le Seigneur mon » Dieu qui m'a laissé jusqu'à présent dans ce pèlerinage, veut » m'attirer à lui : je vous supplie instamment de mettre unani- » mement en ma place mon frère Germain. » La multitude n'avoit point d'autres sentiments, et ne répondoit autre chose à ces paroles qu'*amen* : mais ce n'étoit pas sans verser des larmes, ni sans ressentir un extrême regret : car les personnes de tout âge, toute qualité, condition et sexe, étoient dans la dernière tristesse de perdre un si bon pasteur. Toutefois ils avoient pour consolation que son successeur ne devoit point lui céder en sainteté. Le mercredi premier jour de mai étant venu, les douleurs de la maladie augmentèrent; mais nonobstant cela il ne cessa point de donner des avis salutaires à tous ceux qui se présentèrent devant lui. » Qu'on n'entende point » de pleurs, disoit-il, faites cesser les larmes de ce peuple. On a

---

(1) C'étoit alors la coutume de porter sur soi les armes dans les lieux d'assemblée.

» raison de pleurer quand après un bon évêque il en succède un
» qui ne lui ressemble pas ; mais pour le présent, c'est en vain que
» vous pleurez, puisque vous êtes à la veille d'en avoir un meilleur.
» Car non-seulement cet évêque prédestiné vous sera utile et pro-
» fitable pendant sa vie mais encore après sa mort. » En disant
cela il commanda qu'on le portât à l'église pour y rendre l'esprit
au Créateur, dans le même lieu où il avoit coutume de le louer
jour et nuit. On vit alors marcher à ses côtés, à droite et à gauche,
une multitude innombrable de peuple ; le chœur des clercs alloit
devant, la troupe des dames suivoit après. Le saint évêque, étant
entré dans l'église et monté dans son trône pontifical, y rendit
incontinent l'esprit environ sur les neuf heures du matin. Aussitôt
(chose merveilleuse) un chœur d'anges vint au devant de son âme,
et la conduisit dans le ciel en forme de colombe, avec le chant
des hymnes et des cantiques. C'est une chose que plusieurs de
l'assemblée dirent qu'ils avoient vue, et surtout Héleine, très-sainte
fille, qui éclatoit alors en vertu et en miracles.

Le corps du saint prélat ayant été lavé, fut conduit à la sépulture.
Comme le convoi passoit devant une prison, les portes furent ouvertes
tout à coup, selon le rapport d'Etienne. Les prisonniers se mirent sous
le cercueil et reçurent la liberté à la faveur de la cérémonie. Ce qui
se fit au retour de l'enterrement est plus avéré et plus célèbre. Comme
on en revenoit, on aperçut un homme atteint de paralysie depuis
trente années, porté par d'autres hommes. Ce malade, qui étoit du
Berry, s'étoit fait porter jusques-là sur le bruit des merveilles que
Dieu opéroit par le moyen de saint Amatre. Ceux qui le portoient
approchèrent, dit Constance, et s'informèrent de la santé de l'homme
de Dieu. Mais ils apprirent que c'étoit lui qu'un peu auparavant ils
avoient vu porter à la sépulture. Le malade ne se découragea point, il
demanda qu'on lui permît de se servir de l'eau dont le corps du défunt
avoit été lavé. Germain qui étoit alors prêtre, comme je l'ai déjà dit,
admirant la foi de ces gens, ordonna qu'on en versât sur les membres de
ce paralytique : et cette eau n'eut pas plutôt touché le corps du malade
que toute la langueur cessa ; ses membres qui étoient sans action et
sans mouvements, furent rétablis dans leur premier état, et les nerfs
reprirent leur ancienne vigueur.

Culte de S. Amatre.

Ce fut l'an 418, selon la plus exacte supputation, que saint Amatre mourut. L'oratoire où il avoit été inhumé sur le Mont-Artre, proche Marthe, son épouse avant l'épiscopat, ne tarda guère à porter son nom ; soit qu'il en eût été le fondateur, soit à cause des miracles qui furent opérés par son intercession. Le payen Mamer qui vivoit sous saint Germain (1), nous assure que ce fut proche la basilique de saint Amatre qu'il eut plusieurs visions. Saint Urse (2) qui fut évêque d'Auxerre au commencement du vi^e siècle, avoit mené auparavant une vie solitaire proche cette basilique. Elle est aussi appelée du même nom dans les statuts de saint Aunaire (3) faits vers l'an 580, et dans ceux de saint Tétrique, de la fin du viie siècle. Au commencement du ixe, Angelelme (4), évêque d'Auxerre, fit faire une châsse considérable d'or et d'argent, dans laquelle il mit un vêtement de ce Saint, que les auteurs appellent une chappe. C'est sans doute de quelque relique de cette nature, dont saint Didier, évêque d'Auxerre (5), enrichit, vers le commencement du viie siècle, le monastère de Saint-Amance de Cahors, où il les porta lui-même. L'évêque Chrétien (6), qui fut le second successeur d'Angelelme, se servit utilement de l'occasion du passage de Frotaire, archevêque de Bordeaux, par la ville d'Auxerre. Il leva avec lui le corps de saint Amatre du lieu de sa première sépulture, qui pouvoit être vers l'entrée de l'église de son nom, et le transporta solennellement dans la crypte de la même église, où il se trouva placé plus honorablement.

Un petit supplément fait à la chronique (7) de Robert de Saint-Marien, dans le xive siècle, marque que cette translation se fit en l'an 862. Les religieux de Saint-Germain qui y assistèrent obtinrent (8), en cette occasion, les doigts de la main droite dont leur patron avoit été tonsuré. Ils possédoient encore, en 1277, un de ces doigts, qui fut trouvé le 23 mars, avec d'autres reliques (9), dans le grand autel. S'il est vrai que l'abbaye de Cuzan, en Catalogne, ait eu une dent de ce Saint dès le ix^e

---

(1) *Vita S. Germ.*
(2) *Hist. Ep. Aut. in Urso.*
(3) *Ibid. in Aunar. et Tetrico.*
(4) *Hist. Ep. Autiss. in Angelmo.*
(5) *Ibid. in Desiderio.*
(6) *Ibid. in Christiano.*

(7) *Chron. autograph. Rob. inter cod. mss. S. Mariani ad calcem.* — (Auj. à la Biblioth. de la ville d'Auxerre.)
(8) *Heric. lib. mirac. S. Germ.*
(9) Chronique d'Yepez.

siècle, elle ne peut avoir été distraite qu'en cette occasion. Cette cérémonie fut suivie quelque temps après d'une autre translation, non-seulement du corps de ce saint évêque, mais encore de la plupart des reliques qui étoient conservées dans l'église de Saint-Amatre, lesquelles furent toutes portées avec solennité à l'église cathédrale, et y furent reçues un douzième juillet. On n'en sait pas l'année; mais il est probable qu'elle se fit au XIe siècle, parce qu'elle est marquée dans le martyrologe de l'église cathédrale écrit au commencement de ce siècle, et en des caractères ajoutés, dont l'écriture ressent le même siècle. Peut-être fut-ce l'an 1003, lorsqu'on appréhenda à Auxerre l'irruption des troupes du roi Robert, à cause des difficultés qu'on avoit fait de le reconnoître pour maître de la Bourgogne, après la mort du duc Henri. Les religieux, qui sans doute avoient souffert avec peine de se voir enlever les reliques de leur saint patron, avoient fait naître parmi eux une tradition qui portoit que le corps de ce saint évêque étoit encore dans leur église. Cette tradition étoit assez forte au commencement du XIVe siècle pour faire le fondement d'une contestation. Mais la visite solennelle que l'évêque Pierre des Grez fit, en 1320, dans la cathédrale, les détrompa. Ce saint corps y fut trouvé renfermé dans une châsse couverte de feuilles d'argent sur lesquelles sa vie étoit représentée, et qui n'avoit point été visitée depuis l'an 1238. Ce fut alors que la tête en fut séparée avec deux dents, et enchâssée dans un buste d'argent que cet évêque donna. Le tout resta en cet état jusqu'aux troubles des Huguenots, qui, pour emporter les reliquaires, jetèrent par terre les ossements des Saints. On ramassa pieusement ceux de saint Amatre, et on les conserva dans le trésor jusqu'en l'an 1636, qu'ils furent mis, le 26 octobre, par l'évêque Dominique Séguier, dans une châsse qu'il avoit fait faire pour y renfermer toutes les reliques de la cathédrale, qui avoient pu échapper à la fureur des Huguenots. Le procès-verbal de cette année-là ne fait mention que de la tête et de quatre grands ossements parce que le maître de cérémonies de ce prélat (1) prit, en secret, pour lui les petits; et encore aujourd'hui, de ces quatre grands ossements qui

Culte de S. Amatre.

---

(1) Martin Marinel, depuis chanoine de Meaux.

Culte de S. Amatre.

étoient les *femur* et *tibia* il n'en reste que trois (a), un des *femur* se trouvant à Saint-Germain, où un pieux bénédictin (1) le transporta, de l'agrément de M. de Broc, évêque, dans le temps d'une ouverture. Il y est conservé, depuis l'an 1663, dans une des deux grandes châsses élevées au-dessus de l'autel au fond du sanctuaire. On prétend que cet ossement avoit d'abord été destiné pour l'église priorale de Saint-Amatre; mais cette église est sans aucune relique de son patron, n'ayant pour tout qu'un simple cénotaphe ou mémorial de l'ancien tombeau à l'entrée de la porte. Il y a aussi, dans son église de Langres, quelque petit fragment détaché du chef de ce Saint. On ignore depuis longtemps ce qu'est devenue la châsse où sa chappe avoit été renfermée. Elle a pu être enlevée par les Anglois et les Navarrois, en 1358. Dom Viole dit (2) qu'il avoit vu à Saint-Germain-l'Auxerrois, à Paris, un morceau de cette relique avec cette inscription : *De caputio S. Amatoris, episcopi Autissiod.* Il est constant qu'il y en a de très-ancienne dans l'église de Saint-Germain de Gron, proche Sens. On a cru aussi avoir des reliques de saint Amatre à Brienon-l'Archevêque, du diocèse de Sens. On les a vu porter en procession, à Auxerre, pour avoir de la pluie dans les années 1644 et 1675; mais il n'est pas impossible qu'elles ne soient plutôt de saint Amat ou Amé, archevêque de Sens, que de notre Saint.

Il paroît que la fête de saint Amatre fut célébrée à Auxerre dès le siècle même de sa mort, puisqu'il y avoit dès lors une église de son nom dans le cimetière public (b). Il est resté, à l'égard de cette église, une pratique louable dans la cathédrale, et dont l'origine peut être de plus de mille ans. Le clergé y va en procession le soir du trentième avril, chanter l'office des veilles de la nuit, et il y retourne le lendemain pour y célébrer la grand'messe. Il y a apparence qu'autrefois la cathédrale, qui commençoit ainsi les vigiles au tombeau

---

(1) Georges Viole. | (2) Viole, t. 7.

(a) On ne possède même plus aujourd'hui, à la cathédrale d'Auxerre, que le chef de saint Amatre. (*N. d. E.*)

(b) Il n'existe plus rien aujourd'hui de l'église Saint-Amatre, si ce n'est une crypte à arcades ogivales de la fin du XIIe siècle, dans laquelle se voit un cercueil de pierre placé dans la muraille. (*N. d. E.*)

du Saint, étoit imitée ensuite par les autres communautés qui y passoient la nuit à chanter les psaumes, et à lire les actions du saint évêque, selon ce qui se pratique encore aujourd'hui dans d'autres villes. Au moins on est certain que c'est quelque évêque qui a institué cette pieuse coutume, mais on ne sait pas lequel (1) : ce pourroit être saint Pallade, qui vivoit il y a onze cents ans, et qui donna de quoi maintenir la solennité des vigiles qu'on faisoit au tombeau de saint Germain, le premier octobre. Comme on n'avoit pu célébrer l'office de saint Amatre dans la grande église le premier jour de mai, depuis qu'il étoit occupé par la fête des saints apôtres Philippe et Jacques, reçue avec le rit romain, cet office y suppléoit ; mais, outre cela, on faisoit commémoraison de ce Saint pendant huit jours ; c'est ce qu'on peut prouver par tous les anciens calendriers du pays, au moins depuis cinq cents ans. La fête de la réception de ses reliques fut marquée de rit double ; ce qui étoit un rang considérable dans ces siècles, auxquels les fêtes étoient plus rares qu'aujourd'hui. Elle a cette qualité dans tous les calendriers auxerrois, au moins depuis le XIII° siècle. On trouve que dans ces deux fêtes, l'église cathédrale devoit faire allumer, durant l'office (2), autour de sa châsse qui étoit élevée au-dessus de l'autel de la Comtesse (a), six cierges, dont deux brûloient continuellement depuis les premières Vêpres jusqu'après Complies. Cette dévotion, qui cessa en 1568, auroit dû revivre au moins en partie depuis l'an 1636 auquel ces reliques furent renfermées de nouveau, et exposées à la vénération publique. Mais on a fait, en 1726, par le nouveau bréviaire, des changements qui rendent la fête de mai plus célèbre, en l'établissant de rit double pour tout le diocèse, au lieu que celle de la réception de son corps ne regardoit que la cathédrale. Cette fête des calendes de mai étoit autrefois si mémorable, qu'afin que tous les chanoines y assistassent, on établit, à ce

Culte de S. Amatre.

(1) La preuve s'en tire de la distribution qui est prise sur le revenu de l'évêque. Avant l'épiscopat de M. de Donadieu, les chanoines prenoient en commun une espèce de repas au retour de cette procession; mais depuis ce temps-là, cela est commué en une somme d'argent que l'évêque fournit au lieu de gâteaux.
(2) *Tract. Nazas. Thesaur.*

(a) Cet autel est placé derrière le grand autel; il tire son nom de sa fondation par la comtesse Mathilde; on l'appelait aussi l'autel des Féries. (*N. d. E.*)

Culte de S. Amatre.

jour, la tenue des chapitres généraux, qui duroient autant de temps que la foire de chalendemai, au faubourg de Saint-Amatre, c'est-à-dire pendant huit jours ou environ. Dans des antiphonaires du xiiᵉ siècle, où il y a office à trois nocturnes le premier jour de mai : le premier et le dernier sont des saints apôtres, celui du milieu est entièrement de saint Amatre, et sa mémoire après Laudes est solennelle, et avec répétition du cantique *Benedictus* en entier.

Saint Amatre est titulaire d'une ancienne abbaye de la ville de Langres, réduite aujourd'hui en prieuré-paroisse dont dépend le séminaire. Il est aussi second patron de l'église de Saint-Jean-le-Rond, proche Notre-Dame de Paris où il est représenté en plusieurs endroits, et c'est pour cette raison que son nom étoit au premier mai dans les anciens livres de Paris. On le trouve de même dans les anciens calendriers de Soissons, et il est encore dans ceux de Sens, de Chartres, de Troyes, et surtout dans ceux de Langres (a). Il est aussi patron dans le diocèse d'Auxerre, de l'église paroissiale de Lucy-sur-Cure, et il étoit, au xiiᵉ siècle, second patron de celle de Dammarie-en-Puisaye, selon une charte d'Alain, évêque d'Auxerre, en faveur du prieuré de La Charité. Il y a, dans le diocèse de Nevers, l'église de Chevroches dont il est pareillement patron, et celle de Pierre-Fitte, au diocèse de Bourges, dans l'archiprêtré de Sancerre (1). A l'égard des martyrologes, le nom de saint Amatre a été de tout temps si célèbre, qu'on n'en connoît guère où il ne soit marqué au premier jour de mai, de quelque antiquité qu'on les produise. En 1720, lors de l'établissement des conférences ecclésiastiques dans le palais épiscopal d'Auxerre, pour l'instruction des clercs de la ville, ce saint évêque fut choisi pour être le patron de ces clercs, comme ayant été formé à la cléricature dans le même lieu par les saints évêques, Valérien et Elade, et ayant procuré à son tour, au clergé d'Auxerre, le personnage le plus illustre et le plus savant de tout le pays, et peut-être de toutes les Gaules, dans la personne du gouverneur

---

(1) **Peut-être est-ce le lieu d'où étoit le paralytique dont Constance a écrit la guéri-** **son ci-dessus rapportée.**

(a) Il figure aussi, à cette date, sur le Nécrologe de la cathédrale d'Auxerre. — *Voy.* Preuves, t. iv. *(N. d. E.)*

Germain. Un jeune ecclésiastique, choisi parmi les tonsurés, a déclamé depuis ce temps-là, en public, dans l'église, le panégyrique latin de ce Saint, le jour de sa fête.

CHAPITRE III.

Histoire de la vie de saint Germain, sixième Evêque d'Auxerre, traduite de Constance, avec des additions de quelques anciens écrivains : suivie de celle de ses Reliques, de sa Fête, et de tout ce qui a rapport à son culte.

Comme le public est assez informé que tous les écrivains de l'histoire ecclésiastique, à moins qu'ils ne soient de la religion prétendue réformée (1), s'empressent de donner à saint Germain, évêque d'Auxerre, les éloges qu'il mérite, je ne m'étendrai point ici à faire un panégyrique en son honneur. Outre que ce n'est point le fait d'un historien, on pourroit dire que c'est l'amour de la patrie qui m'auroit fait parler, et que je n'ai élevé ce Saint au-dessus des autres de son siècle, que parce qu'il étoit natif du pays dont je fais l'histoire. Je me contenterai donc de rapporter ici, en abrégé, les éloges que lui donnent les personnes les moins suspectes ; après quoi je donnerai un récit fidèle des actions que Constance et Héric lui attribuent, sans omettre les miracles rapportés par Constance, comme étant des preuves de la sainteté de cet homme extraordinaire. Je laisse à d'autres les discussions critiques sur certaines époques qui regardent l'histoire ecclésiastique d'Occident, quoique, dans les notes mises au bas des pages, je ne refuse point de déclarer mon sentiment. La narration de Constance m'a paru trop digne d'attention, pour être si souvent interrompue par des discussions chronologiques et de pure critique.

En effet, si saint Germain a été le plus célèbre d'entre les prélats de son siècle dans les Gaules, il faut aussi avouer qu'il a eu en

418 à 448.

---

(1) Les Centuriateurs de Magdebourg parlent fort mal de S. Germain d'Auxerre ; il court dans le public une médaille frappée à Genève pour se moquer du même Saint. *Joubert, jésuite, science des médailles*, t. 1, *pag.* 24.

partage, pour écrivain de ses actions, la plume la plus éloquente qui fut alors dans la même province, au jugement de Sidoine Appollinaire excellent connoisseur.

Comme la ville de Lyon étoit une de celles où sa sainteté et son éloquence apostolique avoient plus éclaté, on y parloit sans cesse des vertus de ce grand homme. Les courses des Barbares, qui empêchoient le diocèse d'Auxerre d'avoir des hommes assez habiles pour mettre par écrit la vie de ce Saint, obligèrent, à mesure qu'on s'éloignoit du temps de sa mort, de chercher, dans les provinces méridionales des Gaules, une plume qui fut en état d'y suppléer. On la trouva dans l'église de Lyon, qui étoit nombreuse et peuplée de savants. Saint Patien, évêque de cette ville, pressa le prêtre Constance de l'écrire, et ce docte personnage, après bien des excuses touchant la sublimité du sujet qu'il avoit à traiter, entreprit l'ouvrage et y réussit. Il le tenoit encore renfermé dans le secret, lorsque saint Censure, évêque d'Auxerre, en fut averti. Ce prélat le pria de donner des copies de son ouvrage ; et c'est sur ce qui en fut rendu public, que sont appuyés les éloges que les auteurs des moyens et des bas siècles ont donnés à saint Germain.

Aucun des écrivains modernes n'a peut-être fait son éloge en termes plus précis que celui qui a marqué dans l'histoire moderne de l'église gallicane (1), que saint Germain a été « l'un des plus parfaits modèles de sainteté, un des plus ardents défenseurs de la foi, l'honneur et la consolation de l'église gallicane, le fléau de l'hérésie, le père des peuples, le refuge de tous les malheureux ». Il a été bientôt suivi de ses confrères d'Anvers, qui disent de saint Germain d'Auxerre, et de saint Loup de Troyes (2), que ce sont des astres de l'Eglise et des évêques très-dignes des temps apostoliques ; que saint Germain n'étoit pas né pour l'église d'Auxerre seulement, mais aussi pour les Gaules, pour la Grande-Bretagne et l'Italie (3); qu'aussi voit-on qu'il est le seul sous l'invocation duquel l'église gallicane ait fait dédier presqu'autant de temples au Seigneur, que sous celle de saint

---

(1) Longueval, t. 1, pag. 45.
(2) *In synopsi, tomi 7 julii.*

(3) *T. 7: julii.* 1731, *pag.* 184 *B*.

Martin, sans compter les églises qui sont chez les autres nations, et surtout chez la nation Britannique.

Au reste, la pensée de tous les écrivains des derniers temps revient à celle qu'a eue le prêtre Constance en commençant la vie de notre Saint, qu'il compare à un soleil dont les yeux des mortels ne peuvent soutenir l'éclat, et duquel il n'entreprend de parler, qu'autant que le lecteur voudra bien excuser la témérité de son entreprise. « D'un
» côté, dit-il, je reconnois qu'il est au-dessus de mes forces de traiter un
» si vaste sujet; de l'autre je ne puis refuser d'instruire la postérité de
» de tout ce que l'on a vu d'excellent et de prodigieux dans ce saint
» homme, dont quelques-uns commencent à perdre le souvenir, faute
» d'écrivain qui leur en transmette les actions.

Germain, dit-il, étoit né dans la ville d'Auxerre, de parents très-illustres, et dès sa plus tendre jeunesse, il avoit été formé aux arts libéraux. On vit par l'éducation qu'il reçut, jointe à la bonté de son esprit, que l'art et la nature s'accordèrent admirablement à en faire un très-habile homme. C'est ainsi que débute le prêtre Constance. Il n'a pas jugé à propos de marquer le nom du père et de la mère de Germain; mais nous apprenons par Héric, que l'un étoit appelé Rustique, l'autre Germanille (1). Il tait aussi l'année de sa naissance, mais l'on juge assez probablement, par l'année dans laquelle il est mort, qu'il étoit né vers l'an 380. Or, afin que toutes sortes de sciences se trouvassent réunies dans la personne de Germain, lorsqu'il eut tiré des plus célèbres écoles des Gaules tout ce qu'on pouvoit y apprendre, il alla à Rome,

418 à 418.

---

(1) Le nom de Germanille se donnoit quelquefois aux femmes chez les Romains. Une épitaphe trouvée à Saint-Irénée de Lyon, en 1731, commence ainsi *Æliæ Germanillæ, Æli Germanini filiæ*. On a cherché en vain, en 1721, dans le sanctuaire de la collégiale d'Appoigny, les corps de Rustique et Germanille que Héric dit y avoir été inhumés, parce que cette terre leur appartenoit (a). Je ne doute point que notre Saint n'ait eu un prénom comme les autres Romains, mais il n'est pas venu jusqu'à nous (Mém. de Trévoux, octob. 1731).

(a) Il y avait, à Appoigny, une église dite de Saint-Jean, dans le chœur de laquelle on a trouvé, vers 1825, deux tombes de pierre. La tradition du pays veut, à tort ou à raison, que ce soit celles de Rustique et de Germanille. Ce qui est pourtant plus probable que d'admettre qu'on les eût retrouvées dans la collégiale fondée au XIIe siècle.

Une note du manuscrit original du *Gesta Pontificum*, écrite au XVIe siècle, s'accorde avec cette tradition.—*Vide* manuscrit Bibl. d'Auxerre, f° 18 r°. (*N. d. E.*)

et il ajouta la science de la jurisprudence à celles qu'il possédoit déjà éminemment. Il exerça ensuite, dans les tribunaux de la préfecture, la profession d'avocat. Pendant qu'il s'en acquittoit avec l'applaudissement d'un chacun, et de manière à être regardé comme l'un des grands orateurs de son temps, il épousa une femme distinguée par sa famille, ses richesses et sa vertu, laquelle se nommoit Eustachie (1). Il continuoit à briller dans la robe, lorsque la république l'éleva aux plus grands honneurs, en lui conférant le titre de duc et de gouverneur, dans une étendue de pays qui renfermoit plusieurs provinces. Ce n'étoit donc point d'Auxerre seulement qu'il étoit gouverneur, comme l'ont cru quelques abréviateurs de Constance.

Parmi les douze duchés de l'empire romain dans l'Occident, il y en avoit un, nommé le duché de la Marche Armorique (2), qui s'étendoit sur cinq provinces; savoir, la première et la seconde Aquitanique; la seconde et la troisième Lyonnoise et la Sénonoise. Germain, qui faisoit sa demeure dans cette dernière qui étoit la moins voisine de la mer, étoit tenu de visiter en personne ces vastes provinces de la part de la république. Constance remarque que c'étoit ainsi que Dieu, par une disposition secrète de sa providence, le formoit en toutes choses, afin qu'il ne manquât rien à son serviteur, dont il vouloit faire un jour un pontife rempli de l'esprit apostolique; l'éloquence, dit-il, le disposoit à la prédication, la science du droit le formoit à rendre un jour la justice, et la compagnie d'une femme servoit à le mettre à couvert du côté de la chasteté.

Comme la ville d'Auxerre étoit de la province Sénonoise, l'une des cinq du duché dont je viens de parler, il étoit chargé d'en visiter le territoire qui s'étendoit jusqu'à la rivière de Loire, et Constance assure qu'il le visitoit en personne. Mais on remarqua que lorsqu'il résidoit à Auxerre, il étoit plus appliqué aux divertissements de la noblesse qu'aux exercices de la religion chrétienne. Ayant une passion extraordinaire pour la chasse, il prenoit très-souvent une quantité prodigieuse de gibier, usant de tout ce que l'art avoit inventé pour y réussir parfaitement. Il y avoit, au milieu de la ville d'Auxerre, un poirier qui fournissoit un très-bel ombrage, aux branches duquel étoient

---

(1) *Hist. Ep. Aut.* | (2) *Notitia Imp. Rom.*

attachées les têtes des bêtes qu'il avoit prises. On lit que les payens attachoient quelquefois de ces sortes de trophées à des arbres en l'honneur d'Apollon et de Diane, lorsque la chasse avoit été heureuse. Mais l'intention de Germain n'étoit pas d'honorer ces faux dieux, il n'avoit en vue que de s'attirer l'admiration des citoyens par la quantité prodigieuse de ses prises. On a vu déjà, ci-dessus (1), comment l'évêque saint Amatre lui représenta que cette pratique ne pouvoit venir que de l'idolâtrie, et qu'elle pouvoit scandaliser les chrétiens, dans les temps où l'établissement du christianisme étoit assez récent; qu'il voulut même lui persuader de faire arracher l'arbre, mais que le gouverneur n'ayant point écouté ses avis réitérés, il se servit du temps pendant lequel il étoit dans une de ses terres, pour faire couper l'arbre jusqu'aux racines et le faire jeter au feu; ensuite, voulant éviter la colère de Germain, qui l'avoit menacé de la vie, il se retira à Autun, vers le préfet Jules, surnommé Agricole. On peut lire, au même endroit, comment, à son retour, il le désigna pour son successeur, et lui conféra même les ordres; qu'étant ensuite mort en paix, saint Germain fit l'inhumation de son corps sur le Mont-Artre. On a dû observer que ce fut ce jour-là même qu'il opéra son premier miracle, en rendant la santé à un paralytique qu'il fit arroser avec de l'eau dont on avoit lavé le corps du défunt.

L'ordination que saint Germain reçut de saint Amatre a souffert quelque difficulté parmi les savants; les uns prétendant que ce ne fut que le diaconat que le saint évêque lui conféra, et qu'une autre fois il le fit prêtre; les autres soutiennent que ce fut la prêtrise. Quoiqu'il en soit, il est certain qu'il étoit prêtre lorsqu'il fit l'inhumation de saint Amatre, les premiers jours du mois de mai 418, et qu'il ne restoit plus qu'à le faire évêque. Tout le clergé et la noblesse, le peuple de la ville et de la campagne se réunirent à le demander pour successeur de saint Amatre. On lui déclara une espèce de guerre, avec tout le respect néanmoins qu'on devoit à un homme de son rang, et il lui fut impossible de résister, parce que ceux sur lesquels il comptoit comme devant le dispenser d'accepter cette dignité et empêcher son élection, se déclarèrent contre lui, et l'engagèrent à se soumettre.

(1) Vie de S. Amatre.

418 à 448.

On croit que cette élection se fit le premier jour de juin. Au moins c'est le jour auquel on en célèbre la fête dans l'abbaye de son nom, de temps immémorial : mais, par la supputation de la durée de son épiscopat, il paroît qu'il ne fut ordonné évêque que le dimanche, septième jour de juillet de l'an 418. Ces délais ne doivent point surprendre lorsqu'on fera attention à l'expression de Constance qui dit qu'il fallut le forcer et lui faire pour ainsi dire la guerre.

Sa promotion à l'épiscopat fut suivie d'un changement total. Il quitta le service de l'empereur pour ne s'occuper que de celui de Dieu; il foula au pied les pompes du siècle; sa femme devint sa sœur; il distribua ses biens aux pauvres, et n'eut d'ambition que pour la pauvreté. On ne peut concevoir à quel point il se déclara la guerre à lui même, ni quelles pénitences et quelles austérités il fit souffrir à son corps. Du jour qu'il entra dans le sacerdoce jusqu'à la fin de sa vie, il ne mangea point de pain de froment, il ne goûta ni vinaigre, ni huile, ni légumes, ni sel. Il se priva aussi, toute sa vie, de vin, excepté le jour de Pâques et celui de Noël qu'il en buvoit un coup, encore étoit-il extrêmement trempé. L'entrée de ses repas étoit la cendre, ensuite du pain d'orge qu'il avoit battu et moulu lui-même (a); quoique ce fût la seule nourriture qu'il se fût prescrite, dont l'usage étoit plus dur que le jeûne même, cependant il ne prenoit jamais ce repas que le soir, encore n'étoit-ce pas tous les jours. Le plus souvent il étoit sept jours sans manger, et ce n'étoit que rarement qu'il lui arrivoit de manger au milieu de la semaine. En tout temps il porta le cilice sur son corps, la coule et la tunique, sans se couvrir davantage pendant l'hiver, et moins pendant l'été. Jamais il ne quittoit ces sortes d'habits qu'ils ne fussent usés, à moins que l'occasion ne se présentât d'en couvrir un pauvre. Cette sorte d'habillement passant pour être purement monastique, on croit que le saint prélat s'étoit proposé en cela de suivre l'exemple de saint Martin, afin de donner à ses peuples une plus

---

(a) L'usage des moulins à bras était encore très-répandu, quoique la force motrice de l'eau fût déjà appliquée à la mouture des grains; mais c'était depuis peu de temps. Le premier monument écrit qui constate l'invention des moulins à eau est une loi de l'empereur Théodose le jeune (438). Les moulins à vent n'ont été connus que plus tard et seulement au XIIe siècle. (N. d. E.)

haute idée des religieux qu'il vouloit établir, et qu'il établit en effet, comme on verra ci-après. Son lit n'étoit composé que de planches couvertes de cendres, lesquelles, à force d'être foulées, étoient devenues aussi dures que la terre la plus battue ; et toute la garniture de ce lit consistoit en un cilice ou une étoffe de crin par dessous et une simple couverture par dessus, et jamais il ne se servoit de coussin ou d'oreiller. Il couchoit tout habillé, rarement quittoit-il sa ceinture et ses souliers ; mais il retenoit toujours sur lui une bande de cuir, avec une petite boîte qui contenoit des reliques des Saints. C'étoient des gémissements continuels durant les nuits et une oraison qui ne cessoit point, parce qu'il étoit impossible qu'il pût dormir longtemps au milieu de tant de tourments. C'est ici que Constance s'écrie, qu'il est évident, qu'au milieu de tant de croix, saint Germain a souffert un long martyre. Il exerça aussi l'hospitalité avec une attention particulière, voulant que sa maison fût ouverte à tout le monde sans acception de personnes : il lavoit les pieds à tous ses hôtes à l'exemple de Notre Seigneur, et leur servoit à manger sans pour cela rompre son jeûne. Et quoiqu'il soit très-difficile de conserver l'esprit de la solitude au milieu du siècle et avec le commerce des peuples, le saint évêque ne laissa pas d'en venir à bout. Il ne se contenta pas de voir que son clergé étoit devenu le modèle de tous les autres, et qu'il édifioit les peuples par sa conduite; il voulut encore que les fidèles fussent animés à la vertu par l'exemple des moines. Pour y parvenir, il bâtit, vis-à-vis la cité d'Auxerre, au delà de la rivière d'Yonne, un monastère que les auteurs du ixe siècle marquent avoir porté d'abord le nom de saint Côme, auquel il donna pour premier abbé un saint homme nommé Alogius. De sorte que la foi ne pouvoit pas manquer de devenir très-ardente à Auxerre sous un tel pontife et sous un tel maître qui, outre la vie exemplaire qu'il menoit, ne tarda guère à éclater par des miracles et des prodiges.

Le premier qu'il fit en public, fut sur un homme possédé du démon ; et il lui fut impossible de tenir ce miracle secret, comme il avoit fait jusques-là plusieurs guérisons miraculeuses. Il l'opéra, touché de compassion envers un nommé Janvier, président et collecteur des deniers de l'empereur, lequel s'étoit détourné de son chemin pour le venir voir, et avoit eu le malheur de perdre, proche Auxerre ou dans la ville, un sac de pièces d'or, provenant du tribut qu'il avoit levé dans les provinces, qu'il portoit au juge. Après que cet officier, qui étoit un homme de bonnes mœurs, eût fait inutilement bien des perquisitions pour retrouver son sac, il vint se jeter aux pieds du saint prélat en versant des larmes, et lui disant qu'il y alloit de sa vie si l'argent ne se retrouvoit. Le Saint lui dit de prendre patience et l'assura qu'il n'y auroit rien de perdu. Quelque temps après il se fit amener un des possédés qui étoit dans le pays : la Providence permit que ce fut celui qui avoit fait le vol. Germain, voyant qu'il ne pouvoit tirer de lui la vérité, le fit paroître en public. De son côté, il commença à célébrer les saints mystères, et, après la salutation solennelle, s'étant prosterné à terre, ses prières furent si efficaces, qu'il obtint de Dieu que le démoniaque s'élevât en l'air en présence de tout le peuple, demandât pardon au Saint et avouât son crime. Ayant fini son oraison, il approcha de ce possédé, l'interrogea sur le vol, lui fit déclarer qu'il l'avoit commis, et l'obligea même de représenter le sac et de le restituer : ce miracle, qui excita de grands cris parmi le peuple, n'aboutit pas seulement à faire rendre la somme, mais aussi à procurer la guérison du voleur qui cessa dès lors d'être possédé du démon. Les autres miracles dont le prêtre Constance nous a conservé la mémoire, comme ayant été opérés dans la ville ou dans le diocèse d'Auxerre, sont presque tous en faveur de gens tourmentés des malins esprits, ou affligés de quelque infirmité causée par leur malice, autant que Dieu le leur permettoit. Les démons avoient tenté saint Germain lui-même, et avoient souvent fait leurs efforts pour le terrasser ; mais l'ayant trouvé invincible, ils avoient tourné tous leurs mauvais desseins contre son peuple. Ils firent naître, à Auxerre et dans le diocèse, une maladie qui consistoit dans une enflure au dedans de la gorge, en sorte qu'en trois jours de temps on étoit étouffé. D'abord les enfants furent atteints de ce mal extraordinaire, ensuite il s'étendit aux grandes personnes. Les secours humains étant inutiles, on recourut au saint évêque. Il bénit de l'huile, ordonnant qu'on s'en frottât le dehors de la gorge ; et tous ceux qui pratiquèrent cette salutaire ordonnance furent guéris. Comme Germain chassoit souvent les démons des corps des possédés, il y en eut un qui avoua que c'étoit eux qui avoient causé cette maladie parmi son peuple, et qu'il n'y avoit que sa prière qui les avoit tous mis en fuite. Constance fait remarquer ici que la vertu et l'efficacité des prières du Saint se faisoient ressentir dans les plus petites choses, comme dans les plus grandes. Dans l'un des voyages qu'il fit dans son diocèse, il fut informé que quelques magiciens avoient jeté un sort sur les coqs de la campagne, en sorte que ces petits animaux, qui sont d'une certaine utilité aux paysans, ne chantoient plus du tout ; et lui-même s'en étoit aperçu et l'avoit reconnu par expérience. Il se fit apporter du froment, qu'il bénit; et les coqs, en ayant avalé, reprirent leur ancien chant aux heures accoutumées et réglées par l'auteur de la nature. Quelques écrivains, parlant du pouvoir que saint Germain eut sur les démons, rapportent l'apparition qu'il eut de ceux qui paroissoient manger autour d'une table qu'on avoit servie pour la nuit, selon l'usage du paganisme. Quoiqu'il n'y ait pas lieu de douter que cette superstition n'ait subsisté jusques bien au delà du siècle de ce Saint, étant celle qu'on appeloit *Bonæ mulieres nocte equitantes*, je n'entrerai point ici dans le détail de la manière dont notre Saint détrompa ses hôtes sur cet article. Les curieux peuvent la voir ailleurs (1).

Germain, étant à la ville, ne faisoit pas toujours sa demeure dans le logis qu'il y avoit, et qu'on croit avoir été situé entre l'église de Saint-Etienne et les murs de la cité au-dessus de la Porte-pendante (a); mais après qu'il y étoit resté assez de temps pour animer son clergé par ses exemples, il rendoit visite aux moines qu'il avoit fondés, pour les exercer de plus en plus à la perfection chrétienne. Quoique ce monastère fût moins accessible, à cause de la rivière qu'il falloit passer en bateau, il s'y retiroit cependant très-volontiers. Il s'y étoit fait pratiquer une petite cellule convenable à un pénitent, de laquelle Héric a fait une description effrayante. Constance rapporte simplement la manière dont il chassa, par ses prières et celles de la communauté, un démon qui tourmentoit un des religieux, et il saisit cette occasion pour dire

---

(1) *Delrio adag.* 511, *breviar. Camerac.*

(a) Au point de jonction de la rue des Grands-Jardins avec celle du Département. (*N. d. E.*)

que ce lieu fut témoin d'un très-grand nombre d'autres miracles et d'événements extraordinaires, entre autres de celui de la conversion de Mamertin. Il en parle ensuite suivant que l'histoire en avoit été rédigée par ce payen même. Mamertin étoit dévoué au culte des idoles, lorsqu'il perdit l'usage d'un œil et d'une main. Ayant rencontré, dans la campagne, un ecclésiastique du clergé d'Auxerre, nommé Sabin ou Savin, il apprit de lui qu'il y avoit à Auxerre un médecin plus puissant que toutes les fausses divinités. Il se mit donc en chemin, pour se rendre auprès de lui ; et, après avoir passé la nuit d'une manière extraordinaire, dans un des oratoires du Mont-Artre qui se trouva le soir sur sa route, et où le mauvais temps l'avoit obligé de se retirer, il arriva le lendemain à la porte du monastère, où ceux de la ville lui avoient dit que le Saint étoit en retraite. L'accès ne lui en fut pas difficile, puisque Germain avoit appris, par révélation, qu'il devoit arriver un insigne idolâtre, qui demanderoit la guérison de l'âme et du corps. Le Saint lui donna d'abord le baiser de paix pour le rassurer, le fit entrer dans sa cellule, et, l'ayant trouvé instruit des vérités de la religion par la vision qu'il avoit eue, il lui promit la grâce du baptême qu'il demandoit ; il l'amena à la ville, et, ayant fait assembler le clergé et quelques laïques, il lui fit raconter la cause de son voyage et ce qu'il avoit vu en chemin ; il le conduisit ensuite au baptistère, où il lui conféra le baptême, et, ayant mis de l'huile sainte sur son œil et sur sa main, il les rétablit dans leur premier état. Cet idolâtre régénéré se fit ensuite religieux dans le monastère de Saint-Côme, et il y finit saintement ses jours dans la dignité d'abbé. C'est lui qu'à Auxerre on appelle plus communément saint Mamert. Entre les disciples qui passent pour avoir été formés par le saint évêque, tant dans son école cléricale que dans la monastique où saint Aloge et saint Mamert furent abbés successivement, l'un des plus célèbres est saint Patrice, apôtre d'Irlande (1), lequel, selon la tradition des Hibernois, avoit déjà demeuré quelques années à Auxerre, sous l'épiscopat de saint Amatre ; quelques-uns, après Héric (2), y joignent un saint Micomer, qui alla finir ses jours dans le pays Tonnerrois. Il ne faut point oublier saint Ursicin,

---

(1) Heric. lib. 1, mir. cap. 2.   (2) Heric. lib. 1, mir. cap. 2.

qui se sanctifia dans la cléricature (1) ; ni saint Sabin ou Savin, déjà nommé ci-dessus, et que l'on croit être le même (2) qui passa depuis dans le Poitou (a).

418 à 448.

Constance a aussi inséré, dans son histoire, un trait qui fait voir avec quelle austérité et avec quelle attention sur les pratiques de la religion, Germain faisoit les visites de son diocèse. Il aimoit à loger chez les personnes d'une fortune médiocre, évitant tout ce qui ressentoit le faste et l'éclat; et même, lorsque la nuit le prenoit proche quelques vieilles masures, il n'avoit point horreur d'y entrer et d'y rester jusqu'au lendemain. C'est ce que son historien dit qu'il fit une fois, même pendant l'hiver. Quoique deux vieillards eussent assuré que ce lieu qu'il voyoit n'étoit abandonné que parce qu'il étoit sujet à être infesté durant la nuit; pour lui, sans être effrayé du danger qu'il y avoit de toutes manières à loger dans un tel endroit, il s'y retira avec plaisir. Et, quoiqu'il eût passé toute la journée à marcher et qu'il fût encore à jeun, il ne voulut cependant rien prendre le soir : mais, après que sa petite compagnie eut pris sa réfection, il se fit faire la lecture et s'endormit. Un spectre ayant paru presque aussitôt, le lecteur en fut épouvanté et réveilla le saint évêque. On entendit en même temps un bruit comme de cailloux lancés contre les murs de ce vieux édifice. Le spectre, conjuré au nom du Seigneur, déclara au Saint qui il étoit et le conduisit dans un endroit couvert de ruines, demandant des prières pour les âmes des défunts, et que les corps cachés sous ces décombres fussent inhumés plus honorablement. Le saint évêque fit assembler le lendemain les gens du voisinage : on releva les ruines du bâtiment, et, lorsqu'on eut trouvé les corps qui étoient encore chargés de chaînes, on les porta pour être enterrés parmi les chrétiens. Depuis ce temps-là, ce lieu cessa d'être infesté, et l'on n'entendit plus aucun bruit dans cette maison. Ce fait pourroit paroître incroyable à plusieurs personnes qui admettent difficilement les apparitions, si ce n'étoit que les écrits des payens fournissent

(1) *Hist. Ep. Autiss. in S. Desiderio.*   (2) Martyrol. Nevelon.

(a) *Voy.* le Nécrologe de la cathédrale, au 11 juillet. Preuves, t. IV. (*N. d. E.*)

même des exemples d'événements tout semblables (1). Il eût été à souhaiter que l'historien nous eût nommé le lieu où cette chose arriva.

Si ce grand prélat s'employa pour la sépulture de ces inconnus qui étoient des malfaiteurs, dont tout le bien consistoit en ce qu'ils étoient morts contrits et repentants, celle des corps des martyrs de Jésus-Christ furent encore infiniment plus dignes de ses soins. Ayant appris, par révélation, l'endroit des forêts de la Puisaye où étoit la citerne dans laquelle on avoit jeté les corps des martyrs venus de la Gaule Séquanoise, et qui avoient été massacrés sous l'empereur Aurélien, il fit bâtir dans ce lieu une église et il y fonda un monastère qui fut appelé *Coucy-les-Saints* (a). Le corps de saint Prix étoit resté dans cette citerne avec ceux de la multitude associée à son martyre ; mais sa tête avoit été emportée par un chrétien appelé Cot, jusqu'à deux lieues d'Auxerre, sur la route de Lyon. Le saint prélat, ayant heureusement découvert cette tête, fit encore bâtir une église à l'endroit et l'exposa à la vénération publique. C'est aujourd'hui la petite ville de Saint-Bry, formée par le concours qu'Héric dit s'être fait à ces reliques, à l'occasion des miracles qu'elles opéroient.

Jusqu'ici je n'ai parlé que de trois églises bâties par ce saint évêque, sous l'invocation des saints martyrs. Il en fit encore élever une quatrième, proche la ville d'Auxerre, sous le titre des Martyrs d'Agaune. Quelques-uns ont assuré que c'étoit sur son propre fond, et Héric l'a cru; mais un manuscrit très-ancien (2) marque que c'étoit sur le terrain, d'un vénérable prêtre appelé Saturne ou Saturnin, son disciple, qu'il destina pour desservir cet oratoire. Comme le saint évêque étoit très-riche en fonds de terres, il en disposa dès son vivant en faveur de l'église de Saint-Etienne, bâtie ou dédiée par son prédécesseur et en faveur des autres. Il donna à cette première église, où étoit son siége épiscopal, la terre d'Appoigny, celle de Varzy et ses dépen-

---

(1) *Plutarchus in Parallelis. Plinius junior et Lucanus apud Menochium in opere Italico historiarum parte 2, Centuria 4,* cap. 31.

(2). Labb. Bibl. mss. pag. 531.

(a) Ce monastère fut détruit par l'invasion des Huns. *Gesta Pontificum Autissiod.*
(N. d. E.)

dances, Vercise ou Vercese qui étoit un château remarquable (a). Poilly ou Marnay, Toucy, Perrigny et Cussy. Il fit présent au monastère de Saint-Côme d'un territoire qu'on appeloit Monceaux, pour la fourniture du vin; de Fontenoy, pour celle des grains, et de Mézilles, pour l'entretien des bestiaux. Il donna encore à l'oratoire de Saint-Maurice le village de Guerchy, au diocèse de Sens, et ceux de Corvol et de Moulins au diocèse d'Auxerre. A l'égard de l'oratoire ou basilique de saint Alban, dont parle le moine Héric (1), nous ne savons point comment il le dota. Il le bâtit dans le haut de la cité, vers l'angle qui regarde l'occident d'hiver, et il y mit les reliques de ce saint martyr qu'il apporta de la Grande-Bretagne, où il avoit été envoyé par les évêques des Gaules. C'est cette légation dont il faut faire ici la description au long, dans les propres termes de Constance, ou à peu près.

Récit du premier voyage de saint Germain dans la Grande-Bretagne, dans lequel on a conservé les expressions de l'écrivain contemporain.

Il y avoit dix ans, ou environ, que saint Germain gouvernoit son diocèse et y menoit la vie que j'ai décrite ci-dessus, lorsque des envoyés de la Grande-Bretagne dans les Gaules y annoncèrent que l'hérésie de Pélage étoit déjà fort étendue dans leur pays et que la foi catholique demandoit un prompt secours. On tint à ce sujet un concile fort nombreux, et l'avis unanime de tous ceux qui le composoient fut d'y envoyer saint Germain avec saint Loup, évêque de Troyes, que Constance appelle des hommes apostoliques, des premières lumières de la religion et qui, tout vivants qu'ils étoient sur terre, méritoient déjà de vivre par avance dans le ciel. On a découvert, depuis peu, que ce fut à Troyes que fut tenu ce nombreux concile (2). Cette ville étoit en

---

(1) Lib. Mir. cap 10.   (2) *Vita S. Lupi apud Bolland. 29 julii. pag. 69 et seq.*

(a) Vercisum mirabile in se continentem palatium (*Gesta Pontificum, Mss.*, XIIe siècle).   (*N. d. E.*)

effet très-commode pour assembler les évêques de la Gaule Celtique avec ceux de la Belgique et des Germanies, qui durent être les premiers avertis du progrès que faisoit l'hérésie. La chronique de Prosper, qui marque cette députation en l'an 429, nous apprend que le pape Célestin Ier y joignit aussi son autorité, et que, par l'avis du diacre Pallade depuis évêque d'Hibernie, Germain d'Auxerre fut chargé, de sa part, d'aller combattre les hérétiques. Il étoit beaucoup plus âgé que saint Loup de Troyes et plus ancien dans l'épiscopat. Il paroît que le voisinage des deux églises put contribuer à faire ce choix, afin qu'ils hâtassent d'autant plus leur départ que le mal demandoit un prompt remède. Constance continue à les louer en disant que plus le danger sembloit demander de travaux et de peines, plus ces héros, dévoués à la fatigue, entreprirent hardiment ce voyage : l'activité de leur foi leur servant d'aiguillon dans cette occasion.

Ce fut aux approches de l'hiver qu'ils se mirent en campagne, et ils ne pouvoient aller qu'à petites journées (1). Comme, dans le cours de leur chemin, ils vinrent à passer dans le territoire de Paris, la fatigue les obligea de s'arrêter pour loger à Nanterre. Les habitants du lieu, ayant su l'arrivée de ces grands hommes, vinrent en foule au devant d'eux leur demander la bénédiction, en leur rendant les respects qui leur étoient dus. Pendant que saint Germain leur disoit quelques mots d'exhortation, ayant jeté les yeux sur le milieu de cette populace qui l'environnoit, il aperçut de loin, parmi le grand nombre de ses auditeurs, une jeune fille nommée Geneviève. Ce saint prophète ayant connu, par révélation, dans cette vierge, quelque chose de céleste et

---

(1) Je n'ai garde de passer sous silence une circonstance aussi honorable à l'église d'Auxerre, que l'est celle que j'ai apprise dans le nouvel abrégé de la vie des évêques de Coutances. « On croit avec beaucoup de « fondement, dit l'auteur (Rouault, 1742, » pag. 60), que saint Ereptiole premier évê- » que de Coutances étoit disciple de saint » Germain l'Auxerrois qui, étant venu au » Cotentin, en 429, afin de s'y embarquer » pour l'Angleterre, fut si touché de l'état » déplorable où il trouva les habitants des » côtes de la mer, qu'il y laissa Ereptiole » pour les éclairer des lumières de l'évan- » gile. » Plus bas il ajoute que saint Germain à son retour, voyant l'effet des travaux d'Ereptiole, écrivit aux prélats de la province pour les exhorter à lui conférer l'épiscopat. Le très-grand nombre d'églises qui sont érigées en ces pays-là sous l'invocation de saint Germain, paroît appuyer cette tradition : et ceci peut donner lieu d'examiner, si le saint Ursin qui a prêché parmi les Lexoviens, ne seroit point pareillement un autre disciple du même saint Germain, mentionné dans un titre du commencement du VIIe siècle. Il reste plusieurs indices de ce fait.

d'angélique, la fit d'abord amener en sa présence. Chacun en fut dans l'étonnement et prêtoit silence pour entendre, de la bouche de ce saint homme, quelque sentence prophétique à son sujet. Ce vénérable pontife, s'inclinant jusqu'auprès d'elle, demanda à ceux qui étoient autour de lui quels étoient ses parents et comment elle s'appeloit. On lui dit son nom et on fit approcher ses parents. Interrogés touchant Geneviève, ils répondirent que c'étoit leur fille. Alors Germain, à qui Dieu se communiquoit toujours, éleva la voix d'un ton prophétique, et parla ainsi à la louange de la jeune fille, en s'adressant à ses parents : « Vous êtes heureux, leur dit-il, d'avoir engendré un tel en-
» fant, dont le moment de sa naissance a causé une joie particulière
» même aux anges. Car, sachez qu'un jour ses mérites seront très-
» précieux aux yeux de Dieu, et que les hommes même pourront se
» la proposer à imiter pour arriver à la perfection spirituelle. » Il dit encore, à la louange de la jeune vierge, plusieurs choses qu'il seroit trop long de rapporter. Enfin, se tournant vers elle, il s'inclina une seconde fois pour consoler ses tendres années, avec toute l'affabilité dont il étoit capable, et, l'ayant exhortée à lui ouvrir le secret de son cœur, il lui demanda si elle vouloit embrasser la vie religieuse pour être qualifiée du nom d'épouse de Jésus-Christ. Geneviève, ravie de pouvoir appartenir à un tel époux, répondit qu'elle embrassoit très-volontiers l'état de virginité, et qu'il y avoit déjà longtemps qu'elle le désiroit ; elle pria saint Germain, que s'il le trouvoit bon, il voulût bien lui accorder cette grâce en lui donnant sa bénédiction. Le saint évêque s'inclinant de nouveau vers la jeune vierge, l'exhorta de persévérer dans cette résolution. Pendant ce temps-là, il prit le chemin de l'église, suivi d'une multitude innombrable de peuple. Là, on remarqua que durant tout le temps du chant des psaumes et le reste de la prière, quoique très-long, saint Germain ne cessa d'avoir la main étendue sur la tête de la jeune vierge. La Vie de sainte Geneviève dit qu'il avoit commencé à tenir ainsi sa main sur elle dès le temps qu'il venoit à l'église, et que l'heure de l'office qu'ils acquittèrent étoit celle de la neuvième et de la douzième heure, c'est-à-dire nones et vêpres. L'oraison étant finie, ils prirent leur réfection avec action de grâces. Alors saint Germain, ayant recommandé Geneviève à ses parents, lui

ordonna de revenir le lendemain. A la pointe du jour, elle se rendit auprès des saints prélats. Germain lui demanda si elle se ressouvenoit encore du dessein qu'elle avoit formé le jour précédent. Elle, animée de l'esprit divin, répondit avec fermeté qu'elle s'en ressouvenoit très-bien et qu'elle faisoit la résolution de l'observer inviolablement; mais que pour cela elle avoit besoin de la grâce de Dieu et des prières du vénérable père. Germain reconnut que Dieu favorisoit visiblement les désirs de l'un et de l'autre. Regardant à terre, il y aperçut une pièce de monnoie de cuivre, marquée de la croix, qui se trouva là par la permission de Dieu, et, l'ayant ramassée, il la donna à Geneviève en forme de présent, et lui commanda de la porter toujours attachée à son cou en mémoire de lui. « Souvenez-vous, lui dit-il, quand je serai
» parti, de percer cette pièce et de porter toujours devant vous ce gage
» de mon amitié. Ne souffrez jamais qu'on vous mette au col ni aux
» doigts ces vains ornements du monde garnis d'or ou de pierres
» précieuses; laissez cela aux filles du siècle. Pour vous, qui êtes
» du nombre des épouses de Jésus-Christ, n'ayez de désirs que pour
» les ornements spirituels. » Après avoir ainsi parlé, il lui dit adieu, et l'avertit qu'elle se ressouvint de lui; et l'ayant recommandée encore à ses parents, il continua son chemin avec sa compagnie. La pièce que saint Germain trouva à terre, n'étoit autre qu'une pièce de monnoie ayant cours alors. Quoique la croix ne fût pas marquée sur toutes les monnoies, il y en avoit cependant certaines sur lesquelles on la voyoit. Telles étoient celles de l'empereur Théodose (1), dont le revers étoit GLORIA ROMANORUM, avec la figure d'un soldat tenant un *labarum* et ayant deux croix à ses côtés, et celles qui représentoient l'impératrice Eudoxie avec une renommée ayant une croix auprès d'elle.

Nos deux Saints s'embarquèrent donc, par ordre de Dieu et avec l'aide de sa grâce, sur la mer océane; et ce fut alors que le Seigneur les fortifia et les rassura, parce qu'ils se trouvèrent bientôt au milieu des dangers. Dans le commencement le vaisseau s'avança en mer avec un vent assez favorable; mais, lorsqu'on eut perdu la terre de vue, une légion de démons vint au devant, écumant de rage de voir en chemin de si

---

(1) Du Molinet *in Steph. Tornac.* p. 251.

grands hommes, qui alloient leur ravir quantité de peuples. Ils mirent
le vaisseau en mille dangers; ils excitèrent des tempêtes, couvrirent
le ciel d'une multitude de nuées qui ne permettoient plus d'apercevoir le
jour, et rendirent ces ténèbres encore plus épaisses par l'agitation
de la mer et de l'air. Déjà les voiles ne pouvoient plus résister
à la fureur des vents, et l'océan, tout immense qu'il est, pouvoit à peine porter ce léger vaisseau. Les matelots avoient épuisé
toute leur science ; le vaisseau n'étoit plus soutenu que par la
prière, sans qu'aucun effet humain pût le rassurer : et alors, par
hasard, le saint évêque Germain s'étoit endormi accablé de fatigues.
Ainsi, le seul homme capable de s'opposer à tant d'attaques n'agissant point, la tempête recommençoit avec une nouvelle violence et
déjà les flots faisoient enfoncer le vaisseau. Alors saint Loup et le
reste de la compagnie, saisis de frayeur, reveillèrent le saint vieillard
afin qu'il s'opposât à la fureur des éléments. Devenu plus ferme par
la violence du danger, il se mit aussitôt à invoquer Jésus-Christ, à
exorciser l'Océan, et à opposer aux vagues et à la tempête le sujet de
leur voyage qui étoit une affaire de religion. Ayant ensuite pris de
l'huile, il en fit une legère aspersion sur la mer au nom de la Sainte-
Trinité; par ce moyen il réprima d'abord la fureur des flots. Puis,
exhortant son collègue et tous ceux du vaisseau, tous ensemble se
mirent à pousser des cris vers le ciel, après quoi Dieu fit sentir sa
présence; les ennemis furent mis en fuite, il y survint une douce
sérénité ; les vents commencèrent à être favorables et l'eau ne se
laissoit plus fendre que pour faire avancer le vaisseau. Enfin, après
avoir parcouru de vastes étendues sur la mer, ils arrivèrent peu de
temps après au port si désiré. Ces saints évêques étoient attendus sur
le bord de la mer par une multitude de peuple venue de divers
endroits de l'île, en conséquence de l'annonce que leurs ennemis
avoient faite de leur arrivée. Car les malins esprits, qui étoient dans
les corps de quelques-uns, ne manquèrent pas de faire savoir partout ce qu'ils appréhendoient. On les entendit (pendant que les deux
saints prélats les chassoient du corps de ces pauvres malheureux)
publier toutes les circonstances de la tempête, et avouer qu'ils étoient
les auteurs de tout ce qui étoit arrivé sur la mer : ils faisoient même

418 à 448.

entendre, que ce fut en vertu des prières et du pouvoir de ces deux Saints, qu'ils n'avoient pu réussir à submerger le vaisseau.

A peine les deux saints évêques furent-ils arrivés qu'ils remplirent de leur réputation la Bretagne (quoique l'île soit fort grande), par le moyen des prédications qu'ils y faisoient et des miracles qu'ils y opéroient. Comme on accouroit tous les jours en foule autour d'eux, la parole de Dieu se répandit, non-seulement dans les temples, mais encore dans les places et carrefours, dans les campagnes, dans les lieux écartés, afin que par là les catholiques fussent confirmés dans leur foi, et que ceux qui avoient été pervertis apprissent les moyens de rentrer dans la bonne voie. On ressentoit leur pouvoir et leur autorité par le témoignage de la conscience, comme autrefois celle des apôtres; leur doctrine éclatoit par l'éloquence dont ils étoient doués, et leur mérite se faisoit connaître par le don des miracles; et comme dans le fond c'étoit la vérité qu'ils annonçoient, c'est pour cela que tout le pays reconnut qu'il n'avoit point d'autre sentiment que le leur. Les auteurs des mauvaises opinions se tenoient cachés, gémissant, de même que les démons, de ce que tant de peuples étoient arrachés de leurs mains. Cependant, après avoir bien pensé à ce qu'ils devoient faire, ils résolurent de commencer le combat. Ils s'avancèrent en se faisant remarquer par leur pompe, leurs habits éclatants et par une grande troupe de flatteurs dont ils étoient environnés. Ils aimèrent mieux risquer quelque chose en disputant, que de s'exposer à être couverts de honte parmi les peuples en gardant le silence, de peur de paroître se condamner ainsi eux-mêmes. Cette conférence attira un nombre infini d'habitants, même avec leurs femmes et leurs enfants : mais le sort et la condition des parties étoient bien différents; l'une ne s'appuyoit que sur l'autorité et le secours de Dieu, et l'autre se confioit en ses propres forces : d'un côté régnoit la véritable foi, et de l'autre la perfidie : celle-ci avoit pour chef Pélage, celle-là Jesus-Christ. Les saints évêques laissèrent leurs adversaires parler les premiers; mais ils ne débitèrent que des mots, et tout ce qu'ils dirent ne servit qu'à fatiguer les oreilles et à faire perdre le temps. Les vénérables prélats répandirent ensuite avec abondance les torrents de leur éloquence et firent retentir, de tous côtés, avec une force et un zèle apostolique, la parole de l'Evangile ; après avoir cité les saintes Ecritures, ils en tiroient les conséquences nécessaires et ils faisoient voir évidemment la liaison de leurs raisonnements avec le témoignage des livres sacrés. La vérité enfin l'emporta sur le mensonge, et la foi réprima tellement la perfidie, que ces hérétiques, ne pouvant répondre à ce qu'on leur proposoit, étoient obligés, à chaque objection, d'avouer l'injustice de leur cause. Le peuple, qui s'étoit avec peine abstenu de frapper des mains pour déclarer son sentiment sur cette dispute, ne put s'empêcher de marquer par ses cris ce qu'il en pensoit. Pendant ce temps, un homme, revêtu de la charge de tribun, s'étant avancé avec sa femme au milieu de l'assemblée, plaça, devant les saints évêques, sa fille âgée de dix ans qui étoit aveugle. Ces saints personnages ayant ordonné de la présenter à leurs adversaires, ceux-ci furent si troublés et si effrayés des remords de leur conscience, qu'ils se joignirent avec les parents de la fille pour demander, avec respect, la guérison à ces charitables médecins. Voyant donc ce que le peuple attendoit d'eux et que leurs adversaires étoient sur le point de se rendre, ils se mirent quelque temps en prière ensemble. Ensuite saint Germain, animé de l'Esprit Saint, invoqua la sainte Trinité, et ayant aussitôt tiré de son cou le reliquaire qui descendoit jusques sur son côté, il l'appliqua, en présence de tout le monde, sur les yeux de cette fille aveugle qui commença à l'instant à voir clair. Ce miracle remplit de joie les parents de la fille guérie, et le peuple fut saisi de crainte et d'admiration. Depuis ce jour-là, chacun s'empressa si fort à se dépouiller des faux préjugés dont il avoit l'esprit infecté, que c'étoit à qui embrasseroit le plus tôt la doctrine des saints prélats, fondée sur la confession de foi dont le concile de Troyes les avoit chargés (1).

Aussitôt que les saints évêques eurent détruit les fausses opinions introduites dans ce pays, qu'ils eurent réfuté les auteurs de cette hérésie et réuni tous les esprits dans la pureté de la même foi, ils demandèrent à aller visiter le lieu où reposoit le corps de saint Alban martyr, afin de remercier Dieu par son serviteur, et de le

---

(1) *Vita S. Lupi apud,* Bolland. pag. 69.

reconnoître pour l'auteur de ces changements. Saint Germain, qui avoit sur lui quelques précieux restes des saints apôtres et de plusieurs martyrs, y ayant fait sa prière, fit ouvrir le tombeau du Saint, pour y renfermer les reliques, parce qu'il lui sembloit raisonnable de conserver dans un même sépulcre les membres des saints qu'il avoit ramassés de divers pays, et dont les âmes jouissoient ensemble de la même gloire. Quand il eut placé et joint ensemble, avec honneur et respect, ces saintes reliques, il prit, du lieu même où le sang du martyr saint Alban avoit été répandu, une masse de terre pour l'emporter avec lui. Ce même jour-là une multitude presque infinie d'hommes se convertit au Seigneur.

Dans le temps qu'ils s'en retournoient, l'ennemi qui ne cesse de tendre des pièges aux hommes, dressa de funestes embûches à saint Germain. Le bienheureux prélat étant malheureusement tombé par terre, fut blessé à un pied. Mais ce tentateur ne savoit pas que l'infirmité qu'il causeroit au corps du Saint augmenteroit ses mérites, comme il étoit arrivé au saint homme Job. Pendant le peu de temps que saint Germain fut obligé, à cause de son incommodité, de rester dans le même lieu, il arriva par malheur dans le voisinage de sa demeure un incendie, dont la flamme, après avoir consumé plusieurs maisons couvertes de roseaux, étoit poussée par les vents, et alloit gagner le lieu où il étoit couché. Tout le monde accourut vers le saint évêque ; chacun s'empressoit de l'enlever par les mains, pour le tirer du danger qu'il couroit d'être dévoré par le feu. Mais il ne permit jamais qu'on l'ôtât de sa place, et les blâma même d'en agir ainsi, tant étoit grande la confiance qu'il avoit en Dieu. Tout le peuple troublé et désespéré essaya d'arrêter l'embrasement. Mais Dieu, pour faire paroître sa toute-puissance d'une manière plus éclatante, permit que ce que la multitude avoit tâché de conserver fût réduit en cendres, et que les choses auxquelles le saint malade avoit défendu de toucher, ne fussent aucunement endommagées. En effet, la flamme étant proche la demeure du saint homme, passa au delà comme par crainte et par respect, et, continuant son chemin tout à l'entour, elle n'y fit aucun dégât. On aperçut parmi les tourbillons de feu sa maison saine et sauve, parce que celui qui y étoit renfermé étoit assez puissant pour la garder. A ce miracle tout le monde triompha de joie et reconnut évidemment que, mal-à-propos, on avoit appréhendé pour le saint évêque ; et chacun étoit bien aise de se voir convaincu par des événements si prodigieux. On vit ensuite la cabane de ce véritable pauvre assiégée nuit et jour d'une multitude infinie de personnes, dont les unes y étoient accourues par le désir d'obtenir la guérison de leurs âmes, et d'autres pour avoir celle de leurs corps. Il est impossible, dit ici Constance, de raconter les merveilles que Jésus-Christ opéroit par son serviteur, qui, tout infirme qu'il étoit, faisoit des choses étonnantes. Comme il ne vouloit pas qu'on remédiât à son incommodité, il lui sembla voir pendant la nuit une personne dont les habits étoient aussi blancs que la neige, qui, lui tendant la main, paroissoit le lever de dessus son lit et lui ordonnoit de se tenir ferme sur ses pieds et de marcher. A ce moment il recouvra son ancienne vigueur et il fut tellement délivré de toute douleur, qu'aussitôt que le jour fut venu, il ne craignit point de se mettre en marche et de s'exposer à de nouveaux travaux.

Pendant ce temps-là les Saxons et les Pictes, ayant joint ensemble leurs forces, se réunirent pour déclarer la guerre aux Bretons. Ceux-ci furent effrayés de cette nouvelle, et, comme ils se sentoient presque dans l'impuissance de faire tête à tant d'ennemis, ils envoyèrent vers les saints évêques et implorèrent leur assistance. Nos pieux protecteurs s'étant dépêchés, ainsi qu'ils avoient promis, d'aller visiter ces timides Bretons, leur procurèrent, par leur arrivée, autant de confiance et de sûreté qu'auroit fait l'armée la plus forte et la plus nombreuse. C'est pourquoi la guerre fut faite au nom de Jésus-Christ par l'entremise de ces hommes apostoliques (1). Le saint temps de carême dans

---

(1) Ce petit mot de Constance suffit pour faire voir qu'on a toujours regardé, dès le commencement, la défaite des Saxons et des Pictes, comme un événement miraculeux et inspiré de Dieu, et non pas comme un simple effet de l'adresse de saint Germain qui, à la vérité, avait été dans sa jeunesse un homme du barreau, mais non pas un homme de guerre (a).

(a) Lebeuf paraît oublier ici ce qu'il a dit plus haut, qu'après avoir suivi le barreau, saint Germain avait été promu aux fonctions de duc de la Marche Armorique (*Tractús Armorici*), fonctions essentiellement militaires. On sait d'ailleurs, qu'à Rome, l'étude de la jurisprudence et la pratique du barreau étaient le

lequel on étoit, augmenta la foi, et la présence des deux évêques échauffa tellement la dévotion des soldats, que plusieurs, se faisant instruire par les prédications journalières en forme de catéchisme, aspirèrent à l'envi les uns des autres à la grâce du baptême. Comme donc la plus grande partie des troupes employées par les Bretons avoit désiré d'être purifiée dans les eaux de ce bain salutaire, on forma dans la campagne, avec des branches d'arbres, une espèce d'oratoire pour s'y assembler le jour de Pâques, et, quoiqu'on fût dans les embarras d'une expédition militaire, on disposa les soldats de même qu'on auroit fait dans une ville. L'armée étoit encore arrosée des eaux sanctifiantes du baptême lorsqu'elle avança contre ses ennemis; et le peuple étoit animé d'une foi si vive que, comptant peu sur le secours des armes, il mettoit toute sa confiance dans celui de Dieu. Les ennemis furent informés de la nouvelle manière dont les Bretons étoient campés : et comme ils s'étoient préparés à la guerre, il leur tardoit de les aller attaquer, croyant qu'ils les déféroient aussi facilement que s'ils n'avoient eu absolument aucune arme. L'armée chrétienne découvrit cependant leur approche par des espions qu'elle envoya. Comme elle préparoit aussi ses armes de son côté, et qu'elle se disposoit au combat, saint Germain se déclara hautement le conducteur des troupes. Ayant réuni un nombre de soldats armés à la légère, il parcourut tous les lieux circonvoisins, et fit sonder une vallée environnée de hautes montagnes du côté que l'on attendoit les ennemis. Ce fut là qu'il rangea ses gens en bataille d'une manière

---

complément de l'éducation patricienne, et que cette éducation avait pour objet de rendre les jeunes gens propres à la fois à la guerre et aux magistratures civiles. On peut remarquer, à ce sujet, que Lebeuf, comme le prêtre Constance, n'envisage guère en saint Germain que l'homme d'église, et qu'il perd de vue, ce qui est cependant attesté par d'autres monuments contemporains, que ce grand évêque était en même temps illustre comme homme de guerre et homme d'état. On sait, en effet, qu'il prit une part considérable, en cette double qualité, aux événements de son siècle, tels que la guerre de résistance que soutint, en Angleterre, la civilisation romaine contre la barbarie des Pictes et des Saxons, et la grande confédération des provinces centrales de la Gaule, formée au commencement de ce siècle, sous le nom de ligue des Bagaudes, pour résister, à la fois, à l'invasion des barbares et aux convulsions intérieures qui menaçaient l'existence de l'empire romain.

(*N. des E.*)

nouvelle. Déjà voyoit-on paroître l'armée furieuse des ennemis : les espions en ayant donné avis, aussitôt saint Germain avertit tout le monde d'être sur ses gardes : il leur dit que lorsqu'il leur donneroit le signal par son cri, ils eussent aussi tous à crier après lui. Les ennemis ne se doutoient de rien, quand les deux saints évêques se prirent à crier trois fois, à haute voix : *Alleluia.* A l'instant toute l'armée se mit à répéter le même cri ; ce qui produisit une clameur étonnante, laquelle fut encore augmentée par la répercussion des rochers et des vallons circonvoisins. La frayeur s'empara tout à coup des troupes ennemies, et elles furent saisies d'une telle consternation, qu'elles crurent que, non-seulement les montagnes d'alentour, mais même la masse du ciel venoit fondre sur eux. Les pieds des plus agiles ne leur paroissoient pas suffisants pour les sauver, tant étoit grande la crainte dont ils étoient pénétrés : ils se mirent en fuite de tous les côtés, laissant là leurs armes et se croyant trop heureux s'ils pouvoient tirer d'un danger si pressant leurs corps tout nus. Il y en eut même plusieurs qui, par trop de précipitation et de frayeur, se noyèrent dans le fleuve qu'ils avoient passé sans danger un peu auparavant (1). Alors les Bretons se reconnurent vengés de leurs ennemis sans avoir essuyé la moindre fatigue : ils devinrent tranquilles spectateurs d'une victoire que Dieu leur accordoit ; ils ramassèrent les dépouilles restées sur la terre, et s'enrichirent du butin de leurs adversaires. On ne peut exprimer combien grande fut la joie des saints évêques, en voyant ainsi les Pictes et les Saxons mis en déroute sans la moindre effusion de sang. Mais ce qui augmenta le plus leur allégresse, ce fut de voir que ce n'étoient pas les forces

418 à 448.

(1) *Usserius lib. de Brit. eccl. primordiis* p. 333, dit que tout ceci arriva dans le territoire de Flint, proche la ville que les Anglois appellent *Mold*, et ceux du pays de Galles *Guid-Cruc*; que de là vient que le lieu s'appelle *Maës-Germen*, c'est-à-dire, *Champ de Germain*, et que ce fut sur le bord du petit fleuve Alen que l'armée fut baptisée.
C'est de cette victoire que S. Grégoire le Grand fait mention dans ses morales sur Job, l. 27, cap. 6. *Ecce lingua Britanniæ quæ nihil aliud noverat quam barbarum frendere, jamdudum in divinis laudibus Hebræum cœpit alleluia resonare.* Bede et après lui Aimoin' *lib.* 3, *cap.* 74, ont cru que cela se rapportoit à la prédication de S. Augustin, en Angleterre : mais le Père Pagi a fait voir que c'est à l'histoire de S. Germain, que ce S. Pape fait allusion, parce qu'il écrivit ses morales en 591, et ne songea à envoyer S. Augustin que cinq ans après. Le reste du passage fait une visible allusion à la tempête apaisée par le même Saint. Les Bollandistes, *t.* 7, *Julii, pag* 55, ont suivi le P. Pagi. Le P. de Ste Marthe croit que cet endroit a été ajouté à S. Grégoire.

humaines, mais la seule foi en la puissance de Dieu qui leur avoit obtenu une défaite si extraordinaire. C'est pourquoi, après avoir mis ordre à toutes les affaires dans cette île si puissante et si riche, l'avoir délivrée de beaucoup de dangers, et dompté ses ennemis tant spirituels que corporels, ils se disposèrent à s'en retourner (a) conduits par une multitude d'habitants du pays. Leurs propres vertus et l'intercession du martyr saint Alban leur préparoient une navigation tranquille et heureuse : et le vaisseau où ils s'étoient embarqués ayant eu le vent favorable, ils arrivèrent à bon port dans les Gaules, où l'on désiroit leur présence avec ardeur.

Voyage de saint Germain en différents endroits des Gaules.

Le retour des vénérables prélats y répandit l'allégresse dans toutes les provinces; les églises en furent comblées de joie, et les démons saisis de frayeur. L'arrivée de Germain fut, surtout pour Auxerre, un sujet de consolation. Comme il étoit l'avocat ordinaire de sa patrie auprès de Dieu, et son défenseur contre les adversités de ce monde, elle avoit une double raison d'attendre son retour avec empressement. On avoit imposé sur ses citoyens des sommes plus fortes qu'à l'ordinaire ; et plusieurs autres exactions les avoient réduits à une telle extrémité, qu'ils se regardoient comme des orphelins privés de leur père. Ils étoient dans l'affliction ; mais ils ne tardèrent pas de trouver un consolateur. Saint Germain, ayant reconnu la cause de leur misère, prit part à leurs malheurs : désirant ardemment procurer la paix et le repos à sa ville, il résolut de subir les fatigues d'un long voyage de terre, quoiqu'il fût à peine délassé des dangers qu'il venoit d'essuyer sur mer.

(a) L'histoire de Bède et la chronique de Sigebert donnent des détails sur cette expédition qui paraît avoir eu lieu en 437. Cette dernière parle de quatre autres combats acharnés qui suivirent celui auquel Constance et Lebeuf donnent l'apparence du miracle, et qui achevèrent la déroute et l'expulsion des barbares, puis des mesures qui furent prises pour réparer les désastres de l'invasion ; IMPERANTE *sancto Germano*, dit le texte de Sigebert. *(N. d. E.)*.

A peine étoit-il sorti du territoire d'Auxerre, que, sur le soir, une espèce de vagabond, marchant nu-pieds et nu-tête, se joignit à sa compagnie dans le chemin. Comme le temps étoit mauvais et qu'il tomboit beaucoup de pluie, saint Germain eut compassion de la nudité de cet homme, et souffrit qu'il logeât dans la même maison que lui. C'étoit un voleur, comme la suite le fit voir. Car, pendant que les compagnons du saint évêque étoient occupés, pensant plutôt à Dieu qu'à la garde de leurs montures, il emmena furtivement la bête dont saint Germain se servoit pour son voyage. Aussitôt que le jour parut, on s'aperçut du vol. Un des clercs prit le parti d'aller à pied, en substituant l'animal sur lequel il avoit été monté, à la place de celui qui avoit été volé. Pendant le chemin, ceux qui accompagnoient le saint prélat remarquèrent qu'en couvrant son visage il cachoit des sentiments de joie qui s'étoient élevés en lui contre son ordinaire. Tout le monde en étant témoin, une personne de sa compagnie prit la liberté de lui en demander la raison. Saint Germain répondit : « Arrêtons-nous ici un peu de temps, pour plaindre le travail de » ce pauvre malheureux que vous allez voir tout à l'heure fort agité. » Un peu après qu'ils furent descendus de dessus leur monture, et qu'ils se furent arrêtés, ils virent de loin le voleur qui, marchant à pied, conduisoit après lui l'animal qu'il avoit dérobé; et tandis que ce malheureux se dépêchoit de joindre saint Germain et sa compagnie, ceux-ci continuoient de parler en la même place. Lorsqu'il fut près d'eux, il se jeta à leurs pieds, il avoua son crime, et dit qu'il avoit été arrêté de telle manière pendant toute la nuit qu'il n'avoit pu avancer plus loin, et que le seul moyen qu'il avoit trouvé de se délivrer, étoit celui de ramener l'animal. Le Saint lui répondit : « Si nous vous avions donné hier de quoi vous couvrir, vous n'eus-» siez pas été dans la nécessité de voler : prenez donc ce qui vous » manque, et rendez-nous ce qui nous appartient. » Ainsi ce voleur ayant avoué son crime, n'en reçut pas seulement le pardon, mais encore une récompense avec la bénédiction du saint évêque. Cet homme plein de Dieu ne cherchoit qu'à se cacher et s'humilier aux yeux des hommes : mais ses miracles et ses vertus le trahissoient; il faisoit paroitre en cela la vérité de ce que dit l'Evangile, qu'une ville placée sur une montagne ne peut point être cachée. Il se privoit des avantages et des soulagements qu'il auroit pu recevoir de ceux qui l'accompagnoient ; il évitoit pareillement la rencontre des étrangers ; mais, quoiqu'il fît, l'éclat et la majesté qui l'environnoient, ne pouvoient être voilés. Car tous ceux des villages, des bourgs et des villes qui se trouvoient sur son chemin, couroient en foule au devant de lui avec leurs femmes et leurs enfants. C'étoit une chaîne continuelle tant de ceux qui venoient au devant de lui que de ceux qui le reconduisoient. Ainsi étoit honoré alors, par les peuples d'un pays fort connu (1), celui dont, depuis peu, on a ôté le nom de devant les yeux des prêtres du même pays (a).

L'historien dit qu'il ne seroit pas pardonnable de passer sous silence les merveilles qu'il opéra à Alise, ou plutôt dans l'Auxois, quoiqu'il fût absent. Il y avoit, dans ce lieu-là, un prêtre appelé Sénateur, d'une famille noble, et encore plus illustre par la sainteté de sa vie. La femme qu'il avoit eue avant sa promotion aux ordres, nommée Nectariole, étoit encore en vie et ne lui cédoit point en piété. Ce Saint, passant par leur pays, voulut les voir pour renouer avec eux son ancienne amitié. On lui prépara une chambre, et plus le personnage étoit éminent, moins les préparatifs furent grands. La pieuse dame mit en secret une pièce de toile ou d'étoffe sous le lit : le saint évêque y coucha sans savoir ce qu'elle avoit fait, et ayant passé la nuit occupé à la prière ou aux psaumes, il se remit en chemin dès le lendemain. Toute la maison étoit remplie de joie d'avoir reçu un tel hôte. Nectariole ne manqua pas de retirer de dessous le lit ce qu'elle y avoit mis, et l'enferma soigneusement ; mais voici ce qui arriva : un certain homme, nommé Agrestius, qui étoit de condition libre, ayant femme, enfants et parenté dans le lieu, devint malheureusement possédé du démon. Toute sa famille n'étoit pas moins fâchée de l'absence de Germain que de l'affliction de ce pauvre malheureux. Et, comme il n'y avoit point de remède qui pût lui servir,

---

(1) Le diocèse d'Autun.

(a) Lebeuf fait allusion à la suppression du nom de saint Germain, opérée alors dans le martyrologe du diocèse d'Autun. (*N. d. E.*)

la vénérable dame eut espérance que la foi opèreroit quelque chose. Elle tira de son armoire l'étoffe qu'elle avoit mise sous le lit de Germain, en fit entourer et attacher le furieux. En cet état, il lui sembla qu'il étoit environné d'un feu ardent, et il ne cessa d'appeler à son secours le nom du vénérable évêque. En effet, si ce Saint étoit absent de corps, il étoit toujours présent par son opération. Agrestius fut délivré par la grâce de Dieu ; et, depuis ce temps-là, il ne ressentit aucune attaque durant toute sa vie.

Comme le dessein de saint Germain étoit d'aller à Arles, ayant atteint la rivière de Saône, il s'y embarqua pour Lyon. Aux approches de cette ville, tout le peuple de tout âge et de tout sexe vint, à l'envi l'un de l'autre, au-devant de lui. Chacun lui demandoit sa bénédiction, chacun s'empressoit de le toucher ou d'être touché par lui, et ceux de la multitude qui ne pouvoient avoir eu cet avantage, étoient très-contents lorsqu'au moins ils avoient pu le voir. Toutes sortes de maladies y furent guéries par sa bénédiction : la ville se regarda très-honorée des prédications qu'il y fit, et, quoiqu'il en sortit assez promptement, il ne laissa pas de satisfaire l'ardeur extrême que le peuple avoit de l'entendre. Si j'entreprenois de parler de tous ses voyages, dit ici Constance, si je les racontois tous, la longueur dont il me faudroit user causeroit de l'ennui à mon lecteur ; mais Dieu me pardonnera, si j'omets malgré moi plusieurs choses dont j'ai une parfaite connoissance. Lors donc que le saint homme arriva à Arles, toute la ville le reçut avec des applaudissements universels comme un évêque apostolique de son siècle. Cette ville avoit alors pour évêque saint Hilaire qui étoit en grande réputation par ses vertus éclatantes, car c'étoit un homme doué d'une foi ardente ; c'étoit un torrent d'éloquence céleste et un ouvrier infatigable dans la voie des divins commandements. Il honoroit saint Germain d'une affection semblable à celle qu'il auroit eue pour son propre père, et lui portoit honneur comme il auroit fait à un apôtre. Auxiliaire, qui étoit alors revêtu de la charge de préfet dans les Gaules (1), fut doublement

418 à 448.

---

(1) On voit dans le recueil des inscriptions de Gruter, à la page 159, num. 8, une inscription autrefois conservée à Arles, et qui paroissoit de l'an 435, laquelle faisoit mention des colonnes milliaires que le préfet Auxiliaire fit poser dans les grands chemins.

réjoui de l'arrivée du saint évêque, tant parce qu'il désiroit connoître un homme si fameux par ses miracles, que parce que sa femme étoit depuis longtemps attaquée d'une fièvre quarte. Lorsqu'il sut qu'il entroit dans la ville, il alla, contre la coutume, fort loin au-devant de lui, saisi d'admiration. La majesté qui brilloit sur son visage, la profonde érudition dont étoient remplis ses entretiens, le poids des sentences dont étoient pleins ses discours publics, tout cela acheva de jeter son esprit dans un tel étonnement, qu'il reconnut que le Saint étoit encore plus grand que la réputation ne l'avoit fait : et véritablement il parut, par les effets, encore bien plus célèbre que par ce qui en avoit été publié. Le préfet lui offrit des présents ; il l'accabla de bienfaits, et lui demanda, par grâce spéciale, de vouloir bien accepter ce qu'il lui donnoit. Il lui découvrit la maladie de sa femme : et, aussitôt que le Saint l'eut visitée, la force de l'accès cessa si subitement qu'il n'y resta aucune marque du frisson qui avoit précédé, ni de la fièvre qui avoit suivi. De manière que la pieuse dame se vit remise dans son premier état par le moyen du médecin céleste qui rendit à son corps la santé et augmenta la foi dans son âme. Le saint évêque, ayant donc obtenu heureusement les grâces qu'il étoit allé demander, rapporta à ses citoyens le soulagement qu'ils attendoient : son retour leur fut doublement utile, tant par la décharge des impôts qui les mettoit plus à l'aise, que par la joie dont leur esprit fut comblé lorsqu'ils apprirent cette nouvelle. Il avoit trouvé, sur sa route, la ville de Brioude en Auvergne, où le corps de saint Julien, martyr, étoit inhumé honorablement. Les peuples du voisinage étoient dans une espèce de chagrin de ce qu'on ignoroit quel jour de l'année il convenoit d'honorer le martyre du Saint. Notre évêque, qui vouloit y remédier, fut le premier à demander aux habitants du lieu quel jour on célébroit sa fête. Ils répondirent qu'ils ne savoient pas quel jour il étoit mort. Alors le Saint leur dit : « Mettons-nous en prières, et peut-être que Dieu » daignera nous le révéler. » La nuit étant venue, chacun s'en retourna chez soi. Le saint évêque la passa en prières, à son ordinaire. Le lendemain, après le lever du soleil, il fit venir les anciens du lieu, et il leur demanda si Dieu leur avoit appris quelque chose touchant leur Saint. Rien du tout, répondirent-ils. Aussitôt il leur dit :

« Sachez que sa fête doit être célébrée le cinquième de devant les
» calendes de septembre. Car, comme il m'a été appris d'en haut,
» c'est le jour auquel les payens l'ayant fait mourir ici, il a été
» associé aux saints martyrs. » Alors, tous ceux d'entre les habitants
qui étoient là présents remercièrent le saint évêque d'Auxerre. Il y
eut aussi quelques guérisons de l'âme et du corps opérées en ce lieu
par son ministère : mais l'historien n'entre là dessus dans aucun détail ;
il finit ici le premier livre de son histoire, réservant pour le second le
récit de son second voyage de la Grande-Bretagne et de celui d'Italie.
Cependant, comme il y eut environ seize ans d'intervalle depuis son
retour d'Arles, il est à croire que saint Germain fit encore d'autres
voyages. Je n'allèguerai point, pour preuve, son passage par le pays
Bessin (1), dans une partie des diocèses de Rennes et d'Angers (2),
dans celui d'Orléans (3), parce qu'il a pu passer dans tous ces endroits
au retour de l'un de ses voyages de la Grande-Bretagne, et plus probablement au retour du second. Sa présence dans le diocèse de Toul,
où il a aussi opéré un prodige rapporté par Héric (4), suppose un
voyage de ces côtés-là ; mais c'est vraisemblablement lorsqu'il alla
prendre saint Sever, évêque de Trèves, pour retourner dans la Grande-
Bretagne. Le miracle qu'il fit auprès de Troyes (5) peut aussi être
arrivé dans le même voyage, ou bien lorsque ce Saint s'y rendit, en
429, pour le concile qui l'envoya combattre les Pélagiens. Mais il se
présente dans nos historiens deux voyages faits dans des provinces
qui ne sont en aucune manière sur la route de la Grande-Bretagne.
L'un est à Angoulême, où Héric dit que saint Germain fit la consécration de l'autel de la grande église, et qu'il étoit arrivé un miracle

---

(1) On montre, à Guéron, proche Bayeux, dans l'église paroissiale de son nom, une nappe d'autel, sur laquelle on tient qu'il a célébré les SS. mystères. Je parle après l'a-voir vue et tenue en 1707.

(2) Quelques anciens bréviaires manus-crits cités par les Bollandistes, t. 7, Julii, cod. 288.

(3) On lit dans Héric, l. 1, Mirac. S. Germ., cap. 4, 5 et 6, qu'il y fut reçu par S. Agnan, alors évêque, par son clergé et le peuple, qu'il y ressuscita un enfant mort, et qu'à quelque distance de cette ville, il empêcha la chute du mur d'une église. On croit que c'est à Chessy qui est à 2 lieues d'Orléans.

(4) Le même Héric, lib. 1, Mirac., cap. 7, rapporte la merveille qui arriva pendant qu'il prêchoit dans les champs, sur le bord de la Meuse. C'est à l'endroit qu'on appelle aujourd'hui Saint-Germain-sur-Meuse.

(5) La résurrection d'un homme qui avoit contrefait le mort, et qui était mort réelle-ment. Apud Bollandistas col. 288.

surprenant dans la cérémonie même (1). L'autre voyage est assez prouvé par son assistance au concile où Quelidoine, évêque de Besançon, fut déposé à cause de ses irrégularités. On place ce concile à l'an 444, sans en indiquer le lieu. Mais il dut être tenu dans l'une de nos provinces méridionales des Gaules. On lit dans la vie de saint Hilaire, évêque d'Arles, écrite par saint Honorat, que ce prélat métropolitain vint souvent voir saint Germain, à Auxerre, pour conférer avec lui sur les défauts ou les progrès des ecclésiastiques qu'il avoit à gouverner. Mais il semble aussi, par la même vie, que notre Saint alla plus d'une fois à Arles, et que saint Hilaire le mena avec lui lorsqu'il visita les églises de son diocèse et d'autres du voisinage. C'est encore un fait certain qu'ils reçurent ensemble les plaintes faites contre Quelidoine, et qu'ils travaillèrent conjointement à sa déposition faite dans le concile où saint Hilaire présidoit. Il est vrai que cette déposition brouilla pendant quelque temps saint Hilaire avec saint Léon, pape ; mais elle n'en est pas moins une preuve du zèle de nos saints évêques des Gaules pour le maintien de l'ancienne discipline, et que les plus saints papes peuvent se laisser prévenir.

Récit du second voyage de saint Germain dans la Grande-Bretagne.
Voyage du même Saint à Ravenne en Italie, où il meurt.

Pendant le temps que durèrent ces troubles, quelques personnes essayèrent de faire revivre l'hérésie de Pélage dans la Grande-Bretagne. C'est pourquoi, de tous côtés, on pressa de nouveau saint Germain d'aller, une seconde fois, défendre la cause de Dieu qu'il avoit si bien soutenue quelques années auparavant. Le Saint alla au devant de ce qu'on souhaitoit de lui, parce qu'il aimoit le travail et que c'étoit de bon cœur qu'il se sacrifioit pour Jésus-Christ. L'ennemi cessa alors d'en marquer de l'envie, parce qu'il avoit été terrassé par la force de ses miracles, et il n'osa plus mettre à l'épreuve celui qu'il n'avoit déjà que trop ressenti être l'ami de Dieu. Notre Saint,

(1) *Lib.* 1, *Mir.*, *cap.*

s'étant joint à saint Sever, évêque de Trèves, passa par Paris où il fut reçu avec les acclamations de tout le peuple à qui réciproquement il donna la bénédiction. Se ressouvenant de Geneviève, dont il avoit fait l'éloge en son premier voyage, il s'informa comment elle se portoit. Il n'ignoroit pas combien les mauvaises langues avoient répandu de calomnies contre elle depuis son départ. Cet esprit de jalousie régnoit encore si fortement, qu'il y en eut même qui ne purent se retenir de parler contre elle en sa présence. Mais le saint évêque, qui la connoissoit mieux que ses propres parents, ayant méprisé tous ces mauvais discours, se transporta dans la maison où étoit retirée cette sainte vierge, et en arrivant il lui fit une si profonde salutation que les spectateurs en furent étonnés et jugèrent que c'étoit Dieu même, dont elle étoit le temple vivant, qu'il respectoit en elle. Et, afin que son arrivée pût lui être de quelque utilité et que la réputation de sa sainte vie l'emportât sur la malice de ses ennemis, il développa publiquement la conduite de Geneviève dès sa jeunesse, leur fit connoître évidemment combien elle étoit grande devant Dieu, et il leur montra la terre, où elle avait coutume de se prosterner en priant, toute trempée de ses larmes. Après avoir ainsi prouvé l'innocence de la jeune vierge par un discours de poids, et avoir tranquillisé les esprits, à son égard, il continua son chemin et s'embarqua sur mer sous la protection de Jésus-Christ. Tout fut favorable à sa navigation : les éléments, les flots, l'air et les vents, tout contribua à le faire arriver à bon port. Mais, pendant qu'il étoit en chemin, les diables répandus dans l'île annonçoient, malgré eux, sa prochaine arrivée. Elaphius, l'un des premiers de ce pays, attentif à ces bruits, se hâta d'aller au devant de ces Saints, sans qu'il parût que cet homme en eût été averti d'ailleurs. Il amenoit avec lui son fils qui, quoique dans la fleur de la jeunesse, étoit dans une foiblesse déplorable. Il avoit les nerfs tout desséchés, les genoux rétrécis, et il ne pouvoit se soutenir sur ses jambes. Ce seigneur étoit suivi de tout le peuple de la province. Les saints évêques arrivèrent : le peuple étonné se trouva à leur rencontre. Nos Saints lui donnèrent la bénédiction et interrogèrent plusieurs particuliers sur la religion. Saint Germain reconnut, par leurs réponses, que ces peuples avoient toujours persévéré dans la foi dans laquelle il les avoit laissés. Les saints évêques reconnurent par là qu'il n'y avoit qu'un petit nombre qui s'en étoit écarté. Ils en firent la recherche, et, les ayant découverts à l'instant, ils les condamnèrent.

Sur ces entrefaites, Elaphius se jeta tout à coup aux pieds des deux Saints, leur présentant son fils, dont les besoins étoient assez démontrés par son âge et par sa foiblesse, sans qu'il fût besoin de prières pour les expliquer. Toute l'assistance prit part à l'état où se trouvoit l'enfant et principalement les deux évêques. Ils s'adressèrent donc à Dieu pour le prier de se laisser toucher de miséricorde envers cet enfant comme ils en étoient touchés eux-mêmes. Aussitôt saint Germain fit asseoir l'enfant, il lui toucha le jaret que la maladie avoit rétréci et courbé, et il porta sa main sur toute les parties attaquées. La santé revint aussitôt : ce qui étoit sec et aride reçut sa première vigueur; les nerfs reprirent leurs offices ordinaires, et, à la vue de tout le monde, l'enfant recouvra la santé, et le père vit avec plaisir son fils, pour ainsi dire, métamorphosé. Les peuples admirèrent longtemps ce miracle surprenant, et il servit à affermir la foi dans tous les cœurs. Nos Saints firent ensuite une exhortation au peuple pour le porter à s'opposer à l'erreur : et, de l'avis de toute l'assemblée, on leur amena les sectateurs de l'hérésie, afin qu'ils les fissent passer dans les Gaules et que l'île fût préservée de leurs erreurs. Ainsi les saints évêques, ayant achevé les choses pour lesquelles ils s'étoient mis en chemin, s'en retournèrent aussi heureusement qu'ils étoient venus.

A peine Germain étoit-il arrivé à Auxerre de son voyage d'outremer, qu'il lui vint une ambassade de la part de la province Armorique des Gaules, qui comprenoit alors presque tout ce qui est à côté du rivage de la Loire à droite, depuis la moitié de son cours jusqu'au pays des Morins, et, à gauche, jusqu'aux Pyrénées. Aëtius, général des Romains, offensé de l'insolence des peuples de cette vaste province (a), avoit permis au roi des Alains, troupes subsidiaires qui étoient

(a) Cet événement eut lieu vers l'an 447. Les cités de la province Armoricaine, dont Lebeuf donne parfaitement la situation à cette époque, abandonnées sans défense aux barbares par leurs chefs naturels les empereurs, s'étaient, depuis le

cantonnées vers le pays Auxerrois et vers le Nivernois, de se répandre dans toutes les contrées qui la composoient, pour châtier les rebelles ; et ce roi barbare y trouvoit son compte. Constance remarque, à ce sujet, la disproportion qu'il y avoit, qu'un seul homme, déjà avancé en âge, fût opposé à un roi payen et à une nation féroce et fort guerrière ; mais il ajoute, qu'avec le secours de Jésus-Christ ce simple vieillard étoit devenu plus fort qu'eux tous ensemble. Il sortit donc sans différer de sa maison épiscopale, parce qu'on lui avoit dit que les Alains s'étoient mis en route. En effet, les chemins publics étoient déjà remplis de leur cavalerie armée de pied-en-cap. Le saint évêque avança du côté de l'Armorique où les troupes se rendoient, et, ayant marché à grandes journées pour pouvoir les devancer, il rebroussa chemin du côté d'où ils venoient. Ayant alors l'armée en face, il la vit passer à ses côtés fort tranquillement, jusqu'à ce qu'il arrivât à l'escadron qui environnoit le roi Eocharich. L'ayant reconnu à certains indices qui pouvoient lui être familiers, il se présenta à ce prince, et, avec l'aide d'un interprète, il lui fit d'abord sa très-humble prière. Voyant qu'il hésitoit à l'écouter et qu'il n'arrêtoit point, il éleva sa voix et lui fit quelques remontrances plus hardies ; ensuite, il prit son cheval par la bride, et à ce moment il arrêta à la même place toute l'armée (1). Le roi féroce, qu'on auroit cru devoir

418 à 448.

(1) Il y a apparence que cette rencontre fut vers les confins des diocèses d'Orléans et de Chartres, parce que c'était assez la route de cette armée qui avoit dessein de se répandre un peu au delà et parce qu'on trouve en effet quatre paroisses en ces cantons-là, presque contiguës sous l'invocation de saint Germain, savoir : Santot, Luyères ou Saint-Germain-le-Grand, Andeglou et Huestre. Ce peut être au retour de ce voyage, que passant par Orléans, il y fut reçu par S. Agnan, et qu'il y fit un miracle rapporté par Héric, *lib.* 1, *cap.*, 4 et 5, et celui de Chessy, à deux lieues d'Orléans rapporté au chapitre 6.

commencement du ve siècle, débarrassées des magistrats romains et constituées en république fédérative, sous la direction de leurs évêques. Le patrice Aëtius entreprit de les faire rentrer sous la domination impériale et excita les Alains à marcher contre elles. C'est alors que saint Germain, qui avait été gouverneur de ces peuples, intervint à leur prière pour arrêter les barbares. Le voyage, qu'il fit ensuite à Ravenne, avait pour but de faire ratifier par l'empereur la paix qu'il venait de conclure, lorsqu'en arrivant dans cette ville il apprit une nouvelle révolte des Armoricains.

Voy., sur la confédération Armoricaine, D. Bouquet, Rer. franc., t. 1, page 587, 633 et 644 ; Dubos, Hist. crit. de l'établissement de la Monarchie française ; et Buchez, Actes du Congrès de l'Institut hist., t. 2. *(N. d. E.).*

rebuter une personne qui paroissoit si hardie, resta dans la consternation ; il admira la persévérance du suppliant et il en fut vivement touché. Dieu permit donc, sur les avances que fit saint Germain, que tout cet appareil de guerre fût sans effet, que sur le champ on parlât de préliminaires de paix ; en sorte que ce fut la volonté du saint prélat qui fut accomplie et non pas celle du roi. Le prince et ses troupes étant arrêtés le soir pour loger, le traité fut entièrement conclu, et Eocharich promit qu'il n'iroit pas plus loin, moyennant que le pardon qu'il accordoit à la nation armorique fût confirmé par l'empereur ou par le capitaine Aëtius. En conséquence, ce roi fit revenir son armée, et les provinces qui composoient l'Armorique furent préservées du ravage.

Germain ne fit pas une longue résidence à Auxerre après avoir ainsi engagé sa parole. Il entreprit aussitôt le voyage d'Italie : de sorte que cet homme apostolique, ne prenant aucun repos, pour me servir du langage de Constance, mais étant dans un continuel mouvement, marchoit de vertu en vertu : on voit en effet que, dans ses voyages, c'étoit une suite perpétuelle de miracles. Passant par l'Auxois, il y vit encore son ami le prêtre Sénateur, qui lui présenta une fille de vingt ans, muette depuis sa naissance. Il appliqua un peu d'huile bénite sur la bouche de cette fille, sur son front et sur le reste du visage : ensuite, s'étant fait apporter une tasse d'eau et de vin, il y jeta trois morceaux de pain ; en ayant tiré un, il le mit dans la bouche de la fille, lui ordonnant de demander sa bénédiction avant que de prendre le reste. A ce moment, elle demanda clairement et distinctement cette bénédiction, et depuis ce temps-là elle eut l'usage de sa langue. Le saint évêque, sur le point de partir, embrassa son ami plus affectueusement qu'à l'ordinaire, et lui dit adieu pour toujours, sachant bien qu'il ne le reverroit jamais sur la terre, ainsi qu'il lui déclara nettement.

A considérer sa personne et son train, on peut dire qu'il voyageoit fort solitairement ; mais les chemins n'étoient pas moins remplis. On venoit au-devant de lui de tous les côtés ; l'affluence étoit si grande, que le Saint profitoit de cette occasion pour enseigner les peuples ; son historien assure qu'on voyoit encore de son temps des oratoires bâtis, ou au moins des croix élevées dans les endroits où il s'étoit arrêté pour faire quelque discours aux peuples ou pour prier. Lorsqu'il fut sur le territoire Autunois, une multitude de tout âge et tout sexe accourut pour le voir. Comme il avoit une singulière dévotion envers les lieux où étoient inhumés les saints martyrs et évêques, qu'on appeloit pour cette raison *Loca sanctorum*, il voulut visiter les tombeaux de ceux qui étoient à Autun. Etant arrivé à celui de saint Cassien, l'historien dit qu'il eut un entretien avec lui touchant le séjour céleste, et qu'il se recommanda à ses prières ; sur quoi il fait remarquer aux lecteurs la rareté et la singularité de cette merveille. Pendant qu'il étoit sur cette montagne, qui est à l'opposite d'Autun, des personnes lui présentèrent leur fille, qui étoit d'un âge nubile, laquelle souffroit de cruelles douleurs depuis un certain temps. Elle étoit née avec un rétrécissement de nerfs si extrême, et les doigts si violemment repliés dans la main droite, que, par la suite les ongles étoient entrés dans la chair, de sorte qu'il se faisoit dans la paume de sa main autant de plaies qu'il y avoit de doigts ; et, sans les os, les doigts eussent percé sa main d'outre en outre. Le saint évêque lui prit cette main, et il n'eut pas plutôt touché les doigts l'un après l'autre, que les nerfs se lâchant ils se redressèrent tous, en sorte que cette main, qui auparavant travailloit à sa propre destruction, fut mise en état d'agir. Et ce qui marque la bonté paternelle du saint prélat, c'est qu'il voulut bien ensuite prendre la peine de lui rogner les ongles et de les mettre en l'état qu'ils doivent être.

Ayant passé de là dans d'autres villes des Gaules qui étoient sur la route, il pratiqua un acte de charité et d'humilité extraordinaire, pendant qu'il étoit dans les Alpes. Il s'étoit joint par hasard, en chemin faisant, à des ouvriers qui retournoient dans leurs maisons à la fin de leur travail. Ces gens étoient chargés de leurs hardes, et, en passant sur le faîte des montagnes encore couvertes de neige, ils y trouvèrent un torrent qui, dans ces sortes de précipices, ne permet ni aux hommes, ni aux animaux de s'arrêter longtemps. Le plus âgé de leur bande étoit boiteux. Le saint évêque prit le paquet de ce pauvre homme sur les épaules et le porta au delà du torrent. Il revint ensuite sur ses pas, et, s'étant chargé du pauvre vieillard, il le passa lui-même de l'autre côté. Ici Constance fait faire à ses lecteurs des réflexions particulières, et il admire comment un saint, atténué par le jeûne, et qui à peine pouvoit se porter lui-même, put en porter un autre ; et, comment un homme de la première condition, tel qu'il étoit, put se soumettre à charger sur ses épaules un simple journalier de village.

Par cette manière d'agir, il prenoit le moyen de n'être pas connu : mais il eut beau s'avilir et se faire méconnoître par des actions humiliantes, il ne put venir à bout de cacher qui il étoit dans la ville de Milan. Il y arriva un jour qui étoit très-solennel dans le pays en mémoire des saints (1) ; et, pour cette raison, plusieurs évêques s'y trouvèrent rassemblés. Il entra dans l'église pendant qu'on y célébroit à l'autel les saints mystères. Aussitôt un homme de la populace, qui étoit possédé du démon, se prit à crier de toutes ses forces : « Pour- » quoi, Germain, nous poursuis-tu jusqu'en Italie? Il doit te » suffire de nous avoir chassés des Gaules, tu dois être content » de nous avoir vaincus par tes prières, aussi bien que l'Océan. » Tiens-toi en repos, afin que nous puissions rester tranquilles. » L'admiration et la terreur s'élevèrent à l'instant dans le peuple. On se demandoit l'un à l'autre quel étoit celui qui s'appeloit Germain. Quoique le Saint parût dans un extérieur assez vil, on se douta que c'étoit lui à la dignité de ses traits. Etant interrogé, il ne nia ni son rang, ni sa dignité. Alors tous les évêques le saluèrent avec des marques de respect, et ils le prièrent de voir le possédé qui avoit déclaré son nom. Il se le fit amener, non par un esprit de vaine gloire, mais pour obéir à ce qu'ils exigeoient de lui, et, l'ayant pris à part dans la sacristie, il observa sur lui ce qu'il convenoit de faire selon les formes authentiques, et, après l'avoir absous, il le produisit parfaitement guéri devant toute l'assemblée. Ce fut là le premier miracle que Dieu opéra en Italie par son serviteur. Le peuple accourut ensuite en foule pour avoir l'avantage de recevoir la bénédiction d'un prélat d'une sainteté si avérée ; et, en effet, joignant les miracles à ses doctes prédications, il portoit la guérison, non dans les corps seulement, mais encore jusque dans les âmes.

(1) On prétend, avec raison, que c'étoit la fête des fêtes des SS. martyrs Gervais et Protais, qui se faisoit le 19 de juin. Cela convient assez au temps de son arrivée à Ravenne qui fut au mois de juillet.

Au sortir de Milan, pendant qu'il poursuivoit sa route, quelques pauvres l'abordèrent, demandant l'aumône. Il s'informa de son diacre combien il lui restoit dans sa bourse. Le diacre répondit qu'il n'avoit plus que trois pièces d'or (1). Le Saint lui ordonna de les leur distribuer. « Mais de quoi vivrons-nous donc aujourd'hui, dit « le diacre? Le Seigneur nourrira ses pauvres, répondit le saint » évêque, donnez toujours à ces indigents ce que vous avez. » Le diacre, faisant le bon ménager, donna deux de ses pièces à ces mendiants et réserva la troisième. L'évêque Germain continua son chemin ; et, un peu de temps après, il vit, lui et ses compagnons, des cavaliers avançant à grands pas derrière eux. Ces cavaliers les ayant bientôt rejoints, se jetèrent au bas de leurs chevaux, et, s'étant mis à genoux, dirent : « Seigneur, notre maître Leporius demeure fort » peu loin d'ici : lui et toute sa famille sont tellement abattus de » différentes maladies, qu'ils se voient à la veille de succomber les » uns et les autres. Nous venons vous faire part de sa désolation. » Daignez le visiter, s'il vous plait. Si votre voyage vous presse si » fort, que vous ne puissiez venir avec nous, au moins ayez la bonté » de prier pour lui : il mérite votre bénédiction s'il ne mérite pas » vos regards. » Cette prière toucha le saint homme de compassion, et, quittant son chemin, il jugea qu'il convenoit davantage d'aller exercer les œuvres de miséricorde qui sont toujours suivies de récompense. Ses compagnons n'en étoient pas d'avis ; mais il leur dit qu'il n'avoit rien tant à cœur que d'accomplir les commandements de Dieu. Alors les envoyés de Leporius lui présentèrent une bourse de deux cents pièces d'or. Il dit incontinent à son diacre : « Prenez » ce qu'on nous donne, et comprenez, par ce présent, que » vous avez fraudé les pauvres, car si vous leur aviez donné les » trois pièces d'or, notre rénumérateur nous en auroit rendu trois « cents. » Le diacre fut saisi de frayeur, voyant que son infidélité étoit venue à la connoissance de l'évêque, toute secrète qu'elle étoit. Ils continuèrent leur marche en hâte et arrivèrent à la maison de Leporius. Les malades n'eurent pas plus tôt vu le saint prélat,

---

(1) Si c'étoit des monnaies d'or de l'empire, comme il y a toute apparence, chacune pouvoit revenir à vingt livres ou environ de notre monnaie d'aujourd'hui. Un présent revenant à ce que nous appelons aujourd'hui quatre mille livres, étoit assez considérable.

qu'ils se sentirent aussi soulagés que si c'eût été la santé elle-même qui se fût présentée à eux. Il n'usa cependant que de son remède ordinaire, la prière et la confiance en Dieu : il se prosterna pour supplier Jésus-Christ en leur faveur, et les larmes qu'il versa causèrent la joie des autres. Il rendit visite aux maîtres du logis et aux domestiques, entrant jusque dans les plus viles chambres sans acception de personnes ; il tint tous les lits des malades l'un après l'autre, et, ayant resté dans cette maison toute la journée du lendemain, il obtint si promptement du ciel leur guérison que, partant le troisième jour, il laissa toute la maison dans une parfaite santé, et il fut reconduit par le maître qu'il avoit trouvé alité deux jours auparavant. Le village où ce grand miracle arriva s'appelle Niguardo, qui est peu éloigné de Milan ; et il y a encore, en ce lieu, une église bâtie sous l'invocation de saint Germain, depuis bien des siècles, en mémoire de cette merveille, selon Puricellus (1).

Constance continue et dit que la renommée de ce grand homme précédoit de telle manière son arrivée, que quiconque en avoit entendu parler étoit dans l'impatience de le voir. Il étoit déjà sur les confins du pays de Ravenne, où on l'attendoit avec joie sur le bruit de sa réputation. Il eut beau prendre ses mesures de manière qu'il n'arrivât que la nuit dans Ravenne, il ne put échapper aux sentinelles de ceux qui désiroient sa présence avec tant d'ardeur. L'évêque du lieu étoit alors saint Pierre, surnommé Chrysologue. L'empire étoit gouverné par l'impératrice Placidie et son fils Valentinien qui approchoit de sa trentième année (2), et tous deux étoient si fort attachés à la religion chrétienne et à la foi, que, quoiqu'ils commandassent à tout le monde, ils se faisoient une gloire de servir les serviteurs de Dieu et de leur obéir. L'empereur donc, l'impératrice et l'évêque du lieu reçurent le saint prélat, en lui donnant des marques d'amitié et de respect à l'envi l'un de l'autre. Les princes, les sénateurs, le clergé, tous en un mot étoient dans des transports de joie extraordinaire. L'impératrice lui envoya, dans l'endroit où il étoit logé, un fort grand bassin d'argent rempli de mets très-exquis, sans

---

(1) *Puricel. Dissert Nazariana*, cap. 62.

(2) Ou bien âgé de plus 25 ans, *jam juvene*.

qu'il y eut aucun morceau de viande. L'ayant reçu avec reconnaissance, il distribua les mets à ceux de sa compagnie et retint le bassin pour en faire des aumônes, renvoyant en place, par forme de présent pour l'impératrice, une petite assiette de bois couverte d'un pain d'orge. Cette princesse se crut très-heureuse de ce qu'il avoit bien voulu retenir le bassin et très-honorée de ce qu'il lui avoit envoyé du même pain dont il se nourrissoit sur une assiette si méprisable ; elle fit entourer cette assiette de feuilles d'or, et elle conserva dévotement le pain qui servit depuis à opérer plusieurs guérisons miraculeuses.

Un jour qu'il se trouva dans une grande place de la ville, tout entouré de peuple, il passa proche les prisons qui étoient pleines de malheureux qui n'attendoient que le supplice et la mort. Ces misérables, ayant reconnu que c'étoit lui, firent un cri étonnant tous ensemble. Il en demanda le sujet : l'ayant appris, il fit venir devant lui les geôliers, et il fut informé que c'étoit par ordre de plusieurs seigneurs du palais que ces pauvres gens étoient ainsi enfermés. Il ne voyoit point de jour à obtenir le pardon pour eux ; mais il recourut à la voie qui lui réussissoit ordinairement et il demanda à Dieu ce qu'il étoit difficile d'obtenir des hommes. Il se transporta aux prisons; il se prosterna pour faire sa prière ; et aussitôt Dieu lui accorda, en présence de tout le peuple, la grâce qu'il demandoit. Les serrures des portes et les chaînes des prisonniers se rompirent, les barreaux de fer furent brisés, et la bonté de Dieu détruisit les desseins formés par la cruauté des hommes. Cette troupe de misérables sortit en pleine rue, tenant dans leurs mains les liens dont auparavant ils avoient été enchaînés. Le saint prélat conduisit ces pauvres gens, ainsi délivrés, jusqu'à l'église, pour en rendre grâce à Dieu et les rétablir dans la société des fidèles, libres, joyeux et tranquilles.

La renommée de Germain alloit en augmentant de jour en jour. Les peuples ne cessoient d'accourir au-devant de lui dans les rues et dans les places ; les malades étoient guéris, et Jésus-Christ augmentoit de plus en plus dans lui le don des miracles qu'il lui avoit conféré. Il avoit continuellement dans sa compagnie six vénérables évêques, du nombre de ceux qui étoient venus à la Cour pour leurs affaires, lesquels ne furent pas seulement témoins de son étonnante mortification, mais encore des merveilles qu'il opéra, et qui, longtemps après, en parlèrent à leurs contemporains. Le fils d'un nommé Volusien, premier secrétaire du patrice Segiswulte, étoit attaqué des fièvres si violemment, et il étoit devenu tellement foible qu'on désespéroit entièrement de sa vie. Les médecins n'en promettoient plus rien et ses parents ne s'attendoient plus qu'à pleurer la perte de ce jeune homme. L'unique espérance qui leur restoit fut de recourir, quoiqu'un peu tard, au saint prélat. Les parents, les amis et toute la famille vinrent se prosterner à ses genoux, et les évêques qui étoient de sa compagnie y mêlèrent leurs prières. Il accourut promptement avec eux tous à la maison du malade ; pendant qu'ils étoient en chemin, un messager vint dire que le jeune homme étoit mort et qu'il étoit inutile que le saint évêque se fatiguât. Les autres prélats insistèrent et le supplièrent d'achever la bonne œuvre pour laquelle il s'étoit mis en route. Ils arrivèrent tous à la maison, trouvèrent le corps privé de vie et déjà froid ; ayant fait la prière pour le repos de son âme, ils s'en retournoient déjà, lorsque toute l'assemblée se prit à gémir et à pleurer. Les évêques pressèrent et conjurèrent Germain de prier le Seigneur de rendre la vie à ce mort. Il s'en défendit longtemps et refusa de le faire, confus de cette proposition : la compassion cependant et la charité le portèrent à céder à leur importunité. Muni donc des armes de la foi, il fit sortir tout le monde ; il s'approcha du corps mort en faisant une vive prière, mouilla la terre de ses larmes, poussa des cris et des gémissements vers le ciel et appela Jésus-Christ à son secours. Pendant ce temps-là le mort commença à remuer, et peu à peu ses membres froids recouvrèrent le mouvement et la chaleur. Ses yeux s'ouvrirent, ses doigts s'écartèrent, sa langue se fit entendre ; tous deux se levèrent à l'instant, Germain de la prière et le jeune homme du lit de la mort. Le saint homme le prit par la main encore endormi ; le mort ressuscité s'assit, respira, prit de la nourriture, regarda les assistants, et, après avoir repris peu à peu sa vigueur, il recouvra une parfaite santé. La famille affligée fut tout à coup consolée ; le deuil se changea en joie, et tout le peuple de la ville se réunit pour louer le Seigneur de ce miracle extraordinaire. Jésus-Christ continua à signaler son serviteur par les merveilles qu'il lui fit opérer, et il sembloit qu'il

le rendoit célèbre de ce côté-là, parce qu'il étoit sur le point de
le tirer de ce monde. Un domestique ou élève de l'eunuque Acholius,
chambellan de l'empereur, étoit possédé d'un démon dont les agitations revenoient chaque mois dans le temps du croissant de la lune,
soit que ce fût une épilepsie, ou quelqu'autre maladie semblable.
L'impératrice et les seigneurs de la Cour lui firent présenter ce jeune
page. Il examina longtemps sa situation, et quoiqu'il chassât les
démons à la première imposition de ses mains, il différa de délivrer
ce jeune homme. Comme le démon habitoit chez lui intimement,
comme dans son propre domicile, il prit la résolution de le
faire rester avec lui toute la nuit. Alors le saint évêque, agissant
de la part de Dieu, le poursuivit dans sa retraite et l'obligea de
déclarer qu'il s'étoit emparé en tel temps de ce jeune homme. Les
conjurations faites, le démon sortit tout à fait du corps de ce page,
qui, se trouvant délivré, fut en état de continuer le service dans le
palais de l'empereur.

Après ce long récit des miracles arrivés à Ravenne, Constance
l'historien ne nous dit qu'un petit mot touchant le sujet du voyage
de saint Germain. Il témoigne que cet évêque auroit indubitablement
obtenu le pardon et une amnistie pour les peuples de la nation Armorique des Gaules, s'il n'étoit pas venu à la Cour des nouvelles qui
apprenoient que ces mêmes peuples s'étoient révoltés de nouveau :
mais que cette seconde rébellion fut cause que sa médiation ne servit
de rien et qu'il ne put calmer la colère de l'empereur. Ensuite, par
forme de supplément à l'histoire, il ajoute que ce peuple paya peu de
temps après les peines que méritoit son esprit inconstant et inquiet.

Germain, rempli de l'esprit saint, étoit au-dessus du chagrin que
lui auroit pu causer l'inutilité de sa démarche. L'heure de sa mort
étoit arrivée et il en avoit eu des pressentiments dès le temps qu'il
étoit dans le pays d'Auxois. Il en eut une révélation plus sensible à
la fête de saint Apollinaire, premier évêque de Ravenne, qui se
célébroit le 23 de juillet. Ce jour-là, après avoir célébré l'office de
la solennité matutinale, pendant qu'il conversoit avec les six évêques
qui lui faisoient perpétuellement compagnie, il leur tint ce discours :
« Je vous recommande, mes très-chers frères, l'heure de mon trépas. La
» nuit dernière, il m'a paru que Notre Seigneur me donnoit le viatique,

» pour un voyage qu'il me proposoit de faire. Et, comme je lui
» demandois le sujet de ce voyage : ne craignez point, m'a-t-il dit,
» ce n'est pas sur la terre que je vous propose de voyager, mais je
» veux vous conduire à la patrie céleste, où vous jouirez du repos
» éternel. » Les évêques, à qui il rapporta le songe qu'il avoit eu, cherchoient à y donner une autre explication, en imaginant plusieurs sortes de patries : mais il persista à dire que c'étoit un pronostic de sa mort, et à leur recommander sa dernière heure, en ajoutant : « Je connois très-bien quelle est la patrie que Dieu a promise à ses
» serviteurs. » Quelques jours donc après, c'est-à-dire le 25 du mois, il tomba malade. Cette époque est sûre par le jour de sa mort. A la nouvelle de sa maladie, toute la ville de Ravenne fut dans la consternation. Celui qui l'appeloit à la gloire hâtoit sa dernière heure, et le Seigneur invitoit à la récompense ce courageux athlète qui l'avoit si bien méritée par ses travaux. L'impératrice, sans craindre de se trop abaisser, vint lui rendre visite et elle lui fit offre de services en tout ce qui dépendoit d'elle. Il ne lui demanda qu'une seule chose, savoir : que son corps fût reporté à Auxerre ; ce qu'elle lui accorda avec peine. Pendant sa maladie, ce fut un concours continuel de personnes qui venoient le visiter ; le vestibule et la chambre en furent perpétuellement remplis : et, selon la louable pratique de ces temps-là, on ne cessa de réciter les psaumes et les cantiques à deux chœurs devant le malade. Enfin, le septième jour étant venu, la bienheureuse âme du saint prélat fut portée aux cieux. C'est ainsi que l'historien décrit sa mort en très-peu de mots. Il s'est plus étendu sur le partage de ses dépouilles.

Rapport du corps de saint Germain à Auxerre.

L'empire, selon Constance, c'est-à-dire l'impératrice et son fils s'attribuèrent une partie des dépouilles de Germain ; les évêques voulurent aussi avoir la leur. Mais que ce qui forma la difficulté dans le partage, est qu'il y avoit trop peu pour faire différents lots. L'impératrice n'eut pour sa part qu'un legs spirituel, savoir : la petite châsse

FRAGMENT DU SUAIRE DE ST GERMAIN.

qu'il portoit sur lui pleine de reliques des saints. L'évêque de Ravenne eut sa cuculle avec son cilice de dessus. Entre les autres évêques, au nombre de six, l'un eut son manteau ou *pallium* (1), l'autre sa ceinture ; deux partagèrent entre eux la tunique, et les deux autres coupèrent par moitié ce qui restoit et que l'historien appelle *sagulum*, qui pourroit être la robe supérieure ou une espèce de manteau court, à moins qu'on ne dise que c'étoit la couverture de son lit. Chacun s'empressa ensuite à fournir à l'appareil de sa pompe funèbre. Acolius, chambellan du palais, fit embaumer son corps : l'impératrice donna les habits pour le revêtir (a), après quoi, l'empereur fournit les

Culte de S. Germain.

(1) Il semble que *pallium* signifie là quelque habit fort simple et fort petit, et qui n'étoit peut-être qu'une bande d'étoffe.

(a) Il est question ici de la relique connue sous le nom de SUAIRE DE SAINT GERMAIN. Ce tissu, dont nous donnons le dessin ci-contre, est un monument précieux à toutes sortes de titres. L'usage auquel il paraît avoir servi, sa beauté, son antiquité incontestable, tout concourt à lui donner un haut intérêt. Des documents authentiques le font remonter au temps même de saint Germain. Le prêtre Constance, après avoir parlé de l'embaumement du corps par Acolius, ajoute : *Regina* (Placidia) *vestivit*. Le *Gesta Pontificum*, écrit au IXe siècle par des chanoines d'Auxerre, est moins concis que l'œuvre du prêtre de Lyon et nous apprend que l'impératrice Placidie couvrit le corps du Saint de vêtements très-fins et merveilleusement ouvragés : « *Augusta... sacri glebam cadaveris operosis ac valde subtilibus cumulavit indumentis.* »

Nevelon, dans son Martyrologe, écrit au XIe siècle, racontant la translation des reliques de saint Germain faite par Charles-le-Chauve, dit que les vêtements dont l'impératrice avait enveloppé le saint corps parurent intacts lorsqu'on ouvrit son tombeau. Il ajoute qu'on le revêtit alors de vêtements neufs et précieux.

D'après des monuments du XIIIe siècle, Dom Fournier, dans sa description des saintes Grottes, et Lebeuf, ci-après, page 82, rapportent que le suaire de saint Germain se conservait dans le trésor, à part de la châsse même du Saint; ce qui était une conséquence de la translation du IXe siècle.

Il est encore parlé du suaire de saint Germain dans une procession qui eut lieu en 1544 (*Voy*. Description des SS. Grottes de Saint-Germain, par D. Fournier), et à l'époque de la prise d'Auxerre par les Huguenots, en 1567. Il échappa alors presque miraculeusement à la destruction et, fut vendu par un soldat à une femme de la ville qui le rendit plus tard aux religieux. L'Histoire de l'Eglise Gallicane, de l'abbé Longueval (t. II, p. 42), fait aussi mention du suaire et porte même qu'il était orné de pierres précieuses. De nouvelles vicissitudes l'attendaient lors de la suppression du monastère de Saint-Germain. L'abbé Villetard, chanoine d'Auxerre, le recueillit et le remit à un M. Bourgoin de Paris, qui le conserva précieusement jusqu'à sa mort, en 1833. Il passa alors en la possession de M. Germain Cady, prêtre à Saint-Séverin, qui le remit, en 1834, à M. Monnot, curé de Saint-

Culte de S. Germain.

voitures et la dépense du voyage. Les évêques s'acquittèrent, de leur côté, des devoirs de la religion et envoyèrent un cérémoniel tout dressé devant le saint corps, touchant le respect qu'on devoit lui rendre. Ce ne fut ensuite qu'une procession continuelle jusque dans les Gaules. Héric (1) parle de cinq pieuses filles qui l'accompagnèrent jusqu'à Auxerre ou aux environs (a). Il arriva à nuit close dans la ville de Plaisance. Pendant qu'il reposoit dans l'église où l'on célébroit les vigiles, une dame, entièrement paralytique des mains et des pieds,

(1) *Lib.* 1, *mir. S. Germ. c.* 21.

Eusèbe d'Auxerre. Ce dernier l'a placé au rang des reliques de son église, après avoir fait procéder à la reconnaissance de son identité par l'autorité ecclésiastique supérieure. M. Bernard, son successeur, s'est empressé de le mettre à notre disposition, pour en faire faire une reproduction.

L'âge que nous assignons au suaire de saint Germain n'est pas contredit par ses caractères archéologiques. Les aigles impériales, à demi éployées, dont il est semé, rappellent son origine; ces aigles et les rosaces, qui sont espacées entre eux, sont d'un style si grandiose et si pur qu'il ne pourrait qu'être tout moderne s'il n'était d'une haute antiquité. Rien ne s'oppose d'ailleurs, dans les documents que nous venons d'énumérer, à ce qu'on en croie la pieuse tradition qui le fait contemporain de saint Germain. Il pourrait tout au plus être descendu à l'époque de l'une des deux translations opérées par Charles-le-Chauve. Il n'a d'ailleurs jamais été l'objet d'une vénération spéciale et célèbre d'où l'on puisse inférer qu'en cas de perte les moines aient eu intérêt à une pieuse fraude.

Quant à la conservation du tissu, après avoir enveloppé le corps embaumé pendant 400 ans, elle n'est pas plus extraordinaire que celle des bandelettes qui entourent les momies égyptiennes. Ajoutons que la soie qui le compose a pu facilement résister aux accidents de toute espèce qui auraient détruit une étoffe de laine.

Le suaire de saint Germain avait autrefois 6 pieds 9 pouces de longueur, sur 5 pieds 5 pouces de largeur; mais, à diverses époques, il en a été coupé quelques fragments comme reliques, et il n'a plus que 1 mètre 60 centimètres, sur 1 mètre 20 centimètres. On peut avoir une idée exacte du suaire par le dessin que nous en publions, quoique ce ne soit qu'un fragment; car la disposition symétrique des sujets permet de le recomposer par la pensée comme s'il était tout entier sous les yeux. (*N. d. E.*)

(a) Ces saintes filles sont appelées Magnance, Pallade, Camille, Porcaire et Maxime. Les trois premières ont donné leurs noms, ou ont eu des églises aux lieux où la tradition veut qu'elles se soient arrêtées : Sainte-Magnance, Sainte-Pallaye, Escolives; on y voit encore leurs tombeaux de pierre, mais vides de leurs reliques, depuis le XVIe siècle; celui de sainte Magnance est fort ancien et décoré de bas-reliefs relatifs à l'histoire de la sainte. La quatrième, sainte Porcaire, se retira dans un ermitage qui fut donné à l'abbaye de Pontigny, au XIIe siècle. La Vie de sainte Magnance ne fait pas mention de sainte Maxime, et Dom Viole pense qu'elle n'était pas avec les autres saintes. (*N. d. E.*)

demanda qu'on la mît sous le cercueil. Elle y passa la nuit, et quand on vint le matin, pour reprendre le saint corps, elle se leva d'elle-même pleinement guérie ; et, fortifiée, elle suivit la pompe funèbre. Elle pouvoit bien être une des cinq dames italiennes dont parle Héric.

Culte de S. Germain.

Quoiqu'on lui eût fait tous les honneurs possibles en Italie, lorsqu'on eut atteint le territoire des Gaules, on vit paroître un surcroit de dévotion, parce qu'on y joignoit l'amour au respect envers le saint prélat. Toute sorte de gens accoururent pour lui rendre leurs devoirs. On ne voyait, de tous côtés, que des personnes empressées à faciliter le passage de la voiture : les uns brisoient les rochers et applanissoient les lieux raboteux ; d'autres fabriquoient des ponts sur les ruisseaux. Ceux-là fournissoient les dépenses nécessaires pour toutes ces choses, ceux-ci chantoient des psaumes, d'autres prétoient leurs épaules pour supporter le saint corps dans les endroits difficiles, et on voyait une infinité de cierges allumés pour faire honneur à cet illustre mort. Héric nous apprend (1) que, de son temps, on voyoit à Auxerre un vieux marbre dont les caractères anciens portoient, que, la même nuit que saint Germain mourut à Ravenne, le saint prêtre Saturne, qu'il avoit laissé dans la ville épiscopale pour veiller sur son troupeau, en même temps qu'il desservoit l'oratoire de saint Maurice, apprit ce décès par une voie extraordinaire, et, qu'en ayant fait part aux citoyens, il partit avec un grand nombre d'entre eux pour aller au-devant du corps jusqu'aux Alpes. C'est du même écrivain (2) que nous savons que l'église du titre de saint Germain, qui est sur la grande route d'Italie auprès du petit Mont-Jou (a), porte ce nom en mémoire d'une pause qu'on fit faire, en ce lieu, au saint corps ; et, de son temps encore, elle étoit fameuse par les miracles qui s'y opéroient. Une autre église, plus célèbre pour la même raison,

(1) *Lib.* 1, *mir. S. Germ. cap.* 20. (2) *Lib.* 1, *cap.* 53.

(a) Le petit Montjou (*Mons-Jovis*) est le col aujourd'hui connu sous le nom du petit Saint-Bernard. C'est le passage le plus abaissé de toute la chaîne des Alpes. Il conduit du val d'Aoste dans la vallée de l'Isère. C'était jadis le chemin le plus facile et le plus pratiqué pour venir de l'Italie en France. Maintenant les grandes routes du Montcenis, du Simplon et du Splugen ont fait abandonner ce passage. Le premier village que l'on rencontre sur le versant occidental de ce col porte encore, comme du temps d'Héric, le nom de Saint-Germain. (*N. d. É.*)

Culte de S. Germain.

est celle qu'on voit à Vienne en Dauphiné. Saint Adon, évêque de la même ville, contemporain d'Héric, rapporte (1) que notre Saint allant à Ravenne et passant par Vienne, avoit promis au prêtre Sever qu'à son retour il se trouveroit à la dédicace de l'église qu'il venoit de faire bâtir sous le titre de St.-Etienne. L'évêque d'Auxerre ne manqua pas à sa parole : car, tout étant prêt pour la cérémonie de cette dédicace, le saint corps qu'on rapportoit d'Italie y fut déposé pendant quelque temps (2). Cette église est au septentrion de la ville, sur le bord de la rivière de Jaire, et on l'appelle aujourd'hui Saint-Séver. Mais il en subsistoit autrefois une autre au dehors de cette ville, à l'orient d'hiver, qui étoit dédiée sous l'invocation de saint Germain (3) ; cette seconde église étoit, sans doute, en mémoire de quelque miracle qu'il avoit fait en ce lieu, ou plus vraisemblablement, parce que son corps y avoit aussi reposé : ce qui est d'autant plus probable, qu'Héric assure (4) qu'il y avoit des églises et des oratoires bâtis sous son nom, dans tous les endroits où son corps avoit passé la nuit, et dans ceux où il avoit fait quelque station au retour d'Italie.

Etant arrivé à Auxerre, le 22 septembre, il fut exposé dans l'église de Saint-Etienne durant six jours, pour permettre aux peuples des parties septentrionales des Gaules et autres d'avoir la consolation de le voir. Mais, comme l'affluence devint si grande que le pays ne pouvoit plus contenir la multitude de ceux qui étoient accourus, on résolut de l'inhumer le premier jour d'octobre. Il fut donc porté en ce jour-là dans la petite église de Saint-Maurice, hors de la ville, du côté du septentrion ; et son cercueil, qui étoit de bois de cyprès, selon Héric, y fut descendu et placé dans un tombeau de pierre. Depuis cette cérémonie, à laquelle on étoit accouru de toutes les Gaules, le premier jour d'octobre devint mémorable à Auxerre et en beaucoup de provinces : Héric nous assure (5) que, de son temps, c'étoit encore celui de la principale fête du Saint et la plus solennelle. Notker, qui écrivoit son martyrologe (6) quelque temps

---

(1) *In chronico et martyrol.*

(2) Héric est tombé dans des erreurs étonnantes à ce sujet (*Lib. 1, 18*), prenant Verceilles pour Vienne, et plaçant le fait du temps de S. Eusèbe, évêque de Verceilles.

(3) *Vetus Ordinar. Vienn. apud Mart. de discipli. in Div. Offic. ubi de Rogationibus.*
(4) *Lib. 1, mir. c. 19.* (5) *Lib. 1, cap. 32.*
(6) *Canisius, t. 2, antiq. lect. in martyrol. ad 31 julii.*

après, y dit la même chose. Cependant, cette fête de la déposition du Saint dans le tombeau, a depuis cédé le pas à celle du jour de la mort, à cause que les calendes d'octobre tombent souvent dans le temps des vendanges, et il n'est resté, dans le pays, de vestiges de la primauté de cette solennité du premier octobre, si recommandée au vııe siècle par l'évêque saint Pallade, qu'en ce que c'est le jour auquel commence l'année canoniale dans le Chapitre de la cathédrale et que tous les chanoines doivent se trouver à la ville au moins le matin. Je me propose de parler, plus bas, d'autres fêtes établies en mémoire de ce Saint, après que j'aurai fait une histoire détaillée de ses reliques qui y ont donné occasion. La fête de la réception de son corps en la cathédrale, autrement dite l'arrivée du corps de saint Germain, est marquée parmi les additions très-anciennes faites au martyrologe de saint Jérôme, et on en faisoit au moins une commémoration après l'office de saint Maurice, tant à la cathédrale d'Auxerre qu'à l'abbaye de Saint-Germain. C'est ce qui se prouve, à l'égard de la cathédrale, par un antiphonier du commencement du xıııe siècle, où le dernier répons des nocturnes de ce jour-là est tiré du texte de Constance : *Excipiunt Galliæ Patronum proprium,... civitati redditur; ubi sepultus corpore, quotidianis miraculis vivit et gloriâ.*

Culte de S. Germain.

Histoire du Tombeau et des Reliques de saint Germain.

Le tombeau de saint Germain, qui étoit dans l'oratoire de Saint-Maurice, fut tellement fréquenté dans le siècle de sa mort et dans le suivant, que le lieu commença à être regardé comme trop petit pour le concours des fidèles qui y venoient de tous côtés. Sainte Clotilde, qui avoit passé par Auxerre dans le temps de son mariage avec Clovis, se ressouvint, étant devenue veuve, que ce lieu avoit besoin d'être agrandi. Elle fit jeter les fondements d'une grande église ; et ce fut cette augmentation d'édifice, jointe au concours continuel, qui fit changer le nom primitif de Saint-Maurice en celui de Saint-Germain. Un de nos rois, peu éloigné de Clovis, fit orner

Culte de S. Germain.

le tombeau du Saint d'une espèce de ciel ou dais travaillé en or et en argent, et une reine y fit présent de vases et d'étoffes précieuses (1).

Le corps du saint évêque, quoique renfermé dans le sépulcre, ne discontinua point de faire des miracles. Ils furent si fréquents et si éclatants, vers l'an 560, que saint Nicet ou Nisier, évêque de Trèves, les cita dans la lettre qu'il écrivit, vers ce temps-là, à Chlodésinde, reine des Lombards (2), exhortant les hérétiques à venir eux-mêmes pour en être les témoins. Il paroît qu'alors son tombeau n'étoit point encore enfoncé bien avant dans la terre, ni hors de la portée de la main. Vers le même temps, un trésorier d'Auvergne, nommé Nunnius, retournant de Sens par Auxerre, trouva le moyen d'avoir un éclat de la pierre du couvercle qu'il emporta dans son pays, et, pour réparer sa témérité, dont il avoit été puni de Dieu, il y fit bâtir une église où il mit la relique. C'est ce qui est rapporté par Grégoire de Tours (3) qui ajoute qu'un jour du mois de novembre, il avoit visité, par dévotion, cette nouvelle église avec saint Avit, évêque de Clermont.

C'est apparemment de quelque relique semblable ou des linges qui avoient touché au corps de ce saint prélat, dont saint Didier, évêque d'Auxerre, fit présent, vers l'an 610 ou 620, au monastère de Saint-Amant de Cahors (4). Conrad, comte du palais de nos rois, au commencement du IXe siècle (5), reçut, au même tombeau, la guérison d'une fluxion qu'il avoit sur les yeux, par l'attouchement de quelques herbes odoriférantes, dont les environs du tombeau étoient ornés, et aussitôt, en reconnaissance de ce bienfait, il y attacha ses bracelets d'or.

En 841, le vingt-huitième jour d'août, le corps du saint évêque fut transporté de l'endroit de cette première sépulture (6), par ordre et en présence de Charles-le-Chauve et de Louis-le-Germanique; et, à l'ouverture du tombeau, il parut aussi entier et aussi frais que le jour de son inhumation, et les habits furent trouvés aussi sains que lorsque l'impératrice Placidie l'en avoit revêtu. La cérémonie fut même accompagnée d'un miracle éclatant, opéré par les mérites du Saint,

---

(1) Je ne nomme point ce roi ni cette reine. Héric, qui rapporte le fait, *lib* 1, *mir.* c. 27, dit que c'est Clotaire et Ingunde, et il les fait contemporains de l'évêque d'Auxerre, qui siégea depuis l'an 604, jusque vers 621, ce qui est difficile à accorder.

(2) Duchêne, t. 1, pag. 855.
(3) *De gloria Conf. cap.* 41.
(4) *Hist. Ep. Autiss. in Desiderio.*
(5) Héric, l. 2, mir. S. Germ. cap. 2, 3, 4, 5.
(6) Lib. 2, mir. c. 7.

sur un possédé nommé Hélénus, sourd et muet, lequel fut entièrement guéri (1). En 859, le roi Charles-le-Chauve, se confiant beaucoup dans l'intercession de saint Germain, crut pouvoir obtenir du secours contre son frère Louis-le-Germanique, s'il contribuait de nouveau à l'augmentation de son culte : c'est pourquoi, étant à Auxerre, le sixième janvier, il fit ouvrir une seconde fois le tombeau du Saint, en présence de plusieurs évêques ; il le fit revêtir par leurs mains de nouveaux habits, et, ayant brûlé de l'encens devant les saintes reliques, il fit renfermer des parfums dans le tombeau, et le fit ensuite transporter dans les cryptes ou grottes qui venoient d'être achevées (a).

Le prince Lothaire, fils de Charles-le-Chauve, et abbé de cette église, fit faire, peu de temps après, une châsse magnifique, couverte d'or et de pierreries, pour y renfermer le saint corps. On ne sait pas bien le temps auquel il y fut transféré. Il paroît que, durant tout le règne de Charles-le-Chauve, il resta dans le tombeau. Il y étoit encore, en 873, suivant le récit que fait Héric (2) d'un miracle arrivé cette année-là, dont il fut témoin oculaire. Mais la crainte qu'on eut des Normands, quelques années après, fit songer à cacher cette châsse somptueuse, et apparemment à y renfermer en même temps le corps du Saint. On augmenta pour cela la profondeur du caveau : on y descendit la châsse, et on la mit dans le premier sépulcre de pierre où le Saint avoit reposé ; et, lorsqu'on eut bien maçonné la surface du couvercle de ce tombeau et qu'on l'eut figurée comme si c'eût été le roc, on plaça par dessus un autre sépulcre de pierre et on y renferma des morceaux du cercueil de cyprès, dans lequel le corps du Saint avoit été apporté de Ravenne. Ces dernières circonstances sont tirées d'un martyrologe transcrit pour l'abbaye de Corbie, par

Culte de S. Germain.

(1) On avoit cru que cette première translation avoit été faite le 1er septembre, sur ce qu'on lit dans des copies des martyrologes de Névelon au 6 janvier : *qui dudum quidem calendarum septembrium sub Heribaldo pontifice translatus fuisse cognoscitur*. Mais il est évident qu'il y a là une faute de copiste, et qu'au lieu de *quidem* il faut lire *quinto*. Cette correction fait placer la translation au même jour qu'elle est marquée dans un calendrier de S.-Benoît-sur-Loire, de 700 ans, et ce jour, qui étoit en effet un dimanche, en 841, convient mieux à une cérémonie de translation qu'un jeudi, tel qu'étoit le 1er septembre de la même année. D'ailleurs, il est certain que le génitif *Calendarum*, ne signifie rien étant tout seul.

(2) Lib. 2, cap. 11.

(a) Ce sont celles qui existent encore aujourd'hui. (*N. d. E.*)

le moine Nevelon qui avoit demeuré à Saint-Germain d'Auxerre, vers le commencement du xie siècle (1). L'auteur y ajoute qu'il n'a écrit la circonstance des deux sépulcres de pierre, que pour ôter à la postérité tout sujet de douter de ce que pourroit être devenu le corps de saint Germain. Et c'est ce qui paroît prouver que l'écrivain de cette remarque, n'est que de la fin du ixe siècle ou du commencement du suivant, parce qu'il est évident que, lorsqu'il étoit à Auxerre, la châsse du Saint n'avoit point encore été tirée du tombeau, où la crainte des Danois l'avoit fait cacher : auquel cas, Nevelon n'auroit été que le copiste des notes de cet anonyme.

On ne trouve rien, dans les monuments du xe siècle, qui regarde les reliques de saint Germain ni sa châsse, sinon (2) que, vers l'an 930, la châsse étoit exposée aux yeux du peuple, puisque ce fut alors que la reine Emma, épouse du roi Raoul, vint à Auxerre pour obtenir, aux pieds de cette châsse, la guérison d'une infirmité qui lui étoit survenue; et que, par forme d'hommage, elle attacha au devant de cette châsse ses bracelets, où l'on voyoit encore le nom de saint Éloi orfèvre, qui les avoit fabriqués trois cents ans auparavant.

Du temps de Hugues de Chalon, qui posséda l'évêché d'Auxerre au commencement du xie siècle (3), il se tint un célèbre concile à Airy, proche Auxerre, où, suivant la coutume de ce temps-là, on apporta des châsses de plusieurs saints de différents diocèses. L'évêque Hugues fut sollicité d'y faire apporter celle du corps de saint Germain : mais il refusa d'y consentir à cause de la dignité du Saint. On lit aussi, dans l'histoire de la fondation du monastère de Selebie, en Angleterre (4), qu'en l'an 1050, un moine, qui étoit sacristain de l'abbaye de Saint-Germain d'Auxerre, ayant ouvert cette châsse, en détacha, de sa propre autorité, le doigt du milieu de la main droite : ce qui fut cause qu'on résolut d'enfermer cette châsse dans un lieu muré, où l'on n'entreroit que par une porte de fer qui fermeroit à plusieurs clefs. Ce fut depuis cet événement que l'on

---

(1) Le martyrologe attribué à Nevelon n'est dans le fond autre chose que celui d'Adon augmenté de quelques-uns des Saints d'Auxerre qu'Adon n'avait pas connus. Les exemplaires en sont assez communs dans le diocèse d'Amiens, selon des lettres que j'ai de M. de Riencourt, doyen de la cathédrale.
(2) *Supplem. ad lib. Herici de mir. S. Germ.*
(3) *Hist. Ep. Autiss. in Hugone.*
(4) Labb. t. 1. Bibl n. 55.

commença à exposer ce doigt dans une boîte d'ivoire, sur le grand autel, à la place du corps, jusqu'à ce que le même doigt fût porté en Angleterre. Ce doigt étoit encore tellement garni de chair, qu'on pouvoit le lever par le moyen du poil qui y restoit : ce qui marque que le reste du corps pouvoit être de même dans la châsse. Mais on va voir, par ce qui suit, que, dans le siècle suivant, le corps de saint Germain n'étoit plus en cette châsse dans son entier ni dans sa situation naturelle. A la longueur du temps, et par une suite de fréquentes ouvertures tant du tombeau que de la châsse, les chairs s'étoient desséchées et réduites en poudre, et ce fut l'occasion d'en séparer plusieurs petits ossements. Gui de Munois rapporte, dans la vie de Hugues de Montaigu (1), que, lorsqu'il étoit abbé de Saint-Germain, vers l'an 1104, le grand autel de cette abbaye ayant été démoli, parce qu'il tomboit de vieillesse en plusieurs endroits, on y trouva un cercueil de pierre, et dans ce cercueil des reliques de saint Germain. Il est difficile de décider si c'étoit le sépulcre de pierre qui avoit servi à cacher la châsse au ixe siècle, ou si c'étoit seulement un petit tombeau dans lequel on auroit mis des ossements de ce Saint, lorsque la châsse fut ouverte après avoir été retirée de terre (2).

Vers l'an 1200, la châsse de saint Germain fut dépouillée de toutes ses pierreries et de l'or dont elle étoit garnie, excepté les frontaux, c'est-à-dire le devant et le derrière : ce fut l'abbé Radulfe qui, pour soutenir un procès qu'il avoit contre l'évêque d'Auxerre, se vit obligé d'en venir à cette extrémité. Mais les successeurs de Radulfe réparèrent, dit-on, ce dommage. En 1277, comme on fut obligé de démolir le grand autel, à cause du nouvel édifice (a) de l'église qu'on projetoit (3), l'abbé Jean de Joceval fit ôter un petit coffre de pierre entouré de fer qui étoit au milieu de cet autel, et, l'ayant fait porter sur l'autel matutinal (4), on y trouva un petit os du corps de

---

(1) *Gesta Abb. S. Germ. Labb. t.* 1, *Bibl. mss. p.* 576.
(2) *Ibid.* 580.
(3) *Ibid.* 585.

(4) C'est l'autel du fond du sanctuaire, ainsi dit, à cause de la messe matutinale ou première grand'messe du jour qu'on y célébroit.

(a) Ce qui forme le chœur et l'abside de l'église actuelle. (*N. d. E.*)

Culte de S. Germain.

saint Germain avec un morceau de la même étoffe que celle du suaire du Saint que l'on gardoit dès lors au trésor, plusieurs lambeaux de vêtements, tant de soie que de lin, trois ou quatre petites boîtes et autres morceaux de bois qu'on crut être du cercueil qui avoit servi à porter le corps de saint Germain de Ravenne à Auxerre ; quantité de cendres de son corps avec un denier de la monnoie d'Auxerre ; et l'abbé fit mettre avec respect toutes ces reliques dans le trésor de l'église. Ces cendres marquent clairement que le corps ne subsistoit plus dans son entier comme quelques siècles auparavant. En 1359, les deux frontaux de la châsse de saint Germain, auxquels l'abbé Radulfe n'avoit pas touché, furent engagés aux Anglois pour le rachat de la ville d'Auxerre dont ils étoient devenus les maîtres (1). Les habitants, se voyant opprimés, furent obligés, pour se délivrer des ennemis, de composer avec eux à la somme de cinquante mille florins; et n'ayant pas pour les payer, ni pour en donner les assurances que demandoient les Anglois et Navarrois, ils s'adressèrent aux religieux de Saint-Germain qui voulurent bien souffrir qu'on détachât le devant et le derrière de cette châsse et qu'on leur délivrât encore d'autres reliquaires à certaines conditions. Mais cinq ou six ans après, le tout fut restitué au monastère par l'entremise du pape Urbain V qui en avoit été abbé.

Comme l'usage de diviser les corps saints alla toujours en augmentant depuis le IXe siècle, et surtout depuis que ces corps cessèrent d'être revêtus de leur chair, il ne faut pas être surpris que plusieurs églises aient obtenu des reliques de saint Germain, dans les XIe et XIIe siècles et peut-être encore dans les suivants. Dom Viole nomme plus de douze églises en France qui en possèdent des parties considérables : et l'on a encore appris depuis lui, qu'il y a d'autres églises qui en conservent depuis plusieurs siècles. C'est ce qui fait voir que la grande châsse de l'abbaye d'Auxerre ne devoit plus contenir que les parties principales de son corps, à savoir, sa tête, les vertèbres, les épaules ou omoplates avec l'os humérus, quelques côtes avec les ossements des cuisses et des jambes, et peut-être quelques phalanges des mains et des pieds. Quoiqu'il en soit, on

(1) *Archives de la ville et de Saint-Germain.*

trouve (1) que cette châsse fut portée, en 1545, le jour de saint Barthélemy, dans la procession générale qui se fit pour obtenir de la pluie, et dans une autre qui fut faite, pour le même sujet, le 21 mai de l'an 1554, et depuis dans une du 5 septembre 1557, ordonnée pour la paix et la tranquillité du royaume.

<small>Culte de S. Germain.</small>

Mais, en 1567, sur la fin du mois de septembre, l'abbaye ayant été mise au pillage, la châsse de saint Germain tomba comme les autres entre les mains des Huguenots qui en firent ce qu'ils jugèrent à propos. Cependant, je n'assurerai point ici que les reliques qu'elle contenoit aient été brûlées. Aucun des historiens contemporains, qui ont fait la description des ravages commis par les Huguenots dans Auxerre, n'a marqué que leur fureur ait été jusqu'à brûler les corps des saints, et encore moins de ceux que l'on gardoit dans l'église de Saint-Germain : et, s'ils eussent brûlé ceux dont ils pilloient les châsses, comment les catholiques qui restèrent dans cette église pour voir ce qu'ils en feroient, auroient-ils pu en ramasser la quantité prodigieuse qui remplit aujourd'hui une grande armoire des grottes et deux châsses, d'une grosseur extraordinaire, élevées derrière le grand autel, sans compter les portions considérables que certains catholiques ramassèrent sur le pavé de l'église et emportèrent chez eux dans le dessein d'en enrichir quelque jour d'autres églises et dont j'ai vu la preuve? Ainsi, il n'est nullement vérifié, quoiqu'en aient écrit les savants continuateurs de Bollandus (2), que les ossements de saint Germain aient été jetés au feu : plusieurs personnes, qui vivoient encore dans le milieu du dernier siècle, regardoient ce fait comme très-douteux ; et le père Viole même qui avoit le plus étudié l'histoire d'Auxerre, ne regardoit, en 1656, ce sentiment que comme appuyé sur des simples conjectures ou vraisemblances, suivant qu'il le dit lui-même en sa vie de saint Germain imprimée cette même année (3). A quoi je puis ajouter qu'un autre bénédictin, de la même congrégation et maison (4), ayant décrit en vers latins, environ dans le même temps, les ravages des Huguenots dans cette abbaye, loin d'avancer ce fait s'est abstenu de rien dire sur cette

---

(1) *Regist. cap. Autiss.*
(2) *Acta SS. julii*, t. 7.
(3) Page 211.
(4) Dom Vaillant *in Fastis sacris*.

prétendue destruction du corps de saint Germain par le feu, quoique le sujet eût fourni un beau champ à sa poésie (a). Les premiers qui ont parlé là-dessus affirmativement, sont ceux qui dressèrent en 1663, le 30 juillet, le procès-verbal du contenu des deux grandes châsses de bois dont j'ai parlé ci-dessus, et ils répétèrent la même chose, en 1668, dans une relation qu'ils firent courir manuscrite de la prise d'Auxerre, mais toujours sans citer aucun garant. Les sacristains de l'abbaye commencèrent donc alors à débiter ce fait aux personnes à qui ils faisoient voir leurs reliques, sans examiner s'il étoit bien véritable. Ce fut par cette voie que Dom Mabillon l'apprit, en 1686, lorsqu'il passa par Auxerre à son retour d'Italie (1) ; et, l'ayant mis dans sa relation imprimée, le fait fut cité hardiment depuis par M. Baillet et par M. de Tillemont (2). L'autorité de ces trois savants a paru suffire pour ne plus examiner si cette tradition étoit bien ancienne et bien avérée ; et, on l'a vu même passer jusque dans les bréviaires nouveaux (3). Pour ce qui est de la châsse,

---

(1) *Iter Italicum ad calcem.*

(2) Remarquez que M. Baillet n'affirme point le fait si nettement. Quelque chose de ce que j'ai su avoit transpiré jusqu'à lui.

(3) Voyez ce que j'ai dit plus amplement contre ce sentiment, page 144 de l'Histoire de la Prise d'Auxerre, imprimée en 1723, et dans le cahier des corrections et additions qui est à la fin des exemplaires complets. Ajoutez y encore qu'un auteur de la vie de S. Maur, imprimée à Paris, en 1640, parlant de toutes les villes où les Calvinistes ont brûlé des corps saints, ne nomme point Auxerre. J'ai tâché d'imiter l'anonyme rapporté dans le martyrologe de Nevelon, au 6 janvier, en marquant comme lui ce qui peut servir à ne point perdre de vue les ossements qui forment la plus grande partie du corps de S. Germain, et instruisant la postérité de ce que je sais et de ce qui a été tenu secret trop longtemps. *Quod ob ambiguitatem futuris seculis tollendam subjungere placuit.* Nevelo ad 6 januarii.

(a) L'opinion de l'abbé Lebeuf, quoique émise avec assez d'assurance, ne tranche cependant pas ici la grave question qu'il a soulevée autre part; à savoir que la boîte pleine d'ossements, qu'il avait trouvée dans la Bibliothèque de l'abbaye Saint-Marien, en 1717, renfermait les reliques principales de saint Germain, recueillies par des personnes pieuses, en 1567. Il paraissait cependant bien convaincu de la réalité de sa découverte, car il donna, en 1755, sept médailles d'or qu'il avait gagnées aux concours académiques, pour faire une châsse à ces reliques, lorsqu'elles seraient authentiquées. Mais la vérification, quoique commencée à la requête du promoteur du diocèse, en 1751, n'a pas été achevée par les derniers évêques d'Auxerre, et la boîte d'ossements existe encore à l'église Saint-Eusèbe, scellée des sceaux de l'évêque et du Chapitre. (*N. d. E.*)

elle fut portée, dès le commencement du mois d'octobre 1567, dans le château de la Maison-Blanche, proche Coulanges-sur-Yonne, avec plusieurs autres pièces d'argenterie. Une jeune fille catholique, qui la vit et qui aida à la cacher en terre, dans ce château, a assuré, l'an 1610, dans une enquête authentique, qu'elle avoit environ trois pieds de longueur et qu'elle n'a pu savoir ce que le seigneur de ce château en avoit fait depuis ce temps-là. Mais après les différentes recherches qui ont été faites, on a tout lieu de croire qu'elle n'y est plus.

Culte de S. Germain.

En 1634, le second jour de novembre, Dominique Séguier, évêque d'Auxerre, entreprit la visite des sépulcres de l'église de Saint-Germain, et, ayant fait ouvrir celui qui étoit à dix pieds dans terre au fond du caveau, dans lequel la châsse de saint Germain avoit été cachée à la fin du ixe siècle, il y trouva, dans la partie supérieure, une espèce de séparation où étoit ramassée quantité de poussière avec un petit os et plusieurs fragments d'un cercueil de bois. Cet évêque déclara que toutes ces choses étoient de véritables reliques de saint Germain; il prit même des morceaux de ce bois pour leur porter la vénération convenable et les religieux en demandèrent pour conserver dans leur sacristie et les faire servir au soulagement des malades. Il sembleroit d'abord que ces reliques sont les mêmes qu'on avoit trouvées, l'an 1277, dans le grand autel. Cependant ce n'est pas une chose assurée, parce que le martyrologe de Nevelon, écrit dans le xie siècle, marque clairement que ce sépulcre, enfoncé dans la terre, renfermoit des morceaux du cercueil de cyprès. Au reste, il ne faut point croire que les cendres qu'on y trouva soient des restes du feu que quelques-uns ont cru que les Huguenots avoient allumé dans l'église de Saint-Germain pour y brûler les reliques. C'étoient celles de la chair et des vêtements du saint évêque qui avoient été ainsi ramassées en un monceau lorsqu'on en sépara les ossements. Il pouvoit y avoir aussi par dedans quelque quantité de poussière extérieure, entrée par les fentes qui sont souvent imperceptibles. Ce tombeau, qui paroît avoir été autrefois cassé en plusieurs pièces, fut ôté de ce caveau l'an 1635, et placé, le 18 septembre, derrière l'autel qui porte le nom de saint Germain dans les grottes : et, afin de le rendre plus visible, on détruisit alors l'autel du nom de *tous les Saints*, qui étoit à l'endroit où aboutissent les pieds de ce tombeau (1).

Les religieux de l'abbaye ne furent pas contents de posséder ces restes de leur saint patron, ni même d'avoir recouvré son suaire qui leur avoit été enlevé par les Huguenots. Lorsqu'ils eurent appris qu'on croyoit, en Auvergne, posséder un de ses bras, à Cezeins proche Saint-Flour, et qu'il y éclatoit en miracles, ils employèrent la médiation de l'évêque d'Auxerre et du prieur de la Chaise-Dieu, pour en obtenir une partie. M. la Motte-Houdancour, évêque de Saint-Flour, leur en ayant accordé, en 1670, la coronule du coude, ils firent faire une châsse d'ébène, couverte de feuillages d'argent, et ils y renfermèrent ce morceau avec le suaire, le sixième janvier de l'an 1684 (a). Quoique le suaire qui y est contenu soit long de six pieds et large de cinq, il n'y est cependant point dans tout son entier. On a déjà vu ci-dessus qu'on en trouva des morceaux dans l'autel qui fut démoli l'an 1277. Outre cela, la duchesse de Guise, mère de Louis de Lorraine, abbé du monastère, en avoit obtenu des fragments pour elle, dès l'an 1542 (2). La châsse qui renfermoit ce suaire fut portée dans la procession générale du 21 mai 1554. On peut voir ailleurs comment cette relique avoit été heureusement rendue à l'abbaye de Saint-Germain après la reprise de la ville (3).

La cathédrale d'Auxerre, où le corps du Saint fut mis en dépôt, depuis le 22 septembre jusqu'au premier octobre, conserve aussi de ses reliques de temps immémorial. Sans parler de celles qui étoient dans la main d'or que l'évêque Gualdric fit faire, en son honneur, avant l'an 933, et qui sont perdues aussi bien que le reliquaire, il suffira de remarquer qu'on y conserve soigneusement

---

(1) *Ex scriptis Ludov. Noël Damy autoris coætanei.*

(2) *Ex Archiv. S. Germ.*

(3) Description des saintes Grottes, p. 188.

(a) Ce fragment de relique de saint Germain a échappé à la ruine des temps. Il a été divisé en deux parties, vers 1828 : l'une est conservée à la cathédrale d'Auxerre, dans un petit reliquaire en bois placé sur une colonne, dans la chapelle moderne de Saint-Germain ; l'autre est dans un reliquaire de bronze doré, déposé dans l'église de Saint-Germain, de la même ville. C'est, sans doute, M. l'abbé Villetard qui recueillit cette relique avec le suaire, lors de la suppression de l'abbaye. (*N. d. E.*).

plusieurs vêtements qui ont été à son usage, bien différents de ceux qui sont nommés dans un inventaire de l'an 625, sous Clotaire II (1), lequel regarde les habits de saint Germain de Paris, alors conservés en la cathédrale de la même ville. Ceux de notre Saint furent renfermés dans une magnifique châsse, garnie d'or et d'argent, par Héribald, évêque d'Auxerre, vers l'an 830 ou 840. Depuis ce temps-là, l'histoire ne fait plus mention de ces habits jusqu'au xive siècle, auquel temps il paroit qu'une tunique de saint Germain étoit enchâssée dans un reliquaire séparé. C'est au moins ce qu'on doit inférer d'un endroit des registres du Chapitre de l'an 1395, où il est fait mention d'une pièce d'argenterie, appelée *Iolate tunicæ S. Germani*. Le traité qui fut fait, en 1398, avec Guillaume Nazarie, trésorier, marque que, depuis les premières vêpres de la fête de saint Germain, jusqu'après les secondes de l'Invention de saint Etienne, il devoit y avoir continuellement, nuit et jour, deux cierges allumés aux côtés de la tunique de saint Germain qui devoit être exposée hors de la châsse durant tout ce temps, et attachée à deux pointes de fer mises exprès dans les premières galeries de l'église, à l'endroit où l'on voit l'image de saint Etienne dépeinte sur une porte, et que l'on ornoit encore, il y a quarante ans, à pareil jour, de tapisseries et de luminaire extraordinaire. On lit encore ailleurs (2), qu'en 1402, on travailloit, à Paris, à une nouvelle châsse pour la renfermer, laquelle ne fut achevée qu'en 1412, et qu'en 1403, le dix de mai, le Chapitre accorda à Guillaume de Gaugy ou de Gouaix, doyen de Saint-Germain-l'Auxerrois, à Paris, un petit morceau de cette tunique que le doyen d'Auxerre coupa en présence de cinq ou six chanoines et qui lui fut envoyé par Jean Piqueron, l'un d'entre eux. Un catalogue des reliques de l'église d'Auxerre, dressé vers l'an 1430, et aujourd'hui conservé à Rome (3), fait mention de la relique et du nouveau reliquaire, en ces termes : *tunica S. Germani sibi missa à beata Virgine dum volebat celebrare missam, in jocali pulcherrimo recondita, quo defertur corpus Christi in die sacramenti. Et de cilicio ejusdem in tabello Theobaldi.* Ces

<small>Culte de S. Germain.</small>

---

(1) *Mabill. sæc.* 3, *Bened. t.* 1, *pag.* 102. 14, 12, 6 *janv.*
(2) *Regist. Capit.* 1402, 26 *juill. et* 9 *nov.* (3) *In Mss. Reginæ Sueciæ.*

Culte de S. Germain.

derniers mots nous apprennent qu'il y avoit aussi du cilice de saint Germain dans le tableau donné par un chanoine ou dignitaire, nommé Thibaud. Un autre petit catalogue, écrit au même siècle, et dont j'ai vu l'original, après avoir nommé la tunique dans les mêmes termes que ci-dessus, ajoute; *Rochetum ejusdem S. Germani : De cilicio ejusdem S. Germani, et aliæ plures reliquiæ de ipso.* La circonstance du don de cette tunique par la sainte Vierge, pouvoit avoir inspiré pour cet habit plus de vénération qu'envers les autres, si toutefois elle est véritable. Je l'ai trouvée marquée encore sur l'inscription d'un reliquaire du village de Saint-Germain de Gron, proche Sens, où l'on atteste qu'il y a un petit morceau de cette tunique. L'écriture m'en a paru de trois cents ans. Suivant le processionnel de l'église d'Auxerre, imprimé en 1536, le jour de l'invention de saint Etienne, on devoit descendre solennellement, pendant le chant d'un répons, l'habit de saint Germain, *vestem S. Germani* : et deux chanoines le portoient ensuite à la procession qui se faisoit avant la messe comme elle s'y fait encore; et, pour en rendre la cérémonie plus remarquable, les douze maires des douze principales terres du Chapitre devoient y assister (1), ayant à la main un cierge qu'ils offroient à l'autel après le *Credo* de la messe. Dans le registre capitulaire du mois d'août 1567 (2), un mois et demi avant la prise de la ville, cet habit est appelé *la robe de saint Germain*. Ce qui échappa de tous les habits de notre Saint, après le pillage de l'église, fut conservé au trésor, dans de vieilles châsses de bois que les Huguenots avoient laissées jusqu'à l'an 1636, que l'évêque Dominique Séguier en fit faire une neuve où il les renferma avec tous les ossements que les catholiques avoient ramassés sur le pavé de la cathédrale. Il les nomme ainsi dans son procès-verbal du 26 octobre : *Tunica cum chirothecis S. Germani episcopi Autis. eadem quæ solebat quot annis veneranda exponi kalendis augusti in eadem ecclesia Autissiodorensi. Tunica altera cum dalmatica S. Germani. Duo cilicia ejusdem S. Germani cum sudariolo.* L'évêque ne les renferma point aussi complets qu'il les avoit trouvés. Un chanoine, son commensal (3), eut la dévotion de

---

(1) *Regist. Capit.* 2, *Aug.* 1540.
(2) *Ad 4 Aug.*

(3) Il s'appelait Martin Marinel.

couper dans le trésor le petit doigt d'un des gants ; et, dans la cérémonie de la translation, cet évêque laissa encore couper des morceaux du cilice et du mouchoir, dont le chanoine, ici nommé, fit présent, l'an 1645, à l'église paroissiale de Saint-Germain de Hanches, au diocèse de Chartres (1), avec des fragments du cercueil du même Saint. La coutume de tirer de la châsse le principal habit de saint Germain, le jour de sa fête, pour l'exposer, cessa vers ce temps-là. Mais le Chapitre conclut, quelques années après, de rétablir l'ancien usage, et, dès le second jour de mai de l'an 1651, il fut statué que dans la suite la tunique de saint Germain seroit exposée depuis le jour de la fête de ce Saint, le dernier juillet, jusqu'à la fête de l'invention de saint Etienne, suivant l'ancienne coutume (a).

Les continuateurs du recueil de Bollandus ont bien raison de conclure, qu'il a fallu que de tout temps on ait eu une haute idée de notre Saint, et une grande dévotion envers lui, pour avoir porté l'estime jusqu'aux choses qui n'avoient servi qu'à couvrir son corps, et qui y avoient touché. On a vu dans sa vie le soin que prit Nectariole de conserver l'étoffe sur laquelle il avoit couché pendant une nuit en passant dans le pays d'Auxois, et l'estime que fit l'impératrice Placidie du pain d'orge qu'il lui envoya sur une assiette de bois. On conservoit religieusement à Paris, au VIIe siècle, dans le trésor de l'église cathédrale (2), une espèce de manchon ou poche de voyage qui venoit de lui, et qu'il avoit envoyé à Sainte-Geneviève : *Manica sancti Germani Autissiodorensis, quam sanctæ Genovefæ misit.* C'est un article de l'inventaire fait sous le règne de Clotaire II. Peut être que ce que l'auteur de la vie de sainte Geneviève (3) marque touchant le présent que saint Germain

---

(1) Ou à l'église du Laureau ; car cela ne se retrouve plus à Hanches.
(2) *Mabill. sæcul. 3, Bened. t. 11, p. 102.*

ex ms. Bibl. Thuan. seu Colbert.
(3) *Antiqua vita S. Genov. num. 11.*

(a) On n'a plus aujourd'hui à la cathédrale, de tous ces vêtements dont parle Lebeuf, que des débris très-endommagés. Ces reliques, placées dans un coffret de bois blanc, furent enfouies dans les cryptes de l'église, en 1793 ; elles y restèrent un an et achevèrent de s'y détériorer. Elles sont conservées dans une châsse que fit faire autrefois l'abbé Lebeuf, et qui était couverte de plaques d'argent. On y a réuni quelques ossements du corps de saint Amatre. (*N. d. E.*).

avoit ordonné à son diacre de lui faire, et qu'il qualifie d'*Eulogies*, doit être appliqué et entendu de ce manchon ou de cette poche. A Sens, dans l'église métropolitaine, parmi les reliques contenues dans un coffre des anciennes châsses, autrefois élevées derrière le Grand-Autel, est inventorié un mets que saint Germain avoit béni : *De cibo quem dominus Germanus signavit*. Cette étiquette paroît par son style être très-ancienne, ou avoir été transcrite sur une autre qui l'étoit. A Cueron, proche Bayeux, on conserve comme une relique, une nappe sur laquelle on tient par tradition qu'il a célébré les saints mystères, allant ou revenant de la Grande-Bretagne. J'ai vu et tenu cette nappe en 1707. L'église du lieu est sous son invocation. Héric raconte (1) que, de son temps, le trésorier de l'abbaye de son nom, à Auxerre, ne pouvant refuser un gentilhomme qui lui demandoit des reliques du Saint, lui donna un morceau du cercueil de cyprès qui avoit renfermé son corps ; que ce seigneur l'ayant porté à sa terre, située dans le haut du pays Auxerrois, et nommée Heldin (2), il y bâtit une église sous l'invocation du Saint, pour y conserver la relique, et qu'on y vit aussitôt un miracle insigne, dans la guérison parfaite d'une fille qui étoit retrécie dans toutes les parties de son corps. Les Bollandistes croient que les reliques de saint Germain, conservées à Larrey, au diocèse de Langres, proche Châtillon-sur-Seine, étoient de la même nature. Héric assure que toutes les fois que les évêques de Langres ont entrepris de faire démolir cette église du titre de saint Germain, bâtie sur une montagne, jamais on n'a pu venir à bout de lever la pierre de l'autel qui renferme les reliques du saint prélat. Il rapporte plusieurs miracles qui y furent opérés : l'un sur une femme aveugle de Marcenay, village voisin ; l'autre sur un fermier de la cathédrale de Saint-Mammès de Langres, qui étoit perclus de tout le corps ; et il assure que tous ceux qui y demandoient avec foi la guérison des fièvres, soit quotidiennes, tierces ou quartes, étoient infailliblement guéris. Voilà ce qui arrivoit communément au ixe siècle. Mais je sais que de nos jours, un religieux de l'abbaye du Bec, en Normandie (3), attaqué d'une maladie très-difficile à guérir, l'a été par la foi qu'il a eue dans l'intercession de saint

---

(1) *Lib. mir. c.* 5.
(2) *Heldinnus* en latin, selon la plus exacte édition d'Héric. Ce doit être Houden proche de Varzy, où en effet notre Saint est patron.
(3) Dom Jean Cirasse.

Germain, dont on lui présenta un morceau du même cercueil. Il est à souhaiter que la petite portion qui a été donnée de ce cercueil, et du sépulcre de pierre de notre Saint, à l'église de Vaire, au diocèse d'Amiens, qui est sous son invocation, opère les mêmes merveilles aussi bien que les étoffes ou linges que le curé de Condé, proche Boulay, au diocèse de Metz, a obtenus, depuis quelques années, sous le titre de *Brandeum*, pour en enrichir son église qui porte le nom de saint Germain (1). Il est certain qu'il ne faut point entendre autre chose que des étoffes ou des linges qui avoient couvert son tombeau, par les reliques qui ont servi à la dédicace du nombre prodigieux d'églises qui sont en France sous l'invocation de ce Saint (2). Il en est de même des reliques qui ont servi à la dédicace d'une infinité d'églises sous le titre de saint Martin de Tours, et de quelques-unes qui sont sous le titre de quelques-autres grands Saints, dont on n'a commencé que très-tard à démembrer les corps, et après de vives sollicitations de la part de quelques prélats, princes ou autres seigneurs du premier rang.

Culte de S. Germain.

Comme l'église collégiale de Saint-Germain-l'Auxerrois, à Paris, a été très-considérée de nos rois, et qu'elle est en même temps la paroisse du Louvre, il n'est pas étonnant qu'aux *Brandeum* donnés anciennement pour la première dédicace de cette église (3), ait succédé quelque portion des ossements de ce Saint. On croit que l'ossement provenant du corps de saint Germain est celui qui paroît le plus considérable de ceux qui sont renfermés dans un bras d'argent et de cuivre doré, sur lequel on lit en caractères gothiques : *Ex dono Johannis Choeffard hujus ecclesiæ decani* (4) : et l'on y fait, de temps immémorial, le quatrième jour de mai, la fête de la Réception des reliques de saint Germain.

(1) Pour suppléer aux fêtes du 31 juillet et 1er octobre, que les moissons et les vendanges empêchent de célébrer dignement, ce curé a obtenu de l'ordinaire que l'on fît la fête de saint Germain, le 22 septembre, jour que son corps arriva à Auxerre.

(2) Mgr l'évêque de Séez a fait marquer dans son bréviaire de 1737, à la fin de sa légende, qu'il y en a 26 dans son diocèse. Je sais qu'il y en a 35, dans celui de Sens; 18 dans celui d'Evreux; plus de 30 dans celui de Chartres; 20 dans celui de Bourges et environ autant dans celui de Paris; 18 dans celui de Besançon.

(3) Cette dédicace est au moins du VIIe siècle. Elle fut faite sûrement sous le nom de saint Germain, et non sous celui de saint Vincent. On le prouve par un testament de l'an 690, rapporté par Dom Mabillon en sa Diplomatique.

(4) Ce doyen mourut en 1351. Il repose à N. D de Paris, dans l'aile du chœur, au côté gauche.

Culte de S. Germain.

Le monastère de Saint-Germain de Montfaucon, bâti par saint Baldric à l'extrémité du diocèse de Reims, du côté de Verdun (1), a été si célèbre, qu'on doit présumer qu'il a eu des premiers quelque ossement de son saint patron. Les miracles qui s'y opérèrent, jusqu'au IXe siècle, sur les aveugles, sur les sourds et autres infirmes, sont rapportés par Héric (2). Il falloit que ce monastère fut enrichi de quelque chose de considérable, qui eût appartenu à saint Germain, puisque dès-lors il avoit des dépendances qui portoient le nom de notre Saint. Héric compte au moins dans ce nombre le lieu appelé le Château-d'Adrien, situé sur une montagne escarpée, et dont l'église étoit sous le titre du même saint Germain. Ce qu'on y possède aujourd'hui dans le monastère de Montfaucon, sécularisé et devenu église collégiale, consiste en une phalange du pouce droit qui est renfermée dans une grande main d'argent. Dom Viole avoit écrit, en 1656, que c'était un os du bras qu'on y conservoit. Mais les chanoines de ce lieu ont fait savoir (3), qu'à la vérité ils ont séparément une partie du bras, que quelques indices font croire être de saint Germain, mais qu'ils n'en ont aucune assurance.

Le bourg de Saint-Germain, surnommé Lambron, du nom d'une contrée en la Limagne d'Auvergne, passe pour avoir été originairement une abbaye qu'Etienne, évêque de Clermont, bâtit, l'an 945, en l'honneur du saint évêque d'Auxerre, dans un lieu appelé *Liciniacum*, et qu'il soumit à saint Julien de Brioude. Peut-être n'en fut-il que le restaurateur, puisque dès le Ve siècle il y avoit eu, en ce même lieu, une église bâtie par Victorius, duc d'Auvergne, en l'honneur de notre Saint (4). Le prélat Etienne put avoir assez de crédit pour obtenir de saint Germain quelque chose de plus que les linges qui avoient sans doute servi à la première dédicace. Cette église de Lambron conserve séparément deux reliques de saint Germain. L'une est une côte, de la longueur de presqu'un demi pied, enchâssée par les deux bouts, laquelle on passe toute nue sur les yeux des malades. L'autre relique, qui ne se voit point, est renfermée dans un grand

---

(1) *Flodoard*, l. 4, c. 39.
(2) *Lib.* 1, *cap* 52.

(3) Lettre de M. Boutroux, doyen, du 5 septembre 1727.
(4) *Greg. Turon*, l. 2, *cap* 20.

buste de bronze doré, or moulu, et ce peut être encore une côte, vu que le père Viole assure (1) qu'il y avoit deux côtes dans cette église. On ajoute que Gilbert Veny d'Arbouze, évêque de Clermont, visitant cette première relique, en avoit rompu un bout qu'il avoit emporté avec lui. L'usage étoit aussi autrefois, en ce lieu, de se servir de deux petites boules miraculeuses qu'on surnommoit de saint Germain et de les appliquer sur les yeux de ceux qui étoient affligés de la vue.

Culte de S. Germain.

La célèbre abbaye de Cluny a été dans une si grande relation avec celle de Saint-Germain d'Auxerre, depuis que saint Mayeul y mit la réforme au xe siècle, et que Hugues de Montaigu en fut abbé au xiie, qu'il n'est pas incroyable que l'ossement qu'on y montre de notre Saint ne soit véritablement de son corps, supposé que lorsqu'on a refait différents reliquaires on ne se soit pas mépris dans les étiquettes (2).

Le pape Urbain V, qui en demanda, en 1366, pour le nouveau monastère qu'il venoit de bâtir à Montpellier sous le titre de Saint-Germain et de Saint-Benoît, avoit été abbé du monastère même de Saint-Germain d'Auxerre. Ainsi, il lui fut facile d'en obtenir une portion considérable. Gariel, écrivain de Montpellier, paroît croire que ce fut la tête qu'on lui donna, et, il se fonde sur ce que le reliquaire où elle étoit contenue étoit en forme de chef. Mais dom Viole assure que ce fut un ossement entier du bras, sans désigner de quelle espèce il étoit. En effet, quoiqu'il soit souvent marqué, dans les archives de la ville de Montpellier (3), que le chef de saint Germain fut porté en certaines processions, il ne faut entendre cette manière de parler que relativement à la forme du reliquaire. Comme il étoit très-somptueux, il fut pillé, en 1567, par les

---

(1) Mémoire fourni par une personne du lieu.

(2) J'ai vu cette relique, en 1729, dans un reliquaire de bois doré.

(3) Ceci est appuyé sur une lettre de M. de Grefeuille, chanoine de l'église de Montpellier, de l'an 1730. Les informations pour la canonisation d'Urbain V, contiennent ces mots qui confirment ce que j'ai dit. *Item dedit ad prædictam ecclesiam (Montispessulani) unum caput de argento et auro lapidibus pretiosis ornatum ad formam S. Germani Autissiod. ep. cum certa portione ossium. Nec non brachia SS. Jacobi, apostoli, Blasii, Germani et Benedicti, singula in auro et argento quæ ipse noviter fecerat recludi et incaxari.*

Calvinistes (1). Il échappa seulement du pillage général, selon Gariel (2), un reliquaire de dix à douze pouces de haut, porté par deux anges que Jean Magni et Guillaume de Vila avoient fait faire, l'an 1410, en l'honneur de Dieu et de saint Germain. Il contenoit probablement quelque fragment des reliques de ce Saint. Mais, comme elles furent perdues dans le temps des troubles, on en fit un porte-dieu, ou ostensoir, lorsque la religion catholique fut rétablie dans cette ville, sous Louis XIII. L'abbaye de Saint-Victor de Marseille, que posséda le pape Urbain V, avoit des reliques de saint Germain dès l'an 1363 (3). Elles y furent reconnues dans une châsse sous le grand autel, avec celles de saint Tiburce, par le vicaire-général de cette abbaye, sous le même pape.

Les fondateurs de l'église collégiale de Saint-Germain de La Châtre, au diocèse de Bourges, qui étoient seigneurs de Château-Raoul, en Berry (4), sont regardés comme une ancienne noblesse dont le crédit a été assez grand pour obtenir des évêques d'Auxerre quelques ossements de notre Saint. De là vient qu'on y possède une des phalanges des doigts du saint prélat (5), et un autre fragment qui ne peut être connu qu'à l'ouverture du reliquaire. Ils sont renfermés l'un et l'autre dans un bras d'argent doré, fabriqué vers l'an 1500. Ces reliques se trouvant accompagnées d'un anneau qui passe sous le nom de saint Germain, on peut en conclure qu'elles sont les mêmes qui étoient, il y a plusieurs siècles, à Saint-Germain-de-Modéon, au pays de Morvan, diocèse d'Autun (6), suivant le supplément fait à Héric, imprimé par les Bollandistes (7). Il y est fait mention d'un anneau et même d'un doigt qui est celui du milieu de la main dans lequel il étoit placé. On voit encore, dans le Berry, un autre

---

(1) Ce pourroit bien être à saint Germain de Calberte, dépendant de l'ancienne Maguelone, et situé au diocèse de Mende, que les Calvinistes auroient pris le reliquaire qualifié de chef de saint Germain, soit que ce fut celui de Montpellier qu'on y auroit refugié, soit que c'en fut seulement une portion qui y eût fait faire le buste d'argent qu'ils enlevèrent et qu'ils vendirent aux orfèvres d'Anduse, d'Alais et de Nimes, selon les Mémoires imprimés sur le Gévaudan, page 123 et 124.

(2) Gariel, pag. 154.
(3) *Ex epist.* D. Le Fournier.
(4) On prononce *Chateau-Roux*.
(5) Mémoire envoyé de ce lieu là à M. Petit, chanoine du château, à Bourges.
(6) *T.* 7, *Julii, pag.* 286.
(7) J'ai vu, à la Bibliothèque du Roi, un exemplaire de cette continuation d'Héric, qui m'a paru d'une écriture de cinq ou six cents ans, et d'une composition plus ancienne. *Cod.* 3655.

bras couvert de feuilles d'argent dans lequel il y a quelque ossement de saint Germain d'Auxerre. C'est dans la paroisse de Sainte-Montaine (1). Il y est conservé avec un autre reliquaire de cuivre au-devant duquel on lit ces mots : *Reliquiæ sancti Germani*. Ces deux portions ne sont pas fort considérables : mais il semble qu'elles peuvent servir à prouver que saint Germain, qui n'est regardé aujourd'hui que comme second patron de ce lieu, a été originairement le premier patron.

Culte de S. Germain.

Le diocèse de Verdun ayant eu pour évêque, au ixe siècle, un personnage tiré de l'abbaye de Saint-Germain d'Auxerre, il est à présumer que le culte de ce Saint y aura été étendu alors un peu plus qu'il n'étoit auparavant et que ce qu'on pouvoit accorder de reliques aux étrangers, n'aura pas été refusé à ses prières. Je serois porté à croire que l'ossement que l'on possède dans l'abbaye de Saint-Vannes, viendroit d'une donation faite de son temps, s'il n'étoit pas constant que les démembrements étoient alors très-rares. Dom G. Viole a marqué que c'est l'os de l'un de ses bras (2) : mais il a été trompé par la forme du reliquaire : car un examen fait avec attention, le 3 septembre 1727, prouve que c'est la partie inférieure du tibia droit. Le médecin et le chirurgien la déclarent longue de trois pouces et demi, et ils ajoutent que le haut paroît avoir été séparé avec une scie. L'encastillure d'argent et l'émail du reliquaire, en forme de bras, semblent être de la même fabrique que la châsse d'un autre Saint qui fut faite sous l'abbé Conon, lequel vivoit au milieu du xiie siècle. Mais il n'est pas impossible, après tout, que ce qui passe, à Verdun, pour être du corps de saint Germain d'Auxerre, ne provienne de celui d'un saint Germain du diocèse de Châlons, lequel fut frère de saint Gibrien. Dom Viole ajoute qu'on tira, vers l'an 1650, du reliquaire de saint Vennes, quelques éclats de l'ossement pour les porter à Buzancy, près de Mouzon, afin de satisfaire la dévotion d'une dame qualifiée de ce pays-là. Il est vrai que l'église de Buzancy est sous l'invocation de saint Germain d'Auxerre, et qu'on y voit une statue du Saint, dont la main

---

(1) Lettre de M. Cirodde, curé de Sainte-Montaine, de l'an 1734.

(2) Vie de saint Germain, page 207.

droite porte une petite lanterne de verre qui renferme un ossement soutenu par trois pointes d'argent ; mais l'inscription qu'on y voit est inintelligible, et l'ossement étant gros et long comme une des phalanges des doigts, cela ne peut convenir avec ce que dit Dom Viole (1). J'ai pensé qu'il pourroit se faire que la relique accordée à la dame de Buzancy soit celle qui est conservée aujourd'hui dans l'abbaye de Mouzon. Quoiqu'il en soit de ces deux reliques, j'ai remarqué encore, dans le catalogue de celles de la cathédrale de Verdun, qu'il y en a de saint Germain. Il est indubitable qu'elles sont de l'évêque d'Auxerre, parce qu'il est le seul du nom de Germain dont on y ait jamais fait la fête, et que cette fête étoit si distinguée qu'il y avoit une prose propre à la messe du jour, et à complies une antienne propre tirée de Constance et choisie exprès pour l'entrée de la nuit : *Noctibus nunquam vestitum, raro cingulum, raro calceamenta detraxit.* Ce sont des faits que j'ai vérifiés moi-même à Verdun, en 1708.

Si on a montré autrefois, dans l'abbaye de Saint-Corneille de Compiègne, des reliques de notre Saint, elles pouvoient venir de l'ancienne abbaye de son nom qui étoit proche cette ville, dès le IXe siècle : Flodoard (2) en fait mention, comme ayant été possédée par le célèbre Hincmar, avant qu'il fût archevêque de Reims. Aujourd'hui, ces reliques se trouvent mêlées avec d'autres dont on a perdu les noms, ainsi qu'il m'a paru par l'examen attentif que j'ai fait, en 1729, dans le sanctuaire de cette église, de toutes les choses curieuses qui y sont conservées. A l'égard de l'abbaye de Saint-Germain de Compiègne, elle ne consiste plus que dans une église paroissiale de son nom, au faubourg de cette ville, du côté de Paris ; et l'on y montre la partie du chef voisine de l'oreille, sous le nom de ce Saint, dans une châsse de bois garnie d'argent, faite vers l'an 1684 ; laquelle portion de chef paroît, par la couleur et par d'autres marques, venir de celui qui étoit à Saint-Lucien de Beauvais, que quelques-uns pourront prendre pour celui de saint Germain d'Amiens, c'est-à-dire du saint évêque régionnaire qui fut

---

(1) Lettre de M. Gippon, curé de Buzancy, doyen de Grandpré, du 17 nov. 1727.

(2) *Lib.* 3, c. 1.

martyrisé proche Senardpont, à douze lieues ou environ de Beauvais, vers le nord. Il devoit cependant y avoir à Compiègne des reliques de notre Saint, au moins dès le vIII⁰ siècle, puisqu'en 756, Tassilon, duc de Bavière, y étant, fit serment, en présence du roi Pépin, sur saint Germain qui est nommé le premier et sur saint Martin (1). Ce n'est qu'à la fin du xII⁰ siècle qu'on a démembré la grande paroisse de saint Germain de Compiègne pour en ériger deux autres qui forment aujourd'hui la ville (2).

Culte de S. Germain.

Vitteaux est une petite ville du diocèse d'Autun (3), dont la paroisse porte le nom de Saint-Germain d'Auxerre. On y montre une portion de côte du Saint, dans un reliquaire d'argent de figure ronde. Quoiqu'on ne sache point comment elle a pu être portée en ce lieu, on conjecture, avec assez de vraisemblance, qu'elle peut venir d'une Mathilde qui épousa, au xII⁰ siècle, Guy comte d'Auxerre, et qui étoit fille d'Agnès de Montpensier, dame de Vitteaux. Je dis la même chose du reliquaire conservé dans la mère église du Val-de-Miège, au diocèse de Besançon. C'est un bras d'argent fort riche, posé sur un piédestal doré, qui contient un ossement du saint évêque, que Dom Viole (4) assure être le *cubitus* du bras gauche, et qu'un autre écrivain dit en général être le second os du bras (5). Cette relique, si elle est véritablement de saint Germain d'Auxerre et non de saint Germain de Besançon, peut avoir été procurée à ce lieu, qui étoit un ancien prieuré de Cluny, par la maison de Chalon qui a possédé longtemps le comté d'Auxerre, et dont quelques-uns étoient seigneurs de Noseray, proche Miège et du Val-de-Miège. Cette relique, de quelque saint Germain qu'elle soit, est portée

---

(1) Duchêne, t. 2, pag. 12.
(2) Hist. de Soissons, t. 2, p. 171.
(3) Mémoire envoyé de ce lieu.
(4) Vie de saint Germain, page 207.
(5) Ayant eu quelque sujet de me défier de ce qu'a écrit Dom Viole à ce sujet, je me suis adressé à M. Vanthiers, prêtre natif de Noseray, qui, ayant obtenu une visite de cet ossement par l'autorité de M. Hugon, évêque de Philadelphie, suffragant de Besançon, m'a procuré un certificat du sieur Garnier, chirurgien de l'hôpital de Noseray, en date du 29 mai 1739, qui porte que la relique de Miège est le *radius ou petit os de l'avant bras du bras droit, ayant sept pouces quatre lignes de longueur, les épiphyses dudit os ou ses extrémités ayant été enlevées.* La même personne m'a assuré qu'il y a à Besançon un matutinier (c'est-à-dire un livre de matines), *manuscrit de 5 ou 600 ans*, où la fête de saint Germain est de rit double avec un office tout propre, ce qui ne pouvoit venir, dit-on, que de ce qu'on avoit, dans le diocèse, une relique notable de ce Saint.

jusqu'à Salins dans les temps de sécheresse. Au reste, c'est celui d'Auxerre qu'on y reconnoît pour patron du prieuré maintenant réuni au Chapitre séculier de Noseray.

Entre les églises qui ont pu obtenir des reliques de saint Germain, en vertu de leur société avec l'abbaye d'Auxerre, on peut compter d'abord l'abbaye de Saint-Julien-lès-Auxerre, laquelle en possède un morceau qui paroît être une portion d'un péroné scié des deux bouts. Le prieuré de Saint-Germain-de-Modéon, au diocèse d'Autun, proche la Roche-en-Brégny, étant une dépendance très-ancienne de l'abbaye de Moutier-Saint-Jean, qui étoit en grande relation avec celle d'Auxerre, il est très-probable qu'on a pu accorder facilement quelque partie du corps pour cette petite église : mais quelle qu'ait été la société entre les deux monastères, je ne puis croire qu'on ait poussé la libéralité jusqu'à y laisser transporter le *radius* entier d'un bras tel qu'on croit l'y posséder, et qu'on y montre dans une espèce de bras d'étain peu soigneusement fermé. Comme saint Remi, évêque de Reims, avoit bâti une église en l'honneur de saint Germain, sur la montagne où il avoit choisi sa sépulture, au midi de la ville, c'est ce qui persuade que, primitivement, on a dû y avoir quelque *brandeum*, auquel paroît succéder quelque ossement, quoique par la suite cette église ait été détruite ; en sorte qu'elle se trouve aujourd'hui renfermée dans la vaste basilique de Saint-Remy, où l'on tient, par tradition, qu'elle étoit vers l'endroit de l'entrée du chœur, à main gauche. L'union des monastères de Sens avec ceux d'Auxerre a pu pareillement procurer à l'église de Saint-Germain-de-Gron, proche Sens, les deux fragments de côtes qu'on y voit depuis plusieurs siècles, avec d'autres reliques tirées aussi d'Auxerre ; cette église dépend de Sainte-Colombe de Sens. Je suis témoin oculaire de ce qu'elle possède, et que les inscriptions qui y sont jointes ont environ trois cents ans d'antiquité.

A l'égard des autres églises où l'on montre des reliques de saint Germain, ce sont ou d'anciennes abbayes qui pouvoient être associées à celles d'Auxerre : telles que Saint-Germain-des-Prés, à Paris (1),

---

(1) Hist. de l'abb. St.-Germ.-des-Prés, pag. 314.

Saint-Pierre de Conches, au diocèse d'Evreux, Saint-Pierre de Châlons, Saint-Vincent de Metz, Saint-Etienne de Caen ; ou d'anciennes églises du nom du saint évêque : telle est celle de Saint-Germain de Rennes, de Saint-Germain de Chessy, proche Orléans, réunie à celle de Saint-Pierre du même lieu ; ou, enfin, des églises notables des diocèses voisins. Je mets en cette dernière classe l'église cathédrale d'Orléans. Un Nécrologe de cette illustre église, récrit vers l'an 1400, atteste que l'évêque Jean de Conflans, renfermant dans une châsse, l'an 1329, le chef de saint Mamert de Vienne, y joignit des reliques de saint Germain d'Auxerre.

Culte de S. Germain.

Il ne reste plus à parler que de quelques parties du corps de notre Saint, du transport desquelles il est plus difficile de donner les raisons : Gelenius dit, dans son livre de la grandeur de Cologne, qu'on y possède, dans l'église métropolitaine, un bras de saint Germain d'Auxerre, renfermé dans une châsse d'argent : et Rayssius marque que l'on conserve une phalange de l'un de ses pieds dans une chartreuse, située sur la Meuse, nommée Rutile. Un savant de Lorraine (1), m'a aussi fait savoir qu'il y a des reliques de notre Saint dans l'église de Saint-Léopold de Nancy.

J'ai déjà dit un mot, ci-dessus, de celles que saint Didier, évêque d'Auxerre au commencement du viie siècle, porta au monastère de Saint-Amant, en Quercy, où sa mère étoit inhumée. On conçoit assez que ce ne pouvoit être que des morceaux de vêtement de ce Saint, aussi bien que celles qui furent portées en Catalogne, pour la dédicace de l'église du monastère de Coxan ou Cusan, faite sur la fin du ixe siècle, sous le titre de saint Germain. Le savant père Mabillon a eu, sur cette église, différentes opinions qui font juger que, si c'est un roi de France du nom de Charles, qui ait obtenu ces reliques, ce ne peut guère être que celui qui régnoit l'an 900, lequel les auroit eues d'Hérifride, évêque d'Auxerre, à qui il avoit fait restituer des terres : et une preuve que ce n'est pas Charlemagne qui s'entremit, en cette occasion, pour étendre le culte de saint Germain, c'est qu'Héric, qui écrivit sous Charles-le-Chauve, n'en dit rien. Je ne m'étendrai pas sur le bras conservé, en chair et en os,

---

(1) Dom Calmet.

au diocèse de Saint-Flour, dans l'église paroissiale de Cezens qui regarde notre Saint comme son patron. La province d'Auvergne a, aussi bien que la Belgique, un saint Germain particulier, du corps duquel on a pu faire des distractions avec beaucoup plus de facilité que de celui d'Auxerre, et on a pu, par une méprise assez commune, attribuer au personnage le plus célèbre du nom de saint Germain, ce qui appartenoit à un autre saint Germain moins connu et moins fameux.

Quoique Héric se soit beaucoup étendu sur les miracles et sur les reliques de saint Germain d'Auxerre, il ne faut cependant point croire qu'il ait rapporté tout ce qu'on pouvoit savoir de son temps sur ce Saint. Cet écrivain n'a parlé que de ce qui lui étoit connu. Il y avoit alors des églises célèbres, du nom de Saint-Germain, que l'on ne connoît plus aujourd'hui ou qui sont détruites; et, en récompense, il en a été bâti depuis d'autres ailleurs, de telle manière que l'étendue du culte de notre Saint n'a souffert aucune diminution. Cet historien a eu principalement en vue les églises où les miracles étoient plus frappants. Outre celles de Moutiers-en-Puisaye et de Larrey, au diocèse de Langres, nous y voyons (1) parmi les célèbres églises du titre de saint Germain, celle de Poilly, au diocèse de Sens, où il raconte que furent guéries un grand nombre de personnes, entre autres du lieu nommé Bleury, des villages de Parly et de Leugny qui n'en sont pas fort éloignés, outre ceux de Poilly même. Il parle amplement (2) d'une chapelle, du titre de saint Germain, qui étoit voisine d'un palais royal, situé au diocèse de Rouen, appelé, en latin, *Vetus domus* ou *Vetera domus*; et cela à l'occasion d'une merveille opérée, en ce lieu, sur une fille muette, dans le temps que Hérispoy, duc de Bretagne, y étoit en conférence avec le roi Charles-le-Chauve. Il dit un mot du miracle opéré dans celle qui étoit proche le lieu (3), où saint Remi étoit inhumé, sur la colline voisine de Reims, et de l'homme perclus qui y fut guéri, le premier octobre, jour consacré par une

---

(1) *Lib. 1, cap.* 44
(2) *Cap.* 45.
(3) *Cap.* 46.

fête commune à ces deux Saints. Il y avoit aussi, au même siècle, au faubourg méridional de Soissons (1), une église de Saint-Germain, que douze fameux négocians y avoient bâtie, sur le bord de la rivière d'Aisne, dans l'espérance que l'intercession de ce Saint les préserveroit de tous périls. On peut lire, dans le même auteur, les merveilles qui y furent opérées de son temps. Ce n'est aujourd'hui qu'une très-petite église, qui étoit cure dès le xiiie siècle (2). Héric nous apprend, au même endroit (3), que, dès son temps, c'est-à-dire au ixe siècle, toutes les églises de la ville de Soissons et de ses faubourgs faisoient, avec distinction, la fête de saint Germain du dernier jour de juillet. La punition de quelques profanateurs de l'église de Saint-Germain de Cherré, au pays du Maine, proche la Ferté-Bernard, engage Héric à déclarer que cette église étoit célèbre par quantité de miracles. Il ajoute, que dans ce pays, dans l'Anjou et dans le pays Bessin, la mémoire de saint Germain étoit presque en plus grande vénération qu'à Auxerre, et que le nombre de miracles arrivés dans ces lieux-là étoit innombrable. Il n'oublie point (4) le pays de Morvan (5) où il dit qu'on trouve des églises du nom de Saint-Germain, presque de lieue en lieue, et que la dévotion y étoit si grande qu'on entretenoit, dans ces mêmes églises, des lampes allumées le jour et la nuit. Souvent cet auteur ne parle des églises dédiées sous l'invocation de saint Germain que par rapport aux punitions que Dieu y exerçoit contre ceux qui méprisoient son serviteur, ou qui maltraitoient les personnes accoutumées à l'invoquer. C'est ce qu'on peut voir amplement (6) au sujet du monastère de Montfaucon, en Argonne, et à l'occasion de ce qu'il rapporte touchant ce qui arriva à Annay, au diocèse d'Auxerre, du côté de la Loire.

Il y avoit anciennement, dans Auxerre même, une coutume de jurer en tenant l'anneau de la porte de l'église de notre Saint. Si, dans le grand nombre de ceux qui faisoient serment en ce lieu,

Culte de S. Germain.

---

(1) *Cap.* 47.
(2) Dormay, Hist. de Soissons, page 200 et 290.
(3) Héric, *cap.* 48.

(4) *Cap.* 51.
(5) C'est du diocèse d'Autun.
(6) *Cap.* 52.

Culte de S. Germain. il arrivoit qu'il y eût des parjures, ce n'étoit point impunément. Héric atteste (1) que Dieu en tiroit vengeance aussitôt, soit en renversant leurs affaires temporelles, ou en leur envoyant des maladies ; et la même punition arrivoit à tous ceux qui manquoient au serment qu'ils avoient prêté devant quelque église que ce fût qui portât le nom du saint évêque, principalement à Cherré, au pays du Maine (2). Les personnes pieuses liront aussi avec édification, dans le même historien, les choses prodigieuses arrivées par le moyen de l'huile qui brûloit devant son tombeau (3) : elles y verront les peuples de la campagne y apporter des offrandes en telles espèce et nature qu'ils pouvoient ; et que tout ce qui avoit été présenté au tombeau et qui y restoit (4), contractoit une vertu qui attiroit le respect des fidèles envers le Saint. Et si l'on veut voir jusqu'à quel point Héric étend le récit de ces merveilles, on y lira, qu'il n'y avoit pas jusqu'au pain du monastère, sur lequel étoit imprimé le nom du Saint, qui ne procurât des guérisons contre toute attente (5).

On conserve, dans l'abbaye de son nom, à Auxerre, un livre manuscrit que j'ai lu, et qui contient un grand nombre de miracles tant spirituels que temporels arrivés à Auxerre, sur ceux qui ont eu recours au tombeau de notre Saint, depuis cent ans ou environ. Ce même livre renferme aussi des punitions arrivées à ceux qui combattoient la dévotion envers ce Thaumaturge des Gaules. Je ne doute pas que si les religieux qui avoient tant d'attention durant le siècle dernier, vivoient encore, ils n'y ajoutassent la mort inopinée et autres infortunes arrivées de nos jours, et même depuis peu, à quelques ennemis de son culte.

Constance a fait remarquer à ses lecteurs qu'en quelque endroit que saint Germain s'arrêtât dans ses voyages, soit pour prier, soit pour parler au peuple assemblé à sa suite, on y plantoit une croix ou bien on y bâtissoit un oratoire. Les livres d'Héric (6) nomment quelques-uns de ces endroits, comme Orléans et le voisinage, le

---

(1) *Lib.* 1, *cap.* 55.
(2) *Cap.* 49.
(3) *Cap.* 36 et 37.
(4) Il le dit même des pommes, *cap.* 52.
(5) *Cap.* 38.
(6) Héric, *lib.* 1, *cap.* 4, 5, 6, 7 et 8.

territoire d'auprès de Gy-les-Nonnains, en Gâtinois, et un lieu du diocèse de Toul où passe la rivière de Meuse ; et, en tous ces lieux, les églises qui subsistent font foi des choses racontées par cet ancien historien. Grégoire de Tours parle des deux églises construites en l'honneur de ce Saint dans l'Auvergne et d'une autre, proche Tours, appelée aujourd'hui Saint-Germain-du-Loir, que l'évêque Injuriosus, l'un de ses prédécesseurs, avoit fait bâtir. Ces trois églises peuvent avoir eu la même origine que les autres nommées ci-dessus, puisque saint Germain a passé dans l'Auvergne, et, comme l'on croit aussi, dans la Touraine. Mais on doit en juger autrement de celles que saint Germain, évêque de Paris, fit bâtir en l'honneur de notre Saint, parce qu'il en portoit le nom. On en met quelques-unes au diocèse d'Autun dont il étoit natif, d'autres dans le Nivernois et d'autres dans le diocèse de Sens; on en met même aussi une dans Angers, qu'on appelle aujourd'hui Saint-Lô, de laquelle l'auteur de l'hymne *Gloria laus*, fait mention, comme ayant subsisté dès le IXe siècle. J'ai été averti (1) qu'il y a au-dessus de la ville d'Alais, en Languedoc, des vestiges d'un monastère qu'on appeloit Saint-Germain. On le prétend si ancien que Paul, diacre d'Aquilée, dit-on, en fait mention. Il y avoit, proche Savonnières, au diocèse de Toul, une abbaye du nom de Saint-Germain d'Auxerre, dès le IXe siècle. Ce lieu est fort connu par les conciles qui s'y sont tenus. Pour ce qui est de l'église collégiale d'Oissery, au diocèse de Meaux, sous l'invocation de notre Saint, elle est de la fin du XIIe; on la dit fondée par un seigneur nommé des Barres (2). Or, je trouve un Jean des Barres, bienfaiteur de l'abbaye de Saint-Germain d'Auxerre, en l'an 1231. Et l'acte qui le prouve étant de Pierre, évêque de Meaux, qui parle pour Agnès la comtesse, femme de ce seigneur, dénote suffisamment qu'il s'agit là de quelques descendants du fondateur de ce Chapitre.

Je ne finirois point, si j'entreprenois de rapporter le nombre des églises qui sont sous son invocation (3), puisque, dans le seul diocèse de Sens, on en compte près de quarante. Il suffira de répéter ici ce

---

(1) **Lettre de Dom Jacques Boyer**, bénédictin.
(2) *Diplomat.* p. 548.

(3) L'Eglise de St.-Evre de Toul est dite être sous son invocation, dans un titre de l'an 874.

que j'ai dit en commençant, que les savants collecteurs des actes des Saints (1) avouent, dans les préliminaires de sa vie, que l'ancienne église des Gaules le préféroit à tous les Saints de la nation, et l'égaloit même au grand saint Martin ; puisqu'il y a, selon eux, presqu'autant d'églises de son nom que de celui du saint évêque de Tours, et, qu'à Paris ou dans la banlieue (2), on en compte jusqu'à trois. Loin d'infirmer cette preuve, je crois pouvoir y ajouter que saint Germain est le seul avec saint Martin dont les églises de France aient dit, dans les hymnes de l'office public, qu'ils égaloient les apôtres ou qu'ils en approchoient fort. On a chanté de saint Martin une strophe qui commençoit par ces mots : *Martine par Apostolis*, et on en a chanté, dans toutes les provinces du royaume, une autre composée dès le ixe siècle avec cette strophe :

> Germanus admirabilis
> Est hujus autor gaudii,
> Quo nemo post apostolos
> Alter fuit præstantior.

Je dis dans toutes les provinces de France, parce qu'il n'y a guère d'ancienne ville épiscopale, dans le royaume, où il n'y ait eu une église ou quelque autel en son honneur, dans l'enceinte des murs (3) ou au moins dans la banlieue. Le témoignage du jésuite Alfort (4) est formel là-dessus pour ce qui regarde la Grande-Bretagne, puisqu'il assure qu'on y a élevé, sous son nom, des églises, des monastères, des autels, et même bâti des villes. La Savoie (5), le Piémont, le Milanois et autres quartiers de l'Italie ont aussi leurs églises du titre de saint Germain, et j'ai parlé ci-dessus de quelques-unes (*a*).

---

(1) *Tom. 7, julii, pag.* 184.

(2) St.-Germain-l'Auxerrois, Pantin, Charonne, Fontenay-les-Vincennes. Ajoutez du même côté Romainville, Drancy, Villeron. Au même diocèse de Paris, dans l'archidiaconé de Brie, Roissy, Ferolles. Dans l'archidiaconé de Josas, Villepreux, Chastenay, Champlan, Toussus, Nozay, Orengis, Châtres.

(3) Il y en a deux dans la ville d'Orléans.

(4) *Acta SS. Jul. t.* 7, *p.* 184.

(5) A Genève, il y avoit une église de son nom, et tout le diocèse en faisait office à 9 leçons avec antiennes et répons propres, suivant le bréviaire de 1556.

(*a*) L'existence du culte de saint Germain, en Italie, est encore aujourd'hui un fait constant. Sa persistance, après tant de siècles, prouve de quel éclat a brillé

On peut lire, dans sa vie écrite par le père Viole et autres, la dévotion que nos rois lui ont portée. Il est aisé de conclure qu'elle devoit être très-grande, par ce que j'ai rapporté plus haut, et qu'ils le regardoient comme l'un des premiers tutélaires de leur royaume. Il n'est point oublié dans les Litanies des Saints, qui se voient dans les livres de prières à l'usage des rois et reines de France du IX° et du X° siècle, et l'on peut dire, en général (1), qu'il étoit dans toutes les anciennes litanies des églises du royaume, comme saint Martin. J'ai aussi vu son nom dans le calendrier Mozarabe, rédigé pour les églises d'Espagne.

Culte de S. Germain.

Les fêtes qui furent établies en son honneur ne l'ont point été selon l'ordre chronologique des faits qui y ont donné occasion. J'ai déjà fait remarquer que celle de son inhumation ou déposition est la première qui fut célébrée dans les Gaules, parce qu'elle est la première qu'on ait pu célébrer à Auxerre. Ce fut pour cette raison qu'elle fut très-solennelle pendant plusieurs siècles, et que l'évêque saint Pallade (2), qui vivoit sous Dagobert, y attacha un honoraire pour les chanoines. Outre cela, elle avoit une vigile dont saint Adon de Vienne fait mention dans son martyrologe, aussi bien que les

Fêtes de S. Germain.

---

(1) *Apud Bollandist.*, t. 6 *julii*. | (2) *Hist. Episc. Aut. in Palladio.*

---

ce grand personnage pendant sa vie. Sur toute la route qu'a parcourue son corps, lorsqu'il fut solennellement rapporté de Ravenne en France, par Novarre, Verceil, la vallée d'Aoste, Chambave, Aoste, le petit Saint-Bernard et la Tarentaise, on rencontre des églises, des monastères et des chapelles dédiés sous son nom. Dans le diocèse d'Aoste on lui a donné droit de cité; on l'appelle *notre bon saint Germain*.

Des documents d'une époque reculée démontrent qu'il en a été ainsi de tout temps. Un diurnal du XI° siècle, conservé dans l'église des Bénédictins d'Aoste, rapporte l'office de sa fête au 31 juillet. Paul Brittio, évêque d'Albe, dans son ouvrage *dei Progressi della chiesa occidentali*, publié in Carmagnola, en 1648, disait en italien : « Les miracles opérés par saint Germain, dans le passage qu'il fit vivant
» et mort par le Piémont, furent si nombreux et si excellents que, non-seulement
» on trouve beaucoup d'églises, d'autels et de chapelles dédiés à son grand nom,
» mais encore quelques terres et nobles châteaux conservent avec le nom, le véné-
» rable souvenir de saint Germain, bien que les incendies, causés par les guerres,
» aient consumé les documents qui relataient les miracles faits par un si grand
» Saint dans ces contrées. »   (*N. d. E.*).

auteurs de celui de saint Laurent-des-Eaux et autres. Delà vient que saint Germain est nommé, dans les calendriers, au 1er octobre, avant saint Remi, qui a commencé un peu plus tard à avoir une fête en ce jour. L'occurrence des vendanges, qui arrivoient quelquefois dans ce jour-là, a pu être la cause que la dévotion des peuples diminua, et qu'on la transféra au 31 juillet, qu'on qualifia du nom de *Transitus sancti Germani*, comme on en usoit à l'égard de saint Martin. Ce jour, étant devenu égal en solennité au premier octobre, fut aussi précédé d'une vigile qui se trouve marquée dans quelques anciens livres, et on voit plusieurs missels des églises de France très-anciens, où il y a, en ce jour, deux messes en l'honneur de saint Germain; ce qui étoit une distinction très-grande, et qui ne se trouve guère accordée qu'à saint Jean-Baptiste, à saint Laurent et à saint Martin (1). Aussi, trouve-t-on, dans les anciens calendriers de l'université de Paris, que ce Saint y étoit de rit solennel : xxxi *julii, Germani episcopi Altissiod. et confessoris gloriosi festive* (2). On peut voir, dans le recueil des sacramentaires de Thomasius, les éloges que l'Eglise Gallicane faisoit de saint Germain, dans la célébration des saints mystères, lorsqu'elle observoit son ancien rit. C'est la seule messe complète de ce rit qui soit parvenue jusqu'à nous, au moins du missel qu'on qualifie du nom de Gallican. Elle n'étoit point particulière à l'église d'Auxerre : elle étoit si répandue, qu'on voit, dans plusieurs missels manuscrits du xiie et du xiiie siècle, à l'usage d'autres églises, des oraisons où les pensées de cette messe gallicane sont employées. Je rapporterai ici les trois que j'ai tirées d'un missel du xiiie siècle (3), qui a appartenu à l'église de Sainte-Croix, sous la métropolitaine de Sens, et qui y est conservé dans la bibliothèque du Chapitre, afin que les curieux de ces sortes d'antiquités puissent s'en servir pour suppléer aux lacunes de l'exemplaire de Thomasius. Je ne dis rien de l'office de saint Germain, tiré des propres termes de Constance; on le croit de la composition d'Héric, ou de Remi d'Auxerre qui fut habile modulateur dans son siècle. Le chant en fut trouvé si beau, qu'il fut bientôt répandu dans tout

---

(1) *Martene de antiqua Eccl. disciplina in div. off. p.* 574.

(2) *Cod. mss. in 40, S. Gen. Paris,* 13 sæc.

(3) Voyez les Preuves.

le royaume, et que, depuis, d'autres églises l'appliquèrent à leurs fêtes locales, comme celle d'Autun, qui, l'ayant eu des premières, et le chantant deux fois l'an, c'est-à-dire, le 31 juillet et le 1er octobre, le goûta si fort, qu'elle l'ajusta aux répons du nouvel office de saint Lazare, fait vers le xiie ou xiiie siècle.

Culte de S. Germain.

La troisième fête de saint Germain fut établie en conséquence de la translation de son corps, faite en présence de Charles-le-Chauve, le 6 de janvier de l'an 859. Voyez ce que j'en ai dit ci-dessus. Comme cette cérémonie ne regardoit que l'église du monastère et qu'elle se fit un jour déjà occupé par un des mystères de la religion, le souvenir n'en fut point solennisé dans le diocèse, mais les religieux de l'abbaye la marquèrent dans leur martyrologe, et le moine Nevelon dans le sien : et, à cause de l'occurrence de la fête de l'Épiphanie, la solennité en fut remise au 7, auquel jour elle est encore célébrée dans l'abbaye, sous le nom de *Révélation*.

On peut joindre à ces trois fêtes celle de l'arrivée ou réception du corps de saint Germain, dont la mémoire se renouveloit, dans la cathédrale et à l'abbaye, le 22 septembre. Elle est marquée dans les anciens martyrologes, calendriers et antiphoniers. Enfin, une dernière fête, qui regarde ce Saint, est celle de son ordination. Je ne la crois pas bien ancienne. Elle est singulière à l'abbaye de son nom, qui a choisi, pour la célébrer, le 1er jour de juin. Les autres églises de France, qui possèdent de ses reliques, en célèbrent aussi des fêtes de translation ou réception particulière, qu'elles ont conservées par tradition. On apprend, par le martyrologe de Nevelon, ce que veut dire un calendrier de 900 ans, conservé à Saint-Benoît-sur-Loire (1), dans les additions duquel, qui ont bien 700 ans, on trouve, au 28 août : *Autissiodori translatio corporis S. Germani episcopi.* Il s'y agit de la première translation, faite en l'an 841, ce jour-là qui était un dimanche, et non pas le 1er septembre, comme l'ont cru D. Viole et l'auteur de la description des Grottes, trompés par une copie peu exacte du martyrologe de Nevelon au 6 janvier. Mais on ne voit point que la mémoire de cette translation, faite le

---

(1) *Martene t. 6, ampl. collect. p. 650.*

Culte de S. Germain.

28 août, ait été renouvelée chaque année par une fête particulière.

Je ne m'étendrai point ici sur les éloges de saint Germain, faits par saint Sidoine Apollinaire, par saint Grégoire de Tours et saint Grégoire-le-Grand en ses morales sur Job, par le vénérable Bède et autres Anglois, par tous les martyrologistes du ixe, du xe et du xie siècle, par le prêtre Frodoard, par l'auteur de l'apologie de Manassès, archevêque de Reims, par celui de la vie du bienheureux Jean de Gorze, par Pierre-le-Vénérable, par Etienne de Tournay, par Guillaume-le-Breton (1), par les théologiens de la faculté de Paris du xive siècle, et divers autres écrivains plus ou moins anciens. J'ai essayé de faire valoir la plupart des éloges sortis de la plume de ces écrivains, dans une espèce de remontrance qui a été présentée et lue à un prélat, lequel s'en étoit rapporté, touchant le culte de ce Saint, à des personnes qui apparemment ne le connoissoient pas, et qui l'a laissé ôter entièrement du calendrier de son église, malgré les représentations des personnes pieuses et éclairées du même pays. Cet écrit, en forme de remontrance respectueuse, auroit pu trouver sa place parmi les pièces de cette histoire, s'il étoit de mon dessein d'y insérer tout ce qui y a du rapport.

Saint Germain, quoique très-savant, n'a point écrit ni laissé d'ouvrage, du moins qui soit venu à notre connoissance; ce qu'on en avoit marqué, ne s'est point trouvé véritable; mais il a laissé des disciples et des héritiers de ses vertus. L'Irlande regarde comme tel saint Patrice, qui passa quelques années à Auxerre sous la conduite de notre Saint; la Grande-Bretagne met dans ce nombre saint Iltut ou Heltut, qui devint maître de saint Samson. Les Gaules regardent aussi comme disciples de saint Germain, un autre saint Germain, évêque régionnaire, qui fut martyrisé sur les confins de Rouen et d'Amiens : les saints Maxime et Vénérand, Sabin et Cyprien de la contrée Armorique, un saint Micomer, solitaire à Tonnerre. Parmi le clergé d'Auxerre, un saint Ursicin et un saint Savin; dans l'état monastique, le saint abbé Aloge et Saint Mamert ou Mamertin, son successeur. Quelques-uns y joignent les saintes

---

(1) Cet auteur en ses vers sur la bataille de Bovines, attribue la victoire que Philippe y remporta, à l'intercession de saint Germain d'Auxerre.—V. Duchêne, t. 5, p. 253 et 254.

Maxime, Magnance, Pallaye, Camille et Porcaire, dont quelques-unes ont pu être du collége virginal d'Auxerre, ou s'étoient mises sous sa direction, dans le temps qu'il étoit à Ravenne. Mais la plus célèbre des vierges qu'il consacra au Seigneur, fut, incontestablement, sainte Geneviève, et l'on peut dire que le plus illustre de ses disciples fut celui qu'on jugea digne de lui succéder.

<small>Culte de S. Germain.</small>

CHAPITRE IV.

<small>Des successeurs de saint Germain, pendant le reste du cinquième siècle et la moitié du sixième.</small>

SAINT FRATERNE, VIIe ÉVÊQUE D'AUXERRE.

Il est besoin ici, plus qu'en aucun autre endroit de notre Histoire, de se défier de la chronologie des trois auteurs qui travaillèrent, au IXe siècle, à rédiger, en un corps, ce qu'ils trouvoient écrit sur nos saints évêques. Après un examen très-long et très-pénible, j'ai reconnu qu'il y avoit une impossibilité absolue d'accorder leur chronologie avec elle-même. Il y a toute apparence qu'ils ont été trompés par des chiffres mal marqués et à demi effacés, ayant pris quelquefois des dix pour des cinq, et quelquefois tout le contraire; ou bien, il étoit arrivé aux copistes d'employer, plus qu'il ne falloit, le caractère destiné à marquer le nombre de dix. Les mêmes auteurs se sont aussi quelquefois servis, par anticipation, d'expressions qui n'étoient pas d'usage dans les siècles dont ils font l'histoire, appelant, par exemple, du nom de monastère, des églises qui ne l'étoient devenues que par la suite : quelquefois aussi, ils ont pris les jours d'inhumation ou déposition dans le tombeau, pour ceux de la mort, et ainsi du reste.

<small>448 à 451.</small>

Pour faire cependant de leurs mémoires tout l'usage qu'on en peut faire, j'avouerai, avec eux, que le personnage qui fut choisi pour succéder à saint Germain dans le siége épiscopal, fut tiré de l'église du nom de ce Saint, et j'entendrai, par là, non le monastère qu'il avoit bâti au delà de l'Yonne, mais l'oratoire de Saint-Maurice qui étoit desservi par des clercs, dont le premier étoit un prêtre nommé Saturne. On a vu, dans la vie du même saint Germain, que, pendant son absence du diocèse, ce prêtre fut regardé comme tenant sa place et le représentant. Un fragment très-ancien de l'histoire de l'église de Saint-Germain (1) dit qu'il éclata en vertus et en toute sainteté. Ce fut lui qui alla au-devant du corps du saint prélat, et qui en fit l'inhumation. Il n'y a aucune raison de penser que le clergé et le peuple d'Auxerre aient pu choisir un autre successeur à saint Germain, que le prêtre Saturne : et cela est infiniment plus probable, que de croire qu'on ait été tirer du cloître un abbé qui y faisoit pénitence, tel qu'étoit Alogius, que Constance dit être mort exerçant sa fonction d'abbé. Persistant donc à soutenir ce que j'ai avancé dans le petit catalogue que j'ai donné au public, l'an 1723, et sans rejeter la tradition où l'on étoit au ix⁰ siècle, que, quelque temps après la mort de saint Germain, la ville d'Auxerre fut ravagée par les Barbares et l'évêque mis à mort. Je réunis, dans Saturne, et la qualité de successeur immédiat de saint Germain et celle de martyr : sans quoi il resteroit inconcevable, comment un si grand personnage et un prêtre si chéri et si estimé par le saint évêque, seroit resté dans un oubli si général, qu'il n'y auroit aucune mémoire ni de lui, ni de sa sépulture. La ressemblance du nom de Saturne avec celui de Fraterne, est un accessoire qui peut faire recevoir ma conjecture, d'autant plus qu'il aura pu changer quelque chose dans son nom qui tenoit du paganisme, lorsqu'il aura été élevé à l'épiscopat. Comme tout le monde convient que ce fut en 451 que les Huns, conduits par Attila, passèrent par Auxerre, et que le martyre de saint Fraterne arriva vers la fin du mois de septembre, il s'en suivra de là qu'il aura été évêque durant trois ans. On doit donc donner, au langage de la tradition, un autre sens que celui que les auteurs du ix⁰ siècle semblent lui donner. Saint Fraterne fut martyrisé véritablement comme ils le disent le même jour qu'il

---

(1) *Bibl. mss. Labb.*, *l.* 1.

avoit été ordonné évêque, mais non pas la même année (*a*). Ce n'est que parce que la déposition ou inhumation de saint Alode, son successeur, étoit arrivée un 28 septembre, que, dans les siècles suivants, lorsqu'on vit celle de saint Fraterne au 29, on donna à la tradition ancienne un nouveau sens, et qu'on s'imagina que saint Alode avoit précédé saint Fraterne dans l'épiscopat, et que, dès le lendemain de sa mort, on lui avoit donné un successeur, lequel aussi auroit été tué le même jour. Il s'est introduit, par là, une confusion étrange dans les faits, et on les a resserrés dans un trop petit intervalle (*b*). J'ai cru qu'il étoit nécessaire d'employer ici ce style de dissertation, pour mettre le lecteur au fait des transpositions qu'il faut nécessairement admettre dans notre Histoire des évêques. Saint Fraterne fut donc ordonné évêque dans l'intervalle du temps que le corps de saint Germain, récemment arrivé d'Italie à Auxerre, fut exposé aux yeux des fidèles. Les évêques, accourus pour l'inhumation du premier, firent la consécration de l'autre le dimanche 26 septembre 448. Trois ans après, ce digne successeur périt par le glaive des Barbares, et, ayant été martyrisé le 26 septembre, il fut inhumé le 29, dans l'oratoire de Saint-Maurice où reposoit le corps de saint Germain.

SAINT ALODE, VIIIe ÉVÊQUE D'AUXERRE.

Alode, qui lui succéda, eut un pontificat de plus longue durée : il est cependant certain qu'il ne fut point de trente ans, comme l'ont marqué nos chronologistes du IXe siècle, mais seulement de vingt

---

(*a*) Voici le texte du *Gesta Pontificum* : « Fraternus sedit dies I. Is qua die a » fidelibus episcopus est ordinatus a Barbaris est martyris coronatus die III » kalend. octobris. » La seconde partie de cette phrase, comme on le voit, n'est pas opposée à l'opinion de Lebeuf. (*N. des E.*)

(*b*) Il serait peu probable, comme le fait justement remarquer Lebeuf, que l'élection de Fraterne ait eu lieu ainsi que le rapportent les chroniqueurs du IXe siècle. Ce n'était pas le jour même où les Barbares envahissaient Auxerre, que le clergé et le peuple auraient pu s'occuper d'une élection, quoiqu'à cette époque cette cérémonie se fît autrement que dans les temps modernes. (*N. d. E.*)

ans ou environ (a). On croit qu'il avoit aussi été des disciples formés par saint Germain. Il est constant qu'au moins il en fut l'imitateur. Comme il soutint dans l'église d'Auxerre la réputation de sainteté qu'elle s'étoit acquise, la bonne odeur du monastère de Saint-Côme, au delà de l'Yonne, attira quelques pieux personnages des diocèses voisins. Un nommé Marien, venu du Berry, s'y rendit religieux de son temps, et y avança tellement dans la vie spirituelle, qu'il éclata depuis en miracles. En supposant que saint Fraterne étoit décédé le 26 septembre, et qu'après sa mort il n'y ait eu que cinq ou six jours de vacance, saint Alode aura dû être sacré, ou le dimanche 30 septembre 451, ou le premier octobre, jour de la fête solennelle de saint Germain. Sa déposition, ou l'inhumation de son corps, qui fut faite dans l'oratoire de Saint-Maurice, qu'on commençoit à appeler l'*église de Saint-Germain*, est marquée au 28 septembre dans les anciens martyrologes. On ne peut la mettre plus tard que l'an 472.

SAINT CENSURE, IXe ÉVÊQUE D'AUXERRE.

Il n'est aucunement nécessaire d'admettre ici dix ans de vacance, comme l'ont imaginé nos chronologistes du ixe siècle. Ils retardent, par là, le pontificat des évêques suivants dont, cependant, l'on a des époques certaines par leur assistance aux conciles. Saint Censure fut subrogé à saint Alode, après un intervalle beaucoup moindre. Il étoit contemporain de saint Sidoine Apollinaire, évêque de Clermont, et de saint Patient, évêque de Lyon, qui vivoient en 475 et 480, et qui allèrent, tout au plus, jusqu'à l'an 490. Le premier lui écrivit une lettre par laquelle il lui recommandoit un diacre qui, évitant les fureurs des Goths, se réfugioit, avec sa famille, dans le diocèse d'Auxerre; et il honoroit si fort notre évêque, qu'il lui marque que,

(a) Dom Viole fait la même observation, et ne donne même, à saint Alode, que 17 ans de pontificat, et le fait siéger jusqu'en 471. Mais il conserve les dix ans de vacance que Lebeuf supprime après cet évêque et continue la série par saint Fraterne et saint Censure. (*N. d. E.*)

s'il lui récrivoit par ce diacre, il regarderoit sa lettre comme tombée du ciel. Il fut en relation avec le second, par rapport à la vie de saint Germain, qu'il le pria de faire écrire par Constance, prêtre de son église, l'une des meilleures plumes qui fût dans ce siècle-là. Constance obéit aux ordres de son évêque ; mais comme il ne publioit point l'ouvrage, saint Censure engagea le même évêque de Lyon à le lui ordonner, et ce prêtre, l'envoyant à notre évêque, lui écrivit la lettre suivante :

« Au très-heureux seigneur, personnage très-respectable par sa
» dignité apostolique, l'évêque Censure, Constance pécheur. Mon
» premier soin a toujours été de me renfermer dans l'état humble
» qui me convient. Si donc, j'en passe malheureusement les bornes,
» il en faut plutôt imputer la faute à ceux qui me l'ordonnent,
» qu'à moi-même : c'est ainsi qu'ayant écrit en partie la vie et
» les actions du bienheureux Germain, je m'y suis trouvé engagé,
» en vertu du commandement du saint évêque Patient, votre confrère,
» dont j'ai suivi les ordres, sinon comme j'ai dû, du moins comme
» j'ai pu. Mais, mon obéissance étant venue à la connoissance de
» votre béatitude, vous m'avez de nouveau exposé à tomber dans
» une seconde témérité, voulant que le petit ouvrage que je tenois
» renfermé secrètement, vît le jour sous mon nom, et que, par là,
» je devinsse l'accusateur et le délateur, en même temps, de ma
» faute. Car, certainement, tout le blâme retombera sur moi, si la
» négligence de mon style vient à blesser les oreilles des savants.
» Mettant donc à part toute la juste défiance que je pourrois avoir
» de moi-même, afin d'obéir à vos ordres, je vous l'envoie pour
» preuve de mon respect et de ma soumission, vous demandant
» réciproquement, pour marque de votre charité, que vous me fassiez
» sentir un double effet de votre protection, en m'épargnant la censure
» de mes lecteurs, et m'obtenant, par l'intercession de saint Germain,
» mon maître, les sentiments que doit avoir un digne ministre du
» Seigneur. »

Ce nom de Censure ou Censoire, ayant été très-rare et ne se trouvant donné dans nos histoires et dans celles du voisinage, qu'à notre évêque seulement, c'est avec assez de fondement qu'on croit que ce Saint a possédé le château dit, de son nom, Château-Censoir, *Castrum Censurii*, à sept lieues d'Auxerre, à l'entrée du diocèse d'Autun ; et, quoique nos historiens n'en disent rien, il y a apparence que c'est du don que ce prélat en auroit fait à son église qu'est venue la mouvance du Château-Censoir, en partie de l'évêque d'Auxerre. Censure étant mort au bout de trente ans d'épiscopat ou environ, fut inhumé dans l'église de Saint-Germain, vers l'an 502, le 10 juin.

SAINT URSE, Xe ÉVÊQUE D'AUXERRE.

On étoit arrivé au temps où Clovis avoit fait sa paix avec les Bourguignons. Ce prince, étant devenu maître d'Auxerre, et apprenant que le siége épiscopal étoit vacant, pria Gondebaud, dans le royaume duquel étoit un saint prêtre nommé Eptade (1), de permettre qu'il en sortît, pour être fait évêque d'Auxerre. Gondebaud acquiesça à sa demande; et, lorsqu'on eut su, à Auxerre, la volonté du roi, et sur qui il jetoit les yeux, le clergé et le peuple l'élurent unanimement. Eptade vivoit sur les confins des diocèses d'Auxerre et d'Autun : mais, aussitôt qu'il eut appris la nouvelle de son élection, il s'enfuit dans les bois du Morvan. On comprit par là le refus qu'il faisoit de la dignité épiscopale. On n'avoit point oublié le bienfait qu'on avoit reçu d'un autre solitaire nommé Urse, dont la cellule étoit auprès de l'église de Saint-Amatre. Il étoit arrivé, depuis peu, un incendie à Auxerre, qui avoit été éteint par la vertu de ses prières. Le saint ermite, auquel on avoit eu recours, n'ayant pas voulu sortir de la solitude où il s'étoit renfermé, s'étoit contenté d'envoyer son bâton et de dire qu'on le jetât dans les flammes. On avoit suivi ses intentions, et le ciel avoit exaucé ses prières. Le clergé et le peuple, qui n'avoient connu Eptade que par la réputation de ceux à qui le roi l'avoit recommandé, n'hésitèrent point à tirer le solitaire Urse de sa cellule, et à le proclamer évêque du consentement du prince. Il gouverna saintement l'église d'Auxerre l'espace de six ans et quelques mois, et il mourut

---

(1) *Vita Eptadii apud Labb. ad cacem t. 2, nov. Bibl. mss.*

au mois de juillet, vers l'an 508. Son corps fut inhumé dans l'église de Saint-Germain. Sa déposition est marquée au trentième de ce mois, dans tous les anciens martyrologes (a). Son culte commença aussitôt après sa mort; puisque sa cellule fut changée en un oratoire qui portoit encore son nom vers la fin du IXe siècle.

SAINT THÉODOSE, XI° ÉVÊQUE D'AUXERRE.

Saint Théodose, qui succéda, ne siégea guère plus longtemps qu'avoit fait saint Urse, ayant été élu évêque lorsqu'il étoit presque septuagénaire. Il assista au premier concile célébré à Orléans, par ordre du roi Clovis, l'an 511; et, si l'on peut conclure quelque chose de l'arrangement des souscriptions, il paroît qu'il ne souscrivit, l'avant-dernier, que parce qu'il n'y avoit que deux ou trois ans qu'il étoit évêque. Je ne m'arrête point à une donation qu'on dit que Clovis fit dans ce concile, à l'église de Saint-Hilaire de Poitiers, de la terre de Lonrez, au diocèse d'Auxerre, à laquelle on fait souscrire notre évêque, le premier. Les continuateurs de Bollandus (1) ont appuyé le père Le Cointe, dans la réfutation qu'il a faite de cette pièce (2). Il est plus important de faire ici remarquer que saint Théodose, s'étant joint à saint Léon de Sens et à Héracle de Paris, écrivit à saint Remi, évêque de Reims (3), une lettre dans laquelle il le blâmoit avec eux, de ce qu'à la recommandation de Clovis il avoit ordonné prêtre un nommé Claude qui n'avoit pas encore achevé la pénitence qu'il étoit obligé de faire pour un sacrilége commis. Ce saint évêque mourut après huit années d'épiscopat et fut inhumé, comme ses prédécesseurs, dans l'église de Saint-Germain, d'où son culte passa dans le reste du diocèse au 17 juillet, qui est le jour où les martyrologes font mention de lui.

(1) *Acta SS. julii*, 17.
(2) *Coint. ad an.* 511.
(3) *Ex epist. Remigii in Concil. Labb.*

(a) *Voy*. Nécrologe de la cathédrale, Preuv., t. IV., n° 5 (*N. d. E.*)

SAINT GRÉGOIRE, XIIe ÉVÊQUE D'AUXERRE.

La mort de saint Théodose fut suivie d'une vacance d'un an, si l'on en croit nos historiens du ixe siècle, qui n'en disent point de raison. Ils font succéder saint Grégoire dont le pontificat, quoique d'environ treize années, ne fournit aucun fait. Ces treize années se trouvent entre 515 et 530. Cette disette est peut-être cause que quelques anciens écrivains de martyrologes, ont emprunté ce que saint Grégoire de Tours a écrit de saint Grégoire de Langres (1), pour le lui appliquer, en disant de lui que, quoiqu'il fût au milieu du monde, il y parut comme un austère anachorète. On sait, seulement, que saint Grégoire, évêque d'Auxerre, parvint à l'âge de 84 ans; ce pourroit être, par la raison de ce grand âge, que d'autres martyrologistes, moins étendus, se contentent d'ajouter à son nom, au 19 décembre (2), la qualité de pape. Si ce nom étoit alors commun à tous les évêques, il convenoit, avec encore plus de raison, aux plus âgés. Il fut inhumé dans l'église de Saint-Germain, où ses ossements ont été changés de place, en différents temps, ainsi qu'on peut voir dans l'Histoire des Grottes de cette église (3). La mémoire de sa déposition a toujours été faite dans le diocèse, le 19 décembre (*a*), et la solennité du temps de l'Avent est sans doute la cause que de temps immémorial on s'est contenté d'une simple commémoraison.

SAINT OPTAT, XIIIe ÉVÊQUE D'AUXERRE.

Quoique saint Optat, qui fut successeur de saint Grégoire, n'ait pas tenu le siège d'Auxerre pendant deux années entières, nous ne laissons pas d'être instruits de quelques faits historiques de son pon-

---

(1) *Martyrol. S. Sarini de Levitania.*
(2) *Martyr. Hieronym.*

(3) Description des saintes grottes de Saint-Germain, 1714, pag. 26.

(*a*) *Voy.* Nécrologe de la cathédrale, Preuv., t. iv., n° 5 (*N. d. E.*)

tificat. Ce saint évêque, ayant une dévotion particulière envers saint Christophe martyr, fit bâtir une église sous son invocation, derrière celle de Saint-Germain, et deux saints prêtres, qui l'aidoient dans son ministère pastoral, contribuèrent aussi, de leurs soins, à la direction de cet ouvrage. Après sa mort, il fut inhumé dans cette nouvelle église qui, comme on voit par le peu de temps qu'on mit à la bâtir, devoit être fort petite. Les deux saints prêtres, Sanctin et Memorius, qui lui avoient survécu, y eurent aussi leur sépulture. La situation de cette petite église, bâtie à la hâte sur la pente d'un coteau, fit appréhender son peu de durée. L'indécence qu'il y auroit eu, qu'elle fût tombée sur les corps des trois saints personnages, engagea à les lever de terre et à les transférer, après un certain nombre d'années, un second jour de mai, de cette église en celle de Saint-Germain. Cette translation, qui est la première que l'on eût vue à Auxerre, se fit de l'avis du clergé et de la noblesse ; on n'en sait point l'année. Mais on peut conclure, de ce qu'elle est marquée dans les additions faites au martyrologe de saint Jérôme, qu'elle se fit au VIIIe siècle. Ceux qui transcrivirent des fragments de ce martyrologe, au Xe et au XIe siècle, transmirent ce fait à la postérité, quoique, dès lors, il ne fut plus vrai de dire que le corps de saint Optat étoit à Saint-Germain, parce que ses ossements avoient été tirés du cercueil ou de la caisse dans laquelle on avoit mis les corps des trois Saints, et qu'ils avoient été portés dans le Berry. J'ai cru devoir faire cette note, afin qu'on se défiât des manuscrits dont les copistes, ayant transcrit fidèlement les termes, pourroient faire croire que ces trois corps seroient toujours dans l'église de Saint-Germain, et même dans la situation où ils furent mis lors de leur première translation. Il y a tout lieu de croire que les corps de ces deux saints prêtres, compagnons de saint Optat, sont mêlés parmi les reliques qu'on trouva l'an 1636, dans un coffre de bois, proche le sépulcre de saint Censure, lequel coffre avoit été découvert, au XIIIe siècle, derrière l'ancien autel matutinal (1) de l'église de Saint-Germain, et déposé en ce lieu, lorsque le sanctuaire eût été rebâti par l'abbé Jean de

---

(1) *Voy.* pag. 81 l'explication de ce terme.

Joceval. Il est vrai qu'on ne trouva alors dans ce coffre aucune preuve que les ossements fussent ceux de ces deux Saints. Mais, comme on a toujours cru qu'ils avoient été mis en un endroit de l'église de Saint-Germain, situé du côté de l'orient, l'autel matutinal ayant toujours été le plus oriental dans les églises, c'est une assez forte présomption, que ce qui étoit derrière cet autel provenoit d'une église, laquelle avoit été située à l'orient de celle de Saint-Germain, et par conséquent de celle de Saint-Christophe. Dom Mabillon (1) n'ajoute point foi à ce que dit la chronique de Sens, écrite par Clarius, au XIIe siècle (a), que le pape Formose soit venu à Auxerre, et qu'il y ait laissé des reliques. Ainsi, la vraisemblance reste toujours en faveur des corps des deux prêtres de saint Optat. Je ne me suis point arrêté à réfuter le préjugé de ceux qui, faisant attention que les reliques de ces Saints avoient été transférées, en un même jour, et renfermées dans un même cercueil, ou dans une même caisse, et qu'on faisoit aussi mémoire d'eux le même jour, en conclurent qu'ils étoient morts le même jour, et qui, voyant la déposition de saint Optat marquée au 31 août, y attachèrent aussi celle de ses deux saints compagnons. Il a été ordinaire, en certains siècles, lorsqu'on voyait célébrer la fête des saints en un même jour, d'en conclure qu'ils étoient aussi décédés ensemble. Le corps de saint Optat, évêque d'Auxerre, étoit à Dèvre, en Berry, au IXe siècle : de là il fut porté à Vierzon, lorsque l'abbaye de Dèvre y fut transférée. On y célèbre la translation de ce saint corps, le 18 février et sa déposition, le 31 août, comme à Auxerre. On la trouve aussi, au même jour, dans quelques anciens calendriers des collégiales de Bourges. Je remarquerai ici, comme une chose singulière, que, dans un martyrologe Hiéronimique de l'église de Sens (2), conservé à saint Benoît-sur-Loire, l'annonce de leur première translation est ainsi conçue : *Autissiodoro, translatio sanctorum corporum fratrum Optati episcopi, Memori episcopi, et S. Sanciani presbyteri.* Saint Optat

---

(1) *Annal. Bened. t. 3, p. 213.* (2) *Codice*, 215.

(a) M[ss] in-4°, Biblioth. d'Auxerre. *(N. d. E.)*

est nommé seul dans le calendrier d'Einsidlen, dont les fragments sont à la tête des Analectes (1) de Dom Mabillon. (2)

SAINT DROCTOALD, XIVe ÉVÊQUE D'AUXERRE.

On lisoit, au ixe siècle, dans le rang des évêques d'Auxerre, un Droctoaldus, comme successeur de saint Optat; mais on n'en savoit rien autre chose, sinon qu'il étoit décédé le 8 novembre. Cette stérilité suppose que son épiscopat fut très-court : et je ne crois pas devoir l'étendre au delà de l'année 532, dans laquelle saint Optat étoit vraisemblablement décédé. Quelques mémoires modernes l'appellent *saint Droelt* ou *saint Drouaud*, et disent que l'on donne son nom aux enfants dans le baptême (3). Cela suppose que son nom auroit été fort commun dans l'usage vulgaire. Mais, comme on ignore tout ce qui regarde ce Droctoaldus, et même le lieu de sa sépulture, il est à présumer que ce n'est point son nom qui a passé dans le langage des fidèles, parce qu'on est certain que ce nom de Drohet ou Drouet étoit le même que celui de Droin, que les anciens donnoient, il y trois cents ans, par aphérèse, à ceux qui s'appeloient André. Au reste, il est bon de remarquer que le nom de *Droctoaldus* est le premier nom teutonique qui se trouve dans la liste des évêques d'Auxerre, (à moins qu'on y veuille rapporter celui d'*Alodius*) d'où il s'ensuit que cet évêque ne sortoit pas d'une famille romaine, ou gauloise romanisée, mais, qu'il descendoit apparemment du sang des Francs.

---

(1) *Edit. in fol. pag.* 20.

(2) L'anonyme qui nous a conservé la mémoire des premiers miracles arrivés à Paris, au tombeau de sainte Geneviève, immédiatement après sa mort, fait mention d'un Optat, abbé de Saint-Pierre et Saint-Paul de Paris. Un savant religieux de la même maison est porté à croire que sainte Clotilde, qui ne mourut qu'en 537, et qui eut toujours beaucoup de dévotion pour l'église où sainte Geneviève étoit inhumée, et une grande attention sur l'église d'Auxerre, auroit pu contribuer à l'élévation de l'abbé Optat sur le siége épiscopal de cette ville, et qu'ainsi il ne seroit pas différent de l'évêque de ce nom.

(3) M. Chastelain en son martyrologe universel.

SAINT ELEUTHÈRE, XVe ÉVÊQUE D'AUXERRE.

Celui qui suivit Droctoald dans l'épiscopat, est beaucoup plus connu : il se nommoit Eleuthère. Ce prélat, ayant été choisi dans un âge moins avancé que ses prédécesseurs, gouverna aussi plus longtemps l'église d'Auxerre. Il paroît, par le nombre de vingt-huit ans de siége, que l'histoire lui donne, qu'il commença en l'an 533, et qu'il finit en 561. C'est un calcul qui a été suivi par le père Le Cointe et par M. Baillet, et auquel rien ne s'oppose. Pendant qu'il gouverna avec une vigilance infatigable, l'église d'Auxerre, on tint plusieurs conciles dans la ville d'Orléans. Il assista à ceux qui y furent célébrés en 533, en 538, en 541 et 549, et dans toutes ces saintes assemblées, il contribua, par ses lumières, à faire dresser les règlements salutaires qu'on y fit pour maintenir le bon ordre dans l'église gallicane. Le jour de sa déposition a été marqué différemment dans les martyrologes. Tous l'ont mis au mois d'août, mais, les uns au 26, les autres au 16. Cette différence ne peut venir que d'un chiffre romain décennaire que certains manuscrits ont admis de trop, en comptant à la manière des Romains, par les calendes. Mais, ceux qui sont les plus anciens et les plus authentiques, portent vi *kalendas septembris*, et non pas xvi, comme il s'est glissé dans la copie du *Gesta Pontificum Autissiodorensium*, écrite au xiie siècle. L'église d'Auxerre a aussi toujours fait la fête de saint Eleuthère, le 26 août, excepté depuis l'an 1670, jusqu'en l'an 1726. Les copies du martyrologe Hiéronymique, lui donnent des compagnons dans l'annonce qu'elles font de lui au 26 août, et disent que ces Saints sont des confesseurs (1). Il faut conclure de là, qu'il en est de ce Saint, comme de saint Optat, et que le jour ci-dessus nommé, est celui auquel on réunit dans la même sépulture, quelques saints ecclésiastiques morts avant lui. Ces saints confesseurs pouvoient être saint Eusèbe, prêtre, et saint Avit, diacre, desquels il y eut une translation marquée à Auxerre dans les mêmes martyrologes Hié-

---

(1) *Autissiodero civitate depositio S. Eleutheri episcopi, cum sociis suis confessoribus.*

ronymiques, au troisième jour de mai. Héric ne fait aucune mention du corps de saint Eleuthère, dans ce qu'il rapporte de l'arrangement des tombeaux de nos saints évêques, fait de son temps, autour de celui de saint Germain ; et, on ne voit aucune épitaphe de lui dans l'église de ce Saint, comme on y en voit de plusieurs autres. Cependant, malgré le silence d'Héric et le défaut d'épitaphe, on croit posséder son corps à Saint-Germain, par la raison qu'aucune autre église ne se vante de l'avoir (a). On dit que son tombeau est celui dont on voit les pieds au mur occidental de la chapelle de Saint-Germain dans la grotte, vers l'angle méridional ; mais les preuves n'en sont pas tout-à-fait démonstratives.

SAINT ROMAIN, XVIe ÉVÊQUE D'AUXERRE.

Il est bien plus certain que le corps de saint Romain, successeur d'Eleuthère, est l'un des deux qui se trouvent dans les tombeaux du caveau qui est à trois pas de cette muraille. Ce Saint ne siégea que trois ans et quelques mois. Les historiens du IXe siècle en font un martyr, en disant qu'il eut la tête coupée. Mais le silence des martyrologes, sur cette qualité de martyr, ne sert pas peu à combattre cette opinion ; ou, s'il a été martyr, il n'a pu l'être que par un meurtre inopiné. C'est ce qui a porté à lui joindre, dans le nouveau Bréviaire de 1726, saint Tétrice, autre évêque, qui mourut d'une semblable mort. De sorte, que dans les éloges de ces Saints, c'est plutôt sur leur vigilance pastorale qu'il convient de s'étendre, parce qu'elle a été cause de leur mort, que sur leurs souffrances qui ont été imprévues et subites. Héric s'est servi, par inadvertance, dans son deuxième livre des miracles de saint Germain, de termes propres à faire croire que saint Romain auroit succédé à saint Didier. Mais, il faut faire attention qu'en cette occasion, cet écrivain parle de nos

---

(a) Le *Gesta Pontific.* dit en effet : « *Conjunctus est sepultura sanctis predeces-
» soribus suis in basilica beati Germani.* » — *Voy.* aussi la Descr. des SS. Grottes
par D. Fournier. *(N. d. E.)*

évêques suivant la disposition de leurs tombeaux, autour de celui de saint Germain, et non selon leur ordre chronologique. C'est sans un fondement suffisant que Dom Mabillon a cru que Robert de Saint-Marien avoit oublié ce saint Romain dans sa chronique. S'il ne l'a pas trouvé dans l'imprimé, c'est par la faute de l'éditeur. Il est nommé à son rang dans les manuscrits de cet ouvrage. La fête de ce saint évêque s'est toujours faite, à Auxerre, le sixième jour d'octobre.

SAINT ETHÈRE, XVIIe ÉVÊQUE D'AUXERRE.

Ethère, qui succéda à saint Romain, ne fournit pas un plus vaste champ à l'histoire, quoiqu'il ait porté le fardeau épiscopal pendant plus de neuf ans. On sait seulement de lui qu'il mourut le 27 juillet, et qu'il fut inhumé dans l'église de Saint-Germain. Comme son nom paroît au même jour, dans les martyrologes du ixe siècle, c'est une preuve de l'antiquité de son culte ; et le culte suppose une sainteté de vie qui ait précédé. On l'a honoré le 26, dans le diocèse de Sens, pendant plus de six cents ans : et, ce n'est pas sans quelque apparence qu'on croit que le culte d'un évêque d'Auxerre, si peu connu et si peu célèbre, pourroit ne venir que de ce que son corps auroit été porté dans ce diocèse, même avant le temps d'Héric (1). Cet historien, contemporain de Charles-le-Chauve, n'assigne à saint Ethère aucun endroit dans les cryptes de la basilique de Saint-Germain, et ne fait aucune mention de son sépulcre : je ne vois aussi aucune preuve que ce corps n'ait pas été transporté ailleurs, ou au moins déplacé. On s'autorise à se dire encore en possession de ce corps sur une peinture qui est dans les grottes du côté du midi ; mais ce fondement est insuffisant, puisqu'ayant toujours été sans épitaphe, elle peut représenter tout autre évêque que saint Ethère, et que, d'ailleurs, elle est très-nouvelle.

En parlant des saints évêques, successeurs immédiats de saint

---

(1) Peut-être à Nogent-sur-Vernusson, au diocèse de Sens, où on l'a pris pour saint Ytbier, évêque de Nevers, qui n'a jamais été dans le calendrier de Sens.

Germain, je ne me suis point arrêté à marquer les distractions qui ont été faites de leurs ossements, par M. Séguier, évêque d'Auxerre, qui en donna à son frère le chancelier (1), et par M. de Bellegarde, abbé de Saint-Germain (2). Ce sont des faits qui me paroissoient trop interrompre le récit chronologique de la suite de nos évêques. Venons à saint Aunaire et à saint Didier qui fournissent une matière plus abondante.

CHAPITRE V.

Histoire de la vie de SAINT AUNAIRE, dix-huitième évêque d'Auxerre, appelé anciennement saint Aunais, avec un recueil de tout ce que l'on sait sur son culte.

Aunaire étoit de la première noblesse de la ville d'Orléans. Son père s'appeloit Pasteur et sa mère Ragnoara. Ils envoyèrent de bonne heure leur fils à la Cour de Gontran, roi de Bourgogne. On s'aperçut, dès sa jeunesse, qu'il aimoit particulièrement la lecture, et qu'il faisoit son occupation de méditer les divines Ecritures. Une inclination si heureuse lui donna du dégoût pour la Cour, et lui fit préférer le service du Roi du ciel à celui d'un roi de la terre. Il s'en alla à Tours, à l'insu de ses parents, accompagné seulement de deux domestiques; et, ayant quitté ses cheveux au tombeau de saint Martin, il laissa l'habit séculier pour prendre celui des clercs. Ses parents, affligés de ce qu'il n'étoit plus à la Cour, s'informèrent de tous côtés de ce qu'il étoit devenu : et ils eurent le chagrin de ne trouver personne qui pût leur en dire des nouvelles. Saint Siagre, qui étoit alors évêque d'Autun, ayant appris ce qui étoit arrivé, envoya chercher Aunaire à Tours : il prit le soin de son éducation

---

(1) M. Séguier en prit de saint Fraterne et de saint Censure. — *Voy.* le livre des Grottes.

(2) Dans le magnifique reliquaire des Bénédictines de Villeneuve-le-Roi, qui vient de M. de Bellegarde, archevêque de Sens et abbé de Saint-Germain, il y en a de saint Alode, de saint Urse et de saint Grégoire, selon les étiquettes que j'ai vues.

et le fit passer par tous les degrés de la cléricature, en sorte qu'après la mort de saint Ethère évêque d'Auxerre, le clergé et le peuple le choisirent unanimement pour lui succéder. Il fut amené à Auxerre et y fut sacré évêque le jour de la fête de saint Germain, 31 juillet, environ l'an 572. On connut d'abord l'étendue de sa science : il marqua son amour pour les citoyens, fit sentir sa vigilance sur le clergé, son attention et sa charité envers les pauvres, et il se distingua par le soin qu'il prit des choses saintes. Son visage, disent les auteurs de sa vie, ressembloit à celui d'un ange : ses discours étoient éloquents et pathétiques, et son accès facile et prévenant. Il consoloit, par ses paroles, tous ceux qui s'adressoient à lui ; ses prédications furent comme un sel qui préserva de la corruption les cœurs des fidèles, et l'on vit, de son temps, le culte du Seigneur s'augmenter visiblement, non-seulement par la force des exemples qu'il donnoit, mais encore par la vertu des miracles qu'il plut à Dieu d'opérer par lui. Héric et les deux chanoines, ses collègues, renvoient au livre qui traitoit de ces miracles, c'est-à-dire à sa vie qui fut écrite quelques années après sa mort, et ils se contentent de rapporter les preuves de son zèle pour le maintien de la discipline ecclésiastique. C'est à l'aide de si bons guides, que j'entrerai ici dans le détail de ses fonctions pastorales et de son zèle apostolique.

Il statua donc plusieurs choses très-salutaires dans l'église d'Auxerre : et, afin qu'elles fussent observées exactement, il les fit confirmer de l'autorité du roi Gontran. Voulant préserver, par la miséricorde de Dieu, de tous les accidents et périls, le troupeau qui lui étoit confié, il établit, dans la ville d'Auxerre et dans les paroisses du pays Auxerrois, le règlement suivant (1) :

Que le premier jour du mois de janvier, la ville avec le clergé et le peuple feroient, à cet effet, des prières particulières.

Le second jour, Eppoigny et Venouse (2).

Le troisième jour, Gouaix et Naintry.

---

(1) Il peut n'avoir fait ce règlement que vers l'an 596.

(2) *Voy.* la carte.

Le quatrième jour, *Corævicus* avec le clergé et le peuple (1).

Le cinquième jour, Bacerne et Accolay.

Le sixième jour, Mairry avec ses dépendances (*cum suis*).

Le septième jour, Courçon et Ecoulives.

Le huitième jour, Druye avec ses dépendances (*cum suis*).

Le neuvième jour, Varzy avec ses dépendances.

Le dixième jour, Colméry avec ses dépendances.

Le onzième jour, Champ-lemi avec ses dépendances.

Le douzième jour, Bargis avec ses dépendances.

Le treizième jour, Donzy avec ses dépendances.

Le quatorzième jour, Sully avec ses dépendances.

Le quinzième jour, Mève avec ses dépendances.

Le seizième jour, Cône avec Tracy.

Le dix-septième jour, Aligny avec ses dépendances.

Le dix-huitième jour, Neuvic avec ses dépendances.

Le dix-neuvième jour, Briare avec ses dépendances,

Le vingtième jour, Giem avec ses dépendances.

Le vingt-et-unième jour, Blaineau avec ses dépendances.

Le vingt-deuxième jour, *Cassiniacus*, *Nantiniacus cum cella Salvii et cella Mauri* (2).

---

(1) Depuis que j'ai écrit ceci, j'ai prouvé dans le 1er tome de mon Recueil imprimé à Paris, en 1738, que *Corœ vicus* doit être Crevan : et la suite de la description diocésaine le fait bien voir. — *V*. la carte ci-jointe. (*a*)

(2) Il y a apparence que *Cassiniacus* est Chassenay, et *Nantiniacus* Saint-Amand.

(*a*) Danville (Eclaircissements géograph. sur l'ancienne Gaule) a placé à Arcy-sur-Cure le *Cora* ou *Corœ vicus*. Cette contradiction de l'avis de Lebeuf donna lieu, entre les deux savants, à une polémique qu'on peut lire au Mercure de France d'avril, août et septembre 1742, page 711, 1703 et 1915. Lebeuf y prit un ton de vivacité qui contraste singulièrement avec sa mansuétude ordinaire. Pasumot a, depuis (Dissertations, p. 51), démontré, avec une grande apparence de raison, que tous deux se trompaient; mais Danville, moins que Lebeuf, et que les ruines de *Cora* existaient encore sur le mamelon de Ville-Auxerre (autrefois dit Querre), qui domine la Cure, près de Saint-Moré. Quant à Cravan, connu dans les chartes, dès le VIIIe siècle, sous le nom de *Crevannum*, son origine celtique est indiquée clairement par son nom. De *Crevannum* on remonte facilement à *Corebannum* : *Cor*, en celtique, signifie confluent, et *bann* habitations; *um* est une désinence latine : d'où *Corbann* habitations au confluent, ce qui donne la position de Cravan, au point de jonction de la Cure et de l'Yonne, et non sur la voie romaine dont il est assez éloigné. (*N. d. E.*)

Le vingt-troisième, *Laoderus* (1) avec ses dépendances.
Le vingt-quatrième jour, Bitry et Arquien.
Le vingt-cinquième jour, Bouy avec ses dépendances.
Le vingt-sixième jour, Entrains avec ses dépendances.
Le vingt-septième jour, Tury avec ses dépendances.
Le vingt-huitième jour, Levis avec ses dépendances.
Le vingt-neuvième jour, Pourrein avec ses dépendances.
Le trentième jour, Ouéne avec ses dépendances.

Il n'y a que trente-sept paroisses de la campagne nommées dans cette description diocésaine, quoiqu'il paroisse que le diocèse étoit dès lors aussi étendu qu'il est aujourd'hui. On peut dire que l'évêque n'a nommé que les principaux lieux (a), et qu'un grand nombre des cures qui existent de nos jours, n'étoient pas encore érigées alors.

Il assigna aussi, à chacune des basiliques et à chacun des monastères, le premier jour d'un des mois, pour célébrer les litanies dans la même vue; et voici le règlement qu'il fit à ce sujet:

Aux calendes de janvier, la basilique de Saint-Germain.
Aux calendes de février, la basilique de Saint-Amatre.
Aux calendes de mars, le monastère de Saint-Marien.
Aux calendes d'avril, la basilique de Saint-Pierre, apôtre.
Aux calendes de mai, la basilique de Saint-Valérien et le monastère de Vulfin.
Aux calendes de juin, la basilique de Saint-Martin.
Aux calendes de juillet, la basilique de Saint-Julien.
Aux calendes d'août, le monastère dit *Decimiacense ad Sanctum Ciricum*, qui paroît avoir été Saint-Cyr-lez-Chitry, à dix milles d'Auxerre.

(1) *Laoderus*, peut-être Latré, proche Saint-Martin-des-Champs.

(a) Les mots *cum suis*, mis à la suite des noms des paroisses, démontrent bien que chacune de ces divisions ecclésiastiques avait alors une circonscription plus étendue qu'aujourd'hui. La rareté des clercs avait dû nécessiter cet ordre de choses qui répondait, d'ailleurs, à une population de beaucoup moindre que celle d'aujourd'hui.

(*N. d. E.*)

Aux calendes de septembre, le monastère de Fontenoy.
Aux calendes d'octobre, le monastère de Coucy-les-Saints.
Aux calendes de novembre, le monastère de Saissy.
Aux calendes de décembre, le monastère de Mannay.

Et les autres jours du mois, chacun des villages ci-dessus nommés devoit faire, à son tour, les mêmes prières qu'il avoit faites pendant celui de janvier.

Il fixa l'heure à laquelle tous les archiprêtres et les abbés célèbreroient, chaque dimanche, les vigiles ou veilles, c'est-à-dire l'office de la nuit, chacun dans leur église (1). Il ordonna que, dans les dimanches qui sont depuis le jour de Pâques jusqu'au premier jour d'octobre, elles seroient célébrées depuis l'entrée de la nuit jusqu'à la pointe du jour (2); que, dans les dimanches depuis les calendes d'octobre jusqu'à Noël, elles seroient célébrées depuis le chant du coq (3); et depuis le jour de Noël jusqu'à Pâques, que ce seroit depuis le milieu de la nuit (4).

De plus, il régla par laquelle des églises séculières, conjointement avec un monastère, les vigiles, ou office nocturne, seroient célébrées chaque jour de la semaine dans la basilique de Saint-Etienne. Il assigna la nuit du dimanche au clergé de la basilique de Saint-Germain, joint avec le monastère déja ci-dessus nommé *Decimiacense*.

La seconde férie (a) de la semaine, au clergé de la basilique de Saint-Amatre, joint avec le monastère de Fontenoy.

La troisième férie, à deux monastères joints ensemble, savoir : celui que saint Germain avoit bâti au delà de l'Yonne, et où reposoit saint Marien, et avec ce monastère celui de Saissy.

La quatrième férie fut assignée à la basilique de Saint-Pierre, au clergé de laquelle devoient se joindre les moines de Mannay.

---

(1) Ces règlements paroissent avoir été faits les premiers.
(2) *A primo sero usque ad illucescentem diem.*
(3) *A gallorum cantu.*
(4) *A media nocte.*

(a) On donnait, au moyen-âge, le nom de *feria* à chacun des jours de la semaine. *Feria prima* était le dimanche, *feria secunda* le lundi, et ainsi de suite. *(N. d. E.)*

La cinquième férie, au clergé de la basilique de Saint-Martin, et au monastère de Vulfin, que je crois avoir été celui qu'on appela depuis *Monasterium Longoretense* (1).

La sixième férie, au clergé de la basilique de Saint-Valérien, avec le monastère appelé Varennes.

Les manuscrits n'indiquent rien pour la septième férie, qui répond à notre samedi. Il étoit juste que ceux qui venoient d'aussi loin qu'est Varennes eussent le loisir d'être rendus chez eux le dimanche, et c'est apparemment pour cette raison qu'aucun autre monastère n'étoit employé à ce jour.

Je ne me suis point proposé de m'étendre ici sur le concile d'Auxerre, qui fut tenu du temps de saint Aunaire (a). Quoique cette assemblée n'ait été proprement qu'un synode, le souvenir en est devenu cependant si précieux, à cause du détail qu'il contient, qu'on en a inséré les règlements dans toutes les collections de conciles anciennes et modernes, et qu'il y a peu de canonistes qui n'en aient cité quelque article. Saint Aunaire y présida. Sept abbés y assistèrent : ce qui revient à la liste des abbayes marquées ci-dessus, savoir : l'abbé de Saint-Marien, celui de Vulfin, celui du lieu appelé *Decimiacum*, l'abbé de Fontenoy, l'abbé de Coucy-les-Saints, celui de Saissy et celui de Mannay. Trente-quatre prêtres y souscrivirent, et trois diacres au nom de trois autres prêtres absents; ce qui forme précisément le même nombre de trente-sept qui est marqué dans la description diocésaine rapportée ci-dessus. Le diocèse d'Auxerre n'avoit donc certainement alors que trente-sept paroisses dans la campagne, comme il paroit par la même description qui va de territoire en territoire, et qui comprend la même étendue de pays qu'il a de nos jours. Il s'ensuit seulement de là, que les paroisses étoient plus écartées

---

(1) Il y eut dans la France, au milieu du vi^e siècle, un prince de sang royal nommé Vulfin, qui fonda apparemment ce monastère, comme il en fonda un dans le Berry, vers l'an 560, sur le tombeau de saint Eusice. — *Voy.* Labb. bibl. mss. t. 2, pag. 372.

(a) *Voy.* Collect. des conciles t. 1, et Preuves de cette histoire, t. iv, n° 3.

(*N. d. E.*)

les unes des autres, et que chacune avoit un plus vaste circuit. Quoique Binius ait remarqué que les statuts de ce synode sont une répétition de plusieurs canons du concile de Mâcon, auquel saint Aunaire avoit assisté, on y trouve cependant plusieurs particularités qui ne sont pas dans l'autre. Il appartient aux canonistes, plutôt qu'à un historien, de donner des commentaires sur ces règlements. Le premier canon qui défend, aux calendes de janvier, certaines pratiques venues du paganisme, a fait le sujet d'une dissertation que j'ai publiée, en 1738 (a), *de Cervolo et Vetula*. Il y a matière à en faire une sur le troisième, à l'occasion de la défense de faire *compensos in domibus* (b). Le trente-sixième et le quarante-deuxième canon parlent de la communion de la messe d'une manière qui s'accorde avec les invitations qui étoient usitées dans l'Eglise gallicane et qu'on chante encore à Lyon, à Chartres et ailleurs. On s'attendoit, en France (1), à voir venir d'Italie, touchant ces canons, une dissertation qui a été promise et qui n'est pas encore arrivée. Ce que je puis encore ajouter d'intéressant, par rapport au concile d'Auxerre, est que j'ai découvert un quarante-sixième canon de ce concile (2), dont on n'en connoissoit que quarante-cinq, et que je l'ai fait insérer dans le Bréviaire d'Auxerre de 1726 (3). La plupart

---

(1) Mémoires de Trévoux, 1752, dans les Nouv. litt.
(2) *Cod. Colbert* 2576.
(3) *Part. Autumn.* p. 329.

(a) Recueil de divers écrits, t. 1er. p. 280. (*N. d. E.*)
(b) Le texte porte : « *non licet compensos in domibus propriis, nec vigilias ac pervi-* » *gilias in festivitatibus sanctorum facere.* » Ces derniers mots indiquent des assemblées où l'on célébrait les vigiles de fêtes des saints. Les premiers ne s'appliquent-ils pas à des réunions dans lesquelles les femmes filaient des étoffes de laine (*pensum* désigne en effet une tâche de laine), et qu'on connait encore, dans les campagnes, sous le nom de *veillées*. Il s'y passait, sans doute, des choses blâmables pour les mœurs ou pour la foi. Peut-être doit-on entendre, par *compensos*, des assemblées faites à certains jours, comme dans le mois de mai, par exemple, que les Gaulois consacraient à des fêtes superstitieuses. Ou bien, encore, ne s'agirait-il pas d'offrandes domestiques (*compensum* ayant aussi dans la latinité du moyen-âge la signification d'*oblatio*), qui rappelaient le culte des pénates et dont les évêques avaient grand'peine à déraciner l'usage traditionnel ? — *Voy.* le Glossaire de Ducange, v° *compensus*. (*N. d. E.*)

des quarante-quatre ecclésiastiques qui ont souscrit au synode d'Auxerre, ont des noms teutoniques : ce qui marque que les Francs étoient alors dans le pays beaucoup supérieurs aux anciens Gaulois. Comme il n'y a aucune preuve positive que cette assemblée ait été tenue en 578, j'ai cru qu'il étoit plus convenable de dire, en général, que ce fut vers l'an 580 : ce qui peut s'étendre jusqu'en 585, et par conséquent convenir à la pensée de Binius. On compte trois conciles auxquels saint Aunaire assista. Celui de Paris de l'an 573, et les deux de Mâcon que le roi Gontran fit tenir en 583 et 585. Outre cela, son nom se trouve parmi ceux des évêques (1) qui, en 589, travaillèrent à la pacification des troubles arrivés dans le monastère de Sainte-Croix de Poitiers.

On avoit, au IXe siècle, la connoissance de deux lettres que le pape Pélage II lui avoit écrites. Héric et ses deux collègues ne nous en ont cependant donné qu'une, dans leur collection, qui est datée de la troisième année de l'empereur Maurice; ce qui revient à l'an 586. Il paroît que ce saint évêque avoit demandé, à ce pape, des reliques ou sanctuaires de saint Pierre et de saint Paul, pour les nouvelles églises qui venoient d'être bâties dans son diocèse et qu'il vouloit consacrer sous leur invocation; et c'est en lui envoyant de ces sanctuaires que le pape lui fait réponse. La seconde lettre qu'Héric ne put lire, à cause qu'elle étoit trop effacée, dans le livre qui la contenoit, est sans doute celle que le P. Labbe a donnée parmi les conciles, et dont M. Fleury parle dans son histoire. Le pape y dit encore un mot des reliques qu'il lui a envoyées. Ce pouvoient être des linges qui avoient touché et même reposé sur le tombeau des saints apôtres. Il exhorte ensuite cet évêque à persuader aux rois qui étoient dans les Gaules de défendre Rome contre les incursions des Lombards. On y voit que saint Aunaire avoit eu dessein de se rendre auprès du pape, sans les incursions de ces barbares qui l'en empêchèrent.

Saint Aunaire montra aussi une dévotion particulière envers les deux plus illustres de ses prédécesseurs, saint Germain et saint Amatre.

---

(1) *Greg. Tur. l.* 9, *cap.* 39.

Comme il avoit de la littérature, il se proposa d'écrire la vie de plusieurs saints confesseurs, soit en prose, soit en vers : et plût à Dieu qu'il eût exécuté ce dessein. Mais il crut devoir plutôt exciter le zèle d'un prêtre nommé Etienne (1), et le charger du travail qu'il avoit projeté, savoir : d'écrire la vie de saint Amatre en prose, et en vers celle de saint Germain, que Constance de Lyon avoit écrite en prose. On voit, par leurs lettres réciproques, qu'Etienne accepta cette commission, et que la coutume étoit encore alors de qualifier tous les évêques du titre de *pape et de personnes revêtues de l'autorité apostolique* ; ce qu'on a déjà pu remarquer dans la lettre de Constance de Lyon à saint Censure. Non-seulement saint Aunaire s'efforçoit de faire connoître de plus en plus les actions des saints, il savoit encore en former lui-même selon l'esprit de Dieu. Lui et son frère Austrène, évêque d'Orléans, eurent soin de l'éducation de saint Loup, leur neveu, fils d'Austregilde, autrement dite Agie, et lui firent faire de si grands progrès dans la vertu, qu'il devint, par la suite, archevêque de Sens. Saint Austregisile (2), quittant le monde, vint recevoir, des mains de saint Aunaire, la tonsure et le sous-diaconat (3), et mérita depuis d'être assis sur le siége de l'église de Bourges. Saint Valeri, ayant quitté l'Auvergne sa patrie, se retira, pendant quelque temps, dans le monastère qui étoit tout auprès de la ville d'Auxerre, et avança tellement dans le chemin de la perfection, sous les yeux de saint Aunaire, qu'il devint ensuite le supérieur d'un célèbre monastère, dans le diocèse d'Amiens. Comme, selon l'expression de la vie de ce saint abbé, le monastère de saint Aunaire étoit situé dans une prairie, ce ne pouvoit être que celui de saint Côme dans lequel reposoit alors le corps de saint Marien, et qui étoit situé sur le bord de la rivière, vis-à-vis l'angle septentrional des murs de la cité d'Auxerre. C'est celui-là même

---

(1) Quelques manuscrits d'Angleterre appellent cet écrivain *Stephanus Probus Africanus* ; mais peut-être ont-ils pris *Probus* pour *Presbyter*. Il n'est pas aisé de décider si son nom d'*Africanus* lui venoit de ce qu'il fut d'Afrique, ou si c'étoit parce qu'il auroit été de la famille des *Africanus* illustre à Auxerre plusieurs siècles auparavant, selon l'inscription trouvée dans les anciens murs, en 1721.

(2) On l'appelle dans le Berry S. *Outrille*.

(3) *Sæc.* II, *Bened.*

que saint Germain avoit fondé. Si saint Aunaire en eût fondé un proche Auxerre, les auteurs de sa vie n'auroient pas manqué d'en indiquer les biens. Ils se contentent de dire seulement qu'il donna à la basilique de Saint-Etienne les terres et villages qui lui étoient échus de son patrimoine, à savoir : Briare avec Verneuil (1) et ses autres dépendances, une terre appelée Holvet ou Nolvet (2), et Giem avec Oscel et ses dépendances. De plus, dans le territoire orléanois ou blésois, Meun avec un endroit appelé alors *Deus-adjuva*, un autre appelé *Cormagnum* (3), et les Bries ou les Bray avec leurs dépendances ; La Roche aussi et Mannay avec Villiers et leurs dépendances. De plus, le village de Boné avec ce qui en dépend (4). L'autre église qu'il fit héritière de ses biens, fut celle de Saint-Germain, où il avoit choisi sa sépulture. Il lui donna une terre très-riche, située dans le pays de Gâtinois, appelée Corbeilles (5), avec toutes ses dépendances ; et, dans le pays Avallonnois, Domecy avec Vézelay (6) et un lieu appelé *Calminiacum* ; et enfin, dans le pays Sénonois, Bouilly (7) avec ses dépendances.

Je ne puis finir ce qui regarde un si grand évêque, sans rapporter quelques-unes des merveilles que Dieu opéra par son ministère. Un jour qu'il alloit à l'église de Saint-Etienne, il aperçut une femme possédée et horriblement défigurée. Touché de compassion,

---

(1) Le Verneuil *Vernolium*, joint ici à Briare, pouvoit être ce qu'on a depuis appelé Dammarie *Domna-Maria* : c'est un village contigu à Briare, et duquel saint Amatre a été premier patron, ce qui pouvoit provenir de la dévotion de saint Aunaire envers ce Saint.

(2) *Nolvetum* peut être Neuvoy qui auroit été dit anciennement *Nouvet*.

(3) Le P. Labbe a oublié, dans son édition de l'histoire de nos évêques, ces deux villages : *Deus-adjuva* et *Cor magnum*, et peut-être les a-t-il fait omettre à dessein, ne pouvant pas croire que ce fussent des noms de lieu. Mais on a encore l'exemple d'un autre village appelé *Deus-Adjuva*, dans une charte de Girbold, évêque de Chalons-sur-Saône, de l'an 877. (*Annal. Bened. Mabill.* t. 3, p. 208), *villam quam vulgus, Deus-ad-juva nominat.*

(4) On n'a pas de peine à découvrir que ce terrain étoit aux environs de Châteauneuf et de Saint-Benoît-sur-Loire, où l'on voit encore Bray, Mannay dans la paroisse de Bouzy et Bonné. L'église d'Auxerre possédoit encore des biens en ces cantons-là, sous le roi Robert, suivant Aimoin, *lib.* 2, *miracul. S. Bened. cap.* 26.

(5) *Corbilias*, Corbeilles est à trois lieues ou environ de Montargis et de Château-Landon.

(6) *Decimiacum cum Vidiliaco*. C'est Domecy-sur-le-Vau, dont l'église est encore titrée de Saint-Germain d'Auxerre. Vézelay n'étoit encore qu'un hameau alors.

(7) *Badiliacum*, Bouilly, auprès de Brienon-l'Archevêque.

il fit de loin le signe de la croix sur elle, en commandant au démon de la quitter; et aussitôt elle se trouva guérie. L'abbé d'un monastère voisin d'Auxerre étoit devenu si goutteux qu'il ne pouvoit se soutenir. Il lui vint en pensée qu'il seroit guéri aussitôt qu'il auroit pu mettre dans ses pieds les sandales du saint évêque. Il parvint à les avoir : et, les ayant mises avec foi et dévotion, en présence de toute la communauté, il sentit cesser son mal tout à coup. Il étoit tombé, dans une fontaine (1) proche Auxerre, un homme possédé du diable, et il s'y étoit noyé. Le peuple, n'osant plus boire de cette eau, eut recours au Saint. Il bénit du sel et ordonna de le jeter dans la fontaine. On n'eut pas plus tôt fait ce qu'il avoit commandé, qu'une femme possédée ayant bu de cette eau, se sentit entièrement délivrée. Son pontificat, qui fut de trente ans et davantage, fut recommandable par plusieurs autres miracles que l'auteur de sa vie a passés sous silence. Il est, au reste, très-digne de croyance, dans le peu qu'il en rapporte, puisqu'il étoit contemporain.

Après avoir marqué la mort de saint Aunaire, arrivée le 25 septembre, il dit que son corps fut porté à Saint-Germain, suivi d'une affluence innombrable pour y être inhumé, et qu'il n'y éclata pas moins en miracles qu'il avoit fait durant sa vie. Un jeune enfant de la ville de Sens, qui étoit né aveugle, recouvra la vue à son tombeau et resta au service de l'église en qualité de clerc. Il y étoit encore lorsque l'écrivain de la vie de ce Saint travailloit à son ouvrage. Un autre aveugle, nommé Begto, y recouvra pareillement la vue. Une femme paralytique du Gâtinois demanda à être portée au sépulcre du saint évêque. On lui frotta les membres perclus avec de l'huile qui brûloit devant le tombeau, et elle reçut une parfaite guérison. Une autre femme, qui avoit les mains rétrécies depuis douze ans, obtint aussi sa guérison aussitôt qu'elle eut touché les

---

(1) J'ai cru que cette fontaine étoit l'étang d'Augi qui est d'une eau très-claire, et je me fondois sur ce que de Wo on a pu faire Vro qui se trouve dans les manuscrits. Si ces manuscrits n'ont pas été altérés dans ce nom propre, et que la fontaine se soit appelée véritablement *Urus*, ce peut être celle de Bouffaut, proche Auxerre, à l'extrémité du faubourg Saint-Amatre. Un passage de Macrobe conduit à trouver du rapport entre cet ancien nom latin et le nom vulgaire. *Satur. lib* 6, c. 4.

planches du cercueil, ou même la boisure de l'endroit où il étoit inhumé.

Le corps de ce Saint resta dans le même endroit jusqu'environ l'an 865, auquel temps on transféra son tombeau aux pieds de celui de saint Germain, lorsque les grottes eurent été bâties. Cette translation est sans doute celle qu'on lit, marquée au 25 septembre, dans le martyrologe de la cathédrale, écrit au commencement du xie siècle. On sait qu'ordinairement les premières translations des corps des saints se faisoient le jour de l'anniversaire de leur mort ou de leur inhumation. On trouve, dans le même martyrologe, au seizième août, une seconde translation du corps de ce Saint. Elle y est marquée avec celle du corps de saint Didier, son successeur. C'est ce qui fait croire qu'elle a dû être faite par Hugues de Chalon, évêque d'Auxerre, vers l'an 1030. Et, comme ce fut vers ce temps-là que ce prélat tira du sépulcre les os de saint Didier, pour les renfermer dans une châsse, il est à croire qu'il fit aussi alors la même cérémonie pour saint Aunaire, d'autant que leurs tombeaux se touchoient ou étoient fort voisins. Comme ces sortes de translations ne se font guère sans quelques distractions de reliques, il en parvint, de nos deux Saints, jusque entre les mains de l'évêque de Paris, qui avoit peut-être assisté à la translation. De sorte qu'on trouve, dans un inventaire des reliques contenues dans la châsse de N.-D. de Paris, dressé vers l'an 1100, ces deux mots, après les noms de saint Prix, de saint Cot, de saint Amatre, tous saints d'Auxerre, *S. Aunaari*, *S. Desiderii*. Quoiqu'il en soit, il subsistoit encore, en 1200, dans l'abbaye de Saint-Germain, une châsse qui portoit le nom de saint Aunaire et de saint Didier, puisqu'on lit dans la vie de l'abbé Raoul, mort en 1208, qu'il fut obligé de la dégarnir de son argenterie pour en payer ses dettes. Mais, en quelque état qu'elle fût, les reliques qu'elle renfermoit furent toujours un des principaux objets de la dévotion du peuple d'Auxerre. J'ai vu une lettre d'Hugues de Thiard, abbé de Saint-Germain, *aux gouverneurs et procureurs de la cité d'Auxerre*, par laquelle il consent que cette châsse soit descendue et portée, à l'occasion de la peste qui régnoit ; ce qui peut s'accorder avec l'époque de 1469, à laquelle on trouve qu'il se fit une procession, le dimanche 17 septembre, pour un semblable sujet, avec la châsse de notre Saint. Cette châsse est aussi nommée parmi celles qui furent portées en 1554, le 21 mai, à une procession générale de la ville d'Auxerre. On l'appeloit alors *saint Aunès*, et, au siècle précédent, *saint Anès*. C'est ainsi qu'il est nommé dans la lettre de l'abbé Hugues de Thiard qui vivoit sous Louis XI.

<small>Culte de S. Aunaire.</small>

En 1542, le second jour d'octobre, le vicaire général de Louis de Lorraine, abbé de Saint-Germain d'Auxerre, tira, en présence et du consentement des religieux, quelques reliques des châsses de cette abbaye, entre autres du chef de saint Aunaire, aussi mentionné, en 1554, parmi les reliquaires, sous le nom de chef de saint Aunès. Ces reliques étoient destinées pour la duchesse de Guise, mère de cet abbé.

Le vrai nom de ce Saint étoit *Aunacharius*; mais, par syncope, on a dit *Aunarius*, de même que de *Clotacharius* on a fait *Clotarius*. Il a été écrit diversement dans les manuscrits : les uns ont mis *Aunharius*, d'autres *Agnarius*, *Anguarius*, *Annarius*, et même quelques-uns l'ont défiguré jusqu'à écrire *Anianus*. Son office a toujours été à neuf leçons dans l'église d'Auxerre : et, de temps immémorial, c'est-à-dire depuis le XIIe siècle au moins, jusqu'à l'an 1670, on chantoit, à sa fête, des antiennes et des répons propres tirés de l'histoire de sa vie. Il a toujours été marqué dans les livres de Sens, dont quelques anciens manuscrits l'appellent *Authnarius*. Je l'ai pareillement trouvé dans des anciens calendriers de Bourges, et, en conséquence, il est dans les nouveaux. Il en étoit de même de tous ceux d'Orléans jusqu'à l'an 1731, que quelques réviseurs ont cru devoir l'ôter sans en dire de raison.

Comme l'ancienne manière de prononcer et d'écrire le nom de saint Aunaire ressembloit au nom de quelques autres saints, de là est venue la cessation de son culte dans des églises qui avoient été apparemment dédiées sous son invocation. Je mets dans ce rang l'église paroissiale d'Hières, au diocèse de Paris, qui honore maintenant comme patron saint Honest prêtre, qu'on y prononce *saint*

Aunais, comme en convient M. Chastelain (1), et qu'on y représente en évêque, quoiqu'il ne l'ait jamais été. On a vu, ci-dessus, que l'église de Paris possédoit dès le xie siècle des reliques de saint Aunaire.

<small>Culte de S. Aunaire.</small>

CHAPITRE VII.

SAINT DIDIER, XIXe ÉVÊQUE D'AUXERRE.

Détail des singularités de son testament et de l'inventaire de son argenterie.

<small>603 à 621.</small>

Quoique ceux qui ont compilé la vie de saint Didier, successeur de saint Aunaire, ne fussent éloignés de son temps que de deux cent cinquante ans au plus, il faut avouer qu'ils ont quelquefois pris le faux pour le vrai, dans ce qu'ils ont rapporté de ce Saint, et qu'ils ont fixé, au temps de son épiscopat, des faits qui pourroient être mieux placés ailleurs. On peut croire, après eux, que ce Saint étoit d'une famille très-noble. Cette circonstance est accompagnée de tant de choses qui y correspondent, qu'il est difficile de se persuader que ces écrivains aient été trompés (2) par un testament supposé, et par un faux énoncé de ses donations à la cathédrale. Il faut avouer que c'est l'envie de s'étendre sur ce Saint qui les a obligés à lui appliquer une lettre que saint Grégoire-le-Grand a écrite à un autre évêque des Gaules : mais il ne faut pas refuser de croire, après eux, que ce saint évêque étoit de haute extraction, et que ce fut en conséquence de cela qu'il se trouva en état de faire des présents et des legs magnifiques aux églises de son diocèse, ni que les trois compilateurs de ses actions aient été assez simples pour lui attribuer des legs et des donations faites par saint Didier de Cahors.

Ces écrivains, après nous avoir dit le nom de sa mère sans rapporter celui de son père, nous apprennent qu'il étoit originaire

---

(1) Bimest. de févr. p. 668. | (2) V. le P. Longueval.

de l'Aquitaine ; que, quoique d'un sang très-illustre, il fut cependant d'une grande affabilité, qu'il aima son clergé et tout ce qui regardoit le culte de la religion. Il est difficile qu'ils aient pu avancer, sans de bonnes preuves, qu'il étoit si puissant, qu'aucuns des seigneurs, même les plus riches ne pouvoient aller de pair avec lui ; qu'il étoit parent de la reine Brunehaut, et que ce fut des libéralités des princes qui lui étoient attachés, qu'il obtint une grande quantité de terres. Sa mère Nectaire, ajoutent-ils, repose dans le même monastère de Saint-Amant en Quercy: et ce fut en mémoire d'elle, et pour augmenter la vénération envers les reliques de ses saints prédécesseurs, Germain et Amatre, dont il avoit enrichi ce monastère, qu'il y fit de grands présents, et qu'il y légua des fonds considérables. Au reste, disent-ils plus bas, il possédoit un si grand nombre de terres, qu'il n'y a guère d'église principale de la moyenne Bourgogne ou de l'Aquitaine, qu'il n'ait enrichie de ses fonds : et il falloit qu'il eût bien des serfs ou esclaves en ces lieux-là, puisqu'on comptoit à sa mort qu'il en avoit bien affranchi deux mille. Toutes ces circonstances, de la vie de notre saint évêque, ont été ignorées ou méprisées mal à propos par M. Godeau, évêque de Vence, lorsque, dans son histoire ecclésiastique, il a avancé que ce saint prélat étoit le pauvre homme qui avoit servi de guide à Brunehaut dans le temps qu'elle fut chassée d'Austrasie. Il est vrai que Frédegaire a écrit touchant ce guide qu'il ne nomme pas, que ce fut en vue du service qu'il avoit rendu à la princesse disgraciée, en la conduisant auprès de Thierry, roi de Bourgogne, qu'il parvint à l'évêché d'Auxerre, et que ce fut par les sollicitations de Brunehaut qu'il fut ainsi récompensé. Mais, comme ce fut quelques années avant la vacance du siége épiscopal d'Auxerre par la mort de saint Aunaire, que Brunehaut passa d'Austrasie en Bourgogne, il est assez naturel de croire que son conducteur, en qui elle trouva de l'esprit, quoiqu'il fût pauvre, fut retenu à sa recommandation dans quelque communauté du royaume de Bourgogne, et que, lorsque saint Didier fut fait évêque d'Auxerre, il prit avec lui, en qualité de chorévêque, cet ecclésiastique affectionné par Brunehaut, sa parente. Si saint Didier étoit neveu de cette princesse, comme l'écrit l'auteur de la vie de saint Hugues, prieur d'Ancy (1), il n'eut pas de peine à lui accorder la dignité qu'elle put lui demander pour cet homme à qui elle reconnoissoit avoir tant d'obligation. Quelques modernes (2) ont donné à ce chorévêque auxerrois ou coadjuteur en l'évêché d'Auxerre, le nom de Taurinus : mais ni Frédegaire, ni Aimoin n'ont point désigné son nom (3).

Pendant que saint Didier fut évêque, il augmenta considérablement l'édifice de Saint-Etienne son église cathédrale. Il y fit élever un grand dôme du côté de l'orient (a), et le fit embellir d'or et d'ouvrages à la mosaïque, de même que saint Syagre, évêque, avoit fait à Autun (4); il y transféra l'ancien autel, et en fit une dédicace solennelle le 18 avril. Les présents qu'il y fit sont expliqués fort en détail dans un ancien inventaire (b). Ils consistoient en bassins, aiguières, écuelles, salières, cuillères, fourchettes, gobelets, cannelles, couloirs. Ce fut apparemment toute sa vaisselle d'argent qu'il donna, non pour servir aux saints mystères, puisque presqu'aucun de ces vases n'y convenoit, mais comme un hommage qu'il fit au Dieu très-haut dont il étoit ministre. Tous ces vases étoient travaillés fort délicatement pour le temps. On voyoit sur la plupart des représentations d'hommes ou d'animaux ou autres figures profanes. Je n'ai remarqué, dans tout cet inventaire, qu'un bassin du poids de huit livres, au milieu duquel étoit représentée une croix. Le total de cette argenterie et autre vaisselle pesoit quatre cent-vingt livres sept onces. La reine Brunehaut donna

(1) Sæc. V. Bened.
(2) Nicoles Gilles Charles-Etienne.
(3) On peut aussi avoir la pensée que ce paysan seroit saint Pallade qui auroit été élevé et formé dans la communauté de saint Germain, en seroit devenu Supérieur par son mérite, puis auroit succédé à saint Didier. Il y a une tradition (quoique fort altérée) qui porte que l'abbaye de Saint-Denys a l'obligation du corps de saint Pélerin à un paysan. (Voy. ci-dessus pag. 7, sur saint Pélerin). Dom Bernard de Montfaucon, loin de regarder comme faux, après le P. Le Cointe, le fait rapporté par Frédegaire, dit que le paysan a pu fort bien être nommé à l'évêché d'Auxerre, mais qu'ensuite il aura été chassé comme intrus, ainsi qu'il est souvent arrivé. (Antiq. de la Monarchie).
(4) Peut-être à Saint-Martin, où il reste encore de cette mosaïque que j'ai vue en 1724.

(a) Le texte latin porte *testudo* qu'il faut rendre plutôt par voûte que par dôme.
(N. d. E.)

(b) Voy. Preuves, t. IV. n. 4. (N. d. E.)

aussi depuis à l'église d'Auxerre, par les mains de cet évêque, un calice d'une beauté admirable, qui étoit un onyx garni d'or très-fin. Ce saint prélat fit aussi héritière de tous ses biens l'église qui lui avoit été confiée. L'acte de ses donations, qui subsistoit au ixe siècle, marque qu'il donna, à la basilique de Saint-Etienne, la terre de Magny, située dans le pays Auxerrois, qu'il avoit échangée avec Brunehaut. Il y joignit la terre de Merry, située dans le même pays, où il avoit bâti des maisons et un oratoire en l'honneur de saint Menge (1) qui en dépendoit, les serfs ou esclaves, les bois, les pacages, les troupeaux de bœufs, de chevaux, de brebis, etc. Il lui donna aussi, dans le pays Tonnerrois, la terre de Chenay (2) avec les bâtiments, serfs et dépendances; une maison et des places au dedans de la cité de Chalon-sur-Saône, qu'il avoit eues par échange de l'évêque Wadelin, et, semblablement, des vignes situées sur les montagnes du même pays Chalonnois, au finage de Melecey (3), avec les vignerons et les autres serfs, les bois, terres et dépendances. Il donna encore la terre appelée *Puniacum*, située dans le pays Avallonnois, proche Château-Censoir, qu'il avoit échangée avec un seigneur nommé Maccon, et, pareillement, les maisons, serfs, vignes et bois. Plus, dans le même pays Avallonnois, une petite terre appelée Pisy (4), et une autre appelée *Palliacum*. Il ajouta à cela un village situé sur la rivière de Cure, appelé Champagne, et les colonies qui lui appartenoient (a) : Rigny et Crain (5); et, pareillement, la Ville-neuve ou Neuve-Ville, située tant dans le pays Avallonnois, que dans l'Auxerrois. Il est inutile de nommer ici plusieurs villages

603 à 621.

(1) Ce doit être Merry-sec, dont l'église est du titre de saint Menge, premier évêque de Châlons, qui pouvoit être le pays du conducteur que Brunehaut prit entre Châlons et Troyes, et qui devint chorévêque sous saint Didier.

(2) Je traduis ainsi *Ganniacum* qui est dans le latin. C'est à une lieue de Tonnerre, au nord-ouest. Il y a une église titrée de Saint-Germain d'Auxerre.

(3) *In agro Miliacensi* doit rendre naturellement en françois ce lieu du Chalonnois, célèbre par ses vins.

(4) *Piciacus* donne aussi Picy, qu'on prononce Pisy, où saint Germain-d'Auxerre est titulaire de l'église.

(5) Si l'original a eu *Riniacum*, c'est Rigny, mais non s'il y a eu *Riviacum*, Rigny-sur-Cure est aujourd'hui une abbaye. Crain est sur l'Yonne.

(a) Il y a dans le texte « *colonicas ad se pertinentes*. : » C'étaient des lieux habités par des *coloni*, classe de serfs assez voisins de la liberté.   (N. d. E.)

du pays Autunois, dont les noms nous sont aujourd'hui inconnus, aussi bien que ceux du pays Sénonois, qui sont au nombre de quatre, outre lesquels il donna encore des maisons et des places situées dans la ville de Sens et des jardins potagers situés dans les faubourgs. Je ne nommerai pas non plus ici les terres qu'il avoit dans la Saintonge, dont il avoit fait échange avec la reine Brunehaut et avec l'évêque et le clergé de Cahors, non plus que celles du territoire de Fréjus, en Provence, qu'il tenoit du roi Thierry.

Comme il avoit choisi l'église de Saint-Germain pour sa sépulture, à l'exemple de ses prédécesseurs, il lui fit aussi plusieurs présents d'argenterie, à peu près de même genre que ceux qu'il avoit donnés à sa cathédrale (*a*). Le vase le plus considérable fut un bassin d'argent qui pesoit trente-sept livres. On y lisoit le nom de *Thorsomodus*, et il représentoit l'histoire d'Énée avec des lettres grecques. Ce nom de Thorsomode pouvoit être celui de l'ouvrier; mais on peut dire aussi, vu la relation où notre Saint avoit été par sa famille avec les descendants des anciens Goths, que ce bassin avoit appartenu à Thorsimode, roi des Goths, qu'Aimoin dit (1) en avoir reçu un, par forme de présent, de la part d'Aétius, patrice des Romains. Parmi les autres vases que saint Didier donna à l'église de Saint-Germain, il y avoit encore une aiguière du poids de trois livres, au milieu de laquelle on voyoit Neptune représenté avec son trident. Le total de ce qu'il offrit à cette église se monta au poids de cent dix-neuf livres et cinq onces. Il ordonna encore qu'en y portant son corps, après sa mort, on offrît, à cette même église, cent sols d'or très-pur, pour être employés à orner sa sépulture. C'étoit, sans doute, alors la coutume des grands seigneurs. Les villages et les terres qu'il légua à cette église, furent aussi en grand nombre. Il donna, dans le territoire d'Auxerre, une terre, nommée en latin *Feriolas*, située sur la petite rivière de Lou-âin, avec les maisons, les prés, les bois et tous les troupeaux, déclarant qu'elle seroit affectée à l'entretien de l'hôpital de cette église. Il donna aussi à la même

---

(1) *Aimoin, lib* 4, c. 25.

(*a*) *Voy.* Preuves, t. IV, n° 4. (*N. d. E.*)

église, par les mains de Pallade qui étoit alors prêtre et abbé de cette basilique, et qui fut depuis son successeur, les terres d'Orgy et de Marcy (1), dans tout leur entier, plus celles de Nantelle et de Poiry (2), avec les bâtiments, les serfs, les vignes, les nouvelles plantes, etc. On croyoit aussi, au ixe siècle, que c'étoit lui qui avoit suggéré à une reine (qu'on nomme Ingonde) de donner à cette église la terre de Saissy (3), et qu'il avoit obtenu là-dessus une charte de cette princesse dont la condition étoit que cet évêque jouiroit de cette terre pendant sa vie, et qu'elle retourneroit, après sa mort, à l'église de Saint-Germain. Il sera toujours difficile d'accorder ce fait avec l'époque de son épiscopat, tant qu'on ne trouvera pas que Clotaire II ait eu une épouse appelée Ingonde. La même difficulté subsistera à l'égard du don d'un calice magnifique (4), et à l'égard de la décoration superbe du tombeau de saint Germain, que l'on attribuoit, dès le ixe siècle, à un roi nommé Clotaire et à sa femme Ingonde, parce qu'on en rend l'authenticité douteuse, en disant que l'évêque diocésain s'appeloit alors Didier (5). On ajoute, aux dons qu'il fit à l'église de Saint-Germain, celui de deux terres situées dans le diocèse de Sens, l'une appelée *Bringa*, qui est vraisemblablement Brenches, et l'autre dite *Roboretum*, avec des places et des maisons bâties tant dans la cité de Sens, que dans les faubourgs, qu'il avoit achetées d'une dame appelée Villigonde. L'inventaire joignit encore deux autres terres dont la situation n'est pas aisée à trouver.

Saint Didier distribua le reste de ses biens aux autres églises qui étoient autour d'Auxerre. Il donna, à celle de Saint-Amatre, une terre appelée Talon (6), située dans le pays Auxerrois, avec les

---

(1) Orgy est aujourd'hui de la paroisse de Chevannes, et Marcy de celle de Saint-Georges. On l'appelle aujourd'hui Montmercy.

(2) Nantelle et Poiry sont aujourd'hui des vignobles dont les vignerons habitent une vallée qui a donné au village le nom de Vaux.

(3) C'est apparemment Saissy-les-Bois, à moins qu'on n'aime mieux que ce fût Sassy ou Sacy proche Vermenton.

(4) Il est difficile de ne pas croire Héric, lorsqu'il dit qu'il a lu sur ce calice le nom d'Ingonde. *Lib.* 1, *mir. S. Germani, c.* 27.

(5) On pourroit s'imaginer qu'il seroit mieux de substituer le nom d'Optat à celui de Didier. L'évêque Optat portoit un nom qui donnoit la même idée que *Desiderius* : il vivoit sous Clotaire I et sous la reine Ingonde.

(6) Talon est auprès de Saint-Fergeau, vers le midi.

maisons, les serfs, les terres, les bestiaux et les troupeaux. Il donna, à la basilique de Saint-Pierre et Saint-Paul, située au-dessous de la cité d'Auxerre, une petite terre appelée Breteau, à peu près de la même nature que la précédente; au monastère que saint Germain avoit bâti sur le bord de la rivière d'Yonne, et où le corps de saint Marien reposoit alors, un village du pays Auxerrois appelé *Capilinarius* qui nous est aujourd'hui inconnu; à la basilique de Saint-Julien martyr, à laquelle étoit préposé un abbé appelé Nigivalde, un village du pays de Gâtinois qu'il désigne par le nom de *Mansiones Teubaldi, seu Villaris Auroli*; au monastère de filles, bâti en l'honneur de saint Martin au delà de l'Yonne, une petite terre appelée *Necariola*. A l'égard de la basilique des saints martyrs Gervais et Protais, il s'en explique ainsi dans son testament : « Pour ce qui est de la » basilique des saints martyrs Nazaire, Gervais, Protais et Celse » enfant, que Marin, notre diacre, bâtit actuellement pour notre » consolation, et dans laquelle nous avons renfermé des reliques de » ces Saints, nous voulons que, pour le remède de notre âme, il » lui soit donné, lui appartienne et à ceux qui la desservent, à » perpétuité, une petite terre dont le nom est *Briennico* (1), auprès » de Nitry, laquelle nous avons échangée avec le seigneur Evode » évêque, d'heureuse mémoire; ensemble Accolay, situé sur la rivière » de Cure, de la même manière que nous le possédons à présent. » C'est ainsi que ce riche évêque dota toutes les églises voisines de la cité d'Auxerre, et, pour surcroit de bienfaits, il fit encore donner à chacune un vase d'argent. Je ne dois point oublier, ici, l'église de Saint-Ursicin, du bourg de Crin, éloignée de sept lieues d'Auxerre, à laquelle il donna aussi une petite terre, en mémoire de ce que ce Saint avoit été disciple de saint Germain.

Il ne borna point ses aumônes au diocèse d'Auxerre. Il distribua encore quelques-unes de ses terres à des églises éloignées. Il donna aux basiliques de Sainte-Colombe et de Saint-Léon, bâties proche la ville de Sens, une petite terre nommée *Viscla*, située dans le même pays, à condition que les recteurs de ces basiliques partageroient

---

(1) Si l'original a eu *Buennio*, comme il y a assez d'apparence, il ne faudra point douter que ce ne soit le Beugnon, hameau considérable entre Arcy-sur-Cure et Nitry.

cette terre par portions égales. Il donna, à la basilique de Saint-Amant en Quercy, une vingtaine de terres situées tant dans le même pays, que dans le Rouërgue et dans l'Albigeois (1). Il donna, outre cela, à l'église de Saint-Saturnin de Toulouse, deux villages entiers dont les noms étoient *Silviniacum* et *Melgiacum*, situés dans ce pays-là. Enfin, il donna, à l'ancienne église de Cahors, c'est-à-dire à la cathédrale, un village du pays de Bordeaux dont les rois lui avoient fait présent. Nos écrivains, qui virent son testament au ixe siècle, assurent qu'il possédoit encore bien d'autres terres qu'il distribua à ses neveux et à ses autres parents.

603 à 621.

Le martyrologe, écrit par Nevelon dans le xie siècle, nous apprend que ce saint évêque eut le bonheur de connoître, par révélation, le lieu où étoit le corps de saint Cot qui avoit été martyrisé sous l'empereur Aurélien, et, qu'en ayant fait la découverte, à deux lieues d'Auxerre, il le fit inhumer honorablement, le 19 janvier, assez près de la tête de saint Prix dont il avoit été compagnon. On le trouva, en 1480, dans ce tombeau, avec une inscription qui parut être de ce temps-là (*a*).

Il y avoit dix-huit ans qu'il gouvernoit l'église d'Auxerre, quand Dieu l'appela à lui, pour couronner ses vertus. Il mourut le 27

Culte de S. Didier.

(1) Le père de Longueval dit, dans son Histoire de l'Eglise gallicane, que les auteurs de la compilation, qui contient la vie de saint Didier d'Auxerre, ont attribué à ce Saint des actions de la vie de saint Didier de Cahors, et qu'entre autres choses, ils supposent que le monastère de Saint-Amant auroit existé avant le saint évêque de Cahors, puisqu'ils disent que saint Didier d'Auxerre y fit du bien. Avant la remarque de ce P. jésuite, les auteurs du *Gallia christiana*, t. 1, avoient pris un parti tout opposé. Ils avoient trouvé tant de sincérité et de solidité en cette occasion, dans la compilation de nos écrivains, que, pour ne leur pas donner le démenti, ils ont mieux aimé dire que le monastère de Saint-Amant de Cahors subsistoit avant l'évêque Didier, et qu'il n'en a été que le restaurateur. Il me paroît qu'ils ont embrassé le parti le plus sûr, et qu'on ne peut accuser nos trois compilateurs d'avoir pris le testament de saint Didier de Cahors pour une pièce qui regarde saint Didier d'Auxerre, puisqu'on ne trouve rien de ressemblant dans aucun des legs qui sont contenus de part et d'autre.

(*a*) Si Lebeuf veut parler de l'inscription qui est placée à l'entrée du tombeau de saint Prix, dans l'église de Saint-Bris, il y a, évidemment, erreur. On ne peut guère, d'après la forme des caractères, la faire remonter qu'au commencement du xie siècle. Elle est ainsi conçue : Hic requiescit sanctus Cottus qui cum capite sancti Prisci martiris suscepit martirium. (*N. d. E.*)

Culte de S. Didier.

octobre environ l'an 621, et fut inhumé dans l'église de Saint-Germain, auprès de saint Aunaire son prédécesseur. Lorsqu'on transporta, en 865, dans les nouvelles grottes de Saint-Germain, les corps de plusieurs saints évêques inhumés en différents endroits de cette église, on observa de ne pas beaucoup éloigner le sépulcre de saint Didier (1) de celui de saint Aunaire, et on le plaça le plus près qu'on put, en tirant cependant du côté du septentrion. Le moine Théalde, qui avoit augmenté le monastère de Moutiers-en-Puisaye, ayant demandé avec instance qu'on y transférât le corps de saint Didier, Hugues de Chalon, alors évêque d'Auxerre, lui accorda cette grâce qu'il avoit sollicitée au nom de tous les peuples du voisinage (2). On tira donc les ossements du sépulcre et on les renferma dans une châsse d'argent qui pesoit cent livres. Les saintes reliques furent portées, avec de grandes démonstrations de joie, à Notre-Dame de Moutiers, et elles y éclatèrent en miracles. L'élévation des reliques de saint Didier se fit un seizième août, en même temps que celle de saint Aunaire; mais on en réserva quelque partie pour l'abbaye de Saint-Germain, et ce qu'on en avoit retenu étoit, avec le corps de saint Aunaire, dans une châsse magnifique qui fut dégarnie par l'abbé Raoul, avec d'autres, vers l'an 1200. Cette élévation fut comme une espèce de canonisation que fit l'évêque diocésain; car depuis ce temps-là son nom fut mis dans les martyrologes et dans les calendriers. On n'en connoit point, en effet, de plus anciens où il soit, que ceux qui ont été écrits pendant le XIe siècle. Ce qui étoit resté de ses reliques à Saint-Germain, a été confondu avec les autres dans le temps du ravage des Huguenots, et la châsse du prieuré de Moutiers a été dissipée avec ce qu'elle contenoit, dans le temps des mêmes guerres. On croit, cependant, avec assez de fondement, que les ossements de saint Didier sont mêlés avec ceux qui ont été transférés, autrefois, du prieuré dans l'église paroissiale de Saint-Pierre, et qu'on conserve assez simplement dans la sacristie, sous le nom d'ossements de saint Bon. D'autres croient même que ces ossements sont ceux qui proviennent du corps de saint Didier.

(1) *Heric, lib. 2, mir. S. Germ. cap.* 15.] (2) *Hist. Ep. Aut. in Hug.* p. 450.

CHAPITRE VII.

SAINT PALLADE, XXᵉ ÉVÊQUE D'AUXERRE.

Histoire de son épiscopat.

Saint Pallade étoit abbé de Saint-Germain, lorsque saint Didier laissa le siége vacant par sa mort. On a vu, dans l'article de ce saint, qu'il étoit prêtre, et que ce fut par ses mains que le saint évêque fit quantité de dons à cette basilique, dans laquelle il avoit choisi sa sépulture. Comme on n'est pas certain que ce fût alors un monastère de moines, dans le sens qu'on a depuis attaché à ce nom, il y a tout lieu de croire que l'abbé Pallade y gouvernoit un clergé séculier, de même qu'il y en avoit en plusieurs autres églises (a). Il se distingua, dans cette fonction, par sa sagesse, ses aumônes et sa tendresse pour les pauvres : c'est ce qui fit que tout le peuple le choisit pour l'élever sur le trône épiscopal. Il ne fut pas plus tôt revêtu du souverain sacerdoce, qu'il s'adonna tout entier à faire fleurir la discipline ecclésiastique. Il enrichit l'église de Saint-Etienne de plusieurs dons très-magnifiques, entre autres de deux croix d'or très-pur, et de plusieurs vases d'argent que l'on voyoit encore marqués de son nom, dans le trésor de la même église, sous le règne de Charles-le-Chauve. On a vu, dans la vie de saint Aunaire, qu'il y avoit, dès lors, dans le pays, une basilique du titre de Saint-Julien, et dans celle de saint Didier, que le supérieur de cette basilique étoit un abbé nommé Nigivalde ; d'où il a été naturel d'inférer que c'étoit une église desservie par des hommes. Cette église et sa communauté étoient situées dans la cité même, et renfermées dans une très-petite étendue de terrain ; saint Pallade la transféra hors de la ville, du côté du midi; il y fit élever de grands bâtiments, et, au lieu que plusieurs évêques se contentoient alors d'entourer de fossés les monastères qu'ils

---

(a) Cela ne paraît pas certain, car les communautés de clercs non moines ne sont pas antérieures au vIIIᵉ siècle. — *Voy.* Nouv. Traité de Diplomatique, t. v, p. 388. (*N. d. E.*)

édifioient (1), il l'enferma de murs de tous les côtés et il y mit des religieuses, savoir : des vierges et des veuves. Comme toutes les églises d'Auxerre lui étoient soumises de telle manière qu'il pouvoit disposer de leurs biens suivant que bon lui sembloit (a), il dota cette nouvelle communauté, tant des biens de son église propre qui étoit Saint-Etienne, que de celle de Saint-Germain; il y ajouta trois terres que le roi Dagobert lui avoit données, savoir : Migennes, au territoire de Sens, avec Vincelles et Trucy, situées sur la rivière d'Yonne, dans le diocèse d'Auxerre. Entre les terres qu'il détacha de Saint-Etienne, on compte Vaux et Clamecy, sur la rivière d'Yonne, qui sont du territoire d'Auxerre, et une autre, nommée *Flaciacum*, qui venoit de saint Didier, son prédécesseur (2); Annay-la-Côte (3), du territoire d'Avallon; une terre du diocèse de Sens, dite en latin *Campobossum* (4); une petite terre, du pays de Troyes, appelée *Ruliacum* (5); une, du pays Tonnerrois, nommée *Criacum*, et qui doit être Cry, aujourd'hui subsistant. De plus il assigna, à ce nouveau monastère, la troisième partie d'une terre du Berry, appelée aujourd'hui Soèsme (6), pour y fournir du luminaire, laissant le revenu des deux autres tiers à sa cathédrale, pour continuer à l'employer à la dépense du luminaire de cette même église. Ce monastère étoit composé de trois églises : la première étoit sous le titre de la Sainte-Vierge, l'autre sous celui de Saint-André, et la troisième sous l'ancien titre de Saint-Julien de Brioude, que le monastère avoit porté dès le temps

---

(1) Les fossés qui entouroient le monastère de Solignac, en Limosin, bâti par saint Éloy, avoient dix stades de circuit, selon la vie de ce saint, écrite par saint Oüen.

(2) Je ne trouve, dans le diocèse d'Auxerre, que Fléeou Flay, de la paroisse Saint-Pierre-du-Mont, dont le nom ressemble à *Flaciacum*.

(3) *Andunacum*, Annay, pays de bon vin. La charte lui donne le nom de colonie.

(4) Peut-être Chambon en Gâtinois; mais s'il y a dans le titre *Campolossum*, ce doit être Chanlos, près Saint-Florentin.

(5) Il y a deux villages du nom de Rouilly, proche Troyes : l'un dit Roüilly-Saint-Loup, l'autre Rouilly-lès Sacey. La vie de sainte Cyre fait mention de Rully.

(6) La preuve que c'est Soësmes, village de l'archiprêtré de Damgilon, ne se tire pas seulement de la ressemblance du nom qui est *Sissima* dans le titre, mais encore de ce que saint Julien de Brioude est le patron de l'église du lieu.

(a) L'autorité des évêques, sur les biens de toutes les églises de leurs diocèses, était alors entière; ce ne fut que plus tard qu'ils en perdirent la libre disposition.

(*N. d. E.*)

auquel il étoit dans la cité, et qu'il a continué de porter aujourd'hui. Il y avoit aussi deux oratoires tout auprès, l'un sous l'invocation de saint Ferréol, martyr de Vienne, et l'autre sous celle de saint Martin de Tours. On devoit célébrer, chaque jour, une messe dans chacune des trois églises, outre la messe conventuelle de toute la communauté, et, tous les jours, on devoit y nourrir douze pauvres. Outre cela, toute la communauté devoit venir processionnellement, chaque jeudi de l'année, à l'église de Saint-Etienne, pour y célébrer la messe, et, ce jour-là, elle devoit donner à manger à trente pauvres. Cette aumône devoit se doubler le jeudi de la semaine sainte; ce jour-là, on devoit nourrir soixante pauvres, et même les habiller, le tout en mémoire du roi Dagobert et de toute la famille royale, aussi bien que des autres princes chrétiens, de l'évêque actuellement siégeant, ses prédécesseurs et ses successeurs. Et, afin que ce bel ordre fût exactement observé, il chargea le diacre Andegise d'y tenir la main. Cet acte de fondation est de l'an 644 (*a*), selon la supputation du savant P. Mabillon qui l'a inséré dans son livre *De Re diplomatica*. J'ai cru devoir y réformer quelque chose, surtout dans les notes, comme ayant examiné, de plus près que lui, la topographie de l'Auxerrois et celle de nos voisins.

Ce ne fut point le seul monastère que saint Pallade bâtit. Il en éleva un autre assez près des murs de la cité, presqu'à l'occident d'hiver, sur une petite éminence, et le dédia sous l'invocation de saint Eusèbe, évêque de Verceil (*b*). Il ne pouvoit pas choisir un saint qui pût servir plus véritablement de modèle à des clercs et à des moines en même temps. Les écrivains du ixe siècle marquent positivement qu'il voulut que ce fût une communauté de moines, et qu'il le fît entourer de murailles de tous les côtés. On ignore quels furent les biens qu'il destina pour doter ce monastère, mais on a tout lieu de croire que Terves, qui est proche Ecan, fut du nombre des terres données à ce dessein. Il y eut cela de remarquable, dans l'église de ce monastère, que le dôme, qu'il y fit construire du côté de l'orient, étoit un édifice à la mosaïque, c'est-à-dire de diverses petites

---

(*a*) C'est 634. — *Voy. De Re diplomatica*, p. 465. (*N. d. E.*)
(*b*) C'est encore aujourd'hui l'église paroissiale de Saint-Eusèbe. (*N. d. E.*)

pièces rapportées, parmi lesquelles l'or n'étoit pas oublié (a). Il fit aussi bâtir une église en l'honneur de saint Germain, dans un endroit de son diocèse appelé alors *Vercisum*, où l'on voyoit encore, du temps d'Héric, un château d'une beauté admirable. Il voulut que cette église fût distinguée des autres par un édifice à la mosaïque, aussi riche que celui qu'il avoit fait élever à Saint-Eusèbe. Je n'ai pu encore savoir au vrai où étoit ce Vercisum, sinon que je crois qu'on l'appela depuis, en langue vulgaire, *Vercès*, et que, par une plus grande corruption de langage, on l'appela *Vergers*. Ce lieu est aujourd'hui réuni à Sully, proche Donzy. Il y a une église du titre de Saint-Germain, et on juge, par la situation du château qu'on y voit aujourd'hui, que l'ancien pouvoit avoir cela de singulier, qu'il étoit entouré de tous côtés des eaux de la rivière de Noain.

Ce fut aussi saint Pallade qui, par un effet de sa dévotion à saint Germain, ordonna que, chaque année, à la fête de ce saint, qui se célèbre le premier jour d'octobre, après la messe, les chanoines de l'église de Saint-Etienne reçussent cent sols des mains de l'évêque, afin que dans la suite ils se portassent avec plus de courage à solenniser cette fête. Un historien de nos jours remarque que c'est là le plus ancien exemple qu'il ait trouvé de distributions manuelles dans l'Eglise gallicane.

Il n'y avoit pas longtemps qu'il gouvernoit l'église d'Auxerre, lorsqu'il se tint un grand concile dans la ville de Reims. Ce saint prélat y assista avec plusieurs des plus célèbres de ses contemporains, entre autres saint Sulpice de Bourges, saint Arnoul de Metz, saint Renobert de Bayeux. On trouve encore son nom parmi ceux des évêques qui souscrivirent au concile tenu à Clichy, proche Paris, vers la fin du mois de mai de l'an 633 (1). Il assista pareillement à celui qui fut tenu dans la ville de Chalon, l'an 650 où environ. On trouve aussi son nom à la charte d'exemption qui passe pour

---

(1) *Mabill. Diplom. p.* 467.

(a) *Le Gesta Pontif.* porte: «*Cujus (basilicæ) testudinem a parte orientali ex musivo simul et auro compsit ac dedicavit.*» Le mot *testudo* a été mal à propos rendu pour un dôme, par Lebeuf; c'est la voûte de l'abside de la basilique. (*N. d. E.*)

avoir été accordée à l'abbaye de Saint-Denis, et par la suite on se tint fort honoré de sa souscription qui est conçue en ces termes : *Palladius peccator consentiens subscripsi.* Un auteur anonyme, ayant occasion de parler de ce privilége d'immunité (1) dans la vie de Dagobert, en fait sentir la valeur, en ce qu'il a été signé par des évêques, que la sainte Eglise ne doute point avoir été très-saints, et au tombeau desquels le Seigneur opéroit, à ce qu'il dit, des miracles éclatants, savoir : saint Ouen, archevêque de Rouen ; saint Radon, son frère, maire du palais ; le bienheureux Pallade et saint Clair, etc. Ce qu'il y a encore de remarquable dans les souscriptions de cet acte, est que le nom de saint Pallade s'y trouve immédiatement après celui du roi. Il est daté du 29 juillet.

Malgré l'éloignement des temps, nous avons autre chose que des simples signatures du saint évêque Pallade. Canisius a donné (2), parmi les lettres de saint Didier, évêque de Cahors, une lettre que notre Saint lui écrivit au sujet de quelques villages que l'église d'Auxerre avoit dans le pays de Quercy. C'étoit sans doute une partie de ceux que l'évêque saint Didier d'Auxerre avoit donnés aux églises de son diocèse, et dont il avoit eu des échanges avec d'autres terres situées dans la Saintonge, lesquels n'eurent peut-être pas lieu. Cette lettre finit ainsi : *Palladius peccator hunc mandatum meum relegi,* etc. Le sujet de cette lettre nous confirme dans le sentiment que nos compilateurs du ixe siècle n'ont pas été assez simples pour prendre le testament de saint Didier de Cahors pour celui de saint Didier d'Auxerre, et que ce n'a pas été sans fondement qu'ils ont écrit que notre saint Didier possédoit des biens immenses dans la province d'Aquitaine.

Ce saint prélat mourut enfin, comblé de mérites, le dixième avril, après trente-six ans et quelques mois d'épiscopat, et il fut inhumé dans la basilique de Saint-Eusèbe, qu'il avoit bâtie. En suivant le calcul commencé sous les évêques précédents, cette mort a dû arriver l'an 657. L'anonyme, dont nous venons de parler, nous assure qu'il se faisoit, de son temps, des miracles à

---

(1) *Auctor gestorum Dagob.* ; Mabill. *Suppl. ad Diplomat.* pag. 19. (2) *Canis. antiq. lect. tom.* 5.

Culte de S. Pallade. son tombeau. Comme ils continuèrent, ce fut ce qui porta l'évêque Gui à le canoniser vers le milieu du xe siècle. Il y avoit douze ans et deux mois que ce prélat étoit témoin des merveilles que les saints évêques Pallade et Tétrice opéroient dans l'église de Saint-Eusèbe. Il fit ouvrir leurs tombeaux, le 30 juillet de l'an 945, et, ayant ramassé avec piété leurs ossements, il les renferma dans des châsses qu'il fit élever au-dessus de l'autel, afin que les peuples leur rendissent plus de respect, et qu'il se ressentît lui-même plus puissamment de leur intercession. Le P. Viole a écrit que les ossements de ces Saints furent conservés dans cette église jusqu'au ravage des Huguenots de l'an 1567, et il ajoute que, quelques années avant qu'il travaillât sur l'histoire d'Auxerre, on découvrit le cercueil de pierre de saint Pallade, sous le grand autel de cette église, mais qu'on le laissa au même endroit. Je n'ai trouvé aucune preuve que les reliques de saint Pallade fussent dans une châsse particulière et différente de celle de saint Tétrice. Il paroît, au contraire, que les ossements de ces deux saints étoient dans un même reliquaire qu'on appeloit simplement *la châsse de Saint-Eusèbe*, du nom de l'église à qui elle appartenoit. C'est ce qu'on peut inférer de la description de la procession générale de l'an 1554, insérée dans le procès-verbal des tombeaux de Saint-Germain (1).

La fête de ce Saint n'est marquée ni dans Adon, ni dans Usuard. Ces martyrologistes ne pouvoient point parler d'un évêque qui n'avoit point encore de culte public. Le premier titre ecclésiastique qui autorise la qualité de saint qu'on lui donne, est le martyrologe de l'église cathédrale d'Auxerre, écrit vers l'an 1007, en quoi il a été suivi par Nevelon et par plusieurs auteurs plus nouveaux. C'est depuis ce temps-là que l'on a toujours célébré sa fête le 10 avril, dans le diocèse d'Auxerre, sous le titre de Fête à trois leçons avec *Te Deum*. Mais comme souvent elle tomboit dans le carême, on l'a remise, en 1726, au jour de l'élévation de son corps, c'est-à-dire au 30 juillet, où on l'a jointe à celle de saint Urse, mort aussi le même jour au commencement du vi^e siècle.

(1) **Description des saintes Grottes**, pag. 35.

CHAPITRE VIII.

SAINT VIGILE, XXIᵉ ÉVÊQUE D'AUXERRE.

Histoire de son épiscopat et de son culte.

Il y avoit quelques jours que le siége d'Auxerre vaquoit par la mort de saint Pallade, lorsque saint Vigile fut choisi pour lui succéder. On est obligé de fixer le commencement de son épiscopat à l'année 658, ou à la suivante, s'il est sûr que les vingt-cinq ans qu'il a été évêque, aient été terminés à l'an 683 ou 684. Il étoit vraisemblablement du pays Auxerrois, si sa disposition testamentaire suffit pour en juger (*a*); au moins nos historiens du ixᵉ siècle nous assurent qu'il étoit d'une famille noble, et la situation des biens qu'il légua à l'église prouve assez qu'il étoit du diocèse et même de la ville. Il ne restoit presque plus, dans les dehors d'Auxerre, que la partie située à l'occident d'été, où il n'y eût point d'église. Saint Vigile, voulant imiter les exemples de ses prédécesseurs, y en fit bâtir une en l'honneur de la Sainte Vierge; il l'accompagna d'une communauté où il mit des moines (1) et la fit entourer de murs : et, comme il n'étoit pas moins attentif aux besoins du corps qu'à ceux de l'âme, il eut soin de faire construire, proche ce monastère, un hôpital pour les pauvres. Les saints évêques de son siècle ne manquoient guère à ces sortes d'établissements lorsqu'ils bâtissoient des monastères, et ils étoient fort soigneux d'y laisser des fonds considérables pour subvenir à leur entretien. C'est ce que fit saint Vigile à l'égard du sien.

Les auteurs du ixᵉ siècle, qui ont recueilli en abrégé les actions de ce saint évêque, renvoient là-dessus à son testament qu'ils avoient entre leurs mains, et qui étoit trop long pour entrer dans leur histoire.

658 à 683.

---

(1) On trouve parmi les anciennes règles monastiques, la règle appelée *regula magistri*. Elle passe pour avoir été rédigée sous Clovis II, en France, par un Vigile diacre et abbé. On pourroit l'attribuer à notre Saint, et dire qu'il l'auroit fait d'abord pratiquer dans le monastère bâti par saint Pallade, en l'honneur de saint Eusèbe, et que depuis, étant fait évêque, il l'auroit donnée à ses moines de Notre-Dame.

(*a*) Il est dit Auxerrois dans le martyrologe de Sainte-Eugénie de Varzy. (*N. d. E.*)

On y voit (1), les acquisitions et échanges de biens qu'il avoit faits pendant sa vie : circonstances qu'il étoit nécessaire d'exposer en dotant une église. On y voit, en même temps, un certain nombre de fonds considérables qui lui venoient de son patrimoine. La petite élévation, sur laquelle il bâtit l'église de Notre-Dame, contenoit alors un côteau de vignes qui lui appartenoit; il le donna tout entier à cette église, en fixant pour limites, le grand chemin qui, de la porte de Paris, (c'est-à-dire de celle où est aujourd'hui le grand horloge) (a) alloit au petit bois, et touchoit par le haut aux vignes de Migraine (2), confinoit aux vignes de Saint-Germain, et revenoit aboutir au grand chemin menant à Saint-Siméon. Il lui donna encore des places tant au dedans des murs de la cité qu'au dehors; la portion qu'il avait en Bercuy (3) (qui est l'ancien nom du village de Saint-Georges), et des prés situés sur le ruisseau de Beauche, en faisant mention du finage de Perrigny et de la fontaine Divone (4). Ces derniers biens étoient de son patrimoine aussi bien que la terre nommée *Cauliaca super fluvio Igauna*, dont la situation est aujourd'hui incertaine (5); et Pouilly-sur-Loire (6) qu'il légua pareillement. Il ajouta à cela une partie de la terre de Bonart au pays Sénonois (7), qui étoit une de ses acquisitions; Flogny en

---

(1) Ce testament a été donné au public par le P. Mabillon, parmi les preuves du premier tome des Annales bénédictines; mais l'explication qui y est donnée de quelques noms de lieu, n'est pas toujours à suivre (b).

(2) *De superiori fronte subjugunt vineas Midranicas, usque ad vineas domni Germani, et inde ad strata superius nominata qui ad S. Simeonem vadit.*

(3) *Portionem meam de Bercuiaco.*

(4) *Ad fines Patriniacenses per fontanam quæ vocatur Dionna*, Divonne et par corruption Dionne, étoit le nom que les payens donnoient à certaines fontaines superstitieuses.

(5) *Cauliaca* se rend parfaitement par le mot de Chouilly. Il y en a plus d'un dans le diocèse. On croit que l'ancien nom de la plaine, proche les moulins de Brichol, jusqu'au Tureau, étoit Chouilly; il y a eu en ce lieu un château appelé le Château-des-Choux.

(6) *Pauliaca villa sita in pago Autisiodorensi proprietatis meæ super fluvio Ligeris.*

(7) *In pago Senonico in villa Bonarto quæ est sita super fluvio Icaunæ.*

(a) On donnait jadis, avec raison, le nom de *porte de Paris* à l'arcade qui existe encore sous l'horloge. En effet, la route romaine qui venait d'Autun, passant par le bourg de Saint-Julien, faisait une légère courbe et montait dans la cité par le chemin appelé au moyen-âge et encore à présent la *petite rue de Paris*, et par la porte fiscale (*la Fécauderie*). Elle sortait ensuite de la ville par la porte voisine du château des Comtes, et allait rejoindre la route actuelle de Paris. — *Voy.* dans ce volume le Plan d'Auxerre du IVe au XIe siècle. (*N. d. E.*)

(b) *Voy.* cette pièce aux Preuves, t. IV, n° 4 *bis*. (*N. d. E.*)

Tonnerrois (1), qu'il tenoit de Frotilde, sa parente, et du noble Seigneur Helchelin. On entrevoit encore, dans le reste de ce testament, parmi les noms mal exprimés, un Chessy en Tonnerrois (qu'on dit situé proche Hervy-le-Châtel); Ladus et Senan, au territoire de Sens ; des terres du voisinage de Druyes et Ouène en Auxerrois (2) ; des biens à Mairey et Soulangy, en Tonnerrois (3) ; d'autres biens dans le Donziois. Les villages de Lain et de Lainsec y sont clairement nommés aussi bien que la terre des Chardonnières, située devant Saint-Fergeau.

Ce saint prélat ne négligea point non plus de fournir aux autres évêques du royaume de quoi soutenir les nouveaux établissements de piété qui se faisoient dans leurs diocèses. On en a un exemple à l'égard de saint Drausin, évêque de Soissons. Ebroin venoit de fonder, proche sa ville épiscopale, un fameux monastère de filles : l'évêque voyant qu'il étoit à propos de favoriser, de quelques priviléges d'immunité, cette nouvelle maison de religieuses, en dressa un acte qu'il fit signer, non-seulement par les évêques de sa province, mais encore par plusieurs autres prélats de France. Entre les vingt souscriptions qu'on y trouve, celle de saint Vigile est la neuvième, et est conçue en ces termes : « *Moi Vigile, pécheur, ai consenti à ce privilége,* » *et y ai souscrit.* » Les savants rapportent cette signature à l'an 666, qui étoit la dixième ou la douzième année du règne de Clotaire III.

La disette d'écrivains, au VIIe siècle, est la cause que la plus grande partie des actions de notre Saint n'est point venue jusqu'à nous. Ce qu'il y a seulement à ajouter à ce qui vient d'en être dit, c'est qu'il scella, par l'effusion de son sang, les vérités qu'il avoit si longtemps enseignées au peuple qui lui avoit été confié. Il y avoit plus de vingt ans qu'il gouvernoit l'église d'Auxerre, lorsque Waraton devint maire du palais des rois de France, après la mort d'Ebroin. C'étoit un homme pieux, mais peu agissant et qui laissa son fils Gilimer conduire les affaires qui auroient dû le regarder. Ce fils, qui ne songeoit qu'à se produire, selon que le dépeint le continuateur de Frédégaire, eut la hardiesse de supplanter son père, et poussa l'inhumanité jusqu'à le destituer au bout d'un an ou environ. Saint

---

(1) *In pago Tornotrinse... in villa Flauniaco.... in villa Cassiaco.... Ladugio, Sinantia.*

(2) *In agro Tresoginse*

(3) *In agro Materiacense et Solemniacense sitos in pago Tornotrinse.*

Ouen, archevêque de Rouen, lui remontra souvent la noirceur de son action, mais inutilement. Gilimer enfin fut puni de Dieu par une mort imprévue, et Waraton reprit sa première autorité qu'il exerça encore durant une année. Ce fut certainement pendant ces différentes révolutions, qui durèrent jusqu'en 684, que la mort de saint Vigile arriva ; mais on ne sait pas quel en fut l'auteur. Quoiqu'on crût à Auxerre, au ixe siècle, que c'étoit par le commandement de Waraton, il y a bien plus d'apparence, que ce fut Gilimer, son fils, qui donna ordre d'assassiner ce Saint, ou qui l'assassina lui-même. Saint Vigile, animé du même zèle que saint Ouen, avoit pu lui donner des avis sur sa conduite ; ce qui l'auroit déterminé à se défaire de lui. Et comme Waraton étoit toujours alors censé maire du palais, le peuple, alors peu informé de la vérité de ce qui se passoit à la Cour, a pu attribuer aisément à Waraton cet assassinat commis de son temps. Quoiqu'il en soit, ce saint prélat fut arrêté dans une forêt du diocèse de Soissons, appelée la forêt de Côte ou de Cuise (*Cotia*) (*a*), et ce fut là qu'il reçut les coups de poignard qui lui procurèrent la gloire du martyre; martyre à la vérité un peu différent de celui des saints des premiers siècles, mais qui peut cependant y être comparé, tant dans sa fin que dans ses effets. Car, outre que la cause de ce martyre, qui fut son zèle pour la justice et l'équité, n'est guère différente de celle qui fit emprisonner saint Jean-Baptiste, il est certain que la suite fit voir que la mort du saint évêque étoit précieuse aux yeux du Seigneur. Les auteurs Auxerrois du ixe siècle, mieux informés de ce qui s'étoit passé dans le voisinage, que de ce qui s'étoit fait au delà de Paris, nous apprennent un fait digne d'attention. Comme on transportoit son corps à Auxerre, il fallut passer par la ville de Sens. Lorsque le corps fut vis-à-vis des prisons, aussitôt les liens des prisonniers furent rompus : et cette troupe de misérables ainsi délivrée se mit à la suite du convoi, traînant avec elle les chaînes dont ils avoient été liés. Ces auteurs ajoutent que l'on voyoit encore, de leur temps, ces mêmes chaînes attachées à son tombeau en témoignage d'un si grand miracle.

Quelques-uns (1) disent que son corps arriva à Auxerre le 17 juillet,

---

(1) D. Georges Viole.

(*a*) C'est aujourd'hui la forêt de Villers-Cotterêts. (*N. d. E.*)

mais ils n'en apportent point la preuve. Ce qu'il y a de certain, c'est qu'il fut inhumé dans la basilique de Sainte-Marie qu'il avoit bâtie hors des murs, et que, quelques siècles après, son corps fut relevé du tombeau un 28 novembre, pour être renfermé dans une châsse. Cette translation, ou plutôt cette élévation, fut peut-être faite au xe siècle, en même temps, ou à peu près, que celle de saint Pallade, son prédécesseur et celle de saint Tétrice, son second successeur dont Gui évêque d'Auxerre tira les corps du tombeau, l'an 945, pour les placer au-dessus du grand autel de Saint-Eusèbe. Il est du moins indubitable qu'elle est plus ancienne que le xiie siècle, puisqu'on la trouve marquée dans un Martyrologe de la cathédrale écrit vers l'an 1007, et dans tous les calendriers auxerrois écrits depuis six cents ans.

Culte de S. Vigile.

Son corps avoit été sans doute alors démembré comme il arrive dans ces sortes d'élévations, et les cendres de sa chair avoient été renfermées dans des linges séparés. On croit que c'est de cette dernière espèce de reliques de ce Saint qu'on avoit mise, suivant la coutume de certains siècles, au haut du clocher de l'église Notre-Dame quand il fut refait, depuis cette élévation : du moins, lorsqu'il fut nécessaire de l'abattre (ce qui arriva vers le commencement du xve siècle), on y trouva dans le globe qui terminoit le clocher, une boîte qui, entre autres reliques, en contenoit de saint Vigile : et, quand ce clocher eut été refait à neuf, l'an 1405, l'abbé de Saint-Marien y fit remettre, au même endroit, la même boîte remplie de ces reliques, dont fut dressé procès-verbal, le 5 mai, à la tête de la chronique manuscrite de Saint-Marien, par Robiqueaul, notaire, où il se lit encore (a). Mais un malheur de l'an 1627, ayant permis que le clocher soit tombé, les reliques qui y étoient ont été dispersées. La cathédrale d'Auxerre avoit aussi un petit reliquaire où étoit une côte de saint Vigile, suivant un inventaire fait un peu avant la prise de la ville (b); et elle avoit peut-être cette relique depuis l'année de la translation, faite un 28 novembre : du moins elle est annoncée clairement dans un

---

(a) *Voy.* M^{ss} n° 121, Bibl. de la ville d'Auxerre.

(b) *Voy.* Preuves, t. iv : Inventaire des reliquaires, vases sacrés, etc., de la cathédrale, en 1531. (*N. d. E.*)

catalogue des reliques de cette église, écrit vers l'an 1400, en ces termes : *unam de costis S. Vigilii martyris, episcopi Autiss.*

Un accord fait, en l'an 1472, entre le curé et les paroissiens de Notre-Dame-la-dehors (1), nous apprend que, durant le xve siècle, les paroissiens avoient une si grande confiance dans les reliques de saint Vigile, qu'ils en descendoient la châsse le plus souvent qu'ils pouvoient pour la porter en procession ; mais on convint alors de rendre cette cérémonie plus rare, parce qu'on s'étoit aperçu qu'elle dégénéroit depuis qu'elle étoit devenue si commune ; la châsse fut portée, à la requête des gouverneurs de la ville, dans une procession générale qu'on fit pendant l'été de l'an 1475, au sujet de la peste qui étoit à Auxerre.

La châsse de saint Vigile se trouve aussi dans le nombre de celles qui furent portées, en 1554, dans la procession générale qui se fit à Auxerre le 21 mai, pour obtenir de la pluie ; mais, treize ans après, elle fut indignement profanée par les Huguenots. Ces impies, étant entrés dans l'église Notre-Dame, où elle étoit élevée au-dessus du grand autel, l'enlevèrent de cet endroit, la brisèrent, en ôtèrent les reliques qu'ils jetèrent par terre, et emportèrent ce qu'il pouvoit y avoir d'or et d'argent. Dieu permit (2) cependant que quelques personnes de piété, animées d'une sainte hardiesse, ramassassent une partie de ces saintes reliques, qu'elles rendirent ensuite aux religieux de la maison, et, en 1588, le 10 juillet, Jacques Amyot évêque d'Auxerre, les renferma solennellement dans une châsse nouvelle qui n'étoit que de bois. Ce sont ces mêmes reliques que cette église conserve dans une autre châsse de bois doré, faite par les soins d'un prieur, et dans laquelle on les transféra le 26 de mai de l'an 1688, veille de l'Ascension. Cette châsse a toujours resté, depuis, exposée derrière le grand autel à la place de l'ancienne. Il y avoit aussi autrefois, dans cette église, un couteau qu'on appeloit le couteau de saint Vigile, dont l'attouchement guérissoit les malades. Ce pouvoit être celui-là même dont s'étoit servi le malheureux qui avoit ôté la vie au saint prélat, et

---

(1) *Tabul. S. Mariani.* C'est le nom de l'église bâtie par saint Vigile.

(2) Procès-verbal de J. Amyot, Preuves, t. IV.

qui, ayant été trouvé auprès du corps, a pu être rapporté à Auxerre pour y être conservé, avec juste raison, comme une relique. Les chaînes même des prisonniers qui avoient suivi son corps depuis Sens, ne furent pas moins privilégiées; et, comme elles étoient suspendues à son tombeau, elles participèrent à la vertu qui y étoit attachée, et procurèrent plusieurs guérisons miraculeuses ; mais on ne sait plus ce que ces chaînes sont devenues depuis les troubles du xvi° siècle.

<small>Culte de S. Vigile.</small>

Son tombeau étoit resté dans le chœur de l'église, jusqu'au delà du milieu du dernier siècle ; c'étoit une espèce de mausolée de pierre élevé à l'endroit où le cercueil du Saint étoit enterré. Ce mausolée, qui étoit de la longueur du sépulcre, haut environ de trois pieds sur une largeur égale, avoit des ouvertures par lesquelles on faisoit passer les malades qui, souvent, y recevoient la guérison ; et même, entre les années 1640 et 1650, le capitaine des bourgeois de la paroisse Saint-Renobert, nommé Pierre d'Eppoigni, qui étoit devenu aveugle, y recouvra la vue et vécut, depuis ce temps-là, jusqu'au 23 juillet 1651, auquel jour il fut inhumé dans l'église où étoit arrivé ce miracle. En 1667, comme on voulut aplanir le chœur et le paver de grands carreaux blancs, et de quelques tombes abbatiales apportées des débris de Saint-Marien, on crut bien faire de démolir cet ancien monument, et de se contenter de graver sur un carreau, à la place où il avoit été, les paroles suivantes : *Ici est le tombeau de saint Vigile.* En 1688, on prit le dessein de paver le chœur et le sanctuaire de cette église, de carreaux blancs et noirs, comme on les voit aujourd'hui. Cette occasion fit songer à rétablir la mémoire du tombeau de saint Vigile, pour satisfaire la dévotion des peuples : on creusa donc deux ou trois pieds, et on le trouva ayant son couvercle un peu séparé. Quelques-uns assurent qu'ils y remarquèrent la figure d'une crosse ancienne, gravée parmi plusieurs raies tracées sur la pierre. D'autres, comme Dom George Viole bénédictin, qui l'avoient vue en 1667, disent qu'ils aperçurent la figure d'une pertuisane traversée d'une croix. Le curé de la paroisse, qui avoit du goût et du respect pour l'antiquité, songea alors à le faire transporter derrière le grand autel, et même à l'imitation de plusieurs églises, de faire élever dessus ce sépulcre cet autel qu'on vouloit rendre isolé comme il avoit été anciennement; mais l'évêque, avec qui il en conféra, fut détourné d'accorder la permission de cette translation, par quelques personnes peu versées dans la science liturgique; et le sépulcre fut laissé au même endroit où on l'avoit enfoui, l'an 1667, en sorte que les pieds de ce monument sont directement sous les degrés du sanctuaire, vis-à-vis le milieu de l'autel; et, comme il n'y a plus d'inscription en cet endroit, c'est pour cela qu'on a cru qu'il falloit s'étendre ici un peu plus à détailler ces circonstances qu'on a apprises de personnes encore pleines de vie (1).

Si le nom de saint Vigile n'est pas dans les martyrologes connus du ixe siècle, tels que sont ceux d'Adon et d'Usuard, c'est, sans doute, à cause qu'étant mort à la fin du viie siècle, son corps n'avoit point encore été relevé de terre; car alors il n'y avoit guère que cette cérémonie qui portât avec elle une canonisation en forme. Mais dès qu'elle eut été faite, son nom fut écrit dans les martyrologes postérieurs, non-seulement au onzième mars, qui est le jour auquel les historiens du ixe siècle marquent sa mort, mais encore au 28 novembre, qui est celui auquel l'élévation ou translation de son corps avoit été faite. On lit même, dans la vie de Gui, évêque d'Auxerre (2), mort en 961, qu'ayant bâti, dans sa cathédrale, une chapelle en l'honneur des saints qui étoient peu honorés tant dans la ville que dehors, il comprit saint Vigile dans ce nombre, avec dix-neuf autres saints très-fameux, de tous pays. Ce qui prouve, ou que c'étoit lui qui en avoit fait la canonisation, ou du moins qu'elle avoit été faite peu de temps avant son épiscopat. De plus il attacha un certain revenu à percevoir sur une vigne, à ceux des chanoines qui célèbreroient, dans l'année, des vigiles et une messe en son honneur. La première des fêtes de saint Vigile, quoique célébrée pendant le carême, a toujours été à neuf leçons dans le diocèse; la seconde n'a été qu'à trois leçons, et les deux fêtes sont restées sur ce pied-là, jusqu'à l'édition du Bréviaire de l'an 1726, dans lequel on a transporté la principale fête de ce Saint au jour de la translation, pour ne plus la célébrer pendant le temps du jeûne.

---

(1) Le P. Chanci Prémontré âgé de 85 ans, vers l'an 1720.

(2) *Labb. Bibl. m.* p. 445.

L'église où saint Vigile fut inhumé, étoit bâtie, comme on a déjà vu, sur son propre fonds (1) ; ce Saint y avoit mis des moines, mais ces moines ne gardèrent pas longtemps la règle qu'il leur avoit donnée ; et, depuis le milieu du vIII[e] siècle, la conduite de cette abbaye ayant été ôtée aux évêques d'Auxerre (2), l'institut monastique commença à dégénérer. Elle ne fut rendue, que deux cents ans après, à l'évêque Gui qui, l'ayant obtenue par le moyen de Hugues-le-Grand, duc de France, en fit confirmer la restitution par le roi Louis d'Outre-mer ; mais elle ne tarda guère à passer, pour la seconde fois, en des mains étrangères, puisque, dans les siècles suivants, Aganon, évêque d'Autun, la possédoit, et qu'il fallut que l'évêque d'Auxerre, Geoffroi de Champaleman (3), l'obtînt de nouveau, aussi bien que celle de Saint-Amatre, parce qu'Aganon les tenoit toutes deux de son père. L'évêque Robert, voulant faire, vers la fin du xI[e] siècle, quelque satisfaction aux chanoines de la cathédrale, dont il avoit laissé endommager une des terres que l'un de ses prédécesseurs avoit donnée, leur conféra l'abbaye de Notre-Dame (4), suivant Frodon, historien de sa vie. Ainsi, il faut convenir qu'il y eut dès lors des chanoines en cette église, qui, avec les évêques, jouissoient du revenu qui pouvoit être resté ; mais, vers l'an 1140 (5), les chanoines réguliers de Prémontré leur succédèrent. L'évêque Hugues de Mâcon les avoit introduits dans le monastère de Saint-Marien, rebâti par Ithier clerc de sa cathédrale. Ils y demeurèrent trois ou quatre ans, fort à l'étroit, et, enfin, l'évêque prit la résolution de leur donner l'église de Notre-Dame-hors-les-murs, avec ses dépendances. Pour y parvenir, il fit proposer aux chanoines séculiers de cette église, ou de conformer leur vie à celle de ces nouveaux chanoines, ou de se retirer ; quelques-uns prirent ce dernier parti, et d'autres suivirent le premier. Un d'entre eux avoit sa maison canoniale du côté septentrional de l'église, tandis que les autres maisons et ce qui pouvoit rester de l'ancien cloître, étoient du côté méridional. Les chanoines de Prémontré, trouvant qu'il leur convenoit mieux de demeurer au septentrion de l'église, que non pas au midi, qui

Culte de S. Vigile.

---

(1) *Labb. supra*, p. 427.
(2) *Labb.* p. 446.
(3) *Ibid.* p. 453.
(4) *Ibid.* p. 455.
(5) *Ibid.* p. 465.

Culte de S. Vigile.

est le côté de la ville d'où ils étoient souvent incommodés par les séculiers, prièrent ce chanoine de changer ou de vendre sa maison. Il ne voulut point entendre raison là-dessus; mais, étant tombé malade, il mourut la semaine suivante, et les chanoines de Prémontré, ne trouvant plus d'obstacle, établirent leur communauté au septentrion de l'église, où elle est restée depuis. Ils quittèrent, cependant, cette seconde demeure en 1169, pour venir habiter le nouveau monastère de Saint-Marien, rebâti au lieu où avoit été auparavant l'église de Saint-Martin, et ne laissèrent à Notre-Dame qu'un certain nombre de religieux, pour desservir la paroisse qui fut établie, vers ce temps-là, ou dans le siècle suivant, pour les habitants du nouveau bourg; et la communauté de Saint-Marien ne s'en servit, dans la suite, que pour s'y retirer dans le temps des guerres, comme il arriva durant celles des Anglois, en 1358, et celles des deux siècles suivants. Enfin, l'abbaye de Saint-Marien ayant été entièrement détruite en 1590, par délibération des habitants d'Auxerre, les religieux de cette maison se retirèrent pour toujours à Notre-Dame, où ils sont encore à présent.

Il y a apparence que cette même église, en tant que prieuré, avoit autrefois choisi, pour sa principale fête, celle de la Nativité de la Sainte Vierge; car la cathédrale, exacte à célébrer, à l'exemple de l'église de Rome, les vigiles et la messe dans toutes les anciennes communautés des environs de la ville, y alloit autrefois ce jour-là; et ce n'est que depuis l'an 1460, que la procession a été remise au samedi et dimanche dans l'octave, en quoi l'on conserve toujours un vestige de cette ancienne coutume. On peut aussi remarquer ici en passant, que tant que les samedis de la semaine de Pâques et celle de la Pentecôte ont été distingués dans la cathédrale (1), par une procession, ainsi que tous les autres jours des mêmes semaines, l'église de Notre-Dame a été choisie pour la station des processions de ces deux samedis : cela s'observoit encore exactement au xiiie siècle; mais depuis que les trois derniers jours de ces semaines ont perdu quelque degré de leur solennité, on a cessé d'y faire des processions, et les trois églises, où l'on alloit ces trois derniers jours, ont commencé

---

(1) *Obituar. cathed.*

à servir de station pour le lundi, mardi et mercredi de la Pentecôte; c'est pour cela que, depuis deux cents ans au moins, la cathédrale va dans cette église, en procession, le mercredi de la Pentecôte.

Culte de S. Vigile.

Quoiqu'on ne lise nulle part quand l'église bâtie par saint Vigile cessa d'exister, il y a cependant quelque espèce de preuves qu'elle ne passa pas le VIIe siècle, parce que c'est de la seconde église qu'il faut entendre l'une ou l'autre des deux dédicaces de Notre-Dame d'Auxerre, qui sont marquées au 18 janvier et au 26 avril, dans le Martyrologe de la cathédrale, écrit vers l'an 1007. Cependant, suivant un Nécrologe de l'église de Notre-Dame-la-dehors, de l'an 1425, la fête de la dédicace y étoit célébrée alors le 7 novembre; et il falloit que cette dédicace fût déjà assez ancienne, puisqu'en 1477, cette église menaçoit d'une ruine si prochaine, qu'Enguerrand Signard, évêque d'Auxerre, crut devoir accorder quarante jours d'indulgences à tous ceux qui, la visitant avec les conditions requises, donneroient de quoi aider à la rebâtir (1). Il en signa l'acte, dans cette même église, le 14 mai. L'édifice, qui fut élevé ou réparé de ces charités, ne fut pas fort magnifique; mais, cent ans après, c'est-à-dire sur la fin du XVIe siècle, on abattit le chœur pour le refaire. Dans tous ces changements, l'ancien clocher, qui étoit situé au milieu de l'aile méridionale, fut conservé soigneusement (2); c'étoit une flèche de pierre travaillée avec toute la délicatesse imaginable, percée à jour presque d'un bout à l'autre, et qui faisoit tout l'ornement extérieur de cette église; mais un changement peu nécessaire qu'on voulut faire à l'un des piliers de l'église qui le soutenoit, ayant excédé les bornes de la prudence, le clocher tomba tout à coup, le 22 septembre 1627, vers les cinq ou six heures du soir, abattit, par sa chute, le jubé de l'église et une partie de la nef. Depuis ce temps-là, on a achevé de démolir le reste de cette ancienne nef, et on en a bâti une autre aussi élevée et aussi éclairée qu'étoit le chœur; et ces deux morceaux, joints ensemble, composent aujourd'hui une église des plus spacieuses et des plus éclairées de la province (a).

(1) *Ex autographo.*

(2) Il est représenté dans la cosmographie de Belleforest.

(a) Cette église n'existe plus. (N. d. E.)

Culte de S. Vigile.

Pour ce qui est de l'hôpital dont saint Vigile accompagna son monastère, il étoit situé un peu plus à l'occident de la cité, c'est-à-dire entre ce monastère et celui de Saint-Eusèbe; on n'en sait autre chose, sinon qu'au xve siècle, on commença à l'appeler l'hôpital de Saint-Souvain, du nom d'un saint qui a été choisi pour patron, en plusieurs hôpitaux du Berri. Quelques calendriers des missels et bréviaires d'Auxerre du xvie siècle, ont marqué son nom au 22 septembre, sans qu'on en fit l'office. Le Nécrologe de Notre-Dame-la-dehors du xve siècle, porte au 22 septembre le nom du même Saint, ajoutant qu'il y avoit des indulgences considérables accordées en ce jour à ceux qui seroient de la société des frères de l'hôpital de Saint-Vigile, ce qui fait connoître que si on l'appeloit le plus souvent l'hôpital de Saint-Souvain ou Silvain, ce n'étoit qu'à cause d'une confrérie érigée dans cet hôpital, sous la protection de ce Saint. On sait encore que les Huguenots ayant détruit, en 1567, le dortoir de Saint-Marien, quelques religieux se virent obligés de coucher dans cet hôpital. La même année on parla de le réunir à l'Hôtel-Dieu d'Auxerre; mais apparemment que cela n'eut pas lieu sitôt, puisqu'en 1573 l'évêque Jacques Amyot ordonna, dans sa visite, d'y recevoir les pauvres pélerins. Cependant, cette réunion ne tarda guère à être faite; car, en 1633, une sœur de l'Hôtel-Dieu d'Auxerre se souvenoit fort bien qu'étant encore jeune, elle avoit porté, de l'Hôtel-Dieu dans l'hôpital de Saint-Souvain, des matelas et oreillers pour servir à coucher de pauvres femmes malades. Mais depuis l'établissement des Ursulines dans Auxerre, et de leurs écoles dans l'endroit où étoit cet hôpital, il n'a plus été parlé de la Maison-Dieu-Saint-Vigile, ni de l'hôpital Saint-Souvain. C'est ainsi que les nouveaux établissements font perdre la mémoire des anciens.

CHAPITRE XI.

De trois évêques d'Auxerre inhumés successivement dans l'église de Saint-Eusèbe, qui sont Scopilion, saint Tétrice et Foucaud.

SCOPILION, XXIIᵉ ÉVÊQUE D'AUXERRE.

Nous ne savons que très-peu de choses du successeur de saint Vigile. Il est nommé Scopilion dans toutes les listes, excepté dans une du xiiiᵉ siècle où il est ainsi marqué : *Beatus Pylio* (1); ce qui peut venir de ce que les trois premières lettres de son nom auront été prises pour l'équivalent de *sanctus*, étant ainsi écrites en abrégé *Scs*. Il tint le siége épiscopal huit ans et fit présent à son église de quelques vases d'argent que l'on voyoit encore vers la fin du ixᵉ siècle avec son nom marqué dessus. Il fut inhumé à Saint-Eusèbe où sa mémoire, aussi bien que son tombeau, sont restés dans l'oubli. C'est tout ce que nous en pouvons dire : mais on est mieux informé de ce qui regarde son successeur.

683 à 691.

SAINT TÉTRICE, XXIIIᵉ ÉVÊQUE D'AUXERRE.

Tétrice, que dès le ixᵉ siècle on appeloit aussi Tétrique, fut formé, comme plusieurs de ses prédécesseurs, dans la vie spirituelle, parmi des personnes qui vivoient en communauté. Au moins il est constant, par les auteurs de sa vie, qu'avant son épiscopat il fut abbé de Saint-Germain. Etant revêtu de cette dignité, il se comporta de telle manière que, non-seulement il mérita l'estime de ceux qui lui étoient soumis, mais encore celle des peuples. Il étoit libéral, d'une piété exemplaire, d'une chasteté inviolable, et fort sensible aux misères des pauvres; c'est pourquoi, le siége épiscopal d'Auxerre

691 à 706.

---

(1) *In mss. S. Mariani.*

étant venu à vaquer, tout le peuple, depuis le plus grand jusqu'au plus petit, étant inspirés de Dieu, le choisirent pour leur prélat; et, ayant été tiré de la basilique de Saint-Germain, il fut ordonné évêque. Il n'eut pas plutôt reçu le caractère de l'épiscopat, qu'il fit voir combien il étoit disposé à s'en acquitter dignement. Il commença d'abord à annoncer souvent la parole de Dieu, afin d'avancer l'édifice spirituel de l'église qui lui avoit été confiée. Il tint un synode dès la première année; il y régla l'ordre suivant lequel les abbés ou les archiprêtres feroient l'office dans l'église de Saint-Etienne. Voici quelle fut la teneur de ce règlement :

AUX CALENDES DE JANVIER.

Que la première semaine de janvier, ce seroit la basilique de Saint-Germain qui viendroit desservir la cathédrale.

La seconde semaine, ce seroit la basilique (a) de Saint-Amatre.

La troisième semaine, la basilique de Saint-Pierre.

La quatrième semaine, la basilique du monastère de Saint-Julien.

CALENDES DE FÉVRIER.

1. *Semaine.* La basilique de Saint-Marien.
2. *Semaine.* La basilique de Saint-Eusèbe.
3. *Semaine.* La basilique de Saint-Martin.
4. *Semaine.* La basilique de Sainte-Marie, ou Notre-Dame.

CALENDES DE MARS.

1. *Semaine.* La basilique de Saint-Nazaire, c'est-à-dire Saint-Gervais.
2. *Semaine.* Le monastère de Lonretz (*Longoretense*), c'est-à-dire l'abbaye de Saint-Laurent.
3. *Semaine.* Le monastère de Saissy (*Sessiacense*).
4. *Semaine.* Le bourg d'Ecoulive (*Scolivæ-vicus*).

(a) Le *Gesta Pontificum* porte : *Basilica S. Germani, basilica S. Petri, etc.* La signification du mot *basilica* emportait ordinairement, sous les deux premières races, l'idée d'une église de moines; et quoiqu'on ne trouve ici le terme *basilica monachorum,* qu'à celle de Saint-Julien, l'application de la règle ne doit pas moins s'étendre à toutes les basiliques qui sont désignées. (N. d. E.)

CALENDES D'AVRIL.

1. *Semaine.* Le bourg de Bacerne (*Bacernæ-vicus*).
2. *Semaine.* Venouse et Gouaix (*Vendosa et Gaugiacus*).
3. *Semaine.* Naintry et Lichay (a) (*Nanturiacus et Licaiacus*).
4. *Semaine.* *Tauriacus* (1) ou plutôt *Truciacus*.

CALENDES DE MAI.

1. *Semaine.* *Coræ-vicus*, c'est-à-dire Crevan.
2. *Semaine.* Courçon et l'oratoire Saint-Menge, c'est-à-dire Merry-Sec, dont saint Menge est encore actuellement patron (*Corcedonus et oratorium S. Memmii*).
3. *Semaine.* Druye, Corvol et Oisy (*Droja, Corviacus* (2) et *Auciacus*).
4. *Semaine.* Varzy (*Varciacus*).

CALENDES DE JUIN.

1. *Semaine.* Le Val de Bargis et Nannay (*Bargiacus et Nantoniacus*).
2. *Semaine.* Mêve (*Massva*).
3. *Semaine.* Cône (*Condida*).
4. *Semaine.* Tracy et Sully (*Dractiacus et Soliacus*).

CALENDES DE JUILLET.

1. *Semaine.* Neuvy (*Novus-vicus*).
2. *Semaine.* Briare (*Brioderus*).

---

(1) Comme Thury paroît déplacé en cet endroit; et que, d'ailleurs, il est à la quatrième semaine d'août en son vrai rang, je crois que c'est une ancienne faute du copiste qui a lu *Tauriacus* au lieu de *Ranciacus* ou plutôt *Iranciacus* qui est un nom connu, et dont la situation locale convient fort à l'ordre qu'observoit saint Tétrice, d'aller de proche en proche. Ou bien il pouvoit y avoir *Truciacus* qui est un nom encore plus ressemblant, et en ce cas ce seroit Trucy-sur-Yonne.

(2) Il y a *Corvacus* dans le latin qui ne peut signifier que Corvol qui est voisin d'Oisy, et assez peu éloigné de Druye. A l'égard de Druye, il est indubitablement désigné par *Troja*, comme Trassy par *Dractiacus*, parce que le D et le T sont des lettres qui s'emploient souvent l'une pour l'autre.

(a) Lichères. *(N. d. E.)*

3. *Semaine.* Giem (*Giomus et Laoderus*) (1).
4. *Semaine.* Blaineau (*Blanoïlus*).

CALENDES D'AOUT.

1. *Semaine. Clerici dominici.* Le clergé de l'église cathédrale (2).
2. *Semaine.* Aligny (*Eliniacus*).
3. *Semaine.* Bouy (*Baugiacus*).
4. *Semaine.* Thury (*Tauriacus*).

CALENDES DE SEPTEMBRE.

1. *Semaine.* Entrains (*Interannis*).
2. *Semaine.* Le bourg d'Ouaine (*Odonæ-vicus*)
3. *Semaine.* Pourein et Toucy (*Pulverenus et Tociacus*).
4. *Semaine.* Eppoigny et Charbuy (*Epponiacus et Carbaugiacus*).

CALENDES D'OCTOBRE.

1. *Semaine.* Le clergé de la cathédrale (*clerici dominici*).
2. *Semaine.* La basilique de Saint-Germain.
3. *Semaine.* La basilique de Saint-Amatre.
4. *Semaine.* La basilique de Saint-Pierre.

CALENDES DE NOVEMBRE.

1. *Semaine.* Donzy (3) (*Domitiacus*).

(1) *Laoderus* doit être un endroit non employé ailleurs, et, par conséquent, dans le canton qui n'a pas été désigné. S'il n'est pas Ozoir ni Saint-Privé ou Saint-Fergeau, il doit être Saint-Martin-des-Champs. Je le croirois l'un de ces deux derniers endroits, parce qu'ils sont tous les deux sur le courant du Lou-ain, rivière dite tantôt *Lupa-amnis*, tantôt *Launtus*. Elle n'est encore proprement qu'un torrent à Saint-Sauveur où elle passe d'abord, et à Saint-Fergeau où elle passe plus bas. Ainsi *Laoderus* étant composé de *Lao* et de *dorus* torrent, signifie l'un de ces deux lieux, et plus probablement Saint-Martin-des-Champs où l'on trouve le nom de Latré.

(2) Il paroit que la première semaine d'août n'a été assignée au clergé de la cathédrale que parce que c'est le temps de la fête patronale de la cathédrale Saint-Etienne, 3 août. De même la première semaine d'octobre, à cause de la grande fête de la déposition de saint Germain, attachée au premier octobre.

(3) Si dans l'original il y a eu *Domitiacus*, c'est sûrement Donzy ; mais il est plus probable que les copistes ont fait ici une faute, et qu'il faut lire *Decimiacus*. On ne voit point de raison pourquoi Donzy seroit placé parmi les églises du faubourg d'Auxerre, si ce n'est à cause de quelque privilége qu'auroit eu cette terre qui depuis a été sujette à l'hommage envers l'évêque et au portage. S'il faut lire *Decimiacus*, c'est Saint-Cyr-les-Colons où, sous saint Aunaire, il y avoit un monastère appelé *Decimiacense ad S. Cyri-*

2. *Semaine.* Le monastère de Saint-Julien.
3. *Semaine.* La basilique de Saint-Marien.
4. *Semaine.* La basilique de Saint-Eusèbe.

CALENDES DE DÉCEMBRE.

1. *Semaine.* La basilique de Sainte-Marie.
2. *Semaine.* La basilique de Saint-Martin.
3. *Semaine.* La basilique des Saints-Gervais et Protais.
4. *Semaine.* Les monastères de Lonretz et de Saissy (*Longoreti et Sesciaci*).

Il faut remarquer ici que l'année est toute complète, et que le mois de septembre n'est pas excepté comme Dom Mabillon (1) et M. Fleury ont cru qu'il l'avoit été à cause des vendanges. Ils ont été trompés par l'édition qu'a donnée le P. Labbe de cette ordonnance synodale, où l'imprimeur a oublié ce mois; ce que n'a pas fait Dom Martène, dans son Traité des divins offices (2), quoiqu'il ait suivi les autres fautes de cette édition.

Saint Tétrice ayant disposé ainsi le rang d'un chacun pour venir faire l'office à la cathédrale, ordonna que les abbés ou les prêtres qui s'y rendroient avec leur clergé pour s'acquitter de ce devoir, fussent payés à proportion de leur peine, par l'économe de l'église, sur le revenu de l'évêché : mais il ajouta aussi, que ceux qui s'y rendroient tard, ou qui paroîtroient faire l'office avec négligence, seroient privés de vin pendant quarante jours. Le vidame ou le cellerier (3) étoient chargés de ce paiement : et au cas qu'ils n'y eussent pas été fidèles, ils étoient condamnés à être renfermés pendant six mois dans un monastère pour y jeûner au pain et à l'eau. Cette ordonnance fait voir qu'il y avait alors peu de clercs avec l'évêque. Ils étoient en nombre suffisant pour faire l'office à certains jours dont la solennité leur étoit particulière, tels que la fête de saint Etienne et celle de saint Germain, mais non pour pouvoir entretenir le service divin

cum. Il est vrai que s'il ne faut pas lire *Domitiacus,* Donzy ne se trouvera pas invité comme les autres, quoiqu'il soit dans la description de saint Aunaire; mais on peut répondre que Colmery, Champ-lemy, Bitry et Arquien appelés par saint Aunaire, ne le sont pas non plus par saint Tétrice.

(1) *Sæc. Bened.* III, *part.* 1.
(2) *Page* 12.
(3) *Vice-dominus aut cellarius.*

tous les jours de l'année. Ce fut pourquoi l'évêque fit venir des troupes auxiliaires, en leur distribuant, à chacun, une saison proportionnée à l'éloignement dont ils étoient de la ville épiscopale, assignant, aux églises d'Auxerre et aux monastères du diocèse, le temps des plus petits jours, depuis le mois d'octobre jusqu'à la fin du mois de mars, aux lieux médiocrement éloignés, les saisons où les jours sont médiocrement grands, et à ceux qui étoient les plus éloignés les mois de juin et de juillet.

Ce même prélat donna à l'église de Saint-Etienne, sa cathédrale, un village du pays Sénonois, appelé en latin *Maximiacum* (aujourd'hui Marsengy) (1) qui lui étoit échu de la succession de ses parents, avec toutes les maisons qui en dépendoient, les serfs, les vignes, les bois, etc. Le nom du même évêque se trouve, quoiqu'un peu défiguré, au bas d'un privilége qui regarde une église située sur la Loire, et qui fut expédié au palais, dit en latin *Captanacum*, l'an 696 (2). On y lit : *Tretecor per misericordiam Dei hoc privilegium subscripsi*. Le bon ordre qu'il tâcha de mettre dans son clergé, lui attira quelques ennemis; son archidiacre, appelé Rainfroy, ne put voir qu'avec peine, vivre si longtemps un pasteur si vigilant. Il conçut le dessein de se défaire de lui, et il prit pour l'exécuter le temps auquel le Saint reposoit. Il entra dans la maison où il le trouva endormi sur un banc, et lui plongea le poignard dans le sein. Les historiens du ixe siècle ajoutent qu'aussitôt qu'il fut sorti de l'endroit où il venoit de tuer son évêque, il fut enlevé comme par un coup de foudre et qu'on ne le vit jamais paroître depuis ce temps-là. Ils regardoient le fait comme certain, et ils n'en étoient éloignés que de cent cinquante ans. Bien plus, ajoutent-ils, la dévotion des fidèles qui se sentoient affligés du mal de dents, étoit de s'approcher du banc sur lequel le meurtre avoit été commis; et, par le moyen des mérites du saint évêque, ils obtenoient leur guérison. Ces mêmes auteurs assurent que les planches de ce banc se

---

(1) Ce village de Marsengy est situé sur la rivière d'Yonne, entre Sens et Villeneuve-le-Roi. C'est selon les règles de l'analogie que de *Maximiacum* on a fait *Maximii ac* puis *Maximgy, Maxingy, Maxengy, Massengy*, et enfin *Marsengy*, par corruption. Il sera parlé encore de ce village sous l'évêque Héribald. L'église du lieu a toujours été sous le titre de Saint-Germain d'Auxerre.

(2) *Mabill. in lib. de Re diplomatica ex autog. Dionysiano.*

voyoient encore lorsqu'ils écrivoient, et qu'on y remarquoit même encore les preuves de son martyre, c'est-à-dire les marques du sang répandu. Les évêques, ses successeurs, firent aussi bâtir, au même lieu, en mémoire du saint martyr, un oratoire sous son nom, qui étoit fort fréquenté sous le règne de Charles-le-Chauve.

La mort du Saint arriva le dix-huitième jour de mars, de l'an 706 ou 707, après quinze ans d'épiscopat. Son corps fut inhumé avec un concours extraordinaire des fidèles, dans l'église de Saint-Eusèbe. Comme ce corps fut tiré du tombeau en même temps que celui de saint Pallade, et que ses ossements ont eu le même sort, on peut voir ce que j'ai marqué sur ces deux Saints, à l'égard de saint Pallade. Un auteur qui fit, vers l'an 1375, un abrégé des actions des évêques d'Auxerre, dit, au sujet de saint Tétrice, que l'oratoire fondé en son honneur par les évêques d'Auxerre étoit dans le monastère de Saint-Eusèbe, et qu'on y voyoit encore, de son temps, le banc sur lequel il avoit été tué. Si cet auteur pouvoit passer pour exact, je ne rapporterois point ici une tradition contraire qui est à Ecan, village éloigné de deux lieues d'Auxerre. On lit, dans cette église, sur les murailles de la nef, tant d'un côté que d'un autre, quelques vers françois qui portent que ce fut dans ce territoire que saint Tétrice fut massacré sur un banc, et que le peuple fit bâtir, en ce lieu, un riche oratoire pour honorer le saint évêque. (Le lecteur me permettra de ne point donner ici ces vers, parce qu'ils ne paroissent pas d'une composition ni d'une écriture plus ancienne que quatre-vingts ans ou environ). On ajoute même que le banc est renfermé dans un pilier du chœur du côté droit vis-à-vis le lutrin, et, pour plus grande preuve de cette tradition, on a coutume de chanter tous les ans une grand'messe dans cette église, le jour auquel tout le diocèse fait la fête du Saint. Le P. Mabillon (1) a écrit sur ce Saint, conformément à cette tradition, mais il paroît que c'est sans avoir rien vu par lui-même, puisqu'il met des cryptes dans l'église de Saint-Eusèbe où il n'y en a point. Je ne prétends point combattre cette pieuse créance des anciens du village d'Ecan : je me contenterai d'observer que le nom latin d'Ecan n'a pas toujours été *Scamnum*,

---

(1) *Sæculo* III, *bened*.

Culte de S. Tétrice.

comme on le dit depuis peu, et que, dans le xiiie siècle, Gui de Munois, faisant l'énumération des églises données à l'abbaye de Saint-Germain, par Héribert, évêque d'Auxerre, vers l'an 990, ne dit point *de Scamno*, en parlant d'Ecan, mais *de Scancio beati Georgii* (1), ce qui est conforme aux manuscrits que j'ai vus là-dessus. Encore de nos jours, saint Georges est regardé comme patron d'Ecan, et non pas saint Tétrice. Le moyen de concilier les deux prétentions seroit de dire que la relique en question auroit été conservée à Terves, qui est dans l'étendue de la paroisse d'Ecan, et qui appartient au prieuré de Saint-Eusèbe, et que, par la suite, tout le territoire a pu prendre son nom du concours qui se faisoit au banc de saint Tétrice ; mais, qu'afin de distinguer deux Ecans, on a dit Ecan-Saint-Germain, pour désigner celui qui avoit une église de Saint-Georges ; et Ecan-Saint-Eusèbe, pour marquer celui qui avoit une église en l'honneur de saint Tétrice, qui est aujourd'hui le hameau de Terves. Je dois, cependant, dire que je n'ai trouvé nulle part le nom d'Ecan-Saint-Eusèbe, et que je ne hasarde cela que pour concilier les différentes traditions.

Quoique les compilateurs de l'histoire des évêques d'Auxerre affectent de donner, le plus souvent qu'ils peuvent, à ce saint prélat la qualité de martyr, le martyrologe de l'église cathédrale, écrit vers l'an 1007, ne le désigne que sous le nom d'évêque : et le moine Nevelon, qui écrivit son martyrologe dans le même siècle, ne l'y a point inséré non plus que saint Pallade, malgré l'attention qu'il avoit à marquer les saints d'Auxerre. On ne peut pas douter de l'antiquité du culte de saint Tétrice : il étoit public dès le ixe siècle, cent ans avant que son corps eût été tiré du tombeau. Mais je n'ai point trouvé de calendriers antérieurs au xiiie siècle qui marquassent sa fête. Elle est dans tous ceux d'Auxerre depuis ce temps-là, au 12 avril, qui est apparemment le jour de sa sépulture. L'ancien martyrologe du xie siècle qui le nomme, se contente de dire au même jour : *Autissiodoro beati Tetrici episcopi* (a) : et sa fête n'a jamais été dans le diocèse

---

(1) *Hist. Abb. S. Germani, Labb.* p. 571.

(a) Lebeuf se trompe, comme on peut le voir au Nécrologe, Preuves, t. iv, n° 5 ; il y a, de plus, le mot *martyris*. (*N. d. E.*)

au-dessus du degré de trois leçons. Un calendrier de l'abbaye de Saint-Laurent, rédigé à l'usage du prieuré de Saint-Eusèbe il y a plus de quatre cents ans, donne, à la fête de saint Pallade, le degré de double, de même qu'à celle de saint Jean-Baptiste et à celle de saint Pierre; mais, pour ce qui est de celle de saint Tétrice, elle est qualifiée tridouble, *triduplex*, de même que les fêtes de la Sainte Croix. Je ne sais pour quelle raison l'annonce de ce Saint est marquée au quinzième mai dans quelques additions faites à celui d'Usuard, entre autres dans celui de l'abbaye de Montier-la-Celle, proche Troyes, qui paroît d'une écriture du xive siècle, et dans d'autres rapportés par les Bollandistes dans leur Usuard; on lui donne, dans ces derniers, le nom de *Tricius episcopus et confessor*. Il est aussi arrivé quelquefois que saint Réthice d'Autun a été appelé *Tetricius* par des écrivains ecclésiastiques. Le Bréviaire d'Auxerre de l'an 1726 ne voulant conserver aucune fête dans le carême, a remis celle de saint Tétrice au 6 octobre, en le joignant à saint Romain dont le martyre (s'il est vrai qu'il l'ait souffert) a été apparemment d'une espèce semblable à celui de saint Tétrice : et on honore, en ce jour, plutôt leurs vertus épiscopales que leur martyre, qui est bien différent de celui des saints qui ont passé par les prisons et par divers tourments.

Culte de S. Tétrice.

FOUCAULD, XXIVe ÉVÊQUE D'AUXERRE.

On sait très-peu de choses de Foucauld, qui succéda à saint Tétrice. Tout se réduit à dire qu'il siégea cinq ans quatre mois et dix jours, qu'il mourut le 15 de mars, et qu'il fut inhumé dans l'église de Saint-Eusèbe. On ignore, depuis longtemps, l'endroit de cette sépulture. Un ancien Epitome manuscrit de la vie de nos évêques lui donne le titre de bienheureux. Il falloit que lui, Scopilion, et plusieurs autres, passassent pour saints au milieu du xiie siècle, puisque dès lors on comptoit trente-deux évêques d'Auxerre saints, suivant un manuscrit de la bibliothèque Colbert, qu'on croit être d'Henri de Huntindon anglois (1).

706 à 710.

(1) *Cod.* 3969, *nunc Reg.* 10208, 5. 5.

CHAPITRE X.

Des évêques Savaric, Quintilien ou Chillien, Clément et Aidulfe.

SAVARIC, XXVe ÉVÊQUE D'AUXERRE.

710 à 715.
    Si tous les évêques d'Auxerre dont j'ai parlé jusqu'ici n'ont pas été canonisés, on peut dire que presque tous ont passé pour saints. Savaric fut le premier qui ne mena pas une vie vraiment épiscopale. Comme il étoit d'une famille très-noble et très-riche, et qu'il vivoit dans un siècle peu éclairé, il fut le premier qui s'éloigna des règles de son état, en s'ingérant dans les affaires séculières plus qu'il ne convenoit à un évêque (1). Il poussa si loin son ambition, qu'ayant mis des troupes en campagne, il s'empara des pays d'Orléanois, Nivernois, Tonnerrois, Avallonnois, et même de celui de Troyes. Plusieurs guerres civiles s'étant élevées de son temps, dans le royaume, les François donnèrent un grand combat dans la forêt de Côte ou Cuice, qu'on appelle, aujourd'hui, de Villers-Cotterets, et il y eut beaucoup de sang répandu. L'évêque Savaric crut devoir profiter de cette conjoncture. Il se mit, de nouveau, en campagne avec une grosse armée, et, oubliant sa qualité d'évêque, il se fit chef de parti. Il étoit déjà en chemin pour aller faire la conquête de la ville de Lyon, lorsque tout à coup il fut écrasé par un coup de foudre. Une mort si imprévue et si tragique n'empêcha point qu'on ne lui rendît les honneurs dus à sa dignité. Son corps fut rapporté à Auxerre, et inhumé dans l'église de Saint-Germain, auprès de ses prédécesseurs. Comme, suivant la plus exacte supputation, la bataille de la forêt de Villers-Cotterets se donna l'an 715, on ne peut guère hésiter à fixer la mort de cet évêque à cette année-là. Les écrivains n'en ont point marqué le jour, mais seulement qu'il siégea cinq ans et

---

(1) *Eo quod esset genere nobilissimus, cœpit a status sui ordine paululùm declinare et sæcularibus curis plus quam oportet pon-* *tificem inhianter insistere. Gesta Pontif. apud Labb. Bibl. t. 1.*

quatre mois. Il n'est point le seul prélat qu'on trouve dans l'histoire ecclésiastique avoir eu une pareille fin. Théodore, l'un des premiers évêques de Tournay, fut aussi tué d'un coup de tonnerre (1). Au reste, on ignore l'endroit de la sépulture de Savaric dans l'église de Saint-Germain. Son corps (si, cependant, il a pu être conservé longtemps), étoit probablement dans un des cercueils de pierre qui furent trouvés dans l'ancienne église, au xive siècle, lorsqu'on bâtit le nouveau chœur, et dont les ossements furent ramassés et mis dans quelque coin de l'église, lorsque les ouvriers eurent brisé les tombeaux. Le P. Mabillon a eu raison de douter, dans la table du iiie siècle bénédictin, si un certain Savaric, évêque, qui a signé un acte de l'an 693, est l'évêque d'Auxerre. Il est constant que ce n'a pu être notre Savaric, et ce peut être un autre de même nom qui étoit évêque d'Orléans.

QUINTILIEN OU CHILIEN, XXVIe ET XXVIIe ÉVÊQUE D'AUXERRE.

On est obligé de s'écarter ici de l'ordre que les historiens du ixe siècle ont mis dans la table de nos évêques, afin d'accorder leur propre ouvrage avec les notes chronologiques des princes qu'ils y nomment. En suivant donc la réforme que le P. Le Cointe a apportée dans cette chronologie, Quintilien a dû succéder à Savaric : et si le choix du peuple tomba sur un personnage comme lui, ce fut avec d'autant plus de raison qu'on venoit d'être témoin du triste gouvernement de son prédécesseur. Il étoit fils de Quintilien, noble et riche seigneur, qui avoit fondé le monastère de Moutiers-en-Puisaye (2), avec un hôpital pour recevoir les Bretons qui alloient à Rome (a) : nos historiens disent qu'il fut tiré du monastère de Saint-

---

(1) *Hist. S. Mart. Tornac. in Spicilegio.* | (2) *Melcredum* étoit alors son nom.

(a) Le monastère (*Cella*) de Moutiers que la tradition regarde comme occupant la place d'un temple druidique, fut fondé, en 701, par Quintilien, seigneur du pays. Il y ajouta un hôpital destiné à recevoir les Bretons et Anglais qui, en ce temps-là,

Germain dont il étoit abbé, tant à cause de la sainteté de ses mœurs, qu'à cause de la noblesse de sa naissance. Ils n'en rapportent aucune action ; ils ne nous apprennent pas combien de temps il fut évêque ; ils ne marquent pas même le jour de sa mort, mais ils se contentent de dire qu'il fut inhumé dans l'église de Saint-Germain, et ils lui donnent le titre de bienheureux. Il y a eu, à Moutiers, quelques traditions touchant Quintilien, père de l'évêque ; le peuple l'appeloit autrefois *S. Quinquelin*; mais ceci sera mieux développé en parlant des prieurés du diocèse d'Auxerre en particulier. M. Chastelain a donné, dans son martyrologe, le nom de *Quintilla* à notre évêque, sans en dire la raison.

On dit de Cillien, qui passe pour avoir été mis en sa place, qu'il siégea pendant six ans et deux mois. Les temps étoient alors si fâcheux, qu'il n'a été rien transmis de ses actions. On sait seulement qu'il mourut le quatrième jour d'août, et qu'il fut inhumé à Saint-Germain. Ces époques du siége de chaque évêque nous mènent jusqu'à l'an 728 ou environ. Au reste, je suis très-porté à croire que Cillien, autrement écrit Chillien, est le même que Quintilien, et que ce n'est qu'une manière différente d'écrire le même nom. Non-seulement la ressemblance de Quintilien avec Quillien le persuade, mais encore l'ignorance où l'on est du jour de la mort de Quintilien. Cette circonstance seroit singulière à cet évêque, puisqu'on sait la durée de l'épiscopat de tous les autres. Mais aussi, en regardant Quintilien et Chillien pour un seul et même évêque, il faut lui donner au moins onze ans d'épiscopat, et dire que les compilateurs ont lu VI où il y avoit XI : erreur qui n'a pas été rare chez eux.

CLÉMENT, XXVIIIe ÉVÊQUE D'AUXERRE.

Ce fut en 728, suivant notre calcul, que Clément succéda à Cillien. Il ne tint le siége, non plus que lui, que durant un petit

---

dit Dom Viole, alloient par troupes visiter les saints lieux de Rome, comme le rapportent les auteurs du *Gesta Pontif.* Le monastère tomba aux mains des laïques, sous Charles-Martel, et fut réuni, vers 864, à l'abbaye Saint-Germain, par le comte Conrad qui le possédait.

espace de temps, savoir : cinq ans un mois et dix jours; encore n'exerça-t-il pas les fonctions épiscopales durant tout ce temps, parce qu'il devint aveugle. Il fut obligé de se démettre, et il se retira dans une maison particulière qui étoit située proche l'église de Saint-Pierre et Saint-Jacques, qu'on a appelée depuis Saint-Pierre-en-Château, où il mourut le vingtième jour de mars, après plusieurs années de retraite. Il fut enterré dans l'église de Saint-Amatre : mais il n'en reste aujourd'hui aucun vestige, parce que ceux qui rebâtirent, au XIIe siècle, l'église dont nous voyons aujourd'hui l'ancienne enceinte, n'ont laissé aucune marque qui puisse distinguer son sépulcre d'avec les autres. Au moins n'a-t-on pu le faire en 1716, lorsqu'on remua les ruines du contour de l'aile gauche ou septentrionale de cet ancien bâtiment, et vers le bout oriental, aussi bien que celles de l'ancien fond, derrière le sanctuaire (1). C'est sans autre fondement que la ressemblance du nom qu'Arnold Wion, Colgan et autres modernes ont pris ce Clément pour l'un de ceux qu'on a cru être venus des îles Britanniques en France, et par là ils l'ont confondu avec Clément l'Ecossois. Ceux-là sont encore moins fondés qui, en l'appelant Claude-Clément, lui ont attribué un commentaire sur l'épître aux Galates, qui est de Claude, évêque de Turin. Il ne faut pas être surpris, après cela, que quelques Hibernois aient songé à canoniser Clément, évêque d'Auxerre, et à lui assigner un culte comme à l'un des fondateurs de l'université de Paris, ainsi que j'en ai des preuves.

LE VÉN. AIDULFE, XXIXe ÉVÊQUE D'AUXERRE.

Aidulfe étoit chantre lorsqu'il fut fait évêque en la place de Clément, et il siégea quinze ans. Il vécut sous le règne de Charles-le-Grand, dit Martel, et ne mourut que sous celui de Pépin. Ce fut un homme

---

(1) Le seul tombeau distingué que nous trouvâmes, étoit à huit ou dix pas devant la chapelle de Saint-Didier ; il étoit à environ huit pieds dans terre, sous une espèce d'élévation formée par les ruines, et couvert, à environ six à sept pieds au-dessus, d'une longue pierre marquée d'une belle croix, qui servit, depuis, à couvrir la sépulture de M. Marpon, prieur, mort quelques années après.

très-appliqué à l'office divin, et qui se distingua par ses libéralités épiscopales. De son temps, les biens de l'Église ayant été enlevés aux évêques par le prince, tombèrent sous la puissance séculière (a). On ne laissa, à l'évêque d'Auxerre, que cent maisons, métairies ou fermes, *centum mensos;* tout le reste des villages ou terres fut partagé entre six princes Bavarois, et chacune des abbayes fut donnée à un abbé séculier. Ce pieux évêque conçut un tel chagrin de voir l'église dans un état si triste, qu'on crut que c'étoit ce qui lui avoit causé une paralysie universelle de tout le corps. Il fut porté dans la maison où demeuroit l'évêque Clément qui vivoit encore, et il y fut nourri des revenus de l'église jusqu'à sa mort; une autre personne s'acquittant, pour lui et de son consentement, des fonctions épiscopales. Cet évêque donna à l'église de Saint-Etienne ce qu'il avoit de son patrimoine au pays Tonnerrois, dans le village appelé Montigny (1), à condition que ces biens seroient destinés à perpétuité pour la nourriture des pauvres. Il mourut le treizième de novembre, et il fut inhumé dans l'église de Saint-Germain.

Voilà deux évêques qui ont demeuré ensemble proche l'église de Saint-Pierre et Saint-Jacques. On ne sait lequel des deux a survécu à l'autre. Le P. Le Cointe assure que ce ne peut pas être Maurin qui ait servi de coadjuteur à Aidulfe. Nos historiens du ixe siècle, qui ont attribué cette fonction à Maurin, supposoient que ce Maurin avoit succédé immédiatement à Aidulfe; ce qui ne peut point être. Ainsi, il faut dire que les fonctions épiscopales furent administrées par

---

(1) *In pago Tornodorensi in villa quæ Montiniacus dicitur.* Il y a apparence que c'est Montigny-la-Couldre, village de la paroisse d'Ausson, à l'extrémité du diocèse de Sens, en tirant vers Tonnerre. L'église d'Auxerre y a encore du bien.

(a) Charles-Martel, voulant s'attacher ses leudes dont il avait besoin pour repousser au nord les Saxons et au midi les Sarrasins, s'empara, sans façon, des biens ecclésiastiques et les leur distribua. Les abbayes payèrent les chefs, et les manses les soldats. Cette mesure violente jeta l'Église dans une grande détresse, et par suite tous les liens de la discipline furent rompus. L'anarchie dura au moins jusqu'au règne de Charlemagne, comme on le verra plus loin. (*N. d. E.*)

(b) Il semblerait que ce qui fut laissé à l'évêque était encore bien suffisant, mais on ne doit pas oublier qu'à cette époque l'évêque avait l'entière disposition des biens ecclésiastiques. (*N. d. E.*)

quelqu'un des corévêques marqués dans le Nécrologe de l'église d'Auxerre récrit au commencement du xie siècle, et peut-être par Wadimire, dont on y lit le nom au dix de décembre (1). La mort de l'évêque Aidulfe est marquée dans le même livre, au treize de novembre, en ces termes : *Obiit Aidulfus episcopus, qui hac die instituit de sua hospitale fratribus refectionem parari*. Cette annonce prouve que, dans le xie siècle, on croyoit que c'étoit Aidulfe même qui avoit institué le repas que les chanoines faisoient alors en commun, au jour de l'anniversaire de sa mort. Il prouve aussi, que la coutume étoit quelquefois de prendre la dépense nécessaire pour le repas, sur les biens de ce qu'on appeloit l'hôtellerie ou la maison d'hospitalité. Cet évêque est le premier dont on trouve le nom dans ce Nécrologe. Il ne paroît pas qu'on ait jamais rendu aucun culte à sa mémoire. On ne sait pas même dans quel endroit de l'église de Saint-Germain est son tombeau. L'auteur de l'épitome des évêques d'Auxerre, écrit après le milieu du xive siècle, remarque qu'Aidulfe étoit qualifié *Saint* dans la table du livre des évêques, aussi bien que Droctoald, Foucauld, Quintilien, etc., quoiqu'on n'en fit ni fête, ni office, ni aucune commémoration. J'ai aussi lu *S. Adulfus*, dans un catalogue de nos évêques, rédigé au xiie siècle (2). Le titre de Saint est celui dont se sont toujours servis, à son égard, les PP. Viole et Fournier : le premier dans ses mémoires manuscrits sur nos évêques, le second dans sa description imprimée des grottes de Saint-Germain. Le nom de saint Aidulfe paroît dans les litanies des saints de l'église d'Auxerre, imprimées en 1647 : mais, comme ce fut un particulier qui les rédigea (3), sans l'autorité de l'Ordinaire, elles ne peuvent faire aucune preuve de culte.

CHAPITRE XI.

Des évêques Haymar, Théodran, Maurin, Aaron et Angelelme.

HAYMAR OU HAINMAR, XXXe ÉVÊQUE D'AUXERRE.

Après la mort de l'évêque Aidulfe, Haymar ou Hainmar, gouverna

---

(1) *Coll. max. Martene t.* 6, *col.* 729.   (3) Louis Noel, chanoine.
(2) *Bibl. Colbert, Cod.* 3969.

l'église d'Auxerre pendant l'espace de quinze ans. C'étoit un homme courageux, distingué par la noblesse de son sang, et qui possédoit de grands biens. Il devint même si puissant, qu'il se vit sur le point de se soumettre toute la Bourgogne. Il arriva, de son temps, que Pépin, fils de Charles-Martel, fut appelé en Aquitaine au secours du prince de cette province (1), contre Aymon, roi de Sarragosse, qui, après avoir épousé une nommée Lampagie, avoit violé les lois sacrées du mariage. Cet évêque fut de la compagnie de Pépin, et alla avec lui à la guerre (a). Les armées, assemblées dans un lieu appelé *Iberra*, ayant commencé à se battre, Hainmar se jeta avec ses troupes sur une multitude de Sarrasins qui composoient l'armée d'Aymon : il en fit un grand carnage, les défit entièrement ; et, par le secours de Dieu, il revint victorieux avec le roi Pépin sur les terres de France. Peu de temps après, le duc d'Aquitaine rompit l'alliance qu'il avoit faite avec Pépin, ce qui obligea ce prince d'ordonner à Hainmar de retourner dans le pays d'Aquitaine et de déclarer la guerre à ce duc. Il y alla, après qu'il eut ramassé une grande quantité de soldats. Lorsque les armées en furent venues aux mains, ceux d'Aquitaine reçurent un si terrible échec, que le duc fut obligé de se sauver. Le malheur en voulut à notre évêque. Comme on a souvent des envieux dans les entreprises où l'on réussit, quelques langues malignes suggérèrent au roi que si Eudes avoit échappé, ce n'étoit que parce que Hainmar l'avoit bien voulu. C'est pourquoi il fut mandé en Cour, et le roi donna ordre qu'on le mît en prison dans le lieu appelé Bastogne, qui est situé dans la forêt d'Ardenne. Au bout de

(1) Je n'ai point nommé ce duc ou prince d'Aquitaine ; nos historiens Auxerrois, au IXe siècle, l'ont appelé Eudes, mais Le P. le Cointe et le P. Mabillon disent que c'étoit Guaiffer, à moins qu'on ne dise qu'un même homme avoit le nom de Guaiffer, et celui d'Eudon, son grand-père. L'auteur du livre des miracles de saint Outrille de Bourges, appelle aussi Eudes ce duc d'Aquitaine. Bayle, sur le nom *Munuza*, paroît embarrassé à concilier tout cela, par rapport à *Lampagia*.

(a) Les premiers exploits guerriers que Lebeuf attribue à l'évêque Haymar ne concordent pas avec la date de la mort du duc Eudo (735) qui figure dans le *Gesta* : aussi a-t-il cru devoir supprimer ce nom. Il y a dans ce récit confusion de deux expéditions : l'une du duc Eudo seul, et l'autre, bien postérieure, de l'évêque Haymar avec Pépin. (*N. d. E.*)

quelques jours l'un de ses neveux fut assez adroit pour le tirer de ce lieu : et, étant monté à cheval, il prit la fuite ; mais ses adversaires ne tardèrent guère à le rejoindre dans un endroit du pays Toulois appelé Lufau (1). L'évêque, voyant qu'il ne pouvoit pas éviter de tomber entre leurs mains, se remit entièrement entre les bras du Seigneur, et, pendant qu'il invoquoit le secours d'en haut, les bras étendus en forme de croix et les yeux élevés, il fut percé de coups de lance aussi bien que son neveu ; et on dit qu'il fut inhumé au même endroit : au moins c'étoit l'opinion des écrivains du ixe siècle. On montroit encore de leur temps, sur l'autel de la grande église d'Auxerre, une croix d'or qui renfermoit du bois de la vraie croix et sur laquelle on voyoit représentées les marques de son martyre (2). Il avoit donné aux églises quelques terres de son patrimoine, suivant le conseil et la disposition que lui suggéra Théodran, qu'il consentit de voir ordonner pour son successeur dès son vivant. Il donna à la basilique de Saint-Etienne, pour l'entretien du clergé qui la desservoit, un village appelé Merry, situé dans le pays Sénonois, avec les bâtiments, serfs, vignes, bois et autres dépendances. De plus, il donna, pour l'entretien de l'hôpital, ou maison d'hospitalité de cette église (a), deux villages du pays Auxerrois, l'un appelé Milly et l'autre Verilly, avec leurs dépendances (3). Il donna à l'église de Saint-Germain, pour la nourriture des moines, le village d'Annay,

---

(1). On appelle aujourd'hui ce village Lifold, et il y a Lifold-le-Grand qui a l'air d'un bourg, et Lifold-le-Petit, tous deux de l'archidiaconé de Rinel, à deux lieues de Neuchâteau-sur-Meuse, vers le couchant d'hiver.

(2) *Ostentans in se signa martyrii ejus.*

Seroit-ce une croix qu'il portoit sur lui comme plusieurs évêques portoient des reliquaires, et que cette croix auroit été rapportée à Auxerre, encore teinte de son sang?

(3) Milly est à présent du diocèse de Langres, sur les limités, vers Chablies. Verilly est de la paroisse d'Ouène, diocèse d'Auxerre.

(a) Cet hôpital auquel saint Didier avait donné le domaine appelé *Feriolas*, fut fréquemment l'objet des libéralités épiscopales. Il était situé dans la maison qui s'élève à côté de la tour du nord de la cathédrale, et qui appartient aujourd'hui à M. Duru. On y soignait les pauvres voyageurs et les malades Il fut supprimé après les guerres de religion, et le Chapitre affecta ses biens au service des bas-officiers de l'église. (*N. d. E.*)

situé proche la Loire, dans le pays Auxerrois (1), avec ses bâtiments, serfs, bois, etc, Il y ajouta encore un village du Gâtinois, appelé aujourd'hui Pont-Naixent (*a*), et autrefois en latin *Pons-Maxentii*, avec ce qui en dépendoit. Outre cela il donna, pour l'hôpital de la même église, quelques villages situés dans le pays Auxerrois, savoir : Noiront (2), Lignorelles, et un troisième dit *Lagunas*. A l'égard de Bonny et Bitry qui lui appartenoient aussi, le domaine (*b*) s'en empara dans le temps qu'il fut tué.

Ce prélat, quoique d'un caractère assez semblable à celui de l'évêque Savaric dont j'ai parlé plus haut, n'a cependant pas été regardé de même après sa mort, et il semble que les Auxerrois aient voulu lui rendre une espèce de culte, s'il est vrai qu'ils aient fait représenter, au pied d'une croix, sa mort tragique ; à moins qu'on ne donne au texte des auteurs ci-dessous rapporté en note, l'explication que j'ai proposée. L'écrivain qui compila, vers la fin du xiv° siècle, les actions de nos évêques, l'appelle *Beatus Haymarus martyr* : et ceux qui ont eu soin de faire peindre les images des saints évêques d'Auxerre, dans une chapelle de la cathédrale, vers l'an 1540, n'ont pas manqué de mettre la sienne de ce nombre. Il y fut représenté alors en chasuble rouge à l'antique, avec le titre *S. Haymarus*. Nous ne savons point le jour de sa mort ni même l'année. On ignore aussi combien il y avoit de temps que Théodran étoit son coadjuteur, lorsqu'elle arriva. On n'a aucune preuve que son corps ait été rapporté à Auxerre, ni même qu'il en ait été parlé à Lifol ou dans le voisinage. Il y a, cependant, quelque apparence qu'on a reconnu sa sainteté et son martyre dans le diocèse de Toul, et que c'est ce qui l'a fait prendre pour un évêque de cette ville, percé de lances l'an 760. Voyez ce qu'en a dit Camerarius, rapporté dans Bollandus (3).

(1) Ceux qui savent comment la langue françoise a limé la langue latine, ne seront pas surpris qu'Annay ait été dit originairement, en latin, *Abundiacum*, comme il est imprimé dans cet endroit.

(2) *Nigrontus*, Néron, dans la paroisse de Gurgy. Lignorelles est aujourd'hui du diocèse de Langres, quoique très-voisin d'Auxerre.

(3) *T*. 1, *Maii, pag*. 437.

(*a*) Ponessant, hameau de la commune de Saint-Martin-sur-Ouanne (*N. d. E.*)
(*b*) Le fisc royal. (*N. d. E.*)

THÉODRAN, XXXIᵉ ÉVÊQUE D'AUXERRE.

Théodran, qui avoit été ordonné évêque du consentement de Hainmar, n'est recommandable, dans notre histoire, que pour avoir inspiré à ce même évêque le conseil de donner à son église et aux deux hospices ecclésiastiques de la ville les biens que j'ai nommés ci-dessus. Les tables ecclésiastiques n'ajoutent autre chose à ce fait, sinon que cet évêque mourut le second jour de décembre, et qu'il fut inhumé à Saint-Eusèbe. Mais il y a bien des siècles qu'on y a perdu de vue sa sépulture.

LE VÉN. MAURIN, XXXIIᵉ ÉVÊQUE D'AUXERRE.

L'évêque Maurin, qui succéda à Théodran, vivoit vers les commencements du règne de Charlemagne, selon nos écrivains du IXᵉ siècle. C'étoit un homme ferme, courageux, agréable, insinuant dans ses manières et dans sa conversation, et dans lequel en même temps on remarqua beaucoup de traits de sainteté. Nos auteurs ajoutent que, par un esprit prophétique, il prédit certaines choses qui arrivèrent en effet. Quoiqu'il ne fût pas des plus puissants ou des plus distingués du siècle, cependant, du côté de sa dignité épiscopale, il se rendit comparable aux seigneurs les plus remarquables. Ce fut lui qui, par un effet de son adresse et de sa prudence singulière, obtint de Charlemagne, alors roi et depuis fait empereur, les biens qui avoient été enlevés à son église par Charles-Martel. Ayant pris une quantité de médailles d'or, qu'on disoit avoir été trouvées à Auxerre, dans la tour de Brunehaut (1), et les ayant attachées par paquets à l'étole qu'il portoit au cou, il se présenta en cette manière devant le roi, et lui représentant la pauvreté

---

(1) *In turre Brunechildis* (a).

(a) La tour de Brunehaut faisait certainement partie de l'enceinte romaine. Aujourd'hui on désigne sous ce nom une tour massive comprise dans la maison Montfort située au milieu de la rue des Lombards. Cependant cette appellation pourrait bien être récente, car on verra plus tard que Lebeuf (chap. 2 des Mémoires sur l'histoire civile) dit qu'on ignore à laquelle des sept ou huit tours encore subsistantes de son temps cette dénomination peut s'appliquer. (*N. d. E.*)

de l'église, lui déclara naïvement que d'abord la pensée lui étoit venue d'offrir chaque paquet à l'un des grands seigneurs de sa Cour, mais qu'enfin il avoit cru qu'il étoit plus convenable de lui offrir le tout. Le roi lui accorda ce qu'il demandoit et lui fit expédier une charte dans laquelle il déclaroit qu'il pouvoit rentrer dans les biens de son église, après la mort de chacun de ceux qui les possédoient: et Dieu donna un succès si avantageux à son entreprise, qu'au bout de deux ans il ne restoit plus sur terre presqu'aucun de ceux qui avoient joui des biens ecclésiastiques (*a*). En ce temps-là l'abbaye des saints martyrs Gervais et Protais, celle de saint Martin, et celle de Saint-Eusèbe rentrèrent dans leur ancienne dépendance de Saint-Etienne, aussi bien qu'une très-grande partie des villages qui jusques là avoient été en des mains étrangères. Sous l'épiscopat de cet évêque, le premier des comtes du pays Auxerrois, nommé Ermenold, bâtit, dans une de ses terres, un monastère sous le titre de saint Sauveur. Cet évêque en fit la dédicace solennelle, et lui donna en augmentation de biens une des terres de l'église Saint-Etienne nommée Coucy (1). Mais, depuis ce temps-là, le même comte Ermenold donna ce monastère à l'église de Saint-Etienne, à la prière que lui en fit le même évêque. Ce prélat offrit aussi sur l'autel de la grande église d'Auxerre une pièce d'étoffe très-riche, ornée d'or et de pierres précieuses. Il fit encore faire une croix d'or enrichie de diamants, sur laquelle il fit marquer son nom. Voulant imiter ses prédécesseurs, il donna à la même église de Saint-Etienne des terres de son patrimoine, afin que leur revenu servît au soulagement des pauvres. Ces biens, étoient situés au pays Tonnerrois, dans un village appelé Fontenet (2). Songeant de plus à la nourriture des chanoines, il destina pour cela une petite terre appelée Villiers, proche Varzy, qu'il avoit achetée d'une dame nommée Rocle. Il mourut le sixième jour d'août,

---

(1) C'est Saints-en-Puisaye.
(2) Apparemment Fontenet qui est à une lieue de Chablies, au nord-est; c'est, aujourd'hui une terre dépendant du commandeur de Saint-Marc.

(*a*) « *Sicque Deo res prospere cessit, ut fere intra biennium nullus pene eorum res-* » *titerit quibus predia ecclesiastica contra licitum deserviebant* (Gesta Pontific.).

(*N. d. E.*)

après vingt-huit ans d'épiscopat, et il fut inhumé dans l'église de Saint-Gervais, qu'il avoit rebâtie à neuf. Cette mort arriva vers l'an 799 ou 800.

Il est un peu surprenant qu'il ne reste aucune mémoire de ce saint évêque dans l'église où il avoit reçu la sépulture. On peut en attribuer la cause aux différentes révolutions qui y sont arrivées. Elle a été rebâtie plusieurs fois depuis ce temps-là, et le gouvernement de cette maison a fort varié. Personne même n'a jamais pu savoir en quel endroit de l'église est son tombeau, et l'on ne trouve aucun vestige qu'il y ait été honoré d'un culte particulier. Seroit-il probable que nos auteurs du ɪxᵉ siècle, peu éloignés de son temps, lui eussent attribué la restauration de l'église de Saint-Gervais, en prenant le nom de Saint-Marin qui l'avoit bâtie sous Didier, pour le sien? L'épitome manuscrit sur nos évêques, qui est de l'an 1375, l'appelle *Saint* après la table du livre des évêques d'Auxerre qui existoit alors. Le Jésuite Bonnefons lui a donné la même qualité dans sa table des Saints de France. Je ne parlerai point des autres modernes tels que du Saussay, et l'auteur des litanies imprimées en 1647. Il fut peint en qualité de Saint, vers l'an 1540, sur le mur de la chapelle de la cathédrale qu'on appelle de Saint-Sébastien. Quoique son nom soit au 6 d'août dans le Nécrologe de la cathédrale, écrit vers le commencement du xɪᵉ siècle, il ne paroît pas que les chanoines fissent en ce jour-là un repas en commun, comme au jour anniversaire de plusieurs autres évêques. Ce nécrologe marque seulement, dans les mêmes termes que nos historiens du ɪxᵉ siècle, la donation qu'il avoit faite pour la subsistance des chanoines.

LE B. AARON, XXXIIIᵉ ÉVÊQUE D'AUXERRE.

Maurin eut pour successeur un nommé Aaron, duquel on sait très-peu de chose. Ce prélat se servit de l'occasion d'un voyage que Charlemagne fit à Rome, sous Léon III, pour y aller avec lui; et ce fut dans cette conjoncture, qu'ayant représenté au prince qu'il restoit encore quelques églises à restituer à l'évêché d'Auxerre, il obtint la restitution de l'abbaye de Saint-Marien. Quelques Italiens se sont imaginé (1) que, dans ce voyage qui fut l'an 800, l'évêque d'Auxerre donna au pape Léon des reliques de saint Pélerin, premier évêque de son siége, et même tout le corps. Mais il n'y a guère d'apparence que notre évêque, à la suite de Charlemagne, eut porté des reliques à Rome, qui est le pays dont tous les autres en ont rapporté (2) : et l'on sait d'ailleurs d'où est venue la méprise de ces Italiens. Ce qui reste à dire sur l'article d'Aaron, est qu'il fit dresser, sur l'autel de la cathédrale, un magnifique *ciboire* (3) où l'or et l'argent ne furent pas épargnés. Il mourut le treize de février, après treize ans de pontificat : ce qui conduit jusqu'à l'an 812 ou environ. Il fut inhumé dans l'église de Saint-Gervais, comme son prédécesseur, mais on ne voit plus de marque de l'un ni de l'autre. On croit qu'ils ont pu y être honorés comme saints pendant que cette église resta abbatiale, et même dans les temps qu'elle fut réduite en prieuré, et que ce culte n'a cessé que depuis qu'il n'y a plus eu de religieux. Aaron a le nom de Saint sous sa figure dans la chapelle de la cathédrale, où sont représentés les autres saints évêques d'Auxerre.

LE B. ANGELELME, XXXIVe ÉVÊQUE D'AUXERRE.

Angelelme, qui fut substitué à Aaron, étoit un Bavarois, dont le père s'appeloit Obtelme et la mère Téograde. Il avoit été prêtre dans

---

(1) *Sansovino.*
(2) **Voyez ce que j'ai dit ci-dessus p. 10.11.**
(3) C'est ce qu'on appelle, en quelques endroits, un baldaquin, composé de quatre ou six colonnes (a).

(a) La disposition actuelle des sanctuaires des églises ne peut plus donner une idée exacte de la physionomie qu'ils avaient au moyen-âge. Le sanctuaire de la cathédrale d'Auxerre, en particulier, était entouré de six colonnes de cuivre soutenant un baldaquin duquel tombaient des rideaux. A certains moments de la messe, on fermait ces rideaux sur le célébrant qui demeurait dans un isolement mystérieux. Les Arméniens catholiques de Constantinople, suivant M. Didron, tirent encore un rideau pendant le canon de la messe, et ce rideau, disposé circulairement, enveloppe l'autel entier et dérobe tout-à-fait le prêtre à la vue des fidèles.
(*N. d. E.*)

le clergé d'Auxerre et abbé de la basilique de Saint-Gervais. Les circonstances de son élection sont plus détaillées que celles de ses prédécesseurs, et peut-être fut-elle la première qui fut faite à Auxerre depuis le rétablissement des anciens canons.

Après la mort d'Aaron, l'archevêque de Sens (1) se transporta à Auxerre par ordre de l'empereur : il y assembla le clergé et le peuple dans l'église de Saint-Germain, et là, d'un consentement unanime, Angelelme fut élu et ordonné. C'étoit un homme d'une grande candeur, et d'une charité sans exemple. Se voyant chargé du ministère épiscopal, il se donna tout entier au culte du Seigneur. Il étoit assidu à la prière, pendant laquelle il versoit fort souvent des larmes : il pratiquoit parfaitement l'aumône, et d'une manière qui lui étoit presque singulière de son temps. Il faisoit quelquefois semblant d'être malade, afin de pouvoir faire distribuer aux pauvres ce qu'il possédoit, sans être contredit de personne. Il n'épargna rien pour enrichir l'église de Saint-Etienne. Il fit entourer de feuilles d'argent l'autel de l'ancienne ou principale église (a), et embellir l'autel de Notre-Dame aussi bien que celui de saint Jean-Baptiste, d'une table de pareille matière. Comme l'autel de Saint-Etienne étoit proprement celui de la cathédrale, il fit suspendre, devant cet autel, trois couronnes d'argent d'un poids très-considérable, fit mettre autour du même autel dix grands chandeliers de même métal, donna un très-beau calice garni de sa patène et auquel il fit mettre son nom. Il fit aussi placer au même lieu une très-grande croix où l'on voyoit le visage du Sauveur représenté en or et en argent, et fit placer devant cette croix un autel orné d'une table d'argent. Il donna, outre cela, à la même église, quatre grosses cloches fort sonores. Il fit faire de plus, une châsse fort considérable, garnie d'or et d'argent

---

(1) Je ne nomme point cet archevêque, quoique nos auteurs du IXe siècle disent que ce fut Jérémie, parce que ce Jérémie ne commença à siéger à Sens, que l'an 818.

(a) Il fut d'usage, dès les temps anciens, de former les cathédrales de trois églises, comme symbole de la Trinité. La plus grande, où était le siége épiscopal, était celle du saint patron, la deuxième, dédiée à saint Jean-Baptiste, était ordinairement ronde et servait de baptistère, et la troisième portait le titre de Notre-Dame, quand ce vocable n'appartenait pas à l'église principale. (*N. d. E.*)

et travaillée fort délicatement, dans laquelle il renferma la chappe de saint Amatre, avec plusieurs reliques de saints. Enfin, il fit présent de plusieurs tapisseries très-belles, pour orner le lieu où le clergé chantoit.

De son temps, l'empereur Louis-le-Débonnaire fit tenir un concile général, dans lequel on prescrivit aux chanoines la vie régulière, et on statua, pour le maintien de cet établissement, qu'ils auroient un cloître dans lequel seroient tous les bâtiments nécessaires pour les différentes commodités de la vie *(a)*. Angelelme, secondant le zèle du prince, destina une terre appelée Pourrein, appartenante à l'évêché, pour être employée à la subsistance du clergé qui se soumettroit à ses réglements ; ceux qui composoient alors ce clergé, étoient appelés frères de l'évêque (1), parce qu'ils étoient censés demeurer avec lui ; mais, au lieu de les appeler comme auparavant *clerici dominici*, on commença à leur donner le nom de *Canonici* *(b)*. Cet évêque, étant aller trouver l'empereur Louis-le-Débonnaire, obtint de lui la confirmation du don qu'il leur faisoit de cette terre avec ses dépendances, dont il exceptoit pourtant Nancré, Lindry, Lupin (2) et Rio, qu'il se retenoit pour son propre usage. Cet acte de confirmation, qui fut expédié à Aix-la-Chapelle l'an 820, a été imprimé dans la grande collection de Dom Martène (3). Mais nos historiens nous donnent à entendre qu'il y en eut encore un second, par lequel le même prince donnoit aux chanoines le pouvoir de rentrer dans quelques biens de cette terre, qui étoient inféodés, à mesure que les détenteurs mourroient. Ce dernier diplôme a été apparemment perdu, puisqu'il ne paroît plus. Les mêmes écrivains, qui sont de son siècle, ajoutent qu'il consacra pareillement à l'usage des chanoines les biens

---

(1) *Fratres.*
(2) *Lupinum*, ce n'est peut-être que le lieu aujourd'hui appelé *Alpin*, par transposition de lettres, qui est de la paroisse de Lindry.

Nancré et Rio sont des hameaux voisins de Lindry.
(3) *Tomo* 1, *col.* 68. — *Voy.* l'original aux archives de la préfecture de l'Yonne.

(a) C'est là l'origine des chapitres et colléges de chanoines. Cependant, dès le siècle précédent, Chrodegand, évêque de Metz, avait dressé des statuts pour les chanoines, qui servirent de base aux règlements du concile d'Aix-la-Chapelle.
(*N. d. E.*)

(b) Du nom de leur règle : *a canone*. (*N. d. E.*)

qui lui étoient échus en propre, tant à Billi qu'à Annau (1), et qu'il enrichit le trésor de la même église de plusieurs vases d'argent d'un grand prix. Il donna à l'église de Saint-Germain un calice d'argent, avec sa patène semblable à celui dont il avoit fait présent à Saint-Etienne : son nom, qui étoit dessus, servoit de preuve à ce fait. Il fit un semblable présent à celles de Saint-Amatre et de Saint-Père, à la différence qu'il n'étoit pas d'un si grand poids. L'église de Saint-Eusèbe se ressentit davantage de ses bienfaits. Outre le calice dont il lui fit présent comme aux autres, il en fit orner l'autel d'une table d'argent : il enrichit la même église d'un évangélier aussi couvert d'argent, de chandeliers et d'un encensoir de même matière : et, outre cela, il lui donna des courtines pour mettre autour de l'autel, et quelques parements d'étoffe. Il fit présent au monastère de Saint-Sauveur d'une table d'argent et d'une cloche d'un très-beau son. Il fit enfin distribuer à chacune des églises de son diocèse, même celles des villages, le poids de trois livres d'argent pour l'employer à avoir un calice et une patène ; et à chacune des petites chapelles, quinze sols seulement pour la même fin. Il donna aussi à tous les villages une certaine quantité d'argent pour avoir dans chaque église une croix convenable. Il mourut ainsi plein de bonnes œuvres, le septième jour de juillet, et il fut inhumé honorablement dans l'église de Saint-Germain, vers l'an 828.

813 à 828.

On ne peut pas assurer que le culte de cet évêque soit bien établi, quoiqu'on l'appelle communément *S. Angelelme*. Sa mort est marquée, dans le Nécrologe de la cathédrale, écrit vers l'an 1007, en ces termes : *Obiit Angelelmus episcopus qui dedit villam cui Pulverenus nomen est fratrum canonicorum scilicet stipendiis. Res etiam quæ ex jure proprio ei cesserant, tam in Biliaco quam in Annau cum servientibus, eorumdem usibus delegavit.* Les termes de cette annonce sont presque les mêmes que ceux des auteurs de sa vie, que j'ai rendus en françois. L'Obituaire, écrit à l'usage du Chapitre, vers l'an 1250, dit les choses encore en moins de mots : *Obitus Anguilermi episcopi. Dedit nobis Pulverenum et multa alia bona.* Sa mémoire est en vénération à

(1) Il y a ainsi dans tous nos monuments; ce qui fait croire qu'il s'agit plutôt là d'*Anus* de la paroisse de Fouronne, que d'Annay.

Saint-Germain où on l'invoque dans les litanies composées depuis cent ans pour les nécessités publiques, à l'usage du monastère. On n'y connoît cependant point le lieu de sa sépulture. Il est représenté dans la cathédrale, sur le mur de la chapelle de Saint-Sébastien avec cette inscription : *S. Angelelmus.* Dans les reliefs dont on a orné le jubé vers l'an 1650, on a eu soin de le mettre le premier des six évêques du second ordre qui se sont distingués par quelque chose d'éclatant, et sous son buste ont été écrits ces mots : *Angelelmus regiis donis cumulavit.*

CHAPITRE XII.

Des évêques Héribalde, Abbon et Chrestien.

SAINT HÉRIBALDE, XXXVe ÉVÊQUE D'AUXERRE.

Après un intervalle de plus de deux siècles pendant lequel les lettres avoient paru languir, on vit présider dans plusieurs églises des évêques savants : c'étoit un effet du rétablissement des belles-lettres qui avoit été tenté sous Charlemagne. Les conciles étant devenus plus communs et l'étude plus familière parmi les prêtres, il fallut de nécessité que ceux qui devoient décider dans ces conciles et veiller sur la conduite des prêtres, s'appliquassent à la littérature autant que cela pouvoit se faire alors. De ce nombre fut Héribalde (*a*), successeur de son oncle Angelelme, dans l'évêché d'Auxerre. Quoique le clergé et le peuple fissent alors librement les élections, le prince alors régnant, qui étoit Louis-le-Débonnaire, fut celui qui contribua le plus à la sienne. On ne trouve point, en effet, qu'Héribalde fût auparavant membre du clergé d'Auxerre, mais seulement qu'il étoit premier chapelain du palais royal ; qu'en cette qualité il avoit fait grande figure à la Cour, et qu'il s'étoit beaucoup mêlé des affaires de l'Etat ; il s'acquitta aussi avec honneur de quelques ambassades dont il fut chargé, et il fut du

---

(*a*) Un diplôme du ixe siècle, le nomme *Heriboldus.* (N. d. E.)

nombre de ceux qui furent envoyés au pape Etienne, en 816. Telle fut sa situation, jusqu'à ce que, touché de Dieu et affligé de maladie, il changea de mœurs et ne s'appliqua plus qu'aux affaires de l'Eglise et au culte de Dieu. Les auteurs de sa vie qui l'avoient connu, marquent, avec une singulière attention, que ce fut dans l'église de Saint-Germain qu'il fut élu, et ensuite ordonné par saint Aldric, archevêque de Sens, aidé de ses comprovinciaux. Il étoit fils d'un Bavarois nommé Antelme, qui avoit épousé, en France, une nommée Frotilde, du pays Gâtinois : mais outre qu'il étoit de famille noble, il avoit toutes les autres qualités qui conviennent à un homme en place. Il étoit d'une fort belle taille, d'une conversation honnête, et doué d'une prudence singulière, faisant honneur à l'éducation qu'il avoit eue à la Cour de Charlemagne.

On ne sait par quel malheur il se laissa entraîner quelque temps après son ordination, dans le parti de Lothaire, révolté contre Louis-le-Débonnaire. Ce fut ce qui l'obligea de se tenir caché, lorsque la conspiration eut été dissipée. Ce trait de foiblesse, qui lui fut commun avec plusieurs autres saints évêques, fut depuis lavé par ses larmes, et l'on croit que c'est ce qui le détermina au voyage qu'il fit à Rome, où il étoit déjà connu. Cet évêque, quoique reconcilié avec Louis-le-Débonnaire, et absous par Hincmar, archevêque de Reims, ne laissa pas de persister à être attaché à Lothaire, jusqu'au temps de la décision qui fut faite par la fameuse bataille de Fontenay, donnée vers Druye et vers Andrie, l'an 841. Charles, qui resta victorieux avec Louis, lui ayant ordonné de faire une translation du corps de saint Germain auquel il étoit très-dévot, il fit cette cérémonie le premier septembre de la même année 841 : et on remarque que depuis ce temps-là, il parut rentré en grâce auprès du roi. L'une des preuves qu'on en apporte, est que ce fut alors que Walafride, surnommé Strabon, lui adressa (1) une épigramme en la personne de ce prince, en réponse à la lettre de soumission et de respect qu'il avoit écrite au même roi. Il paroît aussi que, depuis ce temps-là, Charles l'employa à quelques ambassades, puisqu'en l'an 844 il lui

---

(1) *Annal. bened. t.* 2. *p.* 622.

en restoit encore une à accomplir (1), de laquelle il se déchargea sur Loup, abbé de Ferrières, qui étoit son frère. Etant en faveur auprès de ce prince, il obtint de lui la restitution de quelques terres qui avoient été enlevées à son église, savoir : Gy, avec ses dépendances (2), Champ-Lemi et Marsengy. Et, lorsqu'il en fut devenu maître, il disposa de la dernière en faveur de son église, en attribuant la moitié à l'entretien du luminaire, l'autre moitié aux distributions des chanoines ; ce qu'il fit confirmer par un diplôme. Il statua, qu'en mémoire du bienfait royal, les chanoines seroient régalés deux fois par an, en communauté, une fois par le prévôt qui régissoit alors le temporel, et l'autre fois par l'archiclave qui avoit soin du luminaire. Ce village de Marsengy, dit alors en latin *Maximiacus*, étoit composé de quarante-deux maisons. On a vu, plus haut, qu'il venoit de saint Tétrice (3).

Comme il aimoit les sciences, il rendit illustre le collége de ses chanoines, tant par l'étude des belles-lettres, que par l'application à la science ecclésiastique ; et il fit venir de tous côtés de célèbres maîtres, qui donnèrent un nouveau lustre à l'office divin dans son église. Il semble que l'on veuille dire, par là, que ce fut de son temps que le rit romain, nouvellement introduit en France, prit de plus fortes racines dans l'église d'Auxerre, sur les débris du rit gallican (a). Héribalde, attentif à ce que le temporel répondît à la manière décente dont le culte de Dieu seroit exécuté, ne retint, pour lui, aucun des biens qui avoient été enlevés aux chanoines, mais il leur rendit à mesure que les détenteurs mourroient. Il leur donna, pour la dépense de leurs vêtements, la ville de Cône-sur-Loire (4), c'est-à-dire

---

(1) *Annal. bened. t. 2, p.* 651.
(2) Je ne nomme point *Garsialacus* qui fut aussi rendu, parce que je ne sais quelle est cette terre.
(3) Page 168.
(4) *Voy.* les Preuves, t. iv.

(a) Cette induction ne paraît pas réellement motivée. Le rit romain était depuis longtemps répandu en France, et Charlemagne avait porté le dernier coup à la liturgie gallicane. D Mabillon est à cet égard très-précis dans sa *liturgia gallicana prefatio* iii, où il dit : « *Liturgiæ gallicanæ in romanæ mutatio tanta universæ* » *Galliæ ecclesiarum consensione facta est, ut regnante Carolo Calvo, magni nepote,* » *missæ gallicanæ notitia jam penitus obliterata esset.* » (N. d. E.)

les quarante maisons qu'il y avoit avec leurs dépendances, terres vaines et vagues et les vignes ; il y ajouta la Celle-Saint-Remi, une certaine quantité de vignes à Pourrein, quelques fonds de terre à Toucy, et une nouvelle vigne située proche l'église de Saint-Eusèbe-lez-Auxerre. Ses historiens ajoutent qu'il fit aussi beaucoup d'aumônes aux pauvres, et qu'il étoit admirable dans la manière dont il s'y prenoit. Ils n'entrent dans aucun détail là-dessus, mais ils ne nous laissent point ignorer les présents qu'il fit à l'église cathédrale, ni combien il travailla à la décorer. Il en renouvela les plafonds ou la voûte (1) et les murailles, l'orna de vitrages et de belles peintures (a), y fit suspendre quatre couronnes d'argent, orna le voisinage de l'autel de Saint-Etienne de tables d'argent fort magnifiques, et ajouta à tout cela le don d'une châsse garnie d'or et d'argent, dans laquelle il mit les vêtements de saint Germain. Les deux autres églises qui composoient la cathédrale, savoir : Notre-Dame et Saint-Jean, furent aussi participantes de ses bienfaits. A l'égard de la première, il se contenta d'en renouveler la voûte ou les plafonds, et de l'embellir de vitrages et de peintures. Mais celle de Saint-Jean étant tombée en ruine, il la rétablit entièrement, et en fit la dédicace le 23 décembre. Il y mit aussi les reliques des saints martyrs Alexandre et Chrysante qu'il avoit apportées de Rome : il orna délicatement les dehors de l'endroit où il les plaça, et donna, pour entretenir à perpétuité du luminaire devant ces reliques, une petite terre composée de cinq maisons ou fermes, appelée Bounon, dépendante du territoire de Merry (2).

(1) *Laquearia* : on ne sait pas bien comment déterminer le sens de ce mot, dans les auteurs du moyen-âge (b).

(2) C'est Merry-Sec.

(a) Le texte du *G. P.* s'exprime ainsi : *Ecclesiam S. Steph. et parietibus et laquearibus renovavit et vitreis quoque ac picturis optimis decoravit, coronas argenteas quatuor instituit.* Voilà la première fois que les chroniqueurs auxerrois entrent dans quelques détails sur la cathédrale. On reconnaît, à leur description, l'influence du renouvellement des arts sous Charlemagne, et l'exécution des capitulaires de Charles-le-Chauve qui ordonnaient que les églises fussent pleinement restaurées et ornées. Les vitraux dont il est ici question pouvaient être de verre peint, mais rien ne l'indique précisément. (*N. d. E.*)

(b) *Laquearia* signifie plafonds; la basilique de Saint-Etienne n'était pas encore voûtée à cette époque. (*N. d. E.*)

Quoiqu'on le trouve qualifié abbé de Saint-Germain, dans quelques monuments (1), il n'est pas certain qu'il l'ait été. Il y a encore moins d'apparence qu'il ait été moine et régulier : tout au plus peut-il avoir possédé cette abbaye sous Louis-le-Débonnaire, comme en possédoient alors quelques seigneurs séculiers par la facilité du prince (2). Quoiqu'il en soit, il donna aux religieux de ce monastère, sous l'abbé *Deus-dedit*, le privilége de choisir leur abbé : ce qui suppose que cela auroit été interrompu auparavant, et peut-être par son ordre, lorsqu'il s'en portoit pour abbé. Ce fut aussi lui qui leur permit d'enlever le corps de saint Romain, solitaire de Druyes, qui reposoit, depuis quelque temps, dans l'église de Saint-Amatre, au faubourg d'Auxerre, et de le transférer solennellement dans leur monastère, environ l'an 844 : il donna aussi à la même église de Saint-Germain une table d'argent. Comme c'étoit dans l'église de Saint-Amatre que reposoient pareillement les reliques de saint Cyr, enfant martyr, et de plusieurs autres saints, Héribalde en tira quelques ossements dont il fit présent à l'évêque de Nevers (3). Un historien de Nevers, mal informé (4), a cru que c'étoit saint Amatre lui-même qui avoit donné ces reliques à l'église de Nevers : mais il est plus sûr de rapporter cette distraction d'ossements au règne de Charles-le-Chauve. Si, cependant, elle ne se fit qu'à la prière du roi Raoul, comme le marquent certains monuments de l'église de Nevers, ce fait doit être rapporté quatre-vingts ans plus tard, et il ne conviendra point à l'évêque Héribalde (5).

Il se tint un grand nombre de conciles et d'assemblées épiscopales (6) pendant le temps de son pontificat, et il eut soin d'assister à plusieurs. Il se trouva, en 828, à celui qui fut tenu, à Paris, dans l'église de Saint-Etienne, proche celle de Notre-Dame. Il souscrivit, en 832, le 23 janvier, au partage des biens qu'Hilduin, abbé de

---

(1) Ses épitaphes, dont la plus ancienne n'est que du XIIIe siècle. M. Grancolas, dans son histoire de l'église de Paris, p. 243, a cru qu'Héribalde avoit été abbé de Saint-Germain-des-Prés.
(2) *Annal. bened. t. 2.*
(3) Cotignon, p. 35.
(4) *Ex veterib. breviar. Nivern.*
(5) Il y a d'autant plus d'apparence qu'il faut différer ce don jusqu'au temps du roi Raoul, que l'historien, qui rapporte le fait au règne de Charles-le-Chauve, s'est trompé sur le nom de l'évêque de Nevers.
(6) *Notæ ad capitularia.*

Saint-Denys, fit avec ses moines (1). Il fut présent au concile convoqué, l'an 843 (2), par Charles-le-Chauve, dans le château de Germigny proche Saint-Benoit-sur-Loire, et y souscrivit à la confirmation des priviléges accordés au monastère de Corbion ou Courgeon, dans lequel reposoit le corps de saint Laumer. Il s'opposa, avec les autres évêques assemblés à Tours l'an 849, aux oppressions de Nomenoy, prince de Bretagne, en signant la lettre que l'archevêque Landran et les autres lui écrivirent : et, quoiqu'en dise le P. Mabillon (3), il y a plus d'apparence que c'est lui que non pas aucun autre, dont le nom n'est désigné que par la lettre initiale H. dans le concile tenu à Moret, l'an 850. Il fut aussi l'un des évêques de la province de Sens qui écrivirent, en 853, à Enée, nouvellement élu évêque de Paris ; et vers la fin de sa vie, il parut au concile tenu à Boneuil, au diocèse de Paris, l'an 855 ou 856, où il signa le privilége des moines de Saint-Calais (4) contre l'évêque du Mans. Ce fut en ce lieu qu'il parut être en relation avec Hincmar de Reims : en effet, cet archevêque, cherchant de tous côtés des exemplaires du traité de Florus de Lyon sur la prédestination (5), n'en put avoir que de notre évêque et d'Ebbon de Grenoble. Héribalde lui apporta son exemplaire à Boneuil où il le fit transcrire ; et, quoique cet exemplaire vint de Florus même, Hincmar y remarqua quelques différences d'avec deux autres également envoyés par l'auteur.

Une des lettres que Loup, abbé de Ferrières, lui écrivit, réveilla une grande question qui a encore été agitée de nos jours. Loup, faisant réponse à une des siennes, l'exhorta à retirer son esprit des études communes et à s'appliquer plutôt à développer les mystères de la religion. En conséquence, Héribalde envoya à Raban, archevêque de Mayence, une liste de questions qu'il lui faisoit sur ces matières, par un messager du comte Conrad. Cet envoi dut se faire entre les années 854 et 856. La réponse de Raban, qui est parvenue jusqu'à nous, fait voir que Héribalde avoit interrogé Raban sur ce qu'il faut

---

(1) Annal. bened., t. 2.
(2) Sæc. IV, bened., t. 2, p. 2, 49, 250.
(3) Mabill. initio, t. 2, ex epist. Lupi Ferrar.
(4) Thes. anecdot. t. 4, p. 62.
(5) Hincmar de prædestin. bibl. PP., t. 15, p. 85, et in prefat.

penser du corps de notre Seigneur, après qu'il est entré dans l'estomac. Mais, c'est mal à propos qu'on a conclu de là, que notre évêque avoit été Stercoraniste. On voit encore, par d'autres lettres de Loup, qu'il étoit en grande liaison avec Héribalde. Dans sa treizième lettre, il l'exhorte à pourvoir aux besoins d'un monastère de son diocèse, dont il a été informé par un moine retiré dans le sien. Dans une autre, qu'il lui écrit au nom de la reine Ermentrude, il lui recommande un de ses propres parents qui, ne possédant aucun bénéfice, avoit besoin de son secours (1).

Je ne produis point ici les éloges que Héric, savant moine de Saint-Germain, lui donne dans la dédicace qu'il lui fit d'une collection de Valère-Maxime. Héric n'avoit guère alors que vingt ans, et la jeunesse jointe au sujet profane ne le rendoit pas fort réservé dans ses louanges. Cependant, en finissant la vie qu'il a écrite d'Héribalde avec deux chanoines ses adjoints, il dit qu'il mourut comblé d'âge et de mérites, le 25 avril. Cette mort dut arriver en 856 ou 857, dans la vingt-huitième ou vingt-neuvième année de son épiscopat (2). Comme il avoit demandé d'être inhumé dans l'église de Saint-Germain, son corps y fut porté et disposé dans une crypte qui étoit surnommée de Saint-Etienne. Malgré les changements arrivés depuis dans ces grottes, on ne doute nullement que son sépulcre ne soit le premier qu'on y trouve, en entrant à gauche, du côté du septentrion, attendu que la mémoire en a été conservée par quelques épitaphes (a). M. Séguier, évêque, ayant fait ouvrir ce tombeau, en 1636, trouva le corps revêtu encore d'habits pontificaux, quoique réduits en cendres pour la plus grande partie : mais il n'en fit point d'élévation, comme l'a écrit Dom Mabillon (3). Il ne laisse pas d'être invoqué comme Saint dans les litanies de l'abbaye, quoiqu'on n'y fasse point son office. Hincmard de Reims, qui lui survécut, l'appelle *Heriboldum venerandæ memoriæ*, et sa plus ancienne épitaphe lui donne le titre de

---

(1) *Analector. Mabill. t. 1, p. 413.*

(2) C'est une faute dans le copiste du manuscrit de nos historiens, d'avoir mis *sedit annos* XXXIII, pour *annos* XXVIII. Il n'a pas été rare chez les anciens copistes de mettre la lettre X pour la lettre V.

(3) *Annal. bened. t. 3, ad an. 857.*

(a) Ce tombeau existe encore aujourd'hui au même lieu. (*N. d. E.*)

sanctæ recordationis, ce qui ne suffit cependant point pour la canonisation. On assure, à l'abbaye, que le peuple demande souvent des messes en son honneur, et qu'il est invoqué contre la langueur. Je ne sais si on ne le confondoit point avec saint Hermeland, abbé proche Nantes, dont le nom a été corrompu en celui d'Herbland, et depuis en celui d'Herbaud, surtout en Bretagne. Le peuple, ayant entendu dire que ce pieux évêque avoit été en langueur durant toute sa vie, s'est laissé persuader que cela étoit exactement vrai, et quelques-uns même ont poussé la simplicité jusqu'à l'appeler *saint Langueur*. Mais les auteurs contemporains disent que sa maladie précéda sa conversion, et, par conséquent, son élévation à l'épiscopat (1). Le P. Gellot, jésuite, a pris fort à cœur la défense de cet évêque d'Auxerre, contre ceux qui l'ont accusé d'avoir été Stercoraniste, ou d'avoir hésité sur le dogme catholique de l'eucharistie. Frodoard nous apprend qu'Hincmar avoit écrit au successeur d'Héribalde, que le défunt avoit apparu à un religieux, et l'avoit averti de faire des aumônes, des prières et des offrandes pour lui. Il a été dans le Nécrologe de la cathédrale au moins pendant trois cents ans.

SAINT ABBON, XXXVIᵉ ÉVÊQUE D'AUXERRE.

La mort de l'évêque Héribalde procura à Abbon, son frère, le siége épiscopal d'Auxerre (1). Il semble qu'il fut le premier moine qui remplit ce siége ; car, quoiqu'il fût abbé de Saint-Germain, il l'étoit dans un sens différent de celui dont l'avoit été Héribalde, puisqu'il étoit régulier : en un mot, il est le premier dont nos historiens du ixᵉ siècle aient dit qu'il fut fait *ex monacho episcopus*. Il paroit même que ce fut assez tard qu'il se fit religieux, puisqu'il est vraisemblablement cet Abbon séculier qui fut envoyé en ambassade vers l'empereur Lothaire, par le roi Charles-le-Chauve, en 843, et qui, ayant été disgracié et privé des revenus qui lui avoient été assignés, s'adressa à la reine Ermentrude pour obtenir son pardon. Cette princesse fit

(1) *Hist. Gotescalci lib.* 3   (2) *Lup. Ferrar Ep.*

écrire, comme on a déjà vu ci-dessus, à Héribalde pour l'assister de ses biens : c'est d'où l'on conclut que ce fut alors qu'il fut reçu religieux à Saint-Germain. Il en fut fait abbé quelque temps après, et l'on ne doute point qu'il ne soit cet Abbon abbé, qui signa, en 852, la confirmation d'un privilége accordé au monastère de Saint-Remi de Sens, par l'archevêque Wenilon (1). Il paroît encore un Abbon, abbé, parmi les députés pour faire observer en Bourgogne les capitulaires de Valenciennes de l'an 853 : et comme c'étoit sans doute un bourguignon qui avoit cette commission, les soupçons tombent sur l'abbé de Saint-Germain d'Auxerre. Dom Mabillon croit qu'il fut du nombre des abbés qui furent privés de leurs abbayes, en 850 (2), et que c'est en ce sens qu'il faut entendre la lettre de Loup de Ferrières dont je viens de parler. Je n'ose décider lequel des deux sentiments est le mieux appuyé. Il me paroît seulement que si Abbon eût été résidant à Auxerre, lorsque ce malheur lui arriva, il n'eût pas été nécessaire que Loup de Ferrières écrivît à son frère évêque, pour le lui recommander. Au reste, non-seulement Abbon est le premier dont le monachisme est clairement marqué, mais aussi c'est celui dont l'élection parut, la première, faite avec moins de liberté sous la seconde race de nos rois, puisque les historiens disent que ce fut par ordre du roi, *jussu Caroli regis*.

Cette entrée au siége épiscopal, par succession à son frère, et en vertu des ordres du prince, n'empêcha pas qu'on n'eût une haute idée de son mérite. Ses historiens disent qu'il fut un prélat vigilant, et qu'il se rendit recommandable par une éloquence qui n'étoit pas commune, tant en fait de matières ecclésiastiques, qu'en fait de belles-lettres. On attendoit aussi de grandes choses de lui. Mais, le peu de temps qu'il gouverna l'église d'Auxerre ne lui permit pas de faire tout le bien qu'il auroit souhaité. Il donna à la cathédrale une croix d'or garnie de pierreries et un très-beau parement. Il jeta aussi les fondements d'une pyramide (3) du côté occidental de la

---

(1) *Spicilegii*, t. 2, p. 587.
(2) *Annal. bened.* t. 3, pag. 4 et 26.
(3) *Cochleam*. Ce mot ne signifie, à la rigueur, qu'un escalier tournant ; mais il n'y a pas d'apparence que cet évêque se soit contenté de faire une réparation si simple (a).

(a) Le mot *coclea* signifie également un escalier tournant et la tour circulaire qui

même église. Il avoit résolu de couvrir le grand autel d'or pur et de pierres précieuses; mais, prévenu par la mort, il laissa une grande quantité d'or pour exécuter ce dessein. La brièveté de son épiscopat est cause que l'on ne trouve son nom que dans deux monuments de l'an 859. Il assista au concile tenu cette année-là à Savonnières, au diocèse de Toul, entre Toul et Vaucouleur. Il est aussi nommé parmi les évêques députés par le concile de Metz, de la même année, vers le roi Louis-le-Germanique (1). Comme la translation du corps de saint Germain se fit le 6 janvier de la même année 859, en présence du roi Charles-le-Chauve et de quelques prélats, on ne peut douter qu'Abbon n'y fût présent, et que la cérémonie ne se soit faite par ses mains. Mais cette même année fut aussi celle de sa mort, selon quelques-uns. D'autres, qui font commencer son épiscopat plus tard, le prolongent jusqu'à l'an 860. Quoiqu'il en soit, il mourut un troisième décembre. Et, comme son nom se trouve dans le concile tenu à Tusey, proche Vaucouleur-sur-Meuse, l'an 860, aux mois d'octobre et de novembre, et qu'il n'y paroit qu'après celui de Chrestien, son successeur, il semble qu'on pourroit dire qu'il auroit fait mettre Chrestien en sa place dès son vivant, et que, pour cette raison, n'étant plus qu'ancien évêque, il n'auroit signé qu'après le véritable titulaire les actes de ce concile qui lui furent envoyés.

De quelque manière que l'on concilie ces deux signatures, il est certain qu'Abbon ne fut évêque que pendant deux ans et dix mois, et qu'il fut inhumé dans l'église de Saint-Germain. Les épitaphes du xiiie siècle, et autres écrites depuis ce temps-là, ont fait passer jusqu'à nous, par tradition, que son tombeau est situé entre celui de saint Fraterne et celui de saint Censure : en sorte qu'il faut dire que lorsqu'on rebâtit les grottes sous l'évêque Chrestien, on mit, à côté du tombeau d'Abbon nouvellement mort, ceux de ces deux saints qui, auparavant, avoient été en différents endroits de l'église; et une preuve de cela, est que lorsque M. Séguier fit l'ouverture de

---

(1) *Ex concil. Sirmundi.*

le contient. Il s'agit ici d'une simple tour qu'Abbon fit commencer au grand portail de la cathédrale et non d'une pyramide ou d'un escalier. (*N. d. E*)

ce tombeau, on trouva que le corps qui y étoit renfermé, avoit été revêtu d'un cilice, et par dessus d'un habit monastique.

On n'a jamais célébré de fête de saint Abbon, mais on se contente de l'invoquer dans les litanies. Et, comme son épitaphe lui donne le titre de *sanctæ recordationis*, on orne son tombeau de même que ceux des autres, le huitième jour de novembre (1). Ce fut à lui, comme on a déjà vu ci-dessus, que Hincmar fit part de la vision qu'avoit eue un religieux touchant les suffrages que demandoit l'évêque Héribalde après sa mort (2).

LE B. CHRESTIEN, XXXVIIe ÉVÊQUE D'AUXERRE.

Nous ignorons de quelle église fut tiré Christien ou Chrestien qui se trouve dans nos catalogues, après l'évêque Abbon. Nos historiens, quoiqu'ils lui fussent contemporains, ne nous apprennent point ce qu'il étoit auparavant *(a)*, ni s'il fut élu en forme, ou subrogé à Abbon du consentement du roi; mais ils se contentent de dire qu'il étoit Allemand de nation, fils d'Arcambert et d'Emelinde. Sa signature au concile de Tusey, avant celle d'Abbon, suppose qu'il étoit arrivé, à l'égard d'Abbon, ce que nous avons vu ci-dessus à l'égard de plusieurs autres évêques d'Auxerre, que leurs affaires ou leurs infirmités obligeoient de se donner un successeur dès leur vivant. Il n'y a aucune preuve convaincante que Chrestien eût été abbé de Saint-Germain. Quoique Dom Mabillon ait hésité longtemps sur cet article, comme il paroît par ce qu'il en dit dans ses Siècles et dans

---

(1) C'est l'usage à Saint-Germain d'orner, en ce jour, tous les tombeaux des saints qui y reposent.

(2) Flodoard, lib. 4, cap. 21.

(a) Malgré le silence des écrivains du IXe siècle, sur l'origine de l'évêque Chrestien, on doit supposer qu'il avait reçu une instruction très-soignée, peut-être même dans les écoles de Saint-Germain, car il savait le grec, comme il résulte de sa signature originale apposée au bas d'un acte émané du concile de Pistes, en 864. Son nom, tracé en grandes lettres capitales, y est suivi du mot *egrapsi*. — *Voy.* Archives de la préfecture de l'Yonne. (*N. d. E.*)

ses Annales bénédictines, il en est toujours revenu, dans les volumes postérieurs, à assurer que le Chrestien qui étoit abbé de Saint-Germain d'Auxerre en 835, est différent de celui qui fut depuis évêque. En quelque situation qu'eût été Chrestien avant son épiscopat, ses historiens, qui l'avoient connu particulièrement, disent qu'il fit paroître une candeur ennemie de toute duplicité, qu'on voyoit sur son visage une sérénité naturelle qui marquoit sa joie intérieure, qu'il fut recommandable par l'humilité qu'il conserva dans sa dignité et qu'il se distingua par l'amitié qu'il porta à son clergé. Comme son pontificat fut de plus longue durée que celui d'Abbon, il acheva la pyramide ou flèche de pierre (a) que le premier avoit commencée du côté occidental de la cathédrale. Frotaire, archevêque de Bordeaux, s'étant trouvé à Auxerre en 862 (1), il se servit de cette occasion pour faire la translation du corps de saint Amatre. Ils levèrent ensemble ces saintes reliques du lieu de leur première sépulture dans la basilique du nom de ce saint, et les transportèrent dans la crypte de la même église, dont il subsiste encore une partie sous le grand autel. Les religieux de Saint-Germain qui y assistèrent, obtinrent de lui les os de ses doigts de la main droite (2), dont cet évêque avoit autrefois tonsuré leur saint patron. On trouve aussi que, dès l'an 864, cet évêque leur avoit donné Perrigny et son église avec ce qui étoit des dépendances de la cathédrale, en échange de Fétigny et autres terres. Il fit, l'année d'après, une cérémonie remarquable à l'abbaye de Saint-Germain, conjointement avec un autre prélat. L'église ayant été augmentée et embellie par de nouvelles cryptes (b), il pria Erkenraüs,

---

(1) *Supplem. Chronici S. Mariani* ad an. 1320.

(2) *Heric.*, l. 2, *mir. S. Germ.* c. XL., p. 562.

(a) Lebeuf donne improprement à cette tour le nom de flèche — *Voy.* ci-dessus, p. 196, note a. *(N. d. E.)*

(b) Les cryptes dont parle ici Lebeuf existent encore aujourd'hui. Elles sont dues à Conrad comte d'Auxerre, sous Charles-le-Chauve. Ce monument forme une véritable église ayant trois nefs, sanctuaire et chapelle au chevet. Son étendue sous tout le chœur et les bas côtés de l'église de Saint-Germain, est de 30 mètres de longueur sur 13 mètres de largeur, au transsepts et 3,90 centimètres de hauteur. L'aspect de ces catacombes est solennel et profondément religieux. Partout on y

évêque de Châlons, de faire la consécration de ces cryptes (1), pendant que lui, comme évêque diocésain, fit celle des augmentations de l'église, et entre autre de l'oratoire de saint Jean-Baptiste qui étoit de la partie occidentale. Cette dédicace est marquée au 20 mai, dans le martyrologe de la cathédrale, écrit cent cinquante ans après (2) : et comme Erkenraüs étoit à Auxerre en 865, on est suffisamment fondé à croire qu'elle se fit cette année-là, où le vingtième mai arriva un dimanche. Chrestien fit à ce prélat, conjointement avec les religieux, un présent considérable de reliques. Il lui donna une grande partie du corps d'un saint Urbain martyr, qui avoit été nouvellement apporté de Rome : et il les reçut sous le nom du saint pape Urbain 1er. Notre évêque fut de presque toutes les nombreuses assemblées tenues de son temps. On le voit, en 860, dans l'église de Saint-Castor de Coblentz, souscrivant au traité de paix qui y fut conclu, au mois de juin, entre les frères Lothaire, Louis et Charles et leurs neveux. Outre le concile de Tusey auquel il assista la même année, il se trouva en 862, 864 et 869, aux trois qui furent tenus dans le palais de Pistes-sur-Andèle, proche le Pont-de-l'Arche, à trois lieues au-dessus de Rouen. Il fut

(1) *Labb. Bibl. mss., t. 1, p. 531.* | (2) *Ampl collect. Martene. t 6, col. 705.*

foule aux pieds les saints personnages de l'église d'Auxerre. Le caractère architectural en est rude et sévère ; des piliers massifs munis de simples profils soutiennent la retombée des voûtes d'arêtes à plein cintre. Cependant on y remarque des colonnes pourvues de chapiteaux ioniques tout-à-fait caractérisés. La chapelle centrale, où reposait jadis le corps de saint Germain, a une physionomie particulière. Quatre colonnes monolithes à chapiteaux bizarres, dont deux imitent le style corinthien, supportent une architrave grossière qui reçoit elle-même la voûte en berceau de la chapelle. Le tombeau de pierre qu'on y voit du côté du levant est vide et dépourvu d'ornements. Un seul des cercueils des cryptes, celui de saint Marien est marqué d'une large croix en relief qui en accuse l'époque. La chapelle qui forme l'extrémité du monument est de beaucoup postérieure au reste, et ne date que de la fin du XIIIe siècle, ainsi que la crypte inférieure dite de saint Clément. Elles furent élevées à cette époque pour servir de fondations à la chapelle de la Vierge de l'église supérieure qu'on bâtissait alors.

Les cryptes de Saint-Germain, objet de la vénération des rois, furent profanées par les Huguenots en 1567. Après la restauration de l'abbaye, les moines les ont fait décorer de nouvelles peintures, mais le symbolisme qu'on a voulu y employer est peu digne des sujets qu'il est destiné à faire connaître, et les ornements de feuillages et de fruits qui tapissent les piliers ne sont pas d'un meilleur goût.

question, dans le premier (1), de confirmer quelques échanges de biens, que les moines de Saint-Germain avoient faits avec lui et avec le comte Conrad, parent du Roi. On le trouve encore, en 862, à Verberie où il est témoin d'un jugement solennel prononcé en faveur des moines de Saint-Calais (2), et au concile de Soissons de l'an 866, environ lequel temps il signa une donation que Gilbert, évêque de Chartres, fit à l'abbaye de Saint-Père de la même ville.

Les chanoines de son église cathédrale s'étoient plaints à lui de ce qu'on leur avoit déjà enlevé quelques-uns des biens qui étoient destinés pour leur subsistance. Il employa tous ses soins pour faire revenir à leur mense ce qui s'en trouva aliéné, et il leur donna du sien une terre appelée en latin *Albare* ou *Albaris villa* (3), à condition que le revenu serviroit à renouveler sa mémoire chaque année parmi eux. Il mourut le 22 novembre 872 ou 873, et il fut inhumé proche ses prédécesseurs, dans l'église de Saint-Germain. On croit (mais sans qu'il n'y en ait de preuve certaine), que ses ossements sont ceux que M. Séguier vit, en 1635, dans un petit tombeau placé proche ceux des saints Alode et Urse, et enveloppés d'une espèce d'étoffe noire. M. Séguier n'osa pas assurer qu'ils fussent de l'évêque Chrestien, parce qu'il ne se trouva point d'épitaphe en ce lieu qui certifiât que son tombeau fut l'un des trois. L'incertitude de ce fait n'a pas empêché Dom Benoît Cocquelin, prieur du monastère, qui a fait peindre, en 1655, les grottes telles qu'on les voit aujourd'hui, de laisser écrire en ce lieu le nom de l'évêque Chrestien avec la qualité de bienheureux, ni que le peintre qui étoit un religieux du monastère (4) ne l'ait représenté en bénédictin : ce qui, frappant les yeux du peuple, aide à perpétuer l'erreur de croire qu'il ait été abbé de ce monastère.

(1) *Diplom.* p. 551.
(2) *Ampliss. coll. t. c col.* 171.
(3) Quelques-uns croient que c'est Racine du côté de la vallée d'Aillant; d'autres pensent que c'est ce qu'on appelle Esbry, qui se seroit dit autrefois Aubry; c'est de la paroisse d'Appoigny.
(4) Henri de Roquemont.

FIN DE LA PREMIÈRE PARTIE.

MÉMOIRES HISTORIQUES SUR LES ÉVÊQUES D'AUXERRE.

SECONDE PARTIE,

Qui contient ce que l'on en sait depuis le trente-huitième Évêque jusqu'au soixante-troisième ; c'est-à-dire depuis l'an 872 jusqu'à l'an 1277.

CHAPITRE Ier.

De l'évêque Wala, trente-huitième évêque d'Auxerre, et de cinq de ses successeurs, qui sont : Wibaud, Hérifrid, saint Géran, saint Betton et Gaudry.

Je fais commencer la seconde partie de cette histoire des évêques d'Auxerre, par l'épiscopat de Wala, qui prit le soin de faire rédiger les actions de ses prédécesseurs par les plus habiles écrivains qui fussent alors dans la ville épiscopale. Cette circonstance de sa vie, le distinguant de tous ceux qui l'avoient précédé, j'ai cru que son histoire particulière méritoit de se trouver à la tête de celle qui n'est qu'une continuation du travail commencé de son temps. Il ne paroît pas, au reste, que la vie de cet évêque ait été écrite aussitôt après son décès : mais il y a toute apparence qu'elle ne fut pas rédigée plus tôt que la douzième année de l'épiscopat de Gui, quarante-quatrième évêque, avec celles de cinq de ses successeurs, parce que l'auteur marque de lui-même qu'il avoit connu beaucoup de personnes qui avoient vu l'évêque Wibaud, successeur immédiat de Wala.

WALA, XXXVIIIe ÉVÊQUE D'AUXERRE.

873 à 879.

L'auteur de la vie de Wala, quel qu'il soit, nous apprend d'abord que cet évêque étoit François de naissance (a). Il ne désigne point le diocèse dont il étoit natif : mais comme Ansegise, archevêque de Sens, fut son frère, et que cet archevêque étoit sûrement du diocèse de Reims, on peut assurer que Wala étoit aussi champenois. Son père s'appeloit Ardrad, et sa mère Witelaïe. Il étoit à la Cour de Carloman, fils de Louis-le-Germanique, roi d'Allemagne, lorsqu'il fut élu évêque. Il vint de là à Auxerre, pour prendre possession de l'évêché, accompagné de plusieurs gentilshommes de Bavière. Se ressentant alors beaucoup des impressions de la Cour, il ne se plut, dans les commencements de son épiscopat, qu'à la lecture des auteurs profanes. S'apercevant ensuite que la noblesse qu'il avoit amenée avec lui étoit à charge à l'église, il congédia tous ces gentilshommes avec la prudence convenable dans pareil cas, et il changea en même temps de genre d'étude : il voulut connoître plus particulièrement quelles étoient les personnes de lettres dans son clergé ; il les fit venir pour s'entretenir avec elles, les retint souvent à sa table, et voulut ne se conduire que par leurs conseils. Il n'est pas bien difficile d'apercevoir que ceux qui depuis entreprirent l'histoire des évêques d'Auxerre étoient de ce nombre : ils se nommoient, l'un Rainogala, l'autre Alagus. Il ne se contenta pas de témoigner son amitié aux savants de son clergé ; il en donna encore des marques à tous ceux qui lui parurent affectionnés au service de Dieu : et l'église d'Auxerre eut, de son temps, beaucoup de personnages qui se signalèrent en ce genre, à son exemple. Cet évêque, en effet, ne

---

(a) « *Wala episcopus genere Francus* » (*Gesta Pontif.*) ; c'est-à-dire de race Franke. La distinction des deux races Gauloise et Franke demeura bien tranchée jusqu'à la fin du dixième siècle. *(N. d. E.)*

manqua jamais à matines, quoiqu'alors elles se célébrassent pendant la nuit : et lorsqu'il voyoit des chanoines y manquer, ou même des jeunes clercs, il les envoyoit réveiller, afin que le chœur fût rempli pendant l'office divin, la nuit comme le jour ; et il leur demandoit la cause de leur absence. Il voulut aussi avoir toujours des chanoines témoins de ses actions, conformément aux anciens canons : et comme son clergé ne donnoit aucune prise sur lui, il ne souffroit pas qu'on lui en dît du mal. Par cette raison, il fut attentif à ne point souffrir de séculiers parmi eux, que le moins qu'il fût possible, disant qu'il ne convenoit pas que les laïques sussent ce que faisoient les ecclésiastiques, et qu'il falloit que les séculiers se tinssent avec des gens de leur état, et réciproquement les gens d'église, avec leurs semblables : *pares paribus socientur.* C'étoit un de ses proverbes familiers.

Il en agit, avec son église, d'une manière bien différente de quelques autres prélats qui prenoient les biens ecclésiastiques, et les distribuoient à leurs parents pour les enrichir. Au contraire, il retiroit de grands revenus du côté de sa famille, et il en enrichissoit l'église. Il fit présent, à sa cathédrale, de plusieurs vases d'or et d'argent, et d'ornements très-précieux ; et il auroit cru commettre un sacrilége s'il avoit soustrait du trésor la moindre pièce d'argenterie. Il employa aussi une partie de ses revenus à ramasser des livres, pour en former une bibliothèque ; mais, il n'en trouva point en aussi grand nombre qu'il l'auroit souhaité. On lit, dans le testament de l'un des comtes d'Autun (1), qui a porté le nom d'Eccard, au ixe siècle, que ce comte légua à l'évêque Wala un livre de saint Isidore, et un autre de la vie de saint Grégoire et de saint Laurent et quelques autres livres historiques à Anségise, archevêque : ce qui désigne assez vraisemblablement les évêques de Sens et d'Auxerre. Wala regarda aussi comme l'un de ses devoirs de veiller au rétablissement des églises situées dans son diocèse : il y contribua, de toutes ses forces, les remit presque toutes en bon état, pendant le peu de temps qu'il fut évêque. Quelques-uns le croient le premier fondateur d'une chapelle située dans l'enceinte de la ville de Cône, qu'on appelle Notre-Dame-de-Gale,

---

(1) Pérard, Collect. chart. burgund.

mais c'est une conjecture qui n'est établie que sur la ressemblance des noms ; et il n'y a dans l'édifice de cette chapelle, tel qu'il se voit aujourd'hui, rien qui passe en antiquité deux cent cinquante ans.

L'écrivain de la vie de Wala ne marque point qu'il soit jamais sorti de son diocèse. Mais nous apprenons, par les actes des conciles, qu'il assista, l'an 876, à celui qui se tint, à Ponthion en Pertois, au diocèse de Châlons, et à la diète qui fut tenue à Pavie, par le roi Charles-le-Chauve, au mois de février de l'an 877. On trouve aussi, dans les capitulaires du même prince, rédigés à Quierzy-sur-Oise, en 877, une double délégation de cet évêque. Dans l'un se lit : *Ut post nos* (c'est le roi qui parle) *cum his quæ ferenda sunt nobis pergat primum Villebertus episcopus, deinde Arnoldus episcopus, et deinde Wala episcopus.* Et dans un autre article intitulé : *Qui vicissim debeant esse cum filio ejus* (regis); *ex episcopis, si ultra Sequanam perrexerit;* il y a de suite *Hugo Abba, Waltherus episcopus, Wala episcopus, Gislebertus episcopus.*

Le même écrivain marque assez clairement que Wala étoit à Auxerre lorsqu'il fut atteint de la maladie dont il mourut. Il dit qu'il s'étoit tellement concilié l'amitié des chanoines que, lorsqu'il ne fut plus en état de réciter l'office canonial, il en venoit un certain nombre dans sa chambre, qui le récitoient pour lui en sa présence. Et, un peu plus bas, sans spécifier le lieu où il mourut, il ajoute que son corps repose dans le monastère de Saissy : mais c'est un point d'histoire qui souffre de la difficulté. Cet écrivain, qui vivoit environ quatre-vingts ans après lui, paroît n'avoir pas été servi fidèlement sur cet article. L'histoire que j'ai découverte, touchant le rétablissement de l'abbaye de Saissy, au diocèse d'Auxerre, écrite par un auteur qui vivoit sous Wibaud, successeur de Wala, commence de cette sorte (1) : *Anno incarnationis Dominicæ DCCCLXVIII, dum Dei misericordia futura præsciens, et omnia utilia comperiens animos domini Trutgaudi abbatis et Fratrum Saxiacensis cœnobii accenderet, ut basilicam S. Baudelii aliquando a sanctis patribus abbatibus Romulo, Odon et Walao fundatam, jam vero vetustam renovarent et amplificarent.*

(1) On l'a imprimée, en partie, dans le *Gallia christiana*, à l'article des évêques de Nimes, et dans l'histoire du Languedoc.

Cette simple période suffit pour faire douter que Wala, évêque d'Auxerre, soit inhumé à Saissy. Ce Wala, abbé, ne peut pas être le même que l'évêque d'Auxerre, puisque cet historien déclare ici que cet abbé avoit travaillé à la construction de l'église du lieu qui, en 878, étoit déjà prête à tomber. Il peut donc être vrai qu'à la fin du ixe siècle, et durant le xe, on ait vu, à Saissy, la sépulture d'un personnage appelé Wala, sans que, pour cela, ce fût celle de l'évêque d'Auxerre. Par une seconde erreur que la sépulture de l'abbé Wala a fait naître dans les derniers siècles, on s'est imaginé que le vénérable Bède a été enterré dans ce monastère : ce qui n'est venu que de ce que quelques personnes ont lu *Beda venerabilis* à l'endroit où l'inscription portoit *Wala venerabilis*. Aujourd'hui tout est si universellement renversé dans cette abbaye réduite en prieuré, et l'église en est si rétrécie, qu'on n'y voit plus de vestiges d'aucune tombe digne de remarque. Je ne nierai cependant point qu'absolument parlant, l'évêque Wala, quoique mort à Auxerre, n'ait pu demander que son corps fût inhumé à Saissy. Le renouvellement de l'église, fait de son temps, l'a pu engager à souhaiter ce transport, aussi bien que la dévotion qu'il pouvoit avoir au saint abbé Wala, dont il portoit le nom. Quoiqu'il en soit, Ansegise son frère, archevêque de Sens, qui lui survécut quelque temps, laissa, aux chanoines d'Auxerre, deux maisons situées à Riot (1), pour qu'on célébrât sa mémoire le neuvième jour de mars, qui étoit celui de son décès, et il augmenta aussi, par la même occasion, les fonds du luminaire de Saint-Etienne, donnant, pour cet effet, une maison *in Piscasiolo* ou *Pistasiolo villa* (2). La chronologie de l'épiscopat suivant, ne permet pas de placer sa mort plus tard que l'an 879.

L'auteur de la vie de Wala, voulant faire connoître combien ce prélat savoit choisir ses amis particuliers dans le corps des chanoines, en nomme deux, savoir : Trutbert et Hictaire l'aîné, qui moururent de son temps. Il ajoute que lorsqu'il écrivoit, ces deux chanoines passoient pour des personnages morts en odeur de sainteté. Je ne puis cependant approuver que, sur ce simple témoignage, on ait laissé

---

(1) *In Rivo.* | (2) Pestau selon les apparences.

imprimer à Auxerre, en 1647, des litanies où ils sont tous les deux dans le catalogue des Saints.

LE VÉN. WIBAUD, XXXIXᵉ ÉVÊQUE D'AUXERRE.

Il ne s'écoula point un mois entier, jusqu'au sacre de Wibaud, qui succéda à Wala. Il étoit François de nation, né dans la ville de Cambray, de Leufroy et de Dode, qui étoient l'un et l'autre de familles nobles du pays : on croit même que ce Leufroy, n'est autre que le comte Liutfrid, à qui le pape Jean VIII, écrivit une de ses lettres. Wibaud avoit d'abord été disciple de Jean Scott, qui étoit alors célèbre dans la France, et il avoit appris de lui à mener une vie de véritable philosophe : mais, lorsqu'il fut plus âgé, ses parents le produisirent à la Cour de l'empereur Louis-le-Bègue. Après qu'il eut été durant quelque temps à son service, le prince voulut le récompenser, et il fit savoir au clergé d'Auxerre qu'il le destinoit pour remplir le siége de Wala. L'élection fut faite à l'ordinaire, par le clergé et le peuple, et il fut sacré par Ansegise, archevêque de Sens, le 5 avril, qui étoit le dimanche des Rameaux, l'an 879. On ne peut différer cette ordination à l'an 880, parce qu'il est marqué expressément, dans sa vie, que ce fut l'empereur Louis-le-Bègue qui le proposa à l'église d'Auxerre, et qu'il est certain, d'ailleurs, que cet empereur mourut le 10 avril 879.

L'auteur de cette vie assure, sur le témoignage verbal de ceux qui avoient vu cet évêque, qu'il se distingua par une grande douceur, une grande affabilité, et par des aumônes abondantes qu'il répandit dans le sein des pauvres. Ce chanoine s'attache plus particulièrement à marquer le bien qu'il fit à l'église cathédrale. Il assure que, ni le froid, ni le chaud ne purent l'empêcher de vaquer, avec assiduité, à son embellissement. Il fit élever, à la partie occidentale de cette église, un édifice qui contenoit une double chapelle, dont l'une étoit sur l'autre (a), chacune avec son autel. Il dédia la chapelle de dessus,

(a) La double chapelle, dont parle Lebeuf, formait crypte dans sa partie inférieure. Sa situation, dans la partie occidentale de la cathédrale, ne permet pas de la re-

en l'honneur de la Sainte Croix ; et celle de dessous, en mémoire de
saint Paul, apôtre, des saints Amatre et Germain, évêques d'Auxerre,
de saint Martin et de saint Benoît, et principalement sous l'invocation
de saint Grégoire, pape. Il est vrai que sa dévotion particulière, envers
ce saint pape, étoit fondée sur un trait reconnu aujourd'hui pour
fabuleux ; mais, comme il ne passoit point alors pour tel, on peut
excuser la piété de ce prélat, d'avoir cru, comme le commun de son
siècle, que saint Grégoire eût tiré de l'enfer, par ses prières, l'âme
d'un homme qui y avoit été condamné pour être mort sans baptême (1) : à moins qu'on ne dise que son historien a inséré, de son
chef, dans le récit de sa vie, ce motif de dévotion.

Wibaud voulut, comme les évêques précédents, que les chanoines
se ressouvinssent du jour qu'il avoit été consacré évêque, et du jour
qu'il décèderoit. Il leur assigna, à cet effet, la moitié de la terre de
Chichery, qui, selon le Nécrologe, montoit à huit maisons ou métairies (2), et il fit autoriser cette donation par des lettres-patentes.
L'auteur de sa vie marque que l'on devoit prendre, sur ce revenu,
de quoi donner un repas commun à tous les chanoines, les deux
jours qui viennent d'être nommés, et, outre cela, le jour de l'obit de
l'empereur Louis-le-Bègue et le jour de la dédicace des cryptes de
la cathédrale. On voit clairement ce qui put l'engager à ordonner
des prières, pour le repos de l'âme de ce prince, dont le décès fut marqué alors au Nécrologe, en ces termes, au 10 avril : *Eodem die obiit
Ludovicus rex*; mais, il n'est pas facile de juger pour quelle raison
il voulut qu'on se ressouvînt du jour de la dédicace des cryptes, si
ce n'est parce qu'il l'avoit peut-être faite (*a*). Elle est marquée (3) au
5 octobre, dans l'ancien Martyrologe, écrit de nouveau au commencement du xie siècle (*b*). La perte qu'on a faite du diplôme sur

---

(1) Il s'agit de l'empereur Trajan.
(2) *Ampl. collect. Martene*, t. vi.

(3) *Ampl. collect. Martene*, t. vi.

connaître dans les cryptes existantes aujourd'hui, le vaisseau ayant à cette époque
une étendue moins grande qu'à présent. (*N. d. E.*)

(*a*) Rien ne prouve que Wibaud soit l'auteur de la dédicace de quelque crypte, si
ce n'est de celle que formait la chapelle double dont il est parlé plus haut.(*N. d. E.*)

(*b*) Ce n'est pas au 3, mais au 11 octobre qu'est marquée cette dédicace. — *Voy.*
Preuves, t. iv, n° 5. (*N. d. E.*)

Chichery, est cause qu'on ne peut fixer au vrai l'année de cette cérémonie. Il augmenta aussi la manse des chanoines de Saint-Eusèbe, leur donnant huit maisons, au village de Moulins, avec l'agrément du roi marqué dans un diplôme particulier (1). Ayant extrêmement à cœur que l'office fût célébré avec décence dans l'église cathédrale, il fit beaucoup de démarches pour obtenir que l'abbaye de Saint-Julien fût soumise et attachée au service de cette église. Il en vint à bout par le moyen des présents qu'il fit au roi; mais il ne jouit point de la charte que ce prince avoit promise touchant cette réunion, parce qu'il mourut avant qu'elle fût expédiée.

Aux approches de sa dernière heure, on ne vit guère de mortel plus effrayé que lui des jugements de Dieu. Il se déclaroit publiquement le plus criminel des hommes, et demandoit pardon à tout le monde, appréhendant d'avoir blessé quelqu'un, ou de lui avoir fait du tort. La crainte dont il étoit saisi étoit cependant soutenue par l'espérance qu'il avoit dans la miséricorde divine ; et après l'intercession de saint Etienne, il se fonda beaucoup sur celle de saint Clément, pape. Il demanda d'être inhumé à la porte de son église, au dehors ; mais, lorsqu'il fut mort, le clergé jugea à propos de lui donner la sépulture au dedans. Il mourut le douzième jour de mai. Les changements arrivés, à cette chapelle (a), sont cause qu'on ne connoît plus en quel lieu il peut y être inhumé. Il est toujours bon de remarquer ici qu'aucun évêque, avant lui, n'avoit eu la sépulture au dedans des murs de la cité (b).

L'Histoire de la translation des reliques de saint Baudèle, faite au

---

(1) Ce diplôme est perdu.

(a) La chapelle Saint-Clément existe encore et se voit à droite du chœur de la cathédrale; c'est un petit bâtiment du XIIe siècle, qui appartient à M. Blin.
(N. d. E.)

(b) On commença alors à se relâcher des usages anciens qui défendaient d'enterrer les morts dans les villes. On a vu en effet jusqu'à ce siècle que les évêques avaient été enterrés soit à Saint-Amatre soit à Saint-Germain, à Saint-Eusèbe ou à Saint-Gervais. Les chanoines de la cathédrale continuèrent, même pendant plusieurs siècles, à être inhumés dans le cimetière de Saint-Eusèbe. Le cimetière commun existait depuis longtemps sur le Mont-Artre. (N. d. E.)

monastère de Saissy, l'an 878 (1), fait mention de cet évêque, comme ayant donné le voile des vierges à une fille aveugle, qui avoit été guérie, de son temps, dans l'église de Saissy. Il y est nommé *Wibaldus* ; et dans le Nécrologe du xie siècle *Wigbaldus* : ce qui fait voir que c'est une faute d'impression dans l'histoire des évêques d'Auxerre, publiée par le P. Labbe, lorsqu'il y est nommé *Uribaldus*, quoique l'original qu'il fit transcrire porte *Vuibaldus*. La chronique de Limoges (2) l'appelle *Guilboldus*, ce qui revient à la prononciation qui est portée par les manuscrits d'Auxerre. Cette chronique, qui marque certaines circonstances touchant le pays d'Auxerre, fixe la mort de cet évêque à l'an 887, un an précisément après celle du fameux Hugues-l'Abbé. Et, comme cette époque paroît certaine et conforme à la chronologie de l'épiscopat suivant, il résulte de là que, dans les manuscrits où l'on marque qu'il ne fut évêque que sept ans, l'on a oublié une unité, et qu'il faut qu'il ait été évêque pendant huit années, puisqu'il commença à l'être du vivant de l'empereur Louis-le-Bègue.

Ce fut sur la fin de l'épiscopat de Wibaud, ou pendant la vacance qui suivit sa mort, que le corps de saint Martin fut reporté d'Auxerre à Tours (a). On en a une histoire si pleine d'anachronismes, qu'on ne peut guère fixer cette époque. Comme les faussetés qu'elle contient ont été relevées par un savant (3), dans une dissertation expresse, je ne m'y arrêterai pas plus longtemps.

LE VÉN. HÉRIFRID, XLe ÉVÊQUE D'AUXERRE.

Pendant que Wibaud gouvernoit l'église d'Auxerre, celle de Chartres formoit dans son sein celui que la Providence divine lui destinoit pour successeur. C'étoit un nommé Hérifrid (qui, selon

---

(1) C'est le manuscrit ci-dessus cité, que j'ai découvert.

(2) *Bibl. Labb.*, t. 1.

(3) M. l'abbé des Thuilleries.

(a) On désigne encore, dans les cryptes de l'église de Saint-Germain, le lieu où a reposé le corps de saint Martin. (*N. d. E.*)

le langage vulgaire, devroit être prononcé Herfroy), fils d'un autre Herfroy, et d'Hisemberge, originaire de la ville de Chartres, et dont les ancêtres étoient d'une noblesse issue des côtes de la Basse-Bretagne. Comme la sainteté de leur vie répondoit à la dignité de leur rang, ils n'oublièrent rien pour faire élever chrétiennement le jeune Hérifrid. Après qu'il eut été tonsuré à Chartres, et qu'il y eut appris les éléments des sciences, Gautier, évêque d'Orléans, son parent, conseilla à son père et à sa mère de l'envoyer à la Cour de l'empereur Charles-le-Gros, pour le perfectionner. Comme c'étoit une véritable école de science et de sagesse, Hérifrid continua de s'y former au bien, à l'exemple de quantité de jeunes gens que leurs parents y avoient envoyés pour la même fin. Il s'y comporta d'une manière irréprochable. On voyoit briller sur son visage et dans toutes ses démarches des traits de modestie qui firent l'admiration des courtisans. Il faisoit son exercice de la lecture des saintes Ecritures, sans s'éloigner cependant beaucoup de la présence de l'empereur, à qui il rendoit le service dont il étoit capable, dans les affaires ecclésiastiques. Le clergé et le peuple d'Auxerre, étant dépourvus d'évêque, envoyèrent aussitôt en Cour, pour en apprendre la nouvelle à l'empereur. Ce prince n'en fut pas plutôt informé, que, sur le témoignage de tous les seigneurs qui résidoient auprès de lui, et sur la connoissance particulière qu'il avoit de la vertu d'Hérifrid, il lui conféra le bâton pastoral et l'envoya à Sens, pour le faire sacrer évêque. Quoique cette nomination fût faite au mois de mai de l'an 887, Hérifrid, cependant, ne fut ordonné qu'à la fin du mois d'août. Les Auxerrois accoururent à Sens pour approuver le choix qui avoit été fait, et le nouvel archevêque Gautier, le sacra dans l'abbaye de Nêle-la-Reposte, qui est du diocèse de Troyes, le 29 d'août, jour de la fête de la décollation de saint Jean-Baptiste. Aucun écrivain n'a marqué la raison pour laquelle cette ordination fut faite si loin d'Auxerre et si tard : mais on conjecture qu'il y eut quelque autre cérémonie qui obligea l'archevêque de Sens d'aller à Nêle, ou bien que l'évêque de Troyes étoit arrêté en ce lieu par quelque maladie, ou, enfin, parce que les Normands couroient alors le long du rivage de la rivière d'Yonne. Quoiqu'il en soit, il paroît que l'archevêque vint ensuite l'introniser, lui-même, à Auxerre, le huitième du mois de septembre, et ce fut, de ce jour, que les historiens de sa vie commencèrent à compter son épiscopat (1). Ils rapportent sur le témoignage de plusieurs personnes qui vivoient encore alors, et qui avoient vu et connu l'évêque Hérifrid, que ce prélat, ayant pris possession de son église, s'acquitta de tous les devoirs d'un bon pasteur, se faisant tout à tous, fortifiant les vieillards dans le bien par ses bons exemples ; faisant de douces leçons aux jeunes gens pour les empêcher de se tourner du côté du mal, avertissant, sans cesse, les riches qu'ils n'étoient que dispensateurs de leurs richesses, qu'ils n'en étoient pas les maitres absolus, et qu'ainsi ils devoient en faire part aux pauvres. En cela son exemple seconda ses paroles, car il fit exactement l'aumône. Les ecclésiastiques qui étoient dans le besoin, se ressentirent en tout temps de ses libéralités : quand il étoit à la ville, il les nourrissoit à sa table et les fournissoit d'habits : s'il alloit en campagne, il donnoit ordre à ses officiers d'avoir soin de chacun nommément, et de suppléer à ce que la portion canonique ne donnoit pas assez abondamment. Il étoit persuadé qu'un évêque ne peut être utile à ses peuples, qu'en empêchant les fléaux de la colère de Dieu de tomber sur eux ; et pour les détourner, il s'adonnoit à la prière, au jeûne et aux veilles. Je n'oublierai pas une circonstance assez singulière de sa vie, puisque les auteurs disent que cela étoit notoire dans tout son diocèse et dans les lieux circonvoisins. C'est que les écoliers s'empressoient, tous les matins, de venir recevoir sa bénédiction, ou au moins de le voir un moment ; et, s'ils avoient eu cet avantage, ils étoient assurés, par expérience, qu'ils pouvoient passer la journée sans faire aucune faute qui méritât la correction scolastique. Cette singularité est assez semblable à celle que le roi Robert attribuoit, cent ans après, à saint Agnan évêque d'Orléans, à l'égard des écoliers qui visitoient ses reliques.

Les précautions qu'il prit pour détourner la colère de Dieu de dessus sa ville épiscopale, n'empêchèrent pas que sa patience ne fût mise à l'épreuve de ce côté-là. Le feu y ayant pris inopinément, elle

---

(1) *Necrol. ex Bibl. Colbert*, t. VI, *Ampl. collect. Martenne*.

fut presqu'entièrement réduite en cendres (a). La cathédrale, composée des trois églises de Notre-Dame, Saint-Jean et Saint-Etienne, ayant été enveloppée dans ce malheur aussi bien que la maison épiscopale, Hérifrid se proposa de la rebâtir ; et, en attendant, il se contenta d'un petit logis qu'il fit accommoder à son usage. Il vint à bout de remettre sur pied les trois églises, et la mort l'ayant prévenu, il laissa à son successeur le soin de rebâtir la maison épiscopale. Un nommé Wulflage, riche laïque, contribua au rétablissement de l'église de Saint-Etienne, donnant, pour cela, un fief qu'il avoit à la Pommeraye, au delà de Sens, sur le ruisseau d'Oreuse ; et Hermenbert, prêtre de Gurgy, y consacra tous ses soins. Hérifrid fit aussi rebâtir l'église de Saint-Clément qui étoit au côté méridional de la cathédrale, mais de manière qu'on ne lui donna plus que le nom de chapelle ou oratoire. En faisant rétablir ces quatre églises, il n'oublia point de les doter. L'archiclave de la cathédrale, qu'on appelle aujourd'hui le trésorier, étant chargé de faire les plus grosses dépenses, il lui adjugea quatre métairies dans un lieu appelé *Arbricum* (1), et trente-six maisons dans un village du pays Sénonois, sur la rivière d'Yonne, nommé *Noerolium* (2). La chapelle de Saint-Clément lui ayant été soigneusement recommandée par Hermenbert qui veilloit sur les nouveaux édifices (b), il attacha à cet oratoire la terre de Chemilly et l'église de Saint-André de Gurgy, pour en jouir après la mort d'Hermenbert et son successeur, chargeant celui qui les possèderoit de donner un

(1) Ce pourroit être le hameau dit aujourd'hui *Esbri*, proche Appoigny, lequel auroit été originairement appelé en langue vulgaire *Airbri* ; j'ai déjà conjecturé ci-dessus, pag. 201, qu'il peut aussi avoir été dit en latin *Albare*.

(2) Ce pourroit être Nolon, qu'on pourroit appeler originairement *Norium* ou *Noerlum*.

(a) « *Civitas improvise flammis exusta, penitus versa est in cineres tantum et rudera* » — Gesta Pontificum. (N. d. E.)

(b) L'abbé Lebeuf donne sans motif la qualité de prêtre à cet Hermembertus que le *Gesta* appelle *fidelissimus episcopi*. Il jouissait, à titre de bénéfice, de la *villa* de Chemilly et de l'église de Saint-André de Gurgy, et les donna à la chapelle Saint-Clément. Après la mort de l'évêque Hérifrid, il consacra tous ses soins à la restauration de toutes les églises que l'incendie avait détruites. « *Qui omnium ecclesiarum restaurationi post prælibatum episcopum insudavit.* » (N. d. E.)

repas à la communauté des chanoines, le jour de Saint-Clément ; ce qu'il fit confirmer par Gautier, archevêque de Sens, et par les évêques de la province. Pour engager le Chapitre à faire la mémoire de son ordination, il lui avoit donné la terre d'Arté, une ferme ou maison à Chouilly (1), une à Lindry, et un moulin au dessous des murs de la ville, voulant que, du revenu qui en proviendroit, il y eût un repas commun. Il avoit aussi donné, pour le jour de son intronisation, l'église de Bazerne, Lindry, Lupin et Leugny. Il restoit à faire une semblable fondation pour le jour anniversaire de son décès. Il destina, à cet effet, la moitié de la terre de Mailly (2), dont le roi lui confirma la restitution faite par ses prédécesseurs : et, à l'égard de l'autre moitié, il voulut qu'elle fût employée à l'entretien du luminaire du grand autel. Il avoit encore obtenu, du même prince, la restitution de la terre de Creven, de celles de Narcy et Neuvy : mais il ne démembra point de la manse épiscopale celle de Creven surtout, qui avoit été autrefois destinée aux dépenses de l'hôpital ecclésiastique, ainsi que l'on voit dans la charte de cette restitution (3).

Ce prélat fut sujet à des infirmités corporelles. Dieu voulant éprouver sa patience, l'affligea de la goutte aux pieds et aux mains : mais, pendant ses plus violentes douleurs, son esprit étoit élevé vers le Seigneur, et il ne cessoit d'invoquer les trois patrons de l'église cathédrale Notre-Dame, Saint-Jean et Saint-Etienne. Un jour que ses pieds étoient devenus si enflés que la douleur l'empêchoit de prendre de la nourriture, un corbeau vint poser sur la fenêtre de sa chambre un morceau de plomb. Le saint prélat, se l'étant fait apporter, et reconnoissant que ce métal provenoit de l'église de Saint-Etienne (a), crut que Dieu, qui s'étoit servi autrefois de cet oiseau pour nourrir le prophète Elie, pouvoit bien aussi l'avoir

---

(1) Je traduis ainsi *Capilliacum* en attendant qu'on trouve un lieu à qui ce nom convienne mieux. Il y en a un proche Clamecy.

(2) *Voy.* les Preuves, t. IV.
(3) *Ampl. collect.*, t. 1.

(a) Le Gesta Pontificum dit « *partem stagni quo fuerat coclea coopertum.* »
(*N. d. E.*)

employé pour contribuer à sa guérison ; il prit ce morceau de plomb, et, ayant invoqué le nom du Seigneur, plein de confiance dans les mérites de saint Etienne, il l'appliqua sur la tumeur de ses pieds, et aussitôt on la vit disparoître. Les auteurs de sa vie ajoutent à ce miracle l'entrevue de piété qu'il eut avec Rithuée, évêque de Troyes, dans un village situé sur la rivière d'Yonne, où il y avoit une fontaine dont les eaux avoient une qualité particulière (1) (a). Ils rapportent, à l'occasion de cette eau, un fait qui a pu arriver naturellement, mais qui nous apprend toujours que les saints évêques n'usoient des objets, même les plus simples, qu'avec la précaution du signe de la croix, et en louant le nom du Seigneur. Après qu'il eut pris congé de l'évêque de Troyes, il se retira à Gurgy à la prière d'Hermenbert (ou Hérenbert), son ami particulier, qui résidoit en ce lieu. Il le guérit, au nom du Seigneur, d'un violent accès de fièvre, et de crainte que cette espèce de miracle ne lui inspirât des pensées contraires à l'humilité épiscopale, Dieu permit qu'il sentît lui-même, au milieu de la nuit, des atteintes du même mal. Il se leva, alla passer le reste de la nuit à l'église de Saint-André, et lorsque le jour fut venu, il y célébra la messe, espérant que la réception du corps et du sang de Jésus-Christ le guériroit ; ce qui arriva comme il l'avoit demandé à Dieu. Les fréquentes maladies dont cet évêque fut atteint, lui firent comprendre que la fin de sa vie n'étoit pas éloignée. Il se vit, peu à peu, perclus de tous ses membres : mais sa langue étant toujours libre, il ne cessa de bénir la divine Providence qui le purifioit sur la terre, par le feu des tribulations, et son cœur méditoit sur les grandes vérités de l'Ecriture sainte, dont il avoit fait, toute sa vie, sa nourriture spirituelle. On n'avoit point vu, depuis longtemps, le clergé d'Auxerre si affligé qu'il le fut de la perte que le troupeau alloit faire d'un pasteur qu'il voyoit mourir peu à peu, et il sembloit porter, avec lui, une partie des douleurs que cet évêque ressentoit

---

(1) Ce pourroit être les eaux d'Appoigny qui sont minérales.

(a) Les auteurs du *Gesta Pontif.* s'expriment en ces termes : « *Villare supra fluvium Ichaunæ adiit... Erat autem inibi fons delicabilis ebulliens aquas* » (N. d. E.)

par tout le corps. Comme il se vit hors d'espérance de relever de sa maladie, il distribua, en présence du même clergé, le reste des effets qu'il avoit résolu d'employer pour la décoration des églises. Il fit compter la somme de trente livres de deniers pour aider à faire une table qui couvriroit le devant de l'autel de Saint-Etienne. Je ne sais si ce seroit cet ouvrage dont il est dit, dans la vie de l'évêque Gaudric, qu'il étoit en or, et qu'on l'exposoit au dessus de la table de l'autel, devant une pièce de tapisserie que Gaudric avoit donnée pour en relever l'éclat. Hérifrid fit ajouter, à la somme dont je viens de parler, celle de vingt livres des mêmes deniers, pour orner l'autel de Notre-Dame et celui de Saint-Jean. Se ressouvenant que l'église de Saint-Eusèbe étoit presque entièrement détruite, il lui donna deux fermes situées à Leugny (1), et deux autres situées à Cerin (2), le tiers d'une métairie située à Avignol (3), attribuant la moitié de tous ces dons à l'autel de cette église, et l'autre moitié aux chanoines qui la desservoient. Il eut même encore le loisir de faire confirmer cette donation, par la souscription des évêques de la province. Il distribua le reste de ce qu'il possédoit aux moines de la cathédrale, à ses amis et à ses domestiques, disant comme Job : *Je suis sorti nu du ventre de ma mère, et j'y retournerai de même.* Au bout d'un certain temps, la maladie, lui rendant libre l'usage de l'un de ses bras, gagna les parties nobles : on vit qu'il étoit prêt d'expirer : toute la ville accourut pour recevoir sa bénédiction ; le clergé, se répandant en larmes, récitoit des psaumes convenables, pendant que le prélat se fit coucher sur la cendre et sur le cilice. Dans cette situation, il récita les prières avec son clergé, fit le signe de croix sur lui-même, puis sur toute l'assemblée, et, peu de temps après, il rendit son esprit au Seigneur. Cette mort arriva le 23 octobre de l'an 909, après qu'il eut siégé vingt-deux ans, un mois et seize jours. Il fut le second des évêques d'Auxerre inhumé au dedans des murs de la ville (a). Comme

---

(1) Il y a *Loconnaco* ou *Loconiaco*; c'est une paroisse.

(2) *In Cerinco*; Cerin est de la paroisse de Chevannes.

(3) Avignol, qu'on écrit Avigneau, en latin *Aquinolium*, est de la paroisse d'Ecan.

(a) Les auteurs du *Gesta* marquent qu'il fut enterré *infra urbis mœnia*. (N. d. E.)

il avoit rebâti la cathédrale, et qu'il avoit témoigné une singulière dévotion envers la sainte Vierge, sous l'invocation de laquelle étoit la première des trois églises, qui étoient alors de front, on lui donna la sépulture devant l'autel qui portoit le nom de cette mère de Dieu. Mais les différentes révolutions arrivées en ce lieu sont cause qu'il n'y en est point resté de marque. Il y a seulement apparence que son corps est sous le passage public, qui est aujourd'hui entre l'église de Notre-Dame de la cité, et les murs de la cour de l'évêché en descendant de la cathédrale.

Quoique son épiscopat ait été assez long, on ne trouve qu'un seul concile auquel il assista avec quinze autres évêques. C'est celui qui fut tenu, l'an 894, à Meun-sur-Loire, dans l'église de Saint-Lifard, par ordre du régent Eudes. Le Nécrologe de la cathédrale d'Auxerre, du xie siècle, l'appelle *Pater piissimus*, et rapporte les donations qu'il fit au Chapitre. Quelques catalogues lui donnent le nom de Saint : mais jamais il n'a eu de culte. Si on lit sous son image peinte à fresque dans la cathédrale, *S. Herifridus, sedit xxij annis*, il faut observer, en même temps, que ces peintures ne sont que du xvie siècle.

SAINT GÉRAN, XLIe ÉVÊQUE D'AUXERRE.

On vit naître de grands troubles dans l'église d'Auxerre lorsqu'il fut question de la pourvoir d'un évêque en place d'Hérifrid. Quelques personnes puissantes, qui aspiroient à cette dignité plus par ambition que par zèle pour le salut des âmes, se donnèrent des mouvements qui troublèrent la tranquillité dont on avoit joui jusqu'alors en pareil cas. Ragenard ou Rainard de Vergy, vicomte d'Auxerre, homme très-puissant, qui vouloit dominer jusque sur le clergé et s'enrichir de plus en plus des biens de l'église, essaya de faire placer sur le siége épiscopal un personnage dont il pût disposer à son gré. Il alla trouver Richard-le-Justicier, duc de Bourgogne, qui étoit réputé comte d'Auxerre, et sur lequel le roi Charles-le-Simple se reposoit pour tout ce qui regardoit la Bourgogne ; et lui ayant offert des présents, il obtint de lui d'être le maître de l'élection du futur évêque d'Auxerre. Avec cette permission il retourna au pays, et, ayant fait assembler les chanoines, il leur demanda quel étoit celui qu'ils avoient en vue de faire évêque. Après qu'ils eurent répondu qu'il n'y en auroit point d'autre que celui que Dieu auroit choisi, il les combla de politesses et il leur fit une seconde demande, savoir : qu'ils trouvassent bon qu'il leur indiquât un sujet dont ils auroient lieu d'être contents. Leur ayant à l'instant nommé Géran, François d'origine, très-connu de lui, il en fit un pompeux éloge, disant que c'étoit un personnage agréable à Dieu et aux hommes, distingué par la piété de ses mœurs et la solidité de sa science, qui étant déjà utile à la ville où il étoit chanoine, pourroit être encore d'une plus grande utilité à celle dont il seroit le propre pasteur, s'il le devenoit par un effet de leur choix. Les chanoines, connoissant le grand crédit de ce vicomte, et appréhendant qu'il ne les desservit auprès du prince, lui promirent de seconder ses intentions. Ragenard retourna auprès du duc Richard, afin d'avoir son agrément en particulier, pour celui dont il avoit déclaré le nom aux chanoines d'Auxerre ; il employa les sollicitations de ses parents et de ses amis, et fit faire, par le clergé et par le peuple d'Auxerre, un acte d'élection de Géran qu'il fit confirmer par Gautier, archevêque de Sens : de là, il alla trouver le roi Charles-le-Simple, pour obtenir qu'il fût ordonné.

Géran (dont le nom n'est autre que celui de Julien, corrompu par la langue vulgaire) étoit né, à Soissons, d'Otard et de Give ses père et mère. Il y avoit été élevé dans les sciences par les soins de l'évêque Rodoin, son oncle. Il faut suivre son historien dans le détail qu'il fait de la manière dont il se comporta dans sa jeunesse. Il dit d'abord que le jeune Géran avoit appris, à Soissons, le chant ecclésiastique qui étoit alors une science fort cultivée, et qu'étant aggrégé au clergé de la cathédrale, on avoit vu et admiré en lui, dès le temps qu'il n'étoit que simple clerc, une grande intelligence dans la lecture des livres historiques de l'office divin, et un talent particulier pour chanter, d'une manière affectueuse, les louanges de Dieu. Ses mœurs étoient irréprochables, ainsi que Ragenard de Vergy l'avoit déclaré. N'étant que simple chanoine, il éclata surtout par le soin et les

909 à 914.

attentions qu'il prit pour secourir les indigents. Dieu lui ayant donné de grands biens, ses greniers et ses celliers devinrent communs pour tous ceux qui étoient dans le besoin : il retiroit chez lui les pauvres voyageurs, et leur donnoit des avis consolants ; il vêtissoit les nus, ne laissoit point sortir de sa maison les orphelins, qu'il ne les eût fait entièrement nettoyer et guérir (1). Toutes ces marques d'une charité paternelle portèrent les chanoines à ne le plus regarder comme leur élève, mais comme leur père. De telle sorte qu'ayant passé par toutes les fonctions de la cléricature, il fut fait prévôt du Chapitre et archidiacre en même temps. Ces deux dignités ne furent point capables d'enfler son cœur : il en acquitta les charges et les devoirs avec une vigilance singulière, prenant soin, avec l'évêque, que les ecclésiastiques vécussent conformément à la sainteté de leur état, et que tous eussent les aliments et les vêtements nécessaires. Toutes ces excellentes qualités l'avoient rendu très-agréable au roi, aux évêques et aux grands du royaume. Le clergé l'avoit en vénération ; il étoit chéri de la noblesse, et le peuple avoit pour lui un amour plein de respect. L'élection qu'on avoit faite de sa personne pour remplir le siége épiscopal d'Auxerre, le 21 décembre 909, fut bientôt suivie de son ordination. Le Nécrologe de la cathédrale marque qu'elle fut faite le 14 janvier, qui se trouvoit véritablement un jour de dimanche, l'an 910. Le lieu où elle se fit n'est pas spécifié ; mais il y a apparence que ce fut à Sens. Il est certain qu'il étoit sacré évêque lorsqu'il arriva à Auxerre, puisque les historiens marquent sa réception incontinent après cette cérémonie. C'est la première occasion où j'aie trouvé un évêque d'Auxerre porté sur les épaules. Il n'est pas dit que ce fut sur celles des barons, ni que le comte ou le vicomte d'Auxerre fut de ce nombre ; mais seulement, que ce furent des personnes pieuses qui s'empressèrent d'avoir cet honneur, et qui le portèrent ainsi au milieu des chœurs des psalmistes jusqu'à l'église de Saint-Etienne, où, étant revêtu des ornements pontificaux, il fut intronisé dans la chaire épiscopale (a).

(1) *Purulenta pupillorum capita limpha cum lamento emaculari fecit.*

(a) On lit dans le *Gesta Pontificum* : « defertur humeris religiosorum ad aulam

Il ne tarda pas beaucoup, après sa réception, à s'apercevoir des desseins que Ragenard de Vergy avoit conçus contre l'église d'Auxerre. Ce vicomte commença d'abord à s'emparer de la terre de Gy, comme si cet évêque lui eût promis de la lui donner, et il suggéra à Manassès, son frère, l'un des plus riches seigneurs du royaume, de se saisir de celle de Narcy. Il se vit réduit à un tel point de servitude qu'il ne pouvoit rien entreprendre que du consentement de Ragenard. Aucun ecclésiastique, aucun officier de l'évêque n'osoit désobéir au vicomte : il commandoit à tous comme s'ils eussent été ses vassaux. Outre le chagrin que causèrent à Géran les traverses de la part de ce seigneur, il lui en survint encore d'autres qui ne troublèrent pas moins la tranquillité de son esprit, et qui le tinrent toujours dans l'attente du secours de Dieu. Les Normands faisoient leurs courses dans le pays Auxerrois et y causoient des ravages effroyables nuit et jour, volant, pillant tout ce qu'ils rencontroient, n'épargnant pas plus le sacré que le profane, tuant les prêtres comme les laïques et mettant tout à feu et à sang. Ce digne pasteur, animé d'un courage héroïque, entreprit de les repousser. Il assembla des troupes, les instruisit par ses discours, les fortifia par la bénédiction qu'il leur donna, et les disposa à partir

» *primicerii martyris Christi Stephani.* » Lebeuf fait justement remarquer que c'est la première fois qu'il est question, dans l'histoire de nos évêques, de ce mode de les introniser en les portant sur les épaules. Cet usage, tout à fait dans les mœurs féodales, et qui rappelle l'élévation des chefs Francs sur le pavois, n'était pas particulier à l'église d'Auxerre. Beaucoup d'autres églises de France le pratiquaient de même. Il ne paraît, il est vrai, qu'à la fin du IXe siècle ou au commencement du Xe, ce qui coïncide avec l'établissement définitif de la féodalité. Et quoique Géran ne soit porté que par des hommes pieux qui accomplissent cette action par zèle religieux, ce n'en est pas moins là l'origine d'un usage qui va se convertir en droit pour ses successeurs. En effet, les évêques d'Auxerre devinrent, au Xe siècle, des seigneurs féodaux, chargés comme tels du service militaire ; et ils établirent sur leurs propres vassaux des devoirs à l'accomplissement desquels ils attachèrent la possession des fiefs. L'une de ces obligations fut le *portage* qui leur était dû par les quatre principaux barons du comté, savoir : le comte d'Auxerre, les sires de Saint-Verain, de Donzy et de Toucy. On verra, dans le cours des siècles, s'élever de fréquentes discussions entre les évêques et les seigneurs, à propos de ce droit qui tomba en désuétude à la fin du XVIIe, par suite d'une bonne plaisanterie de Mme de Ventadour, dame de Toucy, qui se plaignit à Louis XIV de ce que l'évêque M. de Colbert voulait qu'elle le portât. — *Voy.* Hist. ecclés. au XVIIIe siècle, t. II. (*N. d. E.*)

avec lui. Après avoir prié inutilement le vicomte d'être de la partie, il se mit en campagne ; il envoya des espions pour connoître l'endroit où les Normands s'étoient campés (a) ; il les trouve, les attaque, met leur armée en déroute et s'en revient victorieux, remportant trois de leurs étendards et emmenant prisonniers deux de leurs chefs. L'un de ces principaux de l'armée Barbare fut précipité du haut des murs d'Auxerre dans les fossés, et l'autre fut livré au vicomte. Encouragé par cette victoire, il ne leur permit jamais d'approcher d'Auxerre : s'ils osoient s'y exposer, aussitôt il les repoussoit vivement, et il ne revenoit guère de campagne qu'il n'en n'eût mis à mort un grand nombre. Il assista, avec Richard-le-Justicier et Robert, duc de France, au combat qui fut donné contre eux, proche la ville de Chartres, l'an 911. Il y eut, en cette occasion, un si grand nombre de ces payens couchés sur la place, que l'on compta bien six mille cadavres dans la campagne, outre ceux qui avoient été noyés dans la rivière d'Eure, ou qui, après avoir été blessés, avoient péri dans les bois. Cette circonstance est ainsi spécifiée par les auteurs de la vie de Géran qui étoient peu éloignés de ce temps-là (b). Un jour que ces barbares venoient de ravager le pays Nivernois (qui est situé en partie dans le diocèse d'Auxerre) et qu'ils s'en retournoient avec leurs charriots chargés de butin, Richard-le-Justicier se mit à les poursuivre. Pendant ce temps-là, Géran prit le devant dans le chemin où ils devoient passer. Dans cette conjoncture, quoiqu'il n'eût qu'une petite armée, il leur causa une telle frayeur qu'ils prirent tous la fuite, et, depuis cette rencontre inopinée, ils n'osèrent plus entreprendre aucune course, mais ils se soumirent de bon gré aux François en embrassant le christianisme et se retirant, du consentement du roi, dans la province de Neustrie qu'ils avoient pillée des premières (c).

(a) M. Chardon (Histoire d'Auxerre) place le lieu de la bataille aux Chesnez, près d'Auxerre. C'est une conjecture qu'avait déjà formée Lebeuf, comme on le verra au ch. IV des Mémoires sur l'histoire civile, mais qui ne repose que sur le nom de Saint-Géron que l'on donnait à une fontaine située près de ce hameau (N. d. E.).

(b) Voyez aussi l'Art de vérifier les dates, t. 2, in-f°, aux articles des ducs de France, de Bourgogne et de Poitiers. (N. d. E.).

(c) On sait qu'il ne faut pas entendre d'une manière absolue ces termes : que les Normands n'osèrent plus entreprendre aucune course, après leur prise de posses-

Raynard (a) de Vergy ne put voir, sans quelque secret dépit, les heureux succès des armes de Géran. Dieu permit par là que les entreprises de ce vicomte fussent désapprouvées par ceux qui aimoient la justice et l'équité ; et, pendant que Géran avoit la gloire pour son partage, Raynard se trouva couvert de confusion. Le prélat n'en devint point plus fier ni plus ambitieux : il continua d'avoir pour tout son troupeau un amour tendre. On reconnoissoit la douceur de ses manières dans ses discours et dans l'accueil qu'il faisoit à ceux qui recouroient à lui. Il fit des libéralités très-considérables aux chanoines de la cathédrale. Selon la coutume de ces temps-là, il leur donna de quoi solenniser la mémoire du choix qu'ils avoient fait de lui pour leur évêque. Le jour de son élection, qui étoit le 21 décembre, fut marqué dans leur Nécrologe avec le nom des terres qu'il donna pour sa bienvenue : elles sont appelées, en latin, *Logniacum et Solium*, ce qui semble désigner Leugny et Souille (1). On devoit leur délivrer chaque année, sur le revenu de ces terres, une livre de deniers d'argent, et fournir un muid d'huile pour les lampes des églises de Notre-Dame, Saint-Jean et Saint-Étienne. Les écrivains de sa vie ajoutent qu'il arrêta, dans le titre de la donation, que Nancré et Lupin seroient réservés pour les honoraires des chanoines (2). Le Nécrologe, ci-dessus cité, marque, au jour de son ordination (qui fut le 14 janvier), qu'il donna aux mêmes chanoines, en mémoire de cette solennité, la terre de Gié, située dans le pays Laçois (*Laticensis*) qui étoit une contrée particulière entre Châtillon-sur-Seine et Bar-sur-Seine. Il donna encore, pour le même sujet, une vigne située proche Auxerre, dans un climat appelé *Circeredus*, et qui, selon les apparences, est celui qu'on appeloit Seseroe au xiiie siècle (3), char-

909 à 914.

---

(1) Souille est près Charentenay.
(2) *Nancradus et Lupinus* ; c'est sans doute Nancré et Alpin de la paroisse de Lindry.
(3) *Necrol. xiij S. 8 maii.*

sion du pays appelé de leur nom la Normandie, et après le mariage de leur chef Rollon avec la fille de Charles-le-Simple ; elles changèrent seulement de nature et ils se mirent au service des différents compétiteurs qui se disputèrent, au xe siècle, la couronne de France. (*N. d. E.*).

(a) Lebeuf écrit indifféremment Raynard ou Ragenard ; c'est le même homme que le Gesta nomme *Raegnardus*. (*N. d. E.*).

geant celui qui en jouiroit de payer chaque année aux chanoines un muid de vin (a).

Les historiens de ses actions ne se contentent point de rapporter ces donations ; ils ajoutent qu'il donna, de plus, aux chanoines de son église, plusieurs terres situées dans le comté ou territoire d'Auxerre, savoir : celle de Tury, et d'autres nommées, en latin, *Villarem*, *Quopertorium*, qui, apparemment, sont Villers et Chevray aujourd'hui de la paroisse de Charentenay (1). Il leur donna, de plus, une métairie dans le lieu appelé *Milleprisciacum* (2), et la terre de Cervan (dit alors Cervern) sur le ruisseau de Beauche (3), qu'il avoit achetée de Bochard, frère de Gautier, archevêque de Sens, et, enfin, une ferme ou métairie située à Germigny, sur la rivière d'Armençon, au diocèse de Sens.

Il s'étoit proposé de leur laisser aussi des biens pour fonder son obit ; mais il ne vécut pas assez longtemps pour faire de nouvelles acquisitions. Il entreprit d'aller à la Cour (b) pour essayer d'obtenir, par le moyen des seigneurs, un ordre du roi, au vicomte d'Auxerre et à son frère, de restituer à l'évêché les terres de Gy et de Narcy. Comme on étoit dans les chaleurs de l'été, il tomba malade avant que d'arriver à Soissons. Il y fut reçu honorablement : mais la maladie ayant augmenté, il fut obligé de garder le lit dans cette ville et de se disposer à la mort. Il le fit avec toute la résignation possible à la volonté de Dieu, ne regrettant qu'une seule chose, qui étoit de mourir éloigné de son troupeau et de n'être pas inhumé par son propre clergé ; car, quoiqu'il fût dans sa patrie, il disoit que c'étoit pour lui une terre étrangère. Il reçut le saint viatique du corps et du sang de Jésus-Christ, et s'étant recommandé à Dieu aussi bien que tout son peuple, il rendit son âme au ciel, l'an 914, le 28 juillet. Abbon, évêque du lieu, fit venir deux autres évêques pour assister à

---

(1) L'imprimé du P. Labbe, p. 441. *Hist. Ep. Autiss.*, est rempli de fautes et d'omissions, dans l'article de ces donations.

(2) Peut-être Millery proche Crin.
(3) De la paroisse de Chevannes.

(a) « *Modium unum ad minorem mensuram* » (Gesta Pont.). (N. d. E.)
(b) Il y a dans le Gesta « *proficiscebatur quidem in Francia* ». (N. d. E.)

ses funérailles, et il fut inhumé en présence du clergé de toute la ville de Soissons, proche son oncle Rodoin qui étoit mort depuis sept ou huit ans.

Aucun ancien écrivain n'a marqué que son corps ait jamais été levé de cet endroit pour être porté à Auxerre. Cependant on ne laisse pas de supposer cette translation, parce qu'on a lu autrefois, dans les cryptes de l'église de Saint-Germain, un reste d'épitaphe qui faisoit mention qu'il y reposoit : et tous les modernes ont ajouté foi à cette épitaphe, quoiqu'elle soit remplie de fautes, et qu'on n'ait jamais montré dans les cryptes le tombeau de cet évêque, et qu'on ne puisse encore l'y faire voir. Le décès de ce prélat, d'heureuse mémoire, est ainsi énoncé dans le Nécrologe de la cathédrale d'Auxerre, écrit au commencement du xie siècle : *Obiit Domnus Gerannus episcopus*; mais son nom ne se trouve point dans les nécrologes qu'on écrivit au xiiie. Il n'a jamais été non plus dans aucun martyrologe, ni dans aucun calendrier parmi les noms des saints, excepté dans le dernier bréviaire de Soissons auquel on l'inféra, à la sollicitation d'un chanoine d'Auxerre qui l'avoit mis dans les litanies imprimées par ses soins l'an 1643. C'est à cet exemple que les religieux de Saint-Germain ont aussi introduit son nom dans leurs litanies modernes. Il est certain qu'il n'avoit jamais été honoré à Soissons, avant le temps du dernier bréviaire; et c'est la nouveauté de ce culte qui a sagement arrêté les religieux d'Auxerre, à l'égard de la fête que quelques particuliers vouloient faire établir en son honneur. Il est bon aussi d'avertir ici les lecteurs, que, quoiqu'il y ait dans les pays de Bourbonnois et d'Agénois des villages qui portent le nom de Saint-Géran, ce n'est point de notre évêque qu'ils ont tiré cette dénomination, mais de saint Julien de Brioude dont le nom a été corrompu de telle manière que de *Julianus* l'on a fait *Geranus*. C'est une vérité sur laquelle j'ai été éclairci par d'habiles gens du Bourbonnois, et par les mémoires que feu M. Hébert, évêque d'Agen, a eu la bonté de me procurer de son diocèse. De tous les catalogues de reliques qui me sont tombés entre les mains, aucun ne m'a fourni le nom de Géran, que celui que Dom Mabillon a fait imprimer (1) des reliques conservées au monastère

---

(1) *Sæc.* iv. *Bened.*

de Saint-Vandrille, parmi lesquelles on lit *De sanctis Gerano et Francoveo.* Mais cela ne suffit point pour prouver que le corps du vénérable Géran, évêque d'Auxerre, ait été démembré, et qu'on l'ait jamais honoré comme saint, quoiqu'il soit vrai de dire que quelques catalogues de nos évêques mettent un B. devant son nom, et que dans les peintures de la chapelle de Saint-Sébastien, dans la cathédrale, il soit appelé *S. Gerannus.* Du Saussay est le premier qui l'ait inscrit dans le martyrologe. M. Chastelain, chanoine de Paris, l'a suivi en 1706, fondé sur le dernier bréviaire de Soissons ; et les auteurs du nouveau martyrologe de Paris, imprimé en 1727, ont cru devoir s'y conformer. Voyez au 28 juillet, dans les continuateurs de Bollandus un sommaire des raisons que j'ai rapportées ci-dessus, et que je leur ai fournies touchant le culte de l'évêque Géran.

SAINT BETTON, XLIIe ÉVÊQUE D'AUXERRE.

Betton que le clergé et le peuple d'Auxerre choisirent pour évêque aussitôt qu'ils eurent appris la mort de Géran, fut un personnage d'une sainte vie. Les écrivains des derniers siècles l'ont aussi mis au rang des saints, sans que l'Eglise ait pourtant observé à son sujet aucune des cérémonies qui rendent le culte authentique et légitime. Il étoit natif de Sens (*a*), et parent de l'archevêque Evrard. Il avoit été abbé de Saint-Héracle, proche cette ville (1), et ensuite les religieux de Sainte-Colombe l'avoient élu pour gouverner leur monastère dans lequel il avoit autrefois pris l'habit (2). Il s'acquittoit de cette fonction avec un applaudissement général, lorsque Géran, évêque d'Auxerre,

---

(1) Et non pas de Saint-Héracle d'Auxerre comme a mis l'imprimeur du P. Mabillon, *tom.* 3, *Annal. Bened. pag.* 507 *et* 349.

(2) *Annal. bened. Mab. t.* 3. *p.* 307.

(*a*) « *Betto episcopus, natione hujus nostræ Burgundiæ Burgundio Senonicæ urbis indigena, patre Alberico eque Burgundione editus, matre vero vocabulo Angela Francigena.* » (*Gest. Pontif.*) On remarquera cette persistance qui faisait encore, au xe siècle, mettre la ville de Sens dans la Bourgogne. C'était, sans doute, un souvenir de l'ancien royaume de Bourgogne qui s'étendait jusqu'au delà de cette ville. D'ailleurs Sens avait été réunie au duché de Bourgogne, vers la fin du ixe siècle, par le duc Richard-le-Justicier, qui l'avait conquise sur le roi Eudes, et y mourut en 923. (*N. d. E.*).

mourut. Il avoit commencé dès l'an 900 à fortifier de tours et de bonnes murailles son monastère, pour se mettre à couvert des insultes des Normands. Mais leur conversion, et le choix qui fut fait de sa personne pour remplir le siège épiscopal d'Auxerre, l'empêchèrent d'achever tout ce qu'il s'étoit proposé de faire à Sainte-Colombe pour rendre cette maison comme une espèce de forteresse (a). Il est vrai qu'il se jugea indigne de l'épiscopat, et qu'il fit tous ses efforts pour ne le pas accepter : cependant, pour ne point déplaire à Richard, duc de Bourgogne, qui étoit regardé comme comte d'Auxerre, et qui, en même temps, étoit abbé séculier de Sainte-Colombe, il résolut de se soumettre, et, selon la chronique du même monastère, il fut ordonné le dimanche douzième jour de mars de l'an 915. Comme il avoit été formé dans une maison de sainteté, et que, lui-même avoit déjà conduit un grand nombre de religieux dans les voies de la sagesse, il ne lui fut pas difficile de se rendre un parfait modèle pour le troupeau qui lui étoit confié. On vit briller en lui toutes les qualités qui forment un évêque accompli : la science, la sainteté, la prudence, la gravité ; dans sa dépense, une modestie et une frugalité qui ne l'empêchoient pas d'être libéral et magnifique lorsqu'il étoit convenable. On remarqua surtout en lui une coutume qui montre l'amour qu'il avoit pour les pauvres. Le premier mets étant apporté sur sa table, il le faisoit distribuer presque tout entier à douze pauvres qui étoient assis en sa présence à une autre table, après quoi il leur faisoit encore présenter un second plat. La lecture étant finie pendant le temps du repas, les convives ne s'entretenoient que de choses saintes, ou s'ils y mêloient du profane, c'étoit touchant des matières sérieuses : et jamais personne n'osoit proférer des paroles bouffonnes ou indécentes. Il avertit souvent le vicomte Rainard de remettre à sa mense épiscopale les terres de Gy et de Jussi. Les avertissements étant inutiles, il employa les prières ; voyant enfin que tout cela ne servoit de rien, il crut devoir lui faire présent d'une somme considérable d'argent. Ce ne fut que par cet expédient qu'il rentra dans

---

(a) Ce monastère, célèbre dans le pays Sénonais par les reliques de Saint-Loup et de Sainte-Colombe qui y étaient conservées, existait dès le VIIe siècle à une petite distance de la ville de Sens, sur la route de Paris. (N. d. E.)

ce bien qui étoit soustrait à l'évêché depuis cinq ou six ans. Comme il n'avoit rien donné aux chanoines de son église en mémoire de son élection et de son ordination, parce qu'il avoit accepté l'épiscopat malgré lui, il songea de bonne heure à les pourvoir de fonds dont le produit pût servir à les faire souvenir de lui au jour anniversaire de sa mort. Il leur donna l'église de Venousse, la terre de Roncenay qui est voisine (1), et une métairie à Charbuy. Il prenoit des mesures pour rebâtir le logis épiscopal que l'évêque Hérifrid n'avoit réparé que médiocrement depuis l'incendie arrivé de son temps. Outre cela il avoit dessein d'embellir l'église cathédrale nouvellement réédifiée : mais il fut atteint d'une douleur de côté qui l'empêcha d'effectuer ce qu'il s'étoit proposé. Cette maladie le tourmenta longtemps et ne pouvant plus enfin la soutenir, il mourut en paix après avoir fait sa confession de foi au milieu des citoyens qui étoient accourus pour le soulager, et en présence du clergé, occupé à réciter autour de lui les prières de l'Eglise. Ce décès arriva le 24 février de l'an 918, d'où il s'en suit que ce prélat ne fut pas tout à fait trois ans sur le siége d'Auxerre.

Il fut inhumé dans les cryptes de l'église de Saint-Germain où aucun évêque n'avoit été enterré depuis Chrestien. Une épitaphe écrite en lettres capitales gothiques sur le mur, indiqua en 1636 que le tombeau qui se trouvoit devant la chapelle de Saint-Martin étoit de lui, quoique quelques-uns aient cru que ce pouvoit être celui d'Odon, abbé de cette abbaye, dans le xie siècle. On l'ouvrit en présence de M. Séguier qui faisoit sa visite. Le corps parut presque tout en cendres, mais encore revêtu d'un habit monastique, et d'un long cilice par dessus. C'est par inadvertance que Dom Mabillon a marqué que son corps fut trouvé proche le tombeau de saint Abbon (2). Ce bienheureux personnage est invoqué dans les litanies modernes de l'abbaye de Saint-Germain, et il n'a jamais eu d'autre culte. C'est ce qui oblige de regarder comme peu authentique la fête qu'on a établie en son honneur à Sainte-Colombe de Sens durant le siècle dernier.

---

(1) Roncenay est un hameau au rivage septentrional de la rivière de Senain. Il est moitié de la paroisse de Ligny-le-Château, diocèse de Langres, et moitié de celle de Vergigny, diocèse de Sens.

(2) *Annal. t.* III, *p.* 360.

M. Chastelain l'a mis au rang des saints dans son martyrologe ; mais on croit avec assez de fondement qu'il a été trompé par cette fête de Sens, dont il n'avoit pas examiné l'origine.

GAUDRY, XLIIIe ÉVÊQUE D'AUXERRE.

Le clergé et le peuple d'Auxerre étoient si contents d'avoir eu un moine pour évêque dans la personne de Betton, qu'après sa mort, tous jetèrent les yeux sur l'abbé de Saint-Germain pour remplir sa place. Le duc Richard ayant donné la permission de l'élire, on lui notifia qu'il avoit les voix de ceux qui représentoient tout le diocèse, et il accepta le joug de l'épiscopat au mois de mars suivant, de sorte que le siége ne fut vacant que l'espace de trente-trois jours. Le dimanche des Rameaux, qui étoit le 29 du mois, il se servit de l'occasion du concours du clergé et du peuple à l'église de Saint-Germain pour la station ordinaire : après les prières accoutumées de ce jour, il sortit du monastère et il vint à sa cathédrale où il fut sacré évêque. Ce prélat étoit d'une noble famille du pays Auxerrois. Gaudry, son père, et Hemmène, sa mère, l'avoient voué, dès son enfance, à Dieu et à saint Germain ; et, en conséquence de cette destination, ils l'avoient confié de bonne heure aux religieux de ce monastère. Ayant ensuite pris l'habit monastique, il étoit devenu, par degrés, abbé de la maison, et il l'avoit gouvernée avec toute la sagesse et la prudence requises, tenant un juste milieu entre la sévérité et la trop grande facilité.

Placé sur le trône épiscopal, il observa les mêmes règles. Ses manières d'agir envers le clergé et le peuple n'eurent rien d'austère, ni de rebutant. Il étoit d'un abord facile, d'un visage gracieux, magnifique dans la réception de ses hôtes, d'une douceur à l'épreuve des injures, d'une grande réserve dans ses discours, aimant particulièrement les ecclésiastiques, et encore davantage les moines, parce qu'il avoit été élevé parmi eux, ne rejetant point la compagnie des gentilshommes, s'y plaisant au contraire (1), et donnant toujours la préférence

---

(1) *Diligebat militum contubernia, sed major illi inerat erga propinquos affectio et largitas profusior.*

à ceux qui étoient de ses parents, et leur témoignant sa libéralité encore plus qu'aux autres. Il se fit une maxime d'être assidu à l'office divin de son église ; et comme il avoit une bonne voix (a), il s'y distinguoit par le chant à toutes les solennités. Il avoit aussi son temps marqué pour ses prières particulières, et pour donner audience à tous ceux de son diocèse qui avoient à faire à lui. Il ne dégénéra point de la pratique de charité que Betton, son prédécesseur, avoit établie ; il en changea seulement l'heure, et il voulut faire lui-même la distribution. Ainsi tous les jours, après la messe, une multitude de pauvres étant rassemblée proche sa maison épiscopale, il leur mettoit à chacun, en main, un pain ou un demi-pain, selon l'âge de la personne, et leur distribuoit une tasse de vin pendant quoi l'on chantoit des psaumes autour de lui. En carême, il augmentoit cette aumône, ajoutant même de l'argent à l'égard de quelques-uns des plus pauvres. Telle étoit sa pratique durant toute l'année ; il n'y avoit d'excepté de cette règle générale, que le jour du jeudi-saint auquel il habilloit les pauvres, et les faisoit rester pour un repas auquel on les régaloit mieux qu'à l'ordinaire.

N'ayant point trouvé en arrivant de quoi se loger, parce que depuis l'incendie l'évêque (b) avoit seulement commencé un bâtiment, et que Betton n'avoit pu le continuer, il se retira dans une maison de la ville qui appartenoit aux moines, jusqu'à ce que l'édifice de la maison épiscopale fût achevé. Il fit aussi construire d'autres corps de logis attenant le rond-point de l'église, l'un du côté du midi, l'autre du côté du septentrion (c), plaçant entre les deux une chapelle qu'il dédia en l'honneur de la Sainte Croix. La crypte ou grotte de dessous le rond-point avoit été fermée jusqu'alors du côté de l'occident : il y fit faire une ouverture qui fut ornée d'un portique dont il fournit les portes qui étoient couvertes d'une ferrure ouvragée, et de cuir

---

(a) « *Musicæ jubilationis sonoris simul concrepator,* » dit le *Gesta*. (*N. d. E.*).

(b) Hérifrid. (*N. d. E.*)

(c) On lit, en marge du manuscrit original du *Gest. Pontif.*, cette mention d'une écriture du xive siècle : *Hic nota de carceribus et granario Capituli.* Les prisons du Chapitre se voient encore sous le grand bâtiment qui vient aboutir au sud du bas-côté du chœur de la cathédrale ; quant au grenier il n'existe plus. (*N. d. E.*)

coloré de peinture (*a*). Comme ces cryptes furent refaites environ quatre-vingts ans après telles qu'elles sont aujourd'hui, on ne peut s'imaginer à quoi pouvoit servir ce portique magnifique pour un lieu souterrain, à moins qu'alors on ne montât à l'église par une espèce de perron (*b*). Les auteurs de la vie de Gaudry ajoutent que les autres portes des cryptes qui regardoient la place de la cité, étoient sans ornement. C'est ce qui fait croire que comme l'église n'avançoit point si loin qu'aujourd'hui du côté de l'occident, la place qui commençoit plus bas descendoit aussi à proportion, et occupoit une bonne partie du terrain qui est à présent au midi de la nef et de la croisée. Gaudry contribua encore, par d'autres ornements, à l'édifice de son église cathédrale. Il y fit faire, en dedans, une galerie du haut de laquelle il pouvoit quelquefois assister à l'office, et voir tout son troupeau. Mais rien n'approche des présents d'argenterie qu'il fit à cette église. Il donna une couronne d'argent qui étoit suspendue au milieu, de la manière dont on en voit encore à présent de cuivre à Reims, à Metz, à Toul, etc. Il fit faire un bras d'or garni de pierreries, où il mit des reliques de saint Etienne et d'autres saints; un autre aussi de même métal sans pierreries, qu'il remplit de reliques de saint Germain. Il ajouta à cela deux petites croix d'or, sur l'une desquelles, qui étoit ornée d'ambre, étoit représenté (*c*) le martyre de saint Laurent dont il y enferma des reliques qu'il avoit apportées de Rome. Comme on avoit dans la cathédrale une très-belle tenture parsemée de lions, au milieu de laquelle étoient brodés en lettres

---

(*a*) Voici le texte du *Gesta* qui présente des détails intéressants : « *Patefecit quoque mediam criptam ipsius cocleæ ad introitum commeantium ab occidentali regione, et ante eam statuit porticum funditus a se constructum et valvas operosa ferri fabrica quibusdam ex se picturis distinctas coriisque undique glutine contectas et fuco rubicundo coloratas.* » (*N. d. E.*)

(*b*) Il était inutile de supposer qu'on montait à l'église par un perron. On a vu à la vie de saint Abbon, p. 196, que cet évêque y fit élever une tour dans la partie occidentale: C'est sous cette tour que fut pratiqué le portique dont parle le *Gesta* (V. la note *a*). Lebeuf a donné plus haut, à tort, le nom de rond-point à cette partie de l'église que le *Gesta* désigne sous celui de *coclea* : c'est bien la tour de l'évêque Abbon. (*N. d. E.*).

(*c*) En sculpture, d'après le *Gesta*. (*N. d. E.*)

grecques les mots ci-contre (1), il n'eut point de repos qu'il n'eût trouvé une autre tenture du même dessin. L'ayant trouvée, il l'acheta et la donna à l'église, afin qu'elles ornassent également les deux côtés. Il fit encore présent d'un parement de couleur verte parsemé d'hirondelles, sur lequel on appliquoit, pour orner l'autel le jour des grandes fêtes, l'ouvrage d'or en broderie qui avoit été fait aux dépens de l'évêque Hérifrid. Enfin il ajouta à tous ces dons une bannière éclatante en or, pour être portée aux processions générales.

J'ai déjà insinué, ci-dessus, que ce prélat fit le voyage de Rome. Ce fut sous le pontificat de Jean X, qu'il alla visiter les tombeaux des apôtres. Le Pape lui fit présent de quelques reliques de saint Laurent et de sainte Eugénie, qu'il apporta avec lui et qu'il déposa d'abord dans l'église cathédrale avec une grande solennité et concours, le dix-huitième jour de mai de l'an 923, qui étoit le dimanche dans l'octave de l'Ascension. Il en fit ensuite la répartition de cette manière : les moines de Saint-Germain, qui avoient été au-devant de lui, en eurent une partie; il fit deux portions du reste; laissant la plus petite à la cathédrale, il destina la plus considérable pour la ville de Varzy qu'il affectionna toujours particulièrement. Comme depuis le siècle de saint Germain il y avoit eu en ce lieu une église dédiée sous l'invocation de sainte Eugénie à laquelle il se faisoit un concours innombrable de peuples, et que le bâtiment de cette église menaçoit ruine; il la fit rebâtir depuis les fondements, il l'embellit de vitrages, de plafonds ornés de peintures, et l'accompagna de quelques autels sous l'invocation des saints dont il y mit des reliques : et la fournit enfin de tout ce qui étoit nécessaire pour faire l'office divin (2). Il fit aussi construire, auprès de cette église, un logement convenable pour ses successeurs; et c'est où depuis a été bâti le château. Il y avoit encore, au même lieu de Varzy, deux églises qui tomboient en ruine, l'une du titre de Saint-Pierre, l'autre de celui de Saint-Saturnin : il les fit réparer en entier toutes les deux.

(1) La voici d'après le *Gesta*: Επι λεοντες Τυφιλυ Κριστυ δεσποτυ (δωρον ?) (a)

(2) Livres, ornements, linges et cloches.

(a) Cette inscription, peu correcte et dont Lebeuf n'a lu qu'une portion, indique l'origine byzantine de la tapisserie. (*N. d. E*)

L'église du monastère de Saissy, qui est à quatre lieues de Varzy, avoit été brûlée par les Normands : et ce qui en restoit étoit en très-pauvre état; il la rétablit de la même manière à ses propres dépens. Puis il y donna une châsse couverte de feuilles d'argent doré : ce qui marque, que les reliques apportées en ce lieu quarante ans avant son épiscopat, n'avoient pas été toutes pillées ou perdues. Il ajouta à cela une grande croix d'argent, façonnée comme celle de la cathédrale. Il alla lui-même y présenter sur l'autel deux très-beaux parements, un calice d'argent avec sa patène, une aube de diverses couleurs et une chasuble bleue avec l'amict et la ceinture garnis d'or. Il sembloit qu'il eût pris en affection les moines de cette abbaye à cause du besoin dans lequel ils se trouvoient souvent. Il leur envoyoit, de temps à autre, des provisions de bouche, et, s'y transportant quelquefois, il leur faisoit des discours de piété pour les exciter non-seulement au travail des mains, mais encore aux travaux spirituels.

Il avoit envie de rebâtir à neuf l'église de Saint-Eusèbe et celle de Saint-Gervais proche Auxerre ; mais il ne vécut pas assez longtemps pour exécuter ce pieux dessein. Il donna seulement, sur la fin de ses jours, la somme de cent sols à chacune de ces deux églises (a). Etant si libéral envers un grand nombre d'églises, il n'oublia point celle de Saint-Germain, dont il avoit été abbé. Il y fit beaucoup de présents ; entre autres d'une table d'argent qui servoit à orner l'autel de Saint-Jean-Baptiste, à l'entrée de l'église proche la plus vieille et la plus petite des deux tours (b); il y donna de plus une couronne d'argent qui étoit suspendue devant l'autel de Saint-Germain. On remarque que cet évêque, voulant faire reconnaître par tous ses diocésains l'église matrice de la ville et du diocèse, et que tous lui rendissent hommage, ordonna que, dans le temps des fêtes de la Pentecôte, tous les curés vinssent en procession à Auxerre avec leurs paroissiens, et qu'après avoir fait leurs stations à toutes les abbayes

---

(a) Il ne faut pas oublier que ces cent sous étaient d'or et que chacun d'eux vaudrait aujourd'hui environ 80 francs de notre monnaie. (*N. d. E.*)

(b) Cette tour, qui était à gauche du portail, n'existe plus. Elle faisait pendant à la flèche qu'on admire encore, mais, comme le dit l'abbé Lebeuf, elle était bien plus vieille. (*N. d. E.*)

situées autour de la cité, ils se rendissent à la cathédrale, où l'archidiacre étoit tenu de leur dire quelques paroles d'édification ; et si l'évêque étoit à la ville, ils ne s'en retournoient point qu'ils n'eussent reçu sa bénédiction.

Un prélat si régulier, si amateur du bon ordre, si porté à rétablir les églises ruinées, méritoit d'être assis de longues années sur le siége d'Auxerre. Cependant on ne le posséda que durant quinze ans et vingt-quatre jours. Il mourut le 24 avril, et il fut inhumé à Saint-Germain devant l'autel de Saint-Jean-Baptiste dont j'ai déjà parlé. Flodoard, chanoine de Reims, qui vivoit alors, marque cette mort à l'an 933, ce qui s'accorde très-bien avec la chronologie de son épiscopat. S'il est vrai que l'évêque d'Auxerre ait assisté à une translation du corps de saint Lié, faite à Piviers, en Beausse, l'an 920, cela ne peut convenir qu'à Gaudry. Les auteurs de sa vie font remarquer comme un présent considérable fait à l'église de Saint-Germain, de ce qu'elle hérita du poële magnifique qui couvroit son cercueil lorsqu'on le porta à la sépulture. Comme cette chapelle de Saint-Jean a été abandonnée et profanée dans le siècle présent, auquel on en a ôté l'image de saint Hubert qui lui avoit fait changer son ancien nom sur la fin du xvie siècle, on eut la curiosité d'y faire chercher, l'an 1716, pour voir si l'on y trouveroit le tombeau de l'évêque Gaudry, afin de lui donner une sépulture plus honorable, d'autant qu'on parloit alors de détruire entièrement cette chapelle, de crainte qu'elle ne tombât comme celle de Saint-Michel qui étoit à l'opposite. Mais on n'y trouva qu'un seul corps dont la sépulture pût être ancienne. Il étoit situé dans la partie occidentale, enfermé dans un sépulcre fait de briques simples d'une grande capacité et sans inscription. Ces circonstances firent croire que ce tombeau n'étoit pas celui de Gaudry. C'est pourquoi on jugea que son corps pouvoit avoir été levé de cette chapelle pour être porté dans l'église lorsqu'on bâtit le portique, et qu'on édifia de nouveau les chapelles de Saint-Michel et de Saint-Jean, dont l'ouvrage ne paroit être que du xiie siècle (a). Mais si le corps de cet évêque a été transféré dans l'église de Saint-Germain, le lieu où on l'a mis est resté inconnu.

(a) Lebeuf parle ici du portail central qui est démoli. (*N. d. E.*)

CHAPITRE II.

LE VÉN. GUY, XLIVᵉ ÉVÊQUE D'AUXERRE.

Histoire de ses actions.

La Providence divine, qui avoit permis que l'église d'Auxerre se trouvât bien des deux évêques qu'elle avoit tirés consécutivement du cloître, disposa tellement les choses après le décès de Gaudry, que le clergé et le peuple n'eurent pas sujet de se repentir du choix qu'ils avoient fait de la personne de Gui pour lui succéder, tout courtisan qu'il étoit, et attaché actuellement au service du roi Raoul et de la reine Emme. Ce prélat, quoique tiré d'un état bien différent de celui du cloître, ne dégénéra point des vertus de ses prédécesseurs. Etant né dans le diocèse de Sens, d'un père appelé Boson et d'Abigaïl, il avoit été confié, dès sa plus tendre jeunesse, à Hérifrid, évêque d'Auxerre, qui l'avoit fait élever parmi son clergé, et lui avoit conféré la tonsure. Ainsi, l'on peut dire que lorsqu'il fut élevé sur le siége d'Auxerre, il ne fit que rentrer dans l'église où il avoit puisé toute sa science, Flodoard a même écrit qu'il en avoit été archidiacre. On lit que ce fut la reine Emme qui fit le plus d'instances auprès du roi pour que l'évêché d'Auxerre lui fût donné. Le consentement du prince étant accordé, Gui se rendit à Sens au milieu du mois de mai, et y fut ordonné évêque le dix-neuvième jour de ce mois, qui étoit le cinquième dimanche après Pâques ; et étant ensuite venu à Auxerre dans le temps des Rogations, il fut conduit solennellement du monastère de Saint-Germain à la cathédrale, pour y être intronisé à la manière accoutumée (a).

Il n'y a guère d'évêques, parmi ses prédécesseurs, dans la vie desquels nous ne lisions quelque action qui concerne d'autres églises que la cathédrale. La vie de celui-ci, telle qu'elle fut écrite peu de temps après

---

(a) *Ut moris est*, dit le *Gesta Pontificum*. (N. d. E.)

933 à 961.

sa mort, ne nous fournit autre chose que les biens qu'il a faits à cette église de toutes les manières. Soit qu'on envisage le culte divin, soit qu'on regarde le bâtiment, ou qu'on s'attache au temporel des chanoines, ce prélat se distingua également de tous les côtés. L'auteur de sa vie met au premier rang la donation qu'il fit, au chapitre, de la terre de Crevan, en vue de faire prier Dieu pour le roi Raoul et la reine Emme et pour lui-même. Comme cette histoire a été publiée par le P. Labbe (1), je ne m'étendrai point ici à rapporter les clauses de cette donation (a). L'incendie de la ville et de la cathédrale, qui arriva de son temps, fournit beaucoup de matière à son zèle. Il saisit cette triste conjoncture pour agrandir le vaisseau. Avant cet incendie il avoit continué d'élever l'édifice du portail commencé par Gaudry; et pour cela, il avoit fait démolir la chambre (b) bâtie au-dessus suivant le goût de ce prélat. Ce portail ainsi exhaussé fut décoré par ses soins, de quelques représentations sur les murailles. On y voyoit d'un côté le paradis, de l'autre l'enfer : et cet endroit inspiroit tellement la dévotion, que cet évêque l'avoit choisi pour sa sépulture. Mais l'incendie lui fit changer son premier dessein à l'égard du lieu de son inhumation, et il y destina depuis une place située à l'endroit qui séparoit par un crucifix le chœur d'avec la nef. Cet endroit fut longtemps considéré par les embellissements qu'il y avoit faits. La tribune (c) lui ayant paru trop peu ornée, il l'avoit rebâtie à neuf, et il avoit fait construire au-dessous une crypte de même

(1) *Bibl. mss. t.* 1.

(a) La moitié du revenu dut être employée aux frais du repas commun des chanoines le jour de l'anniversaire de la mort du roi Raoul, et de celui de la reine Emma, et le reste pour le repos de l'âme de l'évêque. Cependant il réserva le service des pêcheurs pour l'usage de l'évêque. — *Voy. Gest. Pontif.* (N. d. E.)

(b) Lebeuf commet ici une erreur évidente qui ne peut provenir que d'une lecture superficielle, ou que de ce qu'il a eu à sa disposition un texte inexact. On lit, en effet, dans le *Gesta Pontificum*, que l'évêque Gui continua d'élever le portail commencé par Gaudry et l'orna d'une voûte : « *camera exornans,* » ce qui devait former le narthex de l'édifice et dont les murailles étaient peintes. *(N. d. E.).*

(c) Il s'agit de l'ambon placé à l'un des côtés de l'entrée du chœur. — *Voy. Gest. Pontif.* (N. d. E.)

largeur. Mais ce qui rendoit ce lieu encore plus vénérable, ce furent les deux autels qu'il fit ériger, l'un assez proche de cette tribune, et l'autre directement au-dessus de l'endroit où il vouloit être inhumé. Il donna au premier le nom de saint Jean-l'évangéliste, et saint Laurent martyr, et de Tous les Saints, le destinant pour y faire célébrer la messe par l'évêque lorsqu'il seroit à la ville, ou par les chanoines en cas de son absence, et toujours à son intention. Une fondation de cette importance demandoit quelque chose de distingué dans le cours de l'année. Gui ordonna qu'il y auroit trois festins par an pour les chanoines, l'un le sixième jour de mai, fête de saint Jean-devant-la-Porte-Latine, le second au jour de l'octave de saint Laurent, et le troisième le jour de saint Mathieu, apôtre et évangéliste. Le fonds destiné pour ces trois repas devoit se prendre sur les dîmes de trois églises, que cet évêque obtint d'Archambaud, archevêque de Sens, à savoir celle d'Aiglény, qui portoit le nom de Saint-Etienne, et deux à Merry, dont l'une étoit sous le titre de Saint-Félix, et l'autre sous celui de Saint-Martin. Cette donation fut faite dans les formes les plus solennelles, puisque l'archevêque en conféra avec ses suffragants qui souscrivirent à l'acte aussi bien que ses trois archidiacres Protage (1), Bernard et Thierry, et tous les chanoines de Sens. Il étoit spécifié, dans le reste de cet acte, que le surplus du produit de la dîme de ces trois églises retourneroit pour les honoraires ou distributions des chanoines d'Auxerre; que le prévôt du Chapitre choisiroit, du consentement des mêmes chanoines, les prêtres destinés à la desserte de ces églises, lesquels seroient chargés de veiller à la levée de la dîme de chacune, tant pour leur propre utilité, que pour celle du corps des chanoines, et que ces prêtres seroient cependant tenus envers l'archevêque de Sens, des devoirs synodaux ordinaires, comme les autres églises des mêmes cantons, sans que l'archevêque ou ses officiers puissent rien exiger de plus. L'autre autel, qui étoit élevé de la manière dont on en voit encore dans les jubés de Lyon et de Vienne, étoit pour y faire mémoire

---

(1) Le décès de ce Protage archidiacre est marqué au 29 avril, dans le Nécrologe de Sens, conservé en manuscrit très-ancien à Saint-Benoît-sur-Loire, en marge d'une espèce de Martyrologe Hiéronymique.

particulière de plusieurs saints, dont on ne faisoit pas souvent l'office à Auxerre ni dans le diocèse. Ils sont nommés au nombre de vingt dans l'histoire de cet évêque : mais ce qui surprendra le lecteur, est que parmi ce nombre sont quatre apôtres, savoir : saint Mathieu, saint Thomas, saint Philippe et saint Mathias. Entre les martyrs, sont saint Denis, saint Maurice, saint Ignace, saint Didier et saint Démetre (1). Parmi les confesseurs, saint Jérôme est nommé le premier, puis saint Sylvestre, saint Augustin, et saint Vigile : et enfin, parmi les vierges, sont sainte Eugénie, sainte Anastasie, sainte Marguerite, sainte Luce, sainte Agathe, sainte Geneviève et sainte Colombe. L'intention de ce prélat étoit de procurer autant d'intercesseurs à la ville et au diocèse. Et comme il ne convenoit pas d'ériger un autel sans le doter, il lui assigna une terre de franc-aleu, qu'un nommé Hildebert, officier de la cathédrale, avoit acquis dans le territoire de Chevannes proche Auxerre, marquant qu'on en tireroit de quoi fournir le luminaire à cet autel, jour et nuit, pour le repos de son âme, et que le prêtre qui se chargeroit de célébrer la messe à cet autel supérieur, ou à celui de dessous, en gouverneroit les biens. Par la même fondation il essaya d'engager les chanoines de son église à faire l'office de ces saints. C'étoit, en effet, leur demander la principale partie de ce qui constitue l'office d'un saint, que de les porter à en célébrer l'office nocturne et la messe. Gui statua donc, dans ce second établissement, qu'il seroit fait une distribution de vin aux chanoines qui célèbreroient ces deux offices. Il destina six setiers de la récolte d'une vigne qu'il avoit plantée, pour être partagés parmi les chanoines à chacune des fêtes de ces saints, et il voulut qu'ils fussent payés par celui qui tiendroit la vigne ; ordonnant expressément qu'après la mort de deux de ses parents, à qui il permettoit d'en jouir en payant la redevance, cette vigne retourneroit à la communauté des chanoines, à charge et condition de faire prier Dieu pour lui.

---

(1) Dans l'imprimé saint Démetre est nommé avant saint Didier. On a eu dans la cathédrale d'Auxerre des reliques d'un saint Démetre (a).

(2) Le climat s'appelait *les Plaines*.

(a) Dans le M^{ss}. original il est également le premier. (*N. d. E.*)

J'ai parlé d'abord de ces deux autels, à cause du temporel qui y fut attaché. Il est temps de voir les autres décorations que Gui procura à son église après l'incendie arrivé de son temps. Voyant qu'elle étoit trop petite, il saisit cette occasion pour en augmenter le vaisseau. Il l'agrandit d'une arcade entière, qu'il fit construire entre deux des portes de cette église. Il fit aussi faire une ouverture des deux côtés du grand autel pour y placer des chapelles qui formassent, avec le corps de l'église, comme une espèce de croix; et quoiqu'en bâtissant cet ouvrage la voûte fût tombée avec le vieux mur qui la soutenoit, il ne fut point déconcerté de cet accident, et il jeta de nouveaux fondements, non-seulement à cet endroit, mais encore dans le reste de l'église. On voit par là que cet évêque doit être censé en avoir été le restaurateur, quoique ceux qui, dans le siècle dernier, ont voulu représenter au nouveau jubé les principaux bienfaiteurs, n'aient pas eu soin de le mettre du nombre. Il eut la gloire, non-seulement de jeter de nouveaux fondements de l'église cathédrale, mais encore d'embellir ces fondements par des cryptes, dans lesquelles il fit dresser des autels ou oratoires, afin que les personnes pieuses, qui aimoient à gémir en la présence de Dieu dans l'obscurité, y trouvassent leur consolation par la méditation des saints sous l'invocation desquels ces autels étoient consacrés. On remarqua qu'il fut le premier qui donna à cette église, ainsi élargie, la forme d'une croix (a). L'autel de la croix, bâti proche les colonnes des tribunes qui en soutenoient la figure (b), lui dut aussi son origine, et il l'orna d'une table d'argent élevée en bosse, comme aussi de différentes peintures. Il ajouta cependant au titre de cet autel le nom de saint Mathieu évangéliste, auquel il parut avoir été très-dévot, et celui de saint Romain, martyr de Rome, parce qu'il en fit la dédicace le 9 d'août, jour de la fête de ce saint. Outre ces décorations qu'il fit à l'église cathédrale, il l'en-

---

(a) « *Hæc eadem basilica in superioribus sui partibus speciem protendit sanctæ crucis.* » — Il faut ajouter qu'il l'orna de vitraux de grande dimension et d'une voûte. (*N. d. E.*)

(b) Le *Gesta* parle de balustrades *(podia)* que l'évêque fit élever au milieu de l'église, sans doute au point de jonction de la nef et du chœur, et où il mit un Christ en croix. C'est là ce que Lebeuf veut désigner par la figure soutenue par les colonnes des tribunes ou ambons. (*N. d. E.*)

richit encore de plusieurs autres présents. Il lui donna sept lampes d'argent qui pesoient, avec leur fût, le poids de quinze livres. Il y ajouta dix bannières brodées d'or, deux chandeliers d'argent, deux bâtons garnis de feuilles d'argent pour porter la croix d'or, deux couronnes d'argent du poids de dix livres, un siége pliant (1) orné d'or et d'argent, une pièce d'étoffe de pourpre, entièrement couverte d'images en broderies d'or, pour couvrir l'autel du milieu de l'église cathédrale. Et, ayant aperçu que les feuilles d'argent qui couvroient auparavant les bases des colonnes du lieu saint étoient usées, et se levoient par morceaux, il fit recouvrir ces bases de nouvelles feuilles d'argent. C'est aussi à ce même prélat que la cathédrale a l'obligation de se voir soumises, en qualité de filles, les communautés des églises de Saint-Amatre et de Notre-Dame-la-d'Hors. Elles avoient été soustraites depuis longtemps de la puissance épiscopale (a) : mais il les fit annexer de nouveau à l'église cathédrale de Saint-Etienne par le roi Louis-d'Outremer, dont il avoit eu la faveur par le moyen de Hugues-le-Grand, père du roi Hugues-Capet. Celle de l'abbaye de Saint-Julien rentra aussi en même temps sous la même juridiction. Mais, comme depuis plusieurs siècles cette abbaye de filles est restée sans clergé, on ne voit plus, de nos jours, de vestiges de cette ancienne soumission.

Voilà tout ce que les auteurs de la vie de Gui marquent de ses actions. Ils ajoutent, que son caractère fut de mener une vie simple, et de ne point trop se fonder sur les règles de la prudence humaine; que sa conduite faisoit voir qu'il aimoit mieux être utile à chacun que de dominer, aimant toutes les personnes de vertu et de piété, et réprimant avec sévérité ceux qui se portoient au mal.

J'ai marqué ci-dessus comment il soumit à sa crosse l'abbaye de Saint-Julien. Il eut une si grande dévotion envers ce martyr des Gaules, qu'il composa lui-même un office complet en son honneur; et ce qu'il y a de plus singulier, est, qu'en mémoire de ce que ce fut saint

---

(1) *Cliothedrum.*

(a) C'était un reste du désordre causé dans l'administration ecclésiastique au VIIIe siècle. (*N. d. E.*)

Germain, son prédécesseur, qui avoit appris aux fidèles le jour du martyr de ce saint (1), il s'astreignit à donner à toutes les parties de cet office le chant de l'office qu'on chantoit à la fête du même saint Germain. Il est resté jusqu'à nos jours un exemplaire noté de cet office, que je conserve avec soin comme un monument de la dévotion de ce prélat, et comme une preuve de la science des anciens évêques dans le plain-chant. On a vu, dans ce qui précède, comment ce même prélat entreprit d'étendre le culte de saint Vigile, l'un des trois derniers saints de l'ancien catalogue de nos évêques. Il n'est cependant point certain que ce soit par lui que l'élévation des reliques de ce saint ait été faite : mais un auteur qui a fait une apostille à la vie de Gaudry, la treizième année de l'épiscopat de Gui, marque que cet évêque Gui s'étant transporté le 30 juillet, au bout de douze ans et deux mois de son épiscopat, dans l'église de Saint-Eusèbe, y fit l'ouverture des tombeaux de saint Pallade et de saint Tétrice, et qu'il leva leurs corps de ce lieu avec cantiques de louanges pour les placer au-dessus du grand autel. Cette cérémonie doit être rapportée, selon le calcul précédent, à l'an 945.

Quoique l'église cathédrale de Nevers eût déjà reçu, dans le siècle précédent, de celle d'Auxerre, des reliques de saint Cyr, on trouve cependant que Thedelgrin, évêque de Nevers, obtint encore de Gui, évêque d'Auxerre, une partie du chef et de l'un des bras du même saint martyr, que le roi Raoul fit enchâsser en or. Flodoard, chanoine de Reims, qui a écrit l'histoire de son église dans le même siècle (2), nous apprend quelques circonstances de la vie de Gui, qu'il appelle *Vidolus*; entre autres, que ce fut lui qui donna le diaconat à Hugues de Vermandois, destiné pour être archevêque de Reims; et que ce fut le même Gui, qui, avec Ansegise, évêque de Troyes, fut envoyé par Hugues-le-Grand, campé alors dans le Soissonnois, vers le roi Louis-d'Outremer, campé dans le pays de Senlis, pour obtenir une trève. Ce dernier fait est de l'an 949 (3). Gui est encore nommé dans le cartulaire de saint Symphorien d'Autun, à l'an 957.

---

(1) La chronique de Tours, donnée au cinquième tome de la grande collection de D. Martène, marque que ce fut Gui qui avoit appris ce jour aux fidèles; mais c'est une erreur évidente.
(2) *Hist. Eccl. Rem. lib.* 4. *c.* 28., etc.
(3) *Chron. Flod.*

933 à 961.

Sa mort arriva quatre ans après, à Auxerre, le sixième jour de janvier, auquel on lit dans le Nécrologe (1) écrit cinquante ans ou environ après: *Obiit dominus W. hujus sanctæ ecclesiæ Præsul.* C'est encore Flodoard (2) qui nous est garant que ce fut l'an 961 qu'il mourut, ce qui s'accorde assez avec les 26 années d'épiscopat que lui donnent les écrivains de sa vie. Jusqu'à lui il n'y avoit encore eu aucun évêque inhumé dans l'église cathédrale, et lui-même par humilité n'avoit d'abord souhaité d'être inhumé que sous son portique. Mais le malheur de l'incendie arrivé sous son épiscopat fit changer son premier dessein: ainsi, on enterra son corps entre le chœur et la nef devant l'image du crucifix. Comme le bâtiment de l'église étoit alors beaucoup plus petit que n'est le nouveau qui a été commencé en 1215, le chœur finissoit à peu près à l'endroit où se trouve le petit clocher. C'est pourquoi l'on peut assurer avec certitude que le tombeau de ce prélat est dans la terre, à l'endroit où l'on place aujourd'hui le banc des choristes. Aussi, est-ce en mémoire des biens infinis qu'il a faits à l'église et au Chapitre, que de temps immémorial, conformément à la pratique de plusieurs illustres églises, toutes les fois qu'il y a encensement à la fin de vêpres et de laudes, l'officiant va jusqu'au milieu du chœur ou environ, pour être à portée de donner trois coups d'encens, vis-à-vis le milieu de ce banc (3). Je ne sais si ce ne seroit point ce vestige honorable à sa mémoire qui auroit porté quelques anciens copistes du catalogue des évêques d'Auxerre à le qualifier de *Bienheureux*, titre qui, de là, a passé jusqu'aux peintures qui furent faites à la cathédrale dans la chapelle de Saint-Sébastien, vers le milieu du xvi° siècle. En sorte qu'on y lit encore à présent, sous son image représentée sur la muraille: *B. Guido.* Au moins il est constant, par les obituaires du xiii° siècle, que dès lors on ne célébroit plus son obit dans l'église cathédrale (4).

---

(1) *Martene Ampl. Coll. T. V.*

(2) *Chron. Flod. Duch. t. 2.*

(3) J'ai vu commencer de mon temps le changement de cet usage. Ce n'est pas à moi à examiner le motif de ceux qui l'ont voulu changer: mais je ne puis m'empêcher de déposer ce que j'ai vu et ce que j'ai pratiqué à l'exemple des anciens.

(4) Il reste une difficulté à éclaircir sur l'époque de la succession de ces deux évêques, s'il n'y a point de fautes dans les conciles du P. Labbe. On y lit, à l'an 959, une lettre de cette année qui accompagne l'envoi fait à plusieurs évêques, d'une formule d'excommunication des détenteurs des biens de saint Symphorien d'Autun, qui

CHAPITRE III.

Des évêques Richard, Héribert et Jean.

RICHARD, XLVe ÉVÊQUE D'AUXERRE.

Il n'est pas toujours arrivé que les religieux tirés des monastères pour être élevés à l'épiscopat fussent d'une égale utilité à leur église. Le monastère de Saint-Germain avoit déjà fourni plusieurs prélats à celle d'Auxerre, et quelques-uns s'étoient distingués par leur sainteté, d'autres par leur magnificence envers le clergé ou envers les temples du Seigneur. C'est ce qu'on a vu dans ce qui a été rapporté jusqu'ici. Mais Richard, qui fut tiré du monastère après la mort de Gui, pour lui succéder, ne fit rien voir qui parût de les imiter. Il étoit Auxerrois, et avoit été confié dès l'enfance par Jean, son père, et Marie, sa mère, aux religieux de cette abbaye. Le choix du clergé et du peuple fut un peu démenti par sa conduite. C'étoit un homme d'une trop grande simplicité et qui étoit peu agissant (1). On ne voit point quelle raison a eu Trithème de le mettre au rang des hommes illustres de l'ordre de Saint-Benoît, si ce n'est parce qu'il fut jugé digne d'être évêque. Cet abbé ne passe point sous silence ce que l'histoire de nos évêques en avoit dit. Il paroît qu'il en avoit eu communication. Et Dom Mabillon, qui en parle à cette occasion (2), se contente de dire que la sagacité qui manquoit à cet évêque étoit celle qui regarde les choses temporelles. Mais Trithème ajoute qu'il avoit été maître à Epternac dans le diocèse de Trèves ; et c'est ce qui pouvoit lui avoir donné la réputation de savant. Il avoit été sacré le 14 avril de l'an 961, qui étoit le dimanche d'après Pâques : et,

961 à 970.

étoient situés du côté de la Provence, et entre autres évêques, *Ricardo Autissiodorensi.* Apparemment que ce fut depuis son élévation à l'épiscopat, arrivée en 961, que cette formule lui fut envoyée, quoiqu'elle l'eût déjà été à son prédécesseur, et la date de la lettre de 959, d'où cet envoi tiroit sa force, ne fut pas changée.

(1) *Nimiæ simplicitatis, et minoris industriæ* (G. P.).
(2) *Annal. Bened. t. 3.*

ayant siégé neuf ans un mois et deux jours, il mourut le seizième jour de mai de l'an 970, et fut inhumé à Saint-Germain, où l'on ignore l'endroit de sa sépulture.

Si ce fut à Appoigny, au diocèse d'Auxerre, que se fit le sacre d'Anastase, archevêque de Sens, l'an 965 (1), il est très-vraisemblable que l'évêque diocésain, étant si peu éloigné de ce lieu, assista à cette cérémonie. Mais il n'est pas absolument certain que ce bourg, éloigné de deux lieues d'Auxerre et d'onze de la ville de Sens, ait été celui dont a voulu parler la chronique de cette ville; et il y a plus d'apparence qu'Anastase sans sortir de son diocèse se fit sacrer à Apugny, qui est entre Brai-sur-Seine et Dammarie en Montois, ou peut-être à Apponville, en Gâtinois.

HÉRIBERT, XLVIᵉ ÉVÊQUE D'AUXERRE.

Héribert fut un génie tout différent de Richard, son prédécesseur. On le vit autant dans l'action que l'autre avoit paru aimer le repos. Mais les mouvements qu'il se donna ne furent point toujours pour l'utilité de son diocèse. Il étoit fils de Hugues-le-Grand, duc des François, et d'une concubine nommée Raingarde. Le calcul de la durée de son épiscopat, s'il est juste, fait rapporter son ordination au dimanche huitième janvier 971. On vit dans lui un caractère d'équité qui le portoit à honorer de son estime tous les ecclésiastiques qui vivoient selon les canons, et surtout les moines qui observoient leur règle. Il consentit très-volontiers que le clergé maintînt les coutumes ecclésiastiques établies par ses prédécesseurs, et même celles qui regardoient les monastères (2). C'est ce que les auteurs de sa vie disent en termes fort généraux, sans s'expliquer davantage. Il est constant que, de son temps, Henri, duc de Bourgogne, son frère, qui aimoit à voir régner le bon ordre dans les monastères, fit venir saint Mayeul, abbé de Cluny, au monastère de Saint-Germain d'Auxerre, pour y mettre une réforme semblable à celle qu'il avoit

---

(1) *Chron. Clarii.*
(2) « *Nequaquam tamen suprà modum minuit Ecclesiasticas ac Monasteriales institutiones* » (G. P.).

déjà introduite en différents lieux (a). Ce monastère étoit si dérangé, que, depuis longtemps, il n'étoit gouverné que par des prévôts sans abbé. Saint Mayeul, ayant corrigé tout ce qu'il y trouva de contraire à la règle, y établit pour abbé un nommé Heldric, à qui notre évêque et son frère le duc de Bourgogne portèrent une amitié particulière. C'est ce qui parut dans le don que cet évêque fit à l'abbaye de Saint-Germain d'onze églises de son diocèse qui sont nommées suivant cet ordre dans la vie du même abbé Heldric : Saint-Cir de Perrigny, Saint-Maurice de Venoy, Saint-Germain d'Irency, Saint-Georges d'Ecan, Saint-Pierre de Praiy, Saint-Martin de Diges, Notre-Dame de Baine, Saint-Germain (1) d'Airy, Saint-Loup du faubourg d'Auxerre, Saint-Martial de Seignelay, Saint-Pierre de *Monasterio*, apparemment de Moutiers en Puisaie.

Il vit, de son temps, célébrer à Auxerre une cérémonie qui naturellement auroit dû se faire ailleurs. Sevin, qui avoit été élu pour être archevêque de Sens, après la mort du B. Anastase, vit les portes de sa propre ville fermées par le comte Raigenard, son oncle (2). Ce fut ce qui l'obligea de venir jusqu'à Auxerre, où il se fit sacrer dans l'église cathédrale, l'an 977. Héribert à son tour se trouva, avec Milon de Troyes et Roclen de Nevers, à la dédicace de l'église de Sens que ce même archevêque célébra le 5 octobre de l'an 983. Cette assemblée d'évêques n'est pas la seule où l'on trouve son nom. Il paraît dans un concile d'Orléans (3), et dans un autre tenu à Saint-Bâle en Champagne au sujet de la déposition d'Arnoul, archevêque de Reims l'an 991 ou 992. On trouve aussi qu'il fut présent à une donation que Roclen évêque de Nevers fit, l'an 987, aux chanoines de son église (4).

L'inclination que presque tous les grands ont pour le plaisir de la

---

(1) Et non pas saint Sébastien.
(2) Chron. Clarii Senon.

(3) *Acta Concil.*
(4) *Tab. Eccl. Nivern.*

(a) Des abbés laïcs de la plus illustre extraction étaient possesseurs de l'abbaye de Saint-Germain, depuis le règne de Charles-le-Chauve. On en connaît plusieurs qui étaient de race royale. Après eux le monastère passa avec le comté d'Auxerre, dont il paraît avoir été alors une annexe, aux ducs bénéficiaires de Bourgogne.

(*N. d. E.*)

chasse éclata particulièrement dans sa personne. Il fit bâtir dans son diocèse deux châteaux, uniquement pour s'y retirer toutes les fois qu'il prendroit cet exercice (a); l'un, à Saint-Fergeau, sur la rivière de Lou-ain, l'autre à Toucy; tous les deux dans la Puisaie, contrée de son diocèse. Il crut qu'en fortifiant ainsi ces lieux, il rendroit un grand service à ses successeurs, et que ces châteaux serviroient de défense à tout le pays des environs. Mais les auteurs de sa vie ajoutent que la suite du temps fit voir tout le contraire, et que ces châteaux ne servirent qu'à causer la ruine du voisinage : que ceux qui les habitèrent se révoltèrent contre les évêques, et s'emparèrent même des biens d'église (b). Les mêmes écrivains ajoutent que Héribert, voulant paroître avec un air de grandeur, faisoit de grandes libéralités à la noblesse, et qu'il se distingua si fort de ce côté là, que Eudes, comte de Champagne, et Héribert, comte de Chartres (c), se mirent à sa suite pour se ressentir de ses bienfaits. Les dépenses ou prodigalités dans lesquelles il donna furent cause qu'il ne songea point à enrichir son église cathédrale d'ornements ni de livres : et l'on regarda comme un grand bonheur, suivant les mêmes historiens, de ce qu'il ne dissipa aucun des meubles ecclésiastiques, ni aucun des livres de divers auteurs dont cette église étoit alors abondamment fournie.

Il tomba malade à Toucy; et au lieu de se faire porter à Auxerre dès le commencement de sa maladie, comme les personnes de piété

(a) Les grands bois, dont le pays était couvert, facilitaient beaucoup l'exercice de la chasse, auquel les évêques aussi bien que les seigneurs laïcs aimaient grandement à se livrer. Les haies (*haiæ*) qu'on traçait dans les bois pour circonscrire l'espace aux bêtes sauvages ou féroces, sont souvent mentionnées dans les chartes du moyen-âge et réservées par les seigneurs lorsqu'ils accordent des droits d'usages à leurs serfs. (*N. d. E.*)

(b) Les chroniqueurs sont généralement très-laconiques sur les événements qui firent passer, à la fin du xe siècle, un grand nombre de bénéfices ecclésiastiques aux mains des laïcs. Cependant ces faits sont constants et l'église d'Auxerre en particulier fit de grandes pertes dans ce genre. Les châteaux de Toucy et de Saint-Fargeau sont un exemple entre mille des usurpations féodales. Les évêques purent conserver encore la moitié de la terre de Toucy, mais ils perdirent entièrement celle de Saint-Fargeau.
(*N. d. E.*)

(c) Il y a ici une transposition, c'est Héribert, comte de Troyes, et Eudes, comte de Chartres. (*N. d. E.*)

l'auroient souhaité suivant l'ancienne coutume, il y resta pendant toute la suite, et il y mourut le 23 août de l'an 995. Son corps, étant apporté à la ville épiscopale, y fut inhumé dans l'église de Notre-Dame de la cité. L'édifice de cette église ayant été refait environ deux cents ans après, le corps de cet évêque y fut, à ce qu'on croit, conservé dans une place honorable, vers le sanctuaire. Si cela est, il se trouveroit aujourd'hui sous les ruines sur lesquelles on marche en descendant du portail septentrional de la cathédrale pour venir à l'évêché, environ dans le même lieu où j'ai déjà soupçonné que repose celui du vénérable Hérifrid (a).

C'est une faute considérable dans l'histoire généalogique de France du P. Anselme, de ce que cet évêque y est appelé Hugues : et c'est une erreur fort plaisante, d'y faire dire, à la chronique de Vézelay, que le surnom de Henry, duc de Bourgogne, son frère, étoit *mal flatter*; tandis que ces deux mots sont du P. Labbe, lequel en publiant cette chronique avertit, en parenthèse, que cet Henri est mal à propos appelé frère, au lieu d'oncle du roi Robert (1) (*male frater*).

JEAN, XLVIIe ÉVÊQUE D'AUXERRE.

Il y eut, après la mort d'Héribert, beaucoup de brigues pour avoir la place qu'il laissoit vacante. Plusieurs ecclésiastiques employèrent le crédit de leurs parents et même l'argent, pour tâcher d'obtenir cette dignité. On en présenta plusieurs au roi Robert, et entre autres un nommé Gui pour lequel Henri, duc de Bourgogne, s'employoit. Le roi, pressé par les prières du duc, donna son consentement ; et l'on envoya prier Sevin, archevêque de Sens, de venir lui donner la consécration. Le clergé et le peuple s'aperçurent de la nouveauté du fait, et déclarèrent que c'étoit abusivement qu'on vouloit leur

---

(1) *T. 1. Biblioth. mss. p.* 395.

(a) L'église de Notre-Dame étant détruite, ces tombeaux seraient sous la chaussée qui conduit à la porte de la préfecture. *(N. d. E.)*

donner pour évêque un homme qu'ils n'avoient pas choisi eux-mêmes, et dont la conduite étoit séculière. L'archevêque Sevin, voyant cette opposition ouverte, fut obligé de s'en retourner, disant qu'il ne vouloit pas mettre à la tête du troupeau de Jésus-Christ, ni un lion ni un loup. Pendant ce temps-là, on envoya au roi : on lui témoigna que tout le clergé et le peuple (a) désiroient avoir pour évêque, Jean alors archidiacre de l'église, et qu'on l'en jugeoit très-capable. Le roi, qui n'avoit aucune envie de violer les canons, ni de donner un évêque qui ne fût pas du choix du clergé et du peuple, consentit que Jean eût l'évêché d'Auxerre, d'autant plus volontiers, qu'il l'aimoit et qu'il le considéroit à cause de sa science et de sa piété. Dès qu'on eut appris les intentions du prince, on pria l'archevêque de revenir, et il le sacra évêque au bout de sept mois et seize jours de vacance. On croit, suivant cette supputation, que cette cérémonie se fit le 12 avril 996, qui étoit le propre jour de Pâques, ou, selon un autre calcul, le 9 février, qui étoit le dimanche dans la septuagésime. Quoiqu'il en soit, elle se fit avec des démonstrations d'une joie universelle.

Jean étoit né d'Ansalde et de Raingarde qui demeuroient à Auxerre ou dans le diocèse. Ses parents n'étoient pas fort opulents : mais il fit de si bonnes études sous le fameux moine Gerbert, qui fut depuis archevêque de Reims et enfin pape, qu'il forma lui-même à son tour d'excellents écoliers, et parvint ensuite à la dignité d'archidiacre. Pendant qu'il n'étoit encore qu'écolâtre de l'église d'Auxerre, il avoit été choisi pour être l'un des défenseurs d'Arnoul, archevêque de Reims, dans les conciles où l'on examina sa conduite, et il s'étoit acquitté avec honneur de cette commission. Etant évêque, il se comporta dans cette dignité en homme également pieux et savant. La grandeur de son état, loin de l'élever, le rendit encore plus humble et plus simple, soit dans la chaire, soit dans les entretiens ordinaires, dans les vêtements ou dans la nourriture. A l'office divin il se conformoit tellement en tout aux chanoines, qu'on ne pouvoit le distinguer d'avec eux que lorsqu'il officioit pontificalement. Il assistoit assidue-

---

(a) Le *Gesta Pontif.* parle même des deux sexes : « *utriusque conditionis hominum sexus et ordinis.* » (N. d. E.)

ment à toutes les heures canoniales ; et pour ne point manquer au commencement des matines, il passoit la plupart des nuits à genoux ou prosterné devant l'autel de Saint-Etienne jusqu'à ce qu'on les sonnât. Ce mépris des grandeurs du siècle, joint à cette vie simple, commune et mortifiée, lui attira les risées et les railleries de quelques libertins de la ville. Mais Dieu sut en tirer bientôt vengeance (a). Ces railleurs trouvèrent des personnes puissantes qui les humilièrent eux et leur famille jusqu'à la poussière, et cela en punition du mépris qu'ils avoient eu pour l'homme de Dieu. Nous ne connoissons que deux églises auxquelles il fit du bien pendant le peu de temps qu'il fut évêque. Ce sont la cathédrale et l'abbaye de Saint-Germain. Il donna, pour subvenir à la nourriture des chanoines, cinq autels avec les revenus, savoir : l'autel de Pourrein, ceux de Parly, Gurgy, Monétau et Champigny (1), et il prononça anathème contre celui de ses successeurs, ou tout autre, qui oseroit combattre ces donations. La réflexion des écrivains de sa vie qui lui étoient presque contemporains, est qu'il vouloit empêcher, par là, que le clergé ne pût prétexter la pauvreté, pour s'excuser de bien faire l'office; son intention étant que l'église d'Auxerre, qui étoit en réputation de l'avoir toujours célébré avec décence, le continuât avec la même magnificence et la même ferveur (2). En cela, je n'ajoute rien aux expressions de ces historiens. Il donna à l'abbaye de Saint-Germain des vignes et des livres bien conditionnés : et il confirma à cette église les priviléges que ses prédécesseurs, tant Héribert que les autres, lui avoient donnés sur quelques autels situés dans son diocèse.

Il n'y avoit qu'un peu plus d'un an et demi qu'il étoit assis sur le siége épiscopal, lorsqu'il lui survint une maladie que l'histoire ne spécifie point, mais qui le conduisit en peu de jours au tombeau. Etant presque à l'extrémité, il eut une vision fort consolante. Il vit

---

(1) Ce dernier n'est autre que l'église de Saint-Cyr, connue aujourd'hui sous le nom de Monétau.

(2) *Dum scilicet in ipsâ sede potissimum foret ut cœteris elegantius Officiale ministerium clericorum olim dignoscitur viguisse.*

(a) « *Deus qui potius mentem eligit quam gentem.* » — *Voy.* Gest. Pont. (*N. d. E.*)

venir Achard, prévôt de l'abbaye de Saint-Germain, et lui déclara que Jésus-Christ lui avoit apparu accompagné de saint Germain et de plusieurs autres personnages éclatants, dont la présence lui avoit apporté du soulagement dans sa douleur, et l'avoit comblé de joie : et que ces saints lui avoient promis que, par la miséricorde de Dieu, son âme étant délivrée du corps jouiroit de leur compagnie. Après qu'il eut fait ce rapport, il se mit à réciter quelques prières du bout des lèvres, prononçant les noms de plusieurs saints, et, ayant poussé plusieurs soupirs les yeux élevés au ciel, il mourut le 21 janvier de l'an 998. Son corps fut porté, suivant qu'il l'avoit souhaité, au monastère de Saint-Germain, et il y fut inhumé, non au dedans de l'église, mais au dehors, proche le mur, selon qu'il l'avoit demandé. Il est cependant arrivé, ajoutent les auteurs de sa vie, que lorsqu'on voulut augmenter l'église (a), les moines levèrent ce même corps et le portèrent au dedans de l'église, devant l'autel de Saint-Pierre. Il y a aujourd'hui un autel du nom de Saint-Pierre dans une des branches de la croisée septentrionale de cette église. Mais comme à l'inspection de l'ouvrage, cet édifice n'est censé être que du xiv° siècle, il n'y a aucune apparence que cet autel soit le même que celui dont parlent nos écrivains du xi°. Aussi, la tombe qu'on y voit de nos jours représente-t-elle, tant par la forme des vêtements et autres sculptures que par l'écriture qui y est jointe, un abbé mort au commencement du xvi° siècle (1). Ceux qui l'ont regardée comme plus ancienne, ont cru pouvoir s'appuyer sur ce que cette tombe est plus étroite aux pieds qu'à la tête : mais cela ne vient que de ce que c'étoit une ancienne tombe du xiii° siècle inutile et non gravée, qu'on a destinée pour couvrir la sépulture d'un abbé mort dans le temps que j'ai marqué. Les voyageurs remarquent dans les églises plusieurs exemples semblables de tombes taillées au xii° ou xiii° siècle, dont les inscriptions et gravures ne sont que depuis deux ou trois siècles (b).

---

(1) On y lit la date de l'année 1502.

(a) Vers la fin du xi° siècle. (*N. d. E.*)

(b) On trouve aussi des exemples de personnages auxquels on a élevé des tombeaux bien longtemps après leur mort. Aussi dans la même église de Saint-Germain et au

CHAPITRE IV.

Des évêques Hugues de Chalon et Héribert.

HUGUES DE CHALON, XLVIIIᵉ ÉVÊQUE D'AUXERRE.

Le duc Henri, qui s'étoit déjà mêlé de donner des évêques à l'église d'Auxerre, continua, après la mort de Jean, à marquer son attention envers cette même église. Le roi Robert applaudit au choix fait par ce duc; en sorte que les vœux du clergé et du peuple étant réunis sur celui que le prince avoit en vue, l'élection fut faite sans trouble, quoiqu'après la vacance d'une année et davantage. Le personnage sur lequel le choix tomba n'étoit pas inconnu dans la Bourgogne : il y possédoit trois bénéfices, outre un canonicat de l'église d'Autun. Il étoit fils unique d'un père très-riche et d'une famille des plus puissantes et des plus nobles. C'étoit Hugues de Chalon, fils de Lambert, premier comte héréditaire de Chalon-sur-Saône, et d'Adelaïs d'Arles, sœur de la reine Constance, femme du roi Robert. On regarda comme une chose étonnante, qu'un seigneur, qui étoit héritier présomptif d'un des plus nobles et riches comtés du royaume, renonçât aux pompes du siècle, pour embrasser le parti ecclésiastique, et qu'il se destinât tout entier pour subir le joug de l'épiscopat, si Dieu l'y appeloit. Allant à la Cour, après la mort de son père, il passa par Auxerre, et vint y faire sa prière dans la cathédrale, pendant qu'on commençoit l'office de prime. Comme il aimoit le chant de l'église et qu'il en étoit souvent touché jusqu'aux larmes, l'historien dit qu'il fut si frappé de la beauté du chant de l'hymne *Jam lucis* (1), qu'il demanda alors à Dieu, que si sa volonté étoit

999 à 1039.

---

(1) C'était apparemment celui des fêtes doubles qui se chante toujours gravement. | Il est du quatrième mode.

même endroit dont Lebeuf vient de parler, on peut voir une belle tombe de l'évêque Hugues de Montaigu, mort en 1137 : ce monument, par son style, ne peut cependant être plus ancien que le XIVᵉ siècle. (*N. d. E.*)

qu'il fût un jour évêque, que ce fût dans cette église, où l'on faisoit si bien l'office. Sa prière se trouva exaucée par l'élection qui fut faite de sa personne pour remplir le siége d'Auxerre : on ignoreroit cette première circonstance de sa vie, si ce n'étoit que lui-même la raconta à ceux de qui son historien marque l'avoir appris, et cet écrivain, qui est fort naïf, ajoute tout de suite qu'au cas que l'évêché d'Auxerre lui eût manqué, il auroit été placé infailliblement sur un autre siége.

Il fut sacré dans l'église de Saint-Germain le cinquième jour de mars de l'an 999, qui étoit le second dimanche de carême (1) et de là conduit à la cathédrale. Dès lors, il manifesta l'intention qu'il avoit de remettre entre les mains des réguliers les monastères dont il jouissoit, savoir : Saint-Marcel de Chalon, Paray-le-Monial, fondé par son père, au diocèse d'Autun (2), appelé autrement Notre-Dame du Val-d'Or, et Saint-Georges de Couches, aussi en Autunois; et on verra, par la suite, à qui il les remit. Les commencements de son épiscopat ne furent pas des plus tranquilles. Comme il possédoit le comté de Chalon, il fut obligé de veiller à sa régie : et la mort de Henri, duc de Bourgogne, survenue en 1101, fit naître des difficultés auxquelles il ne put se dispenser de prendre part. Ce duc, mort sans enfants, ayant institué son héritier au duché, Othon-Guillaume, comte de Dijon, fils de Gerberge, sa première femme, au préjudice du roi Robert, son neveu, il se forma deux partis à cette occasion. Le plus grand nombre approuva la disposition testamentaire, et regarda Othon-Guillaume comme duc de Bourgogne : les citoyens d'Auxerre étoient même de ce parti-là avec leur comte Landry. Mais l'évêque fut toujours attaché au roi Robert, et, pour cette raison, il crut qu'il étoit expédient de ne pas rester avec eux, et de se retirer plus avant dans la Bourgogne, pendant que le roi viendroit en personne pour soumettre cette ville. Je rapporte ailleurs, fort au long (3), comment ce prince assiégea inutilement la cité d'Auxerre, et qu'ayant

---

(1) *Necrol. Autiss. T. VI. Ampl. collect.*

(2) Dom Mabillon traitant l'année 977, au IIIe tome des Annales Bénédictines, reprend Glabre Radulfe d'avoir fait Hugues notre évêque fondateur de ce prieuré.

(3) Voyez les mémoires pour l'Histoire civile d'Auxerre, t. III.

tourné ensuite ses armes vers le château de Saint-Germain, il ne fut pas plus heureux.

Hugues passa dans son comté de Chalon tout le temps de ces guerres qui durèrent environ douze ans, et il soutint toujours avec succès les assauts que formèrent les confédérés d'Othon-Guillaume. Il accompagna même le roi Robert dans les campagnes qu'il fit de ces côtés-là. Enfin, le temps vint qu'on se lassa de faire la guerre de part et d'autre. Les premiers de Bourgogne rentrèrent en grâce auprès du roi. On ne demanda plus qu'à s'accorder, et le roi s'en rapporta là-dessus à tout ce que Hugues de Chalon trouveroit convenable. Cet évêque jugea à propos de faire tenir des assemblées en différents lieux, en commençant par le pays de Chalon. Il fit convoquer, à Verdun, qui étoit de son comté, plusieurs évêques avec la noblesse et le tiers-état, pour y traiter de la paix. Ces conciles se firent avec une solennité qui est rare de nos jours. On eut soit d'y apporter de tous pays les châsses des saints : ce qui procuroit au moins des guérisons aux malades, si cela n'influoit pas dans le succès des traités de paix. Il fit tenir ensuite une autre assemblée à Airy, terre de l'abbaye de Saint-Germain d'Auxerre, éloignée seulement de trois petites lieues de la ville, où le roi assista avec les évêques et les abbés qu'on y avoit convoqués. Léotheric, archevêque de Sens, y présida; Gosselin, archevêque de Bourges, fut un des plus notables prélats, et, parmi la noblesse, Landry, comte d'Auxerre. Cette assemblée fut si célèbre que Clarius, moine de Sens, dans le siècle suivant, l'appelle *magnus conventus* (1). Les religieux de Montier-en-Der, au diocèse de Châlons-sur-Marne, y apportèrent le corps de leur patron saint Bercaire ; ceux de Saint-Pierre-le-Vif de Sens, le corps de saint Sanctien, martyr. On y porta aussi, de Châtillon-sur-Seine, le corps de saint Vorle, prêtre. Quelques-uns demandèrent qu'on y fît venir celui de saint Germain. Mais Hugues représenta qu'il ne convenoit pas, pour quelque raison que ce fût, qu'on fît un tel transport des reliques de cet homme incomparable : ce qui fit qu'on n'y pensa plus. On trouve que depuis ce concile, tenu en 1015, le roi étoit possesseur de la Bourgogne, et qu'il donna, à son fils aîné Henri, la qualité de

(1) *Spicileg. T.* 2.

duc de cette province. Il y eut encore d'autres conciles tenus sur le même sujet dans les pays de Dijon, de Beaune et de Lyon. Celui du pays Lyonnois fut tenu à Anse, et il en sera fait mention plus bas. On ne connoît ni le lieu ni les particularités de celui du pays Beaunois. Mais on sait que dans celui de Dijon, Hugues se joignant à Lambert, évêque de Langres, obtint du roi que toutes les terres de l'abbaye de Saint-Bénigne seroient exemptes du droit royal de sauve-garde ou de maréchaussée (1) : ce qu'il sollicita puissamment en qualité d'avoué ou protecteur de ce monastère. On sait encore que l'an 1017 il y eut une assemblée de même nature dans la ville d'Autun ; que notre évêque, l'un de ceux qui y assistoient, y fit démission du monastère de Couches, et le donna aux religieux de Flavigny pour le réformer et le garder comme prieuré. Quelques temps après la séparation de cette assemblée, Hugues resta encore à Autun et y signa, le premier jour de mars, avec l'évêque diocésain et deux autres, la donation que le roi venoit de faire, aux mêmes religieux, de la Chapelle royale d'Autun pour leur servir d'hospice lorsqu'ils viendroient en cette ville (2).

Outre ce que j'ai rapporté jusqu'ici des grands emplois d'Hugues de Chalon, je serois obligé d'y joindre encore un trait historique, si l'autorité de Guillaume de Jumièges étoit suffisante pour le garantir. Il dit que Renaud, comte de Dijon, ayant formé une contestation contre lui, l'évêque, qui l'avoit fait prisonnier dans le combat, appréhendant de ne pouvoir résister aux forces de Richard, duc de Normandie, son beau-père, vint au-devant du jeune Richard, fils de ce duc, qui conduisoit une armée ; qu'il lui fit ses excuses, et lui offrit de donner la liberté à Renaud, en le mettant hors des prisons de Chalon. Ce fait paroît s'accorder très-peu avec les remarques des auteurs de sa vie, qui assurent qu'il eut en toute occasion l'avantage sur ses ennemis. Notre évêque étoit un excellent guerrier, et savoit distinguer ce qui se pouvoit faire dans certaines circonstances, de ce qui auroit déshonoré son caractère de noblesse (a).

(1) *Chronic. S. Benigni Divion.*   (2) *Bibl. Labb. T. 1.*

(a) L'abbé Lebeuf fait ici allusion à une humiliation que subit l'évêque Hugues de

Mais il est temps de le voir travailler à sa propre sanctification et à l'utilité de son diocèse. Ce ne fut guère que vers l'an 1018 qu'il commença à jouir du repos convenable à un évêque. Bien content et bien glorieux d'avoir été le seul évêque de Bourgogne qui, comme dit Glaber, soutint, dès le commencement des troubles, le parti du roi, et de voir les entreprises de ce prince heureusement couronnées, il sut mettre à profit les offres que le même prince lui fit, et la Providence lui en présenta les occasions. Outre les fâcheuses circonstances de la famine qui régna vers l'an 1030, la ville d'Auxerre eut le malheur d'être brûlée deux fois sur la fin de son épiscopat. La première fois, il n'échappa de cet incendie que l'église de Saint-Alban martyr, que saint Germain avoit bâtie dans le haut de la cité : et la cathédrale fut réduite en cendres. Hugues, au lieu de la rebâtir de moellon, comme elle avoit été auparavant, en jeta les fondements sur le roc avec des pierres de taille ; il voulut que son enceinte fût d'une plus grande étendue, et il y fit faire les grottes ou cryptes telles qu'on les voit encore aujourd'hui sous le sanctuaire et sous la moitié du chœur (a). L'ouvrage étoit déjà bien avancé, lorsqu'il arriva

---

Chalon dans la guerre qu'il eut avec Renaud, comte de Dijon. Les fils du duc de Normandie étaient entrés dans le Chalonnais et le ravageaient pour venger le comte Renaud. Hugues n'avait pu leur résister : voulant sauver ses états d'une ruine complète, il se décida à se soumettre à l'humiliante cérémonie qu'on appelait la *selle chevalière*. Il mit sur son dos une selle de cheval, et se présenta, en cet état, devant les princes Normands ; offrant à l'aîné de le *chevaucher*, et comme l'évêque portait une grande barbe, le malin et normand chroniqueur dit qu'il ressemblait plutôt à une chèvre qu'à un cheval.

Guillaume de Jumièges n'est pas le seul qui rapporte ce fait ; Robert Wace, dans son roman *du Rou*, écrit au milieu du XIIe siècle, en donne une description détaillée. En voici quelques vers :

» Quant à Richart vint li cuens Hue,
» Une sele à sun col pendue
» Sun dos offri à chevalchier....

Cette coutume bizarre était en usage au temps où vivait l'évêque Hugues, on pourrait en citer plusieurs exemples ; le prélat, en qualité de baron vaincu, fut bien obligé de s'y soumettre (*N. d. É.*).

(a) Les cryptes de la cathédrale forment un monument très-intéressant. Elles s'étendent sous le chœur entier de l'église et se composent de trois nefs à six travées

un second incendie ; mais l'église ne fut point endommagée, et le feu ne consuma que quelques maisons. Ce prélat, ayant rebâti de cette sorte son église cathédrale, ne voulut pas la laisser sans ornements qui pussent correspondre à sa magnificence. On voit, par la description qu'en ont laissée les auteurs de son siècle, qu'elle ne cédoit en rien dans les orfrois à ceux que l'on fait de nos jours (a) ; que l'on figuroit des aigles sur les étoffes, et que la couleur bleue étoit d'usage, que la mitre a commencé par une lame d'or qui bordoit l'amict du côté du front. L'un de ces deux ornements épiscopaux lui avoient été donnés par l'empereur Othon dont il étoit fort considéré, et auquel on croit qu'il envoya des reliques de son diocèse, entre autres, de la tête de saint Just. La translation du corps de saint Marse, prêtre, faite en Allemagne, pourroit bien être de ce temps-là. Hugues donna encore à l'église cathédrale un missel écrit en lettres d'or qui étoit à l'usage des évêques, un grand calice avec la patène d'argent doré, et deux cloches d'un poids considérable et d'un son harmonieux. Ce qu'il fit pour l'utilité des chanoines n'est pas moins digne d'attention. Il leur accorda, en augmentation de leurs prébendes, qu'aucune des églises du diocèse qui leur appartenoient ne payât le droit de *parate*, et il leur remit le droit de grains qui lui appar-

---

avec bas-côtés terminés circulairement et conduisant à la chapelle qui est à l'extrémité orientale.

Le système de construction de ces cryptes est le plein-cintre rustique. Les piliers sont cantonnés de quatre colonnes munies d'un chapiteau taillé en bizeau et orné d'un simple cordon sur les angles. Les voûtes sont à nervures. Des baies étroites jettent un jour douteux dans les profondeurs de l'édifice. La chapelle terminale voûtée en berceau est peinte de fresques représentant le Christ à cheval escorté de quatre anges, et, au fond du cul-de-four, le Christ bénissant, entouré des animaux symboliques.

Une restauration intelligente vient de rendre à ce monument sa physionomie primitive. *(N. d. E.)*

(a) Le *Gesta Pontif.* décrit de cette manière les principaux ornements donnés par Othon : « *Nempe velut in capite sancti Aaron dicitur, in amictu lamina aurea margaritis et lapidibus preciosis inter texta... caput illustrabat. Palla vero carbasea auro circa pectus effulgens, rationali a genibus ad talos usque oloserica limbo deaurato mirifice pontificalia vestigia complectebatur.* » *(N. d. E.)*

tenoit (1). Il voulut aussi que dans aucun des bois de l'évêché, on ne prît rien d'eux pour le droit de glandée, ne demandant autre chose, en reconnoissance de toutes ces concessions, sinon qu'on fît de saint Vincent, patron de la cathédrale de Chalon, une fête qui fût de tel degré qu'elle pût avoir octave (2). Il ajouta encore, pour augmenter les mêmes prébendes, une partie de la ville de Crevan, qu'il avoit achetée de l'archidiacre Arduin, à qui la nécessité des temps avoit obligé le Chapitre de la vendre.

L'église de Sainte-Eugénie de Varzy, que l'évêque Gaudry avoit enrichie cent ans auparavant des reliques de cette sainte, étoit tombée dans un si triste état, qu'on n'y faisoit presque plus l'office. Hugues, étant averti de ce désordre, rétablit d'abord tout ce qui manquoit à ce bâtiment : il en fit reblanchir les murs, répara les plafonds et les vitrages, y donna des pièces d'étoffe pour couvrir le bas des murailles (b), et des ornements de toute espèce, avec des livres. Ayant ensuite choisi dix ecclésiastiques propres à observer la vie canoniale, il leur destina des fonds pour leur subsistance. Telle a été l'origine du Chapitre de Varzy. Il bâtit à Cône, ville dépendante de son temporel (c), l'église de Saint-Laurent, et dota cette église de telle sorte que l'on pût y célébrer l'office divin, et acquitter les autres fonctions qui regardent le soin des âmes.

Ce qu'il fit pour l'abbaye de Saint-Germain ne mérite pas moins d'être rapporté ici. Il employa son autorité pour faire rendre à ce

---

(1) Le droit de Parate ou Parete est celui que l'évêque avoit de prendre son repas chez le curé (a). C'étoit *jus mensæ paratæ*. Le droit dit en latin *Grangaticum*, n'est point expliqué dans le Glossaire : c'étoit apparemment une redevance de grains, comme il y en a encore en quelques diocèses.

(2) L'Octave a cessé en 1670 : il n'a pas tenu à moi que l'office n'ait été continué dans le rit dont il étoit anciennement, non plus que celui de saint Marcel, martyr de Chalon, ainsi qu'il paroît par le *prospectus futuri calendarii Autiss.*, imprimé en marge du bref diocésain de l'an 1720.

(a) Les frais étaient souvent fort considérables lorsque le prélat, qui voyageait à cheval, avait une suite nombreuse. (*N. d. E.*)

(b) Lebeuf se trompe en cet endroit. On pourrait croire qu'il s'agirait d'une décoration particulière de l'église. Mais l'original du *Gesta Pontificum* ne parle que de *Pallia* ou de vêtements ecclésiastiques que l'évêque donna avec les livres et les ornements. (*N. d. E.*)

(c) Varzy est également désigné comme un château appartenant à son domaine épiscopal. (*N. d. E.*)

monastère le prieuré de Saissy-les-Bois et l'église d'Annay en Puisaye qui étoient occupés par des seigneurs laïcs. Dès le commencement de son pontificat, il avoit fait la dédicace de l'église du prieuré de Moutiers rétablie par ordre d'Heldric, abbé de Saint-Germain : mais il y manquoit une relique, et on souhaitoit fort y posséder une portion notable des saints du diocèse. Le moine Théald, qui veilla sur le rétablissement de cette église, faisoit tous ses efforts pour obtenir de ses confrères le corps de saint Didier, évêque d'Auxerre. Comme il falloit alors le consentement, non-seulement des religieux, mais encore celui du clergé et du peuple, l'évêque alla au-devant de la difficulté, et fit consentir tous ceux qui y avoient intérêt. Le corps du saint fut levé et renfermé dans une châsse d'argent du poids de cent livres ; il fut ensuite porté avec solennité dans le monastère de Val-Pentane, dit autrement Melleraye (1), qu'on appelle simplement aujourd'hui Moutiers, et il y fut placé en l'église de Notre-Dame, où il éclata en miracles (a).

Les voyages que Hugues avoit souvent faits en Bourgogne, avoient été pour l'utilité de l'Etat. Depuis ce temps-là il en fit d'autres pour contenter sa dévotion particulière. Il alla à Rome d'où il rapporta une absolution que le pape Jean XIX lui donna pour calmer les scrupules qu'il avoit de s'être si longtemps occupé au métier de la guerre. Par la suite, sa dévotion le poussa à aller jusqu'à Jérusalem visiter le saint sépulcre. Il ne survécut pas de beaucoup à ce dernier voyage ; mais aussi, étant de retour, il résida le reste de ses jours dans son diocèse, sans plus se mêler d'aucune affaire étrangère, se contentant de mener une vie douce et retirée.

Son nom se trouve en différents actes, à l'occasion des donations qu'il fit à plusieurs églises. Il est nommé dans l'histoire de Chalon, comme ayant donné, en 1032, aux évêques de cette ville (2), l'église de Notre-Dame de Laone, pour leur servir de second siége, et comme

---

(1) *Meleredum.*   (2) *Gall. Christ.*

(a) Le *Gesta Pontif.* rappelle à ce propos que le monastère de Moutiers fut fondé par Quintilien, seigneur qui y érigea deux églises, l'une sous le vocable de Notre-Dame et l'autre sous celui de Saint-Germain. Mais ces édifices étaient au XIe siècle réunis en un seul qui était plus vaste.   (*N. d. E.*)

ayant légué, en 1039, des biens aux chanoines de la cathédrale, à condition qu'ils célébrassent l'octave du patron (1). Voulant favoriser l'abbaye de Cluny, il souscrivit, la vingt-sixième année du roi Robert, à l'exemption des dîmes que Geoffroy, évêque de Chalon, accorda conjointement avec ses chanoines pour la terre de Jully, à la prière de saint Odilon (2). Il donna à la même abbaye, vers l'an 1019, la moitié de la terre de Givry, située au comté de Dijon, pour le repos de son père et de sa mère : et, par un autre acte passé à Auxerre, l'année 1038 ou la suivante, il donna à saint Odilon l'église de Saint-Cyr-sur-Grône, avec la justice et la forêt qui lui appartenoient. En 1019, après avoir assisté à la dédicace de l'église de Saint-Philibert de Tournus, il donna à ce monastère un village appelé alors Islez ou les Isles, et un droit de pêche dans la rivière de Saône : en reconnoissance de quoi les religieux lui accordèrent l'étendard ou la bannière de saint Philibert, et le déclarèrent le protecteur de tous leurs biens (3). En 1030, il ratifia les donations faites par Geoffroy, évêque de Chalon, au monastère de Saint-Hippolyte (4). En 1037, il approuva la donation de Renaud, comte de Dijon, en faveur des religieux de Flavigny, d'une place à faire du sel en la ville de Salins (5). L'auteur de la chronique de saint Bénigne de Dijon (6) parle de lui honorablement à l'occasion du don qu'il fit d'un vase d'or, pesant cinq livres, pour être employé à la confection d'un calice. Son nom se trouve encore parmi les souscriptions d'un concile d'Autun où l'évêque Helmuin accorda la réunion de l'abbaye de Corbigny à celle de Flavigny.

Cet évêque, voyant la fin de ses jours approcher, fit encore une action très-remarquable. Il ordonna qu'on rebâtît à neuf l'église de Notre-Dame de la cité d'Auxerre : et, en effet, l'on en commença l'édifice de son vivant. Comme il sentit les atteintes de la mort, il se transporta au monastère de Saint-Germain, dont il avoit béni l'abbé Odon six ans auparavant : il s'y fit donner l'habit de religieux, et après le quatrième jour il mourut en paix. Son décès arriva le

---

(1) Perry, Histoire de Chalon.
(2) Sac. IV. Bened. p. 642, 643, 647.
(3) Hist. de saint Philibert de Tournus.
(4) Perard, p. 179.
(5) G. Viole en ses mémoires.
(6) T. 1. Spicil. p. 460.

quatrième jour de novembre ; et son corps fut inhumé dans l'église du monastère ; mais on n'en sait point l'endroit. L'année de cette mort doit être 1039, selon la supputation la plus exacte, parce que, suivant Glaber, auteur contemporain, Hugues mourut dans une année qu'il arriva une éclipse de soleil, le mercredi 22 août; ce qui est une époque certaine, et appuyée par la petite chronique d'Auxerre chez le P. Labbe (1). Le Nécrologe de la cathédrale, rédigé de son temps (2), contient, par addition, l'annonce de sa mort en ces termes, au 4 novembre : *Eodem die Hugo decus pontificum emisit spiritum.* Il est aussi dans celui de Saint-Bénigne de Dijon (3) avec cette annonce : *ij non. novembr. depositio D. Hugonis episcopi Autiss. Hoc facimus, quia dedit nobis scyphum aurum ad calicem faciendum.* Duchêne est tombé dans une erreur énorme en rédigeant la table de son quatrième volume des historiens de France. Il y marque que Hugues, évêque d'Auxerre, fut tué à la chasse en présence du roi, le confondant, en cet endroit, avec un autre Hugues qui fut évêque de Beauvais.

HÉRIBERT, XLIXᵉ ÉVÊQUE D'AUXERRE.

Hugues de Chalon s'étoit nommé un successeur avant que de mourir : et le personnage qu'il avoit trouvé digne d'occuper le siége épiscopal, étoit Héribert, Auxerrois, fils de Vautier et d'Hemme. Cette entrée à l'épiscopat dut paroître nouvelle au clergé et au peuple qui étoient accoutumés à se choisir un prélat. Mais le roi Henri, ayant occasion de venir en Bourgogne avec une grande armée, passa par Auxerre et lui donna l'évêché à la manière ordinaire ; c'est l'expression des écrivains du temps : ce qui, peut-être, signifie qu'il déclara au clergé et au peuple le choix qu'il faisoit de sa personne après la nomination faite par le défunt évêque. Quoiqu'il en soit, Héribert ayant été sacré, fut porté, suivant la coutume,

(1) T. 1. *Bibl. mss.* p. 292.
(2) T. VI. *Ampliss. Collect. Martene.*
(3) Biblioth. Bibl. Montfaucon, t. 2, p. 1160.

jusqu'à la cathédrale, sur les épaules de la noblesse (a) : et lorsqu'il fut arrivé dans cette église, il y fit présent d'une belle et grande pièce de tapisserie ou d'étoffe, qu'on appeloit du nom de *Dorsal* (1), parce qu'elle servoit à orner les murs d'appui derrière le dos du clergé. Il assista au concile de Sens, célébré par l'archevêque Gilduin, en présence du roi Henri Ier, et il y confirma, avec ses comprovinciaux, la fondation du monastère de Saint-Ayoul de Provins, faite par Thibaut, comte de Champagne et de Brie, en 1048 (2). Deux ans après il se trouva au concile de Reims, où furent déposés le même Gilduin, archevêque de Sens, et Hugues, évêque de Langres, pour cause de simonie. Notre évêque accompagna le pape Léon IX, qui y avoit présidé, jusqu'à la ville de Toul, ancien siége de ce pontife; et il y assista avec six autres évêques à la translation du corps de saint Gérard qui se fit le dimanche 21 octobre de l'an 1050. De retour à Auxerre, il n'y eut pas beaucoup de satisfaction. Il y trouva le duc Robert qui commandoit en maître souverain, enflé de la puissance dont il jouissoit et de celle du roi Henri, son frère. Lassé de souffrir de sa part, et de voir les mauvais traitements qu'il faisoit à son clergé (b), il prit le parti de quitter l'épiscopat. Il se nomma un successeur qu'il vit mettre en place, et ensuite il se retira dans le monastère de Saint-Sauveur, proche Bray-sur-Seine, au diocèse de Sens. Il y prit l'habit de l'ordre de Saint-

---

(1) *Dorsale.*

(2) *Promptuar. Trigass. et Prob. Hist. de Vergy.*

(a) C'est la première fois que les auteurs désignent nommément les nobles comme porteurs de l'évêque à son intronisation; mais il est probable que la coutume en était antérieure. — *Voy.* note, p. 220. (*N. d. E.*)

(b) Il est probable que les persécutions furent poussées très-loin, car Frodon, qui écrivit la vie de l'évêque Geoffroy de Champ-Aleman, fait un tableau misérable de la situation où se trouvait la cathédrale à la prise de possession de ce prélat. On verra plus tard, dans les Mémoires sur l'Histoire civile, que cette hostilité tenait à ce que le clergé était resté fidèle au parti des comtes de Nevers et d'Auxerre, contre le droit desquels le duc de Bourgogne avait usurpé la ville d'Auxerre. Elle fut reprise quelques années après par le comte Guillaume Ier, favorisé probablement dans son entreprise par l'évêque Geoffroy de Champ-Aleman, fils du vicomte de Nevers, que le parti du comte était parvenu à donner pour successeur à Héribert.

(*N. d. E.*)

Benoît, et, y ayant mené une vie exemplaire pendant plusieurs années, il y mourut un 26 janvier. Sa retraite arriva l'an 1052 ; mais on ignore l'année de son décès aussi bien que le lieu où il fut inhumé. Il prit encore la qualité d'évêque d'Auxerre au mois de septembre de l'an 1052, dans un privilége du roi Henri, qui regarde le diocèse de Clermont, en Auvergne, et qui fut expédié au palais de Vitry (1). L'abbé Trithème le met au rang des hommes illustres de l'ordre de Saint-Benoît, assurant qu'il excelloit en noblesse et en science. Sa mort est marquée en ces termes dans le Nécrologe de la cathédrale du XIe siècle, au 26 janvier, *Obiit Heribertus episcopus et postea monachus*. Il est à présumer que les religieux de Saint-Sauveur lui donnèrent une sépulture distinguée : il la méritoit par sa qualité d'évêque et par sa sainte vie. C'est pourquoi s'il arrivoit qu'on découvrit dans l'église de ce prieuré quelque ancien tombeau avec des vestiges de distinction, il seroit bon d'y faire attention.

CHAPITRE V.

Des évêques Geoffroy de Champ-Aleman, et Robert de Nevers.

GEOFFROY DE CHAMP-ALEMAN, L^e ÉVÊQUE D'AUXERRE.

Le clergé d'Auxerre n'eut aucun lieu d'être mécontent du choix qu'avoit fait Héribert en quittant le siége épiscopal. Celui qu'il indiqua pour lui succéder fut un homme accompli, et qui ne céda guère en vertu aux premiers évêques de cette église. Frodon, chanoine de la cathédrale, nous a laissé ses actions par écrit. Il vivoit de son temps : il en a été témoin oculaire ; et ce qu'il en dit est si édifiant, qu'il seroit à souhaiter que tous les évêques d'après lui, eussent fourni une aussi ample matière pour leur éloge, et des exemples aussi dignes d'être proposés à leurs successeurs.

Cet évêque, nommé Geoffroy, étoit fils d'Hugues, vicomte de

---

(1) *Gall. Christ. nova in Instr. Eccles Claromont.*

Nevers, et d'Hermengarde, issue des comtes de la même ville. Il étoit surnommé de Champ-Aleman qui est un village du Nivernois, proche Anant, fort différent de Champ-Lemi, avec lequel quelques modernes l'ont confondu. Il étoit clerc du palais du roi Henri, ce que nous appellerions aujourd'hui aumônier ou chapelain, lorsqu'Héribert obtint de ce prince qu'il fût son successeur. Il posséda aussi, dans l'église de Nevers, le titre d'abbé et de doyen (1). Il étoit nécessaire, pour l'église d'Auxerre, qu'elle eût un prélat qui travaillât pour son utilité avec plus de constance que n'avoit fait Héribert, et qui ne fût pas si détourné par les affaires d'Etat que l'avoit été Hugues de Chalon. Son sacre fut fait le dimanche 1er décembre 1051, et son intronisation le 28 du même mois.

Placé sur le siége épiscopal, il tourna d'abord son attention sur l'église cathédrale; et ayant remarqué qu'elle étoit dénuée de tout, il fit en sorte que son successeur ne la trouvât pas dans le même état. Mais c'est un détail dans lequel j'entrerai plus bas. Frodon marque que l'amitié qu'il eut pour son clergé, ne parut pas seulement dans les dons infinis dont il le combla, mais qu'elle se fit connoître dans le commerce extérieur de la vie, dans les conversations et les entretiens. Non content de manger avec ses chanoines aux jours prescrits par l'ancien usage, il voulut avoir tous les jours de l'année à sa table plusieurs d'entre eux. Quoique tous ne fussent pas également réglés, il n'avoit d'animosité contre aucun : quoique intérieurement il eut le vice en horreur, il se contentoit de gémir de ce qu'il ne pouvoit lui faire une guerre ouverte, ni venir à bout de le corriger. Aimant donc très-sincèrement ceux qui pratiquoient le bien et qui vivoient canoniquement, il bornoit son zèle à blâmer en général et avec prudence les mauvais déportements qu'il remarquoit dans certains. Il étoit très-versé dans la connoissance des canons, comme il parut par plusieurs sages établissements qu'il fit. Il ne possédoit pas dans un moindre degré la science des affaires séculières ; et lorsqu'il se trouvoit avec des seigneurs, ou qu'il étoit aux prises avec eux au sujet de quelque bien ecclésiastique, il

---

(1) *Ex veteri Necrol. Nivern.*

parloit avec une telle force pour les intérêts de Dieu, qu'en sa présence, aucun seigneur ou prince n'osoit s'écarter de la vérité, ni proférer le moindre mensonge. Son humilité ne cédoit en rien à sa science. Elle fut si grande qu'il s'abaissa jusqu'aux services les plus bas envers les pauvres. Une de ses louables coutumes fut pendant toute sa vie de laver lui-même les pieds à treize pauvres tous les jours du carême, de les servir ensuite à table étant à jeun, et de les habiller à neuf à la fête de Pâques. Etant informé de la sainteté de la plupart de ses prédécesseurs, il ne se contenta pas d'imiter leurs vertus, et de se donner lui-même pour un livre vivant, il fit récrire tout de nouveau le livre où leur vie est rapportée (a). Il fit aussi représenter en peinture, au fond du sanctuaire de Saint-Etienne, les images de tous ces saints (b), afin de remettre à l'esprit des prêtres, la mémoire de ces grands hommes qui avoient illustré l'église d'Auxerre par la sainteté de leur vie et par leur science.

Sensible à la pauvreté où il trouva réduite la sacristie de son église (1), et saintement indigné de n'y voir qu'une seule chappe qui fût passable, et cinq autres de fort bas prix et en mauvais état; il en fit d'abord faire treize belles, ensuite cinq pièces de tapisseries royales (2) pour orner le bas du chœur, quatre chasubles de couleur de pourpre, une riche dalmatique, des tuniques très-belles, des étoles, des aubes en grand nombre et très-fines avec leur essuie-mains (3). Voilà ce qui regarde les ornements. Il ajouta en argenterie ce qui suit : une table d'autel, un calice, un encensoir avec sa navette,

---

(1) Peut-être depuis que le duc Robert avoit chagriné son prédécesseur.

(2) L'écrivain auroit-il voulu signifier par ces mots *regiis dorsalibus* des tapisseries garnies de fleurs de lys? l'usage de cette fleur multipliée est-il si ancien (c).

(3) *Albas cum manutergiis multiplicis* : il semble que le manipule fût alors une dépendance et une suite de l'aube.

(a) Frodon, auteur de sa vie, mentionne ainsi le fait : « *Scilicet et hoc volumen de Gestis Pontificum renovavit.* » (*N. d. E.*)

(b) Ces peintures étaient placées sur le mur même qui entourait le sanctuaire. — Voy. *Gesta Pontificum*. (*N. d. E.*)

(c) Il est plus naturel de supposer qu'il s'agit de tapisseries données par le roi.
(*N. d. E.*)

deux chandeliers, deux burettes, un bénitier et une aiguière pour laver les mains des prêtres avec le bassin pour recevoir l'eau. La mense du Chapitre se ressentit aussi de ses libéralités. Il donna aux chanoines, par pure amitié, d'excellentes terres situées à Saint-Bry, et permit que le village d'Accolay-sur-Cure, qu'un appelé Hugues, chevalier de Saint-Etienne, et son ami, tenoient en fief de lui, fût uni pour toujours à leur mense après la mort de ce chevalier (1). Il paroît qu'il faut aussi rapporter à son temps une dédicace qui fut faite de l'église cathédrale, et qui est marquée dans l'une des anciennes chroniques d'Auxerre à l'an 1057 (2).

Comme il étoit fort entendu dans le temporel, il vint à bout de faire revenir à l'évêché plusieurs biens qui en avoient été démembrés par la faute de ses prédécesseurs. La négligence que les évêques avoient eue d'aller à Cône, y avoit tellement fait perdre le souvenir des droits épiscopaux, que certains seigneurs s'en étoient emparés comme vacants. Mais Geoffroy fit réunir au domaine épiscopal tout ce qui en avoit été soustrait : et, comme dit son historien, il fit revenir avec de grands travaux, des biens dont ses successeurs pouvoient jouir en repos. Outre cela, un certain seigneur avoit tenu, par manière de récompense bénéficiaire, de la part d'un de ses prédécesseurs, deux abbayes situées aux faubourgs d'Auxerre, l'une du titre de Notre-Dame, et l'autre de Saint-Amatre. Ce seigneur, dont l'histoire ne dit pas le nom, après en avoir joui longtemps, les avoit fait passer comme un bien de patrimoine entre les mains de son fils qui étoit évêque d'Autun. Geoffroy convoqua, pour conférer de cette affaire, les plus habiles du clergé et des laïcs; et, après un mur examen des saints canons, il fit porter un jugement qui remettoit l'église d'Auxerre dans la propriété et possession de ces deux monastères. Les circonstances des temps persuadent que c'étoit Aganon, évêque d'Autun, qui quitta ces deux abbayes, lesquelles insensiblement, sans cette attention de Geoffroy, se seroient peut-être trouvées dans la suite faire partie du diocèse d'Autun, quoique situées aux portes de la cité d'Auxerre. La chapelle de Saint-Pélerin, bâtie hors des murs de la cité et presque sur les bords de la rivière d'Yonne,

---

(1) *Necrol. Autissi. XI. sœc.* 21. *Apr.* | (2) *T. I. Bibl. Labb.* p. 293.

avoit aussi été envahie par quelques-uns de ces usurpateurs : il employa toute la force nécessaire pour la leur faire abandonner, et ce fut par ce moyen qu'il y rentra, et qu'il devint maître des biens qui en dépendoient. Varzy, que l'historien dit avoir été le lieu de retraite des évêques d'Auxerre (a), et un séjour fort aimable, se trouvoit habité alors par quelques ennemis du siége épiscopal : il les obligea d'en sortir ; il y rebâtit tout ce qui avoit besoin de l'être, et entoura la ville de murailles qui pussent lui servir de défense.

Son historien, fort succinct sur ce qui regarde l'établissement, la réforme et la dotation des monastères, marque seulement, en général, que de son temps fut bâti, sur le bord de la Loire, le monastère de La Charité, et qu'il en procura l'avancement, tant

Sigillum Sanctæ Mariæ de Karitate.
Sceau primitif du prieuré Notre-Dame de La Charité-sur-Loire (*Archives du Royaume*).

pour le spirituel que pour le temporel (b). Il se contente d'ajouter qu'il rétablit un abbé séculier avec des chanoines dans l'abbaye de Saint-Eusèbe, proche Auxerre, qu'il avoit trouvée en décadence.

(a) « *Varziacum sinus episcoporum.* » — *Voy.* Gesta Pontificum. (*N. d. E.*).
(b) Voy. Preuves de la *Gallia Christiana*, t. XII, anno 1059. (*N. d. E.*)

Mais nous savons, d'ailleurs, que pour rendre le monastère de La Charité plus digne de vénération, il y fit porter la tête et l'un des bras de saint Jovinien, martyr de l'Auxerrois (1). Nous apprenons aussi, par d'autres monuments (2), qu'il s'employa pour faire rendre aux religieux de Saint Germain, en la personne de Boson leur abbé, le prieuré de Saissy-les-Bois, qui étoit occupé par Geoffroy, seigneur de la maison de Donzy; que l'an 1063, il persuada à ses quatre neveux, Hugues, évêque de Nevers, et Hugues vicomte de la même ville, Léon et Ragenard, et au comte Guillaume, de quitter l'abbaye de Saint-Etienne de Nevers, et d'y mettre des chanoines vivant sous la règle de saint Sylvestre, et même qu'il en bénit l'abbé Gautier l'année suivante (3). Ce fut pareillement de son temps et avec son agrément que fut fondé le Chapitre de Saint-Martin de Clamecy. L'acte est de l'an 1075 (4).

1052 à 1076.

On a cru que c'étoit de lui que Tortaire, historien de l'abbaye de Saint-Benoît-sur-Loire, fait mention en deux endroits de son livre des miracles. Mais il s'agit là de Robert, son successeur. Quant au nom de Geoffroy, il se trouve encore dans l'histoire du sacre du roi Philippe, fait dans l'église de Reims, auquel il assista, le 23 mai, jour de la Pentecôte 1059. On le voit de même au bas de l'acte par lequel le même roi confirma à Sens, l'an 1071, la donation faite par Thibaud, comte de Champagne, de l'église de Sainte-Savine, proche Troyes, aux religieux de Saint-Ayoul de Provins; à une autre charte encore, par laquelle ce prince, étant en la même ville, le 25 avril, confirma aux moines de Moutier-la-Celle l'église de Saint-André de leur voisinage, et pareillement à un autre titre (5) par lequel Hugues, évêque de Troyes, donne les autels de Cormorin et de Turey à l'abbaye de Saint-Benoît-sur-Loire, l'an 1075 (6).

Ce fut cette année-là qu'il arriva, à Auxerre, un incendie dans

---

(1) Inscription de son sépulcre, et l'histoire de sa fondation imprimée en 1738. Tome 1, de mon Recueil, p. 395.

(2) *Hist. Abb. S. Germani.*

(3) *Spicil.* T. 6, p. 437.

(4) Voy. dans les preuves, un acte qui y a rapport.

(5) *Martene Collect. Ampliss.* t. 7, col. 64.

(6) Ce prélat assista l'an 1075 à un concile tenu à Sens, qui confirma à l'abbaye de St.-Benoît-sur-Loire la propriété de quelques biens. Il s'y trouva avec Richer archevêque de Sens, Robert évêque de Chartres, et Rainier d'Orléans, et y souscrivit avec

lequel la cathédrale fut enveloppée (1). Le pieux évêque ne perdit point courage en voyant ce malheur. Il fit faire si grande diligence pour le réparer, qu'en moins d'un an la nouvelle charpente fut montée et la couverture mise en sa perfection. Pour cet effet, on le vit veiller lui-même sur les ouvriers et leur donner ses domestiques pour les aider et pour avancer l'ouvrage. A l'égard du vitrage, il chargea cinq de ses officiers de ce soin, voulant que chacun d'eux fît une des cinq verrières du fond de l'église (a), et il pria son chapelain de se charger de la sixième et plus considérable, qui étoit celle de la chapelle de Saint-Alexandre. Ayant à cœur le bien et la décoration de son église, il destina quelques prébendes pour des ecclésiastiques qui sauroient des métiers : l'une, pour un habile orfèvre, l'autre, pour un savant peintre, la troisième, pour un vitrier adroit et intelligent ; et les chanoines lui en firent leurs remerciements (b). Mais, ne se bornant pas aux avantages temporels, il établit encore un autre ecclésiastique qui devoit être prêtre et qui, en cette qualité, seroit tenu de célébrer tous les jours la messe pour les chanoines décédés. C'est sans doute en vertu de l'établissement de cet évêque, que, dans les additions faites au xie siècle au Nécrologe de la cathédrale (2), on lit à certains jours l'obit de quelques chanoines peintres et vitriers.

Il étoit encore plein de bons desseins envers la même église,

Tetrandus comte de Sens et Etienne son fils, dans la basilique de Saint-Etienne.

On voit aussi par une charte du roi Philippe I. de l'an 1092 que le même évêque s'étoit trouvé sur la fin de son épiscopat à un concile de Paris où il fait mention de quelques biens de l'abbaye de Saint-Corneille de Compiègne.

(1) *Prompt. Tricass. fol.* 24 et 189.
(2) *T. VI, Ampliss. Collect. Martene,* 8 *April.* 22 *Julii.*

(a) « *In supremi cancelli fornice.* » — *Voy.* Gesta Pontificum. (*N. d. E*).

(b) Les détails dans lesquels entre l'auteur de la vie de Geoffroy de Champ-Aleman sur les soins que donnait le prélat à la décoration de sa cathédrale et à sa restauration, le choix de clercs artistes qu'il dote de canonicats, tout cela indique d'une manière évidente que le clergé et les évêques eux-mêmes présidaient à la direction des travaux. Les arts tombés dans un anéantissement presque complet au xe siècle, se relevèrent en France au xie siècle sous l'influence de quelques prélats, en tête desquels Geoffroy de Champ-Aleman mérite d'être placé. (*N. d. E.*)

lorsqu'il fut attaqué d'une maladie qui commença par un dégoût. Sentant qu'il n'en relèveroit pas, il fit venir le doyen et quelques autres chanoines, et, en leur présence, il fit ses dernières aumônes, et partagea ce qui lui restoit suivant la connoissance qu'il avoit des besoins de ses diocésains. Ensuite, leur ayant donné le baiser de paix avec sa bénédiction, il les quitta en versant des larmes, et il se fit porter à Varzy pour y mourir, voulant être inhumé à La Charité-sur-Loire qui n'en est éloignée que de six ou sept lieues. L'établissement de ce monastère n'étoit pas le seul qui eût été fait de son temps dans le diocèse ; mais c'étoit le plus considérable. Frodon prévient ici l'objection qu'on auroit pu lui faire, pourquoi cet évêque, s'il aimoit tant sa cathédrale, ne lui donna pas la préférence pour sa sépulture. Il dit que se faisant inhumer à La Charité-sur-Loire, c'étoit comme s'il l'eût été dans l'église d'Auxerre : qu'une des preuves qu'il aimoit sa cathédrale fut l'amitié particulière qu'il portoit au monastère de La Charité, lequel, en peu de temps, avoit été magnifiquement bâti pour l'honneur et pour le secours de cette église, espérant qu'autant que Dieu y auroit de serviteurs, autant l'église d'Auxerre y auroit d'intercesseurs auprès de lui. Comptant donc fermement là-dessus, et voyant sa fin approcher, il manda son neveu Hugues, évêque de Nevers, homme de sainte vie, qu'il avoit autrefois ordonné du temps qu'il étoit prévôt d'Auxerre, et Girard, prieur et premier religieux de La Charité ; il fit la confession de tous ses péchés en leur présence, et rendit ensuite son âme à Dieu, le quinzième jour du mois de septembre. Cette précieuse mort arriva l'an 1076, suivant les chroniques du temps. Le corps du pieux évêque, ayant été conduit aussitôt au monastère de La Charité, y fut inhumé au milieu de l'ancienne église. Il a été depuis transféré dans une chapelle de la nouvelle où la pierre de son sépulcre s'est trouvée tellement mutilée qu'on n'y lisoit plus, il y a cent ans, que le commencement et la fin de cette inscription : *Hic jacet Gaudefridus episcopus Autissiodorensis : præbuit hic sacra pignora Juviniani.* Il a un éloge particulier parmi les additions faites au Nécrologe de la cathédrale du xie siècle. Ce qui y fut mis, peu de temps après sa mort, au 16 septembre, est conçu en ces termes : *Obiit, clarus consilio, amicus pacis ac pietatis episcopus : ecclesiæ quidem suæ dignus memoria, lacrymis et benedictionibus* (1). L'historien de la dédicace de La Charité, qui écrivit au xııᵉ siècle, le qualifie *vir miræ sanctitatis ac timens Deum*. Il ne faut point douter que ce ne fût lui, ou le prieur Girard, son ami, qui eût cimenté cette union de prières qui étoit alors entre les chanoines d'Auxerre et les moines de La Charité, dont la preuve se trouve dans le même manuscrit de la cathédrale au huitième jour de mars, en ces termes : *Eodem die, defunctorum commemoratio monachorum monasterii de Caritate solemniter; quod et ipsi pro defunctis nostris celebrant.*

L'église de Nevers s'est aussi fait honneur du nom de Geoffroy de Champ-Aleman. On lit cette annonce au 16 septembre dans un de ses anciens Nécrologes : *Obierunt Tibertus præcentor atque sacrista, et Gaufridus Autissiodorensis episcopus, et hujus ecclesiæ abbas et decanus.* Je ne sais si, par le titre d'abbé de Nevers que Geoffroy a porté, il faudroit entendre l'abbaye de Saint-Arigle alors située hors des murs de la ville. Au moins on lit, dans un titre de l'an 1110 (2), parmi les biens que Hugues III du nom, neveu de Geoffroy, avoit donnés aux chanoines de l'église de Saint-Cyr, le nom de l'abbaye de Saint-Arigle, et elle y est déclarée unie à ce Chapitre du consentement de Geoffroy, évêque d'Auxerre, qui la tenoit du même Hugues, évêque de Nevers.

ROBERT DE NEVERS, LIᵉ ÉVÊQUE D'AUXERRE.

On n'eut pas plutôt appris à Auxerre la mort du vénérable Geoffroy de Champ-Aleman, qu'on songea aux moyens de mettre en sa place une personne qui parût avoir le même zèle que lui. On jeta d'abord la vue sur l'archiprêtre Hunauld qui étoit renommé par son amour pour la simplicité, et passoit pour être le père des pauvres. C'étoit un homme qui méprisoit les pompes du siècle et qui alloit à pied de tous côtés pour annoncer la parole de Dieu. Mais aussitôt qu'il

---

(1) *Ampliss. collect. Martenne,* t. vı. | (2) *Diplom. Mabill.*, p. 595.

sut qu'on l'avoit choisi pour évêque d'Auxerre, il fit comme avoit fait, au commencement du vi^e siècle, le solitaire Eptade qu'on avoit voulu donner pour successeur à saint Censure; il s'enfuit et se retira dans un lieu si caché, qu'on se vit obligé de procéder à une seconde élection. Le nouveau choix tomba sur Robert, fils de Guillaume, comte de Nevers, et d'Hermengarde, comtesse de Tonnerre. Autant ce seigneur étoit noble du côté de son père qui descendoit du roi Henri, autant étoit-il distingué par celui de sa mère, dont la famille avoit produit (suivant la remarque de Frodon, écrivain de sa vie) quantité de gens savants. Il étoit également doué des belles qualités de l'esprit, comme de celles du corps : de sorte que tout jeune qu'il étoit, il possédoit déjà éminemment les vertus qui font les grands hommes. Quoiqu'il eût été élu dès le mois de septembre 1076, il ne fut sacré et intronisé qu'au mois d'août suivant, le jour de la fête de saint Etienne. Mais il fit voir, dès les commencements, qu'il étoit un vigoureux défenseur de l'église et de son peuple, en même temps que, pour la conduite des âmes, il étoit un pasteur modéré et plein de douceur.

A peine fut-il revêtu de sa dignité, qu'il songea à réprimer les courses que les Sénonois avoient la hardiesse de faire jusqu'à Auxerre. Ces ennemis perpétuels de notre église, ainsi que les appelle Frodon (a), et qui, par pure inclination pour la rapine, s'étendoient au delà de leurs limites (b), connurent à qui ils avoient affaire. Comme ils avoient désolé la terre d'Appoigny à un tel point qu'il n'y étoit resté que ceux qui n'avoient pu prendre la fuite et qui avoient été faits prisonniers, le nouvel évêque reconnut que cette place demandoit d'être fortifiée tout de nouveau, pour y faire revenir ceux qui l'avoient abandonnée. Il en fit un château ou place forte; et lorsqu'il y eut rassemblé tous les anciens habitants, ce lieu fut regardé comme une barrière contre les efforts des Séno-

---

(a) « *Dolosos Senonenses hujus hostes ecclesiæ et urbis perpetuos.* » (Gesta Pont.).
(*N. d. E.*).

(b) Ils avoient même fait des courses jusques sous les murs de la ville d'Auxerre.
(*N. d. E.*)

nois (*a*). Pourrein, qui passoit alors pour être la meilleure terre du Chapitre, étoit pareillement devenu désert à cause des extorsions de certains seigneurs qui avoient osé y exiger un double droit de sauvegarde. Mais aussitôt qu'il eut feint de vouloir leur déclarer la guerre, il les épouvanta de telle sorte, que bien loin d'être insensibles comme auparavant aux prières et même aux sommes que les chanoines leur faisoient offrir pour écarter leurs vexations, ils se virent obligés de proclamer, à haute voix, cette terre franche et quitte. Les habitants de Toucy, qui s'étoient révoltés au sujet des droits de l'église, furent aussi mis à la raison par le même évêque. Il est vrai qu'il n'en vint pas à bout si facilement; il crut, pour les tenir en respect, devoir suivre le conseil de son père, le comte de Nevers, qui lui persuada de bâtir un fort à Parly. Comme c'étoit une terre appartenant aux chanoines, ils s'en sentirent lésés. Mais le prélat consciencieux sut bien réparer le tort qu'il avoit causé. A prendre à la lettre les termes de son historien, il en vint demander pardon aux chanoines, prosterné en terre et versant des larmes; et il promit de les dédommager suivant le jugement d'arbitres sages et éclairés. Il savoit que le Chapitre souhaitoit fort de voir réunir au corps la dignité de Prévôt. Comme elle étoit alors remplie, il ne put faire cette réunion; mais, en attendant, il accorda aux chanoines l'abbaye de Notre-Dame, et leur abandonna deux prébendes, leur permettant de les conférer à qui ils jugeroient à propos.

Voici les autres bienfaits dont il combla cette église. A son entrée au trône épiscopal il donna un dorsal rouge (1). Il fit faire une tribune pour la lecture de l'Evangile, et il y employa la somme de quatre cents sols de ce temps-là. Il fit continuer le vitrage du chœur, dont on n'avoit fait que le fond du vivant de son prédécesseur. Comme les cryptes bâties par Hugues de Chalon étoient obscures,

---

(1) J'ai déjà dit que cela signifie des tapisseries qui se mettoient aux murs du chœur ou au dos des stalles.

(*a*) Pour entendre ceci, il faut se rappeler que le diocèse de Sens s'étendait jusqu'à Bassou, et que Appoigny était le seul point fortifié en avant d'Auxerre dans cette partie de ce dernier diocèse. (*N. d. E.*)

il leur donna du jour par le moyen de deux ouvertures qui servirent d'entrées. Les tours pour les cloches, qui ne s'élevoient que jusqu'au bas de la couverture de l'église, furent pareillement achevées par ses soins et à ses frais. Mais l'historien de sa vie met au-dessus de tous ces dons et de toutes ces dépenses, le règlement qu'il fit au sujet des chanoines décédés. Les évêques précédents avoient statué que lorsqu'un chanoine seroit mort, on tireroit des fonds de sa prébende pour faire mémoire de lui pendant le carême seulement : ainsi ce chanoine ne laissoit, à sa mort, que le revenu de quarante jours seulement à prendre sur sa prébende. Robert voulut et ordonna que le revenu de la prébende de chaque chanoine mourant fût censé courir pendant un an entier à compter du jour de sa mort; et que ce revenu fût perçu par un prêtre autre qu'un chanoine de la cathédrale, qui seroit tenu de dire la messe tous les jours pendant un an pour le défunt, réciter à son intention les heures canoniales, et faire pour lui des prières continuelles. Frodon, auteur de ce récit, étoit persuadé qu'un évêque qui avoit été si attentif de faire expier par les prières les fautes de ses inférieurs, ne pouvoit manquer d'obtenir de Dieu le pardon de ses fautes particulières, sans qu'il fût besoin de prier pour lui. Cependant, ce prélat ne fut point privé, non plus que les autres, du secours d'un anniversaire pour le repos de son âme, quoiqu'il parût ne l'avoir pas demandé. Un certain chevalier, appelé Atton, qui tenoit des évêques, par aliénation, une partie des moulins situés au-dessous des murs de la cité, et qu'on appeloit dès lors, pour cette raison, *les moulins de Sous-Mur*, intenta procès aux chanoines qui avoient l'autre partie des mêmes moulins. Robert, pour trancher toute difficulté, acheta d'Atton la portion qu'il avoit et la donna ensuite au Chapitre. Ce fut en vue de cette donation gratuite qu'on lui promit de faire chaque année son anniversaire. Son historien, qui l'avoit connu intimement, marque qu'il fut toujours d'une très-grande vigilance sur lui-même, et qu'il s'appliqua si fort à avancer dans la vertu aux dépens de sa santé, qu'il abrégea innocemment sa vie, de crainte de s'exposer à perdre la chasteté : que, quoiqu'il fût d'une haute naissance, d'une complexion sanguine, beau, et à la fleur de son âge, il sut se tenir en garde contre le danger en se privant de vin; et qu'il sut si bien modérer la vivacité inséparable de ces sortes de tempéraments, que jamais on ne le vit en colère. Si quelqu'un alloit jusqu'à l'injurier, il savoit si bien se contenir, que le calomniateur, étonné de sa patience, demeuroit tout confus, se frappoit la poitrine et le visage de regret d'avoir offensé un si saint homme qui auroit été très en état de tirer vengeance, et qui, cependant, ne le faisoit pas.

Parmi les donations et les nouveaux établissements qui se rapportent à son temps, on trouve le don de l'église de Nitry fait au monastère de Molême par Guibert de Château-Censoir, dont il accorda la confirmation. Ce fut lui qui érigea en titre d'abbaye l'église de Saint-Laurent, située à une lieue et demie de Cône, selon qu'il est marqué dans la vie de son successeur. L'église de Saint-Martin de Clamecy, fondée sous Geoffroy de Champ-Aleman, se ressentit aussi de l'inclination bienfaisante qui lui étoit si naturelle; il accorda que ceux qui possédoient des fiefs relevants de l'évêché, pussent en faire donation à ce nouveau Chapitre. Parmi les actes du XIe siècle étrangers à son diocèse, je ne le trouve témoin que dans un petit nombre. Il étoit présent, en 1080, à Cézy-sur-Yonne, à la concession que Geoffroy, comte de Joigny, fit aux moines de La Charité, de l'église de Notre-Dame de Joigny, de celle de Saint-Jean, et des chapelles de Saint-Martin et de Saint-Thibaud : et, l'année d'après, il paroit dans un concile tenu à Issoudun, en Berry (1), où le légat Hugues, évêque de Die, présidoit. Ce concile rappelle à la mémoire plusieurs autres assemblées précédentes qui furent tenues depuis l'an 1077, auxquelles notre évêque fut cité par le même légat pour avoir reçu l'investiture du roi, et auxquelles il refusa d'assister. Ce fut, en effet, environ ce temps-là qu'il étoit détenu prisonnier. Tortaire, moine de Fleury, en rapporte l'occasion (2). Il dit que le roi Philippe lui ayant commandé d'aller avec l'armée de Bourgogne contre Hugues, seigneur du Puiset en Beauce, et d'assiéger son château, cet évêque, étant en route, fit violer les immunités des ecclésiastiques, obligeant de tirer de l'église d'Yèvre

---

(1) *Spicil.* t. VI, p. 17.   (2) *Lib.* 4, *Miraculor. S. Bened.*

ce qui étoit nécessaire pour la nourriture des chevaux ; et comme il fut ensuite arrêté prisonnier devant le château de Puiset, dans une sortie que firent les habitants, il impute ce malheur à la témérité de ce prélat, lequel, selon lui, reconnut si bien avoir mérité cette punition, qu'il vint, depuis sa délivrance, demander pardon de l'infraction des immunités dans l'église de Saint-Benoit-sur-Loire dont dépend le lieu d'Yèvre. On ne peut douter de la réalité de cet emprisonnement de Robert qui a dû arriver en 1078 au plus tôt. Tortaire marque positivement que l'évêque d'Auxerre fait prisonnier, étoit fils de Guillaume, comte de Nevers ; ce qui exclut toute voie de pouvoir attribuer ce malheur à Geoffroy, son prédécesseur, quoique d'autres l'aient cru. Manassès, archevêque de Reims, fait mention de cette prise de l'évêque d'Auxerre dans l'apologie qu'il dressa vers ce temps-là, pour se justifier de n'avoir pas assisté au concile de Lyon (1), indiqué par le légat ci-dessus nommé. C'est un fait qui est hors de doute, et qui prouve que l'attachement de Robert à son prince le portoit à préférer ce qu'il lui devoit, à ce que le légat, partie étrangère, exigeoit de lui (a).

Le régime de vie que j'ai dit qu'il observoit durant son épiscopat, ne permit point que l'église d'Auxerre possédât au delà de sept ans et quelques mois un prélat si porté à en augmenter la splendeur. Les médecins avoient beau lui remontrer qu'il ne vivroit pas longtemps, s'il n'adoucissoit cette façon de vivre, et s'il ne buvoit un peu de vin ; il persista toujours à craindre que, s'il en usoit, la chair ne

(1) *Mus. Italic.*, t. I, p. 119.

(a) L'évêque Robert fut un des prélats cités par le légat pour avoir reçu du roi l'investiture. Il avait été nommé évêque avant l'âge canonique et était accusé de simonie. Il refusa plusieurs fois de se rendre aux conciles convoqués par le légat ; mais il fut enfin obligé d'aller se justifier à l'assemblée d'Autun, où plusieurs prélats, notamment Richer, archevêque de Sens, furent déposés et d'autres suspendus. Hugue de Die, rendant compte au pape Grégoire VII de la manière dont Robert avait été élu, rapporte que quoiqu'il fût dans les bonnes grâces du roi, il n'en avait cependant pas reçu l'investiture.

(*N. d. E.*)

se révoltât contre l'esprit. Il ne se rendit à aucune prière, ni à aucune exhortation. Le mal qui ne pouvoit guère différer à venir, quand même il auroit acquiescé aux avis qu'on lui donnoit, parut arriver au suprême degré dans un séjour qu'il fit à Nevers : il y prit l'habit de l'ordre de Saint-Benoît dans la maladie dont il fut atteint ; et, après avoir abondamment pleuré ses péchés, avoir fait sa confession de foi, ou, suivant l'autre sens que peuvent souffrir les termes de l'historien, après avoir reçu les sacrements selon l'usage des catholiques, il décéda le douzième jour de février de l'an 1084 : et il fut inhumé le lendemain dans l'église du prieuré de Saint-Etienne de la même ville. Un des historiens de Nevers (1), qui avoit fait des recherches sur cet évêque, m'a déclaré que sa sépulture a été vue dans la chapelle du sépulcre, aussi bien que celle de Jean le Clerc, chancelier de France, jusqu'à ce qu'un prieur commendataire employât cette chapelle à des usages profanes. On peut voir, dans le P. Labbe (2), l'épitaphe que lui dressa le chanoine Frodon, auteur de sa vie, et son contemporain. Les continuateurs du Nécrologe rédigé au commencement du xie siècle, ne le rendent mémorable que par ses bienfaits envers les chanoines et par quelques donations. On y lit cette annonce au 12 février : *Eodem die obiit Robertus hujus ecclesiæ episcopus, qui annuale beneficium pro defuncto canonico instituit, et molendinum subtus murum ab Atone acquisitum fratribus hujus ecclesiæ concessit, et sauvamentum duplex à Pulvereno... removit* (3). Ce qu'un obituaire du xiiie siècle abrége ainsi : *Obitus Roberti episcopi. ij. den. Debet capitulum pro molendinis de subtus murum, et pro duplici salvamento quod dedit apud Pulverenum.*

---

(1) Dom Dolet, bénédictin de St.-Martin-des-Champs à Paris.

(2) Page 456.

(3) *Martene Ampliss. Coll. t.* vi, col. 691.

CHAPITRE VI.

LE VÉN. HUMBAUD, LIIe ÉVÊQUE D'AUXERRE.

Histoire de sa vie.

L'église d'Auxerre fut si inconsolable de la mort de Robert de Nevers, et la perte qu'elle avoit faite en sa personne fut jugée si difficile à réparer, que le siége épiscopal resta vacant pendant trois ans (a). C'est un intervalle de temps auquel plusieurs écrivains n'ont point fait attention, quoiqu'il soit assez clairement marqué dans l'avertissement que Frodon a mis à la tête de la vie du même Robert. Aussi ne peut-on s'exempter de l'admettre pour atteindre le pontificat d'Urbain II, au commencement duquel il est sûr que son successeur fut intronisé. Ce successeur fut Humbaud, noble Auxerrois, fils d'un autre Humbaud et d'Adèle, lequel, après avoir été élevé dans le clergé de la cathédrale, sous l'évêque Héribert qui l'avoit tonsuré et fait chanoine, donna des marques si éclatantes de toutes sortes de vertus, qu'il fut jugé digne de passer par tous les degrés de la cléricature, et même de devenir le doyen du Chapitre. Cette dignité, qui lui est attribuée par l'historien de sa vie, se trouve confirmée dans l'acte de fondation des chanoines de Saint-Martin de Clamecy où il est qualifié tel, aussi bien que dans une très-ancienne légende de l'office des saints Alexandre et Chrysante (1). Humbaud, ayant donc été élu évêque d'Auxerre par le clergé et le peuple, prit la route d'Italie pour se faire sacrer par le pape. On ne connoit aucune raison qui ait pu l'empêcher d'aller à Sens pour

1087 à 1114.

---

(1) *Vetera Antiphonar. ad usum Autiss.* XIII *seculi.*

(a) Le *Gesta Pontificum* ne dit que deux mots, en passant, sur les troubles qui se sont élevés à la mort de Robert de Nevers et qui ont empêché l'élection de son successeur. — *Voy.* au commencement de la vie de Robert de Nevers. (*N. d. E.*)

se faire imposer les mains par l'archevêque Richer et par ses suffragants : l'histoire reste là-dessus dans un profond silence (a) et se contente de marquer qu'il alla à Milan, où le pape Urbain II faisoit sa résidence à l'occasion du mouvement de quelques hérétiques ; que les députés du clergé d'Auxerre le présentèrent au pontife qui le sacra évêque le sixième jour de mai, et qu'étant de retour à Auxerre, il y fut reçu avec les solennités ordinaires par le clergé et le peuple.

La description que l'auteur de sa vie nous a laissée de son caractère est des plus avantageuses. Etant d'un naturel doux et pacifique, il mérita l'estime de tous les diocésains qui aimoient la paix et la tranquillité. Cette douceur n'empêcha point qu'il ne fût doué d'un esprit pénétrant. Il eut outre cela, en partage, la prudence dans ses discours, avec le talent de donner de sages conseils. Son visage et tout son extérieur démontroient une certaine gaieté qui faisoit juger de la tranquillité de sa conscience. Il étoit affable généralement envers tout le monde, et il se rendoit utile aux uns et aux autres tant au dedans qu'au dehors. Il assistoit à l'office aux heures convenables, et il réservoit un certain temps pour s'entretenir avec ses amis sur son temporel et sur le leur. Etant noble de naissance, il aimoit assez la compagnie des personnes de qualité, c'est-à-dire des chevaliers de son temps ; mais il témoignoit encore davantage d'affection envers son clergé. Il traitoit ses chanoines à table avec plus de profusion, et leur faisoit des présents d'habits qui marquoient sa magnificence. Pour réprimer les mouvements de la chair, il commença, dès les premiers jours de son épiscopat, à s'abstenir de manger de la viande, se contentant de légumes et de ne boire que très-peu de vin. Quoique ce fût envers tous qu'il exerçât l'hospitalité, cela n'empêchoit point que les repas qu'il donnoit ne fussent splendides, et

---

(a) La brièveté du *Gesta Pontificum* au sujet des événements qui retardèrent l'élection de l'évêque Humbaud, ne permet que des conjectures sur le motif qui le porta à aller à Milan se faire sacrer par le pape, au lieu d'avoir recours à son métropolitain. Il est probable que l'archevêque Richer, qui, après avoir été déposé, avait été rétabli sur son siége par le pape, ne lui inspirait pas une entière confiance, ou que peut-être il s'était même opposé à l'élection de Humbaud. (*N. d. E*).

il vouloit qu'il y eût toujours à sa table quelques pauvres, disant qu'il est écrit : *qu'un évêque est inhumain, s'il exclut quelqu'un de sa table*. Tous les jours de carême il en nourrissoit douze, auxquels il donnoit, outre cela, des sommes d'argent le jeudi-saint, et à Pâques il en habilloit un grand nombre. Comme il n'étoit point attaché à l'argent, il en faisoit souvent usage pour terminer toutes les disputes. Il arriva quelquefois que ses barons furent en différend les uns avec les autres : après avoir employé toutes les voies de patience et de douceur, il fit distribuer du sien à celui qui étoit le plus opiniâtre, afin de rendre la paix plus ferme et plus solide. Si un laïc se plaignoit qu'un ecclésiastique lui eût fait du tort dans ses biens, ou qu'il l'eût insulté, il employoit, en cette occasion, la simplicité de la colombe et la prudence du serpent : il faisoit couvrir la faute de l'ecclésiastique ; et, s'il étoit nécessaire, il tiroit de sa bourse quelque somme pour assoupir l'affaire.

Mais il n'en étoit pas de même dans ce qui regardoit son église. Il fit voir, en ces occasions, une très-grande fermeté. La longue vacance du siége avoit été cause que certains seigneurs, qui tenoient des baronnies de l'évêque, s'étoient emparés de quelques biens de l'évêché. Humbaud arrêta, par les censures ecclésiastiques, Geoffroy de Donzy qui occupoit déjà le château de Varzy, et qui causoit de grands dommages à la terre et aux habitants. Un autre seigneur, nommé Hugues-le-Manseau, s'étoit emparé du revenu épiscopal de Cône : il se le fit restituer par le même moyen, aussi bien que ce qui avoit été pris à Toucy par les barons du lieu. Il fit cesser plusieurs mauvaises coutumes ; entre autres, celle qui autorisoit les comtes à s'emparer, après la mort de l'évêque, de tous les meubles de sa maison. Le comte Guillaume en fit l'abandon pour toujours sur l'autel de la cathédrale, du consentement d'Adelaïs son épouse. Les seigneurs des paroisses étoient dans l'usage d'exiger, chaque année, un repas du curé. Il fit défense à tous les curés, en plein synode, de se soumettre désormais à cette coutume, alléguant une décrétale qui passoit alors pour être de saint Étienne, pape. Il obligea pareillement quantité de laïcs d'abandonner les droits qu'ils prétendoient avoir sur certaines églises, comme les offrandes, les droits de sépulture, et même des églises entières dont ils s'étoient emparés. Ces biens ecclésiastiques, ainsi retirés des mains des séculiers, servirent depuis à enrichir plusieurs nouveaux monastères de son diocèse dont je parlerai ci-après.

Outre qu'il rentra en possession de Varzy, Cône et Toucy, il procura plusieurs autres augmentations au temporel de l'évêché, et il orna de nouveau les lieux qui lui parurent en avoir besoin dans ses terres. Il fit acquisition, pour lui et pour ses successeurs, de la moitié d'une terre située entre Courçon et Andrie, qui s'appeloit alors, en latin, *Laurea*, et qui n'est autre apparemment que la Chapelle-Laurent. Il remit en bon état le clos de vigne de l'évêché, situé proche Auxerre, qu'il avoit trouvé fort négligé. Il rendit au clos épiscopal d'Appoigny sa première fécondité : c'est ce lieu qui a pris depuis le nom de Regeannes (1). Il fit revenir à cette terre le four, et le moulin situé sur la rivière d'Yonne, aussi bien qu'une grande étendue de campagne qui s'appeloit alors *Campi-Condominicati* ; c'est-à-dire les terres du domaine ou du seigneur (a), et il y fit réellement acquisition de plusieurs serfs. Ayant trouvé les fortifications d'Appoigny détruites, il vint à bout de les réparer, et il en ajouta de nouvelles. Il fit aussi diminuer de quarante sols le droit de quinze livres qu'on payoit, chaque année, au comte de Joigny, au sujet de la clôture du château de ce lieu. Il bâtit à Gy une maison de pierre, avec une chapelle pour l'utilité des évêques, et il y fit planter plusieurs vignes. Il augmenta de beaucoup le revenu de la terre de Varzy. Il retira des mains des laïcs l'église paroissiale de Saint-Pierre, aussi bien que les oblations qui se faisoient en celle de Sainte-Eugénie, aux jours de la Pentecôte, de Noël et de la fête de cette sainte. Il y fit construire un clos de vignes; il attacha à la seigneurie tous les serfs des deux sexes, les maisons et terres tant cultivées

---

(1) *Regius amnis*. On écrit plus communément Regennes.

(a) Il faut remarquer que jusqu'au XIIe siècle, les héritages recevaient une désignation différente, selon qu'ils appartenaient à des seigneurs, à des hommes libres ou à des serfs. Les *campi condominicati* dépendaient du manse ou manoir seigneurial *(domini)* et en prenaient le nom. (*N. d. E.*)

qu'incultes. L'évêque d'Auxerre n'avoit point eu jusqu'alors de maison épiscopale dans la ville de Cône ; il y en construisit une qui étoit magnifique pour le temps, et il orna très-proprement la chapelle de Notre-Dame qui en étoit voisine. Il retira pareillement, quoiqu'à grande peine, des mains des laïcs, l'église de Saint-Laurent de la même ville. Enfin, il bâtit, à Toucy, une maison épiscopale, et il augmenta considérablement les revenus de cette terre. Il songea à mettre tous ces biens sous la protection du pape. On voit par la lettre de Pascal II, rapportée dans la vie de cet évêque, qu'il avoit exposé que toutes ces terres et même le diocèse entier d'Auxerre avoient été le patrimoine de saint Germain. Quoiqu'il en soit, le pape lui accorda sa demande, et déclara qu'il prenoit *la sainte église d'Auxerre*, et tous les biens qu'elle possédoit, sous la protection du siége apostolique.

1087 à 1114.

Le détail de tout ce qu'il fit pour l'embellissement de son église cathédrale est de longue étendue. Il la fit recouvrir à neuf : il fit élever une flèche de charpente sur la tour qui étoit alors au-dessus de la chapelle de Saint-Alexandre : et, à l'égard de l'autre tour qui étoit bâtie au-dessus du chœur, il la fit voûter de grosses pierres, pour éviter les accidents qui auroient pu arriver aux cloches. Il fit faire un vitrage très-beau aux quatre fenêtres qui éclairoient le grand autel, aux deux qui donnoient sur le chœur, et à vingt-trois autres fenêtres de la nef. Il donna cinq chandeliers d'une hauteur prodigieuse, où l'on devoit placer des cierges pour éclairer, pendant la nuit, le clergé et les fidèles qui venoient à l'office. Il fit encore présent d'une grande courtine ou voile de lin, ornée de figures de rois et d'empereurs, laquelle devoit être placée au côté gauche de l'église les jours de fête ; et y ajouta trois pièces d'étoffe précieuse qui avoient coûté mille sols, dont deux représentoient des lions grimpants, et la troisième des figures de rois à cheval. De plus, il donna deux grandes pièces de tapisseries de laine qui représentoient des lions de différentes couleurs, et deux beaux tapis pour orner les siéges du chœur ; quatre chapes d'étoffe, trois dalmatiques, sept aubes très-bien conditionnées, des chasubles, étoles et manipules, et enfin plusieurs livres concernant l'office épiscopal. Les peintures furent aussi une décoration qu'il employa. Il en fit faire d'excellentes au-dessus de l'autel de Saint-Etienne (a), dans les cryptes au-dessus et au-dessous de l'autel de la Trinité. Il voulut qu'on représentât, dans la crypte de Saint-Nicolas, les images du Sauveur, de la sainte Vierge et de saint Jean l'évangéliste. Les deux églises qui portent le nom de Notre-Dame, à Auxerre, se ressentirent aussi de son attention. Il fit relever celle de Notre-Dame de la cité, qui tomboit presque en ruine, et l'ayant rebâtie entièrement, il en célébra la dédicace. A l'égard de Notre-Dame-la-d'Hors, on sait seulement qu'il fit recouvrir d'assis tout à neuf le chœur de cette église.

Ayant orné et décoré l'église cathédrale, il n'oublia pas ceux qui la desservoient. Il leur donna l'église d'Accolay avec les dîmes qu'il avoit acquises de Guibert de Château-Censoir, chevalier. Il leur donna de plus l'église de Crevan avec des dîmes; il leur remit le droit de *parète* (1) ou de parate que lui devoient ces deux églises. Ce fut à l'occasion de ces dons que le Chapitre obtint de lui qu'il augmentât de deux le nombre des prébendes. Il ajouta à ces donations l'église de Coulons aussi avec ses dîmes (b), qu'il avoit achetée de Morund, chevalier : il leur en remit de même la *parète*, et n'exigea d'eux autre chose, sinon qu'ils relevassent l'église qui étoit tombée. Il travailloit, sur la fin de sa vie, à retirer des mains de Hugues-le-Manseau l'église d'Oisy avec les droits sacerdotaux et les dîmes ; et il avoit promis, s'il en venoit à bout, de donner encore cette église aux chanoines pour l'augmentation de leur mense : mais il ne put consommer cette affaire. Il n'y eut qu'une seule chose en laquelle il parut répréhensible : ce fut d'avoir conféré la prévôté du Chapitre à son neveu Ilger ; mais il ne le fit que du consentement des chanoines. Il consulta là-dessus le pape Pascal II, qui leur en

---

(1) *Paretam*. Ce terme est expliqué plus haut, page 257.

(a) C'est à la voûte : « *Caput ecclesiæ super altare S. Stephani mirabili et preciosa pictura decoravit.* » — Voy. Gesta Pontif. (N. d. E.).

(b) Le pays de Coulons est détruit ; il existait entre Courgis et Saint-Cyr. Ce dernier village en porte encore le surnom. (N. d. E.)

écrivit une lettre de remerciement, et leur déclara qu'il prenoit ce prévôt sous sa protection, défendant à toutes personnes de l'inquiéter.

Il ne reste plus qu'à parler des biens qu'il fit aux monastères, et de ceux qui furent érigés de son temps, ou des changements qui y survinrent sous son épiscopat. Le plus considérable établissement fut celui de l'abbaye de Pontigny, qui commença dans une terre de franc-aleu d'un chanoine de la cathédrale, appelé Hildebert (1). A la prière de ce chanoine, Humbaud y mit des religieux de la règle de Saint-Benoît sous l'institut de Cîteaux, et leur donna pour premier abbé Hugues de Mâcon. Ceci se fit sur la fin de son épiscopat. Bien auparavant il avoit obtenu d'Urbain II, dans le concile de Nîmes, que le monastère de Saint-Germain, que d'anciens rois de France avoient enlevé à son église, rentrât sous sa juridiction : en sorte que l'évêque d'Auxerre seroit en droit d'y donner un abbé, et de veiller à l'observation de la discipline régulière (a). Ce fut à quoi il tint la main, autant qu'il lui fut possible. Je ne puis passer sous silence ce qui y donna occasion. Guibert, abbé de ce monastère, étant tombé dans une faute considérable, fut dénoncé à notre évêque par ses propres moines (2). Le prélat le cita au concile qui devoit se tenir à Nîmes. Guibert, se sentant coupable, y fit cession de son abbaye entre les mains d'Urbain II. Ce pape, connoissant par lui-même quelle avoit été l'ancienne splendeur du monastère de Saint-Germain d'Auxerre, marqua de la douleur d'apprendre le triste état où il se trouvoit réduit ; il tira à l'écart l'évêque Humbaud, le reprit doucement de sa négligence, lui remit entre les mains la crosse de Guibert, et lui dit de mettre la réforme dans le monastère, lui indiquant les abbayes de la Chaise-Dieu, de Cluny, ou de Marmoutier, pour en tirer un religieux qui pût y rétablir la règle. Humbaud obtint d'abord une colonie de Cluny, laquelle ne put

(1) *Chron. Rob. S. Mariani.*

(2) *Gesta abbatum S. Germani in Guib. t.* 1, *Labb.*

(a) Cette soustraction avait eu lieu au temps que les ducs de Bourgogne étaient abbés laïcs de Saint-Germain. Mais l'indépendance vis-à-vis l'Ordinaire ne devint réelle qu'au XIIIe siècle, après de longs procès entre les évêques et les abbés.

(*N. d. E.*)

réussir. Il avoit écrit aux abbés de la Chaise-Dieu et de Marmoutier pour la même fin. Mais les Cluniciens empêchèrent l'effet de ses lettres. Il ne vint parfaitement à bout de réformer cette abbaye, que par le moyen d'Etienne, comte de Champagne qui, étant venu à Auxerre, s'unit à lui pour écrire à saint Hugues, abbé de Cluny, duquel ils obtinrent un religieux pour en être abbé : et cet abbé se comporta si dignement dans cette fonction, que par la suite il devint évêque d'Auxerre. Ce fut aussi l'évêque Humbaud qui mit des chanoines réguliers dans les églises de Saint-Père et de Saint-Eusèbe : mais il ne les tira pas d'une même maison, à cause des inconvénients qu'il pouvoit prévoir dans ces sortes d'associations. Comme cette dernière église étoit le cimetière des chanoines de la cathédrale, en y établissant des réguliers tirés de l'abbaye de Saint-Laurent, proche Cône, il leur donna le revenu de l'annuel des messes que Robert, son prédécesseur, avoit destiné pour un prêtre qui célébroit à l'intention des chanoines décédés. Cette disposition, qui se fit du consentement du clergé et du peuple (a), fut aussi approuvée par Hervé, évêque de Nevers et chanoine d'Auxerre, lequel se trouva au pays. Il attribua à l'abbaye de Saint-Laurent, dont je viens de parler, quatre églises du voisinage qu'il avoit retirées de la main laïque, savoir : celle de Guarchy, celles de Tracy, de Saint-Martin-du-Troncet et de Saint-Quentin. L'historien de sa vie ne nomme que ces quatre églises : mais le Nécrologe de cette maison, écrit au XIIIe siècle, marque positivement que ce fut lui qui leur donna l'église de Saint-Cyr-les-Coulons. Le célèbre prieuré de La Charité-sur-Loire eut aussi de lui un grand nombre d'églises qu'il avoit ôtées aux laïcs. L'histoire ne les spécifie pas : mais il y a apparence que ce n'en furent point d'autres que celles qui sont aux environs de ce monastère. Quoique l'historien de sa vie n'ait point fait mention de la maison de Crisenon, on sait, cependant, par les monuments de ce monastère, que ce fut de son temps et de son consentement que ce lieu fut destiné à loger les religieux que saint Robert de Molême y

---

(a) « *Cum consensu totius cleri et populi.* » — *Voy.* Gesta Pontificum. (*N. d. E.*)

envoya, et qui furent dotés par trois seigneurs de la maison de Toucy. Mais, depuis ce temps-là, ce monastère a été changé en abbaye de filles.

La réputation que s'étoit acquise l'évêque Humbaud le fit appeler à presque toutes les assemblées d'importance qui se tinrent de son temps. On a vu qu'il assista au concile de Nîmes de l'an 1096 (1). Il se trouva depuis à celui d'Etampes tenu l'an 1099; à un autre tenu à Anse, proche Lyon, l'an 1100; à celui de Troyes de l'an 1104, et à celui qui fut célébré à Paris la même année ou la suivante. Son nom paroît aussi en différents autres actes. Il est parmi ceux des prélats qui assistèrent à la dédicace de l'église priorale de Saint-Etienne de Nevers, faite l'an 1097 par Yves de Chartres. Il est aussi à la fin de l'acte de la donation que Robert, évêque de Langres, fit à Sens l'an 1101 à l'abbaye de Molême (2). Humbaud étoit en 1107 (a) au monastère de Saint-Benoît-sur-Loire, lorsqu'on y fit la cérémonie de la translation du corps de ce saint, d'une châsse dans une autre : et en 1108, au mois de juillet, lorsqu'on y fit des funérailles du roi Philippe I. Il assista pareillement au couronnement du roi Louis-le-Gros, qui fut fait en l'église cathédrale de Sainte-Croix d'Orléans, le dimanche 2 août 1108 (3) : il fut aussi du voyage que ce prince fit à Bourges la même année, et il y souscrivit à un privilége donné par ce roi à l'abbaye de Saint-Benoît, avec tous les premiers du royaume. Dans la suivante, il parut à Nevers, au mois de février, comme l'un des médiateurs de l'accord qui y fut passé entre Norgaud, évêque d'Autun, et les moines de l'ordre de Cluny (4), au sujet des curés qui gouvernoient les églises dépendantes des maisons de cet ordre. En 1110, il

---

(1) Quelques-uns ont cru mal à propos que la lettre H qui commence le nom de cet évêque signifia Hugues.
Dans l'édition de la chronique de Vézelay donnée par Dom d'Achery, au titre d'une lettre du pape Pascal II qui est de l'an 1103, Humbaud est mal à propos nommé Hugues.

(2) Cet évêque fut présent au serment que le roi Philippe I. fit en 1104 de quitter Bertrade.
(3) *Cartular. Floriac.*
(4) *Tabul. Prior. de Paredo in fine Pœnit. Theodori Cantuar.*, p. 666.

(a) C'est au mois de mars 1108. *(N. d. E.)*

accorda l'abbé de Saint-Benoît-sur-Loire avec les seigneurs de Toucy, par un traité passé dans le Chapitre de son église cathédrale (1). Enfin, l'histoire de Paris, rapportant la fondation de l'abbaye de Saint-Victor à l'an 1113, certifie qu'à cet acte paroît, entre autres sceaux, celui d'Humbaud, évêque d'Auxerre.

Parmi les lettres d'Yves de Chartres, il y en a deux adressées à notre évêque. La cent soixante-sixième est à l'occasion de Mathilde, fille de Hugues-le-Blanc, qui étoit recherchée en mariage par un seigneur du diocèse d'Auxerre. Yves mande à Humbaud qu'il ne fasse point de difficulté de les marier, attendu que le mariage précédent étoit nul. Dans l'autre, qui est la deux cent quarante-unième, il écrit à Humbaud, qu'une affaire qui a été terminée par un jugement ecclésiastique ne doit pas être traitée de nouveau par-devant le comte ; et il déclare, en passant, que ce comte est féal du siége épiscopal.

Il y avoit près de vingt-cinq ans que Humbaud étoit évêque d'Auxerre, lorsqu'il entreprit le voyage de Jérusalem. Ayant donc laissé tout en paix dans son clergé, il se mit en chemin ; il arriva heureusement en Palestine, et il y visita les lieux saints avec des sentiments de piété dont il étoit attendri jusqu'aux larmes. Ne perdant point de vue, dans ces pays-là, les besoins de son église, il y fit acquisition de plusieurs ornements, et s'embarqua dans le dessein de lui en faire présent à son retour. Mais Dieu ne permit pas qu'il arrivât jusqu'aux côtes de France. Son historien dit que le vaisseau ayant été brisé par la tempête, tous ceux qui étoient dedans périrent dans les flots de la mer, et que le saint évêque y rendit l'âme comme les autres, en implorant la miséricorde de son Créateur. Ce malheur arriva le 20 octobre 1114, auquel jour l'obit de ce saint prélat se trouve marqué par une annonce très-ample dans l'ancien Nécrologe, au bout duquel est écrit le catalogue des chanoines de son temps avec son nom à la tête. Cette annonce n'est qu'un extrait de l'histoire de sa vie que je viens de rapporter. Mais on y lit, au 7 mai, que ce fut son neveu Ulger ou Ilger, prévôt

(1) Archiv. Floriac.

du Chapitre, qui fonda son anniversaire, et qu'il donna à l'église un moulin qu'il avoit bâti à Aiglény, à condition qu'il y auroit ce jour-là un repas commun pour les chanoines (1).

CHAPITRE VII.

SAINT HUGUES DE MONTAIGU, LIIIe ÉVÊQUE D'AUXERRE.

Histoire de sa vie.

Aussitôt qu'on eut appris, à Auxerre, la triste mort de l'évêque Humbaud, le clergé ne perdit point de temps, et, après quelques jours de délai, la plus grande partie choisit pour lui succéder l'abbé de Saint-Germain. On a déjà vu, ci-dessus, que c'étoit un moine envoyé par saint Hugues de Cluny, son oncle, pour rétablir le bon ordre dans cette abbaye. Il étoit fils d'un seigneur appelé Dalmace, du château de Montaigu, au territoire de Cluny, et il avoit sucé, dès sa plus tendre jeunesse, une forte inclination pour tout ce qui ressentoit le cloître. Mais, étant élevé à la dignité d'abbé, il n'en étoit pas devenu plus enflé d'orgueil et il avoit toujours conservé l'esprit d'humilité. Son élection à l'épiscopat fut un peu traversée. Ulger, prévôt de la cathédrale, s'y opposa avec quelques chanoines qui lui avoient donné leur suffrage ; ces opposants furent même soutenus par le roi Louis-le-Gros, en sorte que ce prince refusoit de lui accorder les revenus de la régale appartenant à l'évêché. Ce fut ce qui obligea d'acquiescer aux sollicitations de ceux qui l'avoient élu, et de prendre le parti d'aller à Rome avec les partisans d'Ulger, afin que le pape décidât sur son élection. Il alla donc trouver Pascal II, auprès duquel sa cause parut si juste, que ce pape lui donna

---

(1) Ce bien fut connu pendant plusieurs siècles sous le nom de moulin d'Ulger : mais comme la plupart des noms se corrompent par le défaut de vigilance de la part des écrivains ; au lieu d'Ulger, on dit aujourd'hui Fulger.

lui-même la consécration épiscopale, l'an 1115. Une remarque, qui fut faite par ceux qui étoient portés pour lui, est qu'à l'ouverture du livre d'où l'on tiroit les pronostics sur le sort des prélats, on trouva ces paroles de l'ange : *Ave (Maria) gratia plena*, ce qui fut pris pour un bon augure touchant sa chasteté, son humilité, etc.

Etant d'accord avec son contendant et avec ceux qui l'appuyoient, il retourna rempli de joie à Auxerre, où il fut reçu par le clergé et par le peuple qui accoururent au-devant de lui. Le comte Guillaume, qui étoit alors détenu prisonnier par Hugues-le-Manseau, lui fit témoigner la joie qu'il avoit de le voir élevé sur le siége épiscopal. Il alla aussitôt après à la Cour pour saluer le roi, et il trouva ce prince heureusement revenu de ses anciennes préventions.

De retour dans son diocèse, il s'y comporta toujours d'une manière édifiante, fuyant le tumulte du siècle, et conservant l'esprit de solitude au milieu des embarras de la sollicitude pastorale. On remarqua qu'il fréquentoit toujours avec joie et simplicité de cœur les cloîtres des moines; il ne souhaitoit pas même, lorsqu'il étoit parmi eux, qu'on lui donnât le nom d'évêque, ni de paroître comme tel, mais simplement qu'on le regardât comme moine suivant le précepte évangélique : « Que celui qui est le plus grand parmi » vous soit comme le plus petit, etc. » Il avoit aussi continuellement présent à l'esprit ce passage de saint Jérôme : « La ville m'est » une prison : la solitude m'est un paradis. Si vous voulez être » moine suivant la signification de votre nom, c'est-à-dire, seul ; » que faites-vous dans les villes ? » Il demeura fort souvent dans le monastère de La Charité-sur-Loire, où l'on vivoit suivant l'institut de Cluny ; et de crainte d'être à charge au monastère, il y faisoit porter, de ses châteaux de Varzy et de Cône, du blé et du vin pour son usage, et pour le soulagement des malades qui venoient s'y retirer. On ne sera pas étonné, après ce que je viens de rapporter de son inclination pour le cloître, de lire dans Orderic Vital (1), à l'an 1132, que ce fut lui qui, par sa présence dans le Chapitre de

---

(1) *Lib.* 13.

Cluny, appuya davantage les pieux efforts que fit l'abbé Pierre pour réformer cet ordre : mais seulement de ce que cet historien de Normandie lui donne le nom de Radulfe qu'il ne porta jamais.

1115 à 1136.

Il visita aussi plusieurs fois et avec plaisir les monastères de l'ordre de Cîteaux. Cet ordre étant alors fort nouveau, comme le dit son historien témoin du temps, n'avoit pour soutien, selon le même auteur, qu'une pauvreté joyeuse et volontaire. Sur ce principe, le prélat fournissoit à ces religieux, autant qu'il pouvoit, ce qui leur étoit nécessaire pour les besoins de la vie. Cette attention parut plus particulièrement envers les abbayes de Bourads, de Roches, et de Regny qui furent fondées de son temps dans son diocèse (a). Lorsqu'il se trouvoit dans ces maisons, il s'appliquoit attentivement au soin des malades, il les consoloit par ses discours, et il leur faisoit donner à manger à ses propres frais. Je rapporterai plus bas les preuves de son attention envers ces monastères et ceux des autres ordres. Mais, de toutes les maisons religieuses, celle où il ressentoit une joie plus extraordinaire, fut celle de Clairvaux, à cause de la compagnie de saint Bernard qui vivoit dans une haute réputation de sainteté, et avec lequel il pouvoit observer, avec plus de simplicité de cœur, toutes les pratiques pénibles et humiliantes des

---

(a) A cette époque, il était d'usage dans les monastères associés en communauté de prières, de se faire part réciproquement de la mort de leurs abbés, et même des simples moines. Un frère partait avec un *rotulus* ou rouleau contenant le nom du mort suivi dans l'occasion d'éloges pompeux, et il s'arrêtait à chaque abbaye sur sa route, demandant des prières pour le défunt. On inscrivait alors sur son rouleau quelques mots de prières ou de condoléance, et le nom de la maison, puis le moine passait. Parmi le petit nombre de documents de ce genre qui ont été conservés (Arch. du Roy., armoire de fer), on cite celui du B. Vital, abbé de Savigny, mort en 1122. Un jeune élève de l'abbaye de Saint-Germain d'Auxerre y a tracé ces mots :

VERSVS PVERILES.

Abas Vitalis tibi sit lax, vita perhennis,
Nam dum vixisti, vestes escamque dedisti.

Ce distique nous montre que l'on continuait à cultiver les humanités dans les écoles de l'Abbaye. Grande est la rareté des documents concernant cette intéressante partie de l'histoire de notre pays, et cela nous a déterminés à cette digression. (*N. d. E.*)

moines. Les propres termes de son historien ne seront point ici de trop : « Hugues, dit-il, étant un certain jour à Clairvaux, l'abbé
» et le couvent, dont la coutume est de gagner de l'ouvrage de
» leurs mains de quoi vivre et de quoi soulager ceux qui sont dans
» la nécessité, allèrent dans un champ pour y moissonner. L'évêque
» prenant la faucille en main, se mêla parmi les moines, comptant
» profiter beaucoup du côté de l'âme, toutes les fois qu'il lui
» arriveroit de leur tenir compagnie dans le travail. On arrive au
» champ où étoit le grain à recueillir ; chacun se met à scier le
» blé. Les gerbes étant faites, voici qu'une nuée fort noire parut
» au-dessus d'eux, et couvrit le champ où ils étoient. Le véné-
» rable abbé Bernard ne s'épouvanta point de la voir, et ayant
» toujours grande confiance en cette parole de Jésus-Christ : « Tout
» est possible à celui qui croit, » il se tourna vers l'évêque, et
» il lui dit : « Père, commandez à cet orage qui est prêt à fondre,
» qu'il ait à passer outre. » Mais lui, toujours dans des sentiments
» d'humilité, répondit ainsi : « Je ne suis pas digne de le faire ; c'est
» à vous à prier, et je m'assure que le Seigneur vous exaucera. »
» L'abbé, au contraire, lui dit : « Et vous mon père, priez donc,
» et je prierai avec vous. » Ensuite ils se mirent tous deux en
» oraison, et le Seigneur les écouta. La nuée se retira, le ciel devint
» serein, et les saints moissonneurs ramassèrent leur grain en bon
» état. »

Mais il est temps de suivre ce saint prélat dans son diocèse et dans ses occupations épiscopales. Celui qui rédigea ses attentions par écrit, environ trente ans après sa mort, assure, que quoiqu'à peine pût-on trouver alors un seul prélat dans l'Eglise, de quelque rang qu'il fût, qui ne comblât d'honneurs et de bénéfices ecclésiastiques ses proches, tout indignes qu'ils en fussent, il n'en fut pas de même de lui. Il fut le seul, parmi une infinité d'autres, qui refusa de donner une prébende à un de ses neveux. Il y avoit alors un certain clerc, nommé Etienne, très-versé dans les affaires temporelles. Cet ecclésiastique avoit été fort considéré et aimé dans l'abbaye de Saint-Germain, dès le temps que Hugues en étoit abbé, et il continuoit de l'être sous Gervais, son successeur, parce qu'il étoit issu d'un

des bourgeois de la même église. Les moines et principalement l'abbé prièrent souvent l'évêque de le faire chanoine de Saint-Etienne : mais comme ils ne cessoient de lui réitérer chaque jour les mêmes supplications : « C'est en vain, leur dit-il, que vous
» me priez en sa faveur, il ne sera jamais mon chanoine tant que
» je serai évêque ; car, j'estime qu'aussitôt qu'il sera pourvu d'un
» canonicat dans l'église de Saint-Etienne, il cherchera trop à faire
» son profit sur les biens de cette église. » L'effet suivit les paroles du saint homme : car, après sa mort, son successeur l'ayant fait chanoine et l'ayant pris pour l'un de ses confidents, on vit l'accomplissement de la prédiction. Une autre preuve de la délicatesse de ce prélat en matière de bénéfice, est l'histoire qui arriva à l'économe de sa maison épiscopale. Une personne à qui il avoit conféré un bénéfice vint, au bout de quelque temps, trouver le moine qui lui servoit d'homme d'affaires, et le pria d'accepter une certaine somme pour la dépense de la maison. Le moine prit le présent avec bien des actions de grâces, et le garda. Peu de temps après y faisant attention et songeant que dans ce présent il pouvoit y avoir quelque chose qui blessât la conscience de l'évêque dont il n'ignoroit point la droiture, il lui déclara ce qu'il avoit reçu, et de qui il le tenoit. Le prélat tâcha de se rappeler par quelle raison la personne avoit pu se déterminer à lui faire un présent de cette conséquence, et il se ressouvint qu'il lui avoit donné un bénéfice. Aussitôt, animé d'une sainte colère contre son économe : « Mon frère, lui dit-il,
» il ne convient pas à notre profession de prendre pour règle ce
» qu'un payen a dit : *Ne vous inquiétez pas d'où le bien vous vient,*
» *pourvu que vous en ayez.* Renvoyez le présent dans le même
» état à celui qui vous l'a donné, de crainte que ma conscience
» n'en soit chargée. » Le moine obéit, et renvoya, comme il lui avoit été ordonné, le présent à celui dont il le tenoit.

Il fit voir en deux occasions l'attention qu'il avoit à ne pas être à charge à ses curés, et à empêcher qu'ils ne fussent molestés par trop d'exactions. La dignité d'archidiacre étant venue à vaquer de son temps, il la retint entre ses mains, non pour s'en appliquer les revenus, mais de crainte que s'il en nommoit un, ce dignitaire ne vint à lever des droits trop considérables sur les prêtres, à cause que les revenus de la dignité étoient très-modiques pour les dépenses auxquelles elle étoit sujette. Il faut observer qu'alors cette dignité n'étoit pas partagée en deux, comme elle le fut dans le siècle suivant. Il arriva, une autre fois, que pour une cause nécessaire Hugues prit la résolution de se transporter vers le pape. Après en avoir conféré avec ceux qui devoient être de sa suite, il se crut obligé d'exiger du secours des prêtres de son diocèse. Il laissa là-dessus pleine liberté, et chacun contribua selon sa volonté. L'évêque, muni de ce subside purement volontaire, ne put aller que jusqu'à Cluses, au delà du Mont-Cenis, parce qu'il apprit, en ce lieu, que les chemins n'étoient pas sûrs. Mais, étant de retour à Auxerre, il se garda bien de retenir l'argent de la contribution de ses curés; il consulta le rôle, et il fit rendre à chacun la somme qu'il avoit fournie.

Il fut atteint trois fois de maladie durant son épiscopat, sans compter celle dont il mourut. Dans chacune, il fit distribuer aux pauvres tout ce qu'il possédoit, et il ne se réserva aucun meuble ni autre chose qu'un seul habit, qui n'étoit pas même trop bon. S'étant aperçu, dans l'une de ces maladies, qu'on ne suivoit point à la lettre ce qu'il avoit ordonné, et que, dans le vase qui contenoit un bouillon aux herbes qu'on lui servoit, il y avoit une petite cuillère d'argent, aussitôt il commanda qu'on en fit des aumônes. La protection de Dieu parut visiblement sur lui, une certaine nuit qu'il prenoit son repos. Les grands vents abattirent la flèche de bois que son prédécesseur avoit fait élever derrière la cathédrale, sur la chapelle de Saint-Alexandre, qui étoit la plus voisine du logis épiscopal. Les pièces de bois, enfonçant la couverture, pénétrèrent jusque dans sa chambre et tombèrent autour de son lit (a). Il se trouva environné de ces débris sans être aucunement blessé. Il paroît, par cette circonstance, qu'il logeoit environ dans le lieu où Jean Baillet, l'un

---

(a) La chambre épiscopale se trouvait alors à l'extrémité sud des bâtiments de l'évêché au-dessus de la grande galerie romane, qui servait de promenoir d'hiver. Il y avait des fresques du xiie siècle représentant des évêques dans des encadrements ogivaux. (N. d. E.)

Histoire d'Auxerre et de son ancien diocèse

Ancien Palais Épiscopal.

de ses successeurs, fit construire depuis un corps de bâtiment vers le midi de l'ancien réfectoire.

On ne lit point que Hugues ait rien fait faire à l'édifice de l'église cathédrale : mais il est marqué qu'il fit rebâtir tout à neuf, et en pierres, la maison épiscopale; qu'il la rendit plus vaste qu'elle n'avoit été, et qu'il la fit couvrir de tuiles. Quand le corps du réfectoire ne seroit pas de son temps, quoiqu'il paroisse en être, il est certain que la galerie (a) qui y est adossée, du côté de l'orient, est un des fruits de ses travaux, puisque l'écrivain de sa vie la désigne nommément, et ajoute qu'elle est ornée de très-belles colonnes élevées sur les murs de la cité, et que de là on peut voir la rivière, les vignes et le reste de la campagne.

Si Hugues ne fit aucun embellissement ni augmentation au bâtiment de l'église cathédrale, il n'en fut pas de même de la sacristie. Il l'enrichit de plusieurs chapes, de deux pièces de tapisseries ou tapis, et de quantité d'ornements sacerdotaux. Il marqua aussi beaucoup d'amitié aux chanoines, et il témoigna n'avoir rien tant à cœur que d'entretenir la paix parmi eux. La dispute qui s'étoit élevée entre le prévôt et le Chapitre, ayant duré un temps assez considérable, il fit un accord entre les parties, en éclaircissant les principaux points des usages qui souffroient difficulté, soit par les monuments écrits, soit par le serment qu'il fit prêter, à ce sujet, aux témoins tant chanoines que laïcs. Il confirma ce traité en y apposant son sceau et il le fit munir de l'autorité du pape. On ignore aujourd'hui en quoi consistoient ces différends. Quoiqu'il en soit, il fit depuis réflexion que rien ne seroit si avantageux aux chanoines que de réunir

---

(a) « Domum episcopalem de novo edificavit lapideam, amplam et tegulis texit, et
» in illa parte ejusdem domus quæ respicit ad orientem stationem quandam cons-
» truxit quæ vulgari lingua *Logie* appellatur, plurimum in aspectum delectabilem,
» cum pulcherrimis columnis exornatam super murum civitatis .... »

Cette galerie, appelée communément *la Galerie des Bureaux*, est, comme on peut le voir par le dessin ci-contre, un curieux monument de style roman. Elle est formée de 18 arcades à plein cintre de 80 centimètres d'ouverture chacune, et retombant sur des colonnes alternativement simples et géminées. La longueur totale de l'édifice est de 22 mètres et sa largeur de 6 mètres 30 centimètres. Il était autrefois surmonté d'une voûte en berceau et en planchettes de chêne, et les murs étaient ornés de fresques. *(N. d. E.)*

la prévôté à leur corps. C'est pourquoi un jour, après avoir invoqué le saint nom de Dieu, il fit cession, sur l'autel de Saint-Etienne, en présence du reliquaire qui contenoit des reliques de ce saint martyr, du droit qu'il avoit de pourvoir à cette dignité (1) ; et il la réunit pour toujours à la communauté, afin d'en appliquer le revenu principalement à la nourriture des chanoines. Et, afin que cette donation ne pût être révoquée par la suite, il la fit confirmer par le pape Innocent II. Cependant, ces dispositions n'eurent point lieu sous son successeur. Sur la fin de sa vie, il accorda aux mêmes chanoines la demande qu'ils lui firent des dîmes d'Oisy et de quelques églises, savoir : celles de Bazerne, de Saint-Bris, de Montigny et de Venouze. Il leur en fit un pur don par un acte de l'an 1136, à condition qu'ils mangeroient chaque année, durant tout le carême, dans le réfectoire commun (2) : ce qui a duré en partie jusques vers la fin du pénultième siècle. Je ne parle point de l'église d'Oisy, parce qu'il l'avoit donnée séparément pour préparer, en mémoire de lui, un repas aux chanoines le jour qu'on célèbreroit l'anniversaire de son décès (3).

La quatrième année de son épiscopat qui fut l'an 1118, les vignes furent atteintes, le huitième jour de mai, d'une si forte gelée, surtout à Auxerre (4), que malgré la grande quantité de vignes qu'il y avoit dès lors, à peine trouva-t-on dans tout le finage de quoi remplir un setier de vin. Hugues, considérant que les communautés régulières de son diocèse n'en avoient point, ou n'en avoient que fort peu, ordonna qu'il en seroit fourni de Varzy et de Cône aux moines de Bourads, à ceux de Roches, et à ceux de La Charité, à proportion de ce qu'on en avoit recueilli dans ces deux vignobles, et autant qu'il en faudroit pour chacune de ces églises. La distribution qu'il en fit aux maisons de Pontigny et de Regny, et aux religieuses de Crisenon, est rapportée fort naïvement par son historien : « Un jour qu'il étoit à Auxerre, ayant fait » venir son cellerier, il entra avec lui dans le cellier, et ayant vu

---

(1) *Ex vita Hug. de Cluniaco.*
(2) *Spicileg.*, t. XIII.
(3) *Necrolog. t. VI. Ampliss. Collect. Martene.*
(4) *Chron. S. Mariani.*

» quels étoient les tonneaux pleins de vin, il en fit ainsi la des-
» tination : « Ce tonneau-ci, dit-il, est pour le couvent de Pontigny,
» celui-là pour le couvent de Regny, et ce troisième-là pour les pauvres
» religieuses, » montrant chaque tonneau avec la baguette qu'il
» tenoit en main. Le cellerier, sachant que le vin qu'il destinoit
» pour les religieuses étoit le meilleur du pays, voulut presque
» sérieusement le détourner de faire une aumône si considérable
» à des filles, et lui dit : « Seigneur, c'est du vin de Migraine (1) :
» le tonneau qui est de quarante mesures et d'un gros prix, a été
» réservé pour payer les façons des vignes et autres dépenses ;
» trouvez bon de donner à ces dames du vin de moindre qualité :
» vous en avez ici d'autres qu'elles recevront avec bien du plaisir. »
» L'évêque lui répondit : « Vous n'avez point de goût pour ce qui
» est de Dieu ; ce qui est dit, est dit. Ne savez-vous pas que
» la parole d'un évêque ne doit jamais être sans effet ? » On fit
» venir le dépensier des religieuses, et on lui enjoignit de faire
» conduire le vin destiné à leur usage. Mais il n'eut pas plutôt
» appris que c'étoit du vin si bon et si cher, qu'il songea à le
» revendre, afin d'employer le prix qui en reviendroit à en racheter
» de moins cher, et à d'autres besoins. L'évêque l'ayant su, fit
» appeler ce moine, lui demanda pourquoi il vouloit vendre le vin ?
» Le moine ayant dit sa raison, l'évêque lui répartit : « Eh bien !
» je veux racheter le vin que j'ai donné, au même prix qu'il seroit
» vendu à un autre. » Le moine consentit à la proposition de
» l'évêque. On lui compta autant d'argent qu'il en auroit pu recevoir
» d'un autre acheteur. Après quoi l'évêque lui dit : « Vous avez
» maintenant l'argent du vin : et moi je donne une seconde fois
» aux religieuses le même vin, et je veux qu'elles le gardent et
» qu'elles le boivent. »

Ce fut ainsi qu'il favorisa les religieuses de la nouvelle colonie de Crisenon. Je dis, nouvelle, parce que ce fut lui qui érigea vers l'an 1134, en titre d'abbaye, cette maison qui, auparavant, n'étoit

---

(1) Migraine est un canton de vignes au couchant d'été de la ville d'Auxerre dont l'aspect est vers l'orient d'hiver.

qu'un prieuré. Il eut si à cœur le succès de cet établissement que, comme ce monastère étoit bâti sur un fond qui avoit appartenu aux moines de Molême, il leur donna, en récompense de la cession qu'ils en firent, l'église de Saint-Gervais, proche Auxerre (1). On trouve aussi qu'il confirma à la même abbaye de Molême les églises qu'elle avoit dans son évêché. On lit encore, dans le cartulaire de Crisenon, plus d'une preuve de son attention pour ce qui étoit avantageux à cette communauté. En 1134, Gimaubert, prévôt de Bazerne, étant venu le trouver à Pontigny, pour lui communiquer la dévotion qu'il avoit de donner à ces mêmes religieuses de Crisenon le tiers des dimes de Fontenet, il se transporta aussitôt dans ce monastère où l'acte de donation fut passé (2). Il y régla aussi, la même année (3), avec Ebrard, abbé de Molême, et trois autres abbés, plusieurs articles concernant cette nouvelle maison. Et, l'année d'après, il vendit aux mêmes religieuses les moulins de Crain pour une somme modique. Le monastère de Regny, qui n'est qu'à une lieue de celui de Crisenon, se ressentit d'une faveur signalée de la part de notre évêque (4). Comme le territoire que les religieux de Fontemoy avoient acquis en ce lieu pour s'y transplanter relevoit du siége épiscopal, il leur en remit généreusement les droits féodaux, en sorte qu'il peut être compté parmi les principaux de leurs bienfaiteurs. Il rétablit la discipline régulière dans l'église de Saint-Amatre, au faubourg d'Auxerre, en y introduisant l'institut des chanoines réguliers de Saint-Augustin, et changeant le titre d'abbé en celui de prieur ; et il fit confirmer cet établissement par le pape Innocent II, pendant le séjour qu'il fit à Auxerre. Une autre abbaye, du même ordre de chanoines réguliers, fut aussi fondée entre Roches et Saint-Verain (5), dans un lieu appelé Villegondon : mais on ne trouve point qu'il y ait pris aucune part, que ce qui est indispensable à l'évêque diocésain, comme d'avoir confirmé les principales donations qui furent faites (a) : ce qui se

(1) *Cartul. Molism.*
(2) *Cartul. Crisenon.*
(3) *Voy.* les Preuves.

(4) *Voy.* les Preuves.
(5) *Tab. Boni radii.*

(a) *Voy.* Preuves, t. iv, n° 27. (*N. d. E.*)

trouve de même à l'égard des abbayes de Pontigny, de Bourads, etc. Il y eut d'autres maisons envers lesquelles il fit quelque chose de plus considérable. Il donna à Hugues, doyen de Saint-Père d'Auxerre, et aux chanoines réguliers de la même maison, l'église de Sougères, celles d'Augy (1) et de Quenne. A ceux de Saint-Laurent, l'église de Cours (2). A l'abbaye de Saint-Julien-lès-Auxerre, les églises de Migé et de Charentenet que l'abbesse Alix avoit demandées : et, par la même charte, il confirma tout ce que le même monastère pouvoit avoir en d'autres églises, à condition que les religieuses célébreroient son anniversaire après sa mort (3). Les moines de Saint-Germain eurent de lui, outre l'église de Saint-Fergeau, les dîmes de Saints-en-Puisaye; et, dès 1121, il se porta pour médiateur entre Gervais, leur abbé, et le comte Guillaume, sur les différends qu'ils avoient. Une bulle d'Adrien IV, de l'an 1155, nous apprend que les moines du prieuré du Pré, ordre de Cluny, proche Donzy, tenoient d'un évêque d'Auxerre les églises de Bouy et de Poigny : il y a toute apparence que ce fut Hugues de Montaigu, sorti de cet ordre, qui les leur donna, plutôt que Hugues de Mâcon, son successeur. Il confirma, en 1120, aux religieux de Pontigny avec son Chapitre, ce qu'Etienne, trésorier de la cathédrale, leur avoit cédé des mouvances de sa trésorerie dans les donations qu'on leur avoit faites, et ce qu'ils avoient acquis outre cela (4). Il remit, en 1127, aux mêmes religieux les dîmes des terres qu'ils avoient dans la paroisse de Venouze (5) et de celles qu'ils avoient dans la grange de Borom, par acte passé dans le Chapitre d'Auxerre.

Pour ce qui est des actes étrangers à son diocèse, il n'y en a pas beaucoup où son nom paroisse. On sait seulement qu'étant sorti d'Auxerre, en 1120, avec le pape Calixte II, il le suivit jusqu'à Saulieu, où il assista à la translation que ce pape fit, le troisième novembre, des corps des saints Andoche, Félix et Thyrse, du lieu

---

(1) La donation de l'église d'Augy est de 1123, et celle de Sougères de l'an 1130. — *Voy. les Preuves.*

(2) *Necrol. Abb. S. Laur.*

(3) *Tabul. S. Jul.*
(4) *Tabul. Pontiniac.*
(5) *Ibid.*

de leur sépulture, sur le grand autel de l'église de cette ville; et que de Saulieu, il accompagna le même pape jusqu'à Cluny. Ce fut là qu'il obtint de lui une bulle qui lui confirmoit le droit de disposer, canoniquement, de toutes les églises de son diocèse, et de donner aux réguliers celles qu'il pourroit ôter des mains des laïcs (a). Je l'ai trouvé nommé comme présent, en 1132, avec le pape, les évêques d'Albe, etc., à l'accord fait entre l'église de Cluny et le monastère de Saint-Gilles (1). Il fut aussi, l'an 1135, l'un de ceux qui, avec saint Bernard, introduisirent les chanoines réguliers dans l'abbaye de Saint-Loup de Troyes (2), au lieu de ceux qui y vivoient auparavant sans règle. On lit, outre cela, que Hugues, évêque d'Auxerre, conjointement avec le même abbé, fit donner par Atton, évêque de Troyes, à l'abbaye de Montiramer, les églises *de Clareyo et de Follis* (3). Je me souviens aussi d'avoir vu à Sens, dans l'abbaye de Saint-Pierre-le-Vif, à la fin de la chronique manuscrite de Clarius, une lettre du pape adressée à Hugues, évêque d'Auxerre, et Hugues, abbé de Pontigny, pour pacifier les troubles qui s'étoient élevés au sujet de Herbert, abbé de ce lieu; et l'on dit qu'il y a, dans les cartulaires du même lieu, une lettre par laquelle il en donnoit avis à Herbert.

Ce que j'ai marqué ci-dessus, touchant les voyages où il accompagna Calixte II, rappelle à la mémoire la réception honorable qu'il fit, au mois de novembre 1119, à ce même pape, lorsqu'il vint séjourner à Auxerre. Il l'y retint durant le reste du mois et pendant une partie au moins de celui de décembre. Ce pape y étoit le quatorzième de ce mois, qui fut le jour auquel il consacra, à la prière de l'évêque diocésain, le grand autel de la cathédrale (4). Il reçut encore, l'an 1131, le pape Innocent II, dans sa maison épiscopale, et porta le souverain pontife à faire lui-même la dédicace d'une petite église du titre de Saint-Côme et Saint-Damien que Ithier,

(1) *Guichenon append. ad. Bibl. Sebus. num 98.*
(2) *Prompt. Camuzat.*
(3) *Gall. Christ. Ste Marthe, t. 4.*
(4) *Necrol. Autiss.;* Preuves nº 5.

(a) *Voy.* aux Preuves, t. IV, nº 23, ce document important.

clerc de la cathédrale, aidé de ses conseils, venoit de faire élever au delà de la rivière d'Yonne, vis-à-vis l'évêché, sur les vestiges de l'ancien monastère bâti par Saint-Germain (1).

La maladie dont mourut ce prélat paroît avoir été une chaleur d'entrailles. Son historien dit qu'à l'approche du moment qui étoit marqué pour la fin de sa carrière, tout son corps se sentit saisi d'une chaleur qui n'étoit pas naturelle. Mais que pendant que le corps étoit en mouvement, il obligeoit l'esprit de servir son Créateur par l'exercice de la prière. Son dernier jour étant venu, il en avertit, le plus vite qu'il put, les chanoines qui lui tenoient compagnie vers l'heure de nones, et il leur parla ainsi : « Achevons de rendre à

SIGILLUM HUGONIS EPISCOPI AUTISIODORENSIS.
Sceau de S. Hugues de Montaigu, cinquante-troisième évêque d'Auxerre.

» Dieu le reste du tribut des heures de l'office que nous lui devons,
» parce qu'aussitôt qu'elles seront finies, je reposerai. » Ils chantèrent donc les louanges de Dieu ; et on s'aperçut qu'il avoit dit vrai, parce qu'aussitôt que l'office fut fini, il reposa dans le Seigneur.

(1) *Chron. Rob. S. Mariani.*

C'est ce que les assistants n'avoient pas compris d'abord, croyant que ce qu'il avoit dit devoit s'entendre du repos corporel. Cette mort arriva le dixième jour d'août de l'an 1136. Son corps fut transporté, comme il l'avoit souhaité, dans l'église de Saint-Germain avec toutes les cérémonies convenables, et fut inhumé dans le Chapitre de la même église.

Ayant reposé en ce lieu pendant un certain nombre d'années, parmi les abbés et principaux bienfaiteurs, il fut transféré dans la nouvelle église qu'on bâtissoit durant le XIIIe et le XIVe siècle, et mis dans un caveau pratiqué dans la croisée du côté du midi devant l'autel de Saint-Nicolas (a). On ne trouve point que ce corps ait été visité par M. Séguier, évêque d'Auxerre, lorsqu'il fit la visite des corps saints conservés dans l'église de Saint-Germain. Mais voici quelques circonstances qu'on en apprit par occasion, l'an 1682. Comme il s'étoit levé un carreau proche l'ouverture de ce caveau, on aperçut une espèce de descente. Avant que de réparer l'endroit, deux religieux y étant entrés, avec la permission du prieur, examinèrent seulement de vue les ossements. Il leur parut que ce caveau avoit été fait exprès pour ce seul tombeau; ils crurent y voir des portes murées, et ils en conclurent qu'il y auroit eu plusieurs descentes pour approcher de ce tombeau, peut-être pendant le temps qu'on rebâtissoit le sanctuaire, et qu'il étoit impossible d'aller aux tombeaux des grottes. Ils y aperçurent un reste de vieille lampe, et des crochets de fer contre le gros mur. Les ossements étoient tous ramassés aux pieds du cercueil, sans aucun arrangement, savoir : un crâne entier, les ossements des bras, des cuisses et des jambes, qui désignèrent que Hugues avoit été de haute stature, avec le reste du corps humain. Ils y distinguèrent encore des morceaux d'étoffe où paroissoient des fils d'or tissus, une semelle de sandale, et une masse d'une matière obcure qui étoit apparemment un reste de cilice confondu avec un lambeau d'habit religieux (1).

(1) En 1729, le 16 novembre, la planche qui soutient la pierre de l'ouverture du côté de l'occident étant pourrie, il se fit une ouverture dont on profita pour vérifier ce qui avait été vu en 1682. J'y descendis avec des religieux; il ne nous parut point qu'il y

(a) Sa tombe existe encore. — *Voy.* la note *b*, p. 250. (*N. d. E.*)

A l'égard du culte de ce saint prélat, je n'en puis dire autre chose, sinon que j'ai vu autrefois son tombeau orné et éclairé comme les autres, chaque année, le huitième jour de novembre, et qu'il est invoqué depuis cent ans, ou environ, dans les litanies des saints de l'abbaye. Il y a, dans le Berri, un village appelé Avor, dont un saint Hugues, évêque, est patron de l'église, et on y célèbre sa fête le neuvième jour d'août. Mais il n'y a pas d'apparence que ce soit notre évêque d'Auxerre qu'on y honore. Plusieurs auteurs du XIIe et du XIIIe siècle font une honorable mention de cet évêque. Mais tout ce qu'on en peut dire est compris en deux mots dans la bulle d'Innocent II, sur le rétablissement de l'église de Saint-Amatre, *religionis et pauperum amator*. Je répèterai ici l'éloge que lui donne le plus ancien Nécrologe de notre église (1), afin d'avoir occasion de corriger les fautes d'impression qui s'y sont glissées dans les noms propres. *Obiit Hugo hujus ecclesiæ episcopus, quem vitæ sanctitas et morum probitas decoravit, et quam pie et religiose vixerit, hujus vitæ exitus satis comprobavit. Qui ob amorem Dei et sui memoriam singulis annis recolendam, ecclesiam Ausiasi ad refectionem fratrum in die anniversarii sui huic ecclesiæ donavit. Dedit etiam eidem alias ecclesias, ecclesiam Bacernæ, et S. Bricii* (2), *et Montiniaci et Vennosæ, et decimas Ausiaci. Præterea ipsam ecclesiam multis capis de pallio, et duobus tapetis et multis sacerdotalibus indumentis et aliis ornamentis ipse dives ditavit.* A l'égard des obituaires du XIIIe siècle, ils témoignent que dès-lors on joignoit son obit avec celui de Gilbert l'universel, évêque de Londres. On y lit ces mots au XIe d'août : *Obitus Hugonis et magistri Gilberti Universalis, episcoporum ij den.* L'ordre de Cluny n'eut garde de ne pas marquer, dans ses fastes, la mort d'un prélat qui lui avoit été si attaché. On trouve communément dans les obituaires des maisons de cet ordre, au onze août : *iij idus Augusti, obitus Ermingardis sanctimonialis, et depositio Domini Hugonis episcopi.* C'est

1115 à 1136.

---

eut différentes descentes comme on l'avoit cru alors ; les autres marques de culte me parurent fort équivoques. Le couvercle du tombeau est de cinq ou six pièces. Nous en levâmes une qui a un anneau de fer, et nous aperçûmes au pied du cercueil le crâne, les os femur, tibia, peroné et humerus. Le caveau est si petit qu'on ne peut y tenir qu'en marchant sur le tombeau même.

(1) *T.* VI. *Ampliss. coll. Martene col.* 715.
(2) Le copiste a voulu dire *S. Prisci*.

ainsi au moins que je l'ai lu dans le Nécrologe manuscrit du prieuré de Notre-Dame de Joigny (1), dépendant de La Charité-sur-Loire. Je l'ai aussi trouvé dans les anciens Nécrologes de l'abbaye de Saint-Martial de Limoges qui étoit possédée, au XIIe siècle, par l'ordre de Clugny, et même parmi les associations de prières, on y lit cet article remarquable : *domino Hugoni episcopo Autisiodorensi concessit Domnus Amblardus in loco isto tricenarium cum justitia, et anniversarium pro eo agi. In prioratibus autem nostris, ubi decem morantur monachi, tricenarium.*

CHAPITRE VIII.

LE B. HUGUES DE MACON, LIVe ÉVÊQUE D'AUXERRE.

Histoire de son pontificat.

Les chanoines et le reste du clergé d'Auxerre s'étant bien trouvés du dernier évêque qui avoit été choisi dans l'état monastique, crurent ne pouvoir mieux faire que d'en choisir encore un de la même espèce après la mort de Hugues de Montaigu. Le clergé ne fut pas une semaine entière sans procéder à cette élection (*a*). Il y eut un jeûne indiqué à cet effet : et, après l'invocation des lumières du Saint-Esprit, on élut l'abbé de Pontigny. C'étoit ce célèbre Hugues de Mâcon, né dans le territoire de Cluny, dont on connoit la conversion opérée par saint Bernard (2). Etant religieux à Citeaux, il avoit été choisi pour être à la tête de la colonie qui vint s'établir à Pontigny, nouveau monastère du diocèse d'Auxerre : et, après y avoir demeuré environ vingt-deux ans, il en fut tiré pour remplir le siège épiscopal; ce qui vérifia le songe qu'il raconta avoir eu la nuit du jour auquel on avoit procédé à l'élection (3), d'un fils qui avoit épousé sa mère. On remarque qu'il est le premier prélat que l'ordre de Citeaux donna à l'Eglise. Il ne put pas être

(1) *Cod. 72. S. Martial. in Bibl. Regia.*
(2) *Vita S. Bernardi.*

(3) *Chron. S. Mariani.*

(*a*) « *Tam clero quam populo.* » — Voy. *Gesta Pontificum* (N. d. E.).

sacré à Sens, à cause de la suspense qu'avoit encourue l'archevêque Henri : mais il le fut à l'abbaye de Ferrières, par Geoffroy, évêque de Chartres. Et, quoiqu'il eût été élu dès le mois d'août, cette cérémonie ne se fit qu'au mois de janvier, vers la fête de saint Vincent, et probablement le dimanche 24 de ce mois (1), de l'an 1137, à la manière romaine de compter. Quinze jours après, il fit son entrée au siége épiscopal, savoir le dimanche de la septuagésime, et il officia pontificalement dans la cathédrale.

Quoiqu'il fût sorti d'une famille illustre, cependant, au rapport de son historien, il fit plus d'honneur à cette famille par sa grandeur d'âme et ses sentiments de noblesse, qu'elle ne lui en procura de son côté. Il étoit fort retenu lorsqu'il s'agissait de parler, mais très-prompt quand il étoit question d'exécuter. Quoiqu'il fût doué d'une patience

† Sigillum Hugonis Autisiodorensis Episcopi.
Sceau du B. Hugues de Macon, cinquante-quatrième évêque d'Auxerre.

merveilleuse, conformément à l'esprit de son ordre, cependant il mêloit de la fermeté dans ses actions, lorsqu'il falloit arrêter les violences de

(1) Je devrais dire *le dimanche dans la septuagésime*, de même que s'expriment ceux qui parlent exactement latin et qui suivent l'antiquité, mettant *Dominica in Septuagesima* parce que c'est le dimanche dans la septième dizaine d'avant Pâques.

ceux qui opprimoient l'Eglise ou qui lui ravissoient les biens qu'elle possédoit; et s'il ne pouvoit les vaincre par la patience et par la douceur, il les réduisoit par la rigueur de la justice. Son historien dit qu'il se trouvoit de son temps très-peu de prélats qui résistassent généreusement aux ennemis de leur troupeau, et qui fissent exercer la justice dans toute son étendue : mais, pour ce qui est de Hugues, quoiqu'il fît réflexion que le pauvre et le riche n'ont qu'un même Seigneur, il pardonnait quelquefois en justice aux pauvres, et se montroit toujours très-sévère à l'égard des riches et des gros seigneurs, parce que ceux-ci étoient alors accoutumés à ravager les biens d'église. Sa prudence et son attention à en faire observer les lois obligeoient tous les seigneurs de son diocèse d'honorer sa présence et de craindre son absence : et lorsqu'ils faisoient attention à sa sévérité, aucun d'eux n'osoit s'emparer de ce qui ne lui appartenoit pas. On vit plusieurs fois les châtelains et autres riches seigneurs venir devant lui, et le prier à genoux de leur pardonner leurs injustices. Alors il ne leur donnoit point de réponse sur le champ, et même il faisoit quelquefois semblant de détourner la vue de dessus eux. Mais ce n'étoit pas par fierté, ni par aucun mouvement d'orgueil qu'il se comportoit ainsi, c'étoit seulement de crainte que la trop grande bonté, qui ne peut pas convenir dans de telles occasions, ne diminuât l'appréhension qu'ils devoient avoir du glaive de Pierre. Ce sont les termes de l'historien.

Il obligea le comte Guillaume de rendre à son église plusieurs biens qui avoient appartenu aux chanoines; le sommant à cet effet de comparoître en justice où il fut condamné selon les règles. Ainsi c'est de son temps que l'usage du bois appelé Tulleau du Bar (a), dont le peuple a corrompu le nom en celui de Tureau, fut restitué au Chapitre. Et comme il se forma un nouveau village dans cette forêt, le fils de ce comte assigna aux mêmes chanoines, en dédommagement, une autre portion de la même forêt. Il se fit aussi rendre plusieurs choses qui appartenoient de droit à l'évêque, dont le même comte s'étoit emparé, à cause du peu de soin que son prédécesseur avoit eu de veiller sur

---

(a) Le nom de *Tureau* est plus exact que celui de Tulleau, car *Tur*, en celtique, signifie hauteur.

son temporel, et c'est sur quoi il y eut un traité (1) dont saint Bernard fut le médiateur en 1145, et qui est parmi ses œuvres (2). Il recouvra le droit de chasse que le comte prétendoit ne pas appartenir à l'évêque dans les bois du comté : et, afin que l'église rentrât en possession de ce droit, il eut de son temps des chasseurs et des chiens, ordonnant qu'on chassât souvent, et qu'en rapportant le gibier à la maison épiscopale on passât sous les fenêtres du comte, par le milieu de la ville, avec les meutes de chiens, et que cela fût accompagné de grand fracas et son du cor de chasse.

Ayant considéré que l'hospitalité est une des vertus épiscopales, et qu'il avoit promis, dans son sacre, de l'exercer, il voulut que sa maison fût comme une hôtellerie pour les passants; et il y préposa un convers de Pontigny, qui étoit toujours disposé, tant en la présence qu'en l'absence de l'évêque, à recevoir les hôtes, et principalement tous ceux de son ordre qui viendroient loger chez lui.

Une de ses applications fut aussi de protéger et de soutenir continuellement les maisons religieuses, et de ramener à la véritable observance de la règle, autant que faire se pouvoit, ceux qui n'en avoient que l'habit. L'ordre de Prémontré lui a de grandes obligations. Ithier, clerc de la cathédrale, lui ayant communiqué le dessein qu'il avoit de faire venir des religieux de cet ordre dans le petit monastère du titre de Saint-Marien qu'il venoit de rebâtir sur les ruines de l'ancien, au delà de la rivière, il s'employa, avec le comte d'Auxerre et Thibaud, comte de Champagne, pour obtenir de l'abbé de Prémontré une colonie de ces religieux. Il les établit en ce lieu-là, en l'an 1138, et leur donna les vignes qui y étoient contiguës. Il fut, dans peu de temps, si satisfait de la ferveur de ces nouveaux chanoines réguliers, qu'il ôta, de son autorité et de celle du comte, aux chanoines séculiers, l'église de Notre-Dame hors les murs, pour la donner aux mêmes religieux, et qu'il attacha à leur communauté une prébende de la cathédrale. Ce fut aussi lui qui leur donna l'église de Saint-Martin, située un peu plus bas que leur petit monastère de Saint-Marien, la petite église de Saint-Salve, à l'extrémité du bois de Tul ou Tuau, la place d'un moulin sur le ruisseau de Beauche;

---

(1) *Voy.* le Traité de l'an 1145. | (2) *Edition Mabillon.*

et qui leur acheta de ses deniers la terre de la Grange du Boichet ou Bouchet, les chargeant seulement de payer au curé de Bazerne une certaine quantité de grain. Il fut pareillement médiateur de la donation que leur fit, en 1144, le comte Guillaume, d'un lieu nommé la Chapelle, et d'un étang appelé les Vieux-Prés, en présence de Geoffroy, évêque de Chartres, et de saint Bernard. Et, en 1149, étant à Sens, il fut le premier témoin dans la charte par laquelle l'archevêque Hugues certifioit la donation qui leur étoit faite par Gertrude, épouse d'Herbert-le-Gros, d'une vigne située entre l'église de Saint-Martin et celle de Saint-Marien. Les preuves de toutes ces libéralités se tirent des archives de Saint-Marien ; où, de plus, l'on trouve qu'en l'an 1151 il accorda le procès qui fut discuté en sa présence, touchant les dîmes de Vincelles, entre les religieux de cette abbaye et Heldred ou Heldric, seigneur de ce village. En un mot, il témoigna tant d'amitié à cet ordre naissant, qu'Anselme, seigneur de Trainel, lui ayant amené, l'an 1140, son fils Milon, âgé de douze ans, pour avoir soin de son éducation, il ne crut pas le pouvoir confier à de meilleures mains qu'à celles des religieux de Saint-Marien. Mais il ne fut point si fort attaché à ces chanoines réguliers, qu'il ne fît aussi quelques libéralités à ceux qui étoient établis avant eux dans Auxerre ou ailleurs dans son diocèse. Il donna, l'an 1143, aux chanoines de Saint-Père, en la personne de Durand, leur prieur (1), l'église de Saint-Pélerin qui étoit du domaine épiscopal, et une maison contiguë : et il fit, la même année, un accord entre les chanoines de Clamecy et le chapelain du lieu (2). A l'égard des moines de Saint-Germain, je n'ai trouvé autre chose qui les concerne dans les mémoires de sa vie, sinon qu'étant dans leur Chapitre, l'an 1138 (3), il consentit à l'échange qu'ils firent avec ceux de Pontigny, des dîmes de Vergigny : qu'en 1148, il fit, dans sa maison épiscopale, un traité entre ces religieux et les seigneurs de Maligny (4) touchant des biens situés à Lignorelles, en présence de Geoffroy, évêque de Nevers, et du comte Guillaume : et, enfin, qu'en l'an 1151, il leur confirma certains droits qu'ils avoient à Diges, dont le bourg venoit d'être

---

(1) *Voy.* les Preuves, n° 32, t. IV.
(2) *Voy.* les Preuves, n° 33, t. IV.
(3) *Cartul. S. Germ.*
(4) *Voy.* les Preuves, n° 38, t. IV.

augmenté par l'abbé Gervais, et qu'à ce sujet il fit un traité entre eux et Geoffroy, baron de Donzy (1). Il est vrai qu'il ne paroit pas qu'il ait expédié aucuns actes considérables en faveur des maisons de son ordre, sinon qu'il approuva les legs qui leur furent faits. Mais deux papes consécutivement lui recommandèrent d'être vigilant sur le temporel de l'abbaye de Regny. En 1142, Innocent II lui écrivit une lettre par laquelle il lui ordonna, aussi bien qu'à Geoffroy, évêque de Langres, et à Humbert, évêque d'Autun, d'empêcher qu'aucuns clercs, moines ou laïcs n'exigeassent la dîme des terres que les moines de Regny cultivoient de leurs propres mains ou à leurs frais. Ce pape, écrivant la même année, le 23 décembre, à Geraud, abbé de Molême, au sujet de la dispute qu'il avoit avec Etienne, abbé de Regny, sur certains biens d'un nommé Ascelin, lui marque qu'il a commis la décision de cette affaire à Hugues, évêque d'Auxerre, Geoffroy, évêque de Langres, et à Bernard, abbé de Clairvaux. J'ai parlé ci-dessus de la lettre que l'évêque Humbaud obtint du pape Pascal II au sujet de la juridiction sur toutes les églises de son diocèse, et de celle que Hugues de Montaigu obtint de Calixte II, à Cluny, l'an 1120. Hugues de Mâcon obtint, en 1142, la confirmation de ce droit épiscopal, et même celui de bénir l'abbé de Saint-Germain (2) : non qu'on voulût le priver de ses droits attachés à sa crosse ; mais parce qu'en ce temps-là, quelques laïcs avoient entrepris de punir des clercs (3). Je ne sais si cette bulle seroit différente de celle qu'il obtint contre les prétentions de Pierre, abbé de Cluny, sur la bénédiction de l'abbé de Saint-Germain, par laquelle il étoit défendu à cet abbé général de l'ordre de lui donner le bâton pastoral. La confirmation de l'étendue de sa juridiction, n'empêcha pas cet évêque de relâcher de ses droits lorsqu'il le jugea à propos en faveur des pauvres églises. Aussi lit-on que, dès l'an 1137, il avoit exempté le prieuré de Saint-Gervais-lez-Auxerre de toute procuration ou exaction des évêques, doyens et

---

(1) *Voy.* les Preuves, n° 43, t. IV.
(2) *Cartul. Ep. Autiss.*
(3) On cite quelque part une bulle d'Eugène III donnée à Châlons, *tij nov.*, par laquelle il accorde à Pierre, abbé de Cluny, le pouvoir d'établir un abbé à Saint-Germain, dont Hugues, évêque d'Auxerre, l'avoit dépouillé après la mort de l'abbé Gervais.

archidiacres. Ce qu'il n'osa cependant faire que du consentement de son Chapitre (1).

De même que Hugues avoit été le premier évêque tiré de l'ordre de Cîteaux, Eugène III fut aussi le premier pape que cet ordre donna à l'Eglise. Ce fut ce qui forma une grande liaison entre ces deux personnages, et qui porta, à ce que l'on croit, notre évêque à entreprendre le voyage d'Italie, en 1146, pour tâcher de porter les Romains à reconnoître Eugène, en qualité de leur seigneur temporel. Mais s'il fit ce voyage, qui n'est fondé que sur un simple mot d'une lettre de saint Bernard (2), il est certain qu'il ne réussit pas dans son entreprise, puisqu'Eugène fut obligé de se retirer en France (a). On a plusieurs preuves que ce pape étoit à Auxerre au mois d'octobre de l'an 1147 (3). Notre évêque lui fit une réception honorable, et le retint le plus longtemps qu'il put dans sa maison épiscopale. Othon de Frisengen assure même que ce fut dans notre ville que Gilbert de la Porrée,

---

(1) *Sententia Alberti* de La Châsse *Abb. Vezel. an.* 1454.

(2) Saint Bernard marque au pape qu'il pourra en apprendre davantage de la bouche de l'évêque d'Auxerre et de Balditius moine de Clairvaux, son compagnon. Mais la raison de douter de ce voyage, et surtout qu'il ait été fait en 1146, est que l'on trouve plusieurs chartes autorisées par cet évêque dans son diocèse, la même année. Il y en a une par laquelle il confirme la donation de la terre de Villegest, faite à l'abbaye de Roches par Rainaud dit le Bâtard. Une autre d'un don de dix setiers de grain par an, faite à l'abbaye de Bourads par Hugues surnommé *Caligalapsa*; une troisième de la remise que lui fit un nommé Herbert-le-Gros, de la dîme de Saint-Gervais proche Auxerre, qu'il retenoit injustement, en date du 2 août; et une quatrième de la vente que firent Hugues de Bouilly et Salon son frère, aux moines de Pontigny, de ce qu'ils avoient à Sainte-Procaire, tant en bois que terres, prés et eaux. Les titres en sont dans les archives de ces monastères. Outre cela, on trouve qu'Eugène le désigna, la même année, par une bulle adressée à Ponce abbé de Vézelay, pour terminer la difficulté qu'il avoit avec l'évêque d'Autun et le duc de Bourgogne. Ce fut aussi en 1146, qu'il déclara solennellement que Mabile, mère d'Hélie de Seignelay, et Dameth sa sœur, approuvoient les donations faites par le même Hélie et par Etienne Balene, à l'abbaye des Escharlis, de ce qu'ils avoient à Taloen, qui est proche Villeneuve-le-Roi. Le titre finit : *regnante Ludovico rege Francorum duceque Aquitaniæ, regni sui anno, quo apud Vizeliacum transfretaturus crucem accepit.* J'ai tiré ce dernier titre des portefeuilles de M. de Gagnières.

(3) Lettre d'Eugène à Suger. Confirmation de Radulfe, abbé de Saint-Alban en Angleterre, dans tous ses priviléges. Duchêne, t. IV.

(a) Il recommande aussi, en 1146, de concert avec le comte d'Auxerre, à l'abbé Suger, la femme et les enfants d'un médecin nommé Robert que l'abbé de Saint-Denys estimait beaucoup (Recueil des Hist. de France, t. XV, p. 485). (*N. d. E.*)

évêque de Poitiers, fut d'abord mandé pour rendre compte de ses sentiments, avant que d'aller à Paris où fut tenu le concile à son occasion. Quoiqu'il en soit, la même année, il suivit ce pape à Châlons en Champagne où il assista à la dédicace de la cathédrale, le 26 octobre (1). On marque aussi son assistance à celle de Saint-Jean de Besançon, et à celle de l'abbaye de Fontenet au diocèse d'Autun (2); mais le temps n'en est pas si assuré. On peut dire de cet évêque, qu'il eut communément une part considérable dans les affaires d'importance qui furent traitées de son temps. Il assista, en 1140, au concile tenu à Sens à l'occasion de l'affaire de Pierre Abailard. Son nom se trouve avec celui des cinq autres prélats de la province de Sens, à la tête d'une lettre écrite pour ce sujet au pape Innocent II. Il devint plus célèbre par la commission qu'il eut dans un autre concile tenu à Reims en 1148. Il fut choisi, par les évêques qui y étoient assemblés, avec Milon, évêque de Térouenne, et l'abbé Suger, pour présenter à Eugène III le symbole de foi qu'ils avoient dressé contre les erreurs de Gilbert de la Porrée; et comme il est nommé le premier des trois commissaires par Geoffroy d'Auxerre, en sa lettre au cardinal d'Albe, il y a lieu de croire que ce fut lui qui porta la parole au pape, assurant que le corps des évêques étoit disposé à persévérer dans cette confession de foi, sans jamais y rien changer. Il apporta à Auxerre une copie de cet acte, que Jacques Amyot, l'un de ses successeurs, envoya au pape Grégoire XIII, selon Baronius (3). Entre les lettres qu'Eugène III lui écrivit, outre celles qui regardoient son diocèse, on peut compter celle où il partage cet honneur avec Gosselin, évêque de Soissons, et avec l'abbé Suger; elle étoit en faveur de celui qui avoit été élu évêque d'Arras.

Il ne travailloit pas seulement pour l'utilité de son diocèse; mais souvent, dans les voyages qu'il fit, il devint médiateur pacifique entre ceux qui étoient en différend. Vers la fin de l'année 1143, ou au

---

(1) L'auteur du livre intitulé *S. Bernardi genus illustre* est rempli de fautes à la page 78, en parlant de cette dédicace. C'en est une entre autres d'avoir donné le nom de Bernard à l'évêque d'Auxerre.

(2) Inscription du portail de l'église de Fontenet.

(3) *Annal. ad an.* 1148.

commencement de la suivante, il s'employa à réconcilier le roi Louis-le-Jeune avec Thibaud, comte de Champagne. Il se joignit pour cela à Gosselin, évêque de Soissons, à l'abbé Suger et à saint Bernard, son ancien ami. Et le roi ayant rompu l'accord, Hugues et saint Bernard ne cessèrent de le prier de mettre la paix dans son royaume, à quoi le roi déféra enfin. Ce fut aussi vers le même temps que saint Bernard, Suger et lui, avec quelques autres, étant au château de Crépy (1), firent un accord entre le roi et Algrin, archidiacre d'Orléans (2). Pendant que tous ces traités de paix le retenoient hors de son diocèse, l'abbé Suger le pria d'assister à la dédicace de l'église de Saint-Denys qu'il venoit de rebâtir en partie (3). Ainsi, il fut l'un des prélats qui consacrèrent les autels du fond du sanctuaire (4), et il consacra, en son particulier, celui du titre de saint Pélerin, premier évêque d'Auxerre, dont on y conservoit presque tout le corps. Son absence du diocèse fut, à ce qu'il paroît, assez longue; il s'en explique ainsi dans une lettre qu'il écrit au roi conjointement avec saint Bernard : « Il y a longtemps, dit-il,
» qu'éloigné du lieu de notre demeure, exposant nos propres intérêts,
» nous travaillons fidèlement, comme Dieu le sait, à vous donner la
» paix et à votre royaume. » Comme il arriva un grand scandale à Paris, dans le temps que le pape Eugène y vint visiter l'église de Sainte-Geneviève, Hugues fut commis par ce même pape pour informer de la vie des chanoines de cette abbaye. La lettre du pape à Suger marque expressément que ce prélat lui est donné pour adjoint, afin que les chanoines séculiers de Sainte-Geneviève ne s'en prissent pas à lui seul. Ce furent donc ces deux commissaires qui, ayant chassé ces chanoines

---

(1) *Apud Crispiacum castrum Radulfi Virmanduorum Comitis.*
(2) *Epist. S. Bernard.* 225.
(3) Duchêne, t. 5. (a)
(4) T I, *Analect.*, p. 328.

(a) Un historien de la vie de Suger, racontant les magnifiques travaux qu'il fit faire à Saint-Denys, dit que les ouvriers en charpente ayant été consultés pour savoir où l'on trouverait des poutres convenables, répondirent qu'à cause de la rareté des forêts dans les contrées des environs de l'abbaye, il serait nécessaire d'aller jusqu'au pays Auxerrois pour en chercher. — Recueil des Hist. de France, t. XIV, p. 315. (*N. d. E.*).

si violents et si mal réglés, introduisirent dans cette ancienne maison la réforme de Saint-Victor. Peut-être faut-il rapporter à ce temps-ci la sentence arbitrale de Hugues et de saint Bernard, entre l'abbaye de Saint-Victor et le prieuré de Saint-Martin-des-Champs à Paris (1), touchant l'annuel de la prébende qu'avoit l'abbaye de Saint-Victor dans l'église de Notre-Dame d'Etampes ; et touchant l'annuel d'une prébende dans l'église de Paris conférée à ces derniers par Thibaud, évêque de Paris. Dès le commencement de son épiscopat, il avoit été commis par Innocent II avec Geoffroy, évêque de Châlons (2), pour accorder l'évêque de Meaux avec l'abbaye de Farmoutier : cet accord se fit à Sézanne. En 1141, il fut député avec Geoffroy, évêque de Langres, par le même pape (3), pour juger des difficultés qu'avoient les moines de Molême avec ceux de Saint-Claude, touchant les églises de Bar. L'année suivante, il aida Humbert, évêque d'Autun, dans l'accord qu'il fit à Flavigny entre Aganon, abbé de ce lieu, et les religieux de Fontenet de l'ordre de Citeaux (4). En 1146, le pape Eugène le désigna, par une bulle adressée à Ponce, abbé de Vézelay, pour terminer la difficulté qu'il avoit avec l'évêque d'Autun et le duc de Bourgogne. La même année il fut témoin, avec saint Bernard, du don que Henri, évêque de Troyes, fit des dîmes de Vitry aux Prémontrés de Basse-Fontaine (5). En 1147, il prononça une sentence, comme arbitre, en faveur de l'abbaye de Saint-Loup de Troyes, contre Jean Hurupellen, seigneur de Cort-la-Verzy, et Adelaïde, son épouse (6). En 1149, il souscrivit la donation que Manassès, évêque d'Orléans, fit de l'église de Bonnes-Nouvelles à l'abbaye de Marmoutier.

Après l'avoir vu employé dans tant de négociations, il ne faut pas s'étonner si l'historien de sa vie écrit qu'il passoit, dans l'esprit des savants, pour un des plus réglés et des plus prudents évêques de toute l'Eglise gallicane. Cependant, ajoute cet écrivain, quoiqu'il eût été extrêmement porté pour le bien commun de son église particulière, il

---

(1) *Parvum Cartul. S. Victoris fol.* xj *et* xvj.

(2) *Pœnit. Theod. Cantuar. ad calcem,* p. 672.

(3) *Lib. S Bernardi genus illustre,* p. 459.

(4) *Archiv. Flaviniac.*

(5) *Des Guerrois,* p. 236.

(6) *Hist. mss. S. Lupi Trec. in Bibl. S. Genov. Paris.*

eut la faiblesse de donner à un de ses neveux la prévôté de cette même église, que son prédécesseur avoit réunie au corps du Chapitre par une marque des plus sensibles de son amitié. Ce fut, en effet, dans les deux dernières années de sa vie, qu'il ressentit les suites de l'infirmité humaine ; et nous apprenons en détail, par les lettres de saint Bernard, ce que l'historien n'avoit touché qu'en général. Un chanoine, diacre de la cathédrale, nommé Etienne, que son prédécesseur n'avoit jamais voulu placer dans le Chapitre, fut l'auteur de tout le scandale. La maladie dont le prélat fut atteint, l'an 1150, l'ayant mis hors d'état de connoître ce qu'il faisoit, ni de se remettre à l'esprit les défauts d'un de ses neveux ecclésiastiques, Etienne lui suggéra de donner à ce neveu, tout incapable qu'il étoit, une église du diocèse (1). Il la lui conféra en effet ; mais saint Bernard témoigne avoir su de bonne part que l'évêque, étant revenu en convalescence, n'eut aucune idée d'avoir fait une telle disposition. Un an après, étant retombé malade, il perdit la connoissance comme la première fois. Alors le chanoine Etienne revint à la charge, et l'engagea de donner, à ce même neveu, non seulement l'office de la prévôté, mais encore sept autres églises, ou bénéfices du diocèse, les prés de l'évêché, son argent, ses chevaux, et même ceux du monastère de Pontigny, afin qu'il eût un équipage complet pour aller à Rome, et y faire approuver son testament par Eugène III. Tout ceci se passa à Pontigny où Hugues étoit détenu malade. Saint Bernard, qui n'avoit pas été bien informé de toutes ces circonstances, avoit écrit au pape, quoiqu'en termes généraux, en faveur du neveu de Hugues, à cause de l'affection qu'il portoit à l'oncle. Mais lorsqu'il sut ce qui s'étoit passé, et qu'Etienne avoit fait faire à l'évêque tout ce qu'il avoit voulu, qu'il avoit dressé lui-même le testament, et l'avoit scellé du sceau épiscopal dont il s'étoit emparé, il se rétracta, et il écrivit en diligence à l'abbé de Trois-Fontaines, qui étoit alors à Rome, d'empêcher, s'il étoit possible, que la prévôté de l'église d'Auxerre ne fût conférée au neveu de Hugues. Il manda au pape, par une autre lettre, les intrigues d'Etienne (2) : « Nous avons trouvé, lui dit-il, l'homme qui

---

(1) *Ecclesiam*, il y a apparence que c'est une Cure.

(2) *Epist.* 276.

» a fait pécher Israël, je veux dire un saint évêque. » Il lui fit le détail de tout ce que j'ai rapporté ci-dessus, le supplia de retrancher, avec le glaive de Pierre, l'opprobre que recevroit l'ordre de Cîteaux, le scandale qu'on donneroit à l'église d'Auxerre et le crime qu'on imputeroit à Hugues, si le testament qu'on lui attribuoit venoit à avoir lieu ; n'étant pas croyable qu'un homme de son mérite et de sa piété, *virum sanctum, spiritualem*, se fût oublié jusqu'à ce point, que de faire un testament tel que le laïc le plus mondain n'en feroit pas un semblable, ne laissant rien, ou fort peu aux pauvres et aux églises, pour donner tout, et même ce qui n'étoit pas à lui, à l'un de ses neveux qui n'avoit presque d'autre recommandation, que celle de lui appartenir. On ne doute point de la vérité de ce qu'écrivit saint Bernard. Ainsi la mémoire du prélat a été pleinement justifiée et mise à l'abri de la calomnie.

Il mourut dans l'abbaye de Pontigny, et il y fut inhumé dans l'église (*a*), l'an 1151. Cette mort arriva au mois d'octobre auquel elle est marquée dans l'ancien Nécrologe de la cathédrale en ces termes, qui font allusion aux différents traités de paix qu'il fit conclure de son vivant. Je les rapporterai ici en langue vulgaire à cause des legs qui y sont spécifiés (1):

« Le même jour (12 octobre) est décédé Hugues de bonne mémoire évêque
» d'Auxerre, l'honneur des prélats, le modèle de toute religion, qui a
» reposé doucement en paix, de même que durant sa vie il avoit aimé
» la paix. Entre les choses dont il a enrichi son évêché, il a fait revenir
» avec bien de la peine et bien des soins l'usage du bois de Tul, que
» les chanoines avoient perdu depuis plusieurs années, sans espérance
» de le pouvoir recouvrer. Il a aussi donné à l'église de très-beaux
» vêtements sacerdotaux et un calice doré. Outre cela, il a assigné sur
» Lindry trente sols pour être employés à la réfection de tous les
» chanoines le jour de son anniversaire ; il a pareillement légué aux

(1) *Ampliss. Collect. Martene*, t. VI.

(*a*) L'église dont il est question ici ne peut être que la chapelle primitive des moines, car la basilique actuelle de Pontigny commençait à peine à s'élever à cette époque. Le corps de Hugues de Mâcon n'y fut transféré que plus tard. (*N. d. E.*)

» chanoines l'église de Lindry (a) (pour en jouir) après la mort ou » la démission d'Anselme : et jusqu'à ce temps-là le prévôt Etienne » payera dix sols pour préparer la réfection » (1). L'écrivain de sa vie le loue aussi de ce qu'il avoit beaucoup augmenté de son temps les revenus de l'évêché, soit par différentes acquisitions, soit par les engagements qu'on lui fit. Il dit qu'il acquit la maison d'un certain chevalier, située sous les murs de la cité, tout proche le logis épiscopal, afin de mettre fin au bruit qu'on y faisoit ordinairement durant la nuit, qui troubloit la tranquillité de sa maison : qu'il acheta aussi une autre maison devant la porte de l'évêché, et qu'il donna à l'église de Saint-Etienne la somme de vingt-deux livres qui devoient lui revenir d'un engagement à lui fait d'une petite forêt. Son anniversaire, qu'il avoit fondé sur un revenu qui se prenoit à Lindry, se faisoit encore dans la cathédrale d'Auxerre, vers le milieu du siècle suivant, selon les obituaires de ce temps-là. Le tombeau de Hugues, qui étoit dans le sanctuaire de l'église de Pontigny, fut ouvert en 1567 par les Huguenots (2), qui ayant trouvé son corps presqu'en son entier, et revêtu de ses habits pontificaux, le tirèrent de là et le brûlèrent, croyant que c'étoit celui de saint Edme, qu'ils savoient être conservé dans la même église. Cet ancien sépulcre portoit, à ce qu'on dit, les sept distiques qui suivent :

Autisiodori præsul præclarus in orbe,
 Mente polum scandens, membra reliquit humi.
Sensu, stirpe, bono, præstans, illustris, honestus
 Hugo, brevis, largus, nomine, voce, manu.
Et locuples et inops, pauper sibi, dives egenis.
 Et nullis impar, et sibi nullus erat.
Hunc a justitiæ norma revocare nequibant
 Obsequium, terror, gratia, dona, preces.
Sola triumphabat virtus pietatis in illo,
 Cum post justitiam debuit esse pius.
Istius ecclesiæ primus pater amplificavit,
 Nomen, facta, locum, laude, vigore, bonis.
Bis quinos octobre dies claudente, dierum,
 Finem clausit, habens nunc sine fine diem.

(1) C'étoit le repas du jour de l'*Obit.* | (2) *Bambas a Monte albo.*

(a) C'est-à-dire aux chanoines qui jouissaient de la prébende dont faisait partie l'église de Lindry.   (N. d. E.)

J'ai redressé ces vers, dont les copies étoient très-fautives, sur un manuscrit que je possède, qui m'a paru du siècle même de l'auteur. Ils sont intitulés : *Versus magistri Symonis cognomento Capræauræ, canonici Sancti Victoris, summi et celerrimi versificatoris, de episcopo Autisiodorensi, rogatu monachorum.* Mais je suis obligé d'avertir que le sixième distique n'est pas dans ce manuscrit, et qu'il peut avoir été composé à Pontigny même. L'auteur, qui a écrit sur la noblesse de la famille de saint Bernard, avoit déjà publié cette pièce de vers. On la trouve aussi dans l'Histoire de l'université de Paris. Elle nous apprend que Hugues mourut sur la fin du dixième jour d'octobre : c'est ce qui paroît s'accorder avec l'historien de sa vie, qui marque cette mort au onzième. Cet évêque mourut apparemment la nuit du dix au onze, et fut inhumé le douze, auquel jour les Nécrologes de la cathédrale se sont fixés. Il ne reste aucun vestige qui indique que les vers ci-dessus rapportés aient jamais été gravés sur sa tombe. Son sépulcre se voit encore auprès du grand autel de Pontigny (a), entre les colonnes du sanctuaire du côté du septentrion avec ces paroles presqu'entièrement effacées. *Hic jacet beatus Hugo Autissiodorensis episcopus, primus abbas hujus ecclesiæ.* L'auteur du Ménologe de Citeaux (1) fait de lui un magnifique éloge au 24 de janvier : mais ces louanges auroient été mieux placées au 11 ou 12 octobre. C'est encore très-mal à propos que son obit est marqué au 6 décembre dans le nécrologe de l'abbaye de Fontenet. Ces jours, choisis à plaisir pour faire revivre la mémoire des illustres défunts, ne sont propres qu'à jeter dans l'erreur, et à introduire de la confusion dans l'histoire. Saint Bernard donne, en quatre endroits de ses ouvrages, à Hugues, évêque d'Auxerre, le titre de saint : savoir, deux fois dans

1137 à 1151.

---

(1) *S. Bern. genus illustre*, p. 568.

(a) Par un heureux hasard, ce tombeau vient d'être découvert récemment dans le mur de clôture du sanctuaire de l'église de Pontigny, mais on reconnaît à son style qu'il a été érigé à une époque un peu moins ancienne que la mort de l'évêque. La dalle tumulaire ne porte qu'une large croix fleuronnée et la table supérieure était soutenue par une gracieuse arcature ogivale dont il ne reste plus que des débris. — *Voy.* le Bulletin de la Société des sciences historiques et naturelles de l'Yonne, t. 1. (*N. d. E.*)

sa lettre 276 adressée au pape Eugène, une fois dans le troisième livre de la Considération adressé au même pape, et l'autre fois dans sa lettre 274 à l'abbé de Trois-Fontaines.

CHAPITRE IX.

LE VÉN. ALAIN, LVe ÉVÊQUE D'AUXERRE.

Histoire de son épiscopat.

Nous apprenons de saint Bernard la situation où se trouva l'église d'Auxerre après la mort de Hugues de Mâcon. Il en fait mention dans son troisième livre de la Considération, dans quatre de ses lettres, dont les trois premières sont adressées au pape Eugène, et la quatrième au roi Louis-le-Jeune (1). Comme on vouloit procéder à l'élection d'un successeur, le neveu du défunt évêque s'y opposa, protestant d'une appellation en cas qu'on passât outre, jusqu'à ce qu'il fût de retour à Rome, où il vouloit aller pour obtenir la confirmation de sa prévôté et de ses autres bénéfices. Le clergé, n'ayant pas jugé à propos d'y déférer, élut, à la pluralité des voix, une personne que saint Bernard ne nomme point, laquelle eut les suffrages de neuf diacres et onze prêtres, outre plusieurs voix des ordres inférieurs; l'archiprêtre demeurant neutre. Le neveu de l'évêque, voyant cela, mit son appel à l'écart, et fit faire, trois jours après, une seconde élection. Le chanoine Etienne son confident, le chantre de l'église, et l'archidiacre y procédèrent avec un prêtre appelé Hugues, qui la scella du sceau de l'église qu'il avoit entre les mains. Ce fut alors un grand sujet de division dans l'église d'Auxerre. Le doyen de Saint-Père et le prieur de Saint-Eusèbe, tant pour eux que pour l'abbé de Saint-Laurent, se disposoient d'aller à Rome pour faire valider la première élection; mais ils en furent empêchés par les menaces du comte Guillaume. Ce comte se vit poussé à cela par les

---

(1) *De Consid. l.* 3. *c.* 2. *Epist.* 273. 276. 280. 282.

parties adverses, qui désiroient faire le même voyage en faveur d'un nommé Geoffroy ou Godefroy, qu'ils avoient élu, et qui pouvoit être le prieur de Clairvaux, frère du chanoine Hugues chancelier. C'est pourquoi ils tâchèrent d'engager saint Bernard d'écrire au pape en faveur de ce Godefroy, non qu'ils le souhaitassent pour évêque, mais afin que le pape, ayant refusé les deux élus, ils en substituassent un troisième dont ils étoient demeurés d'accord avec le comte. Aussitôt saint Bernard envoya un de ses religieux à Auxerre pour s'informer comment tout s'y étoit passé ; et l'ayant appris, il en donna avis au pape par une lettre dont on tire tout ce récit. Le souverain pontife nomma trois commissaires pour finir l'affaire de cette élection, laissant la liberté de choisir quelle personne on voudroit : et comme il inclinoit pour l'un des deux élus, il en avertit saint Bernard et une autre personne : mais par malheur cette autre personne révéla le secret et le dessein du pape, et fit accroire que le saint père et saint Bernard s'entendoient, et recherchoient plutôt, en cette élection, leurs propres intérêts et leur satisfaction, que la gloire de Dieu. C'est de quoi saint Bernard se plaint amèrement dans sa lettre 280. Cependant cet incident n'empêcha pas que les intentions du pape ne fussent suivies en bonne partie. Car, entre les trois qui avoient été nommés commissaires, il n'y en eut qu'un qui ne voulut point s'en mêler. Outre cela, le sujet que le pape avoit en vue étoit tel, que même ceux qui ne penchoient pas pour lui ne trouvoient rien à redire en sa personne ; il n'y avoit que le comte qui déclaroit qu'il ne le souffriroit jamais pour évêque, parce qu'il appréhendoit qu'il ne s'opposât à ses violences. On voit, par ce qu'ajoute saint Bernard, que c'étoit l'abbé de Regny. Il dit plus bas : « s'il est à » propos que les monastères du diocèse d'Auxerre soient appauvris, » que les églises soient foulées, que la religion soit dans le mépris, et » que le siége épiscopal soit réduit en servitude, il ne faut pas qu'on » laisse régner celui de Regny » (1). Ce qui signifioit, que le religieux, tiré de Regny, n'étoit pas homme à souffrir ces abus. C'est pourquoi saint Bernard exhorta le pape à suppléer, par son autorité, à ce qui

---

(1) Je laisse ici ce jeu de mots, parce qu'il est de saint Bernard.

pouvoit manquer à cette élection : mais, malgré cela, elle n'eut point lieu, non plus que les autres.

On fut donc obligé de procéder encore à une autre élection; saint Bernard y assista : et les choses s'y passèrent si doucement, que tous les capitulants donnèrent leurs voix à Alain, abbé de la Rivour, qui étoit le troisième que le pape avoit proposé. Cependant le roi Louis-le-Jeune trouva mauvais que le pape se fût mêlé d'une élection si avant dans son royaume, et qu'on l'eût faite sans une nouvelle permission. C'est pourquoi il fut longtemps sans vouloir la confirmer; mais saint Bernard lui manda, que s'il différoit davantage, ce seroit le plus grand déplaisir qu'il eût reçu de lui ; et il le conjura, par la multitude des saints de cet évêché, de vouloir agréer le choix qu'on avoit fait d'Alain. Il assura même qu'il s'en rendoit caution, protesta que c'étoit un personnage digne de l'épiscopat, et qu'il étoit impossible d'en trouver de plus attaché à son service. On ne sait pas ce que le roi répondit à sa lettre : il semble seulement qu'Alain ne fut point sacré évêque durant la vie d'Eugène III, ni durant celle de saint Bernard, mais seulement après leur mort qui arriva l'an 1153, aux mois de juillet et d'août. La petite chronique d'Auxerre y est formelle (1), mettant au dernier novembre, de la même année 1153, *l'ordination de Dom Alain de Clairvaux*, à moins qu'on ne dise que le copiste auroit ajouté une unité par inadvertance. C'est à quoi il y a quelque apparence, suivant l'auteur de la vie de son prédécesseur, qui dit qu'après sa mort l'évêché ne vaqua qu'un an et environ deux mois, savoir depuis la saint Denys, jusqu'à l'Avent. Secondement, le sacre des évêques ne se faisant guère que les dimanches, cette circonstance ne peut convenir à l'an 1153, auquel le dernier novembre étoit un lundi, au lieu qu'en 1152 il étoit un dimanche ; et cette époque s'accorde avec la chronique d'Albéric, qui marque la promotion d'Alain à l'épiscopat à la fin de l'an 1152. Pour troisième raison, l'auteur de l'abrégé de la vie d'Alain assure qu'il a gouverné l'évêché durant quatorze ans; c'est-à-dire jusqu'en l'année 1167, durant laquelle certainement son successeur fut sacré

---

(1) Labb. t. 1, Bibl. mss.

le second jour de juillet : ce qui semble supposer qu'Alain étoit évêque dès le commencement de l'année 1153.

Quoiqu'il en soit de l'époque de l'ordination d'Alain, cet illustre personnage étoit originaire de Flandre. On tient même à Clairvaux qu'il étoit né à Lisle, et ce sentiment paroît autorisé par un endroit de son commentaire sur les prophéties de Merlin (1). Sans entrer donc en examen touchant le lieu de ses études, et si ce fut sous Raimbert, fameux dialecticien à Lisle, vers l'an 1100, ou sous ses disciples, qu'il s'avança dans les sciences, il suffira de dire qu'il s'étoit fait de bonne heure religieux à Clairvaux (2), qu'il y avoit reçu l'habit des mains de saint Bernard, et qu'en 1139, il avoit été choisi par ce saint pour être le premier abbé de la Rivour (3), au diocèse de Troyes. Il y avoit assez peu de temps qu'il étoit évêque d'Auxerre, lorsqu'il fut appelé à l'assemblée qui fut tenue à Moret la même année. Il y assista avec Hugues, archevêque de Sens, et Thibaud, évêque de Paris ; et y fut témoin du jugement par lequel le roi Louis-le-Jeune faisoit rentrer Godefroy, évêque de Langres, en possession de ce que Hugues, duc de Bourgogne, lui avoit ôté (4).

Mais avant que de s'étendre sur les affaires étrangères auxquelles il peut avoir eu part, il convient de rapporter ce qu'il fit pour son diocèse. L'abbaye de Saint-Germain fut un des premiers objets de son attention. Il y avoit eu quelques différends, sous son prédécesseur, entre les moines de ce lieu et Pierre, abbé de Cluny, dit le Vénérable.

Cet abbé s'étoit plaint au pape Eugène III de ce qu'Ardouin avoit été élu abbé de Saint-Germain sans son aveu ; et de ce que ni lui, ni les religieux ne vouloient pas le reconnoître pour leur supérieur en fait de gouvernement monastique, en quoi il prétendoit que l'évêque diocésain avoit connivé, pour affermir son autorité sur cet abbé et sur ses religieux. L'évêque Alain, étant en place, porta à son tour ses plaintes au pape Anastase IV contre les usurpations que l'abbé de Cluny faisoit sur son autorité épiscopale : il en obtint une bulle dès le mois

---

(1) Fol. 198. *Vidi ego in Flandria cum puerulus adhuc essem apud Insulam unde natus fui.*

(2) *Chron. S. Martini Tornac.*
(3) *Ripatorium.*
(4) *Spicil.* t. XI. p. 388.

d'avril 1154; et, par cette bulle, le pape le confirma dans tous ses droits sur l'abbé de Saint-Germain (1), « à l'exemple, dit-il, » d'Eugène son prédécesseur. Il veut donc que l'évêque confirme » ou infirme l'élection de l'abbé, que ce soit lui qui le bénisse, que » l'abbé lui prête serment d'obéissance, que l'évêque puisse déposer » l'abbé s'il le mérite, le corriger selon les voies canoniques aussi » bien que ses moines; que le monastère prenne les saintes-huiles » et le chrême de l'évêque d'Auxerre : que ce soit lui qui bénisse » ou qui consacre leurs autels et leurs églises, et qui leur confère » les ordres ; que si l'abbé de Cluny a donné le bâton abbatial à » l'abbé de Saint-Germain, il entend que cela ne puisse porter aucun » préjudice à l'évêque ni à l'église d'Auxerre, et fait défense qu'à » l'avenir l'abbé reçoive le bâton des mains de l'abbé de Cluny. » Je renvoie aux preuves de cette histoire, pour la satisfaction des curieux, plusieurs actes de son temps; lesquels concernent la même abbaye de Saint-Germain (2).

Il ne seroit pas étonnant qu'un évêque, tiré d'entre les Cisterciens, eût marqué une affection singulière envers ceux de cet ordre. Mais Alain, sans égard à l'habit ni à l'endroit d'où sortoient ceux qui lui présentoient des requêtes, écouta favorablement tous les réguliers. Hugues, abbé de Saint-Laurent, proche Cône, lui ayant représenté la pauvreté du prieuré de Saint-Eusèbe dépendant de son abbaye, il accorda, en 1159, à cette église, le revenu d'une année de chaque prébende de la cathédrale, à compter du jour auquel elle viendroit à vaquer (3). Le Chapitre a depuis obtenu différentes explications au sujet de cette donation. Il jugea aussi à propos, voulant augmenter le culte divin dans l'église de Saint-Amatre, de l'unir à quelque abbaye qui fût de l'ordre de Saint-Augustin, suivant qu'on l'observoit depuis trente ans ou environ dans ce prieuré. Il choisit pour cela l'abbaye de Saint-Satur, au diocèse de Bourges : et la charte de cette union fut passée dans le Chapitre d'Auxerre (4), le jour de l'octave de Saint-

---

(1) *Ex antiqua Gallia Christ* t. 2, p. 278.

(2) *Voy*. Preuves, t. IV.

(3) *Voy*. Preuves, t. IV.

(4) Elle est dans l'ancien *Gallia Christ*. t. 2, p. 278, et dans le nouveau, t. XII.

Etienne, de l'an 1163. Il confirma la même année, par un acte authentique (1), et encore du consentement du Chapitre, les donations que son prédécesseur avoit faites sans écrit aux religieux Prémontrés de Saint-Marien, et y ajouta, par surcroît, l'église de Taingy. Le monastère de La Charité se ressentit encore davantage de ses libéralités, si l'acte dont j'ai copie est sincère. Il confirma aux religieux de ce prieuré le don d'un grand nombre d'églises du diocèse ; et il consentit qu'ils jouissent des dîmes que les laïcs leur laisseroient des églises soustraites autrefois à celle de Saint-Etienne d'Auxerre. L'étendue de cette donation doit empêcher de croire que ce soit Alain qui soit désigné dans une lettre à Suger (2), où l'on se plaint de l'évêque d'Auxerre, sans le nommer, comme d'un prélat qui opprime le temporel du prieuré de La Charité. Il y a d'autant moins d'apparence de pouvoir appliquer ce fait à la personne d'Alain, que ce prélat fut averti, dès le commencement de son pontificat, par Eugène III (3), de s'opposer à la construction de la forteresse qu'Adam, seigneur de La Marche, faisoit élever à La Charité. On trouve, dans les cartulaires ou archives des autres maisons régulières, plusieurs actes où son nom paroît, surtout dans les titres des abbayes de Pontigny, Bourads et de Regny (4). Ingelran, clerc du diocèse, ayant bâti une chapelle dans

---

(1) Elle est dans l'ancien *Gallia Christ.*, t. 2, p. 278, et dans le nouveau, t. xii.

(2) *Thes. anecdot.* t. 1, p. 420.

(3) *Cartul. Carit.* p. 29.

(4) En 1157, il accorda les religieux de Pontigny avec ceux de Moutier-la-Celle, proche Troyes, touchant les dîmes d'Aigremont ; et, après cet accord, il donna aux premiers une rente annuelle d'un muid d'avoine qu'il avoit acheté des mêmes religieux de Troyes, pour la somme de 45 livres. En 1166, il publia et confirma la donation que Séguin de Seillenai et ses parents avoient faite aux religieux de Pontigny, de ce qu'ils possédoient, soit en terres, soit en prés, au territoire de Sainte-Porcaire. A l'égard de l'abbaye de Bourads, il fut, en 1162, le premier témoin des amples donations que lui fit Etienne, comte de Sancerre. En 1164, il fut le médiateur d'une transaction faite entre les religieux et Guillaume de Chânay, chevalier touchant les dîmes de vin au lieu dit Montaiglan. Il confirma aussi de son sceau, dans la même année, l'abandon que firent quelques habitants de Donzy à ces mêmes religieux, de l'usage de la perrière de Foufai, qu'ils disputoient sans être fondés. Ce fut aussi par-devant lui que les religieux du même lieu reconnurent, en la personne de Rainard leur abbé que leur monastère devoit à l'église de Saint-Pierre-du-Pont d'Auxerre, en la personne de Garin qui en étoit doyen, douze bichets de froment assis sur le territoire de Chevigny (*Calviniaci*), et douze bichets de tremoi (*tramisii*). On trouve, dans les archives de Regny, une bulle du pape Hadrien IV, qu'on croit de l'an 1156, dans laquelle l'évêque d'Auxerre et celui de Langres sont commis pour obliger Milon, comte de Noyers, de rendre aux religieux de Regny du cuivre trouvé dans une de leurs terres ; c'étoit, apparemment des médailles

le bois de Beletan, de la paroisse de Venoy, proche Auxerre, Alain ne voulut pas permettre à cet ecclésiastique de célébrer aucuns offices dans cette chapelle, sans avoir auparavant conféré avec l'abbé de Saint-Germain à la présentation duquel est la cure de Venoy. Il fut inséré, dans l'acte de concession qui est sans date (1), que si le lieu de Beletan venoit à s'accroître, ce seroit à l'église matrice de Venoy à y recevoir les oblations, les dîmes et tous les autres droits curiaux. Je ne dis rien d'un autre acte du même évêque concernant le même village. On peut le voir dans les *Preuves* à la suite du précédent.

S'il aima à se rendre utile aux monastères, on peut dire qu'il n'eut pas une moindre inclination à faire du bien à son église cathédrale. Le Chapitre souhaitoit depuis longtemps avec ardeur que la *dignité* de prévôt fût éteinte, Hugues de Montaigu l'avoit réunie à la mense, mais son décret avoit été sans exécution. Alain enfin fit cette suppression avec toute la solennité requise ; il déclara cet office réuni à perpétuité au domaine du Chapitre aussitôt après la mort de Gui qui le possédoit, ou bien s'il venoit à se faire religieux ou à être revêtu de quelque autre dignité. Cette réunion fut faite en Chapitre par l'imposition du livre des évangiles sur l'autel de Saint-Etienne, destiné dans le même lieu pour ces sortes de cérémonies. Ascelin, abbé de Regny, et Jean, abbé de Roches, y étoient présents, aussi bien que Geoffroy, prieur de Saint-Eusèbe ; et, de la part du clergé de la cathédrale, Pierre

ou monnoyes des empereurs romains : ces deux évêques décidèrent, en 1157, que la trouvaille faite dans le finage de la grange de Fontemoi, dans la terre qu'on appeloit de Saint-Pierre, devoit appartenir aux moines de Regny. Le même pape nomma aussi Alain pour accorder ces religieux avec Ascelin de Château-Censoir, sur le fief de Mairy, dans la paroisse de Sassy. Il ratifia, en 1163, l'acquisition faite par eux sur Herbert de Mairy, de l'écoulement des eaux d'une fontaine appelée *de Valle-roboris*, et toutes les acquisitions qu'ils avoient faites de différents particuliers possesseurs de la seigneurie de Toire proche Sougère. C'est aussi de la même année qu'est l'acte par lequel il accorda ces religieux avec l'abbaye de Crisenon, en vertu de la médiation de

Geoffroy, abbé de Clairvaux, et de la comtesse Ide. On voit, par les titres de ce lieu, que Geoffroy eut de fréquentes entrevues avec notre évêque, et qu'il fut souvent accompagné du moine Alcher, nommé dans les œuvres de Pierre de Celles. Enfin, en 1165, Alain accorda à Ascelin, abbé de Regny, l'exemption de payer les dîmes des biens de son monastère, situés dans son diocèse, et, en particulier des vignes qu'il avoit à Saint-Bris. Alain est aussi nommé dans des titres des abbayes de Saint-Marien et de Crisenon. — *Voy.* parmi les pièces justificatives quelques-unes des actes ci-dessus nommés.

(1) *Cartul. S. Germani.* — *Voy.* Pièces just., t. IV.

archidiacre, Guillaume doyen, Rodulfe trésorier, Etienne chantre, Robert lecteur, Renaud chambrier, Germain sous-chantre, et autres chanoines qui s'obligèrent tous par serment de ne plus élire de prévôt, et de faire jurer la même chose à leurs successeurs à peine d'excommunication qui fut fulminée par l'évêque, les abbés et prêtres qui étoient de cette assemblée. L'acte est du dernier jour d'avril 1166 (1), jour remarquable, étant celui auquel, de tout temps, il y avoit eu un repas commun fourni par l'évêque, au retour des vigiles célébrées au tombeau de Saint-Amatre. Pour contribuer aussi, comme ses prédécesseurs, à la décoration de l'église et au service divin, Alain donna deux pièces d'étoffe de soie très-belles, et il fit présent d'un livre des quarante Homélies de saint Grégoire pape, écrit très-délicatement. Outre la réunion de la prévôté, les chanoines eurent encore de lui le droit de présenter à la cure de Lindri. Il ne reste de vestiges de ses bienfaits, envers les églises collégiales, que dans celle de Varzy qui est la plus ancienne de toutes après celle de Notre-Dame dans Auxerre. Il témoigna tant d'affection aux chanoines de cette église, qu'en reconnoissance ils insérèrent, dans leur obituaire, le décès de son père et de sa mère (2).

Le chanoine qui écrivit un sommaire de sa vie, vers l'an 1182, s'est contenté de dire que cet évêque avoit augmenté de beaucoup le revenu de l'évêché, et qu'il avoit reçu différentes reconnaissances ou hommages à la Tour de Varzy et en d'autres lieux. Mais l'on apprend, par des actes qui ont échappé aux injures du temps (3), quelques particularités assez intéressantes, entre autres, les différends qu'il eut avec les comtes d'Auxerre. Il s'étoit écoulé quatre ans sans qu'il eût pu se faire rendre hommage par le comte Guillaume : enfin, l'an 1157, ce comte déclara qu'il tenoit de lui en fief tout ce qu'il avoit à Auxerre, excepté les murs de la ville qui relevoient du roi, et quelque chose au delà du Pont, qui étoit dans le fief du duc de Bourgogne. A l'égard des seigneuries de Cône, Château-Neuf, Mailly, Saint-Sauveur, Bétry, Lorme et autres châteaux et châtellenies, il déclara qu'il les tenoit de l'évêque en fief, sans aucune exception et qu'il ne pouvoit y

---

(1) *Voy.* Pièces just., t. IV, n° 59.
(2) 8. janvier, 3 d'août.
(3) Ces actes sont l'ancien *Gallia Christ.* t. 2. p. 277. 278.

abolir les anciennes coutumes pour en introduire de nouvelles. Alain eut aussi quelque chose à démêler avec le fils de ce comte qui portoit le même nom de Guillaume. Ce jeune seigneur étoit en guerre contre quelques autres seigneurs du voisinage : il entretenoit, à cette occasion, une armée qui ravageoit les terres de l'évêque, principalement Varzy et Appoigny et celles des chanoines et autres gens d'église. Quelques gentilshommes, comme celui de la Ferté-Loupière, se jetèrent sur Appoigny et sur les lieux circonvoisins, et voyant Guillaume animé contre l'évêque, jusqu'à refuser de se dire son vassal, ils en voulurent faire autant. Heureusement pour l'évêque, le pape Alexandre se trouva alors en France, et, étant venu demeurer à Sens, il ne servit pas peu à apaiser ces révoltes. Le roi Louis VII s'y étant rendu pour le visiter, Alain profita de l'occasion et fit sa plainte aux deux puissances. Le pape donna alors commission à l'archevêque, qui étoit Hugues de Toucy, d'accommoder cette affaire ; il fit même en sorte, avec le roi, que le comte se trouva disposé à souffrir qu'elle fût terminée par une décision : mais ce ne fut pas sans difficulté. Dans les trois audiences où il comparut devant l'archevêque, tant à Sens qu'à Auxerre, il chercha toujours à prolonger pour éviter le jugement. Cependant il ne put s'empêcher de le subir persuadé par Geoffroy, évêque de Langres, et par les abbés de Clairvaux et de Pontigny. Le roi confirma lui-même la transaction qui avoit été faite en 1145, par saint Bernard, entre l'aïeul de ce comte et l'évêque Hugues. On en dressa un arrêt authentique en présence et sous le témoignage de Henri, évêque de Troyes, et de quelques dignités de la cathédrale ; et l'évêque de Langres confirma cette même transaction par un acte séparé. Tout cela arriva l'an 1164. Durant ces difficultés, Alain écrivit cinq lettres au roi : Hugues, archevêque de Sens, lui en écrivit une et le Chapitre d'Auxerre pareillement. Elles sont toutes imprimées dans les recueils de Duchêne (1).

Dans l'intervalle des deux affaires qu'Alain eut avec les comtes d'Auxerre, il fut obligé de redoubler sa vigilance sur son temporel. Quelques-uns de ses vassaux s'étoient retirés sur les terres d'autres

---

(1) *Tom.* IV.

seigneurs et il les avoit répétés ; mais on ne vouloit pas les lui rendre qu'en prouvant par le duel qu'ils lui appartenoient. Il se plaignit de ce refus au pape Alexandre III, qui lui répondit, par une lettre du mois de février de la quatrième année de son pontificat (1), qu'il lui permettoit d'informer contre ces sortes de personnes. L'écrivain de la petite notice sur l'épiscopat d'Alain, se contentant de marquer simplement quelques traits de l'attention de ce prélat sur son temporel, dit qu'il fit bâtir une maison de pierre dans le vallon de la Chapelle de Saint-André et qu'à Gy il fit construire une chapelle avec plusieurs maisons et planter des vignes (2).

Sa haute réputation lui avoit procuré, dès les premières années de son épiscopat, plusieurs commissions de la part du pape Hadrien IV (3). On sait qu'entre autres il fut chargé, avec Thibaud, évêque de Paris, d'examiner les crimes dont on accusoit l'abbé de Lagny ; que le même pape le donna pour adjoint à Hugues, archevêque de Sens (4), pour terminer l'affaire qui étoit entre le prévôt de Leré et L., chanoine d'Auxerre, touchant une prébende. Ce chanoine, dont le titre ne nous a conservé que la lettre initiale, peut être Landry de Tracy qui paroît, par ce que je dirai plus bas, avoir été le confident de cet évêque (5). On peut joindre à ces deux commissions, celle qu'il reçut encore du Saint-Siége au sujet du village de Coulenz, sur lequel Geoffroy, évêque de Langres (6), étoit inquiété (7). Il s'étoit répandu, vers l'an 1160, un

---

(1) *Gall. Christ. vetus* p. 279.

(2) Cette chapelle de Gy, bâtie par Alain, ci-devant abbé au diocèse de Troyes, pourroit bien avoir été consacrée sous l'invocation de saint Fale abbé du même pays, et le culte pourroit bien aussi être passé de cette chapelle en l'église paroissiale qui reconnoît depuis longtemps ce même saint Fale pour patron.

(3) En vertu d'une de ces commissions, étant à Rebais, abbaye du diocèse de Meaux, il jugea, avec l'évêque de Senlis, les procès des religieux de Rueil avec les chanoines de Saint-Nicolas de La Ferté-sous-Jouarre touchant la paroisse de Condé, et donna gain de cause aux premiers. Il souscrivit à la fondation de l'abbaye de Clermarais, au diocèse de Saint-Omer, vers l'an 1153, selon la *Nouvelle Gaule chrétienne*. Il fut nommé par le pape pour accorder les moines de La Charité avec les chanoines de Château-Rainard, au sujet d'une prébende qu'ils prétendoient avoir dans ce chapitre ; l'accord fut fait à Sens, l'an 1154, en présence d'Hugues de Toucy, archevêque.

(4) *Ampliss. collect.*, t. II.

(5) Il y a dans un manuscrit de Saint-Victor de Paris, cotté 793, une lettre de G., évêque de Sabine, au sujet d'un sous-diacre de Rome, son parent, étudiant à Paris, qu'il lui recommande.

(6) *Duchêne*, t. 4. *Script. Franc. epist.* 217.

(7) On trouve cet évêque présent en 1156, à Argenteuil près Paris, lorsqu'on y fit la cérémonie de la translation de la robe de Notre-Seigneur (*Ann. Bened.*, t. VI, p. 562).

bruit touchant la tête de sainte Geneviève, qu'on disoit avoir été ôtée de sa châsse et emportée (1). Le roi Louis-le-Jeune nomma Alain, avec l'archevêque de Sens, pour être présent à l'ouverture de la châsse. Cette ouverture se fit le 10 janvier de l'an 1161 et la tête s'y trouva. L'année d'après, il quitta encore son diocèse pour aller jusqu'à Montpellier, au-devant du pape Alexandre III, et il fut l'un des dix prélats qui se rendirent dans cette ville. Hugues de Toucy, archevêque de Sens, étoit l'un des quatre archevêques et Alain l'un des six évêques.

Il paroit que les démarches qu'on fit, pendant le séjour d'Alexandre dans le royaume, pour procéder à la déposition de l'abbé de Clairvaux, furent conduites par notre évêque et par Henri, archevêque de Reims (2). Je passe sous silence différentes petites affaires où l'évêque d'Auxerre fut choisi pour juge avec son métropolitain ; telle que celle qui étoit entre Villenc, abbé de Molême et Herbert de Mairy, pour un domaine de Nitry et de Lichères (3), dont la décision fut prononcée solennellement à Auxerre l'an 1163 (4). Mais je ne trouve rien de plus glorieux à la mémoire d'Alain, en fait de pacifications, que la prière que lui fit le comte d'Auxerre de faire sa paix avec le roi qui venoit avec une grosse armée, à dessein de le punir pour avoir prêté main forte aux habitants de Vézelai, lorsqu'ils se révoltèrent contre l'abbé Ponce et les religieux, seigneurs du lieu (5). On trouve parmi les lettres de Pierre, abbé de Moutier-la-Celle, proche Troyes (6), une lettre adressée à notre évêque. Cet abbé le reprend de ce qu'il avoit porté trop vite son jugement sur un mariage et de ce qu'il s'en étoit plutôt rapporté au grand nombre, que non pas à lui qui étoit au fait. Une autre lettre du même auteur (7) nous apprend qu'il s'agissoit du mariage contracté entre Pierre de la Tournelle et Havoïe, nièce de l'abbé Pierre. L'archevêque de Sens et quelques autres, du nombre desquels étoit Alain, traitoient ce mariage d'inceste et Pierre n'y trouvoit rien qui fût contre les règles.

---

(1) *Duchêne*, t. IV, p. 421.
(2) *Ampliss. collect.*, t. 2, p. 713, *et in Epist. Alex.* 111, p. 1011.
(3) *Tabul. Molism.*
(4) Ce Landry de Tracy est souvent nommé avec Alain dans les titres de Regny : 1155, 1157, etc.
(5) *Aimonii Continuat. lib.* 5. *hist.* 1. 55.
(6) *Lib.* 1 *Epist.* 22.
(7) *Epist.* 9.

Quoiqu'Alain fût fort considéré dans la place qu'il occupoit, il ne laissa pas de s'en dégoûter et il forma le dessein de rentrer dans son premier état. Il semble qu'il méditoit son abdication dès l'an 1166, lorsqu'il réunit la prévôté au corps du Chapitre, puisque dès lors il songea à ordonner des prières après sa mort dans l'église d'Auxerre. La clause de son anniversaire est au bout de l'acte. Ce fut aussi la même année qu'il le fonda dans l'église de Saint-Germain, laissant pour cela cent sols de rente payables par le curé de Saint-Loup (1). On assure que ceci est exprimé dans la charte par laquelle il confirmoit à l'abbé le droit de présenter à cette cure, etc. Le livre des sépultures de Clairvaux porte qu'il consulta le pape, sur le dessein qu'il avoit de quitter et qu'il en obtint la permission. C'est ce qu'il paroit difficile d'accorder avec ce qu'on trouve dans la procédure touchant l'archevêque de Dol (2), où l'église de Dol marque, en écrivant à Innocent III « que » l'archevêque de Tours n'a pu recevoir la démission de l'évêque de » Dol, sans commettre une grande faute, et le prouve par ce qu'a dit » le pape Alexandre de l'archevêque de Sens, qui avoit reçu la dé- » mission de l'évêque d'Auxerre, sans la permission du Saint-Siége, » savoir, que s'il eût voulu procéder contre cet archevêque suivant les » règles du droit, il auroit pu le punir rigoureusement d'une telle » entreprise. » L'auteur de l'abrégé de sa vie qui l'avoit connu, fait son éloge en ce peu de mots. « Il dit qu'ayant gouverné sagement » l'évêché d'Auxerre pendant quatorze ans avec l'approbation de Dieu » et celle des hommes, il s'en démit, voulant se dépouiller tout à fait » des sollicitudes et soins du monde, auxquels il avoit renoncé autre- » fois; qu'ainsi, quittant la vie active, pour se donner tout entier à la » contemplative, il se retira à Clairvaux, et, ayant entrepris d'y subir le » martyre ordinaire de son temps, au milieu des athlètes de Jésus- » Christ, dans l'exercice du jeûne, de l'oraison, de la lecture et des » autres œuvres de la charité, il reposa dans le Seigneur par une fin » bienheureuse. » Mais lorsqu'il est écrit qu'il se retira à Clairvaux, il ne faut point croire qu'il y resta si assidûment, qu'il n'allât quelque

---

(1) *Tabul. S. Germani* | (2) *Ampliss. Collect.*, t. 1, fol. 140.

fois à l'abbaye de la Rivour qui en est peu éloignée. C'est dans ce dernier monastère qu'il fit son testament, l'an 1182 (1). Je ne le rapporterai point ici, parce qu'il ne contient rien qui regarde le diocèse d'Auxerre. Ce fut aussi depuis sa démission qu'il écrivit la vie de saint Bernard (2). Il l'abrégea ensuite, et la corrigea conformément aux observations de Geoffroy, évêque de Langres, grand ami du saint; il la dédia enfin à Pierre, abbé de Clairvaux. Pierre, surnommé de Celles, étant devenu abbé de Saint-Remi de Reims, n'oublia point Alain qu'il savoit être retiré dans la même maison où autrefois il avoit pris l'habit des Cisterciens. Ecrivant à un archevêque qui avoit choisi le même

† SIGILLVM AUTISIODORENSIS EPISCOPI — ALANUS.
Sceau du V. Alain, cinquante-cinquième évêque d'Auxerre.

monastère pour y finir ses jours, il y salue, sur la fin de sa lettre, *Domnum autisiodorensem episcopum* (3). Quelques uns (4) cependant

---

(1) Il est chez Camuzat. *Prompt. Tricass.* fol. 321.
(2) *Ex Præf. vitæ.*
(3) *Lib.* 8, *Epist.* 1
(4) D. George Viole.

croient qu'il ne fixa sa demeure à Clairvaux qu'après l'année 1182, qui est celle de la date de son testament et qu'il logea pour lors dans la cellule de saint Bernard qu'avoit occupée avant lui Geoffroy, évêque de Langres.

On montre sa sépulture à Clairvaux, au côté droit de celle du même Geoffroy, dans la partie septentrionale de la croisée de l'église : C'est là où je l'ai vue en 1730. On y lit cette épitaphe : *Hic jacet dn̄s Alanus I. abbas Ripatorii deinceps Autissiod. ep. obiit anno....* Il y a aujourd'hui une lacune à l'endroit de la désignation de l'année, autant qu'il m'a paru, lorsque j'ai voulu en prendre copie ; mais on y a lu autrefois MCLXXXII. Le jour de la mort d'Alain n'y est pas non plus marqué ; mais le livre des sépultures de Clairvaux déclare que ce fut le quatorzième d'octobre, aussi bien que le ménologe de Cîteaux, qui lui donne le titre de *Bienheureux*. Cependant on lit dans l'abrégé de sa vie, dressé un peu après sa mort, qu'il mourut l'onzième jour d'octobre. Cette mort n'est point marquée dans le Nécrologe de la cathédrale qui avoit été écrit sous l'évêque Humbaud, parce que ce livre se trouvoit alors rempli à l'onzième octobre; et en effet Hugues de Mâcon, son prédécesseur, est le dernier évêque dont l'obit y soit marqué. Les obituaires de la cathédrale, écrits vers le milieu du xiiie siècle, marquent aussi son anniversaire à l'onzième jour du mois d'octobre, ajoutant qu'on y distribuoit, entre tous les présents, la somme de quarante sous, qui est celle-là même que l'abrégé de sa vie dit avoir été achetée par maître Abbon, son clerc, sur les moulins de Crevan. On y lit aussi, au huitième jour d'avril, que les trente sous que son historien dit avoir été assignés par cet évêque, sur l'église d'Ecoulives, étoient pour le repos de Landry, prêtre et chanoine.

Le nom d'Alain étant assez commun dans le xiie et le xiiie siècle, c'est ce qui a été cause que plusieurs ont attribué à l'évêque d'Auxerre des ouvrages qui ne lui appartiennent pas. Le théologien Robert Holkot est le premier ; Oudin, depuis lui, dans une dissertation expresse, a essayé de prouver qu'il étoit le même Alain dont on débite des histoires singulières dans l'ordre de Cîteaux (1). Quelques écrivains lui ont attribué

---

(1) *Voyage litt* de Martene, t. 1, p. 103

1152 à 1167.
une compilation de canons qu'il n'a jamais faite, trompés par un manuscrit de l'abbaye de Clairvaux, qui n'est autre que le décret de Gratien dont il avoit fait présent et sur lequel son nom se trouve pour cette raison. Un manuscrit de l'abbaye de Vauluisant, que j'ai vu, lui donne le nom de *Petrus Alanus*, à la tête de la vie qu'il a écrite de saint Bernard (1).

Au reste, j'ai cru ne pas devoir finir l'article de l'évêque Alain, sans remarquer qu'un écrivain anglois qui se trouva en France, vers le temps de son épiscopat, ayant apporté en Angleterre le catalogue des évêques de plusieurs églises de ce royaume, un autre écrivain (2), qui copia ces listes, fit là-dessus une observation expresse, que parmi ceux de l'église d'Auxerre, de cinquante-cinq qu'il y en avoit eu jusqu'alors, on en comptoit trente-deux saints, dont deux étoient martyrs, et qu'on ne trouvoit presque dans aucun évêché qu'il y eût eu un si grand nombre de saints évêques.

CHAPITRE X.

GUILLAUME DE TOUCY, LVIe ÉVÊQUE D'AUXERRE.

Histoire de sa vie et de ses vertus.

1167 à 1181.
La retraite d'Alain ayant obligé le clergé d'Auxerre à se pourvoir d'un pasteur, ce clergé, pour éviter l'inconvénient qui venoit d'arriver, jeta les yeux sur un ecclésiastique de renom, qui étoit du pays et qui y

---

(1) J'ai tâché de faire voir, dans un de mes recueils, les raisons qu'il y a d'attribuer au célèbre docteur Alain, mort plus tard que notre évêque, les ouvrages écrits contre les Albigeois, et dédiés à Guillaume, seigneur de Montpellier. — *Voy.* Supplément à la Dissert. sur l'état des sciences jusqu'à Phil.-le-Bel., p. 293, chez Durand, 1741.

(2) *Voy.* les Preuves, t. IV, n° 42.

faisoit sa résidence. Cet ecclésiastique avoit été archidiacre de l'église de Sens, avant que d'en être fait prévôt et ce n'étoit que depuis un an ou environ qu'il étoit devenu trésorier de celle d'Auxerre. Il s'appeloit Guillaume de Toucy, frère de Hugues de Toucy, archevêque de Sens, fils de Girard de Narbonne, qui a été le premier surnom des barons de Toucy et d'Agnès, sortie d'une famille noble. Pendant qu'il résida dans l'église de Sens, il se distingua beaucoup par ses manières généreuses. Aucun ecclésiastique en France n'avoit un si grand train que lui et aucun n'exerçoit l'hospitalité avec tant de splendeur. Ce fut à sa sollicitation, que Hugues son frère invita le pape Alexandre III, qui n'étoit pas encore reconnu, de se retirer à Sens. Comme ce pape avoit un compétiteur, les princes mêmes appréhendoient de s'engager trop promptement du côté d'Alexandre : mais Guillaume, moins craintif, alla au devant de lui et l'amena en France ; ce qui lui fournit des occasions de faire éclater sa magnificence encore plus qu'auparavant, pendant le séjour d'un an et demi que ce pape fit à Sens.

Ayant été sacré évêque d'Auxerre le dimanche second jour de juillet de l'an 1167, il ne tarda point à faire son entrée, accompagnant cette cérémonie de présents, tant envers l'église qu'envers le Chapitre. Mais aussitôt après il partit pour Rome, à dessein de reconnoître pour pape Alexandre III ; et l'auteur de sa vie, qui avoit été témoin de ses actions, remarque qu'il fut le premier des évêques de France qui fit cette démarche ; circonstance qui paroît avoir besoin d'explication. Cet écrivain continue à représenter ce prélat comme un homme accompli qui oublia l'ancien faste avec lequel il parut à Sens et qui ne conserva de ses pratiques précédentes, que la vertu d'hospitalité ; qui se rendit affable à tout le monde, se montra compatissant envers les affligés, libéral envers les pauvres et se comporta dans tout cela avec une admirable simplicité. Amateur des offices de la nuit et des autres prières de l'église, il ne se couchoit presque jamais, qu'on ne l'entendit prononcer quelques psaumes. Il faisoit la même chose lorsqu'il se réveilloit la nuit. Il célébroit tous les jours la messe à moins qu'il ne lui survint un grand empêchement. Etant en voyage à cheval, il parloit fort peu de ses affaires : mais, ou il récitoit tout seul des psaumes, ou bien, faisant aller à côté de lui un de ses ecclésiastiques, ils récitoient par versets, alternativement, le psautier en entier, ou en partie, suivant la longueur du chemin et ils y joignoient quelquefois les litanies. Il se concilia l'amitié des princes, des évêques et de tout le peuple, aimant à consoler les malades, à leur administrer les sacrements; et son pouvoir fut si grand auprès de Dieu, qu'il eut le don d'opérer des guérisons miraculeuses.

Un jour qu'il étoit aux environs de Corvol, du côté de Varzy, il trouva, devant la porte d'une maison, une femme désolée de la maladie survenue à son fils qu'elle amenoit à la bénédiction de l'autel des moines de Fontenet (1). Ayant appris que ce jeune homme étoit à l'extrémité : il entra dans la maison, se plaça auprès du vil grabat sur lequel étoit couché le malade, lui toucha le visage et le front, le consola par ses discours et l'exhorta à se confesser. Après qu'il l'eut entendu en confession, comme on vit qu'il vouloit rester encore, on lui proposa de faire rester plutôt l'un de ses chapelains, pour donner au malade le viatique, parce qu'il étoit déjà environ neuf heures et que le peuple l'attendoit pour la cérémonie de la bénédiction. « Je n'ai rien plus à
» cœur, répondit-il, que de faire l'œuvre de Dieu ; je ne sortirai point
» d'ici, que le malade n'ait reçu la communion. » « Il m'ordonna donc,
» dit l'écrivain, de monter sur son cheval, pour apporter le viatique de
» la chapelle de Fontenet, qui en étoit éloignée environ d'une demi-lieue;
» et lorsque je fus de retour, lui, sans se rebuter de la malpropreté
» du lieu, ni de la puanteur qu'exhaloient le malade et le lit, fléchissant
» le genou, il lui administra la communion, lui donna sa bénédiction,
» et après avoir dit plusieurs paroles de consolation, tant au fils qu'à la
». mère, il vint à Fontenet. » L'historien ajoute, que la bénédiction de l'autel étant achevée, à peine eut-il commencé la messe, qu'on lui vint dire que le jeune homme étoit mort. Il ne manqua pas d'en parler au peuple dans le sermon qu'il fit pendant les saints mystères ; et dit tant de bien de ce pauvre défunt, qu'il alla presque jusqu'à assurer que son ame étoit en paradis. Un autre jour, comme il passoit dans un chétif village, une femme sortant de sa chaumière courut après lui tout

(1 C'est proche Corvol-l'Orgueilleux; la maison est de l'ordre de Grammont

éplorée, s'écriant : « Ayez pitié de moi, homme de Dieu; mon mari est à l'agonie et n'en peut plus. » Touché de ses cris, il mit pied à terre et il entra dans la maison. Il trouva le malade enflé par tout le visage et le col, de manière que tirant à grand peine la langue hors de sa bouche, il ne lui restoit que le souffle, sans qu'il pût prononcer aucune parole. L'évêque, versant des larmes, se mit en prières, toucha le visage et le col du malade en forme de croix, faisant passer souvent son anneau par dessus les membres affligés et, lui ayant donné sa bénédiction, il continua son chemin. Aussitôt les assistants s'aperçurent que le mal cessa. Peu de temps après, comme il repassa dans le même lieu, la femme accourut au-devant de lui pour le remercier, attestant à haute voix que c'étoit par ses prières que Dieu avoit accordé la guérison à son mari.

Il fit quantité d'autres actions d'humilité et de charité, que son historien dit qu'il passe sous silence. Mais quoiqu'il fût bon et affable, il ne laissa pas de montrer de la fermeté, lorsqu'il en fut besoin. Je rapporte, dans l'histoire des comtes d'Auxerre, les diverses entreprises de Gui sur son église, et sur le peuple d'Auxerre. L'évêque s'opposa vigoureusement au comte (1), lorsqu'il voulut mettre des troupes en quartier d'hiver dans les villages de Pourrein et de Chichery, qui sont des terres du Chapitre. Ce fut aussi lui qui empêcha ce même comte de lever un tribut sur les habitants d'Auxerre qui bâtiroient des pressoirs. Pour s'opposer à la levée de la dîme de vin qu'il avoit aussi en vue d'établir (a), l'évêque fut obligé d'en venir à l'excommunication et de jeter l'interdit sur ses terres : et au moment que le pape

1167 à 1181.

---

(1) *Tabul. Cap Autiss.* an. 1173, 1174. — *Voy.* les Preuves, t. IV.

(a) Il semblerait, d'après les paroles de l'abbé Lebeuf, que le comte vouloit établir de nouvelles dîmes de vin; le *Gesta* dit seulement qu'il voulut s'emparer de celles que les églises percevaient. Et à ce propos nous ferons remarquer, comme un fait singulier, que les habitants d'Auxerre ont toujours joui de l'exemption du dîmage sur leurs vignes. Un grand procès suscité au XVIIIe siècle par un prieur de Saint-Amatre mit ce droit en toute évidence. *(N. d. E.)*

alloit s'entremettre dans cette affaire, le comte vint à résipiscence. En effet, Guillaume fut autorisé, même du roi Louis VII, lorsqu'il s'opposa à l'érection d'une commune que ce même comte vouloit établir parmi les bourgeois d'Auxerre sans son consentement (a). Le prince confirma les prétentions de l'évêque, par un diplôme où il honore ce prélat du titre d'ami (1). Le comte, étant tombé malade à Clamecy, ne trouva point de son côté d'ami plus sincère que l'évêque d'Auxerre. Ceux d'Autun et de Nevers, ne voulant point le réconcilier avec l'Eglise, à cause du tort qu'il avoit fait à l'abbaye de Vézelay, Guillaume se rendit caution pour lui (ce qui engagea les barons à faire de même) et le prélat lui donna l'absolution. Le comte, revenu en bonne santé, conçut une si grande estime pour Guillaume de Toucy, qu'il ne l'appeloit plus autrement que son patron ou son protecteur: et même il voulut lui marquer plus amplement sa reconnoissance par plusieurs donations dont je parlerai plus bas. Il fit encore plus : car il se rendit à Sens, suivant l'ordre du roi, pour y reconnoître authentiquement les traités faits entre ses prédécesseurs et les évêques d'Auxerre, Hugues et Alain. On y fit lecture de celui de l'an 1145, dont saint Bernard avoit été le médiateur et des deux accords passés avec l'évêque Alain (2). Il reconnut ces trois actes en présence de la cour qui étoit alors à Sens et il promit d'en observer la teneur, en présence de Hugues, archidiacre de Sens, Seguin, doyen d'Autun, maître Lambert de Saulieu, etc. Le roi, de son côté, ne marqua pas une moindre estime pour l'évêque d'Auxerre. Lorsqu'il avoit occasion d'en parler, il avoit coutume de dire que Guillaume, évêque d'Auxerre, étoit à son avis, l'un des meilleurs prélats de tout son royaume. Ce fut ainsi qu'une douceur accompagnée de fermeté et de prudence lui acquit une estime générale.

Ce qu'il fit pour la décoration de son église cathédrale est digne

---

(1) *Ad petitionem dicti Episcopi amici nostri.* (2) *Cartul. Ep. Autiss. fol. 16*

(a) Le consentement du seigneur féodal était nécessaire à de pareils établissements. *(N. d. E.)*

d'attention. Il la fit revêtir, par dehors, d'un entablement de pierre (*a*) ; 1167 à 1181.
il fit refaire à neuf le pignon de devant et celui de derrière, avec
les vitrages qui en dépendoient. Il fortifia la tour méridionale, et la
fit recouvrir de tuiles au lieu de bois ; il renouvela entièrement la
couverture de tout le bâtiment, tant en poutres et chevrons qu'en
tuiles plombées qu'il fit employer pour plus grande sûreté. A l'égard
des présents qu'il fit au trésor de la même église, ils consistoient en
deux articles; premièrement, il donna un parement très-beau; en second
lieu, un vase d'argent du poids de huit marcs, pour contenir l'eau
bénite. Je rapporterai plus bas ce qu'il fit, par son testament, dans sa
dernière maladie.

Il faut compter, parmi les augmentations qu'il procura au temporel
de l'évêché, le don que le comte Guillaume, étant relevé de maladie,
lui fit, de tous les hommes qu'il avoit dans le vallon de la Chapelle-de-
Saint-André, et celui de plus de trente familles de Varzy (1) que la
mère de ce comte lui fit et dont il obtint à grands frais la confirmation
par des lettres-patentes. Outre les vignes et prés qu'il acheta au même
lieu de Varzy, il fit une acquisition considérable de place ou de terrain,
qu'il destina pour y construire en partie la maison épiscopale et y faire
les fossés. Il acheta pareillement plusieurs familles à Corvol. Il fit bâtir
à Gy des maisons et le four banal, entoura le bourg de murs en grande
partie, y fit planter des vignes, y acheta des familles (*b*) et plusieurs
autres biens, du nombre desquels est le Pré-du-Doyen. Il fit planter des
bois à Charbuy, y acquit des prés (*c*). Non-seulement il acheta des
vignes, des terres et des prés à Appoigny ; il augmenta encore le revenu par l'acquisition qu'il y fit de deux fiefs ; comme aussi par celle

(1) L'acte, de 1173, est dans la *Gallia*, t. xii.

(*a*) Nous pensons qu'il s'agit d'une balustrade à jour, car le *Gesta* s'exprime
ainsi : *Ecclesiam... operoso lapideo stabulatu sub tegmine circumdedit.*   (N. d. E.)

(*b*) On doit entendre, par ces termes et autres semblables, l'acquisition de droits
sur la personne et sur les biens des serfs, et non la propriété même de leurs corps.
Il y avait déjà longtemps au xiie siècle que les serfs avaient conquis la liberté cor-
porelle et l'exercice du droit de propriété quoiqu'à un degré restreint. (N. d. E.)

(*c*) Il acheta au prix de mille sous ce que le chevalier Girard Poters y possédait.   (N. d. E.)

1167 à 1181. des prés et terres situés entre la rivière d'Yonne et le lieu nommé les Chaumes, dont Hugues, gentilhomme de Gurgy et sa famille, l'accommodèrent, en lui quittant de plus (et cela pour de grosses sommes) les prétentions qu'ils avoient ailleurs dans les environs d'Appoigny. Son parent, Etienne de Pierre-Pertuis, seigneur de Bassou, s'étoit emparé de quantité de terres labourables du domaine épiscopal ; il le traduisit à la cour ecclésiastique de Sens et le fit condamner à les restituer. Et afin que les seigneurs de Bassou ne pussent plus empiéter sur le territoire de l'évêché d'Auxerre, il fit planter une grande croix pour servir de borne et fit façonner, par ses mains, ces terres-là tant qu'il vécut. Une inondation extraordinaire ayant emmené le moulin de Vernoy (1), il le rebâtit et il acheta la portion que d'autres avoient sur ce même bien. Il bâtit, à Toucy, un château complet et toutes ses dépendances, et il fit dans ce lieu des acquisitions comme ailleurs. S'il contribua à rebâtir la grande tour seigneuriale de la même ville, ce fut parce que Narjod, baron de ce lieu, lui promit que toutes les fois que lui et ses successeurs voudroient jouir de cette tour, il la livreroit à l'évêque comme seigneur suzerain ; et que ceux qui en seroient établis les gardiens feroient la même chose quand ils en seroient requis. Il acheta à Cône, des moines de Chalivoy, la métairie de la Bruyère, située proche Villechaul (2), et plusieurs autres biens. Quoique Hervé, baron de Donzy, homme très-puissant, ne cessât de l'inquiéter, il ne laissa perdre aucun des droits de son église ; et même il le contraignit, pendant sa dernière maladie, de venir le trouver à Auxerre, et de lui faire, au pied de son lit, hommage de la seigneurie de Gien. Entre les acquisitions qu'il fit à Auxerre on compte des droits de censive à Saint-Julien, des maisons et des places à l'entrée et au-dessous de l'évêché, pour agrandir le logis épiscopal. Ce n'est là, au reste, qu'une partie du bien que Guillaume laissa à ses successeurs. L'auteur de sa vie supprime le reste de ses acquisitions, pour parler de ses fondations et de celles qui furent faites de son temps et auxquelles il donna la main.

---

(1) Situé apparemment sur l'Yonne, vers un lieu planté de vernes, entre la rivière et le grand-chemin qui va du Pont-de-Pierre à Régennes.

(2) *Villa catuli.*

Il y eut, sous son épiscopat, plusieurs nouveaux autels fondés dans l'église cathédrale. Le premier et le principal fut celui de devant le crucifix, que cet évêque consacra sous le titre de la Croix, de saint Jean l'évangéliste, saint Laurent, saint Cyr et sainte Julitte, dont il y mit des reliques, et de saint Gilles. Il y établit deux chapelains qui étoient tenus de dire chaque jour la messe, pour le repos de l'âme du comte Gui et de celles de ses prédécesseurs, chargeant ses successeurs d'un muid de froment sur la terre de Gy-l'Évêque, de douze muids de vin sur le cellier épiscopal, six livres sur les droits de Varzy, et dix livres de cire pour le luminaire de cet autel à prendre sur les foires d'Auxerre (1). Le second autel étoit situé dans les cryptes ou caves, sous le chœur de l'église du côté de l'évêché ; il le consacra sous le titre de saint Paul, des saints Cyr et Julitte dont les reliques y reposoient, de saint Germain et de sainte Marie-Madelaine, voulant que les chanoines de Notre-Dame en eussent la desserte, et qu'ils priassent pour lui et pour Fromond, son clerc, qui le premier y avoit attribué des fonds. Il dota de même un autel de saint André situé dans les mêmes cryptes. Il donna à l'autel de saint Nicolas et de saint Martin quarante sous de rente et dix livres de cire à prendre sur l'église de Briare. Il avoit une dévotion particulière envers saint Martin, puisque, dès le commencement de son pontificat, il voulut que l'on célébrât solennellement sa fête d'hiver dans la cathédrale, et que l'on y sonnât les grosses cloches, donnant pour cela au Chapitre la moitié du bénéfice de l'église de Bazarne. Il fit du bien à plusieurs autres églises longtemps avant sa mort. Il donna aux chanoines de Notre-Dame-de-la-Cité l'église de Merry-Sec, et une rente sur l'église de Blaineau. L'église de Saint-Jean-le-Rond ayant été rebâtie de son temps par Etienne Olland, ancien cellerier de la maison épiscopale, il en fit la dédicace ; et, outre les sommes qu'il avoit fournies pour l'édifice, il lui assigna soixante sous à percevoir sur l'église de Saint-Bry ; et il établit deux prêtres pour la desservir.

Les maisons religieuses de la ville et du diocèse participèrent

---

(1) *Ex chartâ Guill. de Sellign. confirmativâ anni* 1208.

aussi à ses bienfaits. L'abbaye de Saint-Germain commença à jouir d'une concession de cinquante sous de rente qu'il lui fit sur l'église de Blaigny (1). Il donna aux chanoines de Saint-Père l'église de Venouse (2); et ce fut alors qu'on commença à y voir demeurer des chanoines réguliers. Le titre de l'an 1171 porte qu'il y joignit la chapellenie de Rouvret, sauf le droit et le revenu que l'église de Saint-Germain avoit dans cette chapelle. Il accorda aussi, la même année, conjointement avec Etienne d'Autun, le différend qui étoit entre Odon, abbé de Saint-Père, et Ascelin, abbé de Regny, sur une portion de la dîme de Sougères. Les religieux de Saint-Marien eurent de lui la moitié de la cense de Vincelles, des terres qu'il avoit achetées à Taingy, et plusieurs biens dedans et dehors les murs d'Auxerre. On voit, par les archives de cette abbaye, qu'il leur donna l'église de Vincelles avec la nomination ou droit de présentation, aussi bien qu'à la cure de Saint-Martin, proche leur monastère, et à celle de Taingy; qu'il les accorda, en 1168, avec Lethéric Bailledard, et Milon son frère, chevalier, touchant des biens situés à Saint-Georges et proche leur église, et, en 1176, avec Pierre de Gurgy chevalier, et Hugues son fils, touchant leurs moulins situés dans sa terre de Gurgy, qu'il leur quitta aussi de son côté des dîmes qu'il avoit aux environs du ruisseau de Beauche, reconnoissant qu'elles appartenoient à l'église de Notre-Dame-hors-les-murs; et qu'il leur confirma, en 1178, le don de l'écoulement des eaux de l'écluse des moulins de *Mi-l'eau* (a) qu'Hervé, cellerier de la cathédrale, leur avoit accordé. Il assigna aux religieuses de Crisenon vingt sous de rente sur l'église de Menêtreau, et la moitié de la menue dîme de Leugny. Ceux qui ont vu le titre en original, qui est de l'an 1179, assurent qu'il contient aussi le don de la présentation à

---

(1) *Hist. abb. S. Germ: in Humbaudo Abb.*, p. 578.

(2) *Voy.* les preuves, t. iv.

(a) Ce cours d'eau ne comprenait qu'une portion du sous-biez du moulin et passait derrière les maisons du faubourg Saint-Marien pour aller dans l'abbaye. — Les chartes de cette donation sont aux archives de l'Yonne.   (N. d. E.).

la cure de Menêtreau, celui de sept livres de cire à y percevoir; de plus, la somme de soixante sous à prendre sur le droit d'entrée qu'avoit alors l'évêque (*a*) ; et que cette somme étoit destinée pour le soulagement des religieuses malades (*b*). Il donna à l'abbaye de Saint-Laurent l'église de Siez; et, à la prière de Geoffroy, abbé de ce lieu, il remit, en 1180, le prieuré de Saint-Eusèbe, dépendant de cette maison, en possession du droit que l'évêque Alain lui avoit donné sur les nouveaux chanoines, dont ce prieuré avoit été privé pendant un temps. Il établit, sur la fin de sa vie, un second chapelain dans la léproserie de La Charité-sur-Loire, lui accorda un cimetière, et fit des règlements concernant la direction de cet hôpital. Enfin, de crainte d'être trop long, je conclurai, avec l'auteur de sa vie, qu'il avoit fait du bien à toutes les maisons conventuelles de son diocèse, parce qu'il n'y en avoit aucune qui ne fût tenue de célébrer solennellement son anniversaire. La fameuse abbaye de Vézelay, qui est dans notre voisinage, quoique du diocèse d'Autun, ne doit pas être exceptée, puisque ce fut ce prélat qui lui assura la moitié des dîmes des deux Mailly, si l'on en croit quelques extraits d'un titre du deux août 1180 (*c*).

Comme les évêques décidoient encore alors en personne les causes ecclésiastiques, sans qu'il fût fait mention d'officiaux, cette occupation fut souvent celle de l'évêque Guillaume qui, pour épargner à ses diocésains les peines et les dépenses des procès, alla quelquefois à Varzy tenir ses assises, ainsi qu'en font foi plusieurs chartes (1). Dans

---

(1) Viole, *ex Tab. Boniradii.*

(*a*) Etant au Chapitre de l'abbaye, en 1178, il approuva l'emploi que vouloient faire les religieuses de leurs revenus de Varzy à la dépense de leur vêture. — *Voy.* Preuves, t. IV, n° 71. (*N. d. E.*)

(*b*) D'après la charte, les soixante sous étaient affectés sur le droit de Tonlieu, *Teloneum*, que l'évêque percevait à Auxerre. Ce droit se levait sur les marchés plutôt qu'aux portes de la ville. (*N. d. E.*)

(*c*) L'Ordre des Templiers fut également bien accueilli par l'évêque dans son diocèse et près de sa ville épiscopale. Ce prélat reçut, en 1180, l'acte de fondation de la maison du Temple de Saint-Bris, faite par Geoffroy d'Arcy, et en attesta la ratification faite par l'épouse, les fils et les filles de ce seigneur. — *Voy.* Preuves, t. IV, n° 73. (*N. d. E.*)

l'une qui est de l'an 1175 il énonce, que tenant ses plaids en l'audience de Varzy, dans le cloître de sa cour épiscopale, assisté de Guillaume abbé de Bourads, Geoffroy abbé de Saint-Laurent, et Odon abbé de Saint-Père, de Renaud Richard et Geoffroy de Chanquoil chanoines d'Auxerre; de Rodolfe et Fromond ses clercs, de Pierre trésorier de Varzy et autres chanoines de la même collégiale, Miles de Nanvigne avec ses enfants et ses autres parents se sont présentés à lui, et ont reconnu avoir donné à l'abbaye de Bourads, moyennant la somme de soixante et dix livres de la monnoie d'Auxerre, la métairie de Cheus. Il est inutile d'en rapporter d'autres exemples.

Il ne paroît pas que Guillaume sortit souvent hors de son diocèse. Ce qui causa sa plus longue absence, fut le voyage qu'il fit à Rome pour se trouver au concile de Latran. Un peu après son retour il alla à Reims pour assister au sacre du roi Philippe-Auguste qui s'y fit l'an 1179. Quelquefois aussi il fut obligé d'aller à Sens pour les affaires de son diocèse. Mais quoiqu'il résidât dans son église, il ne laissa pas d'être souvent employé pour les affaires des autres. Il s'y présenta une négociation délicate vers Etienne, évêque d'Autun, que Guillaume avoit connu à cause qu'il avoit été chanoine à Auxerre. Cet évêque, après la mort de l'abbé de Château-Censoir, collégiale de son diocèse, voulut se faire élire pour abbé par les chanoines de ce Chapitre. Le pape Alexandre III écrivit à notre évêque et à Mathieu, évêque de Troyes, d'éclaircir le fait, et ajouta qu'au cas que l'élection eût été faite d'Etienne, elle étoit contraire aux saints canons. Celui pour qui le pape s'intéressoit, étoit un nommé Seguin, chanoine de Château-Censoir, neveu de l'abbé de Saint-Germain-des-Prés (1). J'ai encore trouvé une lettre que Jacques, cardinal-diacre, qui veilloit aux intérêts de notre évêque à la cour de Rome, lui écrivit : par laquelle il lui mande, que Seguin étant élu abbé, il le prie de songer à le maintenir contre les poursuites de l'évêque d'Autun qui, dit-il, devroit être content de l'évêché qu'il a (2). Ces lettres n'ont rien qui désigne clairement l'année dans laquelle elles furent écrites ; et c'est

---

(1) *Cod. 514, S Germ. Prat.* (2) *Ibid.*

pour cela que je les rapporte après toutes les actions de notre prélat. Il y en a aussi une de lui parmi celles de saint Thomas de Cantorbery dont la date est incertaine (1). Il écrit au pape Alexandre au sujet de l'évêque de Londres, et le lui ayant représenté comme auteur de la division qui étoit entre le roi d'Angleterre et le saint archevêque, il le prie de réprimer la témérité de ce prélat.

La fin de la vie de ce grand homme répondit à la sainteté de sa conduite dans l'épiscopat. Etant tombé malade de la fièvre quarte, au mois d'octobre de l'an 1180, il se retira dans l'abbaye de Saint-Marien, et la maladie augmentant à l'entrée de l'hiver, il manda Thibaud évêque de Nevers, Girard abbé de Vezelay, son parent, quelques dignités et chanoines de sa cathédrale, pour faire son testament en leur présence. Il ordonna d'abord que toutes les provisions de sa maison épiscopale, les chevaux et autres bêtes de charge fussent vendus pour acquitter ses dettes. Il déclara ensuite qu'il donnoit à l'église de Saint-Etienne une coupe d'argent du poids de quatre marcs, dorée dedans et dehors, pour y renfermer le corps de notre Seigneur; des tuyaux d'argent (a) et des bassins de même matière pour le service ordinaire de la même église ; des vêtements sacerdotaux, deux aubes admirablement travaillées avec les étoles et les amicts précieux (c'est-à-dire parez) (2), une tunique avec la dalmatique, et une chasuble dont l'orfroy étoit magnifique, des livres et généralement tout ce qu'il avoit dans sa chapelle ; à quoi l'écrivain ajoute, qu'il donna aussi à la même église un orfroy dont on orna depuis deux chasubles. L'abbaye où il étoit au lit malade fut alors plus favorisée que les autres : il donna aux religieux de ce lieu les églises de Leugny et de Moulins, la présentation aux deux cures, quarante sous de rente sur ces deux églises, et une terre située devant leur moulin de Gurgy. De plus, le curé de Taingy étant venu le trouver, pendant la même maladie, pour lui remettre les menues dîmes qu'il avoit retirées des mains

---

(1) Lib. 3, Ep. 85.   (2) Comme on en voit à Paris, à Sens, etc.

(a) Ces tuyaux servaient pour la communion sous les deux espèces. (N. d. E.)

des laïcs, il les donna, à sa prière, aux mêmes religieux (1); il en fit autant de celles de Monbustel (2), Vaucelles et Faïel, que le chapelain d'Ouène vint pareillement remettre entre ses mains.

On admira que, quoiqu'il fût d'une telle foiblesse qu'il ne pouvoit se tenir sur ses pieds, ni se lever de son lit, il ne diminua en rien de son abstinence ordinaire : de sorte que depuis la Saint-Martin jusqu'à Noël, il fit toujours maigre. Il reçut, pendant ce temps-là, un si grand nombre de visites, que tout autre que lui n'eût pu y résister. Il faisoit recevoir chaque personne avec honneur, comme s'il eût été en parfaite santé, et après s'être répandu en remercîments, il disoit, en pleurant, à tous ceux qui venoient, qu'ils priassent le Seigneur de lui accorder une bonne fin. C'étoit le même langage qu'il avoit coutume de tenir, lorsqu'il étoit en santé, en sorte que si on lui avoit souhaité toute prospérité temporelle, ou une longue vie, et d'être exempt de maladies, il répondoit aussitôt, que ce n'étoit pas là ce qu'on devoit demander à Dieu pour lui, mais seulement qu'il fît une bonne mort. Il resta en cet état d'affoiblissement jusqu'à la fin de février, n'ayant de bon que la langue dont il prioit le Seigneur continuellement. Alors voyant la fin de sa vie s'approcher, il fit paroître devant lui tous ses commensaux et ses domestiques, leur pardonna tout ce qu'ils pouvoient avoir fait contre lui, les priant avec larmes qu'ils oubliassent aussi, de leur côté, ce en quoi il pouvoit les avoir offensés, et il leur distribua le peu qui lui restoit, qui consistoit dans ses anneaux. Ayant mandé le doyen et les chanoines de son église, il se recommanda à leurs prières, leur fit excuse, disant que si ses emplois et ses occupations avoient été cause qu'il ne leur avoit pas fait de grands biens, au moins il avoit tâché de ne leur porter aucun préjudice, et qu'il les avoit tous aimés d'une charité sincère. Voulant cependant qu'ils se souvinssent de lui à perpétuité, il leur donna, à ce moment, l'église de Saint-Bry, destinant cent sous à prendre sur son revenu, pour être distribués également aux chanoines et aux prêtres du chœur de Saint-Etienne qui assisteroient à son anniversaire ; au reste du clergé, comme

---

(1) *Tabul. S. Mariani.* (2) On prononce aujourd'hui Montbutois.

on jugeroit à propos, et le reste aux pauvres. Il les conjura ensuite, les larmes aux yeux, de faire en sorte qu'après sa mort il ne s'élevât point de divisions parmi eux; mais qu'aussitôt après son enterrement, ils envoyassent vers le roi pour lui apprendre la vacance du siége, et obtenir la permission d'élire un successeur; de procéder ensuite, sans délai, à cette élection, et de choisir une personne de science et de piété, parce que le retard pouvoit leur être préjudiciable. Il leur demanda encore, en grâce, qu'ils fournissent les plus mauvais ornements sacerdotaux de la cathédrale, pour servir à le revêtir après sa mort. Ensuite poussant un grand soupir; « Que celui-là, » leur dit-il, vous donne par sa miséricorde une paix véritable, qui » étant sur le point de quitter ses disciples, leur dit : Je vous laisse » ma paix, je vous donne ma paix. » Et après avoir confessé ses fautes, en général, et reçu d'eux l'absolution, il leur donna sa bénédiction et les renvoya. Ne voulant omettre aucune des formalités, il envoya aussi vers Gui, archevêque de Sens, le suppliant de venir l'assister à la mort. Le prélat quitta tout, et le trouva encore en vie. Le malade réitéra encore sa confession, et reçut l'absolution de son métropolitain. Il lui recommanda ses neveux et sa famille, comme à un bon parent. L'archevêque les prit sous sa protection, et lui promit de ne leur point manquer dans les occasions. La nuit suivante, comme on vit le mal augmenter, ses domestiques lui demandèrent s'il vouloit mourir sur la cendre et le cilice, comme il convenoit à un chrétien : à quoi il fit signe qu'il acquiesçoit. Il fit sur soi un signe de croix, et en fit un autre sur ce dernier lit, et récita, avec les religieux de la maison et les clercs, les psaumes autant qu'il lui fut possible. La communauté, qui chantoit alors matines la nuit, étant venue après cet office pour le voir, environ l'heure de minuit, il expira doucement en présence d'eux tous.

On ne peut exprimer la tristesse que tout Auxerre conçut le lendemain, à la nouvelle de cette mort. Ceux qui lavèrent son corps, et ceux qui assistèrent, du nombre desquels étoit l'écrivain de sa vie, furent surpris au delà de ce qu'on peut dire de voir qu'il n'avoit que la peau collée sur les os. On lui frotta de baume le visage, et après qu'on l'eût revêtu des habits sacerdotaux et pontificaux, on le porta dans l'église du monastère. Tous ceux qui accoururent, remarquèrent que son visage, loin d'être pâle comme celui des morts ordinaires, étoit serein, et vermeil; de sorte qu'il ressembloit plutôt à un homme dormant qu'à un mort. Lorsque les messes eurent été chantées (1), et qu'on eut achevé toutes les prières, l'archevêque de Sens se mit à genoux devant la bière, et baisa les gants qui couvroient ses mains et les sandales qu'il avoit dans les pieds; ce qui fut imité par un grand nombre de ceux du clergé. Après quoi on descendit son corps dans un tombeau de pierre, au côté gauche du sanctuaire, proche le mur. Il fut le premier des évêques d'Auxerre, dit son historien, qui fut inhumé dans cette nouvelle église de Saint-Marien (2). Hugues, son neveu, archidiacre de Sens, y fit élever depuis une espèce de mausolée ou effigie, qui a subsisté jusqu'au temps des guerres des calvinistes.

La manière peu exacte dont le P. Labbe (3) a publié l'annonce de la mort de ce prélat parmi ses chroniques, faisoit croire à quelques personnes que c'étoit à Toucy qu'il étoit mort, et qu'il y avoit été inhumé dans l'église de Notre-Dame. Pour découvrir entièrement la vérité qui paroissoit se montrer plus clairement dans la vie de cet évêque imprimée au même volume, je fis creuser, le 14 juin 1714, avec la permission des supérieurs et de l'agrément du prieur, au côté gauche du sanctuaire de l'église de Saint-Marien-lez-Auxerre, détruite depuis plus de six-vingts ans; c'est-à-dire au côté septentrional, proche lequel subsiste toujours une chapelle du titre de Notre-Dame; et lorsqu'on eut relevé les ruines de cet endroit et le pavé de l'église que la chute de la voûte avoit brisé, on trouva le tombeau de notre évêque, un peu entr'ouvert du côté de la tête. Le corps étoit dedans en sa situation naturelle, mêlé cependant d'un peu de terre, depuis l'endroit de la tête jusqu'aux reins. Les ossements, qui paroissoient tendres comme de la pâte, et couverts comme d'une espèce de gelée luisante, prirent leur consistance et leur première dureté, lorsqu'ils eurent vu

---

(1) Plusieurs grandes messes.
(2) Il ne faut point conclure de là qu'il y en eut d'autre depuis. L'écrivain présumoit que par la suite il y auroit d'autres évêques d'Auxerre qui s'y feroient inhumer. Ce qui n'est cependant point arrivé.
(3) Bibl. mss. t. 1, p. 405.

l'air quelque temps. Nous ôtâmes la terre, sous laquelle nous trouvâmes plusieurs morceaux des ornements dans lesquels il avoit été inhumé, dont l'or brilloit encore, et son sceau de cuivre rouge en forme ovale brisé en deux morceaux. Ayant rapporté ensemble ces deux morceaux, nous y lûmes cette inscription : † SIGILLVM GVILMI EPISCOPI AVTISIODORI. Elle étoit autour de la figure d'un évêque représenté de

† SIGILLVM GVILMIS EPISCOPI AVTISIODORI.
Sceau de Guillaume de Toucy, cinquante-sixième évêque d'Auxerre.

son long (a). Ce cachet ou sceau étoit si véritablement celui de Guillaume de Toucy, que l'ayant appliqué sur des titres scellés de son temps, j'y trouvai une ressemblance parfaite; les ossements du vénérable

---

(a) On peut voir dans le manuscrit de la vie des évêques d'Auxerre, par Dom Viole (Bibl. d'Auxerre, n. 127, t. III), la consignation de cette découverte écrite et signée par l'abbé Lebeuf qui a dessiné un croquis du sceau de l'évêque. (N. d. E.).

pontife ayant été décemment levés par des prêtres et mis dans un linge blanc, furent portés au palais épiscopal, où ils restèrent jusqu'au jour anniversaire de son décès, à la fin du mois de février 1715, qu'ils furent mis dans un petit tombeau de pierre que l'on avoit enfoui au côté droit du sanctuaire de l'église cathédrale. On y joignit le sceau trouvé dans son premier tombeau, et on y laissa une feuille de plomb avec une inscription qui marquoit le fait. Les deux autres inscriptions qui ont été mises à l'extérieur, l'une sur des carreaux d'ardoise qui couvrent le petit cercueil, l'autre au dehors du chœur, vis-à-vis cet endroit, suffisent pour empêcher qu'on ne perde la mémoire de cette translation. S'il arrive quelque jour que l'on remue ce sépulcre, il ne faudra pas être étonné de n'y point trouver tous ses ossements, parce que quelques-uns furent distraits par des personnes pieuses qui avoient de la dévotion à ce saint évêque (1). Il ne faudra pas non plus être surpris que sur le couvercle du tombeau, il soit compté pour cinquante-sixième évêque, au lieu de cinquante-septième; cette supputation ayant été faite, suivant la correction des tables de nos évêques, où l'on ne regarde saint Valère et saint Valérien que comme un seul et même prélat.

Son nom paroît dans le nécrologe écrit il y a quatre cent cinquante ans, à l'usage de l'église métropolitaine de Sens, en ces termes : *iij kal. martii, obiit Guillelmus hujus Ecclesie prepositus et postea Autissiod. episcopus.* Il est à croire que ce fut son neveu Hugues, l'archidiacre, qui l'y fit inscrire, et qui y fonda son anniversaire, de même que cet évêque avoit fondé, dans celle d'Auxerre, celui de Hugues de Toucy, son frère, archevêque de Sens. Je l'ai aussi trouvé au 28 février, dans les extraits du nécrologe de l'abbaye de Farmoutier publiés à la fin de la nouvelle histoire de l'église de Meaux.

---

(1) Ayant été l'auteur de cette découverte, je crus devoir retenir le bout de la mâchoire d'en haut du côté droit où tiennent encore quatre dents.

CHAPITRE XI.

HUGUES DE NOYERS, LVIIe ÉVÊQUE D'AUXERRE.

Recueil de ses actions.

Quoique Guillaume de Toucy eût recommandé avec grand soin aux chanoines d'Auxerre d'entretenir la paix après son décès, et de prendre garde à ne point se diviser pour l'élection de son successeur, les choses ne se passèrent point avec toute la tranquillité qui eût été à désirer. Robert de Saint-Marien, qui vivoit alors, dit que cette élection excita de grands troubles qui durèrent longtemps et qui causèrent beaucoup de dommages à l'église. Il dit plus bas, que les chanoines étant assemblés en 1182 choisirent, pour évêque, Garmond qui étoit depuis peu abbé de Pontigny; et que ce ne fut pas tant en considération de son mérite, qu'en vertu des sollicitations de son frère Gilles qui étoit premier ministre du royaume. C'est sans doute en conséquence de cette élection, qu'on trouve dans une sentence d'Henri, évêque d'Albane, légat apostolique, du premier avril 1182 (1), en faveur du monastère de Sainte-Croix de Bourdeaux, que G., élu évêque d'Auxerre, fut l'un des deux conseillers de ce légat à Poitiers. Quelques dignités de l'église d'Auxerre s'étant opposées à l'élection de Garmond, l'élu et ses adversaires allèrent à Rome. Mais comme de part et d'autre il y eut de fortes raisons à discuter, l'affaire tira en longueur. Pendant ce temps-là une grande mortalité étant survenue à Rome, Garmond y mourut (le 15 novembre) et avec lui plusieurs de ses partisans, et de ceux qui lui avoient été contraires. Ce fut ainsi

1183 à 1206.

---

(1) *Ampliss. Collect. Martene*, t. 7, p. 91.

que la difficulté fut levée : et comme si Dieu eût voulu marquer qu'il désapprouvoit les démarches du ministre Gilles, en même temps que son frère mourut à Rome, il fut disgracié en cour et privé de sa charge. La nouvelle de la mort du prétendant étant venue à Auxerre, les chanoines jetèrent les yeux sur le trésorier de leur église qui étoit Hugues de Noyers, fils de Miles, seigneur de Noyers, et d'Odeline, dame de la Gesse, fille de Clarembaud, seigneur de Chappes au diocèse de Troyes. Cette élection se fit vers la fin de janvier. Mais la cérémonie du sacre de l'évêque ne fut faite que le dimanche treizième jour de mars 1183, et son entrée solennelle suivit peu de temps après avec les formalités ordinaires de la part des quatre barons, du nombre desquels fut Hervé de Donzy (1).

L'écrivain de sa vie, qui, selon les apparences, fut un chanoine de la cathédrale, est plus diffus que n'avoient été ceux qui ont rédigé les actions des évêques précédents ; et, contre le propre d'un historien, il se répand quelquefois en des réflexions qu'il auroit pu omettre. A l'égard du détail de son histoire, il entre dans de si grandes particularités, qu'il n'oublie pas même la description du corps de la personne dont il parle : et comme il n'est point flatteur, après avoir rapporté les bonnes qualités de ce prélat du côté de l'esprit, il ne tait nullement les mauvaises et dit ingénuement en quoi il fut répréhensible.

Hugues étoit donc d'une médiocre stature, beau de visage, sage et adroit, d'un si bon conseil dans les affaires que son sentiment prévalut toujours ; il avoit le talent de persuader et étoit fort éloquent ; sa facilité à parler de toutes choses et même des arts tant libéraux que mécaniques, étoit si grande, qu'on eût dit qu'il eût étudié dès sa jeunesse toutes ces sortes de sciences. Souvent il s'amusoit à composer des cantiques latins et à les mettre en chant. Mais étant d'un naturel fort vif, il ne pouvoit pas gagner

---

(1) Le registre des lettres du pape Alexandre III, publié par D. Martene, t. 2. Ampl. Collect., en contient une donnée à Rome, viij cal. junii, au sujet d'une église du diocèse d'Orléans, et le pape y marque qu'on termine cette affaire en présence de Hugues, évêque d'Auxerre. Cependant Alexandre étoit mort avant que Hugues fût fait évêque.

sur soi de laisser reposer ses productions. Comme il les publioit trop tôt, on en voyoit aisément les défauts, et s'il paroissoit qu'on y applaudit, ce n'étoit que par complaisance. Il aimoit à se voir accompagné d'un grand nombre de gentilshommes, et se plaisoit

† Sigillvm Hvgonis dei gratia Avtissiodorensis Episcopi.
Sceau de Hugues de Noyers, cinquante-septième évêque d'Auxerre.
(*Archives du royaume*).

à parler avec eux de la manière de faire la guerre. Pour se mettre au fait, il lisoit souvent Végèce Renat qui a traité de ces matières. Il marquoit une grande affection à tous ceux de sa maison, n'étoit nullement fier avec eux; et il réservoit son air de grandeur et de noblesse pour les occasions où il se montroit en public, dans lesquelles il paroissoit avec une grande suite, soit d'ecclésiastiques soit de gentilshommes. Ce fut ce qui l'obligea à faire de grandes dépenses, et ces dépenses l'engagèrent à lever sur ses sujets des droits plus forts qu'à l'ordinaire. Opiniâtre dans ses sentiments, il s'attira plusieurs adversaires, mais souvent il restoit victorieux à la fin des disputes; et lorsqu'il avoit conçu de la haine contre une personne, il tâchoit de lui faire ressentir son pouvoir (1).

Si les défauts dont je viens de parler furent compensés par les bonnes qualités qui dominoient en lui, une des meilleures fut le zèle qu'il montra contre les fanatiques de son siècle. Étant informé qu'une branche d'Albigeois avoit pris racine dans la ville de La Charité-sur-Loire, il s'y transporta pour les convertir ou les chasser. Il vint à bout de l'un et de l'autre. Un grand nombre s'étant retirés dans d'autres diocèses, y firent pénitence publique et abjurèrent leur hérésie; d'autres, plus entêtés, reprirent la chemin du pays d'où ils étoient venus; et la manière dont notre évêque s'y prit tourna si fort à sa gloire qu'on lui donna le nom de *Marteau des hérétiques.* Il s'étoit élevé en France, dans le commencement de son pontificat, une secte de gens qui soutenoient que tous les hommes devoient être d'égale condition. Ils s'étoient ligués ensemble sous prétexte de charité mutuelle avec de grands serments de s'aider les uns les autres; et pour se reconnoître entre eux, ils mettoient sur leurs capuchons de toile des figures de plomb de Notre-Dame du Puy en Velay. Ces sortes de gens ne portoient aucun respect aux puissances, et ignorant que la servitude est l'effet du péché, ils se disoient être dans l'état de liberté où le premier homme fut créé. Cette hérésie répandue en France, l'étoit encore davantage dans le Berri et dans la Bourgogne (a). Ceux qui la soutenoient, étoient principalement dans les terres appartenant à l'évêque d'Auxerre, et ils ne songeoient pas moins qu'à tirer l'épée, pour s'assurer cette

---

(1) Vincent de Beauvais dit qu'il étoit habile dans l'un et l'autre droit.

(a) Le *Gesta Pontificum* désigne particulièrement le pays d'Auxerre, *Tractus Autissiodorensis.* (*N. d. E.*).

liberté qu'ils vantoient si fort. Hugues fit un essai de ses forces sur ceux qui demeuroient au village de Gy, à une lieue et demie d'Auxerre. Il y vint avec une troupe de soldats, y fit la recherche des *Caputiés* (1), (c'étoit le nom qu'on leur donnoit) (*a*), et autant qu'il en trouva, il les fit arrêter prisonniers, les condamna à une amende pécuniaire, leur fit couper leurs capuchons, et leur ordonna de passer une année entière tête nue. Ils auroient été en effet toute l'année en cet état, si ce n'est que l'archevêque de Sens, Gui de Noyers, son oncle, passant par ce village, fut touché de voir ces pauvres gens la tête exposée aux injures de l'air, et pria son neveu de se contenter de ce qu'ils avoient fait de pénitence jusqu'alors (*b*). Le vicomte d'Auxerre, nommé Evraud de Château-Neuf, ressentit encore plus qu'eux les effets du zèle de Hugues de Noyers. Ce vicomte, exerçant sa fonction à Auxerre, et voulant y faire arrêter un homme qui l'avoit offensé, le fit poursuivre jusques dans l'église de Notre-Dame-la-d'Hors où il s'étoit réfugié, et ceux qui l'y trouvèrent eurent l'inhumanité de le tuer sur la place. Cette cruauté, accompagnée d'infraction de l'immunité ecclésiastique, fut attribuée à Evraud. Ce vicomte, disgracié à la cour de Pierre de Courtenay comte d'Auxerre, se retira vers Hervé comte de Nevers; et pendant

1183 à 1206.

---

(1) *Caputiati.*

(*a*) On les appelait *caputiés* à cause de leurs capuchons ou chaperons blancs qui les distinguaient et leur servaient de signe de ralliement. (*N. d. E.*).

(*b*) L'évêque usa d'une grande sévérité contre tous les hérétiques qui remplissaient son diocèse. Mais c'est à propos de ceux de Gy-l'Evêque, en particulier, que l'historien de sa vie raconte les punitions dont il usa contre eux. L'église de cette paroisse, qui est du commencement du xiiie siècle, a conservé un souvenir frappant de cette exécution sur les chapiteaux des colonnes qui décorent la fenêtre gauche du portail. A droite est un évêque accompagné d'un autre personnage et qui semble montrer du doigt une scène qui se passe sur la colonne qui est vis-à-vis. Ici le diable, figuré par un monstre à large gueule, dévore un homme qui cherche à se retenir aux nattes des cheveux d'une tête de l'archivolte. Ces sculptures, si elles n'ont pas été exécutées par ordre d'Hugues de Noyers, appartiennent, au plus tard, à son successeur. (*N. d. E.*)

qu'il y exerçoit la fonction de vicomte, il arriva que le légat Octavien assembla un concile à Paris. Hugues, qui brûloit de zèle contre les hérétiques, et qui croyoit apparemment que par là il pouvoit expier ce qui étoit répréhensible dans sa conduite, le dénonça au concile, tout étranger qu'il fût à son diocèse ; il fit écouter des témoins contre lui, et obtint une sentence qui le condamnoit au feu (*a*). Ce fait arriva l'an 1201, selon Robert de Saint-Marien. On voit aussi, par une des lettres d'Innocent III, que notre évêque avoit fait venir à La Charité-sur-Loire, Pierre de Corbeil, archevêque de Sens, avec les évêques de Nevers et de Meaux, pour achever de détruire l'hérésie ; et que ces prélats ayant appris en ce lieu que le doyen de Nevers étoit de cette secte, l'archevêque le cita à Auxerre pour s'y purger; qu'il s'y rendit, et ne put être convaincu de ce qu'on lui imputoit (*b*).

Après ce que je viens de rapporter touchant l'ardeur avec laquelle Hugues se portoit contre les hérétiques, il n'est pas difficile de croire qu'il étoit animé du même feu contre les ennemis des droits de l'Eglise. Pierre de Courtenay, comte d'Auxerre, fut cause que pendant près de quinze ans les églises de la ville restèrent en interdit, excepté quelques intervalles de temps où les deux puissances sembloient être d'accord. J'ai marqué ailleurs, en parlant de ce comte (1),

(1) Hist. des comtes d'Auxerre.

(*a*) L'évêque l'accusa d'hérésie devant le concile et amena des témoins pour attester sa culpabilité. Evraud fut condamné au feu et exécuté.   (*N. d. E.*).

(*b*) Plusieurs des principaux habitants de La Charité avaient embrassé les doctrines des Vaudois. Ils refusèrent de se présenter devant l'archevêque de Sens qui s'était transporté dans leur ville. Ils firent de même lorsqu'il les assigna devant lui à Auxerre. Alors cette affaire prit une grande importance. L'évêque d'Auxerre excommunia les bourgeois hérétiques, mais ceux-ci se firent absoudre au concile de Dijon, puis allèrent à Rome, et s'étant retractés obtinrent du pape des lettres de protection. Hugues de Noyers, peu confiant dans leur conversion, les poursuivit de nouveau sans pitié, et en livra plusieurs au bras séculier, sans atteindre, cependant, le but qu'il se proposait. Bien plus, après sa mort, les hérétiques se montrèrent plus nombreux et continuèrent hardiment à propager leurs doctrines. — *Voy.* Hurter, Hist. d'Innocent III, t. 3, p. 51.   (*N. d. E.*).

l'expédient que l'évêque et le Chapitre trouvèrent, de faire annoncer par une des grosses cloches de la cathédrale l'arrivée de ce comte, afin qu'on observât l'interdit à l'instant qu'il entreroit dans la ville et qu'on cessât de l'observer lorsqu'il en seroit sorti. Le comte, voyant que l'Eglise employoit contre lui les armes qui étoient à sa disposition, se servit aussi de celles qu'il croyoit lui convenir comme seigneur, et fit déclarer à son de trompe l'évêque, les chanoines et tout le clergé, bannis de la ville. Il fit plus, comme on lui présenta un jour un enfant mort qu'on ne savoit où inhumer à cause de l'interdit, il ordonna de prendre l'enfant et voulut qu'on le portât dans la chambre de l'évêque, et qu'on lui fit une fosse au pied de son lit. Je rapporte, dans l'histoire des comtes, la pénitence que l'évêque fit subir pour cela à Pierre de Courtenay. Son historien ne paroît pas trop approuver la rigueur dont il usa en cette occasion. On ne peut pas dire non plus qu'il ait admiré la manière dont en usa le même évêque envers Pierre de Courçon qui étoit vicomte d'Auxerre avant Evraud, puisqu'en rapportant le fait il ajoute cette clause expresse, *licet forte in hoc ab evangelice religionis mansuetudine exorbitasse visus fuerit episcopus (a)*. Pierre de Courçon passoit pour être le conseil du comte, et on lui attribuoit les mauvaises manières dont ce seigneur usa envers les gens d'église. Hugues, saisissant l'occasion où il vit le vicomte remercié de ses services, le fit arrêter et le fit promener par dérision dans une charrette par toutes les rues de la ville où il essuya à loisir toutes les huées du peuple.

Si l'on doit considérer toutes ces démarches comme des effets du zèle de Hugues, pour les choses spirituelles, il faut convenir, par ce que je vais rapporter, qu'il avança infiniment davantage les affaires de l'évêché du côté du temporel. A commencer par la terre d'Appoigny, il éleva les édifices du château de Régennes au-dessus de ce qu'ils avoient été jusques-là, et les rendit beaucoup plus agréables. Ce fut lui qui commença les fossés qui y sont du côté du continent,

---

(a) Il faut que le texte donne ensuite à cette réflexion le correctif suivant, que nous livrons à l'appréciation des lecteurs : « *utile tamen ecclesie et malignantibus formidabile proponens exemplum.* » Labb. Bibl. mss., t. 1.   (*N. d. E.*).

et il les fit accompagner de murs et de quelques fortifications (1). Son dessein étoit de faire creuser de manière qu'un bras de la rivière passât de ce côté-là, et que Régennes devint une île parfaite. Mais Thibaud, comte de Champagne, s'y opposa avec main-forte et fit même détruire quelque ouvrage qui tendoit à cette fin. Hugues fit encore plus de dépenses à Charbui pour le château de Beauretour, qui étoit dans un pays de bois et de marécages; il en fit une maison de plaisance qui pouvoit aller de pair avec celles des princes. Outre les bâtiments magnifiques qu'il construisit, il y forma un parc d'une grandeur énorme avec des garennes : et, afin de rendre le terrain plus praticable et moins aquatique, il fit ramasser les eaux, de manière qu'on vit trois étangs, l'un au-dessus de l'autre par degré; il fit arracher des bois en certains endroits, en fit planter en d'autres; il forma de grands et vastes jardins; et comme on remua beaucoup de terres dans tout ce pays, il se servit de cette occasion pour rendre l'accès de cette maison difficile dans les temps de guerre, par le moyen des ponts et des portes qu'il fit multiplier de tous les côtés. Ce que ses prédécesseurs avoient fait bâtir à Cône et à Toucy, ne lui parut point digne de la magnificence épiscopale : il y fit construire des maisons qu'on pouvoit appeler des palais. Varzy, qui auparavant étoit exposé aux incursions des brigands, devint un endroit assuré. Il y fit réparer les anciens murs et bâtir de grandes tours sur les fossés. Il fit construire à neuf une maison épiscopale, auprès de l'église collégiale de Sainte-Eugénie, avec des tours et autres marques de seigneurie. Quant au château qui étoit plus éloigné, il le mit en état de résister à tous les assauts, n'y épargnant ni tours, ni murs, ni fossés; et par le moyen de la fontaine qui sort de dessous l'église dont il détourna le cours, il procura de l'eau pour le poisson de ces fossés, sans nuire aux moulins qu'il avoit fait construire dans le même lieu. Après avoir mis tous les bâtiments en bon état, il songea à augmenter le revenu de la terre. On ne lui payoit que fort peu de chose pour la dîme (de vin) : il remit aux habitants plusieurs droits qui se levoient

---

(1) *Voy.* la carte où Régennes est dans une presqu'île de l'Yonne, au-dessous d'Auxerre.

sur eux, savoir celui de la main-morte, la taille de mars qui étoit de cinq sous par chaque feu, les droits de fourche et de rateau qui lui produisoient peu; et au lieu de cela, il établit que de dix gerbes de grain on lui en donneroit une, ce qui augmenta le revenu de cette terre au-dessus du quadruple de ce qu'elle produisoit auparavant. La charte est de l'an 1202 (*a*). Le vicomte Pierre de Courçon avoit acheté la terre de Colanges-sur-Yonne et tout ce que les moines de La Charité y possédoient. Hugues, prétendant qu'il devoit avoir la préférence dans l'achat des biens ecclésiastiques de son diocèse, lui offrit de lui rembourser, et seroit venu à bout de le déposséder si le vicomte n'avoit été alors en grand crédit auprès du roi. Enfin après bien des tentatives, il vint à bout d'obtenir de ce seigneur les dimes, les oblations et tout ce qui regardoit le spirituel, et outre cela une maison que l'on appela depuis dans ce lieu la maison épiscopale. L'évêque d'Auxerre avoit été tenu jusqu'alors de recevoir le roi, ou celui qu'il députoit en son nom lorsqu'il passoit en quelque lieu où il y avoit un logis épiscopal, et de le traiter suivant sa dignité ; ce qui étoit une charge fort onéreuse. Hugues ne laissa point passer l'occasion qui se présenta d'abolir cet usage. Le roi étant devenu maître du château de Gien, appartenant auparavant à Hervé de Donzy, par un traité qui portoit qu'Hervé épouseroit la fille de Pierre, comte d'Auxerre, l'évêque représenta à ce prince qu'Hervé, son vassal, n'avoit pu lui céder ce fief à son préjudice et demanda un dédommagement. Le droit de procuration lui fut remis; et il obtint là-dessus des lettres-patentes par lesquelles il paroît que ce n'étoit qu'à Auxerre et à Varzy, que l'évêque avoit été tenu jusqu'alors de recevoir le roi une fois par an (*b*). Et la seigneurie de Gien resta chargée comme auparavant de faire offrir

---

(*a*) *Voy.* Preuves, t. IV, n° 94. (*N. d. E.*).

(*b*) Le texte du *Gesta* ne réduit pas seulement aux deux villes d'Auxerre et de Varzy le droit fort onéreux de recevoir le roi, mais il l'étend à toutes les maisons épiscopales ; et ajoute que les envoyés royaux avaient le même privilége que leur maître. La charte de 1204, par laquelle Philippe-Auguste fit remise à l'évêque des droits de procuration sur les deux villes d'Auxerre et de Varzy, leur est tout à fait spéciale et n'indique pas ce que Lebeuf y a vu. (*N. d. E.*).

à la cathédrale d'Auxerre, le jour de la fête de Saint-Etienne, second d'août, un cierge de cent livres, sous peine aux receveurs de cette terre de payer cinq sous parisis pour autant de jours qu'ils seroient en retard.

Les avantages dont il fut favorisé du côté du temporel, le rendirent plus entreprenant dans ce qui concerna les affaires de sa famille. Noyers qui étoit une terre de son patrimoine, sur la rivière de Senain, à sept lieues d'Auxerre, au diocèse de Langres, fut l'objet de ses plus grandes dépenses. S'étant chargé de la tutelle de Miles fils de Clarembaud son frère, il employa tout le temps de la minorité de ce neveu à rebâtir le château de ses ancêtres. On peut voir dans l'historien de sa vie (1) un long détail de tout ce qu'il fit (a). Ce même auteur ajoute, que ce fut lui qui fit bâtir la paroisse dans le bas, voulant qu'il n'y eut dans le haut, où étoit le château, que la seule chapelle seigneuriale. C'étoit un oratoire magnifique, selon l'écrivain de ce temps-là; à la construction duquel, selon le même historien, il employa les biens des sujets de cette terre, et en bonne partie les revenus de son évêché, qui à son jugement auroient été mieux employés pour l'utilité de son église ou pour le soulagement des pauvres. Quoique la situation de ce château qui est sur une éminence fût assez avantageuse, il n'épargna rien pour le mettre en état de défense contre les insultes des ennemis : de manière que ni les ducs de Bourgogne, ni les autres princes ou seigneurs du voisinage ne purent le prendre, et au contraire Hugues vint toujours à bout de les repousser. Et pour prouver qu'en tout cela, il ne dissipoit point le patrimoine de son neveu, il lui acheta une terre à une lieue d'Auxerre, appelée Vallan, qui lui coûta une somme considérable.

Il ne faut point conclure de tout cela que cet évêque n'ait fait

---

(1) *Bibl. Labb.*

(a) L'auteur décrit ainsi la situation de la ville de Noyers et les fortifications dont l'évêque l'entoura : « *Super muros burgi inferioris quem ad radicem montis positum amnis qui* Sencen *dicitur undique preterfluit, ex muro seu ex lignis solidissimis robusta valde propugnacula collocavit.* » (*N. d. E.*).

aucun bien à son église cathédrale. Il lui donna deux parements de soie très-précieux, qu'on appela l'ornement *de la Mirandole*. Son dessein étoit de faire couvrir de feuilles d'argent le crucifix situé à l'entrée du chœur. Il avoit promis de donner pour cela trente marcs d'argent, et de laisser une croix d'or de trente deux marcs ; mais la mort l'empêcha d'exécuter en son entier ce qu'il s'étoit proposé. On lui attribue aussi plusieurs décorations faites au bâtiment, comme d'avoir agrandi les fenêtres du frontispice de l'église, pour la rendre plus claire (*a*), d'avoir élevé le pavé de l'église en faisant apporter des terres et d'avoir refait ce pavé tout à neuf, et certaines autres réparations qui pourroient bien être les mêmes que son prédécesseur avoit faites ; au moins l'auteur de sa vie paroît-il en douter. Mais il est certain qu'il donna au Chapitre des dîmes qu'il avoit à Oisi, tant en blé qu'en vin, et outre cela cent sous à prendre sur l'église de Saint-Bry. Ce fut aussi lui qui érigea les fêtes de saint Pélerin et saint Thomas de Cantorbéry dans le rang des solennelles. Il assigna pour cela du revenu sur l'église de Mézilles. L'acte de cet établissement est de l'an 1186 (1). Son attention envers les défunts le porta pareillement à fonder les obits de deux archidiacres d'Auxerre ; savoir celui de Deimbert de Pierre-Pertuis, qui est qualifié son cousin, au 19 mai, dans les obituaires du xiiie siècle ; et celui de Gui, aussi son parent. Il donna, pour le premier, trente sous de rente sur les églises de Sementron et de Lain, avec la remise des paretes ou parates (2) des églises d'Oisi et de Lindry ; et, pour le second, quarante sous sur l'église de Vermenton. On le regarde aussi comme fondateur des chanoines de la Trinité dont les biens ont depuis été réunis au Chapitre. Les évêques d'Auxerre avoient choisi l'église souterraine de la cathédrale, pour satisfaire leur dévotion particulière. Hugues de Noyers s'appropria surtout la chapelle de la Trinité, et il y établit quatre

---

(1) *Cartul. Capit. Autiss.*, fol. 51. | (2) Ce mot est expliqué ci-dessus, p. 237.

(*a*) Son historien dit qu'il fit cet ouvrage « *Ut ecclesia quæ more veterum usque tunc fuerat subobscura in lucem claresceret ampliorem.* »   (*N. d. E.*).

chanoines leur assignant des revenus sur l'évêché, et l'autel de saint Barthélemy avec ses dépendances (1). Il reste aussi des vestiges d'une échange qu'il fit avec eux, leur cédant un moulin sur le ruisseau de Verre en compensation des terres d'Augy dont ces chanoines l'accommodèrent, parce qu'il vouloit les donner aux moines de Fontenet. Il marqua sa dévotion envers la sainte Vierge, en augmentant le nombre des chanoines de la collégiale de son nom, aussi bien que le revenu et l'édifice de l'église. Mais le Chapitre de Varzy fut celui auquel il témoigna le plus d'amitié, après celui de la cathédrale. Il laissa à ces derniers chanoines sa bibliothèque, ses ornements pontificaux et plusieurs autres biens. Ce fut de son temps et en sa présence que fut faite *l'élévation* des reliques de saint Renobert, évêque de Bayeux, qui auparavant étoient dans un tombeau de pierre (2). S'étant réservé dans cette cérémonie les plus petits ossements du saint, c'est-à-dire les phalanges des mains et des pieds, il s'en servit pour la dédicace de l'église du nom du même saint (3) qui fut élevée à Auxerre, selon Vincent de Beauvais, dans l'endroit où avoit été la synagogue des Juifs que le comte Pierre chassa de la ville. Robert de Saint-Marien nous apprend qu'il y érigea aussi un autel sous le nom de saint Nicolas, et un autre sous celui de saint Antoine : ce qui prouve que c'est dans cette église, et non dans d'autres, qu'il faut rechercher l'origine du culte de ces saints dans Auxerre. Hugues de Noyers est aussi le premier fondateur du Chapitre de Toucy : Guillaume, son successeur, le déclara positivement dans une charte de l'an 1213, et il nous apprend qu'il avoit donné à ces chanoines les deux églises de Notre-Dame et de Saint-Pierre, exemptes de toutes charges, excepté du droit de *parate*. Il faut ajouter à ces pieux établissements, celui de l'hôpital d'Appoigny, ainsi qu'il est évident, par une lettre de Gui, ministre de l'hôpital

---

(1) *Ex Charta Guill. de Selign. episc. success. an.* 1215.— *Voy.* les Preuves.

(2) *Ex inscriptione tumuli S. Regnoberti apud Varziacum.* On y lit le mot *Relevamen* et dans les calendriers, au 21 août, *Relevatio.*

(3) Le titre de la consécration étoit une capsule de cuivre doré, ouvragé de ce temps-là, qui contenoit ces ossements. On l'avoit retrouvé dans l'autel primitif, lorsqu'on le démolit pour le reculer dans le fond. Il est fâcheux qu'on ait laissé, de nos jours, un simple religieux maître de disposer de ces ossements.

de Mont-Jou, à Guillaume de Seignelay (1), laquelle nous apprend que ce dernier prélat qu'on avoit cru fondateur de cet hôpital n'en est que le bienfaiteur. Hugues autorisa aussi, en 1196, l'augmentation que firent au curé de Bazerne les religieux de Saint-Marien, sur les dîmes de la grange du Bouchet (2).

L'étude du droit canon qui commença de son temps à être plus cultivée qu'auparavant, forma plusieurs esprits à la dispute et leur donna de grandes ouvertures pour la chicane. Ce fut sous son épiscopat que s'élevèrent les premières difficultés touchant certaines juridictions, telles que celle qui regardoit le maître de l'Hôtel-Dieu d'Auxerre. Cette difficulté commença en l'an 1187. Le doyen, Guillaume de Seignelay, établit aussi alors sa juridiction sur les paroisses d'Auxerre, et résista vigoureusement à l'évêque (3). Mais une preuve que ce même doyen n'avoit pas été convaincu de son droit, c'est qu'étant fait évêque il essaya de détruire tout ce qu'il avoit établi précédemment. Ce fut aussi de la part de ce même doyen, que Hugues de Noyers fut inquiété pour des arbres de la forêt de la Biche qu'il avoit fait couper et conduire à Régennes, du consentement d'une bonne partie des chanoines (4). L'évêque, condamné par une sentence de la cour métropolitaine de Sens, rendit les arbres au Chapitre et les fit conduire à ses dépens devant la porte de l'église cathédrale.

Hugues eut aussi quelques démêlés avec l'abbaye de Saint-Germain. Comme il marchoit avec grand train partout où il alloit, il ne menoit pas moins de quatre-vingts chevaux dans les visites des églises de son diocèse ; et, à son exemple, l'archidiacre en menoit une douzaine lorsqu'il faisoit les siennes. Humbaud, abbé de Saint-Germain, se plaignit à Urbain III de ces excès qui causoient des dépenses énormes, et ce pape statua, par un bref donné à Vérone en 1186, que l'on observeroit à ce sujet les décrets du concile de Latran. Radulfe, qui avoit succédé à Humbaud, lui résista avec encore plus de vigueur, quoiqu'il eût reçu la bénédiction de ses mains. Lui et son monastère,

---

(1) *Ex autographo.*
(2) *Tabul. S. Mar.*
(3) *Vita Guill. Seligniaci.*
(4) *Ibid.*

secouant le joug de l'évêque diocésain, obtinrent de Célestin III, en 1193, que l'archevêque de Sens fût désormais leur juge ordinaire. Ce fut encore par un simple consentement du pape, que Raoul essaya de convertir les redevances des vassaux du monastère en d'autres droits, moyennant une somme qui seroit une fois payée. L'évêque s'opposa à cette entreprise et réclama le plus qu'il put, suivant l'écrivain même de la vie de Raoul. Ce même abbé ayant aussi obtenu le privilége de porter la mître et l'anneau, Hugues prit la résolution de l'en empêcher; et l'on verra par la suite que ce fut ce qui lui abrégea les jours. Elvise, abbesse de Saint-Julien, et ses religieuses avoient aussi fait de grandes plaintes à Célestin III en l'an 1196, entre autres de ce qu'il avoit refusé de conférer la cure de Colanges-les-Vineuses à Guillaume de Saint-Bry qu'elles lui avoient présenté, et sur quelques articles qui regardoient leur temporel. L'archevêque de Sens et l'évêque de Nevers furent commis pour examiner ces plaintes; et ils portèrent sentence contre lui, dont un des chefs condamnoit l'évêque d'Auxerre à payer sept deniers par an à l'abbaye, pour un droit de censive assis sur quelqu'un des endroits où s'étendoit depuis peu le logis épiscopal, et une autre déclaroit que la même abbaye pouvoit prendre une certaine quantité de mort-bois dans les bois de Gy-l'Evêque. Hugues fut plus de six mois sans vouloir acquiescer à cette sentence; et enfin il s'y soumit à Brienon au mois de mai 1198 (1) en présence de l'archevêque même, qui étoit Michel de Corbeil, de Gautier chantre d'Auxerre, Etienne doyen de Senlis, plusieurs chanoines d'Auxerre, maître Thomas chanoine de Soissons, Hugues prieur de la Ferté-Milon, etc.

On a déjà vu ci-dessus quelques preuves de la bonne intelligence que cet évêque entretint avec le roi Philippe-Auguste. Il en conserva des marques jusqu'au point de se brouiller avec les autres prélats et même avec le pape. Car, quoiqu'il eût été résolu dans un concile tenu à Dijon, en 1197, que le royaume seroit mis en interdit, et le roi excommunié à cause de la répudiation qu'il avoit faite d'Ingelberge sa légitime épouse, Hugues ne voulut pas obéir à

(1) *Tabul. S. Juliani.*

cet ordre ni faire observer l'interdit; et il aima mieux risquer de ne parvenir de sa vie à aucune dignité supérieure, que de perdre les bonnes grâces de son prince. Aussi, après la mort de Michel de Corbeil, archevêque de Sens, arrivée en 1199, quoiqu'il eût eu les suffrages de tous les chanoines de la métropolitaine pour lui succéder, l'élection fut sans effet, parce que Innocent III s'y opposa (*a*), et fit mettre en sa place Pierre de Corbeil, qui avoit été son maître pendant ses études en France. Ceci cependant ne brouilla pas notre évêque pour toujours avec Innocent, puisque ce pape le commit quatre ans après avec l'abbé de Perseigne et un chanoine de Nevers, pour donner un archevêque à l'église de Reims, et le faire sacrer par les suffragans (1), en cas que les chanoines de Reims différassent de procéder à une seconde élection, un mois après la réception de la bulle. Environ dix ans auparavant, les chanoines de Langres se voyant dépourvus de pasteur, et étant partagés pour l'élection, avoient prié notre évêque de prendre l'administration de leur église durant la régale qui fut d'un an ou environ; et il s'en étoit acquitté avec toute l'exactitude qu'on pouvoit désirer (2). Il fit nommer pour évêque Hilduin, qui fut rejeté d'abord et ensuite admis.

Il ne me reste à parler que de quelques actes où j'ai trouvé le nom de notre évêque. Il est nommé dans un acte de Pontigny, de l'an 1184, par lequel il obligea, par serment, Guillaume de Ligny de ne plus molester les religieux de cette abbaye (3). Un,

---

(1) *Hist. Univ. Paris. Sæc. XIII*, p. 27.   (3) *Tabul. Pontin.*
(2) *Chron. Lingon. Gall. Christ.*

(*a*) Il existe, à ce sujet, une lettre curieuse du pape au Chapitre de Sens, dans laquelle le pontife, discutant les raisons alléguées pour justifier l'évêque de sa désobéissance, réfute, entre autres, celle-ci *que le roi ne possédait rien en propre dans le diocèse d'Auxerre*, et qu'en conséquence l'interdit n'y était point applicable. Il répond que l'interdit s'étendait sur toutes les terres soumises au roi, et qu'en conséquence le diocèse d'Auxerre ne pouvait en être exclu.

Les évêques qui n'avaient pas voulu exécuter la sentence d'interdit furent obligés d'aller à Rome pour se justifier. Hugues de Noyers fut du nombre de ces prélats. — *Voy.* D. Bouquet, Hist. d'Innocent III.   (*N. d. E.*).

de l'an 1196, par lequel il accorda Barthelemi, chapelain de Bazerne, avec le monastère de Saint-Marien, sur les dîmes que ce monastère prenoit à Bazerne (1). Un autre de 1202 (2), par lequel il paroît qu'il fut médiateur (a) de la cession que fit Adam, abbé de Saint-Laurent dans son diocèse, aux religieux de Font-Morigny, de tout le droit qu'il avoit dans la dîme de Cérilly; et un quatrième acte de 1206, qui est une donation qu'il fit à l'abbaye de Regny (3). A l'égard des terres d'Augy, qu'il donna aux moines de Fontenet, diocèse d'Autun, je n'ai point trouvé l'année de cette donation. C'est aussi notre évêque Hugues qui est nommé dans des lettres sans date de la reine Adèle (4), comme ayant été médiateur avec Jean évêque de Nevers, au sujet du droit de procuration que Maurice de Sulli, évêque de Paris, exigeoit des chanoines de Saint-Spire de Corbeil. Enfin, l'histoire de saint Vincent de Senlis (5) fait foi qu'en l'an 1191 il avoit été nommé par le pape, avec l'évêque de Meaux et l'abbé de Saint-Germain d'Auxerre, pour examiner les priviléges

---

(1) *Tab. S. Mariani.*
(2) *Gall. Christ. nova*, t. 2, *in Abb. Fontis moring.*
(3) *Tab. Regniac.*
(4) *Et Cartul. Ep. Paris. in Bibl. Reg.* cod. 10312. 3.
(5) *In Bibl. S. Genov. Paris.*

(a) L'évêque était jadis, et surtout au xie et au xiie siècle, le juge-arbitre de toutes les contestations qui s'élevaient, soit entre les monastères et les seigneurs pour la détermination de leurs droits, soit entre les monastères eux-mêmes sur un point quelconque de leurs priviléges. Et comme il n'existait point alors de notaires publics, ni même d'officiaux épiscopaux, les sentences prononcées par le prélat étaient dressées en son nom, souvent dans son palais, et scellées de son sceau.

Les archives sont remplies d'une multitude de chartes de ce genre qui montrent toute la sollicitude des prélats pour l'administration des choses de détail aussi bien que pour les plus grandes. Lebeuf en a cité beaucoup dans l'histoire des évêques du xiie siècle, et notamment dans celle d'Alain. — L'établissement des officiaux, au xiiie siècle, déchargea les évêques du jugement de toutes les sentences, et de l'attestation des transactions de peu de valeur; ils intervenaient cependant encore quelquefois, appelés comme arbitres, dans les circonstances graves. Enfin, à la fin de ce dernier siècle, les officiaux eux-mêmes se déportèrent du soin de la réception des actes sur leurs notaires, qui venaient d'être créés à l'instar des notaires royaux. (*N. d. E.*)

de cette abbaye, que Geoffroy évêque de Senlis, vouloit abolir (*a*). On croit que ce fut l'affaire qu'il intenta à l'abbé de Saint-Germain, au sujet de la mitre et de l'anneau, qui l'obligea à un second voyage de Rome. Tous les abbés n'avoient pas des frères de l'humeur de Pierre de Blois, qui les détournassent d'user de ce privilége, ou de le demander. Hugues alla donc à Rome pour empêcher, par autorité, ce qu'aucun conseil n'avoit pu détourner. Le pape l'y reçut avec les honneurs convenables : mais, au bout de dix jours après son arrivée, il fut attaqué d'une grosse maladie qui le conduisit bientôt au tombeau. Le pape et les cardinaux assistèrent à ses funérailles qui furent faites à Saint-Jean-de-Latran, dans l'église contiguë appelée Constantinienne, et son corps fut mis dans un mausolée de marbre, qui étoit tout entouré de ceux des papes, mais un peu moins superbe, l'an 1206, le sixième jour de décembre. L'auteur de sa vie, qui écrivit dans le même siècle, s'est donné la peine de rapporter les pressentiments qu'on croyoit avoir eus à Auxerre, de cette mort; tels que sont des apparitions, des chutes de bâtiments. Mais comme il n'y a aucun fond à faire sur ces sortes de choses, je n'en dirai rien ici et je me contenterai d'en tirer les noms de ceux qui y sont spécifiés pour les placer à leur rang, dans le catalogue des officiers de l'église dont ils étoient membres. L'anniversaire de Hugues de Noyers se faisoit, au XIIIe siècle, dans la cathédrale d'Auxerre, le septième jour de décembre. Il y avoit cent sous de distributions. A l'abbaye de Saint-Laurent, c'étoit le sixième jour, y ayant pour cela cinq sous d'assignés à la communauté, sur l'église de Saint-Hilaire de Gondilly. On y célébroit pareillement celui de Milon de Noyers, son père, le cinq mai, parce que c'étoit sous cette condition que Hugues avoit accordé, à ces mêmes religieux de Saint-Laurent, les annuels de chaque prébende vacante dans l'église collégiale de Varzy.

(*a*) Il reçut aussi d'Innocent III une lettre par laquelle il lui recommandait de sévir contre un grand nombre d'usuriers qui existaient dans son diocèse, parce que ces gens-là, étant protégés par des hommes puissants, personne n'osait les accuser. Dans une seconde lettre le même pape étend aux chanoines le droit qu'il lui avait accordé de disposer des biens des clercs morts *ab intestat*. — *Voy.* Preuves, t. IV, n°s 89 et 90.

Il avoit composé quelques ouvrages : mais comme il ne pouvoit se résoudre à les retoucher, ce qui parut avoir quelque cours pendant son vivant, tomba dans l'oubli après sa mort. Je ne m'éloignerois point de le croire auteur de quelques proses ou séquences des anciens graduels de l'église d'Auxerre, ou de quelques hymnes, ou enfin de quelques antiennes rimées selon le goût de ce temps-là. Ma pensée est fondée sur le texte de son historien qui dit « *Plerumque etiam latino eloquio, properato valde studio, cantica componebat et cantus.* » La prose de la Saint-Etienne d'août, *sacri gleba corporis*, et celle de la fête de saint Thomas de Cantorbéry (1), *plaude cantuaria plausu renovato*, ressentent assez le génie du xiie siècle finissant. On a dû remarquer ci-dessus que ce fut lui qui voulut que la fête du saint prélat Anglois fût solennelle dans la cathédrale.

Contre-sceau de Hugues de Noyers (a) (*Arch. du roy.*).

(1) Ancien livre de Proses de la cath. d'Auxerre.

(*a*) Ce contre-sceau, qui forme le revers du sceau d'Hugues de Noyers, représente une tête antique que l'on regarde comme un Apollon. L'inscription en est illisible. L'emploi d'un pareil contre-sceau indique les habitudes mondaines et le goût de son possesseur.

— Nous ferons encore une dernière remarque sur Hugues de Noyers. Comme on l'a déjà vu plus haut, il soutint vivement Philippe-Auguste contre le pape Innocent III, et refusa, par des raisons tirées du droit féodal, d'exécuter l'interdit lancé contre ce prince. C'est probablement sous son pontificat que fut rédigée en axiôme la tradition que les évêques d'Auxerre ne relevaient que de Dieu et de son Eglise. — *Voy.* Preuves, t. iv, n° 95. (*N. d. E.*).

CHAPITRE XII.

GUILLAUME DE SEIGNELAY, LVIIIe ÉVÊQUE D'AUXERRE.

Histoire de sa vie.

La maison de Seignelay, qui étoit très-illustre dès le xiie siècle, et qui se trouvoit alliée, du côté des femmes, à la famille de saint Bernard, produisit, un peu après le milieu de ce siècle, deux ecclésiastiques qui acquirent dans le monde une grande réputation. L'un et l'autre étoient fils de Burchard, frère de Deimbert, seigneur du château de Seignelay, et d'Aanor, fille d'André, seigneur de Montbar, laquelle mena une vie très-sainte et dont on lit des choses extraordinaires arrivées après sa mort. L'aîné s'appeloit Manassès, et le second portoit le nom de Guillaume. Comme ce fut celui-ci qui succéda à Hugues de Noyers dans l'évêché d'Auxerre, je remonterai le plus haut qu'il sera possible pour le faire connoître. Son historien, qui paroît avoir été son contemporain, et qui écrit en homme bien instruit, dit qu'on s'étoit aperçu dès la jeunesse de Guillaume, d'une maturité qui surpassoit son âge, et que la gravité qu'il montra dès lors fut regardée comme de bon augure : que son père, qui paroissoit l'aimer plus que l'aîné, le menoit souvent avec lui à cheval pour le former à l'état de chevalier, auquel il le destinoit; mais que Dieu changea le dessein du père, et inspira à Gui, son frère, de l'élever parmi le clergé. Gui, qui étoit alors prévôt d'Auxerre, ayant obtenu de Burchard, avec bien de la peine, cette séparation, lui fit étudier les matières qui convenoient à un clerc (1) :

1207 à 1220

---

(1) Guillaume dit, dans la charte du don de ce qu'il avoit de dîmes à Crevan, qu'il avoit été élevé dans l'église d'Auxerre dès son enfance. Ce qu'il répète dans celle du mois de nov. 1223 qui est une fondation. C'est ce qui fait croire que ce fut à Auxerre que Gui le fit venir durant qu'il étoit prévôt. Mais puisqu'il étudioit encore lorsqu'il fut choisi doyen, vers l'an 1196, il a dû être né vers l'an 1164. Ainsi Gui a dû ne le prendre sous sa conduite que vers l'an 1175, à l'âge d'onze ou douze ans.

après quoi Guillaume s'appliqua à l'étude du droit canon, et y étant devenu fort habile, il s'adonna si heureusement à la théologie, qu'il surpassa en cette science tous ceux de ce temps-là, (quoiqu'il soit constant qu'il ne devint jamais professeur) (1). Formé dans la vertu aussi bien que dans la science, par les précepteurs que son oncle lui avoit donnés, il devint bientôt digne de remplir des postes éclatants dans l'Eglise.

Guillaume pouvoit avoir vingt ou vingt-cinq ans lorsque Gui de Noyers fut fait archevêque de Sens. Avançant plus encore en science qu'en âge, il fut fait trésorier de cette église et archidiacre de Provins. Pendant qu'il continuoit ses études ailleurs qu'à Sens, vers l'an 1194, les chanoines d'Auxerre l'élurent unanimement pour leur doyen, et il vint résider parmi eux au bout d'un an et quelques mois. On a déjà vu ci-dessus, dans la vie de Hugues de Noyers, qu'il défendit contre cet évêque la juridiction décanale; et qu'il l'obligea à faire rapporter des arbres qu'on avoit coupés dans une forêt sans le consentement du Chapitre. On peut lire dans son historien ou dans le catalogue des doyens, jusqu'où il poussa la punition du prieur, et de quelques chanoines réguliers de Notre-Dame-la-d'Hors, que l'évêque avoit ordonnés, sans qu'il les lui eût présentés; et comment il usa de la voie de l'excommunication et de l'interdit, pour obliger le comte Pierre à venir faire satisfaction, en Chapitre, du tort qu'il avoit causé à la compagnie. L'expédient dont il se servit pour empêcher que les chanoines n'aliénassent aucun des biens qui étoient situés dans les terres où ils avoient leurs prébendes, mérite plutôt d'être lu par curiosité que d'être imité (a). L'établissement qu'il fit du petit office de la Vierge aux jours ouvriers, montre que le concile de Clermont, sous Urbain II, n'étoit pas suivi à Auxerre. Il y eut encore dans l'office divin d'autres

---

(1) Ce que j'ai mis ici en parenthèse est dans l'écrivain de sa vie.

(a) Le moyen qu'il employa était tout à fait dans les mœurs du temps. Il convoqua le Chapitre, et, assisté des chanoines prêtres tenant les cierges allumés, il lança l'excommunication contre tous ceux qui, sans la permission du Chapitre, aliéneraient ou donneraient des biens composant leurs prébendes. (*N. d. E.*).

établissements ou retranchements procurés par ses soins, du consentement du Chapitre. Entre autres usages, il introduisit celui d'avoir tous les jours des antiennes aux petites Heures composées d'autres paroles que du seul mot *alleluia*, comme cela se pratiquoit la semaine de Pâques; ce qui, avec raison, paroissoit ennuyant, lorsqu'il se répétoit souvent durant toute l'année.

L'écrivain de son histoire s'étend beaucoup à faire voir l'étroite amitié dont il étoit uni avec son frère Manassès, archidiacre de Sens et d'Auxerre. Il dit qu'ils n'avoient dans l'une et l'autre ville qu'une seule et même maison, même table, même lit; et que leur union intime fut si connue, qu'on ne les appeloit point autrement que les frères Sénonois. Ils refusèrent tous deux l'archevêché de Sens après la mort de Michel de Corbeil; et tous deux cependant par la suite devinrent évêques dans la province. Guillaume fut le premier placé. Le refus qu'il avoit fait de l'évêché de Nevers, et tous les efforts qu'il avoit employés pour n'être point élevé sur aucun siége épiscopal, ne purent point empêcher qu'on ne l'obligeât d'accepter la charge pastorale de l'Eglise d'Auxerre. Le siége ayant vaqué environ deux mois, le clergé et le peuple procédant à l'élection jetèrent les yeux sur les deux frères Manassès et Guillaume. Le premier, qui étoit archidiacre, qu'on regardoit comme plus affable, d'un naturel plus doux, et par conséquent plus propre à gouverner, fut supplié d'accepter le fardeau. Ayant répondu qu'il en craignoit les dangers, et qu'il se jugeoit indigne d'être préféré à son frère le doyen, qui le supporteroit mieux que lui; sur son refus, on prit la voie du compromis pour finir l'élection. Ceux que le Chapitre nomma pour cela, choisirent le doyen. Il n'eut pas plutôt appris cette nouvelle, que versant des larmes, il s'excusa d'accepter la charge, s'écriant qu'il ne convenoit pas qu'il fût préféré à son frère qui, outre la supériorité de l'âge, menoit une vie plus exemplaire que lui. Il s'éleva de cette sorte une sainte dispute entre deux frères qui avoient été jusqu'alors très-unis, et qui n'avoient jamais eu qu'une même volonté. Tous les spectateurs de ce débat inespéré avoient les larmes aux yeux, sur ce qu'aucun des deux ne vouloit être préféré à l'autre. Enfin, l'archevêque de Sens, qui étoit au pays, fut prié d'entrer au Chapitre pour les accorder; et aidé des instances de l'un des frères, il engagea

Guillaume à accepter. On crut qu'il avoit eu des vues en se déterminant de ce côté-là ; et que comme Guillaume possédoit deux dignités dans son église, il avoit voulu les rendre vacantes pour y pourvoir.

On ne sait si l'une des raisons qui empêchoient Guillaume d'accepter promptement son élection, ne fut point la répugnance qu'il avoit d'occuper une dignité dont il avoit combattu les droits le plus qu'il lui avoit été possible. La suite du temps fit connoître que cette pensée n'étoit pas sans fondement. Ayant été élu le vendredi d'après la Purification de la Vierge de l'an 1206, son élection étant confirmée par l'archevêque, et bientôt consommée par la consécration, il montra une extrême attention sur le temporel de l'évêché. Voyant que c'étoit inutilement qu'on avoit envoyé des exprès au roi, aussitôt après l'élection faite, pour lui demander la restitution de ce qu'il avoit perçu pendant la vacance, et même que les sergents députés pour la conservation des droits royaux avoient saisi ce que son prédécesseur avoit réservé pour être distribué aux églises, qu'ils faisoient des extorsions sur les débiteurs, fourrageoient les bois qui auparavant étoient en bon état, et mettoient tout au pillage; il partit sans perdre de temps, le jour même qu'il avoit été sacré, pour aller trouver le roi, lui porta ses plaintes, obtint main-levée pour ce qui étoit dû à son prédécesseur, la restitution de ce qui lui étoit échu depuis la vacance (1), et la réparation des dommages ; et ayant traité avec le roi, moyennant une très-grosse somme d'argent, il obtint de lui pour son église le privilége de la régale; c'est-à-dire, que le roi ne se mêleroit plus de la régie du revenu de l'évêché pendant la vacance, mais que ce seroit le Chapitre qui gouverneroit le bien de l'évêché, et le réserveroit pour l'évêque futur. Il en étoit de même des prébendes de la cathédrale ; le roi ne se réserva que le droit de chevauchée accoutumé. Ce privilége, qui a été imprimé dans l'édition latine de sa vie (a), fut accordé à Paris l'an 1206. C'étoit sans doute au mois de février, puisque le sacre de Guillaume se fit vers le milieu de ce

---

(1) *Chron. Roberti S. Mariani.*

(a) *Voy.* aussi la *Gallia Christiana*, t. XII. (N. d. E.).

mois-là au plus tard; et quoiqu'en France on ne comptât encore alors que 1206, parce que l'année n'y commençoit qu'à Pâques, on comptoit à Rome 1207 depuis le premier jour de janvier. C'est dont j'ai cru devoir avertir pour prévenir les erreurs et les objections. Il est resté des preuves que les quatre barons furent convoqués à son entrée dans Auxerre. Pierre de Courtenay s'en excusa, à cause des affaires qu'il avoit; mais il en donna reconnoissance la même année 1207 (1). Hervé de Donzy, qui n'avoit plus la baronnie de Gien, crut n'y être pas tenu ; mais comme il fut informé que c'étoit à cause de la baronnie de Donzy que ses prédécesseurs avoient fait cette soumission, il en passa aussi une nouvelle reconnoissance l'an 1209.

Robert de Saint-Marien, qui vivoit de son temps, dit qu'il étoit encore jeune, lorsqu'il fut fait évêque, mais qu'il étoit mûr pour les mœurs. L'historien de sa vie en fait un éloge plus ample. Il marque que ce prélat n'entreprenoit ou ne consommoit rien, qu'il n'eût bien réfléchi auparavant, et que c'étoit une coutume qu'il avoit prise de jeunesse; en sorte qu'il avoit souvent mieux aimé s'exposer à des pertes, que de précipiter les affaires. Quoiqu'il se montrât infatigable, lorsqu'il étoit question de poursuivre son droit, il n'étoit cependant pas de ces esprits revêches, mais il étoit doux dans la conversation : il observoit l'hospitalité, il prenoit soin des pauvres, il étoit modeste dans la prospérité, patient dans l'adversité; et il se comporta d'une manière à servir de modèle à toute sa maison. Il avoit la conscience si timorée, que ceux qui le confessoient assurèrent qu'il étoit aussi contrit pour de petites fautes, que si c'eût été des péchés griefs. Il aimoit tous ses diocésains comme doit faire un vrai pasteur : de sorte que voyageant à cheval dans son diocèse, il s'arrêtoit pour écouter tous ceux qui avoient quelque chose à lui dire, soit sur le spirituel, soit sur le temporel, et leur donnoit si libre audience, que quelquefois ceux de sa compagnie s'ennuyoient de ce qu'il étoit si longtemps avec de simples particuliers. Son frère Manassès fut son conseil tant qu'il resta archidiacre de Sens et d'Auxerre. Il se soumettoit si absolument aux volontés de cet aîné, qu'on eût dit que l'évêque n'étoit

---

(1) *Gall. Christ.*, tom. XII.

qu'extérieurement au-dessus de lui. Ce mutuel accord eût duré plus longtemps, si Manassès n'eût été forcé d'accepter l'évêché d'Orléans. On fit dès lors cette remarque, que comme au vi^e siècle le diocèse d'Orléans avoit fourni les deux frères aux églises d'Orléans et d'Auxerre, savoir Austrene et saint Aunaire ; à son tour celui d'Auxerre fournissoit deux autres frères pour être évêques dans les deux mêmes églises.

Leur ancienne union ne laissa pas de continuer malgré l'éloignement, et s'ils n'entretenoient pas entre eux une relation si fréquente, les affaires du public les réunissoient souvent ensemble. Ils se trouvèrent l'un et l'autre à la cérémonie de la translation du corps de saint Benoit qui se fit, en 1207, dans l'abbaye de Fleury au diocèse d'Orléans. Tous deux furent délégués par le pape, en 1214, pour dresser un règlement touchant l'office divin, dans la cathédrale de Bourges (1). Dans quelques rencontres, où il s'agissoit des intérêts de Guillaume, l'évêque d'Orléans fut choisi pour arbitre ; et en d'autres il servit seulement de témoin, ce qui prouve qu'il venoit souvent dans le diocèse d'Auxerre. Mais l'occasion où leur liaison éclata le plus, fut l'affaire qu'ils eurent, en 1209, avec le roi, au sujet des troupes qu'ils devoient lui fournir. Ce prince leur ayant fait enjoindre d'amener leurs vassaux et écuyers à l'armée que conduisoit le comte de Saint-Pol, ils se mirent en chemin et se rendirent à Mantes. Mais voyant que le roi n'étoit pas en personne à l'armée, ils s'en retournèrent, prétendant n'être obligés de marcher en campagne que quand le roi étoit le chef de l'entreprise. D'autres disent qu'ils obtinrent permission du roi de s'en retourner, à quoi il n'y a aucune apparence. Leurs chevaliers et autres vassaux, ne les voyant plus à l'armée, s'en retournèrent aussi. Le roi, se sentant offensé de ce procédé, fit saisir leur temporel sans toucher aux dimes. Les évêques, de leur côté, tant par eux-mêmes que par l'archevêque de Sens et leurs comprovinciaux, prièrent le roi de leur donner mainlevée. Mais voyant que loin de la leur accorder, à peine lui et ses officiers leur permettoient-ils de résider dans leurs diocèses, ayant pris conseil, ils mirent en interdit les terres que le roi

---

(1) *Ampl. Coll. Martene*, t. 7, Col. 1422.

possédoit dans l'étendue de leurs territoires, excommunièrent les officiers qui leur empêchoient la jouissance de leur temporel et leur donnèrent ajournement devant le pape Innocent III. Ils n'eurent pas grande satisfaction à la cour de Rome. Tout ce qu'ils y purent obtenir, consista en deux lettres du pape. L'une étoit adressée au roi qu'il prioit de faire délivrer aux évêques leur temporel, et même de leur pardonner s'ils l'avoient offensé. L'autre lettre étoit adressée à l'archevêque de Sens et à ses suffragants, afin qu'ils portassent le roi à la clémence et qu'ils assistassent leurs confrères de leurs conseils et de leur autorité. Ces deux lettres, datées du mois de décembre 1210, n'ayant eu aucun effet, le pape en écrivit d'autres au même roi plus de seize mois après, le priant qu'avant toutes choses il remît les évêques en leurs biens, et qu'après cela on jugeroit l'affaire à fond. Mais le roi, voulant joindre l'accessoire au principal, obtint un rescrit de ce pape, portant commission à l'archevêque de Sens de connoître de cette cause, ou plutôt de l'accommoder à l'amiable. L'affaire n'avança pas pour cela davantage, par la précipitation de l'archevêque qui, sans avoir égard aux intentions du pape, condamna les évêques après même qu'ils eurent appelé de ses procédures au saint-siège. C'est pourquoi Innocent envoya une autre commission à l'évêque de Troyes, à l'abbé de Clairvaux, et à maître Henri, chanoine de Troyes, afin qu'ils cassassent la sentence de cet archevêque. En même-temps il pria, par d'autres lettres séparées, le roi et les évêques de transiger; et pour cela il leur proposa un expédient : à savoir, que les évêques, ayant levé l'interdit, comparoîtroient en jugement devant le roi, pour amender la faute qu'il prétendoit avoir été commise par eux; et que, moyennant cette satisfaction, le prince les remettroit en grâce, leur donnant mainlevée de leur domaine. Ce fut à quoi le pape tâcha de porter les évêques, leur remontrant que l'arc qui est toujours bandé perd sa force, si on ne le relâche quelquefois, et que souvent les rois se laissent plutôt gagner par la douceur que par la rigueur (1). Ces dernières lettres sont du 9 juin 1212. Enfin l'affaire se termina comme le pape l'avoit souhaité.

---

(1) Rigord.

Guillaume reconnut, au mois d'août suivant (1), qu'il étoit tenu de fournir au roi des troupes comme les autres évêques et barons, et promit de le faire à l'avenir, sans s'engager de les conduire lui-même, le roi l'ayant dispensé de venir en personne à l'armée. Rigord dit que les deux évêques recouvrèrent tout ce que le roi avoit confisqué. Mais Alberic de Trois-Fontaines assure qu'il ne leur rendit que ses droits royaux, *regalia sua*; que tous les profits qu'il en avoit tirés lui restèrent, à la réserve de trois cents livres qu'il voulut bien rendre à chacun d'eux.

Les deux évêques, rentrés en grâce, exercèrent puissamment leur zèle contre les Albigeois, durant le voyage qu'ils firent en Languedoc l'an 1213. Pierre des Vaux-de-Cernay, auteur du temps, donne de grands témoignages à leur vertu. Il les appelle les deux principales lumières de l'Église gallicane, hommes très-constants et dignes de louanges en toutes choses. Avant leur disgrâce, le pape les avoit commis, avec le doyen d'Auxerre, pour faire restituer à Simon de Montfort une somme de cinq mille livres prise par certains princes, sur le butin trouvé dans la ville de Carcassonne qui avoit été attribué à ce comte pour sa subsistance et pour celle de son armée. C'est ce qui porte à croire que dès ce temps-là ils avoient résolu de prendre la croix contre les Albigeois. Mais il n'y eut que le doyen, nommé Renaud, qui partit pour lors; il mourut au siége du château de la Val. Le renfort de troupes qu'ils menèrent en Languedoc, vint fort à propos au secours de Simon de Montfort que plusieurs seigneurs avoient quitté pour aller

---

(1) *Voy.* les Preuves, t. IV, n° 114. (*a*).

(*a*) La lettre publiée par Lebeuf est celle du roi et non celle de l'évêque. Celle-ci se voit dans D. Martène, *Ampliss. collect.*, 1, p. 1110. Mais cet accord définitif avait été précédé d'un acte préliminaire passé, dans le même mois d'août 1212, entre Manassès et Guillaume d'une part, et le roi de l'autre. On lit, dans cette pièce, que les évêques n'inquièteront personne à l'occasion du différend qui existe entre eux et le roi, et qu'ils ne rechercheront pas non plus les mariages faits dans leurs diocèses depuis l'interdit levé par l'archevêque de Sens, pourvu qu'ils aient été contractés conformément aux règlements de l'Eglise. — *Voy.* Preuves, t. IV, n° 113.

(*N. d. E.*).

secourir le roi contre les Flamands et les Anglois. Étant arrivés dans le pays où étoit Simon, ils le suivirent dans toutes les actions qu'il entreprit, exposant leur vie, rachetant les prisonniers, faisant des aumônes aux soldats, et exerçant d'autres œuvres de charité. On peut lire, dans le même auteur, la part qu'eut notre évêque à la cérémonie dans laquelle un des parents du comte Simon fut créé chevalier de Jésus-Christ, pendant une messe solennelle célébrée par Manassès, son frère, en pleine campagne, proche le château d'Arian.

Ce voyage étant fini, la même union continua entre les deux frères éloignés assez considérablement, quoiqu'ils fussent dans deux diocèses limitrophes. On était si persuadé que leur amitié n'étoit pas capable d'altérer la justice en rien, que quelquefois on choisit Manassès pour juge dans les différends où les intérêts de Guillaume étoient mêlés. Tel est celui qui fut terminé à Billy, au mois d'août 1214, sur la forteresse de Murat qui relevoit de l'évêque d'Auxerre, et sur laquelle l'évêque d'Orléans fit un accord ou traité avec le comte de Nevers (1). La mort termina enfin cette société fraternelle; mais Guillaume, qui supportoit avec constance les plus tristes événements, ne fit rien sentir de la foiblesse humaine en cette occasion. Arrivé trop tard à Orléans pour y voir son frère vivant, il le trouva dans le cercueil. On remarqua, pendant la cérémonie des funérailles à laquelle il assista, que, quoique l'église cathédrale retentit de soupirs et de gémissements, surtout de la part des pauvres, l'évêque d'Auxerre resta seul sans changer de visage, les yeux secs, sans donner aucun signe de trouble. On ne peut croire, au reste, que ç'ait été de l'avis de son frère, qu'il regardoit comme un saint, qu'il se comporta comme il fit envers ses successeurs doyens de l'église d'Auxerre. Son historien dit à la vérité, à sa louange, que dans les jugements il procédoit suivant les règles ordinaires, ne se détournant ni à droite, ni à gauche; mais il ajoute qu'il avoit la foiblesse d'écouter trop facilement les raisons qu'on lui suggéroit, lorsqu'il s'agissoit de soutenir ses droits; et que ce qu'on trouva de plus blâmable en lui, fut l'ardeur qu'il témoigna durant toute sa vie d'étendre sa domination.

Il a toujours été juste que les évêques soutinssent les droits et les

---

(1) *Gall. Christ. vetus*, p. 292, et *Nova*.

honneurs attachés à leur dignité, principalement en fait d'hommage. Guillaume s'en fit rendre plusieurs. En 1209, Hervé, comte de Nevers, reconnut ce qu'il tenoit de lui, et lui donna acte comme les tours ou forteresses de Saint-Sauveur, de Château-Neuf et de Cône devoient lui être remises toutes les fois que bon lui sembleroit (1); comme de fait il lui fit rendre une fois celles de Saint-Sauveur et de Château-Neuf, et les clefs de leurs portes entre les mains de Hugues son archidiacre, accordant du délai pour le château de Cône, jusqu'à ce qu'il fût de retour du voyage contre les Albigeois. Le comte Pierre de Courtenay tâcha, en vain, de soustraire à l'église d'Auxerre les hommages des châteaux de Mailly et de Bétry, en faisant sa soumission à la comtesse de Champagne : Guillaume poursuivit ce comte avec tant d'instance, pardevant des juges nommés par le pape, qu'il le réduisit à lui faire hommage, l'an 1210, et à promettre de rendre ces châteaux, selon le bon plaisir du prélat (2), comme en effet il les remit pour un temps à son archidiacre chargé de sa procuration.

Il ne paroît point que cet évêque ait fait d'acquisitions considérables pour augmenter les revenus de l'évêché. Il acheta seulement, dans Auxerre, tout ce que Miles Filon, chevalier, y possédoit en franc-aleu; à Varzy pareillement il fit acquisition, moyennant une grosse somme, de l'hommage-lige de tout ce que Guillaume de Chamlemi possédoit, dans l'appréhension où il étoit que ce chevalier ne vendît ses droits au comte de Nevers ou à quelqu'autre puissant seigneur; ce qui auroit pu causer un jour du trouble dans ce lieu et à l'évêque même. Il acheta aussi à Charbuy tout ce qui lui manquoit pour avoir la justice entière dans cette terre, dont il n'avoit auparavant qu'environ la quatrième partie. On connoît, entre autres, le fief de Brécy, comme provenant de l'achat qu'il fit d'une veuve appelée Hodierne; il en obtint l'amortissement d'Ithier de Toucy, en 1209. S'il fit d'autres acquisitions, on verra, ci-après, que ce fut pour les employer en donations ou à quelque pieux établissement. Il retira encore des mains de Guillaume, comte de Sancerre, quelques parties des dîmes d'Appoigny

---

(1) *Gall. Christ. vetus*, p. 290, *et nova*. | (2) *Gall. Chr. vetus*, p. 291.

qu'il possédoit comme inféodées. Ce fut dès la première année de
son épiscopat, qu'un bourgeois d'Auxerre s'avisa d'inventer l'usage
du tour qu'il fit placer sur deux piles du pont d'Auxerre pour aider
à remonter les bateaux. Considérant que c'étoit sur son fonds et dans
son eau que cette machine étoit placée, il se retint la moitié de
l'émolument qui en reviendroit à ce particulier. C'est ce qu'on
appelle autrement *le aindard* (a). Il empêcha aussi, par voie de justice,
les tanneries de l'abbesse de Saint-Julien, qui étoient au-dessus du
pont, de s'avancer dans les autres endroits de la rivière qui lui appartenoient et d'en rétrécir le lit. Cette procédure, quoique de peu
d'importance, fut l'une de celles qui furent remises à la décision de
l'évêque d'Orléans (1), son frère, en 1207 (b).

Vers le commencement de son pontificat, il arriva dans le palais
épiscopal un accident extraordinaire. Un jour de vendredi-saint, sur
les neuf heures du matin, la voûte de la grande salle tomba, entraînant
avec elle les chevrons et les tuiles; et, quoiqu'un moment auparavant
il y eut eu en ce lieu des pénitents qui attendoient ce prélat pour se
confesser à lui, Dieu permit qu'ils fussent tous retirés quand cet accident arriva, et qu'il n'y eût alors aucune des personnes de la maison
épiscopale. L'évêque, se voyant dans la nécessité de réparer ce dégat,
fit rebâtir l'un des pignons de cette salle plus solidement et plus magnifiquement qu'il n'avoit été, et il en fit élargir les fenêtres qui furent
vitrées très-proprement. Gui de Mello fit depuis changer les choses
et rebâtir le tout avec encore plus de magnificence.

---

(1) *Cartul. Ep.*, fol. 26 verso, et *Gall. Chr. vet.*, p. 289.

(a) On trouve aussi dans les actes le *Laindard*, le *Waindard*, etc. (*N. d. E.*).

(b) C'était plutôt à cause de l'importance de l'abbesse de Saint-Julien que pour celle du sujet que l'évêque d'Orléans fut chargé du jugement. En effet le monastère de Saint-Julien d'Auxerre, de fondation royale, recevait, sous sa règle, les demoiselles nobles qui entraient en religion. On a, aux Archives de l'Yonne, plusieurs actes de dotation de ce genre faits par des parents en faveur de leurs filles. Madame Alix, dame de Gissey-le-Vieil, ayant été élevée dès l'enfance dans l'abbaye, lui donna en reconnaissance 6 livres de rente sur ses domaines, en 1379.

(*N. d. E.*).

Guillaume n'ayant point eu d'autre occasion de bâtir dans ses maisons épiscopales, que celle que je viens de dire, et voyant que de tous côtés on rebâtissoit les églises cathédrales, ménagea une somme d'argent pour rebâtir la sienne (a) qui menaçoit ruine en quelques

† SIGILLVM WILLELMI AVTISIODORENSIS EPISCOPI.
Sceau de Guillaume de Seignelay, cinquante-huitième évêque d'Auxerre.

endroits. Il fit commencer à détruire l'ancienne du côté de l'orient, l'an 1215. On n'eut pas besoin de jeter de nouveaux fondements;

(a) Il est question ici de l'histoire de la construction de la cathédrale d'Auxerre. L'importance du sujet justifiera suffisamment la citation textuelle que nous empruntons au *Gesta Pontificum* :

« *Eodem tempore circa novas ecclesiarum structuras passim fervebat de novo populorum. Videns itaque episcopus ecclesiam suam Autissiodori structure antique minusque composite, squalore ac senio laborare, aliis circumquaque capita sua extollentibus mira specie venustatis, eam disposuit nova structura et studio peritorum in arte cementaria artificio decorare..... Eamque fecit a posteriori parte funditus demoliri...... »* (N. d. E.)

ceux qui avoient été assis sur le roc, sous l'épiscopat de Hugues de
Chalon, environ deux cents ans auparavant, furent trouvés solides et
excellents : mais comme on jugea que l'espace de l'église souterraine,
qui se trouvoit toute faite, pouvoit servir à régler la largeur de celle
qu'on alloit élever au-dessus, on ne crut pas devoir prendre d'autres
dimensions, et on se contenta de l'élever beaucoup plus que n'avoit
été la précédente. C'est ce qui a été cause que l'édifice parut un peu
étroit, quant aux bas-côtés, lorsqu'il fut achevé. Toute l'ancienne
église inférieure ayant donc été conservée en son entier, quant aux
piliers du dedans et aux cintres de la voûte, on vit avancer considérablement dans l'espace d'un an l'ouvrage de la nouvelle. L'évêque
y employa, pour cette première année, sept cents livres du sien (a),
outre les profits de l'officialité et ceux du sceau, qu'il avoit destinés
pour cela dès le commencement. Les années suivantes il donna
souvent, par chaque semaine, dix livres ou au moins cent sous (b),
non compris les émoluments ci-dessus marqués. Moyennant ces
aumônes et les offrandes des peuples (c), avec tout ce que purent
produire les quêtes faites dans son diocèse et dans les diocèses voisins,
l'ouvrage continua d'avancer dans un goût qui fut trouvé d'une grande
délicatesse (1). L'historien de la vie de cet évêque s'étend à rapporter
quelques événements qui parurent tenir du miracle dans le temps de
la démolition de l'ancien chœur. La tour méridionale, manquant de
son appui ordinaire, tomba sur celle qui étoit vers le septentrion,

---

(1) Les premières éditions du dictionnaire de la Martinière ont grand tort de ne faire aucun éloge de cette église, au moins du chœur. Moréri et le dictionnaire universel de la France sont plus équitables.

(a) Cette somme vaudrait, au *pouvoir* actuel de l'argent, au moins 80,000 fr.
(*N. d. E.*)
(b) Ces cent sous, selon l'estimation précédente, vaudraient aujourd'hui 570 fr.
(*N. d. E.*)
(c) Vers 1220, Etienne, sacriste de la cathédrale, fit don à l'œuvre de l'église, pour toute la durée des travaux, de trois oblations qu'il percevait; en échange de quoi il devait recevoir 40 sous par an de la *confrérie de l'œuvre*. — *Voy*. Preuves, t. IV, n° 139. (*N. d. E.*)

sans que personne fût écrasé, par les précautions qu'on avoit prises, et une demi-heure après cette dernière tomba d'elle-même sans autre accident (1). L'écrivain ajoute, pour preuve de miracle, qu'aucune des cloches qui étoient dans ces deux tours ne fut cassée, que les deux jubés, qui étoient adossés à l'un des piliers angulaires de ces tours, ni les autels qui étoient sous chacun, ni la croix placée sur le jubé septentrional, ne furent presque pas endommagés, non plus que les châsses qui étoient sous l'autel de l'un de ces jubés. Plus d'un mois après on retrouva sous les ruines, au milieu du chœur, le volume qui contenoit la règle d'Aix-la-Chapelle et le martyrologe, avec quelques livres graduels sains et entiers, quoique le coffre qui les renfermoit eût été brisé en pièces. Cette chute arriva, l'an 1217, le dimanche de devant le commencement des offices de l'Avent, sur l'heure de midi (a). Au reste, en tout ce que l'historien rapporte, il n'y a rien d'absolument merveilleux, ni qui n'eût pu arriver sous un autre évêque, si dès lors on eût affoibli le soutien de ces tours.

Le prélat ne songea pas seulement à l'embellissement matériel de l'église de Saint-Étienne, il voulut encore l'enrichir d'ornements. Il donna pour l'autel un parement de soie fort grand et fort beau, avec deux autres moindres qui étoient cependant précieux. Les anciens antiphoniers ayant besoin d'être transcrits de nouveau, il fit la dépense

---

(1) Ceci est une preuve que ces deux tours n'étoient point sur le devant de l'église, comme la mode vint de les y placer. Elles étoient aux deux côtés du chœur, comme on en voit encore à Châlons-sur-Marne, à Saint-Germain-des-Prés de Paris, à Saint-Benoît-sur-Loire, etc.

(a) Le récit de cet événement présente, dans le chroniqueur, des détails intéressants. On y voit la situation des deux tours de l'ancienne église; elles étaient placées aux deux côtés du chœur et assez rapprochées, puisqu'elles étaient alors étayées l'une contre l'autre. Leur chute avait été annoncée par des signes précurseurs. Les chanoines, célébrant l'office au-dessous, effrayés du danger appelèrent le *maître des œuvres*. Celui-ci, dont le nom a été malheureusement omis, garantit la solidité des tours et reprit même un de ses ouvriers qui prédisait leur chute prochaine. Cependant, pressé de nouveau, il finit par déclarer qu'il ne répondait de rien; aussitôt le Chapitre quitta la cathédrale et se retira dans l'église Notre-Dame-de-la-Cité qui était voisine. (N. d. E.)

d'en fournir un complet en deux volumes ; et le Chapitre fit faire deux autres volumes tout ensemble. Il ne faut point prévenir le récit de ce qu'il donna à la même église lorsqu'il la quitta. On connoit trois points où il procura du changement dans l'office divin. Il crut faire une excellente chose en mettant fin à l'usage par lequel, le treizième jour de novembre, l'office étoit composé en partie de saint Brice et en partie d'un saint Alexandre, martyr, dont on possédoit le corps dans la cathédrale. Ces partages d'offices se pratiquoient souvent à Rome en pareil cas, et à Auxerre même en d'autres jours. Laissant donc à saint Brice son véritable jour, il fit transporter au 14 la fête de saint Alexandre. C'est cependant ce qui ne convenoit pas, parce que cette fête étant celle de la réception de son corps faite le 13 de novembre, au IXe siècle, elle ne pouvoit pas être ôtée de son jour. La réforme ordonnée par cet évêque a depuis été rectifiée par le dernier bréviaire de l'an 1726. Le second établissement qu'il fit dans les rites fut d'élever les fêtes des apôtres qui, jusque-là, avoient été d'un grade assez bas. Il statua qu'on les célébreroit plus solennellement que par le passé, qu'on y sonneroit les grosses cloches et qu'il y auroit un luminaire plus copieux ; et pour tout cela il assigna quelque augmentation de revenu au sacriste ou trésorier. Le troisième article qui fut réglé par ses soins, fut que, dans la suite, pour rendre plus solennelle la mémoire de saint Etienne, le jour de Noël, il y auroit, après les vêpres, une procession où tous les chanoines seroient en chapes de soie avec un cierge à la main. Ce dernier article se pratique encore de nos jours.

Ayant fait attention que pour la décence de l'office divin, ce qui s'y chante et ce qui s'y lit doit être disposé par le sous-chantre et le lecteur, et que personne n'acceptoit ces emplois à cause de la modicité du revenu, il partagea, du consentement du Chapitre, une prébende en deux, et en assigna la moitié à chacun avec ce qui en dépendoit, outre leur ancien revenu. Se regardant, en cela, comme fondateur de ces deux personnats, il s'en retint la collation du consentement du Chapitre et de celui de l'archidiacre à qui il avoit appartenu jusqu'alors d'établir le lecteur. Le même archidiacre, lui ayant cédé pareillement le droit de conférer l'écolâtrerie ou la scolastique, il la dota de dix livres de rente (1). On prétend qu'avant toutes choses il s'étoit muni de l'approbation du pape, pour faire ces trois fondations (*a*) qui sont de l'an 1213. Dès l'année 1208, il avoit donné une preuve de son zèle à maintenir ou augmenter le nombre des prêtres du clergé de la cathédrale, par la confirmation qu'il fit du démembrement de certains biens de l'évêché, que Guillaume de Toucy avoit destinés à l'entretien de deux prêtres attachés au service de l'autel de Sainte-Croix ; cet autel étoit sous le jubé de l'épitre, à main gauche de ceux qui entrent au chœur. Mais l'année 1213 fut encore plus remarquable par d'autres établissements très-louables (2). Outre le marguillier-clerc et les autres qu'il appartenoit au sacriste de créer pour sonner les cloches et faire d'autres fonctions, il en établit trois autres, savoir : un qui seroit clerc, et deux laïcs. Il leur prescrivit leurs charges, et déclara qu'ils seroient soumis à la correction du sacriste, qui, comme j'ai déjà dit, est représenté aujourd'hui par le trésorier, ajoutant que s'ils étoient réfractaires, ils seroient déférés à l'évêque. Ce qu'il assigna au marguillier-clerc est différemment énoncé dans les titres. L'histoire de la vie de l'évêque dit qu'il annexa à cet officier l'autel de Sainte-Croix, ci-dessus nommé, pour y dire les messes fondées, et percevoir la moitié du revenu, avec cent sous sur les rentes épiscopales de Varzy (3) ; et dans le titre de la création, cet évêque marque qu'il lui unit, du consentement du Chapitre, l'église de Vermenton, s'en réservant la collation pleine et entière. A l'égard des deux marguilliers-laïcs, il leur attribua pareillement une somme de

---

(1) *Cartul. Epi.*, fol. 25.
(2) *Voy.* les Preuves, t. IV.

(3) Les deniers Pentecostaux de Varzy étoient des offrandes. — *Voy. Labb. Hist. Ep Autiss. in Humbaldo.* p. 458.

(*a*) Le fait est d'autant plus certain que la bulle d'Innocent III qui y est relative se lisait autrefois dans le cartulaire de l'évêché, comme il résulte d'une note écrite de la main même de l'abbé Lebeuf, sur le manuscrit de l'histoire des évêques composée par D. Viole, à côté de la copie de cette pièce. On voit même dans cette bulle que le pape, en accordant le droit que lui demandait l'évêque, lui dit : « *Quia id sine auctoritate sedis apostolice robur obtinere non putas.* » (*N. d. E.*).

deniers à prendre à Varzy, et, outre cela, une autre somme à recevoir de la cure de Vermenton et de celle de Bétry qu'il venoit d'ériger et qu'il avoit dotée des dimes que l'église de Vermenton percevoit auparavant à Sacy. Tous ces marguilliers devoient alors coucher dans l'église pour la garde du lieu saint, ainsi qu'il se pratique encore en certaines cathédrales (1). Les deux laïcs sont ceux qu'on a appelés depuis du nom de *bâtonniers*.

En même temps que Guillaume fournissoit son église cathédrale d'officiers pour donner plus d'éclat au culte divin, il eut soin de ne pas oublier ce qui pouvoit contribuer à rendre les chanoines plus assidus à l'office. Il leur donna, dès l'an 1211, pendant la vacance de la cure de Crevan, ce qui leur manquoit pour avoir la dime entière de ce lieu (2), à condition de l'employer à faire du pain qui seroit distribué à ceux qui assisteroient aux offices marqués. Et comme son histoire (3) spécifie matines ou la messe, il y a apparence que ce furent ceux que le Chapitre détermina comme étant auparavant les moins fréquentés. Le Chapitre, qui avoit alors de gros droits à Billy, n'osoit attaquer que foiblement Hervé, comte de Nevers, qui bâtissoit une forteresse sur le fonds de l'église d'Auxerre, dans le lieu élevé qui a depuis eu le nom de Murat. Comme il convenoit que les chanoines fussent dédommagés, lui et son frère, l'évêque d'Orléans, s'employèrent auprès de ce comte, et ménagèrent un échange entre les parties ; les chanoines lui cédèrent tout ce qu'ils avoient à Billy, excepté les dimes ; et lui, de son côté, leur abandonna tout ce qu'il possédoit à Oisy; ce qui tourna très-fort au profit du Chapitre. Ce ne fut pas là l'unique bon service qu'il rendit aux chanoines. Sur une difficulté arrivée entre eux et Dreux de Mello, seigneur de Saint-Maurice-Tirouaille, il décida, en 1219 (4), comme arbitre, que les fourches patibulaires que ce seigneur avoit fait dresser sur une élévation, entre Aigleny et Saint-Maurice, devoient être ôtées, comme étant sur le territoire d'Aigleny,

---

(1) *Voy.* les Preuves à l'an 1233.
(2) Le *Gesta Pontificum* dit que c'étoit la dime de blé : d'autres disent que c'étoit celle du vin.

(3) *Labb.*, p. 488.
(4) *Cartul Capituli*, fol. 33 verso.

c'est-à-dire du Chapitre (1). Je compte pour peu de chose la ratification qu'il fit, en 1215, de l'acquisition que le Chapitre venoit de faire de certains biens situés à Lindry, et la confirmation qu'il donna, la même année, du legs que Patrice de Narbone, chanoine, lui avoit fait du tiers de la terre de Leugny, et d'une partie des dîmes de Neuilly, pour son anniversaire et celui de Guillaume de Narbone, son frère. Mais la même année encore, il fit expédier un acte plus important au Chapitre (2), assurant aux chanoines, par titre, le droit de patronage dans douze églises de son diocèse, savoir : Bazerne, Oisy, Accolay, Crevan, Saint-Martin-de-Coulons, qui est représenté aujourd'hui par Courgy, Monétau, Chemilly, Gurgy, Pourrein, Lindry, Parly et Beauvoir.

Pendant que l'on bâtissoit le sanctuaire et une partie du chœur de l'église cathédrale, le dessous, où étoit l'autel de la Trinité accompagné de plusieurs autres, restoit en son ancien état. Cet autel étoit desservi par quatre chanoines, à qui l'on ne voit pas que Hugues de Noyers eût assigné d'autres rentes que celles que pouvoit fournir l'autel de Saint-Barthélemi. Guillaume, voulant les doter un peu plus richement, ajouta à cela, en 1215, douze livres sur les droits qui lui étoient dus à Varzy, au jour de la Pentecôte (3). De plus, quelques dîmes qu'il avoit achetées de la veuve de Sevin de Longchamp, et que son historien dit avoir été situées à Toucy. En outre, à chacun six muids de vin, savoir : quatre de rouge et deux de blanc, à prendre dans le cellier épiscopal, et deux *bichets* (4) de pois aussi à prendre dans la grange de l'évêché. Telles étoient alors les distributions qu'on faisoit en denrées, dont une des espèces pouvoit servir à compenser l'autre. J'ai cru ce détail nécessaire pour la satisfaction de ceux qui étudient l'origine des distributions des biens ecclésiastiques.

Tant de pieux établissements et tant de libéralités exercées envers l'église cathédrale (5), n'empêchèrent point Guillaume de Seignelay d'en

---

(1) *Cartul.*, fol. 318 *verso.*
(2) *Voy.* les Preuves, t. IV, n° 129.
(3) *Voy.* les Preuves, t. IV.
(4) C'est le terme dont on exprime à Auxerre ce qu'ailleurs on appelle un boisseau.
(5) *Ex tituli transcripto.*

faire plusieurs autres dans le diocèse. Il fonda les églises collégiales de Cône et d'Appoigny (a). L'acte de la fondation de celle de Cône, qui est de l'an 1212, porte en substance qu'il donne aux chanoines l'église du lieu libre et franche de toutes charges avec les grandes dîmes, tant de blé que de vin, et trois pièces de terres labourables, le droit de bourdelage et un pressoir dans la paroisse de Nuzy. Le reste est un traité avec un curé de cette dernière paroisse (1). En 1213, il donna la forme à la collégiale de Toucy, qui étoit encore toute récente. Il donna pareillement des statuts aux chanoines de Gien, en 1216, lorsqu'il passa chez eux en faisant sa visite (2). Pour ce qui est de ceux de Notre-Dame-de-la-Cité, non-seulement il fit un très-beau règlement qui fixoit leurs devoirs envers l'église cathédrale, mais aussi pour les doter plus considérablement qu'ils ne l'étoient, il leur assigna, en 1215, quelques rentes en grains et en argent sur les églises de Merry-Sec et de Blaineau. Il ordonna donc que les chanoines de cette collégiale ne tenteroient plus de porter la croix, comme s'ils eussent fait un clergé séparé de l'église cathédrale, que ce seroit le Chapitre de la grande église qui lèveroit les corps de leurs défunts et qui les inhumeroit ; qu'ils fourniroient deux chanoines pour faire l'office de diacre, avec celui de la cathédrale, aux grandes fêtes, et deux autres pour faire celui de sous-diacre, avec le sous-diacre de la même église (3). Le Chapitre se détermina alors à leur confirmer les bénéfices que l'évêque Hugues de Noyers leur avoit donnés. Les archives de la collégiale de Varzy ne font aucune mention de Guillaume de Seignelay, sinon au sujet d'un échange qu'il fit avec les chanoines de ce lieu, en 1215, leur accordant qu'ils

---

(1) Il y a dans le *Gallia Christiana* ancien, p. 192, un acte qui regarde cette fondation où l'on a mal mis *de Misiaco* pour *de Nusiaco*.

(2) Ces statuts de Gien ont été publiés par D. Martene, *Ampl. Collect.*, t. VIII, p. 1565.
(3) *Voy.* les Preuves, t. IV.

(a) L'église d'Appoigny, qui appartenait autrefois à la collégiale, remonte à l'époque de la fondation de cette communauté. C'est un beau vaisseau de style ogival du XIIIe siècle, où l'influence des artistes qui ont sculpté le chœur de la cathédrale d'Auxerre est sensible. (*N. d. E.*)

eussent la vingtième partie de tout le vin du territoire de Varzy (1), en compensation de la terre de Vullaines qu'ils lui abandonnèrent (a).

On lit aussi que Guillaume de Seignelay augmenta le nombre des paroisses et des cures de son diocèse. Etant informé, dès la première année de son épiscopat, que les cures de Moulins et de Leugny n'étoient desservies que par un seul prêtre présenté par l'abbé de Saint-Marien, ce qui étoit dangereux à cause de l'éloignement des deux églises; il usa avec prudence de la résignation qu'un nommé Guy lui fit de la cure de Leugny, et il la conféra à un séculier appelé Arnould de Sully, qui lui fut présenté par l'abbé, et qui promit d'acquitter la petite redevance de vingt sous envers l'abbaye, qui étoit de l'établissement de Guillaume de Toucy. Deux ans après, voyant que c'étoit trop peu d'une église paroissiale dans la ville de La Charité-sur-Loire qui étoit beaucoup augmentée, il en érigea deux autres, en sorte que l'on en compta trois, qui étoient Notre-Dame, qu'on appelle aujourd'hui Sainte-Croix, Saint-Pierre et Saint-Jacques. On prétend que saint André étoit le patron de l'ancienne église paroissiale, lorsqu'elle étoit unique (b). Etant in-

---

(1) *Voy.* les Preuves, t. IV, n° 127.

(a) L'abbaye de Crisenon éprouva aussi les effets de sa sollicitude. En 1215 il scella de son sceau le don fait, devant lui, à l'abbaye, par Ascelin, chevalier, seigneur de Merry, du droit d'usage dans la forêt de Frétoy. La même année, il rendit son jugement sur la contestation qui existait entre le seigneur de Bazarne et les religieuses au sujet de la justice de Prégilbert qu'il attribua à ces dernières, sauf toutefois pour l'exécution des voleurs ou des assassins, qui devaient être livrés au seigneur de Bazarne lorsqu'ils étaient condamnés à être pendus. En 1219, il attesta l'engagement des dîmes de Sementron fait par Geoffroy-le-Flamens de Sementron, entre les mains des religieuses pour 35 livres de Provins. La même année, il reçut l'acte de donation faite au même monastère par Ithier d'Arcy, chevalier, de 3 setiers de grain de rente à percevoir sur ses tierces d'Arcy, du droit de prendre de la terre et des pierres pour entretenir leurs moulins et écluses d'Arcy, et de deux familles de serfs à Lucy. (*N. d. E.*).

(b) L'évêque dit, dans ses lettres publiées dans la *Gallia*, t. XII, que, de toute ancienneté, il n'y avait eu à La Charité qu'une seule paroisse, vu le petit nombre des habitants, mais que l'accroissement de la population nécessitait le nouvel établissement. L'érection des deux paroisses n'eut lieu que du consentement du

formé que le château de Bétry, au-dessus de Vermenton, étoit de difficile accès, à cause des fortifications, de manière que ceux qui y faisoient leur demeure avoient de la peine à en sortir ou à y rentrer, il érigea en paroisse la chapelle de Saint-Clément, que le comte Pierre y avoit fondée et dotée. Ce détachement de la paroisse de Vermenton fut fait en 1213. Ce fut aussi cet évêque qui unit à la collégiale de Cône l'église paroissiale de Saint-Pierre de Nuzy ; et Hugues, son archidiacre, la quittant du droit de procuration, n'approuva cette union qu'à condition qu'il y auroit une prébende de cette église annexée à sa dignité et qui ne demanderoit point de résidence. Gautier, évêque d'Autun, voulut lui disputer la chapelle de la maison de Béthléem proche Clamecy, prétendant qu'elle étoit de son diocèse. L'affaire fut mûrement examinée. On pria le pape de nommer des arbitres. Manassès, évêque d'Orléans, Hugues, archidiacre de Bourges, et Humbaud, chanoine d'Auxerre, furent élus. Les compromis étant faits, tant de la part des deux évêques que de celle des deux Chapitres d'Auxerre et d'Autun, les arbitres, transportés à Autun, y décidèrent que la chapelle et la maison de Bethléem étoient du territoire de l'évêque d'Auxerre.

De son temps, le nombre des monastères fut augmenté dans le diocèse d'Auxerre aussi bien que celui des paroisses. Hervé, comte de Nevers, y fonda, proche Donzy, le prieuré de l'Epau, et un peu plus loin la chartreuse de Bellari, à laquelle Guillaume fit présent d'une pièce de vigne. Le premier monastère fut rempli de religieux tirés de la maison du Val-des-Choux, au diocèse de Langres ou au moins de l'Ordre ; ces moines furent soumis à sa juridiction et ne dépendirent aucunement de leur première maison. Le troisième monastère qu'il vit fonder sous son épiscopat, fut

prieur, qui exerça, sur les trois églises, les mêmes droits qu'il avait lorsqu'il n'en existait qu'une seule. — Le pape, dans sa bulle confirmative, nous apprend que l'un des motifs de ce changement avait été l'urgence d'arrêter les progrès de l'hérésie qui s'était répandue depuis quelque temps dans le bourg de La Charité, en augmentant le nombre des prêtres pour l'administration des sacrements au peuple.

(*N. d. E.*)

celui de Celles, sur les limites de la paroisse de Saint-Georges, proche Auxerre, dont les religieuses furent tirées de l'abbaye de Saint-Antoine-lès-Paris, où l'on suivoit la règle de Cîteaux; il donna à cette nouvelle colonie une maison située au marché d'Auxerre, qu'il avoit achetée d'Ithier Borne, chevalier, et un muid de froment avec deux de seigle, que les religieux de La Charité-sur-Loire lui avoient vendus sur la grange et les revenus de la terre de Brenches (*a*). Il se qualifie fondateur dans l'acte de cette donation. Cependant, le lieu de Celles avoit été donné par un chanoine de Notre-Dame-de-la-Cité (*b*); et l'évêque qui lui conseilla cette bonne action fit en sorte qu'on lui réservât, durant sa vie, vingt livres de rente sur la maison qu'il leur avoit achetée. L'hôpital d'Appoigny peut passer pour une fondation de Guillaume de Seignelay, quoique son prédécesseur y eût déjà donné quelques commencements. Non-seulement il approuva les distractions que Hugues de Noyers avoit faites du bien de l'évêché pour enrichir cette maison, mais encore il fit suppléer à ce qui manquoit à cet acte pour sa validité, c'est-à-dire, qu'il le fit revêtir du consentement du Chapitre. Il ajouta à tout cela la seigneurie de Brenches, sauf la réserve faite en faveur de l'abbaye de Celles, et une partie du bois de Couron ou de Cuivron qu'il avoit acheté de Guillaume-le-Gros, chevalier. Il donna toutes ces choses au même hôpital pour en jouir après la mort d'André, son archidiacre, qu'il avoit élevé dès sa jeunesse, chargeant cet archidiacre de payer une somme aux deux chanoines de cet hôpital qui desserviroient la cure du lieu. Ces chanoines, qui étoient ainsi chargés de la paroisse de Brenches et de l'hôpital d'Appoigny, furent tirés de la maison de Saint-Bernard du Montjou dans les Alpes. Ils étoient réguliers. Guy, ministre de ce chef-lieu, reconnut, en 1219, que cet hôpital seroit soumis en tout à l'évêque d'Auxerre, que les religieux le regarderoient comme leur supérieur, de même que ceux de leur Ordre qui étoient de la Maison-Dieu de Varzy : que l'évêque seul

---

(*a*) En l'an 1220. — *Voy.* Preuves, t. IV, n° 140.   (*N. d. E.*).
(*b*) Nommé Baleine.   (*N. d. E.*).

pourroit y instituer le maître, en le prenant d'une des communautés de l'Ordre. Il écrivit même à Guillaume de Seignelay (1), qu'il lui laissoit plein et entier pouvoir d'ordonner de cette maison d'Appoigny comme il le jugeroit à propos.

Il étoit stipulé dans une charte de l'évêque Alain, de l'an 1161, que l'évêque seroit chargé de payer chaque année aux chanoines réguliers de Saint-Amatre, la quantité de dix muids de vin rouge et deux de blanc, Guillaume fit en sorte que la communauté le quitta de cette redevance; mais, au lieu de cela, il leur donna une pièce de terre située en Moret (qu'on appelle aujourd'hui Morot), qu'Ithier Borne, chevalier, lui avoit vendue, et une portion du clos épiscopal contiguë au clos du prieuré. Cet échange fut ratifié en 1208 par André, abbé de Saint-Satur. On a vu plus haut la disposition qu'il fit de ces douze muids de vin repris sur Saint-Amatre, en faveur des chanoines de la Trinité. Il donna encore au même prieuré le lieu de Boticen, proche Saint-Sauveur en Puisaye; les églises de Lainsec et de Perreuse, avec la chapelle de la Motte, dans le territoire de Chevannes. Il accorda aussi, en 1206, les frères de la Maison-Dieu du Mont-Artre (qu'on croit avoir été un détachement de ceux de Saint-Amatre), avec l'abbaye de Saint-Marien (2), touchant la dîme d'un territoire situé vers le ruisseau de Beauche (a). Les titres de l'abbaye de Saint-Germain qui font mention de Guillaume, au sujet du temporel de cette maison, sont trop peu importants pour être exposés dans le corps de cette histoire (3); mais je ne puis taire ici que son

---

(1) *Ex autographo.*
(2) *Tabul. S. Mariani.* — Archives de l'Yonne.
(3) Abandon d'Ebrard de Coren et ses héritiers à l'abbaye de Saint-Germain par Humbaud Fillon chevalier. *Cart. S. Germ.* in *Decania C.* 18. Difficulté réglée par lui entre Miles Fillon et l'aumônier de Saint-Germain, sur l'eau du ruisseau de Beauche. Acte du compromis fait entre l'abbé Guillaume et lui évêque, sur le droit de milice (b), dans les terres épiscopales de Toucy.

(a) Il attesta l'abandon de sa personne et de ses biens que fit aux lépreux de Saint-Siméon, Belin du Saulce, par une charte sans date qui se trouve aux Archives du Royaume (Fonds de la Commanderie d'Auxerre). (*N. d. E.*).

(b) Il y a dans la charte le droit de *melitia* ou de *miel*, c'est-à-dire qui concernait

attention pour la conservation de ses droits, lui dicta de prendre par écrit le serment d'obéissance de l'abbé qu'il avoit béni (1). Le même abbé reconnoît pareillement qu'il étoit tenu d'assister au synode diocésain (2). Ces précautions n'empêchèrent pas notre évêque de se trouver en difficulté avec le même abbé, touchant la visite et la correction qu'il prétendoit faire dans ce monastère. Il y eut, en 1214, une sentence donnée à cette occasion par trois juges délégués du saint-siége, Hervé, évêque de Troyes, les abbés de Sainte-Colombe de Sens et des Escharlis, qui décidèrent que l'abbé et le couvent de Saint-Germain devoient obéir à l'évêque d'Auxerre, quant au fait de la visite et de la correction du monastère. Ce jugement ne finit point l'affaire : sur l'exposé que la correction de ce monastère avoit appartenu autrefois à l'abbé de Cluny, le pape Innocent III donna, en 1216, en présence de Guillaume qui étoit alors à Rome avec l'abbé de Cluny, une explication qui parut concilier les droits de l'abbé avec ceux de l'évêque. Il décida que certains points, comme l'infraction du silence, la propriété, le refus d'obéir dans les choses de la règle, la négligence d'assister à l'office, étoient de la correction de l'Ordre, et regardoient l'abbé; mais que l'accusation criminelle ou la poursuite civile et autres qui sont de la juridiction ordinaire, regardoient la correction canonique et appartenoient par conséquent à l'évêque.

Si on doutoit, après ce que j'ai rapporté jusqu'ici, de la fermeté qui anima ce prélat, on pourroit s'en convaincre par des preuves qu'en fournissent quelques lettres des papes. S'étant aperçu, dès les premières années qu'il fut évêque, du grand nombre

---

Terves et la Borde-de-Beauche, et les terres de Diges et Ecan en 1220. Jugement arbitral par lui, de l'an 1219, entre Hervé évêque de Troyes et l'abbé, sur le droit de patronage de Barcenay et de Vaucharcy.

(1) Il se nommoit Guillaume.
(2) *Cartul. Ep. Autiss.*

les essaims d'abeilles sortant des ruches au printemps. Chaque partie avait le droit de les reprendre dans l'étendue des terres ci-dessus désignées. — Voy. Preuves, t. IV, n° 143. (*N. d. E.*).

de chapelles qu'on érigeoit dans son diocèse, et que des seigneurs se donnoient la liberté d'ériger des paroisses ou des chapelles en églises collégiales, il s'adressa à Innocent III. Ce pape lui envoya, en 1208, un rescrit qui défendoit de bâtir des chapelles ou oratoires, et d'établir aucune église collégiale sans sa permission. On voit, parmi les décrétales ramassées par Grégoire IX, une lettre que ce même pape Innocent III lui écrivit contre les chanoines qui négligeoient d'étudier, et qui, ayant obtenu permission d'aller aux études, se retiroient dans des petites villes ou châteaux où il n'y avoit que peu ou point d'études. Il lui mande qu'il n'étoit pas juste que ces chanoines profitassent du privilége (1). Lui avec son frère, l'évêque d'Orléans, et Guillaume de Vienne, chanoine d'Auxerre, furent commis par ce pape, en 1211, pour examiner une affaire qu'avait le cellerier de Sens, touchant une prébende de Troyes que l'évêque du lieu lui refusoit, alléguant pour raison la défense d'avoir plusieurs bénéfices (2). Il reçut, en 1215, le rescrit par lequel Innocent déclaroit que dans le nom de *Clercs*, il faut même comprendre les chanoines; et cela à l'occasion d'une autre décrétale qui laissoit à l'évêque la disposition du bien des clercs qui mouroient sans avoir fait de testament. Ce fut encore à notre prélat que ce souverain pontife adressa une lettre de confiance qui regardoit les intérêts de Blanche, comtesse de Champagne. Elle s'étoit plainte à lui que les évêques, officiaux et Chapitres de la province de Sens, entreprenoient de faire le procès à tous ceux qui se querelloient ou se battoient dans l'intervalle du temps qui est depuis les vêpres du samedi jusqu'au lundi, et depuis les premières vêpres des fêtes de la Saint-Vierge jusqu'au lendemain, et les condamnoient à payer une amende. Elle avoit ajouté que, malgré ses oppositions, ils soumettoient ses terres à l'interdit, et même qu'ils en excommunioient les habitants ; ce qui lui sembloit être plutôt un effet de la passion que du zèle. Notre évêque reçut ordre, en 1215, conjointement avec l'abbé de

---

(1) *Lil.* III, *Cleoriis non resid.* (2) *Hist. univ. Paris.*, t 3, p. 62.

Vézelay et l'archidiacre d'Auxerre (1), d'avertir prudemment ces évêques qu'ils eussent à se renfermer dans les bornes de leur juridiction. Honorius, successeur d'Innocent, fut consulté par Guillaume, touchant des négocians de la ville de La Charité-sur-Loire (2). Ces sortes de gens, qui sont appelés du terme vague d'usuriers, quoique demeurant à La Charité pendant la plus grande partie de l'année, s'absentoient de la ville aux trois fêtes annuelles (3) et se retiroient dans des villes appartenant au roi ou à d'autres seigneurs, dont ils se faisoient reconnoître paroissiens pour décliner sa juridiction, et se soustraire aux avis salutaires qu'il leur auroit donnés ou fait donner. Honorius répondit que, comme c'étoit par fraude qu'ils quittoient leur paroisse, l'évêque d'Auxerre devoit les obliger par censures à le reconnoître pour leur pasteur et à écouter ses avis et ses préceptes. Guillaume exerça aussi dans la même ville un acte peu ordinaire de juridiction, lorsque, commis par le saint-siége avec Hervé, évêque de Troyes (4), il statua qu'aucune personne suspecte d'hérésie ne pût y exercer la fonction de prévôt. Le pape Honorius, ayant essayé en vain d'adoucir le peuple de la ville du Puy en Velai, mutiné contre son évêque, eut recours à l'évêque d'Auxerre et à celui de Troyes, pour ménager l'autorité du roi, de manière que les peuples pussent reconnoître le tort qu'ils avoient. Il n'étoit pas étonnant qu'un prélat catholique pût déplaire à une multitude qui avoit embrassé en bonne partie l'hérésie des Albigeois. Cet évêque étoit Robert de Mehun, qui, chassé de sa ville, se retira à l'abbaye de Pontigny, au diocèse d'Auxerre. Les deux évêques le conduisirent, au mois d'octobre 1217, vers le roi qui étoit à Vernon, pour engager ce prince à interposer son autorité. Cette affaire, toute criante qu'elle étoit, fut mise en arbitrage et Guillaume cessa de s'en mêler. L'année précédente, il avoit assisté aux Etats que Philippe-Auguste fit tenir à Melun, dans lesquels ce prince

---

(1) *Cartul.* de Champagne, *fol.* C. verso.
(2) *Cartul. Ep. Autiss.*
(3) C'étoit apparemment Noël, Pâques et Pentecôte.

(4) *Cartul. Ep. Autiss., fol.* 43, *ex charta anni* 1237.

rendit un jugement entre Blanche, comtesse de Champagne, et Erard de Brienne, touchant la succession de ce comte. Ce fut aussi dans cette ville que les évêques (du nombre desquels il étoit) dressèrent une réponse au pape, touchant les soupçons qu'il avoit formés contre le roi, avec quelques règlements sur la discipline de l'Eglise. J'omets plusieurs actes étrangers où il est fait mention de Guillaume notre évêque. Au mois d'octobre 1213, il régla, avec les évêques d'Autun et de Langres (1), une difficulté qui étoit entre l'abbaye de Fontenet, et André, seigneur d'Epoisses, au sujet des terres de Marmaigne (2). En 1218, il se trouva à Sens au mois de juillet, avec son métropolitain (3), à une translation des reliques des saints Savinien et Potentien, martyrs; et, en 1220, il fut l'un des prélats qui, dans le concile de la province, témoignèrent le plus de fermeté à s'opposer aux entreprises faites sur les priviléges de l'Eglise (4).

Notre évêque ne défendit pas seulement les droits de l'Eglise lorsqu'il fut nécessaire; il ne borna pas non plus son zèle à étendre sa juridiction suivant les différentes conjonctures; il témoigna aussi aux citoyens d'Auxerre une affection paternelle dans les choses qui regardoient leur temporel. Comme Hervé, comte de Nevers, avoit épousé Mahauld, fille de Pierre de Courtenay, comte d'Auxerre, il faisoit de fréquentes tentatives pour s'emparer du comté. Mais l'évêque Guillaume l'empêcha d'en venir à bout : ce qui lui attira, de la part de Hervé, certains chagrins au-dessus desquels il sut si bien se mettre, que Pierre allant, en 1217, prendre possession de l'empire de Constantinople, pria instamment cet évêque de continuer sa vigilance, et lui recommanda singulièrement le comté et la ville d'Auxerre. Et parce que les habitants étoient intéressés à ce que leur ville demeurât au nouvel empereur qui la leur

---

(1) *S. Bern. gen. illustre.*

(2) La même année 1213 il donna acte comme Geofroy de Mimbrai, chevalier, quittoit en sa présence au Chapitre de Bourges, ce qu'il pouvoit avoir de droits sur les biens que ce Chapitre avoit achetés de Geofroy de Briare aussi chevalier, dans le territoire de Beaulieu-sur-Loire, et dans les bois du même territoire. — *Archiv. Capit. Bitur. ex D. Guenois canonico.*

(3) *Mabil. Sæc.* VI *Bened. Rag.* 256.

(4) *Louvet in hist. Bellov.*

avoit affermée pour six ans (1), le prélat, comme père commun de la patrie, se chargea de la commission, et y donna tant d'attention qu'il rendit inutiles tous les efforts d'Hervé, jusqu'au temps qu'il fut transféré du siége épiscopal d'Auxerre à celui de Paris.

Guillaume fit tout ce qui dépendit de lui pour empêcher que sa translation n'eût lieu; il n'y en avoit point encore eu d'exemple dans l'église d'Auxerre : il avoit apparemment scrupule de quitter, au bout de quatorze ans, une église où il avoit été élevé, pour passer à celle d'une ville plus riche et plus célèbre. Mais le pape Honorius, voyant la division formée dans le clergé de Paris, après la mort de l'évêque Pierre arrivée à Damiette, le nomma pour gouverner cette église. Il se transporta à Rome dans les plus grandes chaleurs de l'été, pour obtenir du pape qu'il restât à Auxerre. Il en revint sans avoir été écouté. La fermeté qu'il avoit montrée pour le soutien des droits de l'Eglise en différentes occasions, lui mérita cette translation; mais aussi, en l'élevant, elle lui abrégea les jours. Honorius lui avoit permis de se choisir un successeur, ou du moins d'en proposer un au Chapitre d'Auxerre. Mais il ne voulut gêner en rien l'élection. Et, afin que son successeur eût lieu d'être content de lui, loin de laisser l'évêché chargé de dettes, il le laissa tout meublé, et les chapelles pareillement garnies de tous leurs vases et leurs ornements. Les celliers bien remplis de vin, les écuries de foin, avec la plus grande partie des tailles seigneuriales à lever. Il n'en excepta qu'une portion qu'il destina pour la continuation de l'édifice de la cathédrale, voulant qu'on employât pour cela cent sous chaque semaine. S'il laissa le palais épiscopal suffisamment garni, il n'oublia point le trésor de l'église qu'il quittoit. Il y laissa tous ses ornements épiscopaux des grandes fêtes, avec une mitre très-précieuse garnie de perles, deux bassins d'argent doré du poids d'environ huit marcs, des coussins travaillés magnifiquement, avec deux reliquaires, l'un contenant un doigt de saint Etienne apporté de

---

(1) *Voy.* les Preuves, n° 132, année 1213, et n° 142, année 1220.

Constantinople, l'autre étoit une petite croix d'or qui contenoit du bois de la vraie croix.

On peut voir dans l'histoire des comtes d'Auxerre les entreprises que fit Hervé, comte de Nevers, aussitôt après son départ. Et ce seigneur ne fut pas le seul qui inquiéta les personnes qui appartenoient à l'évêque; il y en eut encore d'autres qui suivirent son exemple, ainsi qu'on verra au commencement de la vie de son successeur. Les chanoines mêmes furent insultés dans l'église, pendant l'office divin, parce que, comme dit l'historien, il n'y avoit plus d'Othoniel.

Guillaume, étant à Paris, marqua une grande dévotion envers l'apôtre de la ville qu'il venoit de quitter. On assure qu'il alla un jour à pied jusqu'à Saint-Denys, pour y honorer les reliques de saint Pélerin. Au moins, un livre de cette abbaye, écrit au XIVe siècle (1), marque qu'ayant fait sa prière devant le grand autel, il demanda qu'on le conduisît à la chapelle de ce saint pour lui rendre ses devoirs. Il ne chercha aussi que les occasions d'être utile à ceux de son premier diocèse. On sait qu'en 1222 il modéra une sentence arbitrale donnée contre les religieux de Saint-Germain d'Auxerre, par Hervé, évêque de Troyes, qui les obligeoit à l'entretien du curé de Bercenay; affaire dont il avoit été juge étant à Auxerre. Ayant passé trois ans et demi ou environ dans l'évêché de Paris assez tranquillement, si l'on en excepte le procès des écoliers qui voulurent se soustraire à la juridiction de son église et du chancelier, il fut atteint de la même maladie dont son frère Manassès, évêque d'Orléans, étoit mort, c'est-à-dire de la fièvre quarte, laquelle étant devenue continue quoique très-lente, il dressa son testament à Saint-Cloud, en présence des premiers de son Chapitre qu'il fit venir avec l'abbé de Saint-Victor; il demanda, entre autres choses, d'être inhumé à Pontigny, au diocèse d'Auxerre, où ses ancêtres reposoient, en qualité de fondateurs en partie du monastère (a) : et le lendemain,

(1) *Cod. in folio.*

(a) *Voy.* Preuves, t. IV, n° 93, une charte de Daimbert de Seignelay de l'an 1202.

(*N. d. E.*).

qui étoit le 23 novembre 1223, jour auquel il avoit prédit la veille qu'il mourroit, après avoir fait une vive exhortation à toute l'assemblée, s'être recommandé à leurs prières et avoir conjuré les chanoines de s'accorder dans l'élection de son successeur, il expira entre les bras de l'abbé et des religieux qui l'accompagnoient.

Son corps fut porté à l'abbaye de Pontigny et inhumé solennellement devant le principal autel de la grande chapelle de Saint-Thomas martyr et archevêque de Cantorbéry, laquelle étoit au côté septentrional de la grande église, en dehors et détachée de cette église, en tirant vers le nord-est ou orient d'été. Sa tombe portoit ces deux vers léonins : *Laudibus immensis venerandi Parisiensis presulis, hec fossa Guillelmi continet ossa*, avec cette addition, *et anima ejus requiescat in pace* (1); sur cette tombe étoit figuré un évêque ayant à ses pieds une espèce de dragon. Mais comme la couverture et la voûte de cette belle chapelle, bâtie un peu après la mort de saint Thomas, tombèrent en partie vers le milieu du dernier siècle, la tombe, qui étoit exposée aux injures de l'air, fut levée de cet endroit et mise à couvert dans le petit cloître qui y étoit contigu. Elle y resta jusqu'à ce que, par ordre de M. de la Varande, abbé du monastère, on la plaça sur la sépulture de son prédécesseur, en effaçant l'épitaphe de l'évêque. Le reste de cette chapelle, que j'ai vu subsister encore au commencement de ce siècle, n'a été démoli que depuis l'an 1720. Et comme il ne reste plus que la place, et que le petit cloître a aussi été détruit et transporté ailleurs, j'en avertis ici le lecteur, parce que je ne doute pas que quelque jour, en remuant les terres, on n'y trouve le tombeau de notre évêque et celui du comte Hervé, qui doit être au côté droit de l'autel où sa tombe a été vue avec quelques autres avant la chute de la chapelle. Il faudra alors se donner de garde de prendre les osse-

---

(1) Il est faux qu'on lui ait donné sur cette tombe la qualité *libertatis Ecclesie mirabilis defensor*, comme le disent quelques-uns citant Vincent de Beauvais en son Miroir d'histoire. La coutume n'étoit guères alors de graver sur les tombes des éloges si emphatiques. Ce titre a pu lui être donné seulement dans quelque tableau attaché proche sa sépulture, tel qu'on en voit dans plusieurs des maisons de l'Ordre de Citeaux, auprès des sépultures mémorables.

ments de ce prélat, qui probablement seront accompagnés de quelques marques pontificales, pour les ossements d'un abbé du lieu.

Je ne m'arrêterai point à réfuter ici certains auteurs cisterciens modernes, qui ont cru que cet évêque avoit été de leur Ordre, qu'il s'étoit retiré à Pontigny sur la fin de sa vie et qu'il y étoit mort. Personne n'ajoute foi à des traditions si mal fondées et qui sont contre le témoignage de l'écrivain de sa vie, auteur contemporain et qui étoit bien informé. J'ai réfuté aussi très-amplement (1) ailleurs ceux qui l'ont cru auteur de la *Somme théologique*, sous le nom de Guillaume d'Auxerre; laquelle est sûrement d'un archidiacre de Beauvais qui portoit ce nom parce qu'il étoit d'Auxerre, et qui avoit été professeur à Paris.

Une charte, datée du mois de novembre 1223, contient la donation qu'il fit, un peu avant sa mort, au Chapitre d'Auxerre, de ses maisons du cloître situées à Auxerre, proche la Porte-Pendante, et d'une vigne attachée à cette maison, contenant environ neuf arpents (2). Elle étoit située en Creusy, proche Saint-Gervais, et elle avoit été replantée par ses soins. Ceci se tire en partie des obituaires du XIIIe siècle. Quoiqu'on n'ait point un détail entier de son testament, on n'ignore point qu'en mourant il légua à son ancienne église cathédrale neuf marcs d'or pour faire une croix et un calice de cette matière. Il ajouta encore à cela le don de ses anneaux d'or, et treize livres parisis pour les dépenses nécessaires. Ces circonstances étoient connues de l'écrivain de sa vie qui nous les a transmises. Celui qui possédoit la maison et la vigne ci-dessus marquées, étoit tenu, au XIIIe siècle, de payer cent sous pour la distribution de son anniversaire, et vers 1250 c'étoit Etienne de Seignelay, chanoine, son neveu.

L'abbaye de Saint-Victor de Paris eut part à ses legs. L'obituaire de la maison marque, au 22 novembre, qu'il lui donna une somme de quarante livres. Celui des Chartreux de Bellari marque son obit au 27,

---

(1) Continuation des mémoires de littérature et d'histoire, tome 3, partie 2, de l'an 1727.

(2) *Voy.* les Preuves, t. IV, n° 152.

ajoutant qu'il leur avoit donné une métairie à Château-Neuf au Val-de-Bargis. On croit, à Seignelay, que la mitre couverte de perles qui se garde dans le trésor de la chapelle du château vient de lui.

CHAPITRE XIII.

HENRI DE VILLENEUVE, LIXe ÉVÊQUE D'AUXERRE.

Histoire de son épiscopat.

Guillaume de Seignelay ayant absolument quitté l'église d'Auxerre pendant l'année 1220, et pris possession de celle de Paris, le clergé de la première mit en compromis l'élection de son successeur. Cette manière de procéder au choix d'un évêque, quoiqu'assez nouvelle, ne fut point cependant préjudiciable à l'église d'Auxerre. Les personnes sur lesquelles on se reposa, choisirent le chantre de la cathédrale qui s'appeloit Henri, et que l'on surnommoit *de Villeneuve*, parce qu'il étoit natif d'un bourg de ce nom au diocèse de Paris (1) ; et il fut sacré le dimanche vingtième de septembre. De sorte qu'il parut que la Providence permettoit qu'un Auxerrois fût transféré à Paris, afin qu'un Parisien fût placé sur le siége d'Auxerre. On avoit cru jusqu'à présent qu'aucun évêque d'Auxerre, avant Bernard de Sully, n'avoit été à Sens pour y prêter le serment d'obéissance à l'église métropolitaine et à l'archevêque; mais j'ai découvert, à la Bibliothèque du Roi, un pontifical de Sens qui contient la formule que signa notre nouvel évêque en ces termes: *ego Henricus Altisiodorensis episcopus, Deo et sancte matri ecclesie*

---

(1) Il y a dans le diocèse de Paris cinq ou six Villeneuve. Je croirois qu'il tira son nom de celui qui étoit voisin de Saint-Cloud, où il y avoit une église de Saint-Eloy, dont le culte a été transféré à Marnes.

Senonensi, et tibi pater Petre tuisque successoribus debitam subjectionem et obedientiam ore promitto, et manu confirmo. Cette signature consistoit en une simple croix que chaque évêque faisoit avec la plume au bout de la formule qui se trouvoit toute dressée.

L'évêque Henri, qui n'étoit pas issu d'une famille noble, mais seulement de parents de médiocre condition, se comporta de manière à faire connoître que sa promotion ne lui avoit inspiré aucune pensée d'orgueil ni de vaine gloire. Loin d'en devenir plus fier et plus impérieux, on reconnut en lui un peu trop de douceur en certaines occasions (a), quoiqu'en d'autres il montrât assez de vigueur pour résister aux ennemis des gens d'église. Ces ennemis croissoient en nombre et en malice, lorsque ce prélat commença à siéger. L'auteur de la vie de son prédécesseur nous apprend qu'un chevalier, nommé Renaud Rongefer, fut celui qui lui causa le plus de maux; qu'il eut la hardiesse de mettre la main sur le concierge des maisons épiscopales de Varzy, et de le tenir longtemps en prison; d'emmener les vassaux de l'évêché avec leurs effets, de forcer même le château de Varzy, en sorte qu'il lui causa du dommage pour plus de cinq cents livres. L'impunité continuant, un autre seigneur, dont le père s'étoit fait passer pour gentilhomme, tout roturier qu'il étoit, eut la témérité d'emmener prisonnier, jusque dans la Bresse, le doyen de la cathédrale. Il n'y avoit plus de respect pour l'immunité du cloître du Chapitre, ni de l'église. Les libertins y étant entrés une nuit avec leurs chevaux et l'épée nue, mirent en fuite tous les chanoines qui chantoient matines : l'un d'eux fut blessé de leurs armes, un autre fut écrasé par leurs chevaux, et l'église fut profanée par effusion de sang. Pendant tous ces désastres, un Dreux de Mello, un Etienne de Bassou et un Geoffroy, seigneur d'Arcy, mettoient en campagne des troupes à qui la faim faisoit ravager sans miséricorde les terres ecclésiastiques (b). L'historien

---

(a) *Magne quidem benignitatis et simplicitatis virum* (Gesta Pontif.). (*N. d. E*).

(b) L'écrivain de la vie de Guillaume de Seignelay, qui était contemporain, après le récit de ces désordres, fait contre leurs auteurs cette violente sortie : *Nec dabatur miseris requies : quum vel a nobilibus viris Drogo de Melloto, Stephano de Basso, domino de Arscio aliis nichilominus militibus sive armigeris circumquaque, quos,*

d'Henri de Villeneuve nous apprend que le nouveau prélat employa les voies de la justice pour faire cesser ces violences, et obliger les tyrans à restituer ce qu'ils avoient usurpé, et qu'en particulier il réprima l'entreprise de Gaucher de Joigny. Ce seigneur, qu'il appelle l'un des plus cruels persécuteurs de l'Eglise d'Auxerre, avoit fait bâtir, proche Varzy, une forteresse nommée *Bequerel* qui étoit fort préjudiciable à ce lieu-là. Henri en ayant porté ses plaintes au bailliage de Villeneuve-le-Roi, obtint un ordre de la détruire en 1225 (1). On ne sait pas au vrai si on en vint à l'exécution, quoique l'historien l'assure, et la raison d'en douter, est que cette tour ne fut rasée réellement qu'en 1364 selon qu'on verra plus bas. Comme un tiers des dîmes de la même terre de Varzy se trouvoit aussi alors aliéné et entre les mains d'un nommé Simon de Chatelai, il se donna les mouvements nécessaires pour rentrer dans la dîme entière, et il y réussit moyennant une somme de soixante livres qu'il fit payer au détenteur (2), et un marc d'argent à sa femme, l'an 1226. On a vu, dans le chapitre précédent, de quelle manière son prédécesseur s'étoit comporté dans le temps de la croisade contre les Albigeois; cet évêque-ci fut dispensé d'y aller par le roi Louis VIII, en 1225, attendu ses infirmités corporelles; mais aussi fut-il contraint de payer cette dispense. On trouve que pour un an seulement compris les dîmes de ses revenus accordés au roi (*a*), il s'obligea pour la somme de six cents livres parisis, et qu'il engagea ses meubles envers le roi pour sûreté de ce paiement (3). Je parle ailleurs du règlement qu'il fit faire, en 1231, par Gaultier, archevêque de Sens (4), touchant la monnoie qui avoit cours dans les comtés d'Auxerre et de Nevers; mais je ne dois pas taire ici l'occasion importante à laquelle il résista au comte Gui. Ce seigneur avoit fait arrêter un citoyen de Sienne

---

(1) *Ampliss. Collect.*, t. 1, p. 1196.
(2) *Cartul. Ep.*, fol. 35.
(3) Trés. des Chartres, parmi les preuves des lib. de l'Egl. *Gallia. chr.*, p. 1496.
(4) Hist. des comtes.

aut rimata malicia, aut presumptuosa temeritas, aut avara paupertas excitabat, non solum ad predas imo etiam plerumque ad cedes, oppressiones fierent hominum ecclesie, aut irruptiones villarum, et non erat auxiliator! — Gesta Pontif. (*N. d. E.*).
(*a*) La charte porte le *décime* accordé au roi, Trésor des Ch. J. 260. (*N. d. E.*)

et un de Lucques qui s'étoient faits bourgeois de l'évêque d'Auxerre (1), et il ne vouloit pas les lui remettre. Le prélat usa de la voie qui étoit alors fort en usage, et mit la ville d'Auxerre en interdit.

En jetant la vue sur ce qu'il fit, par rapport à l'étendue de sa juridiction, on doit convenir qu'il ne négligea non plus rien de ce qui concernoit le spirituel. Dès la seconde année de son épiscopat, le doyenné de la cathédrale étant venu à vaquer, il se forma une contestation, entre lui et le Chapitre, sur la juridiction de ce dignitaire qui étoit alors très-étendue, savoir à qui de l'évêque ou du Chapitre elle étoit dévolue. Les parties ayant fait un compromis entre les mains d'Hervé et de Mathieu, chanoines, ces arbitres déclarèrent (2) que pendant la vacance du doyenné l'exercice de la juridiction qui y étoit attachée appartenoit à l'évêque, protestant qu'ils ne vouloient rien définir touchant la juridiction sur les chanoines de la grande église; cette décision est du mois de novembre 1221. Il continua aussi de disputer au doyen les droits que son prédécesseur avoit combattus et sur lesquels il avoit voulu des explications. Le différend étoit sur le renvoi des causes et des émoluments de leurs justices, en ce qui regardoit la ville d'Auxerre, la paroisse de Saint-Georges et les sujets de l'abbaye de Celles, sans y comprendre la paroisse de Saint-Loup. Il y étoit aussi question de décider si c'étoit à l'évêque ou au doyen à prendre connoissance de l'hôtel-dieu de Mont-Artre, de la maladerie de Saint-Siméon, etc. Cette contestation fut réglée par sentence arbitrale de Gaultier, archevêque de Sens (3), en 1224 (a).

Quoique son épiscopat ait été presque d'aussi longue durée que celui

---

(1) *Voy.* les Preuves à l'an 1230.
(2) *Cartul. Ep. Autiss. et D. Viole*, t. II.
(3) *Gall. chr.*

(a) Le même prélat donna, en 1235, une sentence arbitrale sur les graves différends qui s'étaient élevés entre l'évêque d'Auxerre et le grand prieur des Hospitaliers en France. Les Hospitaliers établis à Sacy avaient enfreint les règlements ecclésiastiques sur l'exercice du culte en érigeant, sans la permission de l'évêque, une chapelle dans l'église de ce lieu, où ils disaient la messe et entravaient les offices paroissiaux. L'évêque les frappa d'interdit; il s'ensuivit des violences et enfin les parties en vinrent à un compromis. — *Voy.* Preuves, t. IV, n° 169. (*N. d. E.*).

de Guillaume de Seignelay, il s'en faut de beaucoup que l'on vît alors tant de nouveaux établissements, ou tant de nouveaux règlements concernant les paroisses ou les communautés. On sait seulement que ce fut lui qui érigea en paroisse la chapelle du Val-de-Marcy, qui auparavant n'étoit qu'un secours de Colanges-les-Vineuses, et que ce fut à condition que la présentation à l'une et à l'autre cure appartiendroit à l'abbesse de Saint-Julien-lès-Auxerre. Mahauld, comtesse d'Auxerre et de Nevers, ayant bâti conjointement avec son mari une chapelle dans le château d'Entrains, ces seigneurs établirent, en 1224, que la pleine collation appartiendroit à l'évêque Henri et à ses successeurs (1). Il fit en 1224 une décision qui regardoit la cure de Mézilles. Nivelon, chanoine d'Auxerre, et le curé Jean étoient en difficulté touchant les dîmes de cette paroisse. Il ordonna que des neuf portions de ces dîmes Nivelon en auroit deux, et que les sept autres appartiendroient au curé avec quelques redevances de grains, à quoi souscrivit Renaud de Ratilli, chevalier du fief duquel cette partie des dîmes relevoit. La même année Henri, visitant son diocèse, fit quelques règlements concernant les chanoines de Gien et le chapelain de Gien-le-Vieil, confirmant d'autres statuts faits par André, archidiacre, et par maître Hervé, chanoine, en ce qui regardoit l'extrême-onction.

Quelques-unes des anciennes communautés d'Auxerre et du diocèse ont le nom de notre évêque dans leurs titres, pour quelques confirmations de dons ou de traités (2). Mais après les chartreux de Bellary, à qui il donna une bible (3), selon qu'il est écrit dans leur obituaire au 8

---

(1) *Voy.* les Preuves.

(2) Il consentit en 1220 au traité que la communauté de Saint-Père fit avec celle de Saint-Amatre sur les dîmes dans les paroisses de Saint-Amatre et de Saint-Julien. *Tab. S. Pet.* La même année il accorda Ascelin de Mairy, chevalier, avec les moines de Regny sur des terres et des bois situés au Vau-du-Puy, paroisse de Sacy, *Tab. Regn.* En 1221 les enfants d'Hermengarde, veuve de Pierre des Barres, chevalier de la comtesse Mahauld, ratifièrent devant lui la donation faite par leur mère de trois arpents de vignes à l'abbaye de Saint-Marien. *Tab.*
S. Mar. En 1223 étant à La Charité au mois de février, il donna acte des lettres par lesquelles Guillaume, comte de Nevers, avoit confirmé tout ce que le prieuré possédoit dans ses fiefs. *Tab. Charit.* J'ai vu la ratification qu'il fit en 1231 de l'acte par lequel le maître et les lépreux de Saint-Siméon d'Auxerre vendoient aux templiers du Saulce leurs moulins et biens du Saulce. *Tabul. Templi Paris.*

(3) Le manuscrit porte *bibliotecam*; mais souvent on entendoit alors par ce mot une bible.

janvier, l'on ne voit point de maison où son nom soit plus recommandable que celle des Cordeliers qu'il reçut à Auxerre l'an 1225, un an avant la mort de saint François. Le frère Pacifique et le frère Louis s'étant présentés à lui, il leur permit de se loger à demi-lieue de la ville, sur le chemin de Saint-Bry, proche la croix de Sainte-Nitasse (1). Trois ans après, il les transféra dans les accrues de la ville, proche la porte d'Aigleny, à condition, cependant, qu'ils en sortiroient quand bon lui sembleroit et à son Chapitre, et qu'ils se conformeroient à la cathédrale dans les temps d'interdit. Frère Grégoire, leur ministre, lui donna déclaration de toutes ces choses le 20 janvier 1228.

Sa première dignité de chantre de l'église cathédrale l'ayant mis au fait de la résidence des chanoines, il voulut leur donner une marque du zèle qu'il avoit pour que l'office fût plus fréquenté qu'il ne l'étoit. Depuis l'établissement de la distribution du pain de chapitre jusqu'à lui, il n'y avoit eu des fonds suffisants que pour en distribuer un seul à chaque chanoine par jour. Il fit différentes acquisitions en faveur de la mense, pour parvenir là-dessus à une augmentation. On prétend que premièrement il avoit donné au Chapitre les halles de Cône par lui bâties, afin que leur revenu servît à augmenter la distribution de ceux qui assisteroient aux matines ; mais que depuis, ayant considéré que ce bien étoit trop éloigné d'Auxerre, il le changea en vingt livres de rente sur les fêtages et autres droits de Colanges-sur-Yonne, et qu'il voulut que si le comte de Nevers ou autres venoient à racheter cette terre, les chanoines prissent mille livres parisis sur les deniers du rachat pour l'augmentation du pain canonial. Le traité fut fait, en 1230, au mois de juin, et il en est fait mention dans l'obituaire du même siècle. En conséquence de ces dons, les chanoines reçurent par la suite, chaque jour, deux pains au lieu d'un. Il eut une dévotion singulière envers saint Éloi, évêque de Noyon : il en établit la fête le 25 juin dans l'église cathédrale, sous un rit approchant des solennels qu'on appeloit alors *duplex cum novem cereis magnis*; et il y avoit une distribution particulière pour cette fête, en sorte qu'après les vêpres de saint Jean on disoit un second *magnificat* avec son antienne en l'honneur de ce

---

(1) *Sancta-Anastasia.*

saint; ce qui a été observé pendant plusieurs siècles (1). Il donna aussi au Chapitre, en 1232, au mois de novembre, le droit de cens et rentes sur deux maisons qui avoient appartenu à Humbaud Fillon, chevalier. Quand l'auteur de l'abrégé de sa vie ne diroit pas qu'il enrichit l'église de Saint-Etienne par ses dons et ses bienfaits, les vitrages du chœur parlent encore en sa faveur. On voit, au haut de la grande vitre du fond de l'abside, la figure d'un *Agnus Dei* avec un étendard qui est la représentation même du revers de son sceau ou du contre-scel, ainsi qu'elle se voit dans les actes de son temps avec ces mots *secretum episcopi* (2). Je ne doute point que ce ne fût par ses soins que l'on représenta, aux mêmes vitres du rond-point, saint Etienne et saint Germain d'un côté, saint Laurent et saint Amatre de l'autre, où on voit leurs noms écrits sur le verre, avec des ornements de la couleur dont on se servoit à leurs fêtes (3). Il eut si à cœur l'avancement de l'édifice, qu'il impétra que tous ceux qui contribueroient à son avancement seroient participants de tous les biens spirituels du diocèse (4). Ce fut dans cette même église qu'il donna, l'an 1221, la bénédiction à Renaud, nouvel abbé de Saint-Germain; ce qui fit naître une contestation entre le trésorier Guillaume et les prêtres qui

(1) Je croirois que cette dévotion lui étoit venue du lieu de sa naissance, Villeneuve, proche Saint-Cloud, où saint Eloi auroit eu une église de son nom : le culte de ce saint est aujourd'hui transféré à Marne, village voisin.

(2) Cette espèce d'armoiries devint fort d'usage en ce temps-là où *l'Agnus Dei* étoit représenté ainsi dans les étendards et bannières des troupes croisées contre les Albigeois (*a*).

(3) Du rouge pour les deux martyrs, et du vert pour les deux évêques.

(4) *Impetravit adjutores ipsius fabrice participes fieri omnium benefactorum et quatuor mille missarum que dicuntur in ista diocesi.* Cod. Reg. Suec. in Vatic. n. 1283.

(*a*) *L'agnus Dei* dont parle Lebeuf est le symbole du Sauveur. La place qu'il occupe au milieu de sujets divins, les anges qui l'encensent et l'époque même où ces vitraux ont été composés, tout concourt à maintenir ce fait. *L'agnus Dei* se voit souvent, il est vrai, aux contre-sceaux des évêques du xiiie siècle; mais c'est comme représentation de l'agneau de Dieu et non comme armoiries. Au reste, le texte de Lebeuf, sainement entendu, ne dit rien de contraire. Sa note 2 prête seulement à un équivoque que le texte doit faire disparaître. Et, en tous cas, ce qui précède n'infirme en rien la supposition que les vitraux du chœur ne soient dus à Henri de Villeneuve. (*N. d. E.*).

célébroient par semaine au grand autel. On apprend, par l'acte qui décida cette difficulté, que tous les abbés et les abbesses nouvellement élus venoient se faire bénir à l'église cathédrale, qu'ils y restoient à la grande messe du jour, où l'évêque assistoit et recevoit de leurs mains une offrande convenable. L'abbé de Saint-Germain ayant été béni par Henri un jour qui n'étoit pas assez solennel pour que l'office eût été sonné avec les grosses cloches, le Chapitre déclara que son offrande ne devoit appartenir ni au trésorier ni au sacriste, mais au prêtre qui avoit célébré la grande messe (1). Ayant écouté bénignement, en 1232, les plaintes du trésorier et sacriste contre la négligence des trois nouveaux marguilliers établis par son prédécesseur, il nomma deux chanoines et son official (2) pour examiner les sujets de ces plaintes, et il promit de contraindre ces officiers à faire leurs charges. Cet évêque, attentif à conserver les droits et la beauté du service de son église, ne laissa point non plus passer d'occasion de se rendre utile au Chapitre du côté du temporel. Il autorisa, en 1221, les actes par lesquels Gautier et Geoffroy, fils de Renaud de Taingy, chevalier, remirent aux Chanoines le droit de garde qu'ils avoient à Beauvoir (3); celui par lequel un seigneur de Seignelay leur céda un pareil droit sur Chichery, et l'acquisition qu'ils firent de ce qui leur manquoit des dimes de Noiron dans la paroisse de Gurgy, d'Heldrede de Vincelles (4). Il confirma, en 1222, le don que fit au Chapitre le chanoine Guillaume de Grignon de la dime d'Arté en la paroisse de Parly (5), et de deux maisons situées au cloître proche la chapelle de saint Etienne pape (6), à la charge qu'on distribueroit vingt-huit sous aux pauvres le jour de son anniversaire et, par un autre acte, il ratifia le désistement que fit Isabelle veuve, de tout le droit qu'elle pouvoit avoir sur le pertuis et la rivière de Monéteau (7). La même année Geoffroy, seigneur d'Arcy, l'un des persécuteurs de l'église d'Auxerre, dont il a été parlé ci-dessus, se repentant d'avoir pillé la ville de Crevan et ruiné les habitants, rendit au Chapitre, par la médiation de Millon

---

(1) *Ex veteri Collect. Statutor. Capit. Autiss.* — *Voy.* les Preuves.
(2) *Tab. Capit. Autiss.*
(3) *Cartul. Cap.*, fol. 340, 341.
(4) *Cartul. Cap.*, fol. 426.
(5) *Ibid.*, fol. 437.
(6) *Ibid.*, fol. 342.
(7) *Ibid.*, fol. 437.

de Nanteuil, évêque de Beauvais, qui passoit par le pays Auxerrois, la somme de cent quatre-vingts livres et un homme pour un autre qu'il avoit tué. L'évêque Henri voulant faire un exemple, lui imposa une sévère pénitence qu'il accomplit, et ensuite il fit hommage à l'église d'Auxerre, suivant l'acte qu'en laissa l'évêque de Beauvais, au mois de novembre (1). Henri de Villeneuve souscrivit encore et approuva quelques autres acquisitions faites par le Chapitre; l'une, en 1223, de ce que possédoient Denis et Guy du Bois, chevaliers, sur le moulin d'Oisy; une autre des dîmes de Montigny (2) vendues par Herbert de Chevannes, Jean son frère, Seguin, leur oncle, et Henri de Maligny dont les actes sont de 1221 et 1224; et une troisième, faite en 1225, d'une certaine somme de cens sur l'abbaye de Saint-Père vendue par Gautier le Chat, chevalier, sous le bon plaisir de Narjod de Toucy, duquel relevoit ce cens. De plus, il accorda les chanoines avec Isabelle de Leugny, Geoffroy et Miles de Lignères, chevaliers, touchant la tierce de la terre de Leugny que Guillaume et Patrice de Narbone leur avoient autrefois donnée, faisant céder en échange, l'an 1228, par Isabelle, une portion de dîme à lever sur la terre de Neuilly (a). Ce fut aussi ce même évêque qui donna acte, en 1233 (3), de l'achat que le Chapitre fit de quelques redevances de grains dans les dîmes de Seignelay et de Beaumont, et de la dîme d'un endroit appelé Rosières (4).

Il ne reste aucune preuve que ce prélat se soit absenté longtemps de son diocèse, et il ne paroît hors de son territoire que dans deux

---

(1) *Cartul. fol.* 251.
(2) *Ibid., fol.* 495.
(3) *Ibid., fol.* 507 et 508.
(4) Henri est encore nommé dans le cartulaire du Chapitre à l'an 1221, *fol.* 216, à l'an 1223, *fol.* 112, comme ratifiant une donation, et à l'an 1232, au mois de novembre *fol.* 135, comme consentant à ce que le Chapitre achetât des maisons d'un chanoine pour deux cents livres: et enfin en l'an 1242, *fol.* 155, comme ayant possédé, étant chanoine, une vigne proche Auxerre *in territorio de S. Anastasia*.

(a) Il attesta aussi, par une charte du mois de décembre 1227, les donations faites par Alexandre et Jean, fils de Leteric, chevalier, de Vincelottes, aux frères des Escharlis de tout ce qu'ils possédoient à Vincelottes moyennant certaines redevances.—Arch. du Roy., sect. dom. 5238 C. (*N. d. E.*).

ou trois occasions. Il étoit à Molême en 1222, huit jours après Pâques; ce fut en ce monastère qu'Erard de Brienne et Philippe, sa femme, reconnurent, entre ses mains, qu'ils quittoient à Blanche, comtesse de Champagne, et à Thibaud, son fils, toutes leurs prétentions dans le territoire du comté de Champagne et de Brie (1). Il fut aussi l'un des prélats qui assistèrent, en 1223, au mois de juillet, aux funérailles du roi Philippe-Auguste célébrées à Saint-Denis ; et, en 1223, au mois de janvier, à un concile tenu à Paris. Pithou rapporte, dans son livre des comtes de Champagne, une lettre de Thibaud, roi de Navarre, et d'Alix de Cypre, de l'an 1233, qui est adressée, entre autres prélats, à l'évêque d'Auxerre. Cette année fut la dernière de l'épiscopat de Henri de Villeneuve. S'étant retiré dans le château de Beauretour, paroisse de Charbuy, il y fut atteint d'une esquinancie dont il mourut plein de jours le 18 janvier, que l'on comptoit encore en France 1233 et à la romaine 1234, après treize ans et quatre mois d'épiscopat. Son corps fut rapporté à Auxerre et inhumé dans l'église cathédrale. Il est le premier qui fut placé dans le nouveau chœur, depuis sa construction à laquelle il avoit beaucoup contribué. Comme ses deux successeurs sont inhumés de suite dans la ligne du milieu, en tirant vers l'autel, on croit, avec fondement, que sa tombe étoit autrefois à la tête de celle de Bernard de Sully, à certaine distance, de même que celle de Bernard est à la tête de celle de Gui de Mello, parce qu'alors à mesure que les évêques mouroient on les inhumoit les uns aux pieds des autres. L'annonce de l'obit de ce prélat se trouve d'une manière plus honorable que celle de bien d'autres dans un des obituaires de la cathédrale, rédigé vers l'an 1250. « Obitus pie
» memorie Henrici episcopi, qui dedit nobis in redditibus ville
» Colungiarum-super-Yonam XXV libras, videlicet XX libras ad aug-
» mentationem partitionum panis nostri, et centum solidos in anniver-
» sario suo distribuendos ; ita quod si in aliquo molestia nobis
» inferretur super gageria Colungiarum, recursum haberemus ad halas
» de Conada. Si vero dictam villam Colungiarum contigerit redimi,

(1) *Cartular. Campaniæ.*, fol. 197, et Arch. du Roy. J. 209, n° 25

» Capitulum habebit medietatem nummorum, videlicet mille libras
» Parisienses. Et interim solvit D. episcopus censam predictam. »

Cet évêque avoit aussi fondé son anniversaire à Notre-Dame-de-la-Cité, moyennant quinze livres une fois payées; et à Saint-Martin de Clamecy, moyennant la somme de vingt livres. Le nécrologe de Bellari lui donne le titre de *sancte recordationis*. On croit que ce fut de son temps que fut fondé le prieuré de Sainte-Geneviève de Marsy. Au moins le fondateur, nommé Guy de Dampierre, vivoit alors (1).

CHAPITRE XIV.

Histoire de Bernard de Sully et de Renaud de Saligny, soixantième et soixante-unième évêques d'Auxerre. — Observation importante sur saint Gauthier, que quelques-uns placent entre ces deux prélats.

BERNARD DE SULLY, LXe ÉVÊQUE D'AUXERRE.

La perte que fit l'église d'Auxerre, dans la personne du pieux évêque Henri de Villeneuve, fut bientôt réparée par le choix d'un personnage encore plus vénérable, que l'on obligea d'occuper le siége qu'il laissoit vacant. Il paroit que le clergé procéda de bonne heure à cette élection; et la manière dont elle se fit rappela, en quelque façon, l'usage des premiers siècles, puisqu'après l'invocation du Saint-Esprit, tous ceux qui y avoient voix s'écrièrent unanimement que l'archidiacre étoit digne de remplir cette charge. L'écrivain de la vie de ce saint personnage, qui étoit témoin oculaire, assure que le concours des voix fut regardé comme une merveille et une chose inouïe de son

---

(1) *Ex Necrol. hujus loci.*

temps dans les églises de France. Ce même historien nous fait connoître le mérite de l'élu, en remontant jusqu'au temps qu'il étoit entré dans le clergé d'Auxerre. Il s'appeloit Bernard, et il étoit de l'une des deux maisons de Sully connues par les anciens titres. Hugues de Noyers l'avoit fait chanoine avant qu'il fût prêtre; et dans ces commencements on ne voyoit encore rien d'extraordinaire dans sa conduite. Mais aussitôt qu'il eut reçu le sacerdoce, il s'adonna si fort à la prière, qu'à peine se passa-t-il une heure, soit de nuit, soit de jour, qu'on ne l'entendît occupé à ce saint exercice. L'écrivain de sa vie n'excepte de cette vigilance continuelle et de cette assiduité à la prière dont il se dit témoin, que le temps qu'il mettoit les jours de fêtes à annoncer la parole de Dieu aux peuples qui désiroient l'entendre. L'exercice du jeûne lui fut aussi très-familier; et dès lors il commença à porter un cilice qu'il ne quitta jamais (1). A ce portrait d'un homme pénitent, l'historien ajoute, que voulant éprouver les mêmes périls qu'avoit essuyés saint Paul, il eut la dévotion d'entreprendre le voyage de Jérusalem où sa sainte vie éclata si fort qu'on le choisit pour être archevêque de Nazareth. Mais le saint prêtre refusa constamment cette dignité, et il voulut retourner en France avec les mêmes marques de simplicité qui l'avoient toujours accompagné. Quelque temps après son retour, on lui offrit la dignité d'archidiacre qu'il ne put refuser; mais se voyant par là préposé sur le clergé et sur le peuple, il eut soin d'encourager les diocésains par sa doctrine, ses exemples et les secours temporels. Ce fut par la pratique de tant de vertus que Bernard de Sully fut trouvé digne de l'épiscopat. Il fallut lui faire toutes les violences possibles pour l'obliger de consentir à son élection, et ce fut malgré lui qu'il reçut la consécration. Il étoit déjà

---

(1) Je ne me détermine point sur la maison de Sully dont étoit cet évêque, quoique la Thaumassière dise dans son histoire de Berry qu'il étoit des grands Sully, et que dans le Père Anselme, t. II, p. 855, on le donne pour cinquième fils de Gilon, sire de Sully-sur-Loire, et de Luce de Charenton, sa femme. La raison de douter est qu'il y a dans le diocèse d'Auxerre, proche Donzy, une paroisse du nom de Sully, qui existoit dès le VIe siècle, et dès lors nommée en latin *Soliacus*. Un Henry de Sully, chevalier, inconnu dans la première famille, et Petronille sa femme, avoient des droits seigneuriaux à Mannay, village voisin de notre Sully, en 1256, selon le cartulaire du Chapitre d'Auxerre, fol. 490. Arnoul de Sully, dont je parle à la fin de cette vie, est aussi inconnu dans la première généalogie.

âgé : son visage, sa démarche, ses discours, tout imprimoit le respect pour sa personne; et l'extérieur marquoit clairement combien l'intérieur étoit agréable à Dieu.

† SIGILLVM BERNARDI DEI GRACIA EPISCOPI AVTISSIODORENSIS.
Sceau de Bernard de Sully, soixantième évêque d'Auxerre.

Son humilité ne l'empêcha pas de se faire rendre les devoirs féodaux attachés à la dignité épiscopale. Il en est resté une preuve dans les lettres de commission que Guy, comte de Nevers, envoya à Humbaud Chevreau pour porter cet évêque de sa part à son entrée solennelle, à cause de la baronnie de Donzy. Il alla aussi à Sens pour y faire profession d'obéissance à l'église métropolitaine et à l'archevêque, comme l'avoit fait son prédécesseur (1).

(1) Son nom est, dès le mois de janvier 1234, dans les titres de la cathédrale de Bourges, comme ordonnant à R. archiprêtre de Saint-Sauveur, de recevoir le serment de Bernard *de Brierria* et sa famille, touchant des bois situés à Beaulieu-sur-Loire. *Ex D. Guenois canonico Bitur.*

Du jour qu'il fut sacré évêque, il commença à redoubler ses mortifications, à jeûner tous les lundis, mercredis, vendredis et samedis, et à ne prendre jamais en tous ces jours-là que des nourritures maigres, à moins qu'il ne fût malade, ou qu'il ne fût affoibli par un travail extraordinaire. Il s'appliqua de telle sorte à soulager les pauvres, que souvent il faisoit des retranchements à sa table pour subvenir à leurs besoins. C'est ce que l'historien dit avoir éprouvé par lui-même, et en cela il nous apprend qu'il étoit son commensal. Les servants de table murmuroient quelquefois d'une si grande frugalité, aussi bien que les convives; mais il se contentoit de répondre qu'il aimoit mieux qu'ils le taxassent d'avarice, que de manquer aux pauvres, et subir leurs reproches au jugement dernier pour avoir gardé chez soi du superflu. Au reste, en exerçant la charité il avoit soin de fuir la vaine gloire. Son historien nous assure qu'il avoit appris de ceux à qui il avoit fait d'abondantes aumônes, que le prélat leur avoit très-étroitement défendu d'en rien dire. Sa réputation alla jusqu'au roi saint Louis qui fit voir qu'il l'estimoit au-dessus de tous les autres évêques de son royaume, et qui, charmé de son caractère vraiment humble et doux, commanda à ses officiers que dans toutes les affaires qu'il auroit à la cour, on lui fît une prompte expédition. L'amitié du prince qu'il s'étoit conciliée, jointe à la sainteté de sa vie, ne contribuèrent pas peu à rendre son épiscopat tranquille et paisible du côté des seigneurs laïcs. Ceux qui jusqu'alors s'étoient emparés du bien d'église, avouèrent qu'ils s'en abstenoient, dans l'appréhension que s'ils l'offensoient, Dieu n'en tirât aussitôt vengeance. Il n'y eut qu'un nommé Renaud Chomez, riche bourgeois de Varzy, qui, ayant suivi quelque temps les armées, se fit chevalier pour se soustraire à la domination temporelle de l'église. Mais, quelque exception qu'il pût alléguer, il fut obligé de faire hommage à Bernard et de le reconnoître pour son seigneur, dont il y eut acte, en 1239, passé par-devant Gautier archevêque de Sens. La même année, cet évêque fit une augmentation encore plus avantageuse à la terre de Varzy. Odon, sire de Châtillon en Bazois, y possédoit des terres et des vignes qui ne reconnoissoient aucun seigneur. Il avoit outre cela une maison ou château appelé Cepense, situé dans la paroisse d'Ougny, au diocèse de Nevers, qui étoit dans le même cas. Il vendit la mouvance du tout à l'évêque d'Auxerre (1) qui en attacha l'honneur et le profit à la tour de Varzy. Bernard fit aussi quelques acquisitions à Sacy dans ce qui étoit de sa seigneurie, entre autres de Renaud de Chosial, chanoine de Château-Censoir, l'an 1235, et en 1241 de Hugues de Larrey, chevalier, et de sa femme Nazarie (2). Le Chapitre lui avoit vendu, en 1238, la moitié de ce qu'il avoit acheté à Venouse (3); mais on verra plus bas qu'il n'employa point la plupart de ces acquisitions pour l'utilité de sa maison, et que ce fut pour celle de son église, afin d'y augmenter la décence du culte divin.

Exerçant son droit sur les églises collégiales et paroissiales de son diocèse, il diminua le nombre des chanoines de l'église de Saint-Laurent de Cône (4). Il le fixa au nombre de dix, l'an 1240; leur donna des statuts qu'il avoit rédigés dans le lieu même, au mois d'octobre. La même année, à la prière de Hugues, seigneur de Corbelain, il érigea une cure en ce lieu qui auparavant dépendoit de La Chapelle-de-Saint-André. Ce démembrement fut fait, à condition que des vingt livres de rente que le curé de La Chapelle devoit par an au Chapitre de Varzy (5), il n'en paieroit plus que dix et que le nouveau curé paieroit le reste. Hugues de Neuvoy, chevalier, prétendant que le vicariat fondé dans l'église de Saint-Etienne de Gien, par Elisabeth de Neuvoy et ses trois fils, étoit de leur nomination, l'évêque soutint qu'elle étoit à sa collation de plein droit (6); l'archidiacre de Nevers et le chantre d'Auxerre, choisis pour arbitres, donnèrent une décision en sa faveur (a). Quoique nous ayons vu plus haut qu'il y avoit eu deux paroisses érigées dans ce siècle à La Charité-sur-Loire, il semble, par une charte de cet évêque, qu'il n'y

---

(1) *Cartul. Ep.*, fol. 32.
(2) *Ibid. Ep.*, fol. 32 verso.
(3) *Ibid. Cap.*, fol. 560.
(4) *Tabul. Conad.*
(5) *Tabul. Capit. Varziac.*
(6) *Cartul. Ep.*, fol. 40.

(a) En 1239, l'évêque abandonna au Chapitre de Gien le droit qu'il prétendait de nommer aux vicairies de l'église Saint-Etienne de cette ville qui étaient aux autels de Notre-Dame et de Saint-Jean; se réservant tous ses droits sur les vicairies qui pourraient être établies à l'avenir. (*N. d. E.*).

en avoit encore qu'une de son temps, puisqu'il adresse purement et simplement, au prêtre de Notre-Dame-de-la-Charité (1), un ordre de sommer à trois différentes fois, et ensuite d'excommunier un bourgeois de ce lieu issu de famille hérétique et suspect d'hérésie, qui vouloit y exercer la prévôté malgré les défenses qui avoient été faites, sous l'épiscopat de Guillaume de Seignelay, qu'aucun homme marqué de cette tache ne possédât cette charge (2).

La plupart des difficultés se réglant alors par des arbitres et par la voie de compromis, ce fut par cette voie que Bernard essaya de terminer celle qu'il eut avec l'abbaye de Cluny, au sujet des procurations qu'il crut lui être dues par les religieux du prieuré de la même ville. Il choisit pour arbitre l'archevêque de Bourges; mais comme il avoit fait ce compromis sans le consentement du Chapitre, et même que le Chapitre s'y étoit opposé (3), les religieux, qui en poursuivoient la décision sous son successeur, ne purent rien obtenir, parce que le cardinal Pierre, du titre de saint Marcel, leur déclara qu'un tel compromis n'obligeoit point l'évêque successeur de celui qui l'avoit fait. Ce prélat pacifique n'eut aucun différend avec les religieux de Saint-Germain dont il avoit béni l'abbé Jean de Joceval en 1241. Au contraire, il se rendit médiateur dans une occasion où la paix avoit été extrêmement troublée, la même année, entre eux et le Chapitre. Ce fut lorsque les religieux refusèrent à un chanoine tortrier de célébrer au grand autel de leur église, et que, par ressentiment pour ce refus, les églises subordonnées à la cathédrale, telles que sont celles de Saint-Amatre et de Saint-Eusèbe, leur furent fermées (4). Cette difficulté attira d'autres incidents touchant les processions que l'église cathédrale doit faire en celle de Saint-Germain, et réciproquement touchant la redevance temporelle de l'une des églises envers l'autre. Bernard, de concert avec Guillaume Li Boez, lecteur de la cathédrale, et Hugues, prieur de l'abbaye, arbitres choisis par les parties, contribua à régler la manière dont

---

(1) *Cartul. Ep.*, fol. 43.
(2) Il se nommait Colin Morand. J'ai trouvé encore que cet évêque chargea la cure de Corvol du paiement de six livres de rente à un prêtre nommé Vincent de Bâle. *Ex tit. integro in Guid. de Mello ad an.* 1252.
(3) *Ex autographo.*
(4) *Labb. Bibl mss.*, t. 1, p. 582.

on se feroit excuse de part et d'autre, et ce dont on conviendroit pour la suite. Mais l'événement le plus mémorable de son épiscopat en fait de religieux, fut l'établissement des Dominicains. La comtesse de Joigny Amicie, veuve de Gaucher, ancien ennemi de l'église d'Auxerre, se crut apparemment obligée en conscience de faire expier les péchés de son mari par les prières de quelques nouveaux religieux. Elle aida à trouver à ceux-ci une demeure dans la paroisse de Saint-Père d'Auxerre, s'accommodant avec le Chapitre pour les maisons qui lui étoient redevables, et ces religieux obtinrent le consentement de l'évêque et du Chapitre (1) pour se bâtir un couvent en ce lieu. L'abbaye de Pontigny qui étoit déjà très-célèbre, le devint encore plus de son temps par la retraite de saint Edme, archevêque de Cantorbéry. Ce saint prélat qui avoit édifié par ses vertus et par ses exemples les paroisses voisines, étant inhumé en ce monastère l'an 1241, y opéra tant de miracles, que le bruit s'en répandit aussitôt dans Auxerre. Bernard de Sully, qui connoissoit la manière dont Dieu sait se déclarer en faveur des illustres persécutés, ne tarda aucunement d'en instruire le pape par une belle lettre qui nous a été conservée (2), lui marquant qu'il avoit été lui-même à Pontigny pour y faire les informations requises, et que les miracles de ce saint n'étoient pas renfermés dans le seul diocèse d'Auxerre, mais que Dieu en opéroit, par son intercession, jusque dans les pays éloignés (a).

Etant survenu à l'évêque Bernard quelques infirmités de vieillesse, et entre autres un mal de jambes que les médecins appellent *malum mortuum*, il appréhenda de n'être plus assez fort pour soutenir le poids de l'épiscopat, et il songea à abdiquer, quoique saint Louis

---

(1) *Cartul. Capit., fol.* 479, et D. Viole, mss. t. II.

(2) *Thes. anecdot,* t. 5, p. 1838.

(a) Cet évêque avait déjà, en 1235, accordé son patronage à l'abbaye de Pontigny en recevant la sentence arbitrale prononcée par Jacques, cellerier de Pontigny, et messire Guichard de Platina, chevalier, sur les différends existant entre le monastère et Jobert de Venouse, chevalier. — Arch. de l'Yonne, fonds Pontigny.
(*N. d. E.*).

lui eût promis de défendre les droits de son évêché comme les siens propres, ainsi que l'auteur de sa vie dit qu'il avoit souvent ouï de la propre bouche du roi. Il agit donc pour cela avec tant d'instances auprès d'Innocent IV, qu'il obtint de ce pape d'être délivré du lien qui l'attachoit à l'église d'Auxerre. Ce fut alors qu'il disposa, en faveur de son église et du Chapitre, de quelques acquisitions qu'il avoit faites étant évêque, et de quelques autres fonds. Je ne parle point des ornements d'autel, courtines ou rideaux, chapes, tapis et ornements sacerdotaux qu'il donna, non plus que des quatre bassins d'argent (qu'on appelleroit aujourd'hui des lampes) destinés à mettre des cierges, savoir : trois qui étoient suspendus dans le sanctuaire devant le grand autel, et le quatrième dans le chœur (1). Il ajouta à tous ces dons pour la décoration de l'église cent marcs d'argent et cent livres tournois, pour faire une table d'autel. Il regardoit comme peu de chose d'avoir revêtu de son autorité l'achat que le Chapitre venoit de faire, en 1243, des dîmes des paroisses de Thou, Dammarie et Batilly, des chevaliers Bernard d'Autry et Elisende, sa femme, Odon Scipion, Narjod de Feins et d'Etienne de l'Isle, écuyer (2); il contribua, par d'amples donations, à rendre l'office divin plus solennel et à rétablir la résidence des chanoines. Il transporta donc au Chapitre, dans le mois d'octobre 1244, une partie des dîmes de Venouse qu'il avoit achetées d'Itier et Guy de Venouse, frères et chevaliers (3), et la portion même dont le Chapitre l'avoit accommodé six ans auparavant, chargeant, pour cela, les chanoines d'entretenir tous les jours quatre cierges à matines, à la messe, à sexte, à vêpres et à complies dans les temps où elles se disoient immédiatement après vêpres (4). Il céda au trésorier et au sacriste, du consentement du Chapitre, dix livres de cire que l'évêque avoit droit de prendre, chaque année, sur l'église de Saint-Pélerin, les obligeant d'avoir le même soin de faire allumer et éteindre les cierges qu'il

---

(1) *Obituarium* XIII *sæculi*.
(2) Les premiers baux d'amodiation de ces trois dîmes furent passés devant lui en 1244, au mois de juin. *Cart. Cap.*
(3) En 1238, il approuva que les religieux de Pontigny eussent acheté de ces deux mêmes chevaliers une portion des dîmes du même lieu de Venouse.
(4) *Cartul. Cap*, fol. 514 *verso*, et Preuves, t. IV.

fondoit que ceux qui étoient à leur charge, de mettre à la fête de Sainte-Marthe un pareil luminaire qu'à une fête de neuf leçons, et à celle de la réception de la couronne de Notre-Seigneur établie de son temps dans la province de Sens, comme aux fêtes doubles; faisant sonner les cloches selon le degré de ces fêtes (1). Son anniversaire entra aussi dans cette fondation avec des clauses que je rapporterai plus bas. Par un autre acte du même temps, il augmenta les distributions des matines, depuis la fête de Saint-Germain du premier octobre, jusqu'à Pâques. Il donna, pour cela, quelques eschoites ou aubaines, entre autres celle d'un prêtre du chœur d'Auxerre qui étoit mort sans avoir fait de testament, et celle d'un chanoine d'Appoigny (2), deux cent-vingt livres que le Chapitre lui devoit, trois cents livres à prendre sur l'amodiation de la dîme de vin de Varzy, comme aussi la somme de cinq cents livres qui lui étoit revenue en qualité d'évêque du rachat de l'engagement de la terre de Colanges-sur-Yonne ; mais cette somme ne se trouve pas énoncée de la même manière dans tous les titres de ce temps-là. La condition dont il accompagna ces dons fut qu'ils seroient employés à acheter des fonds dont les revenus seroient destinés pour les assistances à matines, pendant la saison la plus rude de l'année qui est celle que j'ai marquée ci-dessus ; il avoit même eu intention d'étendre ces distributions au delà de Pâques s'il y avoit du fonds pour cela, en augmentant de deux deniers la distribution de chaque chanoine aux jours de férie simple et fêtes de neuf leçons, et de quatre deniers aux jours de dimanche et fêtes doubles. La suite des temps obligea de faire des changements dans plusieurs de ses dispositions, et l'on trouve, entre autres choses, que ce qu'il avoit ordonné de prendre

---

(1) Je me suis abstenu de dire qu'il soit ce Bernard évêque qui fut présent, l'an 1239, à la réception du bois de la vraie croix, proche la ville de Sens, parce que les meilleurs manuscrits sur lesquels Duchêne (t. v) a donné l'histoire de cette réception écrite par Gautier, archevêque de Sens, marquent *Bernardo Aniciensi episcopo*. Il s'agit donc de Bernard, évêque du Puy, qui en effet étoit à Sens en cette occasion, et y reçut de saint Louis même du bois de la sainte croix pour son église du Puy, ainsi qu'il paroît par les lettres de ce prince, datées de Sens au mois d'août de la même année, et rapportées dans le nouveau *Gallia Christiana* (t. II, col. 714). Le P. Touron Dominicain ne laisse pas de dire, dans sa nouvelle histoire des illustres de son Ordre, page 160, que ce fut Bernard évêque d'Auxerre. Ce que je souhaiterois être véritable.

(2) Le premier s'appelait Etienne Pertuise; le second, Ithier.

sur un de ses legs pour distribuer aux clercs du chœur qui assisteroient à matines pendant le carême, fut déterminé aux matines depuis le dimanche auquel on commençoit le répons *Isti sunt dies* (1), jusqu'à Pâques. Ce fut aussi pour lors qu'il choisit sa sépulture devant l'autel de la Trinité, dans les grottes de la cathédrale (*a*), assignant une rente aux chanoines de cette chapelle à prendre sur une moitié de la dime de blé de Gy-l'Evêque qu'il avoit achetée de quelques chevaliers (2), et sur des cens portant lods et ventes que lui avoit vendus Girard Baleine, chanoine d'Auxerre, obligeant son successeur au paiement de cette rente, et hypothéquant même pour cela des héritages qu'il avoit achetés à Sacy. Les chanoines de cette église souterraine lui promirent, en reconnoissance, que chacun d'eux ayant célébré pendant sa semaine, pour l'acquit des premières fondations, célèbreroit encore pendant une seconde semaine pour le repos de son âme. C'est ce qui ne fut pas exécuté longtemps, parce que cet évêque mourut en odeur de sainteté, et que sa sépulture ne fut point dans le lieu où il l'avoit choisie.

S'étant démis de son évêché, il se retira au château épiscopal de Beauretour qu'il s'étoit réservé, ne voulant plus entendre parler que de Dieu, ni s'entretenir que de matières spirituelles avec des personnes pieuses et reprenant l'exercice de la prière avec une nouvelle ferveur. Après avoir demeuré quelque temps en ce lieu, il y fut attaqué de la fièvre. Son corps succombant sous le poids de l'âge et des infirmités, il fut contraint de garder le lit. En vain les médecins lui assignèrent-ils différents remèdes, il n'en usa que très-rarement, et il ne prit que ceux dont les frères prêcheurs et les frères mineurs qui le soignoient l'engagèrent d'user. Enfin, le jour de l'Epiphanie, après s'être entretenu très-longtemps avec eux des choses de Dieu et de l'éternité, cette conférence spirituelle ne fut pas plutôt finie qu'il ferma doucement les yeux, et pendant qu'on croyoit qu'il dormoit, il mourut paisiblement sans ressentir

---

(1) C'était le dimanche de la Passion.

(2) Colin Bonamy et la veuve Barthelemi de Lyton.

(*a*) D. Viole, manuscrit, t. II.   (*N. d. E.*).

la moindre douleur, restant aussi tranquille et ayant le visage aussi serein que s'il eût véritablement dormi. Pendant sa maladie il n'avoit pas souffert qu'on le déshabillât une seule fois ; mais lorsqu'il fut besoin de le laver, on lui trouva un cilice qui faisoit horreur à voir, tant il étoit attaché à sa chair et rempli de vermine. Comme on ne put l'avoir sans lui arracher la peau, ses os parurent à découvert en certains endroits : spectacle bien triste pour ceux qui en furent les témoins. Son corps étant lavé et revêtu de ses habits pontificaux fut mis dans la bière, puis conduit à Auxerre. Tout le clergé et le peuple accoururent au-devant. La foule se jeta sur son cercueil avec un empressement qu'on ne peut exprimer ; et il n'y eut personne qui ne se crût très-heureux s'il avoit pu toucher la bière, ou baiser le poêle qui la couvroit. Les prières ordinaires de l'Eglise étant finies, les chanoines et autres du clergé qui purent approcher lui baisèrent les pieds, les mains ou le visage ; et loin de finir la cérémonie de ses funérailles par les *recommandaces* qu'on avoit accoutumé de faire alors pour l'âme des défunts (1), chacun, au contraire, se recommandoit à ses prières, ne se consolant d'avoir perdu un si saint homme que par l'espérance de l'avoir pour intercesseur auprès de Dieu.

Comme les grottes de l'église cathédrale sont assises sur le roc même, et qu'il est impossible d'y creuser une fosse, le saint prélat fut inhumé au milieu du chœur. Sa sépulture fut couverte d'une très-belle tombe de marbre noir, sur laquelle furent gravés ces cinq vers autour de sa figure :

>Præsul Bernardus mala semper ad omnia tardus,
>Sic vivens domuit cum carne et demone mundum,
>Quod moriens meruit Christo se reddere mundum.
>Anno milleno bis centeno quadrageno
>Quarto, sanctorum migravit luce Magorum.

Ce pieux évêque continua longtemps à jouir des mêmes honneurs qu'on lui avoit décernés dès le jour de son enterrement. Mais comme

---

(1) Ce n'est que depuis peu qu'on a retranché dans la cathédrale l'ancienne solennité et multiplicité des prières de l'inhumation qui sont encore marquées tout au long dans le manuel de cette église, imprimé en 1536, conformément à tous les anciens.

le pavé du chœur a été remanié au moins deux fois depuis ce temps-là, l'on ne voit plus sur sa sépulture la première tombe qui y avoit été mise. M. Amyot la fit lever vers l'an 1572 lorsqu'il répara les ruines causées par les Huguenots, et après que l'on eut achevé d'effacer sa figure qu'ils avoient déjà gâtée, il l'employa à servir de table pour le grand autel. On se contenta alors de remettre en place une simple tombe de pierre blanche avec les cinq vers gravés en caractères modernes; ce qui n'a plus attiré, comme auparavant, l'attention des curieux, ni servi à perpétuer la dévotion que le clergé avoit eue jusque-là pour ce saint prélat.

Ce n'est point le seul inconvénient qui ait suivi la destruction de cette tombe. Ceux qui eurent soin d'y faire graver l'ancienne épitaphe, prirent la liberté de changer le premier mot du dernier vers, et laisser mettre *sexto* pour *quarto*. Cependant il est certain, par son historien, que sa mort arriva en 1244, après neuf ans d'épiscopat. Cet écrivain a suivi, aussi bien que l'épitaphe, le calcul alors usité en France, selon la méthode de commencer l'année à Pâques. Car si l'on suppute selon le calcul romain qui commençoit l'année au premier janvier, Bernard mourut le 6 janvier 1245.

Comme il avoit demandé qu'on lui fit un anniversaire et qu'on réservât, pour cela, cent sous sur le produit de la dîme de Venouse qu'il avoit donnée, son nom fut écrit dans l'obituaire au premier jour vacant après l'Epiphanie; mais avec une grande distinction et avec une longue énumération de ses libéralités; et c'est dont j'ai tiré ce que j'en ai dit ci-dessus. « Obitus bone memorie Bernardi hujus
» ecclesie venerabilis episcopi, qui dedit huic ecclesie medietatem
» decime de Venossia tam ad augmentum luminaris quatuor cereo-
» rum quos in hac ecclesia instituit ad officium matutinarum, magne
» misse, et ad vesperas, quam ad anniversarium suum canonicis et
» non canonicis. Assignavit enim nobis centum solidos in anniver-
» sario suo super dictam decimam de Venossia, quos assignavimus
» et transmutavimus super domum quam emimus a monachis de
» Regniaco juxta ecclesiam Beate Marie in Civitate. Quadraginta
» solidos non canonicis in hoc anniversario. Et sexaginta solidos
» eisdem ad matutinas ab. isti sunt dies usque ad pascha quos solvit

» eis Capitulum singulis annis pro dicta decima. Item ecclesiam nos-
» tram multis bonis ornamentis decoravit, videlicet in palliis, capis,
» tapetiis et indumentis sacerdotalibus, et quatuor pelves argenteos
» dedit in ecclesia : tres ante altare et unum in choro, in quibus
» reponuntur...... Preterea dedit nobis centum marchas argenti ad
» tabulam, et centum libras turonenses ad eamdem. » Dans un
exemplaire un peu postérieur il est ajouté ce qui suit : « Dedit
» preterea prebendis de Trinitate xvj libras tur. percipiendas in
» bursa episcopi Autiss. super redditus quos emit apud Giiacum :
» et inde habent canonici litteras. » On apprend, par le même
livre, que cet évêque avoit eu un oncle dans le Chapitre d'Auxerre,
nommé Arnoul de Sully, et qu'il donna du bien pour augmenter
la distribution de son obit qui se faisoit le 3 février (1). Cet oncle
y est qualifié de prêtre et chanoine d'Auxerre, et vraisemblablement
il est le même Arnoul de Sully qui avoit été présenté, en 1207,
à Guillaume de Seignelay, par l'abbé de Saint-Marien, pour régir
la cure de Leugny. Le nécrologe de Notre-Dame-de-la-Cité portoit
aussi, autrefois, le nom de Bernard pour quarante livres tournois qu'il
avoit données à cette collégiale; et il étoit nommé deux fois dans
celui des Chartreux de Bellari, en reconnoissance du don d'une somme
de cent livres qu'il leur avoit fait et d'un commentaire sur les
psaumes. L'histoire de la vie de Jean de Joceval, abbé de Saint-
Germain, rédigée dans un temps peu éloigné, le surnomme *Sanctæ
memoriæ,* à l'occasion de la bénédiction qu'il fit de cet abbé (2).

PRÉLIMINAIRE A L'HISTOIRE DE RENAUD DE SALIGNY.

Il s'est formé, parmi quelques auteurs récents de l'ordre de Citeaux,
une opinion par laquelle ils avancent qu'un abbé de Quincy, proche

---

(1) *Ob. Arnulphi de Soilliaco sacerdotis et Canonici. XX fol.... Item bonæ memoriæ B. de Soilliaco nepos ejus, quondam episcopus autiss. emit ad augmentum ejusdem anniversarii tertiam partem cujusdam stalli,* etc. Dans une copie un peu plus récente de l'obituaire, il y a *Sulliaco* deux fois au lieu de *Soilliaco.*

(2) *Ex collect.* P. J. Royer; Labb., t. 1, *Bibl. mss.,* p. 583.

Tonnerre, nommé Gautier, avoit été évêque d'Auxerre. Comme ce siége se trouve rempli, durant tout le xiii⁰ siècle, par des prélats d'un autre nom que celui de Gautier, la seule place qu'on pourroit lui trouver dans cette histoire, seroit l'intervalle que fournit la démission de Bernard de Sully. Mais l'écrivain de la vie de nos évêques, qui vivoit alors, marque assez clairement qu'il n'a eu aucune connoissance de ce fait, et il donne pour successeur immédiat à Bernard un nommé Renaud. L'église d'Auxerre tiendroit à honneur de voir augmenter le nombre de ses saints évêques, s'il y avoit un fondement suffisant de pouvoir admettre ce Gautier. On est pleinement informé qu'il est honoré d'un culte public dans l'église de Quincy, qu'il y repose dans le côté gauche de la croisée, sous une tombe élevée de trois pieds ou environ, qu'il y passe même pour martyr, que son corps a été visité dans le tombeau par M. Bordes, doyen de Tonnerre, délégué par M. l'évêque de Langres, en 1691. Le nouveau *Gallia Christiana* dit même que ce fut une élévation de ses reliques qui se fit alors (a). Mais ne se trouvant point de preuves qu'il ait été évêque d'Auxerre, j'aime mieux en douter avec tous ceux qui ont travaillé avant moi sur notre histoire, et croire que l'erreur peut venir de quelques titres où étoit le nom de *Quintiacus*, et peut être aussi en abrégé : *S. G. Autiss. episcopi*, à l'occasion de quoi les écrivains modernes de l'Ordre de Citeaux se seroient imaginé que cela signifioit *S. Galteri Autissiod. episcopi*. Au lieu que s'ils eussent eu communication de certains titres du diocèse d'Autun, que le P. Labbe jésuite a fait imprimer dans son Recueil in-4⁰, l'an 1651, ils y auroient vu qu'il faut lire *S. Germani Autiss. episcopi*, et qu'il est question là du petit monastère de Quincy en Tonnerrois du titre de saint Germain, que Moduin, évêque d'Autun, avoit donné à l'abbaye de Saint-Andoche de sa ville épis-

---

(a) Le tombeau dont parle Lebeuf a été transféré dans l'église de Commissey en 1791, et il y fut conservé jusqu'à l'année dernière. Alors, par suite d'une dégradation déplorable, il a été brisé pour servir de moellon à la reconstruction du chœur de cette église. C'était un monument de l'époque de la renaissance. Les reliques de saint Gautier ont été placées, sans aucune cérémonie, dans l'intérieur du nouveau maître-autel. (*N. d. E.*).

copale, et que Jonas, autre évêque d'Autun, lui confirma, l'an 858, en ces termes : *Abbatiolam S. Germani in pago Tornodorensi in villa que vocatur Quintiacus.* Ce doit être Saint-Germain à une lieue de Quincy-le-Vicomte, sur la rivière d'Armançon, au midi, et à une lieue d'Aisy; à moins que ce ne soit Aisy même proche Rougemont, dont l'église est sous le titre de saint Germain d'Auxerre, ainsi que je l'ai appris sur le lieu même.

Abandonnant entièrement aux historiens de Citeaux saint Gautier dont je viens de parler, parce qu'aucun titre de l'église d'Auxerre n'en a jamais fait mention, et qu'il mourut même, selon eux, en 1244 avant la vacance du siége, je viens au véritable successeur de Bernard de Sully. Ce fut Renaud de Saligny qui, aussitôt après la retraite du saint homme, fut élu, en Chapitre, par voie de scrutin. Il étoit doyen de l'église même d'Auxerre, d'une famille noble, non pas de celle de Seignelay, comme quelques modernes l'ont cru trompés par la ressemblance du nom latin, mais d'une noblesse du Berri, et que je crois celle de Saligny-le-Vif ou le Vic. L'écrivain de la vie de nos évêques du XIIIe siècle le représente comme un homme d'une belle taille, d'un visage fort prévenant, d'un cœur noble et généreux conformément à sa naissance, et qui se plaisoit fort dans la compagnie des ecclésiastiques de famille noble et des gentilshommes auxquels il aimoit à faire du bien, suivant qu'il croyoit convenir au rang qu'il tenoit. Il fit son entrée l'an 1245, selon qu'il se lisoit autrefois dans un ancien épistolier de la cathédrale qui est perdu. Et comme la comtesse Mahauld n'y avoit point paru, pas même par procureur, parce qu'elle ne s'y croyoit pas obligée, elle reconnut depuis, par l'inspection des lettres du comte Hervé, de l'an 1209, qu'elle y étoit tenue et elle en donna acte (1) au mois de janvier suivant que l'on comptoit encore 1245. Tout malade qu'il étoit, un peu après sa prise de possession, il alla à Sens faire sa profession d'obéissance à l'église et à l'archevêque Gilon. Il est

---

(1) *Cartul. Ep*, *fol*. 18.

nommé *Renaudus* dans l'acte qui se voit parmi les manuscrits de la métropolitaine. On reconnoît aussi, par les archives de la collégiale de Gien, qu'il visita au moins une partie de son diocèse, puisqu'au mois de juin 1246 il confirma les statuts que l'évêque Henri de Villeneuve avoit rédigés pour les chanoines et pour le curé de Saint-Pierre-le-Vieil. Il ordonna de nouveau, dans cette visite, que les chapelains de la même église y feroient une résidence actuelle. Il institua aussi, dans son église cathédrale, la fête de saint Guillaume, archevêque de Bourges, donnant, pour cela, cent sous à prendre sur des vignes qu'il avoit achetées à Jussy (1). Il voulut qu'elle se fît avec distinction, et que les neuf grands cierges du sanctuaire y fussent allumés. On avoit espéré de plus grandes choses de cet évêque, vu la générosité qui lui étoit naturelle, et il s'y étoit même engagé en quelque manière ; mais sa vie ne fut pas assez longue pour lui permettre d'accomplir ce qu'il s'étoit proposé. La maladie de langueur ou de mélancolie dont il avoit été frappé dès le jour de sa promotion, l'obligea d'être le plus souvent dans les remèdes, et, à l'exception des compagnies dont j'ai parlé ci-dessus, à ne voir que des médecins pour obtenir du soulagement. Il se fit porter à l'abbaye de Roches, celle de son diocèse qui étoit la plus voisine du Berri et où il avoit choisi sa sépulture. Après qu'il y eut demeuré quelque temps, toujours dans les mêmes langueurs, il y mourut au mois de janvier de l'an 1246 finissant (ou 1247 commençant), au bout d'un an, onze mois et seize jours d'épiscopat. Il fut inhumé dans l'église de ce monastère, et l'on croit qu'il y repose entre le grand autel et les chaires du chœur. L'anniversaire de son décès est marqué au mois de janvier (2) dans les obituaires de Bourges où l'on croit qu'il a été chanoine (3). On ignore pourquoi c'est au 22 novembre qu'il se trouve dans celui de son église cathédrale écrit quelques années après sa mort. Il avoit fondé son obit en cette église moyennant cent sous de rente à Jussy. Les nécrologes

---

(1) *Obituar.* XIII *sæculi.*
(2) Le 14 selon que me l'écrit M. Guénois, chanoine.

(3) J'ai lu dans un obituaire de Sens, du XIII° siècle, au *V. kal. febr. obiit Regnaudus de Sigliniaco, archidiaconus Melodunensis.*

de Notre-Dame-de-la-Cité et de la collégiale de Varzy où il l'avoit aussi fondé, à bien moins de frais, le marquoient pareillement au mois de novembre.

Je n'ai point hésité à rejeter l'erreur dans laquelle j'avois été comme plusieurs autres, de donner à cet évêque le surnom de *Seignelay*, dès lors que j'ai fait attention aux preuves qui démontrent qu'il n'avoit aucune relation avec la famille de Seignelay que quelque ressemblance du nom en latin, et que toutes ses attentions furent du côté du Berri. Premièrement, s'il avoit été issu des seigneurs de Seignelay, qui sont fondateurs en partie ou au moins bienfaiteurs insignes de l'abbaye de Pontigny, il s'y seroit retiré plutôt qu'à Roches qui est du même ordre, et il y auroit choisi sans doute sa sépulture auprès de Guillaume de Seignelay, l'un de ses prédécesseurs ; secondement, il est souvent nommé *de Salligniaco*, par des écrivains qui lui étoient contemporains, comme dans celui qui a rédigé l'obituaire de la cathédrale, quelques années après sa mort, et dans l'auteur de la vie de Guy de Mello son successeur. On peut ajouter à ces deux preuves certaines conséquences aisées à tirer de sa dévotion envers saint Guillaume, archevêque de Bourges, et de la fondation de son obit dans l'église métropolitaine. Quelques mémoires manuscrits venus de Bourges, et qui sont cités dans la *Nouvelle Gaule chrétienne* (1), portent qu'un Renaud de Saligny, chanoine, avoit été abbé des Pierres au même diocèse et ensuite évêque d'Auxerre. Mais outre qu'il n'y a pas d'apparence qu'un prélat qui, immédiatement avant son épiscopat, possédoit la dignité de doyen dans sa cathédrale, eût été auparavant moine, il est à craindre que les auteurs de ces mémoires n'aient cru que l'abbaye de Roches où notre évêque se retira, soit la même que l'abbaye des Pierres, à cause que l'une se dit en latin *de Rupibus* et l'autre *de Petris*. Celle-ci est située auprès de Culant en Berri, et celle-là de l'autre côté de la Loire, auprès de Cône. Un extrait, que j'ai eu de l'inventaire du Trésor

---

(1) *T. 2 in Abb. de Petris.*

des Chartes, porte à l'an 1242, au mois de novembre, que
Renaud de Seilly, doyen d'Auxerre, promit par lettres à Mathilde,
comtesse de Nevers, qu'au cas qu'il fût fait évêque ou archevêque,
il lui quitteroit les quarante livres provinoises de rente que le roi
lui avoit assignées sa vie durant.

CHAPITRE XV.

GUY DE MELLO, LXIIe EVÊQUE D'AUXERRE.

Histoire de sa vie.

Environ dans le temps que l'église d'Auxerre perdit son saint
évêque, Bernard de Sully, elle se vit privée d'un doyen de mérite qu'elle avoit à la tête du Chapitre. C'étoit Guy de Mello qui
fut demandé en 1245 pour être évêque de Verdun, et qui en
reçut la nouvelle à Lyon, où il étoit pendant qu'on y tenoit un
concile. Mais elle eut le bonheur de ne pas se voir privée pour
longtemps de ce grand homme. Il avoit retenu par dispense le
doyenné d'Auxerre qu'il ne possédoit que depuis quelques mois,
et il ne le garda pas longtemps. Lorsqu'il eut été à Verdun pendant un an, les chanoines d'Auxerre l'élurent et le demandèrent
unanimement pour leur évêque après la mort de Renaud de
Saligny, et leur demande fut confirmée par le pape Innocent IV,
qui étoit encore en France. On peut juger avec quelle joie le
clergé d'Auxerre revit, en qualité de prélat, celui qu'il avoit toujours vu dans son sein, et qui s'étoit déjà si fort distingué depuis
qu'il avoit reçu l'onction épiscopale. C'est le second exemple de
translation d'évêque que notre histoire nous fournisse, le premier
étant celui de Guillaume de Seignelay transféré à Paris.

Cet évêque, qui avoit d'abord été sacré pour Verdun, fit son entrée solennelle à Auxerre, vers les fêtes de Pâques qui commençoient l'an 1247, selon la supputation de France. C'est ce qu'on infère du jour auquel la comtesse Mahauld donna commission de le porter en son nom. Cet acte, adressé à Hugues de Varigny, seigneur d'Anlezy, fut expédié, le jeudi-saint, au château de Montenoison. A l'issue de cette cérémonie, il alla à Sens comme ses prédécesseurs, pour y prêter le serment d'obéissance à l'église et à l'archevêque Gilon (1). Il étoit fils de Guillaume de Mello, chevalier, seigneur de Saint-Bry, qui s'étoit acquis le surnom de *Porte-Paix* parce qu'il faisoit profession particulière d'accorder tous les différends de ses voisins, et d'une dame de la maison de Mont-Saint-Jean, en Bourgogne, égale en noblesse à celle des Mello. Son historien, qui est assez étendu, n'oublie point d'informer le lecteur que Guy avoit fait ses études en droit aussi bien qu'en théologie. Il ne passe point sous silence que pendant sa jeunesse, son père ne parut pas l'affectionner autant que ses autres fils, à cause qu'il ne donnoit point dans l'extérieur convenable à un jeune gentilhomme; mais en même temps il fait remarquer que Dieu permit cela pour conduire sa vocation du côté de l'état ecclésiastique. Il fit, en effet, honneur à cet état aussitôt qu'il fut élevé dans des places distinguées; ce qui arriva lorsqu'il n'étoit âgé que de trente à quarante ans. Il avoit le port grave, le cœur grand et noble; il fut affectionné aux choses de l'Eglise, aimant à se rendre utile aux peuples, modéré dans ses discours, fervent dans ses prières, ayant à l'autel un extérieur qui portoit à la dévotion, et y enlevant les cœurs des fidèles par l'éclat merveilleux de sa voix. Lorsqu'il se trouvoit avec les autres évêques, dans les conciles ou ailleurs, on auroit dit qu'il en eut été le chef, paraissant au-dessus de tous les autres par sa belle prestance accompagnée d'un geste vénérable. Mais s'il s'agissoit de décider quelque affaire importante par son jugement particulier, il ne pré-

---

(1) *Ex libro Præcent. Senon.*

cipitoit rien : ayant écouté les raisons de part et d'autre, il pesoit mûrement avant que de rien conclure. C'étoit une coutume qu'il avoit prise de fort bonne heure et que quelques-uns blâmoient en lui, mais dont il se trouvoit fort bien et qui rarement tourna à son

† SIGILLVM GVIDONIS DEI GRACIA EPISCOPI AVTISIODORENSIS.
Sceau de Guy de Mello, soixante-deuxième évêque d'Auxerre. (*Arch. du Roy.*).

désavantage. Et quoiqu'il fût extrêmement attentif à la régie de son temporel, il ne s'y livra point cependant de telle sorte qu'il négligeât le culte de Dieu; au contraire, il quittoit tout lorsque l'heure de l'office l'y appeloit. Il se comportoit quelquefois d'une manière un peu trop sévère envers les méchants, par le grand zèle qu'il avoit pour la justice; il compâtissoit à ceux qui étoient dans l'affliction ou dans l'oppression, pardonnoit à ceux qui reconnoissoient humblement leurs fautes; et Dieu conduisit tellement ses démarches, que dans tout ce qu'il entreprit pour son honneur et pour les droits des églises dont il fut chargé, il demeura toujours victorieux.

Quelques temps après qu'il fut placé sur le siége épiscopal d'Auxerre, quantité de seigneurs entreprirent le voyage de la

Terre-Sainte et résolurent de partir avec saint Louis. Plusieurs de ceux-là ayant fait alors leur testament, le choisirent pour en être l'exécuteur (1). De ce nombre fut son père, Guillaume de Mello, Dreux de Mello, son oncle, seigneur de Loches et de Mayenne, Archambaud de Bourbon le jeune, fils d'Archambaud, son cousin-germain, et Jean de Toucy, seigneur de Saint-Fergeau. Pendant cette absence du roi et des principaux parents de notre évêque, le chevalier Regnaud Rongefert, dont il a été parlé dans l'histoire des évêques précédents, voulut le braver en quelque sorte, faisant fortifier et élever sa maison de Saint-Pierre-du-Mont, proche Varzy, quoique déjà naturellement forte par sa situation. Il fut informé que ce chevalier étoit accoutumé à tyranniser le peuple de Varzy, et qu'il avoit déjà voulu remuer sous l'évêque Henri de Villeneuve. C'est pourquoi il lui fit signifier qu'il eût à démolir tout ce qu'il avoit fait construire, n'étant pas permis par la coutume de bâtir un château dans la châtellenie d'un autre seigneur supérieur reconnu pour tel, sans sa permission. Regnaud, méprisant tout ce que l'évêque put dire, Guy implora l'assistance du bras séculier, vint assiéger la maison, la prit en peu de jours et en fit raser les fortifications tant anciennes que nouvelles. Le chevalier essaya depuis d'attenter à la vie de l'évêque; mais Dieu permit que tous ses efforts fussent vains et inutiles. Il se présenta une difficulté assez semblable avec Geoffroy de Corbelain, écuyer, qui étoit son homme-lige et qui, au préjudice des droits de l'évêché, avoit bâti, dans sa maison de Corbelain, une espèce de forteresse de bois qu'on appeloit *une bretèche* (2), et quelques autres petits édifices qui ressentoient le château. Il auroit poursuivi vivement ce seigneur si la comtesse Mahauld ne se fût rendue médiatrice d'un accord entre les parties. S'étant trouvés tous les trois à Colanges-sur-Yonne le 31 mai 1249, on convint que ce qui étoit

---

(1) *Ex variis chartis.*   (2) *Breteschiam.* (a)

(a) Ces bretèches, ou tours de bois, étaient d'un usage fréquent à cette époque, et on les élevait pour augmenter la force des châteaux féodaux.   (N. d. E.)

bâti resteroit tel qu'il étoit (1), mais que Geoffroy n'y pourroit rien ajouter ; et s'il arrivoit qu'il bâtit encore quelque chose de nouveau, la comtesse se déclara tenue de le faire détruire. Il réprima aussi (2), mais sur la fin de ses jours, la hardiesse de Pierre de Bassou, chevalier, qui avoit osé entreprendre sur sa justice d'Appoigny, et il obtint contre lui un fameux arrêt donné au parlement de la Toussaint 1269. Ayant appris qu'il y avoit longtemps que les évêques d'Auxerre n'étoient entrés comme seigneurs féodaux dans les châteaux ou tours de Château-Neuf, Saint-Sauveur, Cône, Mailly et Bétry, il contraignit la comtesse Mahauld, par censure ecclésiastique, à les lui livrer. Les ayant tenues pendant quelque temps jusqu'à coucher même une nuit dans chacune, il y laissa des commis pour les garder de sa part, et les rendit ensuite à la comtesse sa vassale. On voit d'ailleurs (3) que, porté pour l'augmentation de son temporel, dès l'an 1248 il avoit rendu la maison de Beauche, que son propre père possédoit, féodale de l'évêché d'Auxerre, moyennant une somme de cinq cents livres ; ce que Dreux de Mello, son neveu, reconnut dix ans après. Hugues, seigneur de Charny, reconnut aussi tenir de lui Pierrefitte, partie de Montbutois, partie de Leugny, le moulin des Planches et le cens de Villery (4). Pareillement Dreux de Mello, étant seigneur de Saint-Bry et de Château-Chinon, lui fit aveu du village de Villers-le-Sec, proche Varzy (5), quoiqu'il eut dessein de le céder peu après, aux mêmes conditions de foi et hommage, à Agnès, veuve de Robert de Chevannes, chevalier (6). On peut voir, dans l'ancien *Gallia Christiana*, quelques lettres qui concernent la dépendance dont est de l'évêché d'Auxerre un château appelé *De Ortis* (7). Je m'y arrête peu, parce que je n'ai pu jusqu'ici en reconnoître la situation. Les bateliers ou navigateurs de la rivière d'Yonne ayant obtenu, par leurs grandes instances

---

(1) *Cartul. Ep.*, fol. 40.
(2) *Ex autore novi Cartul. Epist.*
(3) *Cartul. Epi.*, fol. 41.
(4) *Gall. Christ. Sanmarth. ex Cartul. Ep.*, fol. 39.

(5) *Cartul. Ep.*, fol. 35.
(6) *Ibid.*, fol. 35 verso.
(7) Elles sont de 1247, 1249.

auprès du roi saint Louis, que tout ce qui pouvoit empêcher la navigation dans cette rivière fût ôté, les commissaires chargés de l'exécution de cette ordonnance ne craignirent point de passer outre; ils firent planter dans l'eau, au-dessous du pont et dans le pertuis même qui étoit des appartenances de l'évêché, deux pièces de bois au haut desquelles étoient attachées des fleurs-delys de fer, pour tâcher d'insinuer que ce fond étoit du domaine royal. L'évêque les fit ôter et apporter dans son logis. Il fut bientôt ajourné à comparoître devant le roi ; il s'y transporta sans rien craindre, et il allégua, pour sa défense, que comme ces pieux avoient été mis, à son insu, dans le pertuis qui étoit du véritable domaine de l'évêché, et où rien n'empêchoit le libre passage des bateaux, il lui avoit paru que les commissaires avoient excédé les ordres du prince, que sur cela il avoit recommandé qu'on les arrachât et qu'il avoit cru bien faire. Le roi trouva ses raisons bonnes et lui rendit justice.

Les avantages temporels qu'il procura à l'évêché seroient trop longs à rapporter (1) : je me bornerai à quelques acquisitions ; celle par exemple de tous les biens que possédoit aux environs de Lindry un nommé Renaud de Préaux, écuyer, dont il fit investir en son nom Guibert, chanoine d'Appoigny. Il transporta à des gentilshommes de Gurgy, qui tenoient de lui un fief à Appoigny, la terre du Chêne, située dans la paroisse de Gurgy (2), faisant promettre aux détenteurs hommage-lige envers lui et ses successeurs ; ce qui fut passé pardevant Jean, abbé de Saint-Germain, et Barthélemi, abbé de Saint-Père, en 1250. Il fit aussi à Gurgy l'acquisition d'un moulin situé entre le village et Appoigny, avec des terres, prés, jardins et vignes aux environs, donnant en échange aux religieux de Saint-Marien, du consentement de son Chapitre, une rente sur le salage d'Auxerre qui se paya en argent (3). N'ignorant point l'acquisition que les chanoines de la cathédrale avoient faite du bourg de Conches, proche Varzy, que son frère Dreux leur

---

(1) *Voy.* les Preuves en 1264.
(2) 1258 *Cartul. Ep.*, fol. 39.
(3) *Tabul. S. Mariani, fol.* 110.

SOIXANTE-DEUXIÈME ÉVÊQUE D'AUXERRE.

avoit vendu de son consentement, l'an 1248, pardevant Ansel, évêque d'Autun, il songea à réunir ce bien à la terre épiscopale de Varzy ; et pour y parvenir, il donna au Chapitre la grange épiscopale de Chichery (1). Les services qu'il avoit rendus à Thibaud, roi de Navarre et comte de Champagne, son parent, lui valurent un présent considérable que ce prince lui fit, en 1257, sur les entrées de la ville de Troyes (2). Nous verrons plus bas l'usage qu'il en fit. Un prélat si riche et si magnifique ne pouvoit pas manquer d'embellir ses maisons épiscopales. Ce fut lui qui fit bâtir au-dessus des celliers de l'évêché la double salle qu'on y voit, dont le dessus ressemble à une église (a). Les vitrages de la salle supérieure sont encore ornés des armoiries de ce temps-là. Il y joignit, du côté du septentrion, une double chapelle délicatement bâtie avec une petite tourelle que ses successeurs ont depuis fait détruire. Il fit aussi rebâtir à neuf la chambre épiscopale qui donnoit sur la cour qu'on appeloit alors *le Préau* (3), et fit fermer tout son logis, du côté de la rivière d'Yonne, de murs très-solides avec des créneaux et des tourelles, ce qui aussi a été démoli depuis ce temps-là. Il seroit inutile de rapporter en détail les dépenses énormes qu'il fit à Régennes, à Beauretour et à Villechaul, puisqu'il ne subsiste plus rien de tout cela, que les ruines prodigieuses qu'on voit encore dans cette dernière maison, à une lieue au-dessus de Cône. Pour donner seulement une idée de ce que Régennes devint par ses soins, il suffira de dire qu'il fut le premier qui y fit bâtir un mur depuis l'endroit où la rivière d'Yonne commence son grand circuit et qui s'étendoit d'un bout à l'autre; qu'il y fit construire pareillement en forme de portique (4) une tour carrée d'une épaisseur extraordinaire. Je laisse ce qu'il fit faire

1247 à 1269.

(1) *Gall. chr. Samarth. ex Cartul. Cap.*, fol. 492.
(2) *Voy.* les Preuves, t. IV, n. 192.
(3) *Pratellum*.
(4) *Logias*.

(a) C'est ce qui forme aujourd'hui le pignon central de l'hôtel de la préfecture. L'étage supérieur est divisé en deux parties par un plafond, et en plusieurs pièces par des cloisons. — *Voy.* ci-dessus, page 293, le dessin de l'ancien palais épiscopal.

(*N. d. E.*).

au-dedans qui a été bouleversé tant de fois depuis ce siècle-là, pour faire remarquer qu'il y avoit alors des tours de maçonnerie (1) de distance en distance sur le bord de la rivière, et que comme elles étoient prêtes à tomber, il les fit refaire à neuf. Quelques embellissements que ses prédécesseurs eussent faits à Beauretour, c'étoit encore un château trop simple pour lui. Il fit élever l'édifice plus haut qu'il n'étoit, et il employa tous ses soins pour former quelque chose d'agréable à la vue, par le moyen des étangs et des vergers; il augmenta les dedans entre la grande salle et la chapelle, et il étoit disposé à faire encore davantage si cet endroit lui eût paru plus gracieux. A Varzy, il rebâtit les salles et le reste du château qui avoit été brûlé, et il répara les murs de la forteresse, sur le bord desquels il bâtit des logements très-commodes. Voulant aussi avoir proche la ville de Cône un lieu qui pût lui servir de délassement, il choisit, sur le bord de la Loire, une place dans le territoire de Villechaul (2) dont je viens de faire mention. Y ayant jeté les fondements d'un château, il se vit arrêté par Eudes, fils du duc de Bourgogne et comte de Nevers; mais ayant obtenu un arrêt de la Cour qui déclaroit que ce comte avoit été mal fondé à s'y opposer, il fut excité à consommer plus tôt l'ouvrage; il y fit construire une double salle, comme à Auxerre, avec une chapelle d'une grande délicatesse. Il n'y oublia rien de ce qui convenoit pour rendre un château complet et une maison de campagne fournie de tout le nécessaire; son attention alla jusqu'à y faire planter de la vigne dont il fit choisir le plant dans les meilleurs vignobles. Ce que j'ai vu des débris de ce château démontre une structure toute semblable à quelques endroits des grandes salles du palais épiscopal d'Auxerre (a).

---

(1) Ce que j'en dis ici n'est que pour mettre un jour au fait ceux qui remueront la terre en tous ces lieux, et les aider à raisonner plus juste sur l'antiquité des fondements qu'ils pourront trouver.

(2) *Villa catuli*.

(a) Le château de Villechau, situé autrefois sur le bord de la Loire, est complètement détruit. Il ne reste plus du souvenir de l'ancienne résidence des évêques qu'une petite chapelle dédiée à sainte Brigitte, où se rendent encore les pèlerins.

(*N. d. E.*).

La police ecclésiastique qu'il étoit obligé de maintenir dans son diocèse, l'engagea à différentes démarches, soit pour soutenir les immunités du clergé ou les droits de l'Eglise, soit pour établir la régularité dans les Chapitres et les communautés, et la subordination des uns envers les autres (a). Rien n'est plus surprenant que l'histoire de Robin Chevrier. C'étoit un clerc qui, par sentence du juge laïc, avoit été autrefois condamné à un bannissement à l'instigation d'une famille d'Auxerre appelée *les Soüefs* (b), et ce, à l'insu de l'évêque de ce temps-là. Ce clerc fut tenté de revenir à Auxerre avant l'expiration de son ban ; mais il ne tarda guère d'y être arrêté à l'instance des mêmes bourgeois qui le firent pendre aux fourches de Brelon, nonobstant que notre évêque l'eût revendiqué plusieurs fois. Guy de Mello ayant porté cette affaire à Lyon où étoit le pape Innocent IV, les ennemis du clerc succombèrent dans la procédure et furent condamnés à une réparation authentique. Elle consista en une procession où le clergé et le peuple, sorti de la ville et du faubourg, le rendit à sa justice. Ensuite, Lebin, prévôt de la ville, Pierre et Dreux Soüef, et leurs complices étant pieds-nus et en chemise, avec des verges dans les mains, portèrent depuis ces fourches patibulaires jusqu'à l'église cathédrale, une bière sur laquelle étoit la figure d'un clerc. Après quoi la messe solennelle des morts ayant été célébrée par l'évêque dans la même église, le cadavre du clerc, qu'on avoit détaché du lieu de son supplice et conservé dans un coffre, fut inhumé proche l'église de Notre-Dame-de-la-Cité, et les malfaiteurs payèrent une amende considérable à l'évêque. On verra plus bas

---

(a) En 1249 l'évêque donna tous ses soins au rétablissement régulier de l'office du *scholastique*, et, par un règlement de l'an 1249, il statua entre autres choses :
« Qu'en l'absence de l'évêque le scholastique feroit la cérémonie usitée de tout temps, d'exclure et chasser de l'église les pénitents publics, le mercredy des Cendres, et de les réconcilier et faire rentrer le jeudy saint en suivant ;
» Qu'il jurera de conférer gratuitement en bonne foy les escoles qui sont de sa collation et y mettra des personnes sous qui il croira que les escholiers pourront profiter. » — *Voy.* D. Viole, mss., n. 130, t. I, p. 485. Bibl. d'Aux. (*N. d. E.*)

(b) Les Soüefs (*Suavis*) étaient des plus riches bourgeois du XIIIe siècle.
(*N. d. E.*)

l'usage qu'il fit de cette somme. Il arriva aussi de son temps qu'Eudes, comte de Nevers, fit battre à Auxerre de la monnoie sans l'avoir présentée aux gens d'église pour être approuvée d'eux (1), défendant sous de grosses peines d'en mettre d'autre dans le commerce, quoiqu'il n'en exposât pas la dixième partie de ce qui étoit nécessaire. L'évêque, en ayant conféré avec son Chapitre et le clergé de la ville, fit avertir les officiers du comte, qu'ils eussent à représenter leur monnoie, afin qu'on en fît l'épreuve. Les officiers refusèrent de se soumettre. C'est pourquoi Guy alla trouver saint Louis avec un procès-verbal. Il obtint de ce prince que cette monnoie fût décriée dans la ville de par le roi, et que ceux qui l'avoient fabriquée fussent chassés. Les Templiers, qui étoient accoutumés à étendre leurs priviléges au delà des justes bornes, avoient donné à la chapelle de leur maison de Monétau l'extérieur d'une église paroissiale; ils y avoient fait suspendre une cloche pour appeler le peuple à leur messe, et ils y avoient même administré la bénédiction nuptiale. Notre évêque les ayant fait sommer inutilement d'ôter la cloche et de lui faire satisfaction sur leurs autres entreprises, poursuivit si vivement l'affaire auprès du cardinal Simon de Brie, alors légat en France, qu'ils furent condamnés à satisfaire entièrement à ses demandes. Les religieux de Pontigny, plus attentifs à l'observation des règles, ne voulurent point ériger d'oratoire ni d'autel dans leur maison de Saint-Bry sans sa permission. Il la leur accorda l'an 1260, marquant qu'il leur permettoit d'y célébrer autant de temps que bon lui sembleroit, et sauf le droit des églises paroissiales du lieu (3). Cette chapelle porte le titre de Saint-Laurent. Ceux de Saint-Marien le prièrent aussi, en 1251, d'approuver l'élection qu'ils avoient faite d'Etienne, abbé de Saint-Paul de Sens, pour leur abbé (4). Ce qui étoit canonique autant que peut l'être la translation d'un abbé d'un diocèse

---

(1) *Ex. tit. in Cam. Comput.*

(2) Etienne, seigneur de Chanlay, vexant les habitants de Vaugines qui sont de l'abbaye de Saint-Germain d'Auxerre et prétendant y avoir toute justice, l'abbé Jean de Joceval plaida; mais Guy de Mello les accorda : la justice du seigneur fut limitée et l'abbé eut celle de tout le lieu. *Hist. Abb. S. Germ. Labb.*, t. I, p. 584.

(3) *Cartul. Ep.*, fol. 46. — Voy. les Preuves, n. 199.

(4) *Archiv. Ep. et Gall. chr.*, p. 304.

dans un autre. Etant à Cône le 25 avril 1253, il donna à la collégiale de très-beaux statuts, dans lesquels les charges et les droits du chantre et du trésorier sont amplement expliqués (1). On y voit que l'archidiacre d'Auxerre n'y jouissoit plus de la prébende qui avoit été attachée autrefois à sa dignité, qu'elle étoit annexée à la trésorerie de cette collégiale, et que pour cette annexe le trésorier ne payoit à cet archidiacre que trente sous par an. Les archiprêtres du diocèse s'étant plaints à lui du peu de revenu qu'ils avoient pour les grandes dépenses qu'ils étoient obligés de faire, il en écrivit au pape Clément IV qui leur permit de lever le tiers de la première année du revenu de chaque cure située dans leur district, quelles qu'elles fussent (2). Le nécrologe du prieuré de Marcy nous apprend que ce fut aussi lui qui, à la prière d'un de ses neveux, religieux de la même maison, nommé Erard, y unit la cure du lieu (3), quoique cette union ne fut consommée selon le même nécrologe qu'en 1275. Il témoigna l'horreur qu'il avoit du duel, lorsqu'il aima mieux s'exposer à perdre de ses sujets que de souffrir qu'on employât cette voie pour les revendiquer. Alexandre IV, à qui il en avoit écrit (4), approuva fort sa conduite et lui conseilla d'agir contre ces fugitifs par la voie de l'enquête, laquelle il estimoit suffisante pour prouver qu'ils auroient été ses serfs ou ses diocésains. Il fut aussi l'un des prélats qui, en 1259, écrivirent à saint Louis pour lui demander permission d'employer dans leurs diocèses, en œuvres pies ou comme il leur plairoit, les sommes qui se trouveroient sujettes à restitution lorsque ceux à qui on doit restituer sont inconnus (5).

Je passerois sous silence la réception qu'il fit en 1254 à Albert, légat du pape, si ce n'étoit qu'elle me conduit à parler de celle qu'il fit à saint Louis, le 27 mars 1269. C'est le supplément à la chronique de saint Marien, rédigé par un auteur du temps, qui marque ce dernier événement, et qui dit que ce prince étoit accom-

---

(1) *Tabul. Conad.*
(2) *Tabul. Ep. Autiss.*
(3) *Ex. autographo.*
(4) *Cartul. Ep. Autiss.* — *Voy.* les Preuves, t. IV, n° 193.
(5) Invent. du Trésor royal., vol. 6, fol. 72.

pagné de tous ses fils qui alloient avec lui au voyage d'outre-mer. Mais la cérémonie la plus auguste de son épiscopat fut celle qui se présenta dès la première année, je veux dire la découverte du corps de saint Edme, dans l'abbaye de Pontigny, le dimanche 9 juin 1247. Saint Louis s'y trouva avec sa mère Blanche (a). Le sépulcre du saint fut ouvert, et après que le roi, les évêques et les abbés eurent suffisamment considéré le corps qui y étoit contenu et qu'ils eurent examiné son intégrité, Guy le leva du tombeau et le porta sur le grand autel afin qu'il fût vu du peuple qui étoit accouru de tous les côtés. On le renferma aussitôt dans un sépulcre de pierre, et deux ans après, le même jour étant revenu, Guy le tira de ce tombeau, accompagné de l'évêque d'Orléans et de deux autres prélats d'Angleterre, et il l'enferma dans une châsse précieuse. Ces deux évêques anglois étoient celui de Norvick et celui de Chichester. On lit dans la vie de ce dernier, appelé Richard (1), et qui est honoré comme saint, que l'évêque d'Auxerre l'invita de rester chez lui autant de temps qu'il voudroit; lui remontrant que pendant qu'il seroit en France il épargneroit son revenu et qu'il diminueroit sa dépense. L'évêque anglois répondit qu'il n'avoit pas promis à son sacre de veiller sur l'église d'Auxerre, mais sur celle de Chichester. Il est dit de l'évêque d'Auxerre, dans la même vie, qu'il étoit un grand homme de bien et fort aimé de Richard : *vir utique bonus et sibi (episcopo Cicestrensi) admodum carus*. Comme son nom n'y est pas spécifié, les Bollandistes ont cru qu'il s'agissoit de Bernard de Sully ; mais c'est en supposant

---

(1) *Bolland.*, t. i. *April.*. p. 304.

(a) Le corps de saint Edme est encore conservé dans l'église de la célèbre abbaye de Pontigny. Plusieurs de ses vêtements pontificaux ont tous les caractères du xiiie siècle, et l'on remarque même que les armoiries de la reine Blanche (les tours de Castille) sont brodées sur le manipule et sur l'étole : ce qui indique que ces objets ont été donnés par cette princesse lors de l'ouverture du tombeau en 1247. Les reliques de saint Edme ont été de tout temps en grande vénération, et les rois d'Angleterre ainsi que les archevêques de Cantorbéry ont doté, en son honneur, l'abbaye de Pontigny de rentes en Angleterre. — *Voy.* Preuves, t. iv, n°s 145 et 182. (*N. d. E.*).

que cette translation se fit en 1244. Or, l'on a été assuré depuis, par la publication des manuscrits de Pontigny (1), qu'elle ne se fit qu'en 1249. M. Baillet est tombé, à ce sujet, dans une autre confusion (2) qu'il est inutile de faire remarquer (3).

Guy de Mello fut le premier de nos évêques qui se créa une personne pour le représenter lorsqu'il seroit absent. Prévoyant les voyages qu'il avoit à faire hors du diocèse, et ne voulant pas exposer les âmes au péril, il attribua au scolastique de l'église d'Auxerre qui étoit à sa collation une partie des fonctions épiscopales; il le constitua son chapelain, non-seulement pour l'assister et le servir quand il officieroit dans la cathédrale ou ailleurs, mais encore pour suppléer aux devoirs de l'évêque pendant son absence, tels que sont l'expulsion des pénitents le jour des Cendres, et leur réconciliation le Jeudi-Saint, et même pour officier aux grandes fêtes, selon les circonstances (*a*). Le titre de cet établissement étant imprimé (4), je n'en rapporterai pas plus au long les articles; il fut écrit l'an 1249. La même année fut aussi établi, par ses soins, un second archidiacre dans l'église d'Auxerre, en vertu d'une bulle d'Innocent IV. Il avoit exposé, pour l'obtenir, que le nombre des fidèles étoit devenu trop grand dans son diocèse pour qu'un seul archidiacre pût suffire, et que le Chapitre avoit admis tous les articles de ses dispositions. La cure de Nannay fut unie alors au grand archidiaconé et celle de Treigny au second, et il y eut, dès ce temps-là, un règlement touchant la manière dont ces archidiacres gagneroient les fruits de leurs prébendes et sur le temps de leur résidence, etc. Quelques-uns ont cru mal à propos que cette bulle de l'érection de ce second archidiacre, dit archidiacre de Puisaye, avoit été donnée par Innocent III; mais il est certain que ce ne fut qu'en 1249 que le Chapitre d'Auxerre y donna son consentement (5), et la prébende qui fut unie à ces

1247 à 1260.

(1) *Thes. anecd.*, t. 3.
(2) *In fine vitæ S. Edmund.*
(3) Il fait de Bernard de Sully un évêque d'Orléans.
(4) *Gall. Christ. Sammarth.*, p. 303.
(5) *Cartul. Cap.*, fol. 37.

(*a*) *Voy.* ci-dessus, la note *a*, page 431.   (N. d. E.).

deux dignités n'étoit vacante que depuis l'an 1242, par la mort de Pierre d'Arcueil. D'ailleurs, le catalogue des archidiacres de Puisaye n'en fournit aucun plus ancien que le milieu du xiiie siècle (1). Je ne parle point de la charte que l'on a de cet évêque en faveur du Chapitre, intitulée : *De non facienda taberna apud Oisiacum die nundinarum* (2). Ce même prélat obtint de Clément IV une bulle sur un sujet assez singulier. L'occasion fut qu'on s'étoit aperçu que les chanoines d'Auxerre s'absentoient de la cathédrale aux fêtes de Noël, de l'Epiphanie, de Pâques, de l'Ascension, la Pentecôte, l'Assomption et la Purification de la Vierge, et les deux fêtes de saint Etienne, afin de n'être plus obligés de se régaler ces jours-là les uns les autres, ni les laïcs, comme ç'avoit été la coutume jusqu'alors, parce que leurs revenus n'étoient pas suffisants pour continuer cet usage. Comme donc l'église restoit déserte ces mêmes jours-là, il avoit été statué entre l'évêque et le Chapitre, qu'aucun chanoine ne mangeât en ces jours avec aucun de ses confrères, à moins que ce n'en fût un qui fût logé chez lui. Tel fut le règlement qu'on supplia le pape de confirmer. Le Saint-Père entérina très-volontiers la requête à Viterbe, au mois de juin. La bulle qui avoit été adressée à l'évêque et au Chapitre conjointement, se trouve dans le cartulaire de l'évêché écrit au même siècle (3). Le même évêque concourut avec le Chapitre, en 1259, le lendemain de l'Ascension, à la rédaction du serment que prêteroient les vicaires de l'église (4), et il fut arrêté qu'ils promettroient de réciter chaque semaine le psautier en entier; c'est-à-dire chaque jour les psaumes de la férie; et comme les livres étoient alors plus rares qu'ils ne sont aujourd'hui, ils devoient encore promettre d'apprendre par cœur, dans six mois, le Commun des Saints. Il y a quelques vestiges qu'en ces temps-là l'évêque avoit une prébende dans l'église; mais aussi voit-on dans les mêmes moments que toutes les cinquièmes prébendes vacantes appartenoient au Chapitre (5). Guy voulant imiter

---

(1) *Obituar. xiij seculi.*
(2) *Cartul. Cap.*, fol. 225.
(3) *Cartul. Ep.*, fol. 31.

(4) *Vet. statuta Capit.*
(5) *Appendit ad vet. Obituar. xiij seculi.*

les exemples de plusieurs de ses prédécesseurs qui avoient institué des chanoines ou des chapelains, ou bien des officiers pour l'accroissement du culte divin dans la cathédrale, demanda permission, en 1260, au roi de Navarre, son parent, de disposer en faveur de qui il voudroit de la rente qu'il lui avoit donnée trois ans auparavant sur les entrées de la ville de Troyes (1). L'ayant obtenue, il s'en servit pour fonder six chapelains à Saint-Jean-le-Rond, outre les deux qui y étoient déjà, et six à Saint-Michel. Mais il n'exécuta son dessein qu'au mois d'octobre 1265, lorsqu'il fit son testament (2).

Longtemps auparavant il avoit exécuté les dernières volontés de Jean de Toucy, chevalier, et de Guillaume de Mello, son père. Ce fut en conséquence du testament du premier qu'il eut soin de faire bâtir le prieuré de Plain-Marchais dans la paroisse de Lavau, pour des moines de l'Ordre du Val-des-Choux, auxquels le testateur avoit laissé sa grange de Boraz (3), et qu'il restitua au prieuré de Saint-Sauveur l'usage des bois de Ville-Fergeau. Pour ce qui est des intentions de Guillaume de Mello, il s'y conforma sans doute en fondant son obit en l'abbaye de Saint-Germain et en celle des Iles, l'an 1260, sur les revenus de la justice de Saint-Bry (4). Un titre du monastère de Vieupou, Ordre de Grammont, à quatre lieues d'Auxerre, qui est de la même année, nous apprend que cet évêque y obtint sur les mêmes fonds un anniversaire pour son père, et sur d'autres fonds celui de Dreux de Mello, seigneur de Loches. Je trouve, dans les additions à l'obituaire de la cathédrale du XIIIe siècle, l'anniversaire de Guillaume de Mello, son père, fondé le 29 novembre, moyennant cent sous tournois sur des étaux de Saint-Bry; et dans le cartulaire du Chapitre (5) est un acte par lequel cet évêque reconnoît, en 1248, que Dreux de Mello, son oncle, voulant se croiser en 1239, au mois de juillet, donna aussi au Chapitre cent sous, à prendre sur certains

---

(1) *Voy.* les Preuves, t. IV, n° 192.
(2) *Ex litteris unionis an.* 1445.
(3) *Ex tit. apud. Viole.* 1269.
(4) *Voy.* les Preuves, t. IV, n°s 197 et 198.
(5) *Fol.* 50.

droits de la même terre de Saint-Bry, pour son anniversaire et pour celui d'Elisabeth, sa femme. En effet, il paroît, dans l'obituaire ci-dessus nommé, au 3 septembre. Guy le qualifie seigneur de Loches et de Mayenne (1).

Ce ne fut pas seulement l'exécution des testaments de ses amis ou de ses parents qui lui causa des distractions dans la conduite de son diocèse; mais encore une infinité d'autres députations pour des affaires d'importance qui regardoient ou les princes, ou le clergé ou même les religieux. Il assista à plusieurs conciles, à plusieurs cérémonies concernant les reliques des saints, et il fut choisi pour arbitre en quantité d'occasions. Il alla même à la guerre. Il y eut à Sens, l'an 1254, le 19 mars, une assemblée solennelle dans l'église métropolitaine (2), pour y examiner l'affaire du mariage d'Henri, roi d'Angleterre, et de Jeanne, fille du comte de Ponthieu. Entre ceux qui comparurent pour le roi d'Angleterre avec Pierre, évêque d'Herford, l'un des juges délégués, fut Guy, évêque d'Auxerre, en qualité d'assesseur, accompagné de Jean, sous-chantre de son église, et de Jean, chanoine et official. Le roi y déclara, par son mémoire, qu'en effet il y avoit eu promesse de mariage avec Jeanne, par personnes interposées, mais que depuis ce temps-là, ayant appris qu'il lui étoit parent au septième degré, il avoit changé de dessein et s'étoit marié en face de l'église avec Aliénore, fille du comte de Provence, et que Jeanne s'étoit mariée, de son côté, au roi de Castille. L'évêque d'Herford, après avoir mûrement examiné la chose avec l'évêque d'Auxerre, et ses chanoines et d'autres jurisconsultes, prononça que le premier mariage étoit nul, et que le second étoit légitime et contracté canoniquement. La sentence fut revêtue le lendemain du sceau de Guy, de celui du sous-chantre et de l'official d'Auxerre, en pré-

---

(1) En 1257, Guy, évêque d'Auxerre, est nommé comme pleige dans des articles de mariage de Guillaume de Lésignes, son neveu, passés par-devant Thibaud, comte de Champagne. *Ampliss. Collect*, t. 1.

En 1265, Renaud de Lucy, chevalier, reconnut devant l'official de Nevers, le mardi après Pâques, avoir été satisfait par Guy, évêque d'Auxerre, du legs de 60 livres que Guillaume de Mello, son père, avoit fait à Hugues Primery, son frère, dont il étoit héritier. *Ex autographo*.

(2) *Rymer*, t. 1, p. 464.

sence de quelques témoins venus de la même église, savoir : Nicolas de l'abbaye; Maître Dreux, chanoine de la cathédrale; Lambert, chapelain de l'évêque. Guy de Mello assista à plusieurs conciles de la province de Sens tenus à Paris. Le premier est de l'an 1252, où fut faite une lettre à Thibaud, comte de Champagne, son parent (1). Le meurtre commis en la personne de R., chantre de l'église de Chartres, en fit tenir plusieurs autres dans la même province. Il assista à celui de Paris, du mois de novembre 1253, où l'on décida que le clergé de l'église cathédrale de Chartres seroit transféré à Mante (2); à celui de 1255, où l'on porta sentence contre les meurtriers, et à celui de Sens, de l'an 1256, tenu au sujet des clercs chartrains arrêtés à l'occasion de ce meurtre. Ce fut vers le temps du premier et en 1254 qu'il décida avec Renaud, évêque de Paris, et Guillaume, évêque d'Orléans, contre la reine et les habitants du village d'Orly, que le Chapitre de Paris étoit en possession d'imposer la taille sur ces habitants pour les affaires de l'église de Paris (3) autres même que celles qui pouvoient avoir rapport à l'*ost* du roi. On voit, dans l'histoire de l'Université de Paris, les grands bruits qui furent excités sur la fin du pontificat d'Innocent IV, à l'occasion des défenses faites alors aux réguliers, surtout aux mendiants. Alexandre IV révoqua la dernière bulle de son prédécesseur, et il chargea l'évêque d'Orléans et celui d'Auxerre de veiller à l'exécution de la sienne. Cette commission obligea les deux prélats de procéder contre les séculiers de l'Université, et leur attira encore d'autres ordres contre Guillaume de Saint-Amour, l'an 1255. Guy, étant presque toujours à Paris durant ces troubles, fut présent avec Philippe, archevêque de Bourges, et le roi saint Louis, au contrat de mariage qui fut fait au mois d'octobre (*a*), du fils aîné

---

(1) *Ex mss. Cam. comput.*
(2) *Ampliss. Collect.*, t. 7. col. 143 et seq.
(3) Hist. de Paris, t. 1, pag. 336.

(*a*) D'après la charte originale, cette cérémonie s'accomplit le 21 août et non au mois d'octobre. — Archives du Roy. J. 599, n. 4.   (*N. d. E.*).

de ce roi avec Bérengère, fille d'Alphonse roi de Castille (1) ; et s'étant transporté jusqu'à Noyon en Picardie, au commencement du mois de septembre (2), il y assista à une visite ou translation qui y fut faite des reliques de saint Eloi dans la cathédrale, le cinquième jour du même mois (a). Ayant été délégué par le Saint-Siége, avec l'abbé de Saint-Victor de Paris et le général des Mathurins, pour informer sur la conduite d'Henri, abbé de Saint-Denys, il s'acquitta de cette commission, l'an 1257, avec tant de ponctualité que la déposition de l'abbé ne tarda guère de suivre l'information (3).

Mais rien ne devoit lui procurer plus d'honneur parmi le clergé de France que les remontrances qu'il fit à saint Louis, parlant au nom des autres évêques, l'an 1263, si elles eussent été bien fondées. « Sire, dit-il au prince, tous ces prélats me font dire que vous » laissez perdre la religion » (4). Il étoit question des excommunications, et on vouloit obtenir de saint Louis, qu'il ordonnât à ses officiers de justice de contraindre par la saisie de ses biens celui qui auroit été excommunié pendant un an et un jour à se faire absoudre. Saint Louis répondit si à propos à cette demande, allégua un exemple si opposé à ce qu'on désiroit de lui, que les prélats furent obligés de rester dans le silence (b). Quoiqu'il en

---

(1) *Ex tit. in Cam. Computor.*
(2) Annales de Noyon de Levasseur, à l'an 1420.
(3) Les histoires d'Orléans font mention de notre évêque à l'an 1259, à l'occasion de certaines indulgences accordées à l'abbaye de Beaugency. *La Saussaye, Guyon.*
(4) Joinville, vie de S. Louis.

(a) C'est au mois de septembre 1258 que s'opéra cette translation, selon la mention portée au Registre d'Eude Rigaut, archevêque de Rouen, qui y assistait. — *Registum visitationum Arch. Rothom.* publié à Rouen, en 1847, par M. Bonnin.
(*N. d. E.*).

(b) Le roi, connaissant l'étendue de ses droits, fit réponse qu'il voulait bien exécuter la sentence, mais qu'il fallait qu'on lui fit connaître si elle était juste ou non. Sur le refus des évêques, qui alléguaient que c'était matière spirituelle, il répliqua qu'il ne commanderait pas à ses sergents de forcer les excommuniés à se faire absoudre, qu'ils eussent été condamnés à tort ou à raison. — *Voy.* Histoire de saint Louis par Joinville, p. 13, éd. de 1668.
(*N. d. E.*).

soit de la réussite de cette députation, le pape Clément IV, lui écrivant environ deux ans après pour l'inviter à se joindre à Charles, roi de Sicile, dans la croisade contre Mainfroy, se sert de ces expressions (1) : « Dedit tibi dominus spiritum sapientie, sed » et linguam contulit eruditam; sensum tuum insuper multi jam tem- » poris experientia solidavit, ita ut nil tibi desit in ulla gracia quo » tam pium negotium valeat promoveri. » Il avoit déjà paru, en 1261, à la tête d'une armée levée en quinze jours de temps par le pape Urbain IV; et si l'on en croit les auteurs cités par M. Baluze (2), la terreur qu'inspirèrent ces troupes françoises sous la bannière de notre évêque fut si grande que le chef des Barbares, appelé Perceval d'Aurie, effrayé de leur arrivée, se noya aussitôt (a). Mais il fut besoin d'aller plus loin, quand il fallut combattre le tyran Mainfroy, bâtard de l'empereur Frédéric, et de rendre Charles d'Anjou, frère de saint Louis, paisible possesseur des royaumes de Naples et de Sicile. La chronique de Guillaume de Nangis marque qu'il partit en 1265, vers la fête saint Remi, avec Robert, comte de Flandre, Bouchard, comte de Vendôme, et plusieurs autres seigneurs. Son testament est en effet du mois d'octobre de la même année. Il l'avoit fait dans l'incertitude où il étoit s'il reviendroit de cette expédition, et il en avoit nommé pour exécuteurs : Odon, archevêque de Rouen; Jean, archevêque de Bourges; le roi de Navarre, son parent; Gui, doyen de Saint-Martin de Tours; et Pierre, préchantre de Sens, avec Henri de Vézelay et Erard de Lesignes, son neveu, chanoine d'Auxerre. J'en rapporterai quelques articles lorsque j'aurai parlé de sa mort (3). Au sortir d'Auxerre, il passa à Vézelay, où étant arrivé le dimanche qua-

(1) Thes. anecd., t. 2, p. 200.
(2) Preuves de l'histoire des cardinaux François.

(3) Ex extracto apud test. facto anno. 1306.

(a) Il fut présent, le 6 juillet de l'année suivante, lorsque Jacques I, roi d'Aragon, étant à Clermont en Auvergne, promit à saint Louis de ne rien entreprendre contre l'Eglise à cause du mariage de son fils, Don Pèdre, avec Constance, fille de Mainfroy. — Arch. du Roy. J. 587, n. 11. (N. d. E.).

trième jour du mois, il y vérifia, à la prière de l'abbé et des religieux, les reliques qu'on y possédoit de sainte Marie de Béthanie, faisant fouiller, la nuit du dimanche au lundi, à l'endroit où étoit le vase de cuivre qui les contenoit. Il paroît que cette cérémonie avoit été concertée quelques jours auparavant (1). L'acte qu'il en laissa scellé de son sceau, est également muni de celui de Pierre, évêque de Panéade, de Guerric, abbé de Saint-Marien, et de Pierre, préchantre de Sens, qui probablement étoient tous venus jusque-là à la conduite de cet évêque. Il paroît aussi que Jean, seigneur de Seignelay, fut du voyage. Outre qu'il étoit parent de Guy, je trouve que la fondation qu'il fit de deux chapelles dans son château, est précisément du même temps que le testament de notre évêque. Les seigneurs dont celui-là pouvoit être du nombre, étant partis avec lui, se rendirent à Albe, en Italie, et vinrent ensuite à Rome se joindre au roi Charles. Ce fut là que le pape revêtit l'évêque d'Auxerre de sa puissance apostolique, le créant son légat dans cette croisade. Il partit de Rome avec le roi Charles nouvellement couronné, et les armées prirent le chemin de Bénévent, où Mainfroy s'étoit renfermé avec une multitude de soldats allemands. L'armée du roi ayant campé presque à la vue de la ville, au mois de février, Mainfroy résolut de lui livrer bataille : ce fut alors que Guy de Mello fit paroître son éloquence, sa prudence et sa générosité. Placé auprès du roi, il harangua en peu de mots, mais avec feu, les chefs et toute l'armée; et sur la fin de son discours, levant la main droite, couverte de son gantelet de fer, il donna l'absolution générale de la part du pape, enjoignant aux soldats pour pénitence, dit Nangis, de bien battre leurs ennemis, leur promettant de la part de Dieu, que s'ils mouroient dans cette guerre, ils iroient droit en paradis. Après cela il se mit à la tête de l'armée, muni en dedans du bouclier de la charité, et par dehors d'une bonne cuirasse, rompant les escadrons des ennemis, animant les soldats de sa voix et de son geste, évitant toujours avec soin de répandre le sang; si cependant il est croyable, dit l'auteur de sa

---

(1) *Launoy in Disq. de Magdalena.*

vie, qu'un homme courageux qui combat dans une guerre juste où il y a danger de la vie, se laissera battre sans coup férir. La victoire ayant été gagnée par la mort de Mainfroy, et Charles étant devenu paisible possesseur de la Pouille, Guy se réjouit avec ce prince de cet heureux événement, prit ensuite congé d'eux et revint à Rome, où il fut reçu du pape et des cardinaux avec une joie qui ne se peut exprimer. Il resta, tant à Rome qu'autre part, au moins jusqu'au mois de mai de l'an 1266; et l'on croit que ce fut lui qui apporta, à son retour, la bulle dont j'ai parlé plus haut touchant les repas des chanoines, laquelle est du 8 juin de cette année-là. A son retour d'Italie, le clergé d'Auxerre le reçut processionnellement en chantant des cantiques d'actions de grâces, et le peuple de tout état et condition vint au devant de lui avec des démonstrations d'une joie extraordinaire. Deux ou trois mois après, cet évêque étoit bien loin d'Auxerre (*a*). On trouve que la veille de Saint-Michel il fut présent avec Odon, archevêque de Rouen, et Radulfe,

---

(*a*) Guy de Mello était souvent absent de son diocèse comme le prouve le récit de l'abbé Lebeuf. Il se lia d'amitié avec Eude ou Odon Rigaut, archevêque de Rouen, et passait presque chaque année quelques semaines avec lui dans son diocèse ou ailleurs. Ils étaient ensemble à l'entrée solennelle de Guillaume, archevêque de Sens, qui eut lieu le 2 août 1258 dans sa ville épiscopale, et il accompagna ensuite Eude à Rouen. Au mois de février 1260-61, il était témoin de la vente des domaines de Pinterville faite à Eude Rigaut par Pierre de Meulant.

Le 1er juillet suivant, Guy étant dans l'hôtel de ce prélat à Paris, passa un compromis avec le comte de Nevers et le prieur du Pré (près Donzy), sur un procès relatif à l'arrestation de certains hommes. A son retour de l'assemblée de Clermont, au mois de juillet 1262, il suivit Eude Rigaut à Rouen et à Villedieu où il consacra l'abbé de Walemont au nom de l'archevêque. Enfin, au mois d'août 1266, lorsque notre évêque revint d'Italie, il alla se reposer auprès d'Eudes qui le laissa malade au château d'Alleville (25 août). Et, en 1269, à la même époque de l'année, il vint encore le visiter à Rouen et dans ses châteaux, mais ce fut comme son dernier adieu.

Eude Rigaut, qui voyageait beaucoup, rendit aussi plusieurs fois visite à Guy de Mello dans son diocèse; et celui-ci l'accueillit avec la plus généreuse hospitalité. En revenant du concile de Bourges, en 1267 (68), il fut reçu au manoir de Villechau, au prieuré de l'Epau, à Varzy, Clamecy, Vézelay, Bazarne, au manoir de Régennes, puis il prit son chemin par Laferté-Loupière, etc. (*Ex Regesto visitationum archiepiscopi Rothom.* Rouen 1847, in-4°, par M. Bonnin).

(*N. d. E.*)

évêque d'Evreux, à Saint-Germain-en-Laye (1), lorsque Blanche, fille de saint Louis, y fut accordée avec Ferdinand, infant de Castille.

L'année 1267 ne fut guère moins glorieuse à la mémoire de Guy de Mello, que l'avoit été l'année précédente. Etant à la Cour, le mardi de la Pentecôte (2), il y reçut, pour le roi, le serment que firent Jean, comte de Rouci et autres, comme garants de Henri de Hans, son cousin, envers Thibaud, comte de Champagne. L'archevêché de Lyon étant venu à vaquer par la mort de Philippe de Savoye, comme le Chapitre se trouva partagé dans l'élection d'un successeur, Clément IV déclara, par une bulle du 30 décembre, qu'il le nommoit pour remplir cette place. Sévert, prend occasion de là, dans son Histoire des archevêques de Lyon, de s'étendre beaucoup sur la généalogie des Beaujeu, croyant, avec Guillaume de Nangis, que le nom de l'évêque d'Auxerre étoit *Guido de Bello Joco*, et supposant que cet évêque accepta son élévation à l'archevêché; mais il est certain que la bulle de Clément resta sans effet. Guy écrivit au pape les raisons qui l'empêchoient d'accepter l'honneur qu'il lui faisoit, et chargea le porteur de sa lettre de suppléer au reste. Le pape revint à la charge et lui écrivit une lettre très-flatteuse et très-pressante que j'ai retrouvée, où il lui marqua d'avoir compassion de l'église de Lyon qui restoit veuve depuis si longtemps et qui le souhaitoit ardemment. Il alla jusqu'à le menacer que si, par son refus, il évitoit la colère de Dieu, il ne se soustrairoit pas de celle du Saint-Siége. Soit que Guy eût continué de refuser, ou que la mort de Clément, arrivée quelques mois après, en 1268 (3), eût apporté du changement, il est certain qu'il ne prit pas possession de l'archevêché de Lyon. Il y a quelque apparence que, pendant une bonne partie de l'année 1268, Guy fut occupé à se défendre sur sa translation. On ne trouve aucun acte qui fasse mention de lui en cette année. Mais, en 1269 (4), il est nommé comme ayant fait un accord entre Gautier de Saint-Denys, chevalier, sire de Julli, et Hélisende, sa femme, d'une part; et

---

(1) *Spicil.*, t. 2, p. 593, ad an. 1266.
(2) *Voy.* les Preuves, t. IV, n° 207.
(3) Le 28. nov.
(4) Au mois de juin. *Ex originali*.

Renaud de Nitry, chevalier, neveu de Gautier, de l'autre part. La même année étant à Paris, le jour de saint André, il remit, entre les mains de Dreux de Mello, son neveu, une somme de deux mille livres qu'Isabelle, sa nièce, sœur de Dreux, lui avoit confiée en dépôt (1). Cette délivrance fut certifiée par un acte de Jean, archevêque de Bourges, qui s'y dit parent d'Isabelle.

L'auteur de la vie de Guy de Mello marque qu'au bout de quelques années, après son retour d'Italie, il fut attaqué d'un flux de ventre accompagné de fièvre et que la complication de ces deux maux lui fit connoître que sa fin approchoit. Pendant le cours de cette maladie il confirma son testament qu'il avoit fait dès l'an 1265. Son historien dit qu'il fit assembler plusieurs fois les pauvres pour leur distribuer ses épargnes, et, qu'après avoir récompensé ses domestiques selon leurs mérites, il fit des dispositions en faveur de plusieurs couvents. Les articles de ce testament, dont j'ai vu une copie tirée l'an 1306, portent pour premier legs, à son église cathédrale, celui d'une somme de deux cent-soixante livres de rente pour l'augmentation des distributions, trente livres de rente pour celles des vicaires, cent sous de rente pour celles des clercs du chœur à matines; ce qui, selon son historien, devoit produire, par jour, à chaque chanoine résidant, six deniers d'augmentation (2). Il avoit destiné, pour cela, la terre de Lichères, proche Clamecy, et tout ce qu'il avoit acquis autour de la maison de La Brossé (3), proche Auxerre, avec la terre de Fleury et toutes ses dépendances, au diocèse de Sens, laquelle fut depuis échangée (4). J'ai rapporté, plus haut, la fondation des chapelains de Saint-Michel et de Saint-Jean-le-Rond ordonnée par le même testament. Guy avoit aussi fondé un autel dans la Maison-Dieu du cloître du Chapitre; il assigna, à cet hôpital, vingt livres de rente et donna cent sous pour acheter des revenus qui servissent à régaler

---

(1) *Ex originali.*
(2) Quelques chanoines laissèrent aussi, depuis, des fonds pour être appliqués à la même augmentation, entre autres Michel de Vermenton, archidiacre en 1283. *Cartul. Capit.* cxi.

(3) *Brechia* ou *Brochie.*
(4) Hugues doyen, et le Chapitre, cédèrent Fleury, en 1281, à Humbert de Beaujeu, connétable de France, seigneur de Saint-Maurice-Tirouaille, et à Elisabeth de Mello, nièce de cet évêque, pour d'autres biens.

les pauvres le jour de son anniversaire. Il donna cent livres pour entretenir les cierges des anges qui environnent le grand autel, et il légua encore, pour la même fin, le droit de cire que l'évêque levoit sur l'église de Saint-Pélerin; et, enfin, il disposa d'une somme de vingt livres en faveur de la fabrique de l'église. Non content de ces articles portés par le testament, il fit encore à la même église d'autres legs spécifiés dans son codicille du jeudi après l'Exaltation de la Sainte-Croix de l'an 1270. Son historien dit qu'il légua deux ornements pontificaux complets et sa crosse; et le codicille met, outre la crosse, un calice d'or, un encensoir d'argent doré et des bassins d'argent. Il ordonna aussi, par ce codicille, qu'on achetât des fonds dont le revenû seroit employé à rendre de rit solennel la fête de la Nativité de la Sainte-Vierge, et de rit double celle de saint Augustin; et, en effet, depuis ce temps-là, chacune de ces deux fêtes eut un octave selon l'espèce qui convient aux fêtes solennelles et aux fêtes doubles. Se ressouvenant encore alors du pauvre clerc Robert Chevrier, qui avoit été pendu contre les règles par sentence des officiers laïcs, et dont il avoit fait rapporter solennellement le corps pour être inhumé proche l'église de Notre-Dame-de-la-Cité, ainsi qu'on l'a vû ci-dessus, il donna, à son intention, au Chapitre de cette collégiale, une somme de trois cents livres pour être employée à la construction d'une petite chapelle sur sa sépulture. Il eut aussi quelque attention pour celui qui seroit son successeur dans l'évêché d'Auxerre. Voulant qu'il eût l'agrément de pouvoir être logé à Paris s'il le souhaitoit, il marqua, dans le même codicille, qu'après le décès d'Erard, son neveu, doyen du Chapitre, celui qui seroit alors évêque à Auxerre pourroit avoir sa maison de Paris pour la somme de sept cents livres. Depuis qu'il fut alité, il n'omit aucun jour de réciter l'office canonial tant qu'il put parler; lorsqu'il fut hors d'état, il se fit réciter les mêmes prières, et songea plutôt à la santé de son âme qu'à celle de son corps; il se laissa voir à peu de personnes de crainte que les visites ne détournassent ses pensées toujours fixées vers Dieu. Le mal étant venu au point de désespérer de sa guérison, il défendit à sa sœur, ses neveux et nièces et autres parents de rester dans sa chambre, de crainte que leur présence ne lui fît naître quelque pensée terrestre. Il ne retint, auprès de soi, que son cher neveu Erard de Lesignes, avec qui il ne cessa de s'entretenir de l'affaire de son salut. On ne peut exprimer combien on le vit alors détester l'amour qu'il avoit eu pour le faste du siècle, combien il tint de discours humilians pour sa personne, et combien on le vit verser de larmes. Ayant reçu l'extrême-onction, il se fit apporter une croix et une image de la Sainte-Vierge qu'il envisagea l'une après l'autre. Quelques religieux de l'Ordre des Frères Mineurs prioient autour de lui. Pendant ce temps-là il proféra, autant qu'il lui fut possible, en jetant les yeux sur la croix, ces paroles du psautier : *In te Domine speravi, etc.*; *In manus tuas, etc.*, et, en regardant l'image de la Sainte-Vierge, *Ave Maria, etc.*; *Maria mater gratiæ, etc.* Ce fut en prononçant ces prières, qu'il s'endormit au Seigneur, le 19 septembre, à la pointe du jour.

Il fut inhumé dans le chœur de l'église cathédrale au pied de Bernard de Sully. Sa sépulture fut couverte d'une tombe de marbre noir, qui étoit un peu élevée de terre et dans laquelle étoit incrustée une tombe d'airain qui le représentoit avec son épitaphe autour. Mais les Huguenots ayant fondu cette tombe, en 1567, et l'épitaphe n'ayant été transcrite nulle part, je ne puis en rapporter le contenu. Le marbre noir dans lequel elle étoit incrustée a depuis été mis de niveau avec le reste du pavé. Toute méconnoissable qu'est aujourd'hui cette tombe noire, et sans apparence d'inscription (*a*), elle ne laisse pas de servir à réfuter l'erreur de Sévert, chanoine de Lyon, qui s'est imaginé que c'étoit dans l'église de Saint-Etienne de Lyon, voisine de celle de Saint-Jean, qu'il reposoit. Il avoit fondé son anniversaire dans la cathédrale d'Auxerre, moyennant quinze livres de rente, ce qui devoit le rendre très-solennel. Erard, son neveu, en augmenta encore la solennité deux ans après, ajoutant dix livres de rente annuelle. Il assigna, outre cela, à toutes les communautés de la ville et faubourgs qui y assisteroient, aux

---

(*a*) La dalle de marbre dont parle notre Auteur existe encore au même lieu. Elle offre une surface raboteuse qui prouve l'opération qu'on lui a fait subir.

(*N. d. E.*).

unes vingt sous, aux autres dix, et cela du consentement du Chapitre, à qui revenoit la distribution des communautés qui y manquoient. Le sous-chantre, Droin Chaucuard, marque, dans l'obituaire qu'il écrivit au commencement du xviie siècle (1), qu'il y avoit encore de son temps à ce jour six cierges allumés autour de la sépulture, et qu'à l'offertoire de la messe trois chanoines prêtres, revêtus de chasubles noires, alloient à l'offrande et y présentoient chacun un calice avec du vin et une patène couverte d'un pain, comme cela se pratique encore à Sens aux obits solennels des archevêques. Guy avoit aussi fondé son anniversaire à Notre-Dame-de-la-Cité, dans les collégiales de Varzy, de Clamecy et dans la cathédrale de Sens, dans l'abbaye de Saint-Laurent, proche Cône, à laquelle il avoit donné vingt livres, et apparemment dans toutes les principales communautés du diocèse (2). Il est nommé dans le nécrologe du prieuré de Marcy avec Erard, son neveu, comme ayant donné à cette maison la cure du lieu. Il avoit aussi recommandé, dans son codicille, qu'on fit faire son anniversaire par les chanoines de la chapelle souterraine de la Trinité, auxquels il avoit donné, dès l'an 1252, six livres de rente à recevoir sur l'église de Corvol.

VIDEO CELOS APERTOS.
Contre-sceau de Guy de Mello (*a*). (*Archiv. du Roy.*)

(1) *Ex libro ejus autographo.*   (2) *Ex necrologiis locorum.*

(*a*) Ce contre-sceau figure saint Etienne au moment de sa lapidation ; il tend les bras à Dieu représenté par une main qui sort des nuages. L'oiseau qui est derrière le saint rappelle les armoiries de l'évêque Guy.   (*N. d. E.*)

CHAPITRE XVI.

ERARD DE LESIGNES, LXIIIe ÉVÊQUE D'AUXERRE ET CARDINAL.

Recueil de ses actions.

Comme l'église d'Auxerre étoit alors remplie de chanoines de 1270 à 1278. naissance et de mérite, le clergé ne fut pas longtemps sans en tirer un successeur à Guy de Mello. Fournissant des évêques à plusieurs diocèses, elle ne s'oublia point ; et les chanoines ayant mis l'élection en compromis, ceux à qui on avoit déféré ce choix élurent unanimement le doyen Erard de Lesignes. Son élection étoit confirmée avant la fin de l'année 1270, puisque Pierre de Charny, archevêque de Sens, écrivit dès lors aux régents du royaume qui étoient l'abbé de Saint-Denys et Simon de Néelle, pour avoir mainlevée des revenus de l'évêché échus pendant la vacance du siége; mais, par la supputation des sept ans, deux mois et trois semaines qu'on lui donne d'épiscopat, il a dû n'être reconnu évêque et reçu à Auxerre que vers le commencement de janvier, un an et trois mois après la mort de son oncle.

Il étoit fils de Guillaume de Lesignes, connétable de Champagne, cousin-germain de.... de Brienne, prince d'Achaïe, et de Marguerite de Mello, sœur de l'évêque défunt, dont les familles eurent des alliances avec la maison de France, celle d'Ecosse et les ducs de Bretagne. Il avoit été fait chanoine d'Auxerre, par son oncle, en 1250, après la mort de Guillaume de Clugny (1). Il prend cette qualité dans le traité qu'il fit, en 1254, au sujet des fonds qu'il assigna au Chapitre (2) pour l'anniversaire de sa mère nouvelle-

---

(1) *Append. ad obituar. xiij sæc.*

(2) Il assigna une rente sur des vignes en Touchebœuf.

ment décédée, et par la mort de laquelle il devint seigneur de Lesignes. Outre cet acte qui le qualifie de chanoine, on en voit un autre dans les archives de Flavigny, mais qui est postérieur de cinq ans. Il avoit pris à bail de cette abbaye, en 1250, la maison de leur prieuré de Chichée, proche Chablis, presque entière, avec les charges que les religieux y attachèrent; et comme l'endroit est fort agréable, peu éloigné d'Auxerre, et à moitié chemin de sa seigneurie de Lesignes, il y a tout lieu de croire que ce fut sa maison de récréation ou d'étude, tant qu'il ne fut pas obligé de résider à Auxerre plus étroitement. Il parut aussi à Paris, au mois de juin 1260, avec la simple qualité de chanoine d'Auxerre (1); et il y accorda Renaud, comte de Forez, avec Guillaume de Jaligny, chantre de la même église, au sujet du village de Poimiers et de ses revenus que ce chantre demandoit depuis la mort de Guy, comte de Forez, frère du même Renaud; mais ayant été élu, quelques années après, doyen du Chapitre, il se crut obligé à acquitter les devoirs de sa dignité; et, sans attention à la chair ni au sang, il soutint les droits dont les doyens jouissoient alors, contre tous ceux qui vouloient y donner atteinte et même contre son propre oncle. Nous ignorons si, étant fait évêque, il n'entreprit point de détruire ce qu'il avoit soutenu jusqu'alors; mais il est plus honorable à sa mémoire de présumer qu'il ne fut point du nombre de ceux qui changent de sentiments en changeant de place, et qu'il laissa son successeur jouir des droits qu'il avoit lui-même défendus (2).

Cet évêque avoit d'excellentes qualités de corps et d'esprit. Du côté du corps, il n'étoit que d'une stature médiocre, mais il étoit très-beau de visage. Il savoit tempérer, par un certain degré d'humilité, le faste que sa naissance pouvoit lui inspirer; il poussoit la libéralité quelquefois à l'excès, et quand il étoit obligé de refuser ce qu'on lui demandoit, on s'apercevoit de la peine que

---

(1) *Duchêne in Card. Franc.*

(2) J'ai vu un titre en original de 1270, le lundi avant la Pentecôte, par lequel Mabile de Lesignes, dame de Nanthueil, reconnoît avoir reçu en mariage *d'Erars de Lesines*, doyen d'Auxerre, et de défunt Guillaume de Lesignes ses frères, mille et cinq cents livres de terre. Ce que *Joiffroiz de Joingville* son mari ratifie.

cela lui faisoit par la rougeur qui lui montoit au visage. Comme il avoit enseigné les humanités étant jeune, et que depuis il avoit étudié, à Paris, le droit civil et canonique jusqu'à se faire recevoir licencié, il étoit plein des matières qui avoient fait l'exercice de sa jeunesse, et sa conversation étoit toujours très-agréable et fort variée. Etant avantagé d'une très-belle voix, il avoit appris le chant dès l'enfance, et il aima à faire paroître ce talent particulier. Quoiqu'il lui restât peu de temps depuis qu'il fut évêque pour étudier les matières de théologie, il acquit cependant, par la vivacité de son esprit, le don de bien prêcher, et afin de rendre ses sermons plus persuasifs il joignoit l'exemple à la parole. Ayant toujours été attentif à conserver la chasteté, il redoubla ses soins de ce côté-là dès qu'il fut fait évêque ; il porta en secret le cilice sur son corps, et il avoit un fouet composé de trois chaînes d'argent avec des nœuds, dont il se châtioit souvent la nuit. C'est ce que l'auteur de sa vie dit avoir su de témoins dignes de foi.

Ce prélat avoit à l'extérieur la simplicité de la colombe, mais, cependant, il n'étoit point lâche lorsqu'il s'agissoit de soutenir les droits de son église. Au contraire il étoit très-ferme et courageux. Il fit reconnoître, en 1271 et 1273, par ceux qui avoient ou qui se disoient avoir droit sur le comté d'Auxerre, et par les possesseurs des baronnies de Donzy et de Toucy, l'obligation où ils sont de porter l'évêque à son joyeux avénement (1). L'aveu de la seigneurie de Colanges-sur-Yonne fut aussi inséré dans le même acte. On trouve encore une reconnaissance de même nature, passée par Guillaume de Mello, seigneur d'Epoisses. Ce chevalier lui fit en même temps hommage-lige du fief d'Odant, et ajouta qu'il étoit tenu pour ce fief à cinquante livres de cire envers le trésorier d'Auxerre (2). Cet acte prouve qu'il y avoit d'autres seigneurs que les quatre barons ordinaires qui étoient tenus à ce *portage* des évêques d'Auxerre. On ne peut douter qu'Erard n'eût fait observer toutes les cérémonies accoutumées en pareil cas ; puisque Aymon des Bordes dit, dans la vie de Guy de Munois, abbé de Saint-

---

(1) *Cartul. Episc. Autiss.*, fol. 19. | (2) *Cartul. Episc. Autiss.*, fol. 30.

Germain (1), qu'on trouvoit dans les comptes du monastère, que la dépense des six jours qu'il y avoit logé avant de faire son entrée en la cathédrale, avoit monté à la somme de six cents livres; ce qui, aujourd'hui, reviendroit au moins au quadruple.

Les premières difficultés qu'il eut touchant la juridiction spirituelle, furent avec les moines du prieuré de La Charité. On lit, dans les registres du parlement de la Pentecôte 1271, que l'évêque d'Auxerre poursuivant un clerc, appelé Guillaume d'Orléans, pour délit commis, le prieur de La Charité le revendiqua comme son bourgeois, disant qu'il n'avoit été ni atteint, ni convaincu du mal dont on l'accusoit. Le coupable soutenoit de son côté contre l'évêque qu'il n'étoit pas clerc, parce que depuis son mariage il avoit assisté à des causes criminelles où l'on avoit prononcé des sentences de mort. C'est pourquoi l'évêque fut débouté, et il fut dit que le clerc ne devoit pas lui être rendu; mais le différend qui s'éleva l'année suivante eut de bien plus grandes suites. Erard, étant dans la même ville de La Charité, entreprit d'y examiner une femme qui étoit suspecte d'hérésie. Le prieur, quoique sommé plusieurs fois, refusa de la livrer, parce qu'elle étoit sa bourgeoise. En conséquence de ce refus, l'évêque jeta un interdit général sur la ville; mais les religieux n'y ayant aucun égard firent inhumer les morts à l'ordinaire dans les cimetières. Les esprits étant échauffés de plus en plus de part et d'autre, l'archevêque de Sens et l'abbé de Cluny intervinrent pour faire cesser le scandale et apaiser la colère de l'évêque diocésain. Voici (2) quelles furent les conditions du traité de paix : 1º la femme fut livrée entre les mains du prélat; 2º un des religieux, au nom de tous ceux qui avoient fait violer l'interdit, supplia humblement, à genoux, l'évêque de vouloir bien lever les défenses qu'il avoit faites, et amenda les fautes qui avoient été commises tant par les refus de livrer la femme, que par le violement de l'interdit; 3º on fit tirer de terre les corps de vingt personnes qui avoient été inhumées pendant cet interdit; l'évêque leur donna

---

(1) *Bibl. Labb.*, t. I, *in Hist. abb. S. Germ.*, p. 588.

(2) *Gallia christ.*, t. XII.

l'absolution, et ils restèrent ainsi exposés à l'air jusqu'à ce que le sermon fût fini dans l'église de Saint-Pierre et que la messe des morts eût été célébrée ; après quoi on remit ces corps dans leurs fosses : cérémonie terrible et qui devoit inspirer une grande horreur de l'infraction de l'interdit. On verra, dans l'Histoire des comtes, à l'an 1270, comment le même évêque se crut assez fondé pour lancer l'excommunication sur le prévôt d'Auxerre et sur ses officiers qui, de l'autorité seule du comte et sans la sienne, avoient percé les murs de la cité ; et comment cette affaire fut terminée par des arbitres (a).

On peut compter parmi les acquisitions qu'il fit, celle d'un tiers des éminages, que des particuliers avoient aux foires du Mont-Artre d'Auxerre, qui se tenoient pendant le carême (1), quoique ce fût en partie en échange d'une maison de Toucy qu'il avoit eue du prévôt du lieu. Je mets dans le même rang les deux maisons au-dessus de la Porte-Pendante, dont le Chapitre l'accommoda, en 1272, pour un prix considérable. Il s'assura aussi, en 1274, par un traité solennel, les dîmes de Chitry qui lui avoient été contestées (2) ; mais comme il en fit quelque temps après donation au

---

(1) Le cartulaire de l'évêché rapportant l'état du revenu épiscopal de ce temps-là, met une foire à la mi-carême. — Voy. l'extrait dans les Preuves, t. IV.

(2) Cartul. Cap., fol. 505.

(a) Il se passa encore, sous l'épiscopat d'Erard de Lezinnes, un fait qui peint bien les mœurs du temps : les habitants de Beaumont étant en discussion avec les moines de Saint-Marien, parce que ceux-ci vouloient reprendre leurs pâturages, envahirent leur maison de Bonnard, les injurièrent et commirent des violences contre leurs personnes. Sur la plainte de l'abbé, les habitants furent poursuivis et excommuniés. Leur seigneur les reconnut coupables, et, enfin, ils furent condamnés, par l'abbé de Saint-Marien lui-même, à une amende de 50 livres et à faire deux processions en l'église de Chemilly « nuz piez en braies et en chemise le jour de l'Ascension prochaine et qu'ils vinssent tous à Auxerre dès lou jor de Pasques flories devant l'église Notre-Dame-la-d'Hors en braies et en chemises, nuz piez, eschevelés, verges en lor mains et ensuite veingnent a (avec) nous pardevant lou chastel de Auxerre jusque devant l'église Saint-Etienne et iqui les diz forfaiz nous amendent agenouillous. » — Arch. de l'Yonne, fonds Saint-Marien, charte du mois de février 1278-79. (N. d. E.)

Chapitre, elles n'augmentèrent point le domaine épiscopal. Ce qu'il procura de plus considérable à ses successeurs, furent les dîmes d'Appoigny, Esbries et Bailly. Les habitants avoient refusé jusqu'alors de les payer, quoiqu'ils fussent ses sujets, obligés à la servitude de main-morte et à la taille haute et basse; il leur proposa, du consentement de son Chapitre, de leur remettre la mainmorte, et de fixer leurs tailles, par an, à la somme de quatre-vingts livres; par ce moyen tous les habitants consentirent de payer dans la suite les dîmes de blé, de vin et de toutes autres productions de leurs terres; en quoi, dit l'écrivain de sa vie, il augmenta le revenu de l'évêché de plus de trois cents livres par an. Le traité qu'il fit à ce sujet, l'an 1276, a été publié en son entier par M. Pérard dans ses chartes de Bourgogne, et il fut confirmé par Gilon, archevêque de Sens, qui y apposa son sceau. Il acquit, outre cela, au même lieu d'Appoigny, de Milon d'Auxerre et Jean, son frère, chevaliers, le four banal, la justice et plusieurs autres choses qu'ils y possédoient; ce qui fit encore augmenter de vingt livres le revenu de l'évêché. Malgré le grand produit que cet évêque tira de la terre d'Appoigny, il ne se lit en aucun endroit qu'il ait fait des augmentations à son château de Régennes, situé dans cette paroisse. Mais il fit quelque chose à celui de Beauretour, savoir, une salle neuve et quelques appartements à l'entrée.

Il fut très-rare que cet évêque entrât au Chapitre sans y faire quelque présent. Il donna un reliquaire où étoient des cheveux de sainte Marie, sœur de Lazare, apportés de Vézelay, et ce reliquaire étoit supporté par deux anges d'argent d'un grand prix. Une autre fois il donna une croix d'argent garnie de pierres précieuses, laquelle valoit cinq cents livres. Plus un calice d'or pur, six paires de vêtements sacerdotaux de diverses couleurs, *tam de examito quam de diaspro*, c'est-à-dire tunique, dalmatique et chasuble dans chaque ornement, et deux chapes; et avec tout cela une mître et un anneau pontifical du prix de quatre cents livres. Je parle selon l'estimation de l'écrivain du temps. Il destina pour l'augmentation du pain de chapitre, une somme de mille livres. Etant venu aux Chapitres généraux du 3 mai 1275, il y confirma, aux chanoines, le droit de nommer et de présenter aux cures de Monétau, Gurgy, Chichery, Chemilly, Beauvoir, Pourein, Lindry, Crevan, Accolay, Oisy, Billy, Bazerne, Montigny et les trois églises de Saint-Bry (a). L'année d'après il donna, au Chapitre, les dîmes de Chitry. Comme il aimoit la fréquentation de l'office divin, il fit tout ce qui dépendit de lui pour rendre les chanoines assidus à certaines messes, telles que les deux premières de la fête de Noël et celle du jeudi-saint. Il y attacha des distributions qui étoient convenables pour ce temps-là, et qui, aujourd'hui, ne forment pas le même objet. Le goût particulier qu'il avoit pour le chant, le porta à introduire dans l'église six répons nouveaux d'une douce mélodie, aux dimanches dans la sexagésime et dans la quinquagésime, tirés de l'histoire de Noé et de celle d'Abraham, afin qu'on ne répétât pas à ces jours-là ceux du dimanche dans la septuagésime ; et comme il savoit toujours mêler l'utile à l'agréable, il attacha encore une distribution de douze livres à ces deux dimanches, en considération de ces répons. L'écolâtre ou chapelain que son oncle, Guy de Mello, avoit institué, ne fut pas oublié dans les dispositions de ses biens ; il en augmenta le revenu de dix livres par chaque année. Enfin c'est de lui que le Chapitre tient la juridiction temporelle qu'il a dans les maisons canoniales situées dans le cloître et sur les séculiers même qui y demeurent, excepté les cas d'incendie, homicide, rapt, larcin et la confiscation des biens pour cause de délit et de haute justice ; de laquelle juridiction il investit le doyen Hugues comme représentant le Chapitre, en lui donnant son anneau. La charte passée en Chapitre, au mois de septembre 1276, contient, de plus, qu'il confère à la compagnie l'entière disposition des biens des chanoines mourant sans faire de testament, sauf que s'il paroissoit à l'évêque qu'on en eût mal disposé, il pourroit exiger qu'on lui en rendît compte (1).

(1) *Gall. christ. vetus, p.* 311.

(a) Ces trois églises doivent s'entendre de celles de Saint-Bris, de Goix son faubourg, et de Grisy-Aucep son annexe. Ces deux dernières sont détruites depuis la Révolution. (*N. d. E.*).

1270 à 1278.

Nous ne voyons pas beaucoup d'actes dans le diocèse où le nom d'Erard paroisse, et c'est sans doute à cause de la brièveté de son pontificat. Il y a, à Sainte-Eugénie de Varzy, une charte de l'an 1273, par laquelle il unit une prébende à la chantrerie de cette église; et à l'abbaye de Bourads, un titre par lequel il accorde aux religieux de ce lieu exemption de payer aux évêques d'Auxerre la dîme du vin qu'ils recueilloient à Varzy, moyennant cinq livres de rente annuelle. Il s'est aussi rencontré un ancien calendrier où l'on trouve que ce fut lui qui fit la dédicace de la chapelle de Bazerne, un 23 d'avril (1); mais il n'est pas également sûr qu'il l'eût bâtie, non plus que celle de Saint-Quentin de Monétau, comme l'a avancé Hemeré, dans son *Augusta Veromanduarum*, sur des mémoires incertains. Il s'est aussi conservé à Amiens un titre qui énonce la donation qu'il fit, à la fin du mois d'avril 1271, à Jean de Conti, son parent, chantre d'Amiens et prévôt de Liège, d'un morceau de l'étoffe conservée dans la cathédrale d'Auxerre sous le nom de *manteau* de Saint-Martin, dont Pierre de la Jaisse, son chapelain, depuis évêque de Mâcon, fut le porteur (2). J'ai trouvé beaucoup plus d'actes étrangers à son diocèse où il est fait mention de lui. Il fut choisi, en 1271, pour juge arbitre par H., roi de Navarre, comte de Champagne et de Brie, et par Thibauld, comte de Bar son féal, au sujet du différend où ils étoient sur la grange de Vieil-Moutier, prétendant chacun qu'elle étoit en leur garde. Il est nommé, en 1272, le premier des exécuteurs testamentaires de Jean de Sully, archevêque de Bourges (3), dans un extrait du testament, par lequel le défunt fondoit dans l'église d'Auxerre son anniversaire, moyennant cent sous de rente à percevoir sur les tailles de sa terre de Lainsec. Il paroit en deux actes de l'année 1274. Dans l'un, qui est du mois de janvier, il confirme et approuve, comme seigneur de Lesignes (4), la vente d'une portion des dîmes de Sainbour, que

---

(1) *Cal. eccl. Crevenn.*
(2) *Ex transcrip. D. de Riencourt Dec. Ambian. ad me miss.*
(3) *Cartul. Capit.*, fol. 518.
(4) *Voy.* les Preuves, t. IV, n° 219.

Jean le Moine, chevalier, fit aux religieuses de l'abbaye de La Charité-sous-Lesignes. Dans l'autre, du mois d'avril, Milon, seigneur de Noyers, dit le Jeune, et Marie, son épouse, reconnoissent avoir reçu, étant aux foires de Bar, le reste de la somme de mille livres que cet évêque avoit promise pour le prix de cent *livrées* (1) de terre à prendre sur du bien situé à Troyes (2). En 1275, au mois de mai, il fit présent à Gaucher de Merry, chevalier, son cousin, de quatre livrées de terre. Etant à Paris, le vendredi après la saint Jean 1276, il reçut les articles du mariage de Guy, fils de Jean, sire de Château-Villain, avec Isabelle, fille de défunt Hugues de Jaligny, nièce de Guillaume de Jaligny, chantre d'Auxerre; et l'on voit, par le codicile de ce chantre (3) mort évêque de Laon, qu'il étoit parent de l'évêque d'Auxerre, à qui il se trouva encore alors redevable d'une très-grosse somme.

Cet évêque qui s'étoit montré, dès les commencements, insigne défenseur des droits de son église, avoit continué à témoigner une égale fermeté depuis que le comté d'Auxerre étoit assuré à la maison de Chalon. Ce fut ce qui lui attira des démêlés avec le comte Jean de Chalon, dans la cinquième année de son épiscopat. Il crut devoir l'excommunier avec sa femme; mais comme cela ne servit de rien, il fut obligé d'aller plus loin, et de mettre la ville d'Auxerre, les faubourgs et tout le comté en interdit. Le comte, qui vouloit pallier ses entreprises sous l'ombre de la justice, appela du tout. L'évêque se transporta à Rome dans l'automne de l'an 1276; mais il y trouva la fin de ses jours. Comme il n'étoit pas accoutumé aux chaleurs de l'Italie, il y contracta au bout d'environ deux ans, c'est-à-dire pendant l'été de 1278, une double maladie, savoir: les fièvres et le flux. Pendant cette maladie, Nicolas III, qui avoit

---

(1) Ce mot vient de *libratas*, il est ainsi dans le titre.

(2) On peut ajouter à tous ces actes ceux-ci, dont j'ai vu les originaux. Il fit prêter, en 1271, à Beatrix dame d'Enon, veuve de Guy d'Enon, chevalier, par Guillaume de Dicy, bourgeois de Villeneuve-le-Roi, son débiteur, une somme de trois cents livres. En 1272, le jour de Saint-Martin d'hiver, Aguès dame de Bragelonne et de Saint-Bry, veuve, et son fils Philippe, reconnurent devant P., archevêque de Sens, devoir à Guy de Mello, dont Erard étoit exécuteur testamentaire, près de trois mille livres. On voit dans le P. Anselme, t. 6, p. 656, qu'Erard l'aidoit en 1275, contre Jean de Noyers, seigneur de Maisy.

(3) Hist. d'Auvergne, Preuv., p. 294, 295.

succédé le 25 novembre 1277 à Jean XXI, le créa évêque-cardinal de Préneste. On sut à Auxerre la nouvelle de sa promotion vers l'été de l'an 1278, et, cependant, le Chapitre ne se détermina que le vendredi d'après la Toussaint, c'est-à-dire le 4 novembre, au choix du jour pour procéder à une nouvelle élection. Mais ce fut dans le mois de juin que les officiaux des archidiacres commencèrent à tenir la place du sien, chacun dans leur district suivant la coutume. Erard, voyant augmenter la maladie dont il étoit attaqué, fit son testament (1), et sentant ses forces prêtes à s'éteindre, il se fit administrer le sacrement d'extrême-onction, après la réception duquel il expira à l'entrée de la nuit du 18 de mars 1279 suivant la manière de compter d'Italie, ou 1278 selon celle de France qui ne commença l'année 1279 qu'au jour de Pâques, qui arriva le 2 avril (a).

Son corps fut apporté à Auxerre où il avoit demandé d'être inhumé, proche son oncle Guy de Mello, et on le mit sous la même tombe. Frison soutient, mais sans fondement, qu'Erard ne fut jamais cardinal; d'autres assurent qu'il ne le fut que huit jours. Au reste il est certain qu'il fut le premier des évêques d'Auxerre promu à cette dignité (2). Son chapeau de cardinal fut apporté de Rome avec son corps, et on le vit suspendu à la voûte au-dessus de sa sépulture, jusqu'à la prise de la ville par les Huguenots.

Nous ignorons quels furent les autres articles de ses dernières volontés. Il avoit destiné longtemps auparavant vingt livres de rente pour son anniversaire, payables par ses successeurs sur les revenus d'Appoigny (3); ce qui a eu lieu et qui entre encore dans les charges

---

(1) *Tab. S. Mariani, fol.* 102.
(2) *Hist. des card. françois de Duchêne,* p. 281.
(3) *Cartul. Ep. in oncrib. Ep. item vetera Stat. Capituli.*

(a) C'est vers cette époque (1277) que les moines de Saint-Germain d'Auxerre jetèrent les fondements de l'église de leur monastère qui subsiste encore aujourd'hui. La construction, interrompue bientôt faute de fonds, ne fut achevée qu'au xive siècle, grâce aux libéralités du pape Urbain V. (*N. d. E.*).

de la terre. Mais on ne voit point que son obit ait été si solennel que celui qu'il avoit procuré à son oncle son prédécesseur. Cependant ce qu'il avoit fait envers quelques-uns de ses parents décédés, fut observé, à son égard, par un chanoine. De même qu'il ordonna des prières en plusieurs lieux pour son oncle, et qu'il avoit fondé aussi, dès l'an 1272, dans la cathédrale, l'obit de sa sœur Isabelle de Lesignes, dame de Crécy: Girard de Ville-sur-Arce, chanoine d'Auxerre, chargea, par son testament de l'an 1296, différentes communautés de prier pour lui, ou fit des legs pour augmenter les honoraires dans les églises où son anniversaire avoit été fondé par lui-même. Cet anniversaire se trouve aussi marqué dans le nécrologe de l'abbaye de Saint-Laurent, avec mention du présent qu'il y avoit fait de quelques ornements; et dans celui du prieuré de Marcy, parce qu'il avoit contribué à y faire unir la cure du lieu. Ceux qui seront curieux de voir cet évêque représenté tel qu'il étoit sur son sceau épiscopal, peuvent consulter l'histoire des cardinaux françois de Duchêne, et ils y apprendront que la qualité de saint lui fut donnée après sa mort, au moins dans un *epitome* de la vie de nos évêques, qui étoit parmi les manuscrits du P. Sirmond (1). On a remarqué, que, quoique les évêques introduisissent alors les armoiries de leur famille dans leur sceau ou dans le contre-scel, celui-ci tint bon contre le nouvel usage, faisant représenter seulement sa figure en long, et au contre-scel saint Etienne patron de son église (a).

(1) Viole.

(a) Il nous a été impossible de retrouver, pas plus aux Archives du Royaume qu'à celles de l'Yonne, le sceau d'Erard de Lezinnes. Nous ajouterons qu'il en est de même pour ses successeurs, qui ne tardèrent pas, au reste, à mettre leur blason sur leur sceau. On verra, dans le 2e volume de cet ouvrage, la représentation des armoiries de nos évêques, depuis le xiie siècle. Cette reproduction nous a paru offrir de l'intérêt, notamment pour l'étude des monuments de l'ancien diocèse d'Auxerre. (*N. d. E.*)

FIN DE LA SECONDE PARTIE.

MÉMOIRES

HISTORIQUES

SUR

LES ÉVÊQUES D'AUXERRE.

TROISIÈME PARTIE,

Qui contient les actions de seize Evêques d'Auxerre, qui siégèrent depuis l'an 1277 jusqu'en 1373.

Depuis environ un siècle on cessa d'écrire l'histoire de nos évêques dans le registre intitulé *Gesta Pontificum Autissiodorensium*. Seize prélats gouvernèrent successivement l'église d'Auxerre, sans qu'on suivît cette louable coutume. Nicolas d'Arcies qui leur succéda immédiatement tâcha d'y remédier. Il engagea un de ses chanoines respectable par son âge et par ses lumières à suppléer. Ce chanoine avoit vu douze de ces évêques. Il avoit été attaché à quelques-uns d'entre eux ; il ramassa facilement ce qui concernoit les quatre autres évêques qui avoient précédé. La distance des temps n'étoit pas assez considérable, pour qu'un homme attentif aux intérêts de son église pût y être trompé. Le Chapitre de la cathédrale sembloit avoir contracté une certaine indolence à l'égard de l'histoire de ses évêques, depuis qu'il avoit peu de part à leur élection. Le clergé ne choisit plus son pasteur, et le peuple, uni au clergé, cessa pareillement de contribuer à l'élection (a). Les papes nommèrent souvent de leur propre mouvement, quelquefois à la sollicitation de nos rois, mais toujours sans demander le consentement des chanoines de la cathédrale. Cela n'empêcha pas quelques particuliers de remarquer les événements auxquels les nouveaux prélats eurent tant de part. Voici ce que j'ai tiré de ces mémoires avec un supplément fourni par les recueils gardés en différentes archives.

CHAPITRE I.

GUILLAUME DE GREZ, LXIVᵉ ÉVÊQUE D'AUXERRE.

Histoire de sa vie.

1278 à 1293.

Erard de Lesignes ayant été fait cardinal évêque de Préneste, le Chapitre d'Auxerre, selon l'usage, indiqua l'élection. Les chanoines résidents (1) rassemblés le vendredi d'après la Toussaint 1278, par

(1) Onze prêtres, sept diacres et dix sous-diacres.

(a) Outre ces causes de séparation qui s'élevaient entre le clergé et les évêques, il y en avait encore d'autres plus sensibles. Les prélats n'étaient plus comme dans les temps anciens des moines renommés par leur sainteté, que le peuple, tout entier, élisait par acclamation, ni des hommes du pays, riches et puissants, qui comblaient leur clergé de bienfaits, qui passaient leur vie dans leurs domaines et dont les relations, avec leurs ouailles, étaient pour ainsi dire familières. Les évêques qui ont siégé depuis Erard de Lezinnes jusqu'à Pierre Aymon et même plus tard, sont des étrangers qui ont fait généralement un séjour très-court dans le diocèse. Les premiers, comme Pierre de Mornay, Pierre de Belleperche, Pierre de Grez, etc., étaient de la race de ces légistes, dévoués serviteurs du roi, qui aidèrent, de tout leur pouvoir, Philippe-le-Bel dans ses luttes violentes contre le pape et dans le ténébreux procès des Templiers. Ils furent mêlés aux plus grands événements du temps, et négligèrent, par conséquent, le troupeau confié à leurs soins. (*N. d. E*).

un acte public (1), choisirent le jeudi d'après Noël. On ignore s'ils y procédèrent le jour convenu ; mais on sait, qu'ayant été partagés, les uns étant pour Jean de Chanlay, évêque du Mans, les autres pour Pierre de La Jaisse, évêque de Mâcon (2), le pape Nicolas III donna cet évêché à Guillaume de Grez, doyen de Chartres (a). Ceci s'accorde avec un manuscrit de l'église de Sens qui est de ce temps-là (3). Guillaume étoit conseiller d'État du roi Philippe-le-Hardi, et le plus distingué des ecclésiastiques de sa Cour. Il étoit, non de Crécy en Brie, comme quelques-uns paroissent l'avoir cru, mais de Grez, seigneurie de sa famille située dans la Brie, proche Tournan, au diocèse de Paris (4). Se trouvant à Rome lorsqu'on le fit évêque d'Auxerre, il y fut sacré. Il avoit beaucoup de science et de zèle. Mais le manuscrit de Sens déjà cité parle de cette nomination d'une manière à faire croire qu'elle ne fut pas universellement approuvée. Guillaume de Grez n'étoit pas chanoine d'Auxerre, et ne fut pas élu conformément à la règle qui subsistoit alors. Cela étant, il n'est pas étonnant qu'on l'ait observé expressément, ni que l'église de Sens en ait inséré exprès une note dans un livre authentique (5).

Le nouvel évêque se rendit à cette église, en 1280, 22 juin, samedi devant la saint Jean (6), et y fit, sur le grand autel, la profession d'obéissance, tant à Gilon Cornut alors archevêque, qu'à l'église même de Sens : il la souscrivit à l'ordinaire en présence de l'archevêque, de tout le Chapitre, de Jean, trésorier d'Auxerre, et de Pierre de Saint-Pèlerin, chanoine de la même église ; deux chanoines de Chartres, Robert Cornut et Philippe de Cornillon assistèrent pareillement à la cérémonie ; Guillaume de Grez paya ensuite à l'église de Sens quatre livres parisis, comme les autres évêques

---

(1) *Voy.* les Preuves, t. IV, n° 224.
(2) *Ex Schedis D. Brice.*
(3) *In martyrologio et necrologio mss.*
(4) Un Guillaume de Grez, mort évêque de Beauvais en 1266, est dit dans son épitaphe *Patria Briensis. Gall. christ.*
(5) *In Martyrol. prædicto.*
(6) *Ex eodem fragmento.*

(a) La bulle du pape est aux Arch. du Roy. J. 698, n. 47. (*N. d. E.*)

suffragants avoient coutume de faire. Il eut le bonheur de finir toutes les affaires que les seigneurs du voisinage avoient suscitées aux évêques, et il en vint à bout soit par sentence, soit par accommodement, en sorte qu'en mourant il ne laissa aucun procès. C'est un détail dans lequel son historien n'est point entré, n'ayant peut-être pas eu les mémoires nécessaires. On sera cependant surpris qu'il ait passé sous silence les hommages rendus à cet évêque par ses feudataires.

Le premier et le plus considérable hommage fut celui du comte d'Auxerre, Jean de Chalon, premier du nom. L'évêque le reçut au mois de mars 1280, sur la fin de la première année de son arrivée dans le pays (1). Celui de Colanges-sur-Yonne y fut joint, et le comte s'engagea, en présence de témoins très-notables, à défendre la personne et les intérêts de l'évêque. L'hommage de la baronnie de Donzy suivit de près. Robert de Flandre, comte de Nevers, le rendit à Auxerre dans la salle haute de l'évêché (2); et le comte, dans son aveu, spécifia les autres terres qu'il tenoit de l'église d'Auxerre, savoir : les châteaux de Cône, Saint-Sauveur et Murat. L'ancien *Gallia Christiana* a supprimé les noms des témoins qui assistèrent à ce dernier acte. La solennité en fut faite le mercredi après la Pentecôte de l'an 1281, date que porte un autre acte par lequel Robert, fils aîné de ce comte, reconnoit qu'il auroit dû porter l'évêque d'Auxerre à son entrée solennelle (3), ou au moins y assister, et que d'importantes affaires l'en ayant empêché, il le prie de le tenir pour excusé (4).

L'hommage du comte Jean de Chalon fut bientôt suivi de contestations sur la justice et sur la bourgeoisie ; mais l'évêque ayant prouvé sa supériorité sur le comte, le parlement de la Pentecôte 1283 lui donna gain de cause (5), et prononça que le comte n'avoit

---

(1) *Gall. christ.*, p. 314.
(2) *Voy.* les Preuves, t. IV, n° 228.
(3) *Cartul. Ep.*, fol. 19 verso.
(4) Quelques-uns ont rapporté aussi à l'épiscopat de Guillaume de Grez un hommage dont l'acte est daté, dit-on, de 1281, et qui fut fait par Haymon, comte de Champagne, au pont de Verseilles, en présence de Pelissus, abbé de Moutier-la-Celle proche Troyes, de Guillaume archidiacre, Thomas official, Anselme, archiprêtre d'Auxerre, et Pierre d'Appoigny, archiprêtre de Varzy. — *Voy.* le *Gall. christ.*, p. 313.
(5) Registre du parlement.

pu faire arrêter des bourgeois de l'évêque. Outre tous ces avantages temporels, Guillaume de Grez sut mettre à profit l'acquisition que Guy de Mello avoit faite à Paris d'une maison pour les évêques d'Auxerre. Quelques mémoires portent qu'il l'augmenta considérablement. D'autres prétendent même qu'il en fit l'acquisition, en 1280, de Henri de Vézelay, trésorier de Laon, comme exécuteur du testament de Guy de Mello; elle étoit située dans la paroisse de Saint-Côme, vers la place Saint-Michel (1). Il affranchit, en 1285, les habitants de Gy-l'Evêque (*a*); et dans la même vue

---

(1) Sauval en parle, t. III, p. 261 et 624. — *Voy.* aussi le troisième volume des Ordonnances, p. 314, à l'an 1358.

(*a*) Cet acte est de l'an 1283 et non de 1285. Il ne concerne pas seulement les habitants de Gy, mais encore les hommes de l'évêque répandus dans trente villages aux environs, parmi lesquels nous citerons les bourgs de Druyes, Sementron, Ouanne, Taingy, Moulins, Mouffy, Courson hors du château, Migé, Jussy, Champs, Vallan et Vaux. Le prévôt de Gy avait le gouvernement de tous ces hommes ainsi disséminés, leur rendait la justice et percevait, sur eux, les tailles et autres redevances. L'affranchissement qui eut lieu, en 1283, les exempta du droit de mainmorte, en échange duquel ils durent payer une taille de cent livres, réduisit les les amendes de 60 sous à 5, et celles-ci à 12 deniers. L'évêque leur accorda, en outre, de pouvoir donner caution lorqu'ils seraient arrêtés pour certains délits, défendit à son prévôt de Gy d'exiger plus de 12 deniers de chaque nouveau bourgeois; il leur promit que, dans le cas où ils seraient arrêtés ou leurs biens pris à cause de son service, il s'empresserait de les secourir, etc. — Arch. de l'Yonne, fonds de l'Evêché.

Nous placerons ici le résumé de nos observations sur les chartes d'affranchissement données par le clergé du diocèse d'Auxerre, pendant le XIIIe et le XIVe siècle. C'est particulièrement à cette époque que le mouvement d'affranchissement agite les communautés d'habitants de l'Auxerrois. L'acte le plus ancien est celui de Varzy (1202). C'est l'évêque qui donna l'exemple. Les bourgeois du Chapitre et de l'abbaye de Saint-Germain viennent ensuite en 1210 et en 1255. Depuis le milieu du XIIIe siècle, les chartes de franchises se succèdent, et quelques-unes, comme celle de Cravan (1280), semblent avoir été arrachées à la suite de vifs débats. Dans toutes ces chartes, il s'agit avant tout de l'exemption du terrible droit de *main-morte*, qui, bien qu'exercé avec modération, n'en pesait pas moins sur ceux qui y étaient exposés : ce qui faisait souvent déserter la seigneurie pour aller vivre dans les lieux qui en étaient exempts. On ne voit dans aucune, l'organisation d'une *commune* avec justice et beffroi, comme dans les grandes villes. Des procureurs ou des échevins sont créés, lorsqu'ils n'existent pas, pour protéger les

il fit régler les limites des justices de Lindry, Chichery et Monétau, qui confinoient à ses terres de Charbuy et d'Appoigny. Persuadé de la probité de ses chanoines, il agréa deux arbitres tirés de leur corps, savoir : Jean de Réomé et Guillaume Catin ; et leur sentence, du 29 septembre 1293 tint lieu de transaction. Son approbation étant nécessaire pour valider les lettres d'affranchissement (1) données par le Chapitre, des calendes de mai 1280, aux habitants de Crevan (a), il confirma ces lettres par les siennes, datées de Régennes le vendredi devant la Saint-Laurent ; et, en 1290, le dimanche après la Chandeleur, il confirma également la liberté que les mêmes chanoines avoient donnée aux habitants d'Accolay et de Foulches (2). On a de lui deux actes de semblable confirmation qui sont de l'an 1281. L'un, du mois de mai, concerne les échanges d'hommes que fit Humbert de Beaujeu, sire de Montpensier et de Saint-Maurice-Tirouaille, avec le Chapitre d'Auxerre. L'autre donné à Régennes (3), le samedi après la Toussaint, est une appro-

---

(1) *Voy.* les Preuves, t. IV, n° 225.
(2) *Cartul. Cap.*, fol. 277.

(3) *Cartul. Cap.*, fol. 408.

---

intérêts des habitants, de concert avec le bailli ou le prévôt du seigneur. On réduit le tarif des amendes, le chiffre de la dîme, on rend régulières les tailles qui doivent être établies par les bourgeois, assistés du prévôt du seigneur, etc. Mais les habitants paient ordinairement une somme d'argent pour devenir libres, et sacrifient quelquefois une partie de leurs biens communaux. Dans tous les cas, les droits généraux du seigneur demeurent réservés.

Un fait remarquable se présente dans plusieurs des chartes données par le clergé de l'Auxerrois. Elles commencent par de magnifiques considérations sur la liberté naturelle à l'homme, sur le devoir qu'a l'Eglise de maintenir non-seulement les hommes libres dans leur état, mais encore d'affranchir les serfs à l'exemple du Christ et des Pères, et selon les prescriptions des canons. C'est après le milieu du XIIIe siècle que ces doctrines apparaissent, et elles se maintiennent longtemps après.
(*N. d. E.*).

(a) L'affranchissement des habitants de Cravan avait été précédé de violents débats à la suite desquels plusieurs bourgeois avaient quitté la ville. Ces mêmes individus ayant formé un complot contre l'autorité du Chapitre, ils avaient été même jusqu'à décrier ce corps auprès du roi. Ils avaient assigné huit chanoines à Beaune et soixante de ses bourgeois devant différents juges, le même jour et en divers lieux. — *Voy.* les Preuves, t. IV, n° 208. (*N. d. E.*).

bation par écrit du traité d'Erard, son prédécesseur, avec les habitants de Chitry sur les dimes de ce lieu, et de la donation qu'en avoit faite ce même évêque au Chapitre (1).

Guillaume fit la visite de son diocèse; il en reste des mémoires incontestables. Tel est le mandement envoyé, en 1284, le vendredi après la Toussaint au bénédictin doyen de Requeneu, hameau de la paroisse de Diges (2), pour lui notifier que le dimanche suivant il viendroit visiter les églises de Diges et d'Ecan et qu'il y coucheroit. Mais après la ville épiscopale et Régennes, aucun lieu du diocèse ne conserve plus de marques de son attention que la ville de Varzy. En 1280, il y dédia l'église paroissiale de Saint-Pierre; l'inscription qu'on y voit sur l'airain semble néanmoins contredire cette époque. Y étant retourné, en 1286, il confirma aux chanoines de l'église collégiale de Sainte-Eugénie, le don que Hugues de Noyers leur avoit fait de la cure de la même église de Saint-Pierre, lorsqu'il augmenta, en 1202, le nombre des prébendes et le droit que leur avoit accordé Guillaume de Seignelay, en 1215, du vingtième du vin de Varzy. Ce fut à Varzy qu'il confirma, le mercredi d'après l'Ascension 1287, l'élection de l'abbesse de Crisenon (3). Il y vérifia, au mois de mai 1291, les lettres par lesquelles Erard, son prédécesseur, avoit uni une prébende à la chantrerie de la collégiale (4); et, au carême de l'année 1292, de concert avec les mêmes chanoines (5), il y dressa des statuts, tant sur ce qui les regardoit, que sur le devoir des chapelains de leur église. Il se retiroit quelquefois à son château de Villechaul (6) : ce fut là, qu'en 1293, lundi après la Saint-Michel, il donna permission, par écrit, à Denis, curé de Varzy (7), de vendre certains fonds de l'église pour en employer le prix à acheter des héritages d'un meilleur produit.

Les maisons religieuses se ressentirent de ses bienfaits. Il approuva, au mois de janvier 1280 (8), le don que Guillaume, curé de Gurgy,

---

(1) *Cartul. Cap.*, fol. 503.
(2) *Voy.* les Preuves, t. iv, n° 232.
(3) *Tabul. Crisenn.*
(4) *Tabul. Varziac.*

(5) *Tabul. Varziac.*
(6) *Villa-Catuli.*
(7) *Ex originali.*
(8) *Tabul. Dominic. Autiss.*

fit aux Jacobins d'Auxerre d'un reliquaire considérable, où étoit renfermée une partie du chef de saint Léger, évêque d'Autun. En 1285 il confirma, au prieuré de Saint-Eusèbe, par une sentence arbitrale qu'il rendit conjointement avec Guillaume de Noé, et Guillaume Catin, chanoine d'Auxerre, la donation faite par l'évêque Alain d'un droit sur les prébendes vacantes de la cathédrale (1); et, deux ans après, il accorda aux chanoines réguliers de l'abbaye de Saint-Laurent, la chapelle de Pont-Chevron, dans la paroisse d'Ouzoir (a), du consentement de son Chapitre. Un autre effet de sa vigilance sur les maisons de filles de son diocèse, fut le statut de 1284 (2), par lequel il ordonna que l'archiprêtre d'Auxerre pourroit de deux ans en deux ans visiter l'abbaye de Crisenon (b).

Les affaires étrangères auxquelles il fut employé ne l'éloignèrent pas longtemps de son diocèse. Le 23 décembre 1281, le pape Martin IV, étant à Orviéte, lui écrivit aussi bien qu'à l'archevêque de Rouen et à Roland, évêque de Spolète (3), d'aller à Saint-Denys et partout où il seroit nécessaire, pour faire des informations de la vie et des miracles de saint Louis. Le même pape lui adressa, l'année suivante, une bulle qui confirmoit le traité des ecclésiastiques de Bourgogne, avec Robert II, duc de cette province (4), par lequel ils lui promettoient les décimes d'une demi-année, pourvu que ce duc ne changeât plus la valeur de la monnoie. Etant à Saint-Denis, la même année, le quatrième d'août, pour les préliminaires de la canonisation de saint Louis, il certifia avoir vu

---

(1) *Voy.* les Preuves, t. iv, n° 255.
(2) *Tabul. Crisenon.*
(3) Vie de saint Louis.
(4) *Pérard. mss. Burgundiæ*, p. 353.

(a) Cette chapelle ou vicairie de Pont-Chevron venait d'être fondée par le seigneur de ce lieu, nommé Guillaume, qui avait légué, à cet effet, 300 livres tournois en mourant; l'évêque en dota l'abbaye en 1287. — *Voy.* D. Viole, m^{ss}., vie de Guillaume de Grez. (*N. d. E.*).

(b) L'évêque ordonna que l'archidiacre ne serait accompagné que de trois chevaux et qu'il ne visiterait l'abbaye que six fois tous les deux ans. Ces visites étaient fort onéreuses aux communautés, par l'abus que faisaient les dignitaires qui y venaient souvent avec une suite nombreuse. (*N. d. E.*).

des lettres du 15 devant les calendes de septembre 1234, par lesquelles Hugues, duc de Bourgogne, reconnoissoit avoir prêté serment à l'église de Saint-Martin de Tours (1). En 1283, il fut un des trois adjoints que le roi Philippe-le-Hardi donna à Guy de Genève, évêque de Langres, pour vaquer à une enquête touchant l'investiture des fiefs situés en Champagne et mouvants de l'évêché de Langres, qui étoit contestée par Jeanne, héritière du comté de Champagne (2). Mais ces quatre commissaires n'y donnèrent point leurs soins, et s'en déchargèrent sur d'autres qui finirent cette enquête à Paris, en présence de l'abbé de Saint-Etienne de Dijon, de Hugues de Herment, chanoine d'Auxerre et autres. En 1289, il ordonna avec l'archevêque de Rouen (3), de lever une décime triennale accordée pour l'affaire d'Avignon (a), à Philippe-le-Bel, par Nicolas IV qui en avoit adressé la bulle à ces deux prélats. Enfin il paroit à l'an 1290, le mercredi après la fête de saint Michel à un concile tenu à Sens (4), où fut fait un arrêté contre les invaseurs des biens de l'abbaye de Pont-Levoi alors du diocèse de Chartres, aujourd'hui de Blois (b). On ne connoit des circonstances de sa mort que le jour et l'année qui, étant rapportée au vendredi devant la Chandeleur 1293, à la façon de compter usitée en France, arriva, par conséquent, le 29 janvier. Il fut inhumé dans le chœur de la cathédrale, au côté gauche, proche Guy de Mello. Il avoit assigné pour son anniversaire, dans cette église, vingt livres de rente à prendre sur la terre d'Appoigny (5). Mais il

(1) *Archiv. S. Mart. Turon.*
(2) *Probat. Hist. S. Steph. Divion.* n° 224.
(3) *Ex mss. Baluz.*, n° 561.
(4) *Ampliss. Collect.*, t. 7, p. 476.
(5) *Ex arresto* 1421 *contra Phil. des Essars. Cartul. Capit.*, fol. 249.

(a) La charte originale, qui se trouve aux Archives du Royaume, sect. hist. J. 938, dit que ce fut pour la guerre d'Aragon et non pour l'affaire d'Avignon.
(*N. d. E.*).

(b) Il paraît qu'il s'était activement mêlé aux querelles qui divisaient alors les officiers du roi et le Chapitre de Chartres. Il avait, de concert avec l'archevêque de Sens, condamné les premiers, et il reçut, au mois d'août 1290, une lettre de deux cardinaux qui l'exhortaient au nom du pape à révoquer les sentences portées contre eux. — Arch. du Roy., J. 172, n° 26. (*N. d. E.*)

ne donna au Chapitre de Notre-Dame-de-la-Cité que vingt livres une fois payées avec des ornements, suivant le nécrologe de cette collégiale, où on lit au 29 janvier : *Obiit Guillelmus de Gresseyo quondam Autissiodorensis episcopus, qui dedit nobis infulam, tunicam, dalmaticam cum duabus fiolis et tribus manipulis. Item viginti libras turon. ad emendos redditus pro suo anniversario.* Le nécrologe de l'abbaye de Saint-Laurent, qui fut écrit de son temps, contient la note de son anniversaire par une addition ancienne conçue en ces termes au 28 janvier : *Et vener. memorie Guillelmus de Gressibus, ep. Autiss. qui pro anniv. suo faciendo dedit nobis viginti libras tur. ad emendos redditus et capellam de Ponte-Caprino* (1).

CHAPITRE II.

PIERRE DE MORNAY, LXVe ÉVÊQUE D'AUXERRE.

Après la mort de Guillaume de Grez la vacance fut longue. Ce prélat mourut à la fin du mois de janvier, auquel on comptoit encore en France 1293, et le siége vaqua non-seulement pendant le reste de l'année jusqu'à Pâques suivant qui commença celle de 1294, mais encore pendant l'année 1294 entière, et au moins pendant la moitié de la suivante. Les actes passés à l'officialité, durant cet intervalle, marquent expressément *sede vacante*. Les contestations qui s'élevèrent furent cause de cet excessif retard. Le Chapitre d'Auxerre procéda deux fois à l'élection sans rien conclure. Ferric de Lorraine, fils du duc Lorraine et prévôt de Saint-Dié,

---

(1) La ressemblance entière du nom me porte à faire observer que j'ai lu dans le nécrologe de Sainte-Geneviève de Paris, au VI kal. Aug. Anniv. *Guillelmi de Gressibus Militis ac Genovefe ejus uxoris*, x. lib. Paris.

au diocèse de Toul, fut choisi la première fois ; et la seconde, ce fut Pierre de Grez, chanoine d'Auxerre, parent du défunt évêque. Le pape Célestin V nomma Pierre, cardinal diacre du titre de saint Eustache, pour examiner ces élections. Boniface VIII, son successeur, s'y prit d'une autre manière. Il fit venir à Rome les deux élus, qui se démirent l'un et l'autre du droit qu'ils pouvoient avoir à l'évêché d'Auxerre; le pape alors usant de toute son autorité, transféra Pierre de Mornay du siége épiscopal d'Orléans à celui d'Auxerre (1).

1295 à 1306.

La manière dont Pierre de Mornay étoit monté sur le siége d'Orléans, fut d'un bon augure pour l'église d'Auxerre. Etant chanoine de la cathédrale et archidiacre de Sologne (2), il avoit été choisi par la voie du scrutin, en 1288, tout absent qu'il étoit, pour succéder à Gilles Pasté; il gouvernoit sagement l'Eglise d'Orléans lorsqu'il reçut la nouvelle de sa nomination à celle d'Auxerre. Il étoit originaire du Berry ; son nom de terre lui venoit sans doute de village de Mornay, situé sur les confins de cette Province, et de celle du Nivernois, à une lieue de l'abbaye de Fontmorigny, dont ses ancêtres passent pour avoir été les principaux bienfaiteurs (3). Cet évêque, versé dans l'étude du droit, fut d'une grande utilité dans le conseil de Philippe-le-Bel. Sa capacité pour conduire les grandes affaires le retint ordinairement à la Cour, et lui servit de prétexte pour ne pas résider exactement dans son diocèse les premières années de son épiscopat. Son entrée solennelle (4), qui lui donna occasion d'être à charge à l'abbaye de Saint-Germain, par le long séjour qu'il y fit, et le serment d'obéissance qu'il préta

---

(1) C'est ce que nous apprenons d'une lettre de ce pape, par laquelle il fait savoir à Philippe-le-Bel cette translation, et dont la date est du mois de février, la seconde année de son pontificat. — Arch. du Roy. J. 711 n° 110.

(2) Le père Anselme, met cet archidiaconé dans l'église de Chartres. Quelques mémoires du Berry, marquent qu'il étoit chanoine de Bourges, avant que d'être évêque d'Orléans. Il y a dans les archives de Saint-Germain l'Auxerrois à Paris, un titre de 1290 qui prouve qu'il en avoit été doyen.

(3) Le nom de Mornay est aussi très-connu dans le nécrologe de La Charité-sur-Loire, qui n'en est éloigné que de trois à quatre lieues, et dans celui de l'abbaye de Roches.

(4) On ignore le jour et l'an de cette entrée. Quelques modernes ont cru qu'il la fit vers le 20 mars 1296.

à l'archevêque de Sens et à son église, sont presque les seuls actes qui marquent sa résidence. Ajoutons-y le compromis que passèrent, l'an 1296, entre ses mains, Bertrand de Colombiers, nouvel abbé de Cluny et son monastère, d'une part ; le sous-prieur de La Charité avec les religieux du même prieuré, d'autre part, touchant l'élection du prieur de La Charité ; ce prélat les accorda au mois de septembre de la même année (*a*). On voit aussi que le mois d'octobre suivant, il reçut, à Auxerre, l'hommage de Louis de Flandre, comte de Nevers (1). Guy, abbé de Saint-Germain; Robert, abbé de Saint-Laurent; Geoffroy, doyen d'Auxerre; Jean, chantre d'Orléans, et Etienne de Bonneval, archidiacre dans l'église de Laon, attestèrent, pardevant notaire, que ce comte avoit prêté foi et hommage à Pierre de Mornay, en sa qualité d'évêque d'Auxerre, pour le château de Donzy et toute la baronnie, ceux de Cône, de Château-neuf au Val-de-Bargis, de Saint-Sauveur, et de Murat et leurs dépendances, qu'il avoit reconnu que ces quatre derniers châteaux étoient de nature à être remis à l'évêque à sa volonté, et qu'il avoit promis de les rendre si l'évêque le demandoit; et qu'ensuite l'évêque l'avoit investi de tous ces fiefs. Le même acte joint pour témoins de cette cérémonie Guillaume *Gervii*, Guillaume Catin, Hugues d'Aigreville, Jean de Bray, chanoine d'Auxerre, et Gui Mauguin, chanoine d'Orléans.

Dès l'année 1294, il avoit été envoyé en Champagne avec Jean

---

(1) *Voy.* les Preuves., t. IV, n° 247.

(*a*) Les moines de La Charité prétendaient avoir le droit, à la vacance du prieuré, de présenter à l'abbé de Cluny trois candidats parmi lesquels il avait à choisir un nouveau prieur, et l'abbé répondait, au contraire, qu'il était libre de cette nomination sans l'intervention des moines. La transaction eut lieu de la manière suivante : lors de la vacance, le sous-prieur de La Charité en donnera avis au grand-prieur de Cluny. Alors celui-ci convoquant les moines, en désignera trois, lesquels s'en adjoindront dix autres, et ces treize personnes présenteront à l'abbé quatre sujets capables de gouverner le prieuré de La Charité, et dont l'un d'eux sera moine de ce prieuré ou de ses dépendances. La personne nommée par l'abbé sera reconnue par le sous-prieur et les moines de La Charité.— *Voy.* m^ss D. Viole, t. III. (*N. d. E*).

de Beaumont, seigneur de Sainte-Geneviève, pour les affaires du roi (1). Il y a apparence qu'il n'étoit pas encore sacré, mais depuis sa prise de possession et dès la fin de l'année 1296, il se trouva au conseil du roi, tenu au Louvre (a), le 21 janvier (2). Il est nommé le treizième des vingt-deux évêques de France auxquels Boniface VIII adressa, en 1297, une bulle du 19 février, pour leur permettre de donner une subvention volontaire au roi Philippe-le-Bel. L'assemblée se tint à Paris, dans le palais épiscopal, le mercredi et jeudi 27 et 28 mars, selon le style de ce siècle 1296. Il y assista tant en son nom qu'au nom de l'évêque de Soissons (3). Mais cette permission devint, à son égard, une espèce d'ordre; le pape lui fit savoir, aussi bien qu'à l'archevêque de Rouen, et à l'abbé de Saint-Denys, qu'il pouvoit contraindre spirituellement et temporellement les ecclésiastiques de donner des subsides pour la délivrance des rois de France ou de leurs fils s'ils étoient faits prisonniers (4). On n'ignore pas les sujets qu'on avoit de craindre pour la personne du roi ou de son fils : la guerre avec les Anglois fit prendre au roi toutes sortes de précautions. Les trèves étant souvent le parti le plus sûr, la France en fit une avec l'Angleterre au mois de novembre de la même année 1297. Pierre de Mornay fut député à Gisors avec Guillaume, évêque d'Amiens, et Jean, comte de Bretagne, pour y représenter la personne du roi (5). Deux ans après il fallut renouveler la trève, ou tenter de parvenir à un traité de paix avec le roi d'Angleterre. La ville de Montreuil-sur-Mer, au diocèse d'Amiens, fut choisie pour cette négociation. L'évêque d'Auxerre fut encore député avec celui

---

(1) Anselme, t. VIII, p. 312.
(2) Gall. Christ.
(3) Robert de Chartres qui est témoin à la concession que l'évêque d'Evreux fit hors de l'assemblée, paroit avoir été de la compagnie de Pierre de Mornay. *Thes. anecdot.*, t. I, col. 1277 et seq.
(4) *Prob. Licent. Eccl. Gall.*, p. 1503.
(5) Rymer, t. II, p. 796, 799.

(a) Il assista au parlement de la Toussaint 1296, où fut lue une lettre du roi relative à la poursuite des hérétiques par les évêques. — *Olim* II, 413.
(*N. d. E.*)

d'Amiens, et les ducs de Bourgogne et de Bretagne. Le pape, de son côté, connoissant le crédit de ces deux prélats, les choisit l'année suivante (1300) pour donner avec son légat la dispense de mariage entre Charles, comte de Valois, frère du roi, et Catherine de Courtenay, impératrice de Constantinople (1). Un prélat si bien venu à la cour de Rome, et d'ailleurs fort attaché à son prince, ne pouvoit qu'utilement servir l'Eglise sans préjudice de ce qui est dû à l'Etat. Aussi le roi fit, à l'égard de Pierre de Mornay, une démarche rare et singulière. Il voulut se justifier, dans son esprit, des reproches qu'on lui faisoit d'avoir attenté sur les libertés et franchises de l'église de Chartres. Il en écrivit, environ 1300, à l'archevêque de Sens et à l'évêque d'Auxerre (2) : il avoue s'être élevé, dans les premiers temps, contre certaines entreprises du Chapitre de Chartres comme opposées au droit ancien ; il fait sentir que les officiers du Chapitre le fraudoient de ses droits royaux (*a*). Les actes

(1) Invent. du Trésor royal, t. VI, 262. | (2) *Regist. Cam. Comput.*

(*a*) Sous le règne de Philippe-le-Bel, les officiers royaux servaient parfaitement la volonté dominatrice de leur maître. Les empiétements commis sur les antiques prérogatives du clergé, au profit du pouvoir royal, soulevaient de toutes parts des réclamations auxquelles le parlement faisait droit le moins possible. Cependant, selon les cas, le roi se montrait plus ou moins facile. L'évêque d'Auxerre, Pierre de Mornay, un de ses plus fidèles conseillers, s'étant plaint des nombreuses atteintes que le bailli de Sens ou ses officiers commettaient contre ses droits et les priviléges des clercs, obtint, au mois de juillet 1302, des lettres royaux longuement détaillées, où, tout en réservant à propos ses droits, le prince fait plusieurs défenses à son bailli, qui montrent par leur objet jusqu'où allaient les prétentions de ce dernier ou de ses subalternes.

Le roi y ordonne de remettre à l'évêque les clercs arrêtés ; de ne pas inscrire les clercs non mariés sur les rôles des tailles ; de ne pas entraver la justice de l'évêque dans ses terres, même pour la poursuite des faux monnayeurs ; de ne pas arrêter les sergents armés qu'il emploie pour le service de cette justice et pour la garde de ses bois et de ses troupeaux ; de ne pas tenir d'assises dans les terres épiscopales, à moins de coutume contraire ; de ne pas empêcher les procès devant l'official pour les dimes non inféodées ; de ne pas chercher à connaître des procès pour legs pieux et dots de mariage ; de ne pas mettre de tailles sur les juifs de l'évêque, lesquels sont taillables à la volonté de ce dernier ; de ne pas recevoir les hommages des terres ecclésiastiques ; de ne pas entraver la justice ecclésiastique de l'évêque,

du procès fait à Bernard Saget, évêque de Pamiers, en 1301, pour avoir tenu de mauvais discours contre le roi, nous apprennent que l'évêque d'Auxerre suivit le prince, tant à Château-neuf-sur-Loire qu'à Senlis, où il calma les courtisans qui inclinoient à faire mourir ce prélat (1). L'affaire eut de si grandes suites, que le pape cita tous les évêques de France à Rome, pour y tenir un concile le 1er novembre 1302. Le clergé en députa trois pour aller excuser les autres, et le roi y envoya, de sa part, l'évêque d'Auxerre chargé de lettres, par lesquelles il prioit le pape de différer le concile à un temps plus convenable (2). Pierre de Mornay assista non-seulement au consistoire tenu à Rome à la fin du mois d'août de la même année, mais encore à ce concile indiqué par le pape; et fut témoin de tout ce que Boniface avança pour se justifier sur ce que le roi et ses ministres lui imputoient. Jusque-là il s'étoit ménagé dans l'esprit du souverain pontife, quoiqu'il poursuivit vivement les intérêts de la couronne de France. Mais l'année suivante au mois de juin, il fut du nombre des vingt-cinq évêques de France qui, avec les abbés chefs d'Ordre, appelèrent au futur concile général (3) des censures que Boniface pourroit prononcer contre eux (a). Le pape croyant ébranler l'évêque d'Auxerre,

---

(1) *Thes. anecdot.*, t. I, 1320 et seq.
(2) *Chron. S. Dionysi. et Continuat. Nangii.*

(3) *Prob. litis inter Bonif. VIII. et Phil. Pulcr.*

sous prétexte de droit de garde sur certains monastères; de ne pas enlever des églises les gens qui y ont pris asile; de ne pas saisir le temporel de l'évêque pour le forcer à révoquer la sentence, si les juges ecclésiastiques excommunient quelqu'un dans les limites de leur compétence, etc. — *Voy.* au surplus les Preuves, t. IV, n° 252. (*N. d. E.*).

(a) Les inventaires des Archives du Royaume renferment la mention de plusieurs adhésions de communautés religieuses d'Auxerre, adressées au roi Philippe-le-Bel, dans la grande lutte que ce prince soutenait contre le pape Boniface VIII. Le Chapitre cathédral, les Frères Prêcheurs et Mineurs, suivant l'exemple que leur donnait l'évêque P. de Mornay, agent zélé du roi dans cette affaire, appelèrent comme lui des bulles papales au futur concile. — J. 480, n° 57 et 489, n° 609.
(*N. d. E.*).

lui adressa, vers le mois de février, une lettre (1) dans laquelle il se plaignoit du peu d'effet de ses promesses (2). Ce fut aussi en 1303 que la Guyenne ayant été rendue à Edouard, roi d'Angleterre, par traité fait à Paris le 20 mai, l'évêque d'Auxerre fut désigné avec Robert, duc de Bourgogne, pour mettre Edouard en possession. La même année, 1303, il se tint, vers le commencement du mois d'octobre, une assemblée des grands du royaume à Château-Thierry, pour trouver les moyens de finir la guerre de Flandre : Pierre, évêque d'Auxerre, y parut le second entre les prélats, comme envoyé de la part du roi (3). Il n'étoit point encore alors chancelier de France; il le devint peu après, en 1304, et il continua d'exercer cette charge jusqu'à la fin de sa vie (a).

Durant l'intervalle que put lui fournir le temps de ses négociations, tant à Rome qu'en France, nous n'avons qu'un seul acte où ce prélat paroisse dans son diocèse : c'est la confirmation d'un statut du Chapitre de la cathédrale, selon lequel chacun des chanoines devoit jurer, à sa réception, que sur les premiers gros fruits de la prébende, il paieroit la somme de dix livres, pour avoir une chape de soie à l'église. L'acte est du mardi après la nativité N.-D. 1302 (4). Le même jour l'évêque traita avec le Chapitre pour la fondation de son anniversaire ; il déclara donner vingt livres de rente assises à Appoigny, sur des biens qu'il avoit achetés de noble homme Jean

---

(1) Anselme, t. II, p. 564.
(2) M. Fleury rapportant ce fait, l'appelle mal à propos Pierre de Belleperche.

(3) Du Tillet, Recueil des Grands de France.
(4) Portefeuilles de Gagnières. *Cartul. Cap.*, fol. 511.

(a) Pierre de Mornay prit part à plusieurs autres événements importants, selon ce que nous apprennent plusieurs documents des Archives du Royaume. En 1297, le pape Boniface VIII lui confia la garde de la ville de Lyon, qui était alors sous la protection du Saint-Siège (J. 262, n° 18). En 1298 il était présent lorsque Pierre Flotte rendit compte à Philippe-le-Bel de sa mission auprès du roi d'Angleterre (J. 632, n° 28). Il assista comme témoin à la déclaration donnée à Saint-Germain-en-Laye, par Othon, comte de Bourgogne, que Jean de Châlon, seigneur d'Arlay, devait au roi l'hommage qu'il lui rendait auparavant à lui-même (J. 620, n° 4).
(*N. d. E.*).

de Prie et de Gilète, sa femme, à condition que pendant sa vie on célèbreroit, à son intention, une messe du Saint-Esprit, le lendemain de l'Invention de Saint-Etienne ; et il fit toucher à l'instant le premier arrérage de cette somme. Quelque temps avant que d'être élevé à la dignité de chancelier, il vint encore en son diocèse et y expédia quelques actes en faveur du Chapitre. Deux entre autres sont du mois de septembre 1304 : l'un daté du monastère de Saint-Julien-lez-Auxerre, le lundi avant la fête de Saint-Michel, n'est qu'une simple explication des charges des habitants de Chichery envers les chanoines d'Auxerre (1) ; Guillaume Catin, lecteur, Guillaume *Gervii* ou *Gervasii*, écolâtre, et Pierre de Mène, official, furent témoins. L'autre acte qui intéresse davantage, est du jour précédent 27 septembre. L'évêque avoit un droit sur le sel qu'on débitoit depuis un endroit du village de Bassou appelé *le Noyer*, jusqu'au pont d'Arsy-sur-Cure. Les habitants de Crevan étoient en difficulté sur le paiement de ce droit. Comme ils sont vassaux du Chapitre, cet évêque voulant user de bienveillance à leur égard, et marcher sur les traces de ses prédécesseurs, accorda, à la prière des chanoines (2), que ces habitants seroient exempts de ce tribut au-dedans des limites de la ville et justice de Crevan seulement. Les annales de l'abbaye de Saint-Germain rapportent aussi à cette même année le règlement fait entre lui et Guy de Munois, abbé de ce monastère, non-seulement sur le droit de gîte à la nouvelle entrée des évêques, mais encore touchant la juridiction que l'évêque prétendoit sur les religieux délinquants. L'occasion de ce différend est assez plaisante (3). L'abbé Guy nourrissoit un sanglier apprivoisé. Un prêtre du chœur de la cathédrale trouvant cet animal dans sa vigne le tua d'un coup d'épée. Quelques moines en ayant été informés, sortirent aussitôt du monastère, accoururent à la maison de ce prêtre et la ravagèrent. De là, se transportant à la vigne, ils l'arrachèrent jusqu'aux racines. L'évêque entreprit de punir les religieux qui avoient commis ces excès : mais l'abbé s'y opposa,

---

(1) *Cartul. Capit.*, fol. 427.
(2) *Ibid.*, fol. 250.

(3) *Labb. Bibl. mss.*, t. I, p. 587.

alléguant que de temps immémorial il étoit en droit de punir et corriger ses moines. L'évêque évoqua l'affaire à Rome où elle ne put être finie (1), quoique l'abbé y eût demeuré près de trois ans, et ce ne fut qu'après son retour qu'il se fit là-dessus un accommodement entre l'évêque et l'abbé, par la médiation de personnes pacifiques. Il est daté de l'an 1304, ainsi que j'ai déjà dit. L'année d'après, cet évêque souscrivit au testament de Marguerite, reine de Sicile et de Jérusalem, comtesse de Tonnerre, avec les évêques Guichard de Troyes et Jean de Nevers. Le reste de ses actions que le continuateur de l'histoire des évêques d'Auxerre ramassa vers l'an 1375, ne consiste qu'en acquisitions faites au profit de l'évêché. De ce nombre, est la terre d'Odent ou Hodan qui relevoit déjà de l'évêque. Il se détermina à l'acheter d'un seigneur de Tholet, pour procurer la paix et le repos à la ville de Varzy, que les seigneurs de Tholet harceloient souvent par leurs incursions. Hors de son diocèse il acquit une belle maison, située proche Moret, au diocèse de Sens, avec des terres et des vignes, de plus le hameau de la Brosse, dans la paroisse d'Héricy, proche l'abbaye de Barbeau. Il augmenta aussi de beaucoup l'hôtel que les évêques d'Auxerre avoient à Paris, près la porte Saint-Michel, appelée, plus anciennement, la porte de Fert. Il obtint du roi une grande place voisine qui s'étendoit au delà des murs de Paris; il la fit planter d'arbres et l'entoura de murs. L'auteur de sa vie remarque que quatre-vingts ans après on avoit relevé les terres du même endroit, pour en faire des fossés à l'occasion des guerres. Se sentant âgé, il se retira au château de Régennes, où il mourut le 29 mai 1306, le jour de Trinité. L'auteur d'une chronique écrite au même siècle, et conservée dans l'abbaye de Cluny (2), marque que cet évêque mourut assez subitement, quelque temps après que la tête de saint Louis eut été enlevée du monastère de Saint-Denys; c'étoit, dit l'écrivain, par le conseil de l'évêque d'Auxerre que cette distraction avoit été faite. Pour confirmer sa pensée, il ajoute

---

(1) *Labb. Bibl. mss.*, t. I, p. 588.   (2) C'est un in-folio que j'ai tenu en 1729.

que le roi qui avoit enlevé cette tête, fut aussi puni par une chute qu'il fit de dessus son cheval. Il est permis de croire ce que l'on voudra sur cet article. Pierre de Mornay fut inhumé au côté droit du chœur, proche la tombe de Guy de Mello. Il avoit donné à cette église dès son vivant un très-beau voile quadragésimal, ou grand rideau dont on séparoit le chœur d'avec le sanctuaire pendant le carême, comme cela se pratique encore dans les églises attachées aux anciens usages. Outre son anniversaire fondé dans la cathédrale, les Chapitres de Varzy et de Clamecy ont été pareillement chargés de le célébrer (1). Son nom est aussi dans le nécrologe de la chartreuse de Bellari, aussi bien que celui de Philippe de Mornay, archidiacre de Soissons. Je le trouve de même dans l'ancien obituaire de l'abbaye de Saint-Laurent au trentième mai, pour avoir donné à ce monastère une somme de 70 livres, et la chapelle de Saint-Malo, située dans l'étendue de la paroisse d'Ouzoir. Philippe de Mornay, déjà nommé ci-dessus, y est aussi au 5 des calendes de juillet avec le titre de prêtre. Deux ans après la mort de notre prélat, Guillaume, évêque de Bayeux, Guy, évêque de Soissons, Jean d'Auxy, chantre de Bourges, Guy Mauguin, chanoine d'Orléans, Lambert de Ballenay, chantre de Notre-Dame-de-la-Cité d'Auxerre, et Mathieu de Barnay, chanoine d'Avallon, tous exécuteurs de son testament, assignèrent, à sa sœur, religieuse des Iles proche Auxerre, une petite rente pendant sa vie, qui devoit être convertie à fonder son anniversaire dans cette maison, outre ce qui étoit porté par son testament.

(1) Il avoit donné aux uns vingt livres de rente, et aux autres cent cinquante livres, une fois payées, dont ils achetèrent cent sous de rente, sur une maison située à Marcy.

CHAPITRE III.

PIERRE DE BELLEPERCHE, LXVIe ÉVÊQUE D'AUXERRE.

1306 à 1307.   L'histoire de Pierre de Belleperche montre ce que le mérite peut indépendamment de la naissance. Il étoit né de parents pauvres, dans la paroisse de Lucenay sur la rivière d'Allier, en Nivernois ou en Bourbonnois. Ses grandes qualités, sa profonde érudition dans les matières qui concernent la jurisprudence, l'élevèrent aux premières dignités du royaume, en particulier à l'évêché d'Auxerre. Il eut pour maître en droit Jacques de Ravigny, professeur d'Orléans, qui a écrit sur le Digeste; il sut si bien marcher sur les traces de ce professeur, que lui-même le devint ensuite dans la même université. Chargé de cette fonction, il s'appliqua principalement à résoudre les doutes que la lecture des auteurs versés dans ces matières peut occasionner. Conformément à ce dessein, il fit un glossaire sur le code dont on se servoit communément à Orléans, au XIVe siècle, pour former les nouveaux légistes. En un mot, sa réputation fut si grande qu'on l'appeloit communément dans son siècle le père des savants en droit civil; et le fameux Barthole, qui lui fut postérieur d'environ cinquante ans, faisoit une estime singulière de ses ouvrages. C'est lui qu'Oudin dit être l'interlocuteur sous le nom de *Petrus*, dans un dialogue imprimé de Guillaume Baufet, évêque de Paris (1). Il devint par la suite conseiller au parlement, chanoine de Chartres et doyen de Paris. Il est aussi qualifié chanoine de Bourges, dans un acte de 1301, touchant

---

(1) Oudin; t. 3, col. 731.

l'évêque de Pamiers (1). Mais il n'en faut pas être surpris, parce qu'alors les ecclésiastiques étoient souvent chanoines en même temps dans plusieurs églises fort éloignées.

L'évêché d'Auxerre ayant vaqué par la mort de Pierre de Mornay, il paroît qu'il y eut quelques difficultés pour lui donner un successeur. On trouve des lettres de Philippe-le-Bel, de l'an 1306, à G., doyen, et au Chapitre d'Auxerre, qui recommandent Pierre de Grez, chantre de Paris et chanoine d'Auxerre, que le roi appelle son clerc familier, et qu'il prie qu'on élise pour la dignité vacante. Ce prince envoya même pour cela, à Auxerre, deux personnes qui, en remettant la lettre, devoient déclarer plus amplement ses intentions, savoir : Alain de Lambale, chanoine de Laon, et Pierre de Dicy. Les chanoines ayant choisi Pierre de Grez, selon la volonté du roi, ce prince écrivit en sa faveur à Raymond de Goth, cardinal-diacre de Sainte-Marie-la-Neuve, ajoutant que le prieur de la Chaise-Dieu, son clerc, s'expliqueroit plus au long sur ce sujet. On ne voit pas clairement quels obstacles empêchèrent le succès de cette affaire. Quoiqu'il en soit, le roi pria ensuite le pape de se réserver pour cette fois-ci la provision à l'évêché d'Auxerre, à cause des débats survenus. Pierre de Belleperche fut donc pourvu de cette dignité par Clément V (a). On ne vit point assister à la cérémonie de son entrée les quatre barons qui avoient coutume de porter le nouvel évêque. Le roi qui s'y trouva en personne, ordonna qu'on s'en passât pour cette fois. On ignore en quelle saison elle se fit. On sait seulement que ce prélat ne jugea pas à propos de rester six jours à l'abbaye de Saint-Germain avant que de venir à sa cathédrale. L'abbé Guy de Munois avoit ressenti l'incommodité de cet usage qui lui avoit coûté six cents livres, et il avoit exposé cet inconvénient au pape, qui fixa la dépense de l'évêque à dix livres

---

(1) L'imprimeur du *Thesaurus anecdotorum*, t. 1, p. 1327, au lieu de *P. de Bella pertica* l'appelle *P. de Bella peruca*.
(2) *Histor. paparum Avenio.*, t. 11, p. 33.

(a) Une bulle du pape Clément V, datée du 21 septembre 1306 et adressée aux évêques de Meaux et de Senlis, porte nomination de Pierre de Belleperche à l'évêché d'Auxerre.—Arch. du Roy., J., 713, n° 2.   (N. d. E.).

par jour. Ainsi, l'abbé en fut quitte, à l'égard de Pierre de Belleperche, pour soixante livres (1). La dignité de chancelier de France et de garde des sceaux, ne permit pas à Pierre de Belleperche de résider exactement dans son diocèse. On ne connoît aucune des actions qui regardent en particulier son épiscopat, que la profession ordinaire qu'il fit à Sens, en qualité de suffragant, et l'union de la chapelle de Saint-Germain à l'écolâtrerie. Cette chapelle étoit dans la cathédrale (2). Il en investit Guillaume de la Ripe, alors écolâtre ou pénitencier, par la tradition de son anneau pastoral, et le titre de cette réunion ajoute qu'il pria ensuite le sous-chantre de l'installer (3). Il est du 10 juin 1307. Le consentement que le Chapitre donna à cette réunion est du 23 octobre suivant. Il fut nommé la même année par le roi, pour expliquer la difficulté qui s'étoit élevée à l'occasion du traité fait entre le roi et l'archevêque de Lyon (4). Pierre ne survécut pas beaucoup à ces événements. Il mourut à Paris le 17 janvier suivant, auquel en France on comptoit encore 1307 et non au mois d'octobre, comme a marqué du Boulay, dans son histoire de l'Université de Paris. Il fut inhumé dans le chœur de l'église Notre-Dame. La tombe de cuivre qui couvroit sa sépulture, s'y voyoit encore au commencement de ce siècle, à la place où se met le premier choriste. On y lisoit cette épithaphe :

> Hac jacet in cella Petrus cognomine Bella
> Pertica : perlucidus verbis, factis quoque fidus,
> Mitis, veridicus, prudens, humilisque pudicus,
> Legalis, clarus, velut alter Justinianus,
> Summus doctorum, certissima regula morum,
> Parisinorum decanus canonicorum,
> Autisiodorica digne sumpta sibi sede
> Tempora post media charus successit ab æde,
> Annis sub mille ter C. septem simul ille
> Sulpitii festo migravit ab orbe molesto.
> Det sibi solamen Spiritus almus. Amen.

Du Boulay s'est encore trompé, lorsqu'il marque que c'est à

---

(1) *Lobb.*, t. I, *Bibl.*, p. 588.
(2) *Tabul. Epist.*
(3) *Voy.* les Preuves. t. IV, n° 255.

(4) Inventaire du Trésor des Chartes Lyonnais.

Auxerre, proche l'aigle de la cathédrale, que se lit cette inscription (1).

Pierre, devenu seigneur du village dont il étoit natif, s'y distingua par quelques monuments et par quelque fondation. Il bâtit, proche le bourg de Villeneuve, un château du nom de Belleperche, qu'il avoit tiré de la paroisse de Lucenay (2); il n'étoit encore que docteur lorsqu'il entreprit cet édifice. Ce fut dans ce château que, cent ans après ou environ, furent ratifiés, par la princesse Jeanne de Bourbon, les articles de son mariage avec Humbert, dauphin. On apprend, par un titre de la bibliothèque Colbert, que cet évêque avoit fondé dès son vivant une chapelle dans ce château, et huit chapelains chargés de prier Dieu pour le repos de l'âme de Guillaume, son frère, et ses autres parents; et qu'il avoit ordonné que la présentation de ces chapelains ou vicaires appartiendroit à ceux qui seroient seigneurs après lui de la maison de Villiers. Il les avoit dotés chacun de vingt livres, laissant pour cela un fond de six-vingts livres de rente qu'il avoit sur le trésor royal, et quarante livres qui lui étoient dues sur le péage de Mâcon. Deux de ses exécuteurs testamentaires qui y sont nommés, savoir : Jean d'Auxois, chantre d'Orléans, et Guillaume *de Dineüs*, chanoine de Bourges (3), obtinrent l'amortissement de ces quarante livres; mais en les amortissant, le roi déclara que les six-vingts livres, au lieu d'être prises dans son trésor royal, seroient levées sur les émoluments de la prévôté de Saint-Pierre-le-Moutier. Les lettres où cet échange est marqué (4), furent données à Melun, au mois de mars 1307. Cet évêque avoit aussi fondé, à Lucenay, une chapelle de quinze livres de revenu,

---

(1) J'ai lu son nom dans l'Obituaire de sainte Geneviève de Paris, au 17 janvier, avec ces mots : *dedit viij libras pro anniversario suo.*

Si l'extrait de l'Inventaire du trésor des Chartes est exact, j'ajouterai que j'y ai lu que Clément V avoit permis à cet évêque de résigner son évêché entre les mains de l'évêque de Meaux ou de Senlis., *fol. 160 in Languedoc.*

(2) Boissieu, Traité des fiefs.

(3) Le P. Anselme nomme avec le chantre d'Orléans deux autres exécuteurs, qu'il appelle l'un Guy Contet, et l'autre Durand de Villars : c'est lorsqu'il dit qu'ils rendirent compte, pour lui, de l'émolument du sceau au mois d'août 1308. *Hist. Cancellar.*

(4) Chambre des Comptes, livre rouge.

à la présentation du même seigneur de Villiers. Les lettres d'amortissement qui furent accordées par Robert, fils de saint Louis, comte de Clermont et sire de Bourbonnois, le mardi après la Saint-Luc, 1309, nous apprennent qu'il avoit laissé pour cela une maison assise en la Villeneuve. Les exécuteurs testamentaires ayant réglé les charges de la fondation, le 31 mars suivant, et ordonné que les chapelains lui feront un anniversaire solennel, le roi entérina le tout par les lettres données au Vieux-Corbeil, au mois de juillet 1310. On voit par tout ceci que l'auteur de la compilation sur les évêques d'Auxerre du xive siècle, a parlé assez peu exactement, lorsqu'il a dit que Pierre de Belleperche avoit fondé quatre prébendes à Villeneuve. De ces huit chapellenies, on assure que six ont été transférées dans l'église collégiale de Notre-Dame de Moulins, et que les deux autres portions sont possédées par un chapelain particulier. La chapelle de Villeneuve subsiste toujours, ayant été rebâtie à neuf sous le titre de Notre-Dame-de-Recouvrance; et il y a, dit-on, grand concours de pélerins. On ne voit pas que Pierre de Belleperche eût rien légué à l'église d'Auxerre ; peut-être fut-ce à cause du peu de temps qu'il l'avoit gouvernée. Les registres du Chapitre de Chartres marquent que son anniversaire y avoit été fondé moyennant la somme de cent livres (1).

Ceux qui sont curieux de connoître le nombre de ses ouvrages, peuvent en voir le catalogue dans la bibliothèque de Jacques Frison. Il y en avoit en manuscrit, à Bourges, qui furent portés à Paris en 1... pour servir à l'édition que Pierre Gromors donna cette année-là de ses notes sur le code de Justinien. Ils ont été imprimés plusieurs fois. Dom Bernard de Montfaucon nous apprend qu'il les a vus aussi en manuscrit à Naples, dans la bibliothèque de M. Valetta (2). Le nécrologe de l'église de Paris le qualifie *de jurium interpres eximius* (3), et l'historien des évêques d'Auxerre, qui a écrit soixante et dix ans après sa mort, fait de

---

(1) *Regist.* 1310, *dic lune post. assumpt.*
(2) *Diar. italic.*
(3) J'ai lu, dans un de ces nécrologes, à la Bibliothèque du Roi, qu'il avoit légué 200 livres au Chapitre de Notre-Dame.

lui cet éloge : *in jure civili citra montes pater habebatur peritorum.*

L'étendue de son génie lui avoit procuré, avant le temps de son épiscopat, plusieurs députations de distinction, qui sont rapportées dans l'histoire des chanceliers de France. Philippe-le-Bel l'envoya dans le Berri et dans l'Auvergne, en 1296, et l'année suivante en Vermandois (*a*). Ensuite, ayant eu ordre de ce prince de se rendre à Lausanne, il fut jusqu'à Lyon, d'où ayant été rappelé, il alla à Arras avec Pierre de Grez, chantre de Notre-Dame de Paris, pour les affaires de Flandre, fit un voyage en Lorraine et dans le Barrois, en 1299, et passa en Angleterre. L'année suivante, il retourna en Flandre. En 1301, il alla à Rome avec Jean de Dijon, puis il retourna en Cambresis avec l'évêque de Soissons et le comte de Savoie. Il alla une seconde fois à Amiens, en 1302, pour la conclusion de la paix entre les rois de France et d'Angleterre. En 1303, il fut l'un des trois ambassadeurs que le roi envoya au pape Benoît XI, pour lui présenter ses lettres de congratulation sur son avénement au souverain pontificat. Il se rendit en 1304, à Lille, auprès du roi qui l'envoya, l'année d'après, à Bourdeaux, vers le pape Clément V, et il accompagna ce pape jusqu'à Lyon. On trouve aussi son nom avec celui des premiers du royaume, à l'an 1298, dans un arrêt qui fut rendu au parlement (1).

(1) Mém. du Tillet, p. 30.

(*a*) On lit dans l'inventaire du Trésor des Chartes, t. vii, qu'il avait été désigné, n'étant encore que chanoine de Bourges, avec l'évêque d'Auxerre et l'archevêque de Narbonne, par le pape Benoît X, pour lever une décime sur le clergé au profit du roi, afin de rétablir les monnaies altérées au poids qu'elles avaient sous saint Louis.
(**N. d. E.**).

CHAPITRE IV.

PIERRE DE GREZ, LXVIIe ÉVÊQUE D'AUXERRE.

1308 à 1325.
Les divisions qu'on croyoit devoir se trouver parmi les chanoines d'Auxerre, lorsqu'il seroit question de donner un successeur à Pierre de Belleperche, obligèrent encore le pape de prendre connoissance de cette affaire (1). Clément V étant à Poitiers, écrivit de cette ville le 3 du mois d'avril, qu'ayant été informé qu'il y pourroit avoir de la discorde dans le Chapitre pour le choix d'un nouvel évêque, il s'en réservoit pour cette fois la nomination, à moins qu'on ne prît le parti de faire l'élection en paix et sans se diviser, comme il étoit déjà arrivé. La clause de cette lettre nous empêche de décider absolument si ce fut par le pape que Pierre de Grez fut nommé, quoique celui qui a compilé les actions des évêques d'Auxerre, à la fin du même siècle, assure qu'il fut mis sur le siége d'Auxerre, *apostolica provisione*. Il y a, en effet, assez d'apparence que ce personnage, qui avoit déjà eu tant de suffrages en l'an 1294 et en 1306, les réunit tous cette fois-ci; et que les termes du compilateur que je viens de citer ne signifient autre chose, sinon que l'élection fut autorisée et confirmée par le pape. On a vu, par la bulle de Boniface VIII, qu'il étoit alors chanoine d'Auxerre; et c'étoit sans doute son oncle Guillaume qui lui avoit conféré une prébende. Mais il n'y fit guère de résidence par la suite, ni sous l'épiscopat de Pierre de Mornay, ni sous celui de Pierre de Belleperche. Comme il possédoit d'autres bénéfices,

---

(1) *Vitæ papar. Avenion*, t. II, p. 115.

savoir : un canonicat dans l'église de Chartres (1) et la dignité de chantre dans celle de Paris, et qu'outre cela il étoit chancelier du roi de Navarre comte de Champagne et de Brie (2), ses soins furent partagés ; et occupant ce dernier poste, il fut souvent envoyé en ambassade. Un des titres plus anciens où je ne le trouve qualifié que de chantre de Paris, est le testament de Philippe, comte d'Artois, fait au mois de janvier 1294, dans l'abbaye de Bourdieu (3). Ce seigneur le choisit pour en être exécuteur avec Jean de Grez, chevalier. Selon quelques auteurs, son véritable nom étoit Pierre de Corbeil, quoique plus communément on l'appelât Pierre de Grez (4), du nom d'une terre située en Brie, appartenant à sa famille ; car, suivant notre ancien historien, il étoit né dans le pays de Gâtinois. Tous les écrivains conviennent qu'il étoit très-habile canoniste et qu'il étoit doué de plusieurs autres belles qualités (5). Il n'étoit encore qu'élu évêque d'Auxerre lorsqu'il reçut une commission assez disgracieuse. Il s'agissoit d'éclaircir les faits dont on accusoit l'évêque de Troyes. On le soupçonnoit de se mêler de sortilége, d'avoir contribué à la mort de Jeanne, reine de France (6); d'avoir voulu empoisonner Charles, comte d'Angers, lorsqu'il étoit en Champagne, et à Poitiers le roi de Navarre, et d'avoir empoisonné réellement et de fait plusieurs personnes, aidé du ministère d'un jacobin appelé Jean de Tayac, avec lequel il conféroit souvent dans les bois de Saint-Flavit, aux environs de l'ermitage du lieu et avec l'ermite qui y résidoit. Clément V écrivit de Poitiers, au mois d'août, à l'archevêque de Sens ; à Raoul, évêque d'Orléans,

(1) *Regist. cap. Carnot.*
(2) Il ne fut point chancelier de France, comme l'a cru notre écrivain Auxerrois de la fin de son siècle. Quelques titres de Provins en Brie confirment ce que je viens de dire, qu'il l'étoit seulement de la Champagne et de la Brie. *Mém. de M. Nyvest, conseiller, à Provins.* (a)

(3) *Thes. anecdot, t.* I, col. 1267.
(4) Anselme, t. VI, p. 657, parlant de G. de Grez, le dit fils de Jean de Corbeil, seigneur de Grez en Brie.
(5) *Labb. bibl.*, t. I, p. 509.
(6) Extraits des chartes du Trésor royal.

(a) Cependant, des documents précis constatent qu'il a possédé le titre de chancelier de France, en 1307, mais très-peu de temps. (*N. d. E.*).

et à Pierre de Grez, de vérifier la chose. Ils firent arrêter l'évêque de Troyes ; il subit l'interrogatoire dans l'abbaye de Sainte-Geneviève de Paris ; mais il n'avoua aucun des griefs dont on l'accusoit. Pierre de Grez, qui y avoit assisté le 7 octobre, en rendit compte, par écrit, au pape, et on ne voit point ce que devint cette affaire. Quatre jours auparavant, il avoit fait savoir aux chanoines de Chartres qu'il avoit permuté le lieu de la perception des fruits de sa prébende avec celui d'où Jean de Mons, son parent, tiroit ceux de la sienne. La lettre qui est insérée dans les registres du Chapitre, est datée de Paris le 3 octobre.

Il n'étoit point encore prêtre lorsqu'il fut choisi pour évêque ; on varie dans le lieu et dans le jour auquel Guillaume Baufet, évêque de Paris, lui conféra la prêtrise (1). On y lit dans un endroit que ce fut à Saint-Ouen, le lendemain de la Saint-Denys, et dans un autre que ce fut à Montlhéry, le jour de Saint-Thomas ; mais cette dernière époque est celle à laquelle il faut s'attacher, parce qu'en effet, le samedi des Quatre-Temps de décembre se trouva, en 1308, le jour de Saint-Thomas ; et elle mérite d'autant plus de croyance, qu'au même endroit Jean de Saint-Victor ajoute qu'il fut sacré évêque le premier dimanche de janvier, qui étoit la veille de l'Epiphanie, ce qui s'accorde parfaitement avec la lettre dominicale. La circonstance qu'on y lit du repas splendide qu'il donna ce jour-là dans le couvent des Cordeliers de Paris, sert à prouver que ce fut dans l'église de ces religieux qu'il fut sacré. Peut-être aussi trouvera-t-on qu'elle n'est pas tout à fait éloignée du caractère généreux de ce prélat, dont l'abréviateur de la vie a fait, en passant, ce petit éloge : *cujus hospitalitatis singularitas nullum petentem exclusit* (2).

On ne sait rien de son entrée au siége épiscopal, sinon qu'il suivit, envers l'abbaye de Saint-Germain, l'exemple de son prédécesseur et qu'elle se fit dans le carême (3). Il alla aussi à Sens faire la soumission accoutumée à l'église métropolitaine (4). Son

---

(1) *Chron. Joann. Victorini canon., hist. Univ. Paris, seculo XIV*, p. 109 et 128.
(2) *Bibl. Labb.*, t. I, p. 509.
(3) *Ibid. in abb. S. Germ.*, p. 588.
(4) Comptes des anciens majeurs de Provins.

nom s'y voit encore à cette occasion dans le livre du préchantre ; et parce que le siége étoit alors vacant par la mort d'Etienne Bécart, il fut mis dans la formule *et futuro pontifici Senonensi* (1). Quelque temps après il retourna à Paris avant que de venir résider dans son diocèse. Ce fut dans cette ville que, pour se rendre aux prières du sieur de la Chapelle, au sujet d'une saisie faite par lui et par le Chapitre sur les biens de défunt R...., de Vaux, archidiacre d'Auxerre, il consentit à la levée de cette saisie par les lettres qu'il adressa, le 15 décembre 1309, à Guillaume Catin, lecteur, et Félix de Coaudun, chanoines d'Auxerre, par lesquelles il leur mande de s'informer quels sont les héritiers, et de mettre les exécuteurs testamentaires en jouissance des effets. Comme les titres qui regardent le temporel sont ordinairement les mieux conservés, ce sont aussi ceux par lesquels on apprend la résidence de Pierre de Grez, dans son diocèse, pendant les premières années de son pontificat, l'attention dont il fut pour le soulagement de ses vassaux, à rendre justice à un chacun, et en même temps celle qu'il avoit pour faire rendre à sa dignité les devoirs qui en sont inséparables. Les habitants de Varzy ayant reconnu le caractère bienfaisant de ce prélat, lui représentèrent la nécessité où ils étoient d'avoir du bois pour leur usage dans le voisinage de la ville. L'évêque écouta leur demande ; il en conféra avec le Chapitre de son église (2), et leur accorda, en 1310, quelques usages avec certaines clauses (a). On remarque que l'acte de concession est ainsi motivé : « cupientes à nostris
» subditis diligi potius quam timeri, nec non considerantes curia-
» litatem quam Burgenses et incole nostri de Varziaco... nobis
» et ecclesie nostre fecerunt. » On ignore aujourd'hui ce qui mé-

---

(1) Il paya réellement le droit établi envers le Saint-Siége, le 22 mai 1309. *Ex libro solut. in reg. Vatic.*

(2) *Cartul. capit., fol.* 537.

(a) L'acte, dont copie seulement existe aux Archives de l'Yonne, indique qu'il s'agit d'un cantonnement d'usages dans la forêt de Bouhy. (*N. d. E.*).

rita cette faveur aux habitants de Varzy. Pierre de Grez ne négligea point de se faire rendre ce qu'on lui devoit comme seigneur suzerain. Il fit saisir, en 1311, par Jean Coret, son procureur, et arrêter sous sa main tout ce qui dépendoit du comté d'Auxerre et de la baronnie de Donzy (1), parce que le comte refusoit de lui prêter foi et hommage. Le roi fit aussi faire une saisie de son côté sur les mêmes terres, à cause de la rébellion qu'avoit commise contre lui Louis, comte de Nevers, qui tenoit le bail du même comté d'Auxerre, et sa saisie renfermoit de plus la terre de Colanges-sur-Yonne. Comme la baronnie de Donzy, quoique enclavée dans le pays de Nivernois, relève de l'évêché d'Auxerre, notre évêque porta ses plaintes au roi et lui fit connoître que sa saisie étoit antérieure. Les gens du roi représentèrent en parlement que malgré la saisie faite au nom du prince, les officiers du comte avoient toujours perçu les fruits et que le roi n'en avoit pas profité (*a*). Simon, de la Cour, fut commis pour instruire Philippe-le-Bel de la vérité des faits ; l'information ayant été rapportée à la Cour, il fut ordonné que la main du roi seroit levée de dessus la baronnie de Donzy et la terre de Colanges et de dessus toutes les portions du comté d'Auxerre qui relevoient en fief de l'évêque, et que la saisie faite de la part du roi ne tiendroit que pour les autres portions du comté indépendantes de l'évêque (2), comme sont le château et la vieille cité d'Auxerre, les

---

(1) *Voy.* les Preuves, t. VI, n° 259. | (2) *Inventorié à Pontoise.* 1314.

(*a*) Lebeuf, qui n'a consulté que l'inventaire du Trésor des Chartes sur cette affaire, a été incomplètement renseigné. Les officiers royaux prétendaient que lorsqu'ils mirent sous le séquestre les domaines du comte, il n'y avait pas trace de saisie de la part de l'évêque, et que le comte en percevait toujours les fruits, sans doute par suite de *souffrance* accordée par l'évêque. Mais l'enquête ayant prouvé que la saisie avait été bien réelle de la part du prélat, la Cour ordonna la levée de la main du roi sur tout ce qui relevait de l'évêque. Philippe-le-Bel donna à cet égard une charte datée de Pontoise, le 16 avril 1314, et ordonna aux baillis de Nevers et d'Auxerre, de mettre l'arrêt à exécution. — Arch. du Roy. J, 474, 54 et 54 bis. (*N. d. E.*).

villes de Saint-Sauveur et d'Entrains. Cet arrêt est du parlement de la Saint-Martin, 1313. Il fut cause que l'évêque se créa un receveur des revenus de la baronnie de Donzy dès l'année suivante. (1). Mais le possesseur de cette baronnie n'en fit pas pour cela de plus grandes diligences. Pierre de Grez attendit encore quatre ans sans qu'on lui en rendît foi et hommage C'est pourquoi, étant à Paris le mercredi des Cendres, 1317, il donna ordre à Pierre Ansel, bourgeois et bailli de Varzy, de mettre en sa main cette baronnie et toutes ses dépendances. Enfin, l'an 1323, le mardi, huitième jour de juin, Louis, comte de Flandre et de Nevers, se mit à son devoir. La manière dont il rendit foi et hommage à notre évêque, fut revêtue de toutes les solennités (2). Le Chapitre s'y rendit processionnellement dans la grande salle de l'évêché, le diacre portant le livre des évangiles. Là, pour rendre foi et hommage, le comte mit ses mains entre celles de l'évêque, lui donna le baiser de paix et toucha le livre des évangiles; après quoi l'évêque lui recommanda, comme à son homme et son féal, ce qui est ordinaire en pareil cas, et de donner un dénombrement de tout ce qu'il reconnoissoit tenir de l'évêché. Outre le Chapitre, les témoins de cette cérémonie furent entre autres Altauld, surnommé Flotte, abbé de Vézelay; Robert, abbé de Saint-Père d'Auxerre; Pierre de Beaujeu, prieur de La Charité-sur-Loire, et du nombre des chevaliers Mathieu de Mello, seigneur de Saint-Bry; Jean de Merry; Ithier de Conflant; Guy de Toucy, seigneur de la vallée d'Alligny, et autres avec Hugues de Consey, Bailly de Nivernois. Pierre de Grez n'eut pas tant de peine à se soumettre les possesseurs de la terre de Toucy, qui relève également de l'évêché d'Auxerre (3). Il reçut, dès l'an 1312, l'hommage dû par la baronne du lieu, Jeanne, comtesse de Bar et dame de Puisaye. On ne voit point qu'il ait eu avec personne aucune difficulté, sinon qu'en 1314, il fut obligé de plaider contre un chevalier, seigneur d'Anois, nommé Regnaud Rongefer, apparemment des

---

(1) Quittance du vendredi 26 janvier 1314
(2) *Voy.* les Preuves, t. IV, n.º 270.

(3) *Castri* Toucy. *Invent. tit.*

descendants de celui de même nom qui avoit tant molesté d'autres évêques d'Auxerre. Mais le détail de cette affaire n'est point parvenu jusqu'à notre temps.

Son épiscopat fournit plusieurs autres actes pour le spirituel, qui sont d'une plus grande importance. Il reconnut qu'il y avoit des inconvénients de ce que les quatre archiprêtres du diocèse n'exerçoient que par commission; qu'ils en étoient moins vigilants envers les paroisses de leur district, moins exacts à faire leurs visites, et que cela étoit même cause que quelques-uns laissoient perdre les droits et les prérogatives de leur archiprêtré. C'est pourquoi il fit proposer au Chapitre d'Auxerre le dessein qu'il avoit de rendre ces quatre offices perpétuels. Les chanoines de la cathédrale y ayant donné leur consentement dans le Chapitre général de Sainte-Luce, 1313, cet évêque fit une ordonnance qui déclaroit perpétuels les archiprêtrés d'Auxerre, de Puisaye, de Varzy et de Saint-Bry (1). Elle est datée de son château de Villechaul, proche Cône, le jeudi après la Nativité de saint Jean, de l'an 1314. Sept ans après, ayant obtenu de l'archevêque de Sens la confirmation de cet établissement, il envoya de son château de Grez, en Brie, une lettre adressée à Jean de Dammarie, archiprêtre d'Auxerre; Raoul Périti, archiprêtre de Puisaye, et Mathieu du Plessis, archiprêtre de Saint-Bry, par laquelle il leur notifioit qu'il avoit rendu leurs titres perpétuels. Celui de Varzy n'est pas nommé dans cette lettre, peut-être parce que la place étoit alors vacante.

La déclaration qu'il donna, en 1320, au sujet d'une des châsses de la cathédrale, fut une action des plus solennelles de son épiscopat. Les chanoines réguliers du prieuré de Saint-Amatre, au faubourg d'Auxerre, prétendoient posséder le corps de ce saint évêque dont leur église portoit le nom, et soutenoient que les chanoines de la cathédrale n'en étoient pas les dépositaires, quoiqu'ils eussent une châsse dans laquelle ils assuroient que ses ossements étoient renfermés. Pierre de Grez, voulant mettre fin à ces prétentions, visita, tant en personne que par commissaires, les

---

(1) *Voy.* les Preuves, t. IV, n°s 261 et 262.

châsses et reliquaires du prieuré. On y trouva, à la vérité, des ossements de quantité de saints martyrs et de saints confesseurs, mais il n'en parut aucun de saint Amatre, et on n'y trouva aucun renseignement par écrit qui marquât qu'on y possédât les reliques de ce saint. Les religieux du prieuré continuèrent à soutenir qu'ils devoient avoir le corps de saint Amatre, parce qu'il avoit été inhumé dans leur église. On les somma de produire d'autres titres, et ils ne purent le faire. L'évêque fit examiner toutes les preuves alléguées par le Chapitre de la cathédrale, en faveur de la possession de la relique. Il est vrai qu'on ne savoit point précisément en quel siècle, ni par qui le corps du saint avoit été transféré de l'église de son nom en celle de la cathédrale. Mais on trouvoit dans les anciens martyrologes, au 12 juillet, qu'en ce jour on avoit reçu, dans cette église, les reliques de saint Amatre, évêque, celles de saint Cyr et de sainte Julitte, de saint Syphorien, martyr, et de saint Val, confesseur, en mémoire de quoi il y avoit une fête de réception établie de temps immémorial. Outre cela il étoit notoire que lorsque le Chapitre de la cathédrale alloit dans l'église du prieuré, et qu'on y faisoit les suffrages, on ne manquoit jamais de dire dans l'oraison, conformément aux anciens livres, *qui in præsenti requievit ecclesia*; et non pas *requiescit*. L'évêque fit aussi ouvrir une très-ancienne châsse d'argent, au-dehors de laquelle étoit représentée la vie de saint Amatre. Les commissaires qui étoient Jean, archidiacre, Félix, lecteur, etc., y trouvèrent des inscriptions très-anciennes qui marquoient que le corps de saint Amatre étoit conservé en entier dans cette châsse, et aperçurent quelque chose qui désignoit qu'elle avoit été ouverte en 1238, ce qui suppose que dès lors elle passoit pour ancienne. Toutes ces considérations portèrent Pierre de Grez à indiquer une assemblée du clergé pour décider sur cette affaire. Elle fut tenue le lundi après l'Assomption dans le Chapitre de la cathédrale; et là, en présence de tous les chanoines et des abbés qui suivent, savoir : Jean, abbé de Vézelay; Gaucher, abbé de Saint-Germain; Jacques de Pontigny; Robert de Saint-Laurent; Martin de Saint-Marien, et des prieurs et autres communautés, il déclara que le corps de saint Amatre reposoit dans l'église cathédrale, et que c'étoit là où les fidèles devoient venir l'honorer. Je me suis un peu étendu sur cette cérémonie, afin de rectifier ce qui a été mal pris dans un mémoire imprimé à Amiens, en 1715, touchant le temps depuis lequel le corps de saint Amatre reposoit dans l'église cathédrale d'Auxerre. On a fait entendre, dans ce mémoire, que c'étoit depuis l'an 862 que cette cathédrale le possède, en se fondant sur un texte de la vie de l'évêque Chrétien qui a été mal entendu; au lieu que la réception n'a dû s'en faire dans l'église d'Auxerre, que dans le xie ou le xiie siècle. On sera bien aise de retrouver l'ordonnance de Pierre de Grez, imprimée à la fin de cette histoire plus exactement qu'elle ne l'a été à Amiens, où je l'avois envoyée (1). L'évêque Pierre, profitant de l'ouverture de la châsse de saint Amatre, voulut marquer, à cette occasion, sa dévotion envers ce saint. Il en tira la tête du saint prélat, et la renferma dans un chef d'argent. C'est de quoi le Chapitre fit faire une espèce de procès-verbal, signé par le secrétaire, lequel est encore attaché aux ossements de ce saint qui restent dans la même église, et que je rapporterai ici à cause de sa brièveté : « Hic requiescit corpus beatissimi confessoris Amatoris quondam » Autissiodorensis episcopi, detractis capite et duobus dentibus. » Et fuit traditum dictum caput domino Petro de Gressibus » episcopo ibi presenti, ad collocandum ipsum in argento pro » ista ecclesia Autiss., presentibus una cum dicto D. episcopo, » Radulpho archidiacono Puseie, F. lectore, P. thesaurario, M. de » Appoigniaco, J. succentore, R. Periti, P. Albi et aliis pluribus » canonicis Autiss. *Signé* J. de Parisius. »

L'abbé Gaucher, nommé dans l'ordonnance qui vient d'être rapportée, gouvernoit le monastère de Saint-Germain depuis 11 ans ou environ. Guy de Munois, son prédécesseur, se sentant cassé de vieillesse dès l'an 1309, avoit donné avis à Pierre de Grez qu'il souhaitoit se démettre de l'abbaye entre ses mains. Il s'étoit retiré au village de Soncaise (2), qui est une terre du diocèse de Sens,

---

(1) *Voy.* les Preuves, t. iv, n° 267. | (2) *Summa-casa.*

à sept lieues d'Auxerre, où son monastère avoit alors un logis considérable. L'évêque lui envoya deux commissaires qui étoient Adeodat, abbé de Lagny, et Jean Coquard, professeur ès-lois; et ils y reçurent sa démission le mardi après l'Ascension de l'an 1309. Ces circonstances ont été expressément marquées dans la vie de cet abbé (1), et dans celle de Gaucher qui fut élu en sa place. Ce fut à ce même abbé que Pierre de Grez fit à Auxerre deux concessions, l'une en 1321, l'autre en 1324 (2). Par la première, il lui permit de célébrer l'office divin dans la chapelle de son château de Perrigny-lez-Auxerre, pourvu qu'on n'y administrât aucun sacrement et surtout le mariage. Par la seconde, il approuva la fondation de la même chapelle, et il accorda que l'abbé pourroit y faire célébrer l'office par d'autres que par lui-même, étendant la même grâce aux successeurs de cet abbé.

Le cartulaire de la cathédrale fournit un acte infiniment plus solennel touchant les monastères du diocèse (3). L'an 1319, le septième jour de novembre, tous les chanoines étant assemblés dans le Chapitre avec le révérend évêque, se présentèrent Jacques, abbé de Pontigny, et Henri, abbé de Roches, tous les deux de l'Ordre de Citeaux. L'évêque et les chanoines les requirent de faire à l'église d'Auxerre le serment ordinaire de soumission et de révérence. On disputa quelque temps sur la teneur de la formule ancienne dont il parut que ces deux abbés vouloient s'éloigner, pour en prononcer une différente de celle que leurs prédécesseurs avoient suivie. Mais comme ils promirent de revenir pour réitérer cet acte, si cette formule étoit trouvée insuffisante, on se contenta de ce qu'ils étoient prêts de faire : on les conduisit au grand autel de la cathédrale où ils firent le serment en cette forme :
« Ego frater Jacobus abbas Pontigniaci, cisterciensis ordinis, sub-
» jectionem, reverentiam, obedientiam a sanctis patribus constitutam
» secundum regulam S. Benedicti, tibi Domine pater episcope tuis-
» que successoribus canonice substituendis et sancte sedi, salvo

---

(1) *Labb. bibl. mss.*, t. I, p. 591 et 592.
(2) *Voy.* les Preuves, t. IV, nos 268 et 271.
(3) *Fol.* 53.

» ordine meo, me exhibiturum promitto (1). » On croit que l'abbé de Pontigny, ici dénommé sous le simple nom de Jacques, étoit Jacques de Termes qui avoit été abbé de Chaalis, proche Senlis, et qui est connu par plusieurs ouvrages. Quant à l'abbé de Roches, il se conforma à son supérieur, son monastère étant de la filiation de Pontigny.

Ce fut du temps de Pierre de Grez que fut célébré, à Vienne, un célèbre concile (a). Ce prélat y assista comme beaucoup d'autres en 1311, et c'est tout ce que nous en pouvons dire. Il assista aussi au concile de la province de Sens, tenu à Paris la même année, le lundi après le troisième dimanche de carême (2). Cet évêque fut

(1) Voici quelle étoit l'ancienne formule. Celle que Guillaume, abbé de Bourads, du même Ordre, prononça, vers l'an 1170, sous le pontificat de Guillaume de Toucy, est conçue en ces termes : *Ego Willelmus humilis B. Marie Boni-radii abbas matri ecclesie Autissiodorensi tibique pater Willelme, et tuis successoribus debitam subjectionem atque obedientiam, secundum instituta sanctorum patrum, ore promitto et manu confirmo.* Elle est ainsi transcrite d'une main de ce temps-là à la marge d'un homiliaire de la cathédrale, à la veille de Pâques. Ce ne fut qu'après l'an 1220 que tous les abbés de l'Ordre de Cîteaux se mirent sur le pied d'ajouter, dans leur serment, *salvo ordine nostro.* — *Voy.* t. IV, *Thes. anecdot.*, le Chapitre général de Cîteaux de 1221.

(2) J'ai vu la lettre que Pierre écrivit à tout son clergé, pour l'avertir de la reprise de ce concile après son interruption, en conséquence de l'avis que Philippe de Marigny, archevêque de Sens, lui en fit donner par Jean, évêque de Chartres. — *Voy.* aux Preuves.

(a) Ce concile était assemblé pour le jugement de l'Ordre des Templiers. L'évêque d'Auxerre fut dans cette grave affaire un des serviteurs les plus dévoués de Philippe-le-Bel.

Lors de la convocation des états généraux à Tours, en 1308, pour cet objet, la ville d'Auxerre envoya deux députés sur l'invitation du roi; c'étaient Droco Jordani, qui devint doyen du Chapitre, et Henri Brichemer. La terreur qu'inspirait le roi ne permit pas de résister. L'arrestation des Templiers se fit avec un appareil imposant, et le même jour par toute la France. En 1310, un concile de la province de Sens fut convoqué à Paris par Philippe de Marigny, archevêque de Sens, et les membres de l'Ordre qui avaient été pris à Auxerre et dans les autres parties de la province furent traduits devant cette assemblée. La torture amena des aveux suivis bientôt de rétractations, et Marigny, pressé de satisfaire aux ordres du roi, prononça la condamnation à mort de cinquante-quatre Templiers qui furent brûlés à Paris. — On peut voir aux Preuves, t. IV, la lettre dont parle Lebeuf dans la note 2 ci-dessus, et qui fut adressée, au mois de juillet 1311, par l'évêque d'Auxerre aux corporations ecclésiastiques de son diocèse pour la reprise du concile de Paris. Il ne paraît pas toutefois que ce projet ait eu de suites. (*N. d. E.*).

pareillement des vingt-six auxquels Robert, archevêque de Reims, écrivit, en 1316, pour les prier de se rendre à Senlis, afin de finir l'affaire de Pierre de Latilly, évêque de Châlons. On voit son sceau parmi ceux de dix-huit prélats qui connurent de cette matière (1); l'évêque de Béthléem étoit aussi du nombre (2). La même année, 1316, Pierre étoit à Chartres, au mois d'octobre, à la prise de possession de l'évêque Robert de Joigny, le dimanche après la fête de saint Luc, avec Jean Fournier, chanoine d'Auxerre (3). L'année d'après il fut présent en parlement, vers le premier jour de décembre, lorsqu'on y rendit un arrêt en faveur de Mahauld, comtesse d'Artois, contre Robert d'Artois (4). Je ne parle point de la levée qu'il fit, en 1313, des décimes que Clément V avoit accordées à Philippe-le-Bel sur le clergé, pour le voyage d'outre-mer, ni du don qu'il fit à l'abbaye de Saint-Laurent de la chapelle de Sainte-Marguerite de Bréviande, située dans la paroisse d'Ecrignelles. Le nécrologe de cette abbaye, qui a marqué cette donation, n'en désigne point l'année, mais il dit qu'il la fit pour la fondation de son anniversaire.

On est embarrassé à accorder ce que dit le compilateur des actions de nos évêques du xive siècle avec quelques actes qui regardent Pierre de Grez. Il a écrit sur cet évêque, qu'étant fatigué du ministère épiscopal, il prit des coadjuteurs sur la fin de sa vie. Cependant on trouve que l'année même de sa mort, durant les plus grandes chaleurs de l'été, il étoit en visite dans le diocèse. Il en reste deux preuves assez certaines. La première se tire d'un acte daté de Lainsec, le dimanche veille de saint Jean-Baptiste, dont voici le précis. Un chanoine de la cathédrale, nommé Antoine de Goan, étoit accusé de certains délits, et le Chapitre l'avoit fait renfermer dans ses prisons; mais il avoit eu l'adresse de se sauver, et il étoit en fuite. On

---

(1) *Spicilegii*, t. IV.
(2) Je crois pouvoir rapporter à ce temps-là, ou environ, sa présence à la dédicace de l'église de Notre-Dame-d'Ecouis, au diocèse de Rouen, avec l'archevêque diocésain, nommé Guillaume, Philippe de Sens, Guy de Lisieux, et Walfrannus, évêque de Béthléem. *Preuves de l'Histoire des Cardinaux*, p. 262.
(3) *Monumenta joan. Petit ad calcem Pœnit. Theod. Cantuar*, p. 474.
(4) *Tilli in ordinibus Magnatum Franciæ*, fol. 43.

alla trouver l'évêque à Lainsec, et aussitôt qu'on lui eut exposé que la correction des chanoines appartenoit au corps du Chapitre, il adressa un ordre à tous les sergents de son officialité, et autres ses officiers, d'arrêter le chanoine s'ils le trouvoient sur le territoire de l'évêché, excepté dans les lieux sacrés, et de le conduire dans les prisons du Chapitre, ou de le livrer aux sergents de la même compagnie, en faisant là-dessus leurs diligences (1). L'autre preuve que cet évêque exerçoit encore par lui-même sur la fin de ses jours les fonctions épiscopales, est la réconciliation qu'il fit de l'église de Notre-Dame de La Charité-sur-Loire au mois de juillet 1325. On en a eu connoissance, par l'acte qu'il donna aux religieux du prieuré, le 13 de ce mois, comme il n'avoit point entendu préjudicier aux droits de cette maison (2).

Il paroît, par tout ce que j'ai rapporté jusqu'ici, que ce n'est pas sans fondement que le compilateur du XIVe siècle a fait, en abrégé, l'éloge de cet évêque en ces termes : *Rexit sedem suam strenue ac laudabiliter, ab omnibus dilectus.* Il est visible par le peu que j'en ai dit, qu'il se comportoit d'une manière à se faire aimer de tout son clergé et de tout son peuple. Enfin son heure étant venue, la mort l'enleva à ses diocésains, le 21 septembre de l'an 1325, au retour de ses visites épiscopales. Il fut inhumé, selon qu'il l'avoit demandé, dans le chœur de l'église cathédrale, au côté gauche, proche son oncle Guillaume de Grez et proche la sépulture de Guy de Mello. On trouve que, dès l'an 1320, il avoit fondé l'anniversaire de son oncle, en y destinant une somme de quarante sous de rente à prendre sur le minage d'Appoigny (3), à condition que pendant qu'on le célèbreroit il y auroit douze cierges, de chacun une livre de poids, allumés tant à l'autel qu'autour de sa tombe ; mais quoiqu'on dise que dès l'an 1314 il avoit aussi assigné pour le sien vingt livres de rente sur trois moulins acquis par lui à Varzy, on ne produit aucune marque de cette fondation, et il ne reste aucun vestige que cet anniversaire ait été célébré en son rang. L'histoire des maréchaux

---

(1) *Voy.* les Preuves, t. IV, n° 274.
(2) Viole
(3) *Tabul. capituli.*

de France parlant de Jean de Corbeil ou de Grez, son frère, dit que cet évêque avoit fait son testament le 21 juin 1321 et par continuation le 21 septembre 1325. Mais je n'en ai pu découvrir d'autres particularités, sinon qu'il avoit choisi pour exécuteurs deux chanoines de son église, qui sont en même temps qualifiés d'héritiers dans les titres où on les trouve nommés. L'un est Jean de Dammarie (1) ; il y a de lui, au Trésor royal (2), des lettres par lesquelles, en sa qualité d'*hoir* et d'exécuteur des testaments de Pierre de Grez, évêque d'Auxerre, et de Jean de Grez, maréchal de France, frères, il quitte le roi de tout ce qu'il pouvoit leur devoir pour causes de certains voyages par eux faits pour son service, comme aussi des fruits levés et perçus par le roi, sur la baronnie de Donzy, et sur le comté d'Auxerre, dans le temps de la rebellion de Louis, comte de Nevers. L'autre exécuteur testamentaire de Pierre de Grez, fut Pierre de la Motte, trésorier d'Auxerre, nommé pareillement en qualité d'hoir dans les lettres de Philippe, comte de Valois (3), de l'an 1327. Ces lettres sont jointes à celles du roi Charles IV dit le Bel, données à Paris au mois de janvier 1325, par lesquelles on apprend que l'évêque d'Auxerre étoit mort redevable à ce roi d'une grande somme d'argent, ce qui l'avoit obligé de s'emparer de la maison et *hebergement* de Grez avec ses dépendances, et de la vendre à son cousin Philippe, comte de Valois, moyennant le prix de mille livres. Philippe s'étant fait donner ensuite un acte de renonciation par Pierre de la Mote, fit présent de cette terre de Grez à Jean d'Andresel, son chambellan, en récompense de ses bons services. Cette donation est datée du Gué de Mauny (4), au mois d'avril 1327.

Pierre de Grez avoit été, en 1328, l'un des exécuteurs testa-

---

(1) L'original de son testament de 1321 porte pour exécuteurs : Hugues de Vèle, prévôt d'Auvers dans l'église de Chartres, Jean de la Mothe archidiacre, et son frère trésorier, qu'il qualifie ses parents. Son obit est marqué en ces termes, dans le nécrologe de l'abbaye de Sainte-Geneviève de Paris : *xviij Cal. octob. anniversarium bone memorie, D. Petri de Gressibus quondam ep. Autiss. qui remisit nobis C. libras in quibus sibi ex vero et legitimo mutuo tenebamur.*

(2) Invent. du Trésor royal, vol. 6, fol. 123.

(3) *Voy.* les Preuves, t. IV, n° 275 et 276.

(4) C'est dans le Maine.

mentaires de Philippe d'Artois, seigneur de Conches, suivant le codicille de ce seigneur (1). Il avoit été envoyé à Châteauneuf, en Bourgogne, pour les affaires du roi, au mois de mars 1297, et l'année suivante, à Arras avec Pierre de Belleperche (2). Ce fut aussi lui que Charles, comte de Valois, choisit, en 1305, pour aller saluer de sa part le pape Clément V nouvellement élu. L'histoire des grands officiers marque la mort de son frère le maréchal à la fin de l'année 1318. Mais il étoit décédé au moins dès le milieu du mois d'octobre. Le roi Philippe-le-Long adressa, le 18 de ce mois, au bailli de Troyes, et au receveur de Champagne, des lettres par lesquelles il leur notifie que ce maréchal, nouvellement mort, ayant eu pouvoir de jouir, sa vie durant, de cinq cent vingt livres de rente, assises sur les émoluments *jurate de Ylles et pertinentium ejusdem, ac pedagii de Ponte-Belin*, et que lui étant redevable, pour certaines causes, de trois mille quatre livres huit sous sept deniers et une obole tournois, il veut que chaque année on en acquitte quelque chose envers ses héritiers jusqu'à l'entier paiement, et qu'ils prennent pour cela sur les émoluments ci-dessus spécifiés jusqu'à concurrence (3). Ce maréchal avoit fait son testament dès le mois d'août 1314; et l'évêque d'Auxerre fut contraint de l'envoyer, en 1322, à la Chambre des comptes, sans quoi l'on auroit procédé à la saisie de son temporel. L'évêque, Pierre de Grez, avoit possédé des biens situés proche Rosoi, en Brie, qui furent acquis par d'autres en 1327. C'est ce que j'apprends de l'inventaire des titres de Courtenay-Bléneau (1562) fait après la mort de François de Courtenay, seigneur de Bléneau et de la Grange, en Brie (4). Je n'ai découvert que depuis peu, que le même évêque avoit eu une sœur nommée Clémence, laquelle fut abbesse d'Hières. L'obit de cette religieuse est marqué dans l'ancien nécrologe de cette abbaye (5), au 8 juin, avec la circonstance du présent d'une crosse d'argent que ce prélat avoit donnée : *Et magister Petrus de Gressibus episcopus Altissiodorensis frater ejus dedit nobis crociam cum baculo argenteam.*

---

(1) Anselme, t. I, *vet. ed.*, p. 505.
(2) Rouleau de voyages parmi les manuscrits de M. Baluze.
(3) Anselme, t. I, *vet. edit.*, p. 505.
(4) *Inter. chartas Ducis* de la Feuillade.
(5) *Cod. Reg.* 5883, 5 *et* 4229, 5.

CHATITRE V.

PIERRE DE MORTEMAR, LXVIII° ÉVÊQUE D'AUXERRE.

L'église d'Auxerre ne tarda guère, après les obsèques de Pierre de Grez, à procéder à l'élection d'un nouvel évêque. Elle envoya vers Charles IV deux de ses chanoines, savoir : Pierre le Blanc, qui étoit clerc du roi, professeur ès-lois et lecteur dans la cathédrale, avec Jean de Dammarie, qui notifièrent à la Cour la vacance du siége, et obtinrent la permission pour la nouvelle élection dès le cinquième jour d'octobre, par lettres données à Espiers. Les actes de cette élection étant restés inconnus; on ne peut parler de cet événement que sur ce qu'en a laissé par écrit le chanoine qui entreprit une notice de nos évêques de ce siècle-là (1). Il marque que ce fut le pape Pierre qui nomma Pierre de Mortemar évêque d'Auxerre, à la prière du roi, et que cette place étoit due à son mérite; et il nous apprend en peu de mots comment ce personnage obtint successivement différentes dignités. Il se contente de dire, d'abord, qu'il étoit de la province d'Aquitaine et qu'il tiroit sa naissance d'une famille médiocre; mais l'on sait, d'ailleurs, que son véritable nom étoit Pierre Gouin, qu'il latinisa en celui de *Galuani* ou *Govani*; que son père étoit un simple habitant du village de Mortemar, en Limousin, qui est à présent un bourg, et que ce fut par le nom du lieu de sa naissance qu'il se faisoit connaître plus communément. Sa mère étoit aussi de la même province, mais d'une origine plus illustre que le père, puisqu'elle étoit issue

1326 à 1328.

---

(1) M. Baluze dit dans ses notes sur les papes d'Avignon, c. 161 et seq., que Pierre de Mortemar est différent de Pierre Galvan, et il nie que sa mère ait été de la noble famille de Baignac, assurant que sa sœur épousa plutôt le frère de Pierre de Baignac cardinal, lequel appelle pour cette raison Pierre de Mortemar son oncle.

de la noble famille de Baignac, entre Belac et Saint-Bonet. Il avoit commencé par être professeur du droit civil et canonique, en quoi il se distingua beaucoup. Il vivoit à la cour de Rome, lié d'amitié avec Hugues, évêque de Cahors, cardinal, dont il avoit été compagnon ; mais la triste fin de ce grand cardinal, que Jean XXII fit arrêter (1), lui ayant inspiré du dégoût pour la Cour romaine, il se réfugia vers le roi de France, qui le fit l'un de ses conseillers, et lui témoigna tant d'amitié qu'il le choisit pour être parrain d'un de ses fils (2). On ajoute qu'il parvint jusqu'à la dignité de chancelier de France ; mais aucun autre écrivain que notre compilateur, n'ayant connu ce chancelier, il peut se faire que cet écrivain postérieur de soixante ans ait été mal informé. Ce qu'il ajoute, qu'il fut évêque de Viviers avant que d'être promu au siége d'Auxerre, est plus vraisemblable ; puisqu'on lit dans les *Antiquités de Paris* qu'en 1322 il assista à Paris, en cette qualité, à l'imposition de la première pierre de Saint-Jacques-de-l'Hôpital, avec Jeanne, reine de France et de Navarre ; Mathilde, comtesse d'Artois ; l'archevêque de Lyon ; l'abbé de Saint-Denys et plusieurs autres.

Etant donc promu à l'évêché d'Auxerre par le pape Jean XXII, il vint en prendre possession au commencement du mois de novembre 1326 (3). Il fit son entrée dans la ville avec les solennités accoutumées. Il fut porté depuis l'église de Saint-Germain jusqu'à la cathédrale, par les quatre barons, du nombre desquels fut le comte de Flandre en personne, à cause de la baronnie de Donzy. Un ancien épistolier de la cathédrale marquoit que cette cérémonie se fit le dimanche, second jour de novembre (4), et que ce prélat ayant baisé le texte de l'évangile, prononça ce serment : « Promittimus » in verbo episcopi indemnitatem, jura, libertates hujus ecclesie » Autissiodorensis et alia que predecessores nostri promiserunt, » nos servaturos. » Il alla aussi à Sens, faire la profession ordi-

---

(1) *Fuerat antiquus socius specialis illius magni viri, quem fecit Joannes papa XXII excoriari. Hist. ep. Autiss.*

(2) Louis, qui mourut tout jeune et en enfance.

(3) Sa promesse, pour le paiement apostolique, est du mois de janvier 1326. *Ex regist. vatic.*

(4) Ce livre est maintenant perdu.

naire, et son nom s'y trouve dans un livre manuscrit, après celui de Roger, évêque d'Orléans, et avant celui d'Etienne, évêque de Troyes.

Quelque temps après son entrée, il engagea le comte de Flandre à lui faire hommage pour la baronnie de Donzy. Ce comte ayant fait la soumission, essaya de retenir pour lui l'anneau épiscopal, prétendant qu'il devoit lui appartenir lorsqu'il avoit tant fait que de le toucher pendant qu'il tenoit ses deux mains renfermées entre celles du prélat; mais l'évêque s'en défendit et ne le lui laissa pas prendre; il lui promit seulement de s'informer s'il lui étoit dû, et au cas que cela fût, de lui en faire raison. Comme il avoit été obligé de faire plusieurs grosses dépenses depuis son élévation sur le siége d'Auxerre, il eut besoin pour se dédommager de recourir à une coupe de bois. Il jeta les yeux sur ceux de sa terre de Varzy, et il prit le dessein d'y faire couper cent arpents de haute futaie, *de forestis altis*. Mais il ne crut aussi le pouvoir faire qu'en conférant préalablement là-dessus avec les chanoines de la cathédrale. Il se transporta dans leur Chapitre, le mercredi 15 juillet 1327, et obtint le consentement de la compagnie à la tête de laquelle étoit alors Raoul Cheveneau, archidiacre de Puisaye, pour l'absence des autres dignités (1). Et comme les bois dépendant de la terre de Regennes et de celle de Beauretour étoient extrêmement gâtés, il promit de laisser désormais en réserve cinquante arpents, en l'un et l'autre endroit, pour le bien et l'utilité de l'église et des évêques à venir. On l'avoit vu à Paris, quelques mois auparavant, à une cérémonie de reliques. Elle regardoit encore Saint-Jacques-de-l'Hôpital dont j'ai déjà parlé. Jeanne de France avoit destiné pour cette église une vertèbre du corps de l'apôtre saint Jacques; le reliquaire qui la contenoit pesoit vingt-cinq marcs. Il fut porté solennellement le second jour de mai, de l'église Saint-Magloire, rue Saint-Denis, en celle de Saint-Jacques, par Hugues de Besançon, évêque de Paris, et par notre évêque. La même année, le pape Jean XXII, faisant une promotion de cardinaux le vendredi des

---

(1) *Voy.* les Preuves, t. IV, n° 277.

Quatre-Temps de l'Avent, le créa cardinal du titre de saint Pierre et saint Marcelin. Ce fut ce qui l'obligea de se retirer à Avignon; en sorte que l'église d'Auxerre ne le posséda guère qu'un an et demi, quoiqu'en dise l'auteur de sa notice, qui ne le fait élever au cardinalat qu'à Noël de l'an 1328, et qui, par ce retard, lui donne une année d'épiscopat plus qu'il ne le faut. Il est, au reste, très-digne de croyance, lorsqu'il marque que cet évêque, étant à Avignon, y portoit une partie de la sollicitude pastorale de la sainte Eglise romaine (1). Mais je n'assurerai point comme constant ce qu'il ajoute, savoir : qu'il ait fondé à Mortemar quatre couvents. Il est certain seulement, qu'étant mort le jour du vendredi saint, 14 avril 1335, à compter selon le style romain, c'est-à-dire le pénultième jour de l'année 1334, à compter à la manière de France, il fut inhumé dans la grande église de Mortemar, appelée *le Monstier*. On y lit, sur une pierre posée contre le mur, l'épitaphe suivante : « Hic jacet reverendissimus in Christo pater et dominus, » D. Petrus Galuani prefulgidus scientia, moribus et sanctitate deco- » ratus; qui fuit episcopus Autissiodorensis et Vivariensis ac S. R. E. » presbyter, cardinalis; qui de Mortuomari suam originem traxit. »' Obiit die veneris XIV. Aprilis, M. CCC. XXXV. »

CHAPITRE VI.

TALAYRAND DE PÉRIGORD, LXIXe ÉVÊQUE D'AUXERRE.

Le même pape, qui avoit donné à l'église d'Auxerre Pierre de Mortemar, l'en retira en le faisant cardinal, et lui désigna un successeur qui n'occupa guère davantage le siége épiscopal. Ce fut Talayrand de Périgord, fils d'Hélie Talayrand, comte de Péri-

---

(1) *Vixit partem sollicitudinis dicte Ecclesie (Romane) strenue portans.*

gueux et de Brunissende de Foix. Il avoit été marié à Eléonore, fille de Bouchard, comte de Vendôme. Mais après la mort de son épouse, s'étant retiré du monde, il fut d'abord abbé de Chancelade, ordre des chanoines réguliers, diocèse de Périgueux. On prétend qu'il avoit embrassé cet institut. L'usage du commencement du xive siècle, par rapport aux abbés, ne permet pas d'en juger autrement, à moins qu'on en ait des preuves authentiques ; l'expérience de Talayrand dans le droit civil, science fort accréditée alors parmi les ecclésiastiques, le fit connoître à Jean XXII qui, natif à peu près du même pays, se plaisoit à élever ses compatriotes, principalement ceux qui, à la noblesse de l'extraction, joignoient un mérite personnel. Ce pape nomma d'abord Talayrand à l'évêché de Limoges, en 1324; on doute si alors il fut sacré ; au moins, les années suivantes, il se qualifie uniquement élu à l'évêché de Limoges. La nomination que ce même pape fit de Talayrand à l'évêché d'Auxerre, eut son effet. Il ne fit pas d'entrée solennelle à Auxerre, et pendant trois à quatre ans que cette église fut confiée à ses soins, Simon de Saint-Crépin, vicaire général, gouverna le diocèse (1). Dès le mois de juillet 1328, il lui adressa une commission pour autoriser de sa part, si besoin étoit, la transaction passée entre Gaucher, abbé de Saint-Germain et le curé d'Irency, touchant le tiers des dîmes de cette paroisse; ce tiers ayant été quitté pour quarante livres de rente, Talayrand confirma, le 19 novembre, l'acte du curé, touchant le désistement. Jean XXII estimoit beaucoup ce prélat; nous en avons différentes preuves. Il fit une promotion au cardinalat, exprès pour lui seul ; il crut aussi, selon l'usage de ces temps-là, devoir ajouter en sa faveur au revenu de l'évêché d'Auxerre, celui d'une prébende d'Angleterre dont je parlerai plus bas ; non content de cette grâce singulière, il le gratifia d'un subside sur les bénéficiers du diocèse. Ciaconius et autres croient devoir différer, jusqu'à l'an 1331, le cardinalat de Talayrand ; Rymer nous détrompe là-

---

(1) Sa promesse pour le paiement du droit du Saint-Siége est du 9 janvier 1328, et il y est nommé Galerand. *Regis. vatic.* Les mêmes registres au 24 janvier 1329 le qualifient évêque d'Auxerre.

dessus. En 1328, le 22 septembre, Edouard, roi d'Angleterre, écrivit deux lettres décisives sur cet article. Ce fut à l'occasion d'une prébende de Blebury, dans l'église de Sarisbury (1). Thomas, évêque d'Herford, et Henri de Clif, simple clerc, se contestoient le bénéfice; après une longue discussion faite en Angleterre, la prébende y fut adjugée à Henri de Clif. Mais le pape, informé du litige, crut devoir la conférer à Talayrand, nouvellement évêque d'Auxerre. Edouard écrivit au pape qu'il étoit surpris d'un tel procédé, et que si l'affaire du bénéfice devoit encore se discuter, il n'y auroit plus rien d'irrévocable ni sur quoi l'on pût compter. La seconde lettre est adressée à l'évêque d'Auxerre; Edouard l'honore du titre de très-cher ami, et lui donne la qualité de cardinal. Il le prie de ne pas permettre qu'on se serve de son nom pour combattre la décision rendue en Angleterre avec tant de maturité et de solennité; il témoigne même ne pouvoir se persuader qu'il eût dessein de poursuivre le bénéfice de Blebury. Selon les apparences, Edouard ne se trompoit point, et le prélat n'avoit nullement sollicité ce canonicat. Le subside particulier accordé par Jean XXII sur les cures du diocèse d'Auxerre, étoit plus sérieux (2). L'abbé de Saint-Germain fut déclaré exécuteur de cette commission, et Guy des Tours, chantre de Limoges, vice-exécuteur, avec Jean Lesage, chanoine d'Auxerre. Ils firent savoir aux quatre archiprêtres du diocèse et au prieur d'Andrie, que le pape n'ayant pu refuser le subside modique demandé par l'évêque Talayrand, il falloit que dans la quinzaine l'archiprêtre d'Auxerre et celui de Puisaye apportassent chacun huit livres; ceux de Saint-Bry et de Varzy, chacun six livres, et le prieur d'Andrie vingt et une livres, à eux permis ensuite de faire une répartition sur les curés de la ville et du diocèse, pour répéter les avances à proportion du revenu des bénéfices. Les archiprêtres et le prieur étoient menacés de la suspense de leurs ordres, s'ils n'obéissoient; la signification est datée du lundi après la Toussaint 1328. Cette exaction prouve assez la disette de l'évêque, et le secours important qu'on pouvoit alors tirer d'une somme de quarante-neuf

---

(1) Rymer, t. 4, p. 369 et 370. | (2) *Voy.* les Preuves, t. IV, n° 280.

livres (*a*). La Chartreuse de Basseville fut établie sous son pontificat. Jean le Grand, chanoine de Furnes, en Flandre, et curé de Surgy, diocèse d'Auxerre, avoit conçu, dès ses tendres années, une grande dévotion pour saint Bruno ; ayant fait amortir, l'an 1320, par Louis, comte de Flandre et de Nevers, toute la terre de Basseville, située dans sa paroisse, il donna cette terre aux Chartreux, par acte du 30 juillet 1328 (*b*). Le comte de Nevers en ratifia les clauses à Paris, le premier janvier suivant. L'évêque d'Auxerre approuva pareillement la fondation, le 6 mars 1329, étant alors à Colange-sur-Yonne, avec Ithier de Malayole, archidiacre de Cominges, et maître Etienne de Vauvert, licencié ès-lois, qui sont énoncés comme témoins par Guillaume de Saint-Flour, clerc et notaire public.

Pendant le peu de temps que Talayrand résida dans son diocèse, il se tenoit à Hodan, près Varzy, dans la maison que Pierre de Mornay avoit acquise, et il y étoit continuellement occupé à étudier (1). Il augmenta les bâtiments de cette maison ; outre une magnifique salle et

(1) Ce que l'écrivain de la vie de Talayrand n'a dit qu'en général touchant l'étude à laquelle il se livroit à sa maison de campagne proche Varzy, reçoit quelque éclaircissement par un article du catalogue qu'a donné au xve siècle Simon de Phares, de tous ceux qu'il a pu apprendre avoir étudié l'astrologie avant lui « Taillarandus, dit-il, fut en ce temps homme de bonne et religieuse conversation, natif d'Italie, comme plaît à aucun : lequel tant aima la science des étoiles, et d'icelle il pratiqua tellement, que finalement il fut fait cardinal du titre de St.-Pierre aux Liens. Cestui fut envoyé par le Pape Innocent VI, en diverses légations, et composa ung Traité d'astrologie, intitulé *Flos Planetarum*. » Au reste, je ne garantis point la conséquence que Simon tire de la science astronomique de Talayrand. Guillaume de Machau, en sa vie de Pierre, Roi de Chypre, parlant de la croisade pour laquelle il vint demander du secours en France et ailleurs, dit :

» Le cardinal de Pierregort
» Pour les nostres donner confort,
» Pour adrécier leur conscience,
» L'absorre et donner pénitence,
» Fu légat en cette besongne ;
» Car c'est un homs qui bien besongne :
» Et tant honnouré la croix ha,
» Qu'avec les deux rois se croisa.

J'ai trouvé parmi les manuscrits de Sorbonne, un ouvrage ainsi intitulé : *Collatio brevis, seu sermo ad cardinalem Petragor. in Sancto Audomaro 19 junii 1354. Reverende Pater et præstantissime Domine, possum dicere dominationi*, etc.

Je ne parle point de l'affaire qu'il eut, étant primicier de Verdun en Lorraine, avec Henri d'Apremont, évêque de cette ville, parce que cela regarde l'histoire de Verdun qui doit paroître dans peu.

(*a*) Cette somme était, en effet, plus forte qu'elle ne le paraît ; car au *pouvoir* actuel de l'argent, elle vaudrait 4042 fr., d'après M. Leber. (*N. d. E.*).
(*b*) *Voy.* les Preuves, t. IV, n° 276. (*N. d. E.*)

une chambre, il y fit construire sur le derrière un cloître ou péristyle, de la forme de celui des religieux (1).

Je passe sous silence ce qui concerne Talayrand comme cardinal. Les auteurs qui ont écrit sur les cardinaux françois s'étendent beaucoup là-dessus. On le trouve employé dans plusieurs négociations entre les couronnes, et on le voit pareillement évêque d'Albe et légat du pape en France. L'on continua à le désigner sous le nom de *cardinal d'Auxerre*, quoique plus souvent il fut appelé cardinal de Périgueux. Ainsi, on pourroit lui attribuer ce que marque Froissard, que le cardinal d'Auxerre étant allé avec un autre cardinal dans la prison de l'infortuné Jean de Roquetaillade, ce franciscain fanatique les reprit de plusieurs fautes et n'épargna pas même le pape Innocent VI. Cela peut néanmoins convenir également à Pierre de Cros dont je parlerai ci-après, lequel étoit plus communément connu sous le nom de cardinal d'Auxerre. On lit aussi dans la vie de Pierre Thomas carme, patriarche latin de Constantinople, qu'étant procureur de son ordre à la cour d'Avignon, le cardinal Talayrand, évêque d'Auxerre, lui fit grand accueil en présence du général (a). Il aimoit les savants. Pétrarque fut du nombre, suivant qu'il paroît par une lettre de ce fameux écrivain. Talayrand engagea, en 1336, Guillaume de Boldensèle, d'entreprendre une description de la Terre-Sainte et de l'Egypte (2), dont un exemplaire manuscrit se conserve dans l'abbaye de Morbac (3). On ne peut se représenter sans étonnement la hardiesse qu'eut Louis de Beaujeu, archidiacre de Troyes, étant à Lyon en 1339, de maltraiter de coups

---

(1) En 1330, le 12 février, il assista à la dédicace de l'église de Saint-Louis de Poissy, faite en présence du roi Philippe VI. *Ex Tabul. Pisciac.*

(2) II. Voyage lit., t. v, de Martene, pag. 139.

(3) La traduction de cet ouvrage de latin en françois, faite en 1351 par Jean le Long, autrement dit d'Ypres, moine de Saint-Bertin, est conservée à la Bibliothèque du Roi, n° 3500 C.

(a) Selon Brovius, après la mort de Jean XXII, en 1334, les cardinaux étant en la ville d'Avignon, élurent, à l'unanimité, le cardinal de Peyrigord pour pape, à condition qu'il promettrait de ne point rétablir le Saint-Siége à Rome. Talayrand n'ayant pas voulu souscrire à cette condition, on procéda à une nouvelle élection. — Brovius cité par D. Viole, Vie de saint Germain, p. 24. (*N. d. E.*).

ce cardinal légat et de le conduire en prison (1). Il ne fit aucune fondation pendant qu'il fut évêque d'Auxerre; mais depuis il en fit dans le Périgord, à Toulouse, etc. (2). Par son testament, il lègue à l'église d'Auxerre cent florins pour célébrer son anniversaire. La dotation qu'il fit de la Chartreuse de Valclair, en Périgord, engagea le Chapitre général de l'Ordre à lui accorder tous les ans un trentain de messes. Ce cardinal est marqué dans l'obitier de Basseville, dont il avoit confirmé la fondation. Il mourut à Avignon, l'an 1364, âgé d'environ quatre-vingts ans. Dès l'an 1330, il avoit quitté l'évêché d'Auxerre.

CHAPITRE VII.

D'AYMERIC GUENAUD, LXXᵉ ÉVÊQUE D'AUXERRE.

Après la démission de Talayrand il y eut de la contestation dans le collége des cardinaux, au sujet d'Etienne de Mornay, que quelques-uns vouloient mettre en place. Depuis plusieurs années il n'étoit plus chancelier de France, quoique l'auteur de la vie de Talayrand semble avoir cru qu'il avoit encore cette dignité (3). Mais il étoit doyen de Saint-Martin de Tours, et peut-être conservoit-il la prébende de l'église d'Auxerre qu'il avoit eue pendant son chancellariat. Les cardinaux ainsi divisés, Philippe de Valois et la reine, son épouse, demandèrent Aymeric Guenaut. Il étoit conseiller du roi, et depuis longtemps l'un des maîtres des requêtes de son hôtel; une si forte recommandation et le mérite personnel d'Aymeric engagèrent les cardinaux à le proclamer évêque d'Auxerre, le samedi des Quatre-Temps de l'Avent de l'an 1331. Cette date s'accorde avec les mémoires que Du Tillet cite dans son traité

---

(1) *Hist. Archiep. Lugdun*, p. 286.
(2) *Gall. chr. vetus.*

(3) *Labb. bibl mss.*, t. I, pag. 510.

du rang des Grands. Aymeric assista, comme élu évêque d'Auxerre, à l'assemblée de la Chambre des comptes, le mercredi de devant les Rameaux 1331, il faut toujours suivre la supputation usitée alors en France, où l'année commençoit à Pâques. Près de deux ans s'écoulèrent avant qu'il prit possession en personne (1). Nous lisons dans un ancien évangelier de l'église d'Auxerre, qu'il se présenta le lundi 18 octobre 1333, et qu'ayant baisé le texte de l'évangile avant son intronisation, il prêta le serment de fidélité. Ce serment n'étoit pas différent de celui qu'avoit prononcé Pierre de Mortemar. Les autres circonstances de cette entrée sont inconnues. Dom Georges Viole, qui avoit vu les titres de l'abbaye de Saint-Germain, ajoute seulement qu'il avoit été reçu dans ce monastère, suivant la modération apportée par Boniface VIII. Aymeric tiroit son origine d'une noble famille de Poitou selon les uns, de Touraine selon d'autres (a); il avoit été professeur ès-lois avant que d'être au conseil du roi (2). Le commencement de son épiscopat ne fournit aucun acte important, il n'y paroit de remarquable que la consécration du grand autel de la cathédrale, en 1334; encore ne l'apprend-on que par l'apostille d'un catalogue manuscrit des évêques d'Auxerre. Il consacra aussi, en 1338, l'autel appelé *de la Comtesse*, au fond du sanctuaire. D'où il résulteroit que, jusqu'à son temps, la chaire de pierre, placée depuis au côté droit du sanctuaire, auroit été dans ce fond conformément à la bonne antiquité, et qu'on la déplaça alors pour construire ce nouvel autel; mais on est sûr, d'ailleurs, qu'il existoit au xiiie siècle un autel dit de *la Comtesse*. On a aussi lieu d'inférer que vers le temps de son arrivée, il fit la dédicace de l'église; au moins cette dédicace ne paroit mar-

---

(1) La promesse qu'il fit du droit apostolique étant élu évêque, est du 19 janvier 1332, selon les registres du Vatican.

(2) *Labb. bibl.*, t. I, p. 510. *Ibid.*, p. 587, *in chron. Rothom.*

(a) Les rapports qu'avait Aymeric avec le Chapitre de Tours, le firent charger, en 1335, par le doyen, pendant la vacance du siége archiépiscopal, de la bénédiction d'un abbé de Beaulieu dans l'église de Pressigny. — *Voy.* Histoire de l'église de Tours. (*N. d. E.*).

quée dans les calendriers du diocèse, que depuis son épiscopat, sous lequel l'année 1335 est la seule où le neuvième juillet ait tombé un dimanche. Mais comme on dédioit les églises les jours de férie aussi bien que les dimanches, rien n'empêche absolument de croire que l'église entière n'ait été dédiée, en 1334, un samedi neuvième juillet (a). De son temps le diocèse fut en paix. Aymeric eut seulement un grand procès avec le monastère de La Charité-sur-Loire ou plutôt avec le prieur de Bonny, dépendant de ce fameux prieuré. Le prévôt de Bonny, officier du prieur, avoit fait pendre deux ecclésiastiques Anglois qui passoient sur la grande route. Cette entreprise, contraire aux priviléges de l'église, anima tellement Aymeric, qu'il envoya exprès, en Angleterre, deux Auxerrois, dont l'un s'appeloit Boutevillain, afin de s'assurer si ces deux jeunes gens étoient véritablement clercs. Le fait constaté, Aymeric obtint justice au parlement, et les prérogatives de la juridiction ecclésiastique furent maintenues. Ce procès gagné ne le brouilla point avec le prieur de Bonny. C'étoit Guillaume de Sainte-Maure, chancelier de France, doyen de Saint-Gatien et de Saint-Martin de Tours. En janvier 1334, ce prieur l'avoit choisi pour son exécuteur testamentaire avec le cellerier de La Charité; Aymeric étant dans son château de Beauretour, le 9 novembre 1338, accepta cette qualité en apposant son sceau au testament. Si l'affaire de Bonny n'arriva pas avant la date de ce testament, on ne peut douter que ce ne fut au moins dans

---

(1) Hist. des Chancel. de France, p. 303.

(a) Malgré le silence des chroniqueurs sur les grands travaux de la construction de la cathédrale, après sa fondation par Guillaume de Seignelay, l'œuvre n'en avait pas moins avancé pendant les temps pacifiques du XIIIe siècle et du commencement du XIVe, grâce aux sacrifices des évêques et du Chapitre, et aux aumônes abondantes des peuples. On avait élevé successivement le chœur tout entier, ce chef-d'œuvre de l'art ogival, les parties basses du grand portail et surtout la porte de droite avec les piliers de l'entrée de la grande nef, les transsepts intérieurs et probablement le portail sud, et enfin le soubassement des murs d'enceinte d'une grande partie des nefs collatérales. Les traces de la cérémonie de dédicace se voient encore sur les deux piliers d'entrée de la nef et sur les quatre piliers des transsepts.

(*N. d. E.*).

l'intervalle qui suivit jusqu'à 1338. Aymeric n'étoit nullement d'humeur à inquiéter les communautés sans sujet. Pour conserver aux Chartreux leurs immunités, il reconnut par écrit, le premier septembre 1335, que ce n'étoit pas en vertu d'aucun droit de visite qu'il avoit logé et couché à Basseville (1) ; mais, par pure dévotion, il avoit donné permission, dès l'an 1331, à Pierre patriarche de Jérusalem, de faire la consécration de leur autel. Il respecta pareillement les usages du Chapitre de la cathédrale. La première occasion qui manifesta son esprit pacifique à cet égard, fut la contestation formée au sujet des chanoines tortriers (2) ou sémiprébendés ; savoir qui de l'évêque ou du Chapitre avoit juridiction sur eux, et s'ils devoient être traduits pardevant son official, le prélat s'en rapporta volontiers à des arbitres. Les parties choisirent Etienne Guachet, docteur en décret, et Raimond de Colombiers, chanoine d'Auxerre, lesquels, après les informations et sur l'avis d'habiles canonistes, décidèrent que, dans les actions civiles, les chanoines tortriers ne pouvoient être cités ni traduits malgré eux devant l'évêque, ni devant son official, mais seulement lorsqu'ils s'y étoient engagés de leur pleine volonté. Aymeric agréa la sentence arbitrale prononcée le 23 février 1338. Hugues Pilleavoine, trésorier de Notre-Dame-de-la-Cité ; Guillaume Mercier, bailli de l'évêque ; Guy Guenaud, prieur *de Cupaco*, frère du prélat, furent témoins, etc. Elle est datée de Regennes, qu'on y qualifie simplement *hospice*, quoique plusieurs siècles auparavant ce fut un château très-fort. Aymeric paroit s'y être plu, puisque pour rendre plus agréable la terre d'Appoigny où elle est située, il fut le premier qui y fit former une garenne.

Huit jours avant cette sentence, Aymeric fut transféré à l'archevêché de Rouen. La promotion de Pierre Roger au cardinalat déclarée le 17 février, ayant rendu ce siége vacant, Benoît XII crut ne pouvoir mieux le remplir qu'en y mettant l'évêque d'Auxerre dont la réputation étoit grande. A l'arrivée de la bulle de translation, Aymeric fit rompre le sceau épiscopal ; cela empêcha qu'il

---

(1) *Tabul. Bassavilla.*

(2) J'ai donné une explication plus ample de ce mot dans le glossaire de Ducange.

ne donnât à la sentence arbitrale touchant les tortriers l'authenticité extérieure qui paroissoit nécessaire; il y suppléa par un second acte d'acquiescement qu'il envoya deux mois après de son *manoir de Pinterville*, pour me servir de son terme, et qu'il fit sceller du sceau dont il se servoit, en qualité d'archevêque de Rouen élu et confirmé (1). Une autre affaire avoit été entamée avant qu'il sortit d'Auxerre. Le Chapitre soutenoit que, de temps immémorial, les chanoines ne payoient rien au greffier de la cour ecclésiastique d'Auxerre, pour l'apposition du sceau épiscopal. L'official et le greffier prétendoient le contraire. L'évêque avoit nommé, de l'agrément du Chapitre, Jean de Lesine, chanoine de la cathédrale, et Gerauld de Brantôme, son official, pour éclaircir ces prétentions. Ces deux commissaires lui avoient rapporté que, ni le Chapitre en corps, ni les particuliers qui le composent n'avoient coutume de rien payer, soit pour les lettres expédiées sous le sceau de la cour de l'official d'Auxerre, soit pour leurs testaments, selon l'avis des commissaires; il termina la question dans le diocèse de Rouen, le 22 août 1339, et adressa la décision à l'official d'Auxerre.

La chronique de Rouen qui finit à son épiscopat, marque qu'il prit possession de cette église par procureur, le samedi saint, dernier jour de l'an 1338 (2), et qu'il la gouverna jusqu'à sa mort, arrivée le 17 janvier 1342, à Pinterville, terre de son archevêché, située près Louviers, diocèse d'Evreux. Cette chronique donne un ample détail de ses funérailles. Il fut inhumé dans la chapelle de Notre-Dame, derrière le chœur de la cathédrale, proche l'archevêque Odon Rigault. Outre l'anniversaire qu'il avoit fondé dans l'église d'Auxerre, moyennant vingt livres tournois de rente à prendre sur Appoigny, il avoit laissé vingt autres livres, assises sur des fonds par lui acquis au même endroit, pour doter une chapellenie à l'autel de Saint-Martin de la même église. Le Chapitre de Sainte-Eugénie de Varzy, commença, dès son vivant, à prier pour lui, en célébrant le 4 février une messe du Saint-Esprit. Tel étoit l'usage commun à l'égard de ceux qui, de leur vivant, fondoient un anniver-

---

(1) *Voy.* les Preuves, t. IV, n° 285. | (2) *Bibl. mss. Labb.*, t. I, p. 589.

saire. Cet évêque avoit visité l'église de Varzy, en 1336, comme il paroît par des provisions qu'il donna, le 2 septembre, de la cure de Saint-Amand (1). Les chanoines réguliers de Saint-Laurent l'inscrivirent dans leur nécrologe, au 16 février, pour un don de cinquante livres qu'il leur avoit fait étant évêque d'Auxerre. Il n'oublia point les chanoines de la collégiale de Notre-Dame-de-la-Cité qui, en reconnoissance, marquèrent avec distinction dans leur nécrologe, ce qu'il leur avoit donné (2).

Le Chapitre de la cathédrale fit, de son temps, des règlements assez remarquables (3). Il fut conclu, en 1336, dans les Chapitres généraux de Sainte-Luce, que chaque chanoine chambrier réduiroit en un cahier les titres et documents sur les revenus de sa chambre ou de son district, et que de tous ensemble on feroit ensuite un volume. De là s'est formé le cartulaire cité souvent dans cette histoire ; l'écriture est véritablement de ce temps-là. Les mêmes Chapitres réglèrent aussi qu'en l'absence des dignités, un chanoine ne pourroit présider au Chapitre qu'une semaine. On donna certaine facilité pour la résidence, à cause de la misère des temps ; tous étoient dans le même cas. Aux calendes de mai de la même année on avoit défendu aux chanoines de demeurer deux ensemble plus de six mois, et cela, pendant l'année du premier stage, ou bien lorsqu'un chanoine ne venoit au pays que pour affaires et comme en passant.

---

(1) *Voy.* les Preuves, t. IV, n° 282.

(2) Au 22 janvier : « Obiit bone memo-» rie dominus Aymericus Guenault quon-» dam episcopus Autissiodorensis et postea » archiepiscopus Rotomagensis, qui dedit » nobis pro anniversario suo faciendo, » quoddam pratum situm in justitia de » Appoiniaco prope boichellum, contiguum » prato domini episcopi Autiss. ex una parte, » et prato Ade Garengerii ex altera. Item » decem solidos tur. annui et perpetui » redditus super quodam horto sito apud » Appoiniacum quem tenet Johannes » Dredia alias Oyselet contiguum virgulto » Domus-Dei et viæ communi perquam » itur..... Que quidem omnia valent qua-» draginta solidos redditus annui in anni-» versario dicti domini Aymerici divi-» dendos. »

(3) *Collectio veterum Statutorum.*

CHAPITRE VIII.

De cinq évêques d'Auxerre qui, tous ensemble, n'ont tenu le siége épiscopal que l'espace d'environ dix-sept ans.

JEAN DE BLANGY, LXXIe ÉVÊQUE D'AUXERRE.

Benoît XII qui venoit de transférer Aymeric à l'archevêché de Rouen, voyant notre église vacante, ne différa pas à donner *motu proprio* un pasteur à l'église d'Auxerre (a). Ce fut Jean de Blangy avec qui il avoit autrefois étudié à Paris, et qu'il avoit eu même pour collègue y enseignant la théologie. Le nom qu'il portoit lui vint, selon les apparences, de ce qu'il étoit né dans le bourg de Blangy situé au comté d'Eu, sur les limites du diocèse de Rouen. Etant docteur de la maison de Navarre (1), et archidiacre de Vexin dans l'église de Rouen, il assista, en qualité de docteur, à l'assemblée que le roi Philippe-de-Valois fit tenir à Vincennes, l'an 1332, pour y examiner le sentiment du pape Jean XXII touchant la vision béatifique; l'on sait quel jugement les docteurs en portèrent. Il professoit encore la théologie à Paris, lorsqu'il fut nommé évêque. Les circonstances de son entrée ne sont marquées en aucun endroit; ce qu'il fit étant évêque, se réduit à peu d'articles (2). Il fut employé, en 1340, avec Pierre Roger, archevêque de Sens (3), et l'évêque de Beauvais, pour conclure à Arras la trève qui fut convenue pour trois

1338 à 1344.

---

(1) *Hist. coll. nav. Jo. de Launoy. Du Boulay Hist. univ. Paris.*
(2) La promesse qu'il fit du droit apostolique, étant élu, est du 31 mars 1339. *Ex regist. Vaticani.*
(3) *Taveau in Petro Roger.*

(a) — Arch. du Roy. J. 707, n° 251.
(*N. d. E.*).

ans entre le roi de France et celui d'Angleterre. L'année suivante, au mois d'août, il fit prêter serment de fidélité par Guillaume, abbé de Pontigny.(1), et la même année il souscrivit à une charte du Chapitre, par laquelle les chanoines affranchissoient les habitants d'Oisy. Comme le fardeau de l'épiscopat lui parut fort onéreux, il eut souvent le désir d'y renoncer. Il attendit la mort de Benoît XII qui l'avoit obligé de le prendre. Clément VI étant monté sur la chaire de saint Pierre, il songea à exécuter son dessein et y réussit. Se réservant une pension sur l'évêché, il se retira à Paris afin d'y finir ses jours dans la vie contemplative, comme dit l'écrivain de sa vie. Sa mort suivit de près. Jean de Blangy s'étant mis, au mois de mars 1344, dans la voiture de l'eau pour faire son voyage (a), il y fut attaqué d'un gros rhume et d'une fièvre continue. A peine abordé à Paris, il y mourut le treizième mars, quelques jours avant Pâques qu'on comptoit 1344. On différa ses obsèques jusqu'au mois d'avril, et il fut inhumé dans l'église des Chartreux, proche le grand autel. On voit aujourd'hui, au même lieu, une tombe de cuivre avec cette épitaphe : « Hic jacet recolende memorie magister Johannes de » Blangiaco Rotomagensis diocesis natus, doctor in sacra theologia, » et episcopus quondam Autissiodorensis. Anima ejus requiescat in » pace. Obiit autem idas martii anno 1344. »

Il y a faute dans la compilation du xive siècle, telle qu'elle est imprimée chez le P. Labbe. On y lit *Johannes de Blangeriis* pour *Johannes de Blangiaco*. Le nécrologe de l'abbaye de Sainte-Geneviève de Paris (2) l'appelle *Johannes de Bulogiaco*.

(1) *Tab. ep Autiss. Cart. Cap., f. 244.* | (2) Au 17 mars.

(a) C'était ce que l'on appelle encore le *coche*. Les plus grands personnages se servaient de ce moyen de transport qui remplaçait les voitures alors inconnues. On vit, en 1412, le roi Charles VI lui-même, remonter l'Yonne en bateau, lorsqu'il alla au siége de Bourges, en passant par Sens et Auxerre. — Compte de la Chambre du grand Chapitre de Sens aux archives de l'Yonne. (*N. d. E.*).

PIERRE DE VILLAINES, LXXIIe ÉVÊQUE D'AUXERRE.

Celui qui succéda étoit du diocèse de Bayeux. Il se nommoit Pierre de Villaines, et pouvoit être parent de celui qui porte le même nom dans un des nécrologes de Notre-Dame de Paris, au 23 mai, et d'un autre qui étoit conseiller au parlement en 1344. Il fut nommé au siége épiscopal d'Auxerre par Clément VI, après Noël de la même année 1344 (1). Mais il différa plus de deux ans à faire son entrée solennelle (2). Il exerça cependant les fonctions épiscopales, puisqu'avant cette entrée il permit à Dreux Jourdain, doyen, de fonder, dans l'église de Saint-Mamert, une chapelle en l'honneur des saints Pélerin et Germain. Cette permission fut expédiée à Vermenton, le 7 janvier 1345. De plus, il assista au concile de la province de Sens, tenu en 1346, le mercredi après *Lætare*, quatorzième jour de mars (3). Ce fut dans ce concile que les trois *Ave* du couvre-feu furent ordonnés suivant l'établissement de Jean XXII; il y eut des indulgences attachées à la récitation de cette prière. Six semaines après ce concile, Pierre de Villaines fit son entrée. C'est une époque dont on a connoissance par un ancien épistolier de la cathédrale où la cérémonie de son serment est marquée en ces termes : « Anno Domini 1347 » prima die mensis maii reverendus pater P. de Villanis episcopus » Autissiodorensis, osculato textu evangelii ante inthronizationem suam, » juramentum fidelitatis prestitit. » Comme il n'avoit point fait signifier aux barons qu'ils eussent à se trouver à cette cérémonie, et qu'ils n'en savoient rien, ceux de Donzy, Saint-Verain et de Toucy ne s'y trouvèrent pas. Jean de Chalon, comte d'Auxerre, y assista seul; le lendemain il fut du repas que le prélat donna à tout le Chapitre. On remarque que la transaction passée entre cet évêque et ce comte, au sujet des limites de leur justice dans la cité d'Auxerre (4), est pareillement datée du premier mai 1347. Ces jours de solennité

---

(1) *Spicileg.*, t. v, p. 128, et *thes.*, t. iv; p. 914.
(2) C'étoit 1347 selon le calcul Romain.
(3) Il paya le droit apostolique le 24 avril et 8 septembre 1346 selon les registres du Vatican.
(4) *Cartul. Capituli*, fol. 1347.

étoient quelquefois des jours de conciliation. Pendant les trois années de son épiscopat, il fit des réparations considérables à deux châteaux qui en dépendent. Il fortifia et garnit de pièces d'artillerie celui de Regennes et celui de Villechaul. Il bâtit dans la maison épiscopale d'Hodan une chapelle, et y fit faire une chambre dans le goût dont on bâtissoit pour le roi (1). Il affranchit aussi la terre et les habitants de ce lieu moyennant une redevance annuelle de blé, et autres choses payables par chaque famille et manoir (2). La même année qu'il avoit fait son entrée solennelle dans la cathédrale d'Auxerre, il fut transféré au siége épiscopal de Bayeux où l'on croit qu'il vécut jusqu'à l'an 1360 (3).

Il arriva, la même année 1347, un fait qui mérite de trouver ici sa place : le pape Clément VI adressa d'Avignon, au mois de juin, à l'évêque d'Autun, au doyen de Saint-Aré, du diocèse de Limoges, et à Jean de Séguran, chanoine des églises de Bourges, une bulle par laquelle il leur fait savoir que la prébende de l'église d'Auxerre, possédée par Pierre Albert, étant vacante par la résignation qu'il en a faite entre les mains d'Etienne de Saint-Pons, son camerier, étant informé d'ailleurs des heureuses dispositions de Guillaume Albert, âgé de neuf ans, et en considération de la demande faite par Etienne, cardinal prêtre du titre de Saint-Jean et Saint-Paul, oncle de ce jeune clerc, il confère la prébende d'Auxerre au jeune Albert (4). La bulle va jusqu'à charger les commissaires de le faire recevoir *in canonicum fratrem* malgré les difficultés que l'évêque et le Chapitre d'Auxerre pourroient former ; les commissaires devoient engager ce nouveau chanoine, et en cas d'absence son procureur,

---

(1) *Opere Regali.*

(2) L'extrait d'un titre de l'archevêché de Sens, m'a appris que le 16 avril 1347, il y eut une sentence rendue par l'évêque d'Auxerre, tant comme subdélégué des abbés de St.-Victor et de Sainte-Geneviève de Paris, commissaires délégués du Pape, que comme juge arbitre convenu par les parties, par laquelle il est dit que les Doyen et Chapitre de Chartres assigneront dix livres de rente amorties en un lieu proche le diocèse de Sens, percevable par Guillaume de Melun, archevêque de Sens, et ses successeurs, lesquels n'auront à l'avenir procuration ni juridiction métropolitaine sur eux.

(3) Sa promesse du paiement du droit apostolique, en qualité d'évêque de Bayeux, ne porte dans les registres du Vatican que la date du 10 décembre 1349.

(4) *Voy.* les Preuves, t. IV, n° 292.

à prêter le serment ordinaire, touchant l'observance des statuts et coutumes de l'église.

BERNARD LE BRUN, LXXIIIe ÉVÊQUE D'AUXERRE.

Pierre de Villaines étant transféré par Clément VI à l'évêché de Bayeux, Bernard le Brun, natif du Limousin, passa de l'évêché de Noyon à celui d'Auxerre, dans l'été de l'année 1347 (1). L'historien auxerrois, qui l'avoit connu, dit qu'il étoit le plus ancien et le plus savant des prélats de son temps; les qualités de l'esprit répondoient en lui à celles du corps; il étoit aussi très-avantagé des biens de la fortune, et s'en servit utilement pour défendre les droits de son église. Sa manière de vie étoit singulière. Il dînoit au lever du soleil, et soupoit avant l'heure de none, vers les deux ou trois heures après midi. C'étoient ses deux repas; il prétendoit imiter en cela un de ses oncles, cardinal, qui, s'en étant bien trouvé, lui avoit conseillé le même régime. Il suivit le goût de quelques-uns de ses prédécesseurs qui avoient préféré pour leur séjour le lieu d'Hodan, proche Varzy. Non content d'entourer la maison de barrières ou palissades, il y fit construire trois tours et songeoit à en bâtir une quatrième qui auroit donné à ce château la forme d'une forteresse carrée. Malgré son inclination pour ce lieu, il ne put passer aux habitants le traité fait avec son prédécesseur. Il entreprit de le faire casser, et ne pouvant voir cette affaire terminée, il laissa, par testament, à celui qui lui succèderoit, mille florins d'or pour la poursuivre. Il supposoit que les droits de l'évêché avoient été notablement lésés par l'affranchissement qu'avoit accordé Pierre de Villaines. Assez indifférent pour la ville d'Auxerre, il n'y fit pas même son entrée solennelle; outre le séjour d'Hodan, qui lui plaisoit beaucoup, il aimoit aussi le château de Villechaul, proche Cône. Il y mourut vers la Toussaint 1349, après deux ans ou environ d'épiscopat. Il souhaita être inhumé à Saint-Martial de Limoges, et il y

1347 à 1348.

---

(1) Il paya le droit apostolique le 31 octobre 1348. *Reg. Vatic.*

fut porté. Son obit se trouve marqué dans le nécrologe de la collégiale de Clamecy, et dans ceux des deux Chartreuses du diocèse d'Auxerre qui sont Bellariz et Basseville.

PIERRE DE CROS, LXXIVe ÉVÊQUE D'AUXERRE.

Le successeur de Bernard fut comme lui du pays Limousin. La maison des de Cros a fourni trois évêques à différentes églises de France : les trois portoient également le nom de Pierre ; celui dont nous parlons est le plus ancien des trois. C'étoit un excellent maître en théologie. Ses talents ne se bornoient pas à l'étude. Il fut proviseur de Sorbonne, et chargé des affaires temporelles de cette maison (1) ; il rendit un compte de cinq années, tant pour lui que pour ses prédécesseurs, au recteur de l'université et au procureur des quatre nations (2). Il devint doyen de Notre-Dame de Paris, ensuite évêque de Senlis. Clément VI, son compatriote, son condisciple et même son ancien collègue, le transféra à l'évêché d'Auxerre vers le mois de novembre 1349. Il ne fit point son entrée solennelle ; et selon les apparences il ne mit pas le pied dans la ville, puisqu'il fallut pour le joindre aller l'aborder au faubourg Saint-Amatre. Le clergé et le peuple lui firent en ce lieu les présents accoutumés ; de son côté, il fit à l'assemblée un discours pathétique dans la prairie proche la fontaine du faubourg. Bientôt élevé au cardinalat par Clément VI, il se retira à Avignon (3). Il eut le titre des saints Silvestre et Martin, mais plus communément on l'appela *le Cardinal d'Auxerre*, quoiqu'alors le cardinal Talayrand fut quelquefois ainsi nommé (4). Ce prélat sut témoigner beaucoup d'attachement pour l'église d'Auxerre. Il poursuivit le procès intenté aux habitants d'Hodan. Ayant touché les mille florins que Bernard le Brun, son prédécesseur, avoit légués

---

(1) Il légua à la maison de Sorbonne à Paris, de laquelle il avoit été proviseur et *socius*, un volume contenant divers ouvrages de St.-Augustin, écrits au XIIIe siècle. Ce volume est coté 295.

(2) *Hist. univ.*, sæculo *XIV*, p. 262, *ad an* 1340.

(3) Aux Quatre-Temps de décembre 1350.

(4) *Onuphr. Panvin.*, p. 220.

à cet effet, il fut obligé d'agir en conséquence. Mais les poursuites n'aboutirent qu'à augmenter la redevance que chaque feu étoit convenu de payer. L'affaire fut terminée dans les deux ans que dura son épiscopat (a). Il apporta ou accompagna de Paris à Auxerre des reliques que Clément VI envoya au monastère de Saint-Germain d'Auxerre (1). Guillaume Grimoard, qui en étoit abbé, les avoit demandées au pape. On fixe l'arrivée de ces reliques à l'an 1351, apparemment lorsque Pierre de Cros passa proche la ville d'Auxerre pour se rendre à Avignon. Quoiqu'éloigné de Paris, il continua d'être proviseur de Sorbonne et il l'étoit encore à la fin de l'an 1352. Les actes de la nation Anglicane étudiante à Paris (2), portent qu'un maître Albert, désirant être admis *socius* en Sorbonne, supplia la nation d'écrire à Avignon au cardinal d'Auxerre. Ce cardinal assista à l'élection du pape Innocent VI, à la fin de l'an 1352 ; dix ans après, à celle d'Urbain V, à laquelle il survécut peu. Il mourut de la peste à Avignon. Le mois de sa mort est aussi incertain que l'année. Le chanoine, auteur de sa notice, marque celui de septembre ; d'autres, le mois d'octobre. Le nécrologe de l'abbaye de Saint-Victor de Paris annonce ainsi son obit au 28 octobre : « Anniversarium
» solene magistri Petri de Croso doctoris in theologia episcopi
» Autissiodorensis et postmodum S. R. E. presbyteri cardinalis, ac
» parentum suorum, qui dedit nobis sexaginta quinque libras (3). »
Cet évêque n'est nommé dans aucun nécrologe du diocèse. Il avoit laissé à la cathédrale pour y fonder son anniversaire ; mais son testament fut supprimé, et le Chapitre frustré de son legs. Le mémoire du chanoine qui compila sa vie, porte qu'il fut inhumé chez les Frères Prêcheurs d'Avignon. Cependant Ciaconius le suppose en-

---

(1) Lettre de remercîment du prieur et du couvent de St. Germain.
(2) *Hist. Univ. fac. XIV.*, p. 327.

(3) Preuves de l'hist. des Card. de France, p. 372.

(a) On peut croire que l'affaire subit encore d'autres phases, car deux évêques du xve siècle donnèrent plusieurs lettres d'affranchissements individuels à des serfs d'Hodant. — On peut voir aux Preuves de cette histoire (année 1449) quelques actes de ce genre. (*N. d. E.*).

terré dans la cathédrale. L'histoire de l'Eglise de Paris s'explique d'une manière encore plus ambiguë. Dans l'église paroissiale de Varzy se voit une inscription, en vers françois, qui déclare que cette église fut dédiée, l'an 1350, le jour de saint Michel. Le nom de l'évêque n'y est pas exprimé. Pierre de Cros peut avoir fait cette cérémonie dans l'un des voyages où il traversa le diocèse d'Auxerre (a).

AUDOIN ALBERT, LXXVe ÉVÊQUE D'AUXERRE.

Audoin Albert qui lui succéda étoit encore Limousin, étant né dans la paroisse de Beyssac, diocèse de Limoges. Son oncle, le cardinal Etienne Albert, depuis pape sous le nom d'Innocent VI, avoit pris soin de son éducation, et l'avoit avancé dans la science du droit. Il lui avoit procuré nombre de bénéfices. Audoin fut premièrement doyen de Saint-Aré de Limoges, puis successivement curé de la Plume, diocèse de Condom, de Tyl, de Sainte-Foy *de Pogolio*, diocèse de Toulouse, ensuite prévôt de la collégiale d'Aire, diocèse de Térouenne, aujourd'hui de celui de Saint-Omer, chanoine de Saint-Géry de Cambray (1), puis évêque de Paris, d'où Clément VI

(1) On voit dans les registres du Chapitre de Chartres, un Audoin Albert, reçu chanoine, le mercredi après la Toussaint 1353, et archidiacre de Dunois en 1361. Si ce n'étoit pas notre évêque, ça pu être un de ses neveux de même nom. Quelques mémoires marquent aussi qu'Audoin fut chanoine d'Amiens.

(a) Voici le texte de cette inscription qui existe encore dans l'église, sur une plaque de cuivre. Elle cadre parfaitement avec le style de la plus grande partie de cet édifice, qui présente tous les caractères de l'architecture de la fin du XIIIe siècle et du commencement du XIVe.

   Mil cent et deux fut l'église Sainct-Pierre
   Dict de Varzy noble ville fondée
   En ce beni lieu parrochial s'asserre
   Maint crestian por Dieu servir et querre
   Son vray salut de cueur et de pensée.
   Le propre jour Sainct Michel dédiée
   Fut sainctement l'église dessus dicte
   L'an mil troys cens cinquante, vouée
   A Jesu-Crist et du nom appellée
   A son apostre à qui elle est bénicte.   (*N. d. E.*).

le transféra à Auxerre, vers le commencement de l'année 1351 (1). On ne sait autre chose concernant son épiscopat, sinon qu'il communiqua au Chapitre le dessein qu'il avoit de faire démolir la plus grande partie du château de Beauretour, comme inutile, à cause du voisinage des autres maisons épiscopales, et sujet à un trop grand entretien. Le Chapitre y consentit ; on convint de ne conserver que les étables ou écuries, le four, le grand portail avec la maison du portier, pour loger un fermier et les gens de l'évêque qui viendroient chasser aux environs. Ainsi fut détruit ce château, situé à deux lieues d'Auxerre, paroisse de Charbuy, où tant d'évêques avoient mené une vie tranquille, et où l'un d'eux étoit mort en odeur de sainteté cent ans auparavant (a).

Etienne Albert étant fait pape, sous le nom d'Innocent VI, en 1352, Audoin, son neveu, fut élevé au cardinalat dès le mois de février, le samedi des Quatre-Temps, et eut le titre de saint Jean et de saint Paul, que le pape, son oncle, venoit de quitter. Comme dans le sacré collége, Talayrand de Périgord et Pierre de Cros étoient surnommés cardinaux d'Auxerre, l'historien de nos évêques, vivant alors, marque que cela avoit engagé le pape à transférer Audoin sur le siège de Maguelone, aujourd'hui Montpellier. Cette translation se fit le 2 février 1352, selon le style de France ; et dans le langage commun, Audoin Albert fut appelé cardinal de Maguelone. Il assista en 1362, pendant l'automne, à l'élection d'Urbain V, et mourut à Avignon le mois de mai suivant ou au plus tard en 1364. Il fut inhumé dans l'église des Chartreux de Villeneuve-lez-Avignon fondée par son oncle, selon qu'il l'avoit ordonné par son testament, qui est du 3 et 5 mai 1363. Par ce testament il lègue à la cathédrale d'Auxerre trois cents florins d'or, à condition d'en créer une rente pour la fondation de son obit. De son vivant il avoit fondé

---

(1) On trouve dans les registres de la Cour romaine sa promesse du paiement datée du 10 janvier 1351.

(a) On montre encore l'emplacement de ce manoir et de ses fossés ; mais il n'existe plus trace des vastes constructions qui s'y élevaient jadis. (*N. d. E.*)

à Avignon un hôpital, situé à l'entrée du pont, auquel entre autres choses il donna l'enceinte de son logis, ses autres maisons d'Avignon, et un jardin que Pierre Aymes, évêque d'Auxerre, lui avoit vendu. Les lecteurs curieux de connoître ses autres legs, pourront voir ce testament dans les Preuves de l'Histoire des cardinaux de France à la page 384.

CHAPITRE IX.

De quatre évêques d'Auxerre que le chanoine, historien du xive siècle, avoit connus plus particulièrement.

JEAN D'AUXOIS, LXXVIe ÉVÊQUE D'AUXERRE.

Ce fut encore de la main du pape que l'église d'Auxerre reçut un évêque pour succéder à Audoin Albert. Le nouveau prélat, différent de ses prédécesseurs immédiats qui n'avoient fait que passer, s'attacha entièrement à la conduite de son troupeau ; il aima ses ouailles, et leur fut utile en tout ce qui dépendit de lui. On peut juger de ce que Jean d'Auxois fit à Auxerre, par la manière dont il avoit gouverné l'église de Troyes. Elu évêque de Troyes, il visita son diocèse en personne, célébra les ordinations, annonça la parole de Dieu, éleva du tombeau plusieurs corps saints ; en un mot, il remplit soigneusement toutes les fonctions épiscopales durant l'espace de dix ans. L'église d'Auxerre eut sujet d'être contente de la translation qu'Innocent VI fit de lui *proprio motu* (1).

Jean d'Auxois étoit bourguignon, issu de la noble famille de la Tournelle, que l'historien du temps a cru être du comté de Nevers, en quoi il pourroit s'être trompé. D'autres mémoires marquent qu'il avoit été chanoine d'Autun, ensuite de Troyes où son oncle

(1) C'est l'expression de son historien.

étoit évêque, qu'après cela devenu chantre de la même église, sa vertu et son expérience dans la science du droit, le firent élever, par ses confrères, sur le siége épiscopal. Quoique l'écrivain auxerrois, son contemporain, le suppose nommé évêque d'Auxerre dès le jour de la Purification, auquel Audoin Albert fut transféré à Maguelone, la régale, cependant, ne commença à Troyes que le mardi d'après Pâques-fleuries, auquel, en France, on comptoit encore 1352. Ce fut donc alors que Jean d'Auxy ou d'Auxois accepta l'évêché d'Auxerre (1). Il n'y fit son entrée solennelle que le 29 du mois d'août suivant. Les quatre barons s'y trouvèrent en personne ou par procureur, et le portèrent depuis l'église de Saint-Germain jusqu'à la cathédrale. A peine eurent-ils mis à terre la chaise sur laquelle il étoit assis, qu'ils prirent le drap de soie qui couvroit cette chaise, et le firent emporter disant qu'il leur appartenoit. On les menaça de l'excommunication s'ils ne le rendoient. Un autre incident troubla encore la cérémonie. Les gens de l'archidiacre de Sens arrivèrent trop tard, et parurent seulement à l'église quand le nouvel évêque approchoit de l'autel. Aussitôt ils le placèrent dans la chaire pontificale. Ils murmurèrent inutilement de ce que ce prélat étoit entré dans l'église en leur absence. La cérémonie finie, ils demandèrent un marc d'or pour l'honoraire. Comme depuis longtemps les évêques ne s'étoient point fait installer, on hésita sur l'usage, et on prit du temps pour y penser. La formule que prononça Jean d'Auxois, touchant la conservation des droits de l'église d'Auxerre, après avoir baisé le texte de l'Evangile, est la même que celle qui est rapportée ci-dessus (2). La suite de l'histoire montre qu'il ne donna aucune atteinte à son serment.

Naturellement bon et pacifique, il offrit peu de temps après environ la valeur d'un demi-marc d'or, pour honoraire de l'archidiacre de Sens; et l'on s'en contenta. Il alla même en personne y prêter serment de fidélité à l'archevêque Guillaume et à l'église de Sens, dans les termes ordinaires. Ce jour-là il donna la somme de

---

(1) Sa promesse pour paiement, envers le Saint-Siége, est du 1 mars 1354. *Ex regist. Vaticani.*

(2) *Voy.* la vie de Pierre de Mortemar.

six livres à l'église métropolitaine. Retourné à Auxerre, il envoya une chape de soie selon l'ancienne coutume qu'il n'ignoroit pas, ayant été évêque de Troyes. On reconnut bientôt le caractère bienfaisant de cet évêque. Il étoit charitable, miséricordieux et exerçoit volontiers l'hospitalité. S'étant fait aimer des chanoines de la cathédrale, il obtint facilement qu'ils fissent désormais l'office de saint Jean du 29 août de rit double. Outre que c'étoit une fête consacrée à la mémoire du saint dont il portoit le nom, il avoit été placé le même jour sur le trône pontifical. Souhaitant que les chanoines connussent les différents rites ecclésiastiques qui sont en vigueur dans le royaume, afin de pouvoir estimer davantage ceux de l'église d'Auxerre, il donna au Chapitre le Rational de Durand, évêque de Mende, où la variété des usages est expliquée assez au long. Il fit aussi don au Chapitre d'environ cinq arpents de bois, dans les forêts de l'évêché appelées *de Roncellis* (1). Mais sa principale gratification, en faveur des chanoines de la cathédrale, fut la confirmation de leur juridiction. A ce sujet il leur accorda à Régennes une charte, l'an 1357 le 17 septembre, pour finir toutes les difficultés et contestations qui s'étoient élevées et qui auroient pu se former; il y déclare s'être pleinement informé de leur possession par lui-même. Il investit de nouveau le Chapitre de ce droit de juridiction, en la personne de Jacques, pénitencier et chanoine, à qui il mit son anneau dans le doigt. C'étoit alors la manière de mettre en possession d'un bien; et les évêques n'avoient pas même entièrement cessé d'observer cette forme, en nommant les prêtres à des cures (2).

Les prélats de France s'étoient fait une espèce de devoir d'aller, chaque année, rendre visite au souverain pontife, lorsque la Cour romaine étoit en deçà les monts. Jean d'Auxy craignant d'abandonner son troupeau, aima mieux y envoyer Nicolas *de Pennis* chargé de sa procuration; celui-ci en rapporta un acte de voyage, où il est certifié que l'évêque n'avoit rien payé, ni financé à la chambre apostolique, pour ce droit de visite (3). Il est du premier

---

(1) *Titul. Petri Aymonis.*
(2) Hist. d'Evreux, *ad an.* 1304 *in prob.*, p. 27.
(3) *Voy.* les Preuves, t. IV, n° 294.

mars 1354. Visitant son diocèse, il se présenta pour entrer dans la tour de Toucy et dans celle de Saint-Sauveur; mais les seigneurs de ces terres à qui on avoit contesté le droit du drap de soie, lui en refusèrent la porte pour lui rappeler leur droit. Lorsqu'ils eurent prouvé que par leur titre de barons ils en avoient joui trois fois, et qu'ils étoient en possession, il leur fit rendre la pièce d'étoffe qui avoit été mise en séquestre d'un commun consentement. Conservant toujours beaucoup de dévotion envers les saints de son premier diocèse dont il avoit transféré les reliques, il voulut en laisser un monument dans celui d'Auxerre. A Fontaines, près Toucy, il fonda une chapelle sous l'invocation de sainte Syrie, y mit de ses reliques, la dota d'un petit canton de bois, situé aux environs, et y institua un chapelain. A Auxerre, il dédia l'église des Dominicains, l'an 1356, et usant du pouvoir épiscopal, il accorda des indulgences à ceux qui visiteroient cette église le neuvième juillet auquel il en fixa l'anniversaire, ou pendant l'octave. Il disputa à l'abbé Guillaume Grimoard le droit d'officier et de paroître avec les ornements pontificaux, mais il n'y réussit pas. Pierre de Tinteville, Chanoine de Sainte-Croix d'Orléans, conçut le pieux dessein de fonder en cette église une chapelle en l'honneur de saint Yves (1). Les biens qu'il vouloit employer à cette fondation étoient situés dans la seigneurie de Leugny et de Moulins, qui lui appartenoit; il eut besoin de l'agrément de l'évêque diocésain; et Jean d'Auxy y consentit volontiers en 1357 (a).

Les Anglois et les Navarrois avançant l'année suivante du côté de la Bourgogne, les habitants d'Appoigny appréhendèrent d'être pillés. Ils crurent prévenir ce malheur, en rétablissant l'ancienne forteresse et les anciens fossés, autour de l'église et ailleurs. Mais

(1) *Ex archiv. eccl. Aurel.*

(a) Jean d'Auxois confirma aussi, en 1356, les religieux cisterciens des Roches, dans la possession des biens qu'ils avaient acquis ou qu'on leur avait donnés dans la Châtellenie de Cosne. Il fit valoir, en faveur de cette libéralité, la grande amitié qu'il avait pour l'Ordre de Citeaux et spécialement pour la maison des Roches. — *Voy.* Arch. de l'Yonne, fonds de l'évêché d'Auxerre, Cosne.   (*N. d. E.*).

ne le pouvant sans détruire l'auditoire du bailliage, et autres bâtiments qui produisoient certain revenu à l'évêché, ils demandèrent à Jean d'Auxy son consentement. Le prélat considérant qu'il étoit bon de mettre ses sujets en sûreté, et que si les fossés d'Appoigny étoient pleins d'eau ils pourraient lui être de quelque utilité et à ses successeurs, leur permit, le 6 juin 1358, de démolir tout ce qui nuiroit à l'arrondissement de ces fossés (1). Les habitants d'Appoigny qui ne s'étoient point engagés à maintenir ces fossés, mais seulement à les faire, eurent ensuite recours au Chapitre de la cathédrale pour avoir la confirmation de cette concession; sur quoi il leur fut expédié un acte de consentement en plein Chapitre, le huitième du même mois. Les Anglois et Navarrois approchant de plus en plus, l'évêque Jean d'Auxy quitta le séjour de Regennes, et se renferma dans sa ville épiscopale. Les ennemis tardèrent peu à se rendre maîtres de ce château. Ils y entrèrent à main armée le huitième décembre 1358. L'évêque en tomba malade de chagrin. Ce fut ce qui l'empêcha de faire, en personne, l'ordination aux Quatre-Temps de devant Noël, ainsi qu'il avoit fait celles de tous les autres Quatre-Temps depuis le commencement de son épiscopat. Les Anglois firent de fréquentes tentatives sur Auxerre. Le jeudi d'après l'Epiphanie, vers les neuf heures on cria aux armes; les ennemis approchoient. Mais comme au même moment il fallut administrer le Sacrement d'extrême-onction à l'évêque, une partie du clergé se trouva dans la chambre du malade les armes à la main. Ce spectacle attendrissant le prélat, il ne survécut que quelques heures, et mourut sans agonie en versant des larmes. Les insultes des Anglois retardèrent la cérémonie de ses funérailles. Quelques jours après il fut inhumé honorablement dans le côté gauche du chœur, entre la tombe de l'évêque Guy de Mello et les degrés qui conduisoient aux stalles d'en haut. Il avoit fait un testament, dont un article contenoit un leg de cent livres par an, pour la fondation de son anniversaire dans la cathédrale. Le Rational de Durand qu'il avoit donné pendant sa vie, fut égaré à l'occasion des

---

(1) *Voy.* les Preuves, t. IV, n° 295.

guerres qui désoloient le pays. Par la suite, Pierre d'Auxy, chantre de la cathédrale, son neveu et son héritier, le retrouva et le garda même étant évêque de Tournay.

Du temps de Jean d'Auxy, le Chapitre fit un règlement touchant la couleur des petits capuchons de tête différents de celui de la chape (1); on les appeloit l'aumuce ronde ou fermée ; on défendit que cette espèce de bonnet qui se portoit plus communément à matines, fût de couleur blanche, rouge ou verte, et la chaussure tout de même.

1352 à 1358.

ITHIER DE JAROUSSE, LXXVIIᵉ ÉVÊQUE D'AUXERRE.

Le pape ayant été informé de la mort de Jean d'Auxois, lui donna pour successeur Ithier de Jarousse, résidant à Avignon, et fort considéré de tous les cardinaux. Il étoit d'une noble famille du Limousin, docteur en l'un et l'autre droit, aussi entendu dans le gouvernement spirituel que dans le temporel. Il avoit été écolâtre de l'église de Noyon et vicaire-général d'Audouin Albert, pendant qu'il fut évêque de Paris (a).

1358 à 1361.

Les dangers qu'il y avoit d'approcher d'Auxerre à cause des courses des Anglois, l'obligèrent à ne se faire recevoir que par procureur, le 6 mars 1358, lendemain du jour des Cendres. La ville fut prise le dimanche suivant. Innocent VI fut informé du désastre. Les Anglois avoient enlevé à l'évêque, son ami, le château de Régennes et l'avoient ensuite remis au roi de France. Le pape obtint que cette place fût restituée à Ithier ou plutôt à ses officiers, à condition d'y mettre une garde sûre ; l'évêque envoya de

---

(1) *Collect. veter. statut.*, an 1354.

(a) Il était encore, au moment de son élection, doyen de Saint-Medius de Limoges, ainsi qu'il l'annonce lui-même en scellant une lettre de procuration, datée de Paris, au cloître (Notre-Dame ?), le 10 avril 1358, et adressée au curé de Varzy, Bernard la Vernha, pour l'administration de cette seigneurie.—*Voy.* Arch. de l'Yonne, bail de l'issue des eaux des fossés du château de Varzy, 1359. Evêché d'Auxerre, liasse xv. (*N. d. E*).

grosses sommes aux baillis de Troyes et de Chaumont qui l'avoient gardée au nom du roi, et fit observer très-exactement les conditions prescrites. Chaque ville songeant alors à sa sûreté particulière, celle de Varzy, qui appartenoit à l'évêque d'Auxerre, prit une résolution convenable au temps. On rapporta aux habitants que les ennemis, pour s'emparer de leur ville, vouloient fortifier le château d'Hodan. La communauté de Varzy ne différa pas d'un moment de sacrifier ce château, quoiqu'il eût été nouvellement embelli et augmenté par quelques évêques; elle le fit entièrement raser (a). Ithier, qui différoit à venir voir par lui-même la situation fâcheuse de sa ville épiscopale ruinée par les Anglois, accepta dans ce temps une ambassade à laquelle Innocent VI le destina. On la trouve marquée dans une lettre de ce pape, datée d'Avignon, le 25 février 1360, par laquelle le pontife mande aux archevêques, évêques, abbés et officiers du roi, que cet évêque et Etienne, abbé de Saint-Victor de Marseille, leur déclareront ses intentions (1). Il pouvoit être question de paix entre la France et l'Angleterre. On craignoit que les lettres ne fussent interceptées; ainsi, les porteurs étoient chargés de suppléer de vive voix à ce qui n'étoit pas marqué par écrit. Le pape avoit dessein de transférer ce prélat à l'archevêché d'Arles et de le faire cardinal. On ne sait si Ithier en eut connoissance; mais prêt à venir dans son diocèse, il fut atteint, à Avignon, de la maladie *inguinaire* qui, en peu de jours, l'enleva de ce monde. Il mourut le huitième juin 1361 et fut inhumé le lendemain dans l'église des Dominicains. Il avoit laissé à son église cathédrale cent francs d'or pour y fonder son anniversaire. C'est la seule de tout son diocèse à laquelle il ait fait attention dans son testament.

(1) *Thes. anecdot*, t. II, col. 89.

(a) Au milieu du siècle suivant, les ruines de ce château étaient données à rente par l'évêque. On voit, dans un bail de 1451, qu'il y restait encore de vieux murs, un colombier et les fondations de deux tours. Il était situé non loin du four banal. — Archives de l'Yonne, fonds de l'évêché d'Auxerre, terre de Varzy.

(N. d. E.).

JEAN GERMAIN, LXXVIII° ÉVÊQUE D'AUXERRE.

Il n'y avoit que cinquante-quatre ans qu'un roi de France avoit assisté à l'entrée solennelle d'un évêque d'Auxerre. Celle du successeur d'Ithier de Jarousse fut honorée de la présence du roi Jean. Il s'appeloit Jean Germain ; il étoit né à Dimont, proche Joigny, diocèse de Sens. Etant licencié en l'un et l'autre droit, il avoit été fait doyen de l'église d'Auxerre et ensuite nommé évêque de Chalon, en Bourgogne, en 1357, à la prière de la reine de France dont il étoit le conseil. Il possédoit cet évêché, et peut-être sans y résider, lorsqu'à son insu le pape Innocent VI le transféra à Auxerre vers la Saint Jean (1). Le roi Jean, au retour de sa détention en Angleterre, ayant été en Bourgogne prendre possession de ce duché qui lui étoit échu par succession et droit de reversion, mena avec lui ce prélat qui étoit de son conseil privé (2). Voici en détail la cérémonie de la réception du prélat.

1361 à 1362.

Le roi ayant dîné à Regennes, le vendredi 17 décembre, se rendit à Auxerre, et parut à l'entrée de la ville avec l'évêque, tous deux à cheval. Ensuite l'évêque le devança, et étant arrivé en habit ordinaire devant l'église cathédrale, il descendit de cheval, fit sa prière devant l'image de la sainte Vierge, à côté du petit portail, à main droite (a), puis s'étant retiré à l'écart, il s'habilla pontificalement et se présenta aussitôt à la grande porte qui étoit fermée ; enfin, en présence de tous les chanoines, le doyen Jean Mercier lui fit prononcer distinctement la formule du serment accoutumé et lui fit prendre possession de l'église, lui mettant en main une des cordes des cloches que l'on avoit fait descendre en dehors jusque devant le portail ; après quoi les portes de l'église furent ouvertes. A l'instant le roi arriva, descendit de cheval,

---

(1) Il promit, le 24 septembre 1361, de payer le droit ordinaire au Saint-Siége, et même pour Audoin Albert et Jean d'Auxy ses prédécesseurs, qui avoient été en retard. *Ex reg. vatic. in libro solutionum Innoc. VI.*

(2) *De secreto Consilio.*

(a) On voit encore, à l'entrée de la porte droite du grand portail, les vestiges de l'autel de la Sainte-Vierge et la marque du toit qui l'abritait. (*N. d. E.*).

fit sa prière devant l'image de la Vierge et entra ensuite par la grande porte, étant à la gauche de l'évêque, pendant que le clergé chanta le *Te Deum*. L'évêque et le roi arrivèrent en cet ordre devant le grand autel où ils firent leur prière. Après le *Te Deum* on chanta une antienne et un verset, et l'évêque récita l'oraison, à voix haute. Le doyen d'Auxerre (1) mit Jean Germain en possession de son évêché, sans que l'archidiacre de Sens y parût, ni personne en son nom. Le comte d'Auxerre et les trois autres seigneurs qui auroient dû porter le nouvel évêque sur leurs épaules et lui jurer fidélité pour leur baronnie, n'y parurent point non plus; mais de crainte que ces retranchements de cérémonie aussi bien que de la coutume selon laquelle l'évêque auroit dû coucher à l'abbaye de Saint-Germain avant que d'être porté à la cathédrale, ne lui portassent aucun préjudice ni à ses successeurs, le roi lui promit des lettres-patentes où il seroit marqué que cela avoit été pratiqué ainsi par extraordinaire, à cause de sa présence, et qu'il vouloit que le droit d'un chacun à cette cérémonie fût conservé. Jean Germain ayant été conduire le roi jusqu'à l'hôtel où il devoit loger, se retira au logis épiscopal dans le dessein d'y faire les Ordres le lendemain 18 décembre, samedi des Quatre-Temps. Mais il ne put faire ce qu'il s'étoit proposé, parce que le roi étant pressé de partir, il fut obligé d'examiner certaines affaires de la ville et du pays qu'on vouloit communiquer à ce prince. Le roi alla dîner à Saint-Bry où l'évêque l'accompagna. Retourné le soir, il envoya aussitôt à l'abbaye de Saint-Germain demander la somme à laquelle étoit évalué le droit de gîte et de past. Les religieux le prièrent d'attendre quelque temps, et depuis ils s'accommodèrent avec lui. Le même jour, un député de l'archidiacre de Sens arriva à Auxerre avec un chanoine de la même église, et se plaignit vivement de ce que d'autres que cet archidiacre avoient mis le nouvel évêque en possession. On délibéra sur ce qu'il y auroit à faire, et on convint de conserver le droit à l'archidiacre de Sens. C'est pourquoi, dès le dimanche, ce vice-gérant de l'archidiacre installa notre évêque dans la chaire de pierre, qui étoit

---

(1) Jean Mercier.

à droite dans le sanctuaire. Ces deux députés de Sens ayant ensuite demandé le marc d'or, l'évêque leur promit de satisfaire quand il seroit éclairci sur ce droit. Huit jours après, fête de saint Etienne, Jean Germain régala tout son clergé et le lendemain il alla rejoindre le roi en Bourgogne, où il resta jusqu'à Pâques qui commençoit l'an 1362. Son occupation en Bourgogne fut de vaquer, au nom du roi, au gouvernement de ce duché avec les autres magistrats (a). Il rapporta à son retour les lettres-patentes que ce prince avoit promises, touchant la conservation des anciens droits des évêques d'Auxerre à leur entrée solennelle. Elles sont datées de Dijon, le 27 décembre 1361, jour auquel le prélat ne pouvoit pas encore y être arrivé; ce qui marque l'attention du roi.

Jean Germain, revenu dans son diocèse, fit exactement les Ordres et s'acquitta de toutes les autres fonctions du ministère épiscopal. Il n'oublia pas le rétablissement des fonds de l'évêché, l'entretien des vignes et autres biens. Il fit réparer et fortifier les châteaux dépendant de sa seigneurie, et mettre en bon état les bâtiments qui lui appartenoient. Il rentra en possession de la tour de Toucy, moyennant une grosse somme qu'il donna à ceux qui s'en étoient emparés. Il fit pareillement toucher quatre-vingts écus d'or à ceux qui occupoient le château de Villechaul, et en redevint le maître. Il s'étoit retiré dans ce château, vers la fin de l'été, pour éviter la peste qui régnoit du côté d'Auxerre. Ses précautions furent inutiles; bientôt une tumeur sous les aisselles le mit en grand danger : ayant reçu les derniers sacrements, il y mourut le 7 septembre 1362. Son corps fut apporté à Auxerre et enterré, avec les honneurs accoutumés, au côté droit du chœur de la cathédrale, proche les stalles. Son testament ne portoit que dix livres de rente pour la fondation de son anniversaire dans cette église. Dans l'espace d'un an ou environ qu'il fut évêque, dix canonicats de

---

(a) Il fut chargé, en effet, par le roi, ainsi que d'autres grands personnages de cette province, de veiller à la levée d'un impôt nécessaire pour payer la somme promise par le duc de Bourgogne aux Anglais, pour leur éloignement du pays. Lettre du 28 janvier 1361 (1362). — Archives du Royaume, J., 255, n° 113.
(*N. d. E.*).

1361 à 1362. la cathédrale vaquèrent; il les conféra tous à de bons ecclésiastiques d'Auxerre ou de Sens. Ceux qui prirent autrefois la peine de transcrire son épitaphe avant que sa tombe eût été brisée, y ont lu ce qui suit : « Hic jacet venerande recordationis » et vite laudabilis bone memorie reverendus in Christo pater et » dominus, D. Johannes Germani de Dimone-Regis Senonensis » diocesis, qui disponente divina clementia Cabilonensis at demum » hujus Autissiodorensis ecclesie presul fuit; vir exacte prudentie » et bonitatis, utriusque juris doctor eximius, illustrissimorum » regum Francie Johannis et Caroli consiliarius fidelissimus; qui » obiit anno domini M. CCC. LXII. die XV octobris. Anima ejus » requiescat in pace. Amen. » Cette inscription fut faite plusieurs années après la mort de ce prélat et sous le règne de Charles V. C'est pourquoi il faut se défier de la date du jour de sa mort qui y est marquée, et s'en rapporter plutôt au chanoine qui, ayant le nécrologe sous les yeux, a écrit la vie du prélat.

PIERRE AYMON, LXXIXe ÉVÊQUE D'AUXERRE.

1362 à 1373. Nous voilà arrivé au dernier des évêques d'Auxerre, dont la vie fut écrite en abrégé sur la fin du règne de Charles V. L'auteur, qui est contemporain, auroit pu s'expliquer plus au long. Je tâcherai d'y suppléer en produisant ce qu'on trouve ailleurs sur cet évêque.

Il tiroit son origine d'une noble maison d'Aigueperse, en Auvergne, appelée des Roches des Cofins; il étoit neveu d'Etienne Aldebrand, archevêque de Toulouse. Il fut élevé à la cour d'Avignon, où l'amitié des cardinaux et même des papes lui fut bientôt acquise. Etant docteur en droit civil et sous-diacre d'office d'Urbain V, qui venoit d'être élu au mois de septembre 1362, il fut destiné pour l'évêché d'Auxerre; c'est le premier prélat que ce pape ait nommé. Quoique cette nomination soit marquée vers la fête de la Toussaint, on doute qu'elle ait été faite sitôt, vu les lettres du roi Jean, données à Paris le 30 octobre 1362, qui permettent aux chanoines d'Auxerre de se choisir un évêque. Le Chapitre, en

conséquence, s'assembla le 3 novembre, et conclut de ne procéder
à l'élection que le 24 (ou le 28) du même mois, et de le notifier
aux treize chanoines absents. Le 13 mars suivant, que cet évêque
fit son entrée, s'accorde facilement avec ce délai; on comptoit
encore en France 1362. Cette époque fut marquée dans l'ancien
épistolier de la cathédrale (1). Ce prélat, peu curieux des anciennes
coutumes, n'exigea point à son entrée les solennités ordinaires.
Les feudataires de l'église d'Auxerre ne le portèrent point. De ceux
qui devoient y assister, le comte d'Auxerre s'y trouva seul; l'archidiacre de Sens ne parut point à sa prise de possession ni personne en son nom. Des lettres qu'il obtint du roi, le 10 septembre
1362, pour justifier sa conduite, portent expressément que l'évêque
pouvoit faire son entrée solennelle sans convoquer ses vassaux. Il
prêta cependant serment de fidélité à l'église de Sens (2), le
7 juillet 1367; et, au lieu de présenter à cette église une chape de
soie, il donna seulement de l'étoffe. Quoique tissue d'or et de
soie, le Chapitre ne l'accepta qu'après quelques délais. Nonobstant
de telles circonstances, il étoit, selon l'auteur de sa vie, *honora-
bilis et ceremonialis in factis suis*. L'historien paroît plus véridique
lorsqu'il ajoute que ce prélat étoit affable envers tous ceux qui
le venoient voir, pourvu qu'ils n'eussent point à lui parler des
affaires qui le regardoient.

Son église, spoliée par les Anglois, avoit besoin d'ornements;
il lui fit présent d'un drap d'or qui servit à orner, aux grandes
fêtes, le dessus de l'autel devant les cierges. Ne voulant pas que
ni le pénitencier, ni les bâtonniers perdissent le peu de revenu
qui leur étoit assigné sur l'église paroissiale de Bétry, destituée
alors de curé et d'habitants (3), il leur permit de faire valoir par
leurs mains et de recueillir les fruits des héritages appartenant à

---

(1) Je trouve dans le registre des paie-
ments envers le Saint-Siége qu'il promit
le 15 novembre 1362 de s'en acquitter pour
lui en particulier, et le 20 du même mois
il promit d'acquitter ce que devoient à ce
sujet ses prédécesseurs, Jean Auxois, Jean
Germain, Ithier de Jarousse et Audoin
Albert. *Reg. vatic.*

(2) *Archiv. Senon.*

(3) Il y avoit dix livres pour le pénitencier et douze pour les bâtonniers. M. Le
Vénier, pénitencier au dernier siècle, avoit
le titre.

cette église, pour remplacer les petites rentes annuelles qui leur étoient dues (1). Sa permission est du 21 février 1366. Il assura aussi aux chanoines, en 1370, la donation que Jean d'Auxy, l'un de ses prédécesseurs, leur avoit faite, de cinq arpents de bois dans la forêt *de Roncellis* (2). Son historien remarque comme une nouveauté l'obligation où furent les chanoines de plaider contre lui. Selon cet écrivain, cela n'étoit point encore arrivé; jamais les contestations des chanoines avec ses prédécesseurs n'avoient été poussées jusqu'à la plaidoirie. On y vint à l'égard de Pierre Aymon, parce qu'il cessa de payer des redevances annuelles en argent et en espèces (3) que les évêques doivent au Chapitre. Cependant, sur l'avis de personnes sages et prudentes, il se désista. Cet évêque aima les chanoines tant en général qu'en particulier, et sans le malheur des temps, il auroit volontiers fini les bâtiments de l'église cathédrale. La reconnoissance qu'il donna des dettes annuelles de l'évêque envers le Chapitre, est du 2 avril 1365. Jean Mercier, doyen, et Pierre d'Auxy, chantre, y sont nommés; et depuis ce temps les articles ont passé dans la collection des statuts qui fut faite vers la fin du même siècle (4).

La guerre l'obligea de mettre de bonnes gardes dans ses châteaux de Régennes et de Villechaul, de faire réparer sa maison épiscopale d'Auxerre et celle de Paris, endommagées pendant les troubles précédents. Le comte d'Auxerre ayant bâti sur le bout du pont d'Auxerre, qui regarde Saint-Gervais, notre évêque l'attaqua et le poursuivit (5). Des lettres du roi, en 1363, constatent le droit de l'évêque sur ce lieu; elles déclarent en particulier que la tour élevée en forme de donjon vers le bout du pont est dans la censive épiscopale, et que le comte ne peut rien construire ni élever de nouveau en cet endroit sans permission. On n'a peut-être pas fait attention à ce titre, en 1730, lorsqu'on

---

(1) Les bâtonniers sont à Auxerre ce qu'on appelle ailleurs les bedeaux ou les marguilliers laïcs.
(2) *Tit. dat. Autiss. sign. Viandi.*
(3) Vin, gâteau, cire.
(4) *Voy.* les Preuves, t. IV.
(5) *Archiv. episc.*

a laissé démolir ce donjon (1). Le comte de Joigny possédoit, dans le territoire de la Châtellenie de Varzy, une forteresse appelée Bequerel, qui de tous temps avoit porté ombrage aux évêques d'Auxerre. On croit qu'après avoir été abattue en partie dans le siècle précédent, elle avoit été réparée à l'occasion des courses des Anglois. Pierre Aymon présenta requête là-dessus à Charles V, et il en obtint, en 1364, des lettres qui permettoient une démolition entière. Cet évêque fut également attentif sur les devoirs de foi et hommage, et sur les profits qui arrivent aux mutations des fiefs (2). L'acte de foi et hommage rendu par de Guy de Frelois, seigneur de Molins, est parvenu jusqu'à nous. Ce chevalier vint trouver l'évêque à Paris, dans la maison appartenant à l'évêché d'Auxerre ; il se présenta pour se déclarer son homme et son féal, à cause de la ville et châtellenie du Château-Censoir, et ses dépendances. Pierre Aymon le reçut à foi et hommage. Le chevalier tenoit alors les mains jointes, comme un vassal devant son seigneur ; il reçut ensuite le baiser de paix et promit un dénombrement. L'acte est du 7 juillet 1364 ; Jean des Granges, chevalier ; Louis Balbet, archidiacre de Puisaye en l'église d'Auxerre ; Adam de Chanteprime, licencié ès-lois, et deux conseillers du roi, savoir : Jean Roussel, doyen d'Avranche, et Jean Curiat y furent présents. Du temps de cet évêque, le roi acheta le comté d'Auxerre de Jean de Chalon ; vers la fin de l'an 1370, Charles V composa avec l'évêque sur le quint-denier de la vente et sur le requint à lui dus selon la coutume du pays. La promesse de trois mille livres dont on convint, fut rédigée par écrit, le prélat s'en contentant *pour révérence du roi.* Cela fut conclu à Melun, le 18 juillet 1371. Quelques-uns ont cru que l'évêque, fâché de cette vente, n'osa en témoigner publiquement son chagrin, ni même demander d'homme vivant et mourant. Le droit qu'ont les évêques d'Auxerre de loger dans l'abbaye de Saint-Germain à leur nouvelle réception avoit été modifié. Au lieu de six jours, ils ne

---

(1) Il est représenté dans la Cosmographie de Belleforêt, aussi bien que le dôme de Saint-Julien, et le beau clocher de Notre-Dame-la-d'Hors qui ne subsiste plus.

(2) *Cartul. episc.*

pouvoient plus y demeurer qu'un jour entier, ou bien l'abbé devoit leur payer un marc d'argent ; l'alternative étoit au choix de l'évêque. Pierre Aymon en fit passer reconnoissance par l'abbé et le couvent, en 1365, le mardi devant l'Ascension, et réclama ainsi contre le règlement du pape Urbain V, qui, voulant favoriser ce monastère dont il avoit été abbé, avoit, à la sollicitation d'Etienne de Varennes, son successeur, supprimé ce droit d'hospice (1). Le pape, de son côté, fit un présent qui put déplaire à notre évêque. Il céda, en pur don, à l'abbaye de Saint-Germain (2), trois mille cinq cents florins dont ce prélat étoit redevable envers la chambre apostolique (a). Le prêt que les religieux de cette abbaye avoient fait de leur argenterie, pour sauver la ville du pillage des Anglois (3), engagea l'évêque de se trouver au Chapitre de ce monastère, le treizième d'août 1366, lorsqu'un sergent d'armes du roi de France y rapporta les reliquaires avec les obligations des bourgeois d'Auxerre et la quittance de Robert Kanole, capitaine anglois ; l'acte de cette restitution étant dressé, Pierre Aymon fit porter les reliques et les vases sacrés sur le grand autel. Sous son épiscopat, il n'y eut de nouvel établissement que la fondation de la chapelle de Saint-André, dans l'église paroissiale de Colanges-les-Vineuses (4). Droin Rousseau et Marguerite Chevalier, sa femme, firent cette fondation ; Pierre Aymon l'approuva et confirma à Paris, le 12 mars 1371 (5).

Les fréquentes ambassades qui lui furent confiées et dont quelquefois il s'acquitta seul et sans associés, l'éloignèrent souvent du diocèse. Son historien, en général, le dit envoyé avec caractère

---

(1) *Cartul. ep. Autiss.*
(2) *Viole in Steph. de Varennis.*
(3) Vie de saint Germain, par Viole, p. 202.
(4) *Ex tit. ms. sign. Chesnel.*

(5) Cet évêque accorda en 1370, le 17 avril, l'abbesse de Crisenon avec sa prieure, qui étoient en difficultés sur des rentes. *Tabul. Crisennon.*

(a) Le don que fit le pape à l'abbaye Saint-Germain s'éleva à 4541 florins d'or, somme qui dut être affectée à la réparation de l'église qui était en ruine. Cette dette provenait de la taxe apostolique que plusieurs prédécesseurs de Pierre Aymon, et lui-même, avaient négligé de payer. Elle servit à construire une partie de la nef de l'église actuelle de Saint-Germain. — *Voy.* les Preuves, t. IV, n° 306.   (*N. d. E.*).

d'ambassadeur vers le pape et l'empereur, vers les rois d'Angleterre et de Hongrie. Nous voyons qu'en 1364, 29 décembre, le roi et le duc de Bourgogne l'envoyèrent vers l'empereur avec Eudes de Grancey, seigneur de Pierre-Pont (1). En 1368, il alla trouver le comte de Flandre pour des négociations secrètes (2). Quelques seigneurs lui furent associés; l'année suivante il retourna avec Gaucher de Chastillon et Everard de Corbie, pour conclure à Gand le mariage de Marguerite de Flandre et de Philippe, duc de Bourgogne (3). Pendant l'été de 1371, Charles V l'envoya en Aragon, pour accompagner Jeanne de France, sa tante (4), et y régler des affaires qui regardoient le bien du royaume (*a*). Il assista à l'hommage que le duc de Bretagne, Jean IV, rendit au roi le 13 décembre 1364. Il est nommé comme témoin avec Lambert, évêque de Spire, et Gerlac, archevêque de Mayence, dans une charte de l'empereur Charles IV, du 6 janvier 1366 (5). Après ces honorables commissions, on ne sera pas surpris de lire son nom dans les registres du parlement, aux années 1366 et 1369. En 1367 il fut commissaire du clergé, à la levée d'une décime de deux ans accordée au roi pour les nécessités de l'Etat. Cette dernière circonstance se tire d'un acte qu'il expédia le 3 septembre (6), en faveur de l'abbaye de Pontigny (*b*). Les religieux de Saint-Allire de Clermont le choisirent, le 2 mai 1366, pour les accorder sur des difficultés nées parmi eux. On voit dans leurs archives des preuves de ses bienfaits (7). Outre une somme de sept cents écus, il leur céda la seigneurie des Roches des Cofins, à condition de célébrer des messes dans la chapelle de Saint-Jacques,

(1) Compte de la Chambre des comptes de Paris.
(2) Quittance de lui des 24 février et 20 mars 1368.
(3) Annales de France.
(4) Ordre du roi à la Cour des aides du 27 juin.
(5) Hist. de Paris, p. 627.
(6) Viole.
(7) Mém. de Dom Jacq. Boyer.

(*a*) *Voy*. les Preuves, t. IV, n° 313. (*N. d. N.*)
(*b*) Ce fait résulte aussi de la commission qui lui fut donnée par le roi, le 28 janvier 1367, ainsi qu'à d'autres personnes, pour opérer cette levée d'impôt en Bourgogne. — Arch. du Roy., J., 255, n° 213. (*N. d. E.*)

où son oncle Etienne Aldebrand, archevêque de Toulouse, étoit inhumé. Ses différentes négociations auprès des princes, et ses relations avec plusieurs cardinaux dont il avoit été compagnon d'études, faisoient présumer qu'il seroit cardinal : devenu étique et languissant, il mourut à Auxerre, dans sa maison épiscopale, le second septembre 1372. Il avoit été compris dans l'arrêt du parlement, rendu six mois auparavant à l'instance de Pierre de Cugnières, avocat-général, contre six évêques, au sujet de la juridiction ecclésiastique sur les biens temporels (1). Il fut enterré dans le chœur de la cathédrale, au côté gauche, entre les stalles et la tombe de Jean d'Auxy, près de celle de Guy de Mello. Son legs de 300 francs d'or pour son anniversaire, n'étoit pas encore payé en 1413; le Chapitre de la cathédrale fut contraint de le réclamer en justice (2). L'abbaye de Saint-Allire de Clermont qu'il avoit favorisée, se trouva également obligée de plaider contre Robert Aymé, damoiseau d'Aiguesperse, son neveu, qui prétendoit retenir la seigneurie des Roches. Il en vint à bout par transaction passée le 24 mars 1381. Les religieux de saint Allire abandonnèrent cette terre, à condition que lui et ses successeurs, seigneurs de Roches, payeroient au monastère la rente annuelle de quarante septiers de froment (3). Cela fut souvent reconnu, depuis, pour le maintien de la fondation.

---

(1) Louvet Hist. de Beauvoisis, c. 7, p. 247.

(2) Regist. capit. 22 junii 1413 et 1413 in vij. sess. cap. gen. Maii.
(3) Ex Schedis Jac. Boyer benedict.

FIN DE LA TROISIÈME PARTIE ET DU PREMIER VOLUME.

TABLE DES MATIÈRES.

	Pages.
Préface de l'Auteur.	VII
Avertissement des Editeurs.	XI
Notice biographique sur l'Auteur.	XIII
Son testament.	XLI
Son épitaphe.	XLIII
Index des ouvrages, mémoires et dissertations, publiés par Lebeuf.	XLVII

PREMIÈRE PARTIE.

Vies des évêques d'Auxerre, comprenant l'histoire des antiquités ecclésiastiques du diocèse.

Chapitre I.	Saint Pélerin (258 à 304).	1
Chap. II.	Saint Marcelin (304 à 330)	11
	Saint Valérien (331 à 360).	13
	Saint Elade (361 à 385).	17
	Saint Amatre (386 à 418).	18
Chap. III.	Saint Germain (418 à 448).	31
Chap. IV.	Saint Fraterne (448 à 451).	109
	Saint Alode (451 à 472).	111
	Saint Censure (472 à 502).	112
	Saint Urse (502 à 508).	114
	Saint Théodose (508 à 515).	115
	Saint Grégoire (515 à 530).	116
	Saint Optat (530 à 532).	116
	Saint Droctoald (532).	119
	Saint Eleuthère (533 à 561)	120
	Saint Romain (561 à 564).	121
	Saint Ethère (564 à 571)	122
Chap. V.	Saint Aunaire (572 à 603).	123
Chap. VI.	Saint Didier (603 à 621)	136
Chap. VII.	Saint Pallade (622 à 657)	145
Chap. VIII.	Saint Vigile (658 à 683).	151
Chap. IX.	Scopilion (683 à 691)	163
	Saint Tetrice (691 à 706)	165
	Foucauld (706 à 710)	171

		Pages.
Chap. X.	Savaric (710 à 715)	172
	Quintilien ou Chilien (716 à 728)	173
	Clément (728 à 733)	174
	Le vénérable Aidulfe (733 à 748)	175
Chap. XI.	Haymar ou Hainmar (748 à 763)	177
	Théodran (763 à 771)	181
	Le vénérable Maurin (772 à 800)	181
	Le B. Aaron (800 à 813)	183
	Le B. Angelelme (813 à 828)	184
Chap. XII.	Saint Héribalde (829 à 857)	188
	Saint Abbon (857 à 860)	195
	Le B. Chrestien (860 à 875)	198

DEUXIEME PARTIE.

Contenant l'histoire ecclésiastique, depuis 872 jusqu'à 1277.

Chapitre I.	Wala (873 à 879)	204
	Le vénérable Wibaud (879 à 887)	208
	Le vénérable Hérifrid (887 à 909)	211
	Saint Géran (909 à 914)	218
	Saint Betton (915 à 918)	226
	Gaudry (918 à 933)	229
Chap. II.	Le vénérable Guy (933 à 961)	235
Chap. III.	Richard (961 à 970)	243
	Héribert (971 à 995)	244
	Jean (996 à 998)	247
Chap. IV.	Hugues de Châlon (999 à 1039)	251
	Héribert (1040 à 1052)	261
Chap. V.	Geoffroy de Champ-Aleman (1052 à 1076)	262
	Robert de Nevers (1076 à 1084)	270
Chap. VI.	Le vénérable Humbaud (1087 à 1114)	277
Chap. VII.	Saint Hugues de Montaigue (1115 à 1258)	287
Chap. VIII.	Le B. Hugues de Macon (1137 à 1151)	302
Chap. IX.	Le vénérable Alain (1152 à 1167)	316
Chap. X.	Guillaume de Toucy (1167 à 1181)	330
Chap. XI.	Hugues de Noyers (1183 à 1206)	347
Chap. XII.	Guillaume de Seignelay (1207 à 1220)	365
Chap. XIII.	Henri de Villeneuve (1220 à 1234)	396

		Pages.
Chap. XIV.	Bernard de Sully (1234 à 1244)	406
	Renaud de Saligny (1244 à 1247)	418
Chap. XV.	Guy de Mello (1247 à 1269)	423
Chap. XVI.	Erard de Lesignes (1270 à 1278)	449

TROISIÈME PARTIE.

Contenant l'histoire ecclésiastique et les actions des seize évêques qui siégèrent depuis 1277 jusqu'à 1373.

Chapitre I.	Guillaume de Grez (1278 à 1293)	462
Chap. II.	Pierre de Mornay (1295 à 1306)	471
Chap. III.	Pierre de Belleperche (1306 à 1307)	480
Chap. IV.	Pierre de Grez (1308 à 1325)	486
Chap. V.	Pierre de Mortemar (1326 à 1328)	501
Chap. VI.	Talayrand de Périgord (1328 à 1330)	504
Chap. VII.	Ayméric Genaud (1331 à 1338)	509
Chap. VIII.	Jean de Blangy (1338 à 1344)	515
	Pierre de Villaines (1344 à 1347)	517
	Bernard le Brun (1347 à 1348)	519
	Pierre de Cros (1349 à 1351)	520
	Audoin Albert (1351 à 1352)	522
Chap. IX.	Jean d'Auxois (1352 à 1358)	524
	Ithier de Jarousse (1358 à 1361)	529
	Jean Germain (1361 à 1362)	531
	Pierre Aymon (1362 à 1373)	534

TABLE DES DESSINS.

Portrait de l'abbé Lebeuf	page xiii
Carte du diocèse d'Auxerre jusqu'au xie siècle	1
Suaire de saint Germain	73
Vue de l'ancien palais épiscopal	293
Sceau du prieuré de la Charité-sur-Loire (xie siècle)	266
— de l'évêque Hugues de Montaigu	299
— Hugues de Macon	308

		Pages.
Sceau de l'évêque Alain		328
— Guillaume de Toucy		345
— Hugues de Noyers		348
Contre-sceau de l'évêque Hugues de Noyers		364
Sceau de l'évêque Guillaume de Seignelay		376
— Bernard de Sully		408
— Guy de Mello		428
Contre-sceau de l'évêque Guy de Mello.		445

FIN DE LA TABLE.

Imprimerie de PERRIQUET, à Auxerre.